막스 베버, 그의 학문과 만나

막스 베버, 그의 학문과 만나

초판1쇄 인쇄 2024년 2월 19일
초판1쇄 발행 2024년 2월 26일

지은이 박영신
펴낸이 김진상
책임 편집 신승윤
표지 디자인 이수정
내지 디자인 양송희

펴낸곳 경희대학교 출판문화원
주소 서울시 동대문구 경희대로 26
전화 02-961-0106~8
팩스 02-961-0291
설립 1960년 9월 16일 제5-8호
등록 1977년 11월 8일 제6-5호
홈페이지 www.khupress.com
전자우편 press@khu.ac.kr

ISBN 978-89-8222-753-0 93300

막스 베버, 그의 학문과 만나

'초월 사회학'의 길

박영신 지음

경희대학교 출판문화원

내가 찾아가 배운

버클리 사회학자

로버트 벨라 1927-2013 선생의

가르침을 기리며

고마움

내가 만난 고황 공동체는 합리스러운 질서를 귀히 여기면서도 이의 관료제화에 매이지 않는다. 그 너머 열린 가능성을 내다보며 그리로 나아간다. 삶의 모순 상황에 맞서 삶의 굴레를 벗어던지는 그 품은 대학의 본보기이다.

이 공동체는 가깝고 먼 이웃을 함께 아우르며 기나긴 문명의 이야기 속에 이제의 삶을 이어 놓고 올제의 삶을 그리려는 학문 정신에 터 잡고 있다. 이는 깊은 우물의 물을 마시며 목을 축여 온 오래된 역사의 열매이자 새로운 역사의 길잡이다. 여기 모은 글들도 이 우물에서 길어 나온 물을 머금고 있다. 사회(과)학을 일군 막스 베버에게 '이제'는 언제나 '이제'를 벗어나는 초극의 시간이기에 그의 학문 세계를 만나 나눈 나의 이야기는 고황 공동체의 정신과 하나로 이어진다.

이 정신을 앞에서 이끌어 가는 고황의 사람들이 있다. 경희학원 이사장 조 인원 박사는 언제나 앞에 서서 앞으로 나아간다. 그는 학자의 품격과 사상가의 면모에 대학 행정가의 자질을 두루 갖춘 예외의 인물이다. 인류 문명의 문제를 함께 걱정하고 함께 풀어 가자며 쉼 없이 외친

다. 멈추려 하지 않는다. 나는 1997년이 되어 이 대학의 정신과 마주하였고, 그로부터 20년이 지나 하벨의 정치사상에 대한 공동 관심에서 조 박사를 만나 고황의 학문 정신으로 벗하게 되었다. 이 만남에 감사하고 그에게 감사한다.

그리고 이 공동체의 뜻을 지키고 잇고자 하여 열심을 쏟는 경희학원 사무총장 박 영국 박사의 너그러운 배려와 서 경아 실장 그리고 이 희수 팀장의 섬세한 관심에 감사한다. 어떤 불편함도 느낄 수 없도록 모든 일을 살펴 준 분들이다. 아울러 이렇게 책으로 나오기까지 모든 사무와 편집의 일을 맡아 준 경희대 출판문화원의 최 선희 팀장과 신 승윤 님에게 이 자리를 빌려 고마움을 전한다. 그리고 지난해 끝자락부터 내 글을 가지런히 엮어 책으로 나올 수 있도록 궂은 모든 일을 맡아 준 경희대 박사과정 학생 박 수영 조교의 수고에 감사한다. 그는 관심의 폭이 넓은 능력자이다. 그리고 누구보다 송 재룡 박사에게 감사해야 한다. 고황 공동체와의 새삼스러운 만남과 이 책의 펴냄을 위하여 온갖 번거로움을 마다하지 않았다. 그는 고황의 정신과 전통을 등에 지고 몸 바쳐 일하는 대학인이고 삶의 미덕을 실행하는 인격자이다. 사반세기 전 그와 만나 공동체주의를 이야기하며 줄곧 이어 온 사귐의 보람은 내가 받은 삶의 축복이다.

이러한 만남에 힘입어 이 책이 나왔다.

지난날을 떠올린다. 내가 은퇴하기 전 함께 공부하며 나를 도와준 조교들이 준 도움과 지난 몇 해 동안 시간을 내어 '비공식 조교'의 일을 맡아 준 조 윤미 님의 도움을 새기며 나의 고마운 마음을 여기 적어 둔다. 마지막으로 빼놓을 수 없는 고마움 하나를 여기에 더한다. 예순 해 동안 벗해 온 나의 아내는 기쁨과 슬픔, 즐거움과 아픔을 함께해 온 삶의 동참자이고 공유자이다. 내가 쓴 글들조차 그와 함께 나눈 삶의 길 걸음을 거쳐 나온 생각의 산물이다.

이들에 대한 고마움은 이러한 몇 마디 말로는 다 표현할 수 없다. 못다 한 고마움은 마음속에 담아 오래오래 간직하고자 한다.

2023년 봄의 끝자락에서

ㅂㅇㅅ

머리글

막스 베버
그의 생각, 나의 풀이

1. 만남

내가 사회학의 뜰로 들어서 어떤 사회학도가 되었다면 이는 막스 베버를 만났기 때문이다. 그의 학문 세계를 만나지 않았다면 나는 사회학의 길을 걷지 않았을 것이고 사회학도의 삶을 살지 않았을 것이다. 어느 길 걸음에서 그를 만나 이끌리게 되어 더 알아보고 더 새겨보고자 마음먹게 되면서 뜻하지 않게 이 공부 길로 들어섰다. '만남'이란 삶의 길을 열어젖히는 신비로운 힘이다.

일제 강탈로부터 해방되어 10년을 갓 넘어선 50년대 중턱을 지날 무렵이었다. 오늘날과는 다른 시대 상황이었다. 여느 대학생과 마찬가지로 대학에 들어가 몇몇 교양과목을 이수하는 가운데 베버의 이름을 처음 들었다. 여러 서양 이름 가운데 어느 하나일 뿐이었다. 그러다 대학을 졸업한 다음에 그의 책 「프로테스탄티즘의 윤리와 자본주의의 정신」을 사서 읽었다. 일본어로 옮겨진 책을 토씨만 한글로 바꾸어 놓은 듯한 번역본이었다. 어찌 되었건 책 제목이 주는 인상과는 달리 내용이 그렇게 명쾌하게 다가오지 않았다. 몹시 당황했다. 하지만 그럴 수밖에 없었다. 한마디로 쉬운 책이 아니었다. 어려운 책이었다. 단순하게 읽힐 수 있는 논지가 아니었다. 그의 논지를 떠받쳐 주는 역사의 배경과 사상의 줄기는 물론, 그가 풀이하는 '프로테스탄티즘'의 성격 자체에 대한 나의 이해가 빈약한 탓이었다. 일제의 찌꺼기를 그대로 안고 있던 다른 대학과 달리 내가 다닌 대학에는 동서의 학문에 밝은 교수가 제법 많이 자리하고 있었지만, 베버의 논지를 분별하고 판단할 만큼 탄탄한 공부의 바탕을 다져 놓지는 못하였다.

다시 지난날로 돌아가서, 이 책의 논지를 알아내기가 몹시 어려웠음에도 불구하고, 바로 이 까닭에 나는 그냥 두고 떠날 수 없는 무언가가 그 속에 담겨 있다고 느꼈다. 그 '무엇' 때문이었다. 베버의 학문 세계에 대한 호기심이 내 안에서 끓어올랐다. 비록 그 언저리에서 맴돌아야만 했지만, 그가 던진 물음의 어느 한 자락이라도 잡아 두고 싶어졌다. 내가 태어나 자란 개신교 집안의 특유한 분위기도 한몫했을 것이다. 베버가 파고든 개신교 윤리 지향성과 역사 현실 사이의 역동성에 관심이 갔고, 역사 전통에 따라 그 지향성이 다르게 나타날 것이기에 비교 분석의 필요성에도 마음이 쏠렸다. 이것저것 찾아 읽었다. 병역의무를 다하고자 하여 대학원에 입학하자마자 휴학하고 공군에 들어가 사관학교에서 장교로 근무하며 시간의 여유를 누리고 있을 때였다. '선생 없이' 혼자 공부하는 통쾌함은 이루 말할 수 없었다. 그러나 그것만으로는 직성이 풀릴 리 없었다. 공부에 대한 갈증은 점점 더 심해져 달래기 어려웠다. 자존감과 자신감으로 우쭐거리게 된 판이어서 사회학과라는 간판을 단 어느 대학원에 들어가 그때의 교수들 밑에서 공부한다고 해서 나의 갈증을 풀 수 있다고 생각하지 않았다. 제대로 공부할 수 있는 학교를 찾아야 했고 제대로 배울 선생을 만나야 했다.

2. 버클리 사회학

우여곡절 끝에 나는 좋은 학교에 들어가 좋은 선생을 만났다. 나의 관심에 따라 예일대학교의 '종교와 사회' 프로그램을 염두에 두고 그곳으로 갔다. 거기에서 종교와 사회의 역동 관계를 연구해 온 데이비드 리틀 교수를 만나 그의 지도를 받을 수 있었다. 베버의 사회학 생각과 잉글랜드 프로테스탄티즘 그리고 법 제도를 연구한 젊은 학자였다. 분과 학문의 경계를 넘나들며 자유롭게 공부할 수 있도록 학생의 공부 관심을 백방으로 돕고자 하는 이 대학의 유연한 개방성에 힘입어, 맑스, 베버, 뒤르케임, 짐멜, 파슨스를 다룬 사회학과의 이론 과목을 이수하고 고전 사회학자의 저서를 읽기 위한 '개인 지도 과목'도 열었다.

이 과정에서 나의 관심은 누구도 눈길을 두지 않은 '베버와 동양 사회'로 틀 잡혀 갔다. 리틀 교수는 이러한 나의 공부 관심을 충족시켜 줄 교수를 소개했다. 그를 지도하기도 했던 하버드의 젊은 사회학 교수 로버트 벨라였다. 나는 곧장 그의 글을 찾아 읽었다. 그의 학문 세계에 빠져들었다. 그에게 가서 공부할 작정을 굳히고는 그곳 사회학과로 연락했다. 하지만 한 학기 전에 하버드를 떠나 버클리로 갔다고 했다. 내친김에 그에게 직접 편지했다. 나의 공부 관심과 열정이 그에게 전해졌을 것이다. 나에게 공부 기회를 주겠다고 했다. 아메리카 동부 끝에서 서부 끝으로 대륙 횡단을 했다. 앞서 매체를 통하여 버클리 대학원이 가장 뛰어날뿐더러 60년대 말의 '버클리 사회학과'는 모두가 가고 싶어 하는 가장 매력 있는 곳이라는 평판을 얻고 있다는 것도 알고 있었지만, 그렇게 내 마음에 들 것이라고는 채 생각지 못하였다. 어리둥절한 한 해를 지나면서야 모두가 가고 싶을 수밖에 없는 대학이라고 느끼며 나도 그 대학을 즐기기 시작했다. 들뜬 격동과 세찬 격변의 분위기를 이끌어 가는 지극히 자유분방하고 지극히 실험성 넘치는 대학이었다.

이제 나는 사회학의 본령으로 들어갔다. 이는 고등학교를 졸업할 무렵의 막연한 결정이거나 점수와 눈치와 계산에 따른 선택이 아니었다. 길다면 긴 시간을 바친 다음에 찾아 들어선 공부 길이었다. 나는 제가끔 세계 수준의 명성을 날리고 있던 독창성 넘치는 출중한 교수들 밑에서 이 학문 일반을 다지었다. 무엇보다 나의 관심에 따라 그리고 버클리의 지향성에 따라 사회학 이론의 바탕을 파고들어 가 익혔다. 닐 스멜서, 가이 스완슨, 로버트 벨라의 가르침에 젖어 들었다. 특별히 벨라 교수의 '개인 지도 과목'을 열어 베버를 다시 읽고 새기고, 여러 이론 과목을 통하여 맑스의 세계에도 다시 들어가 보고 무엇보다 뒤르케임의 사회학 생각 그 세계도 다시 살펴 새기었고, 스멜서 교수를 통하여 파슨스의 체계 이론도 더 다져 볼 수 있었다. 그렇게 숲을 이룬 이들 거목의 생각을 이어 보고 갈라 보며 뜯어 살피고자 했다. 이들과 나눈 대화는 비좁은 생각의 공간을 떨쳐 나와 시원한 대지로 들어서는 자기 확장과 심화의 계기를 마련해 주었다. 그렇지 않은가? 광대함의 어느 한 자락에 기댈 뿐인데도 그 광대함에 에워싸여 황홀함을 감지하는 자기 격상의 순간순간이란 작은 자의 자기 확장 체험이고 실천 계기가 된다. 모름지기 자기 변화를 꿈꾸는 사람이라면 자질구레한 이야기를 일삼는 조무래기들의 협소한 생각의 답답한 공간 그 너머 거대한 생각 뭉치들이 빗발처럼 쏟아져 나오는 광활한 생각의 세계 안으로 들어서야 한다. 이는 자기부정을 통한 자기 성장의 길이다.

이 길에서 나는 막스 베버의 무게를 더욱 깊이 느낄 수 있었다. 그가 바라본 사람됨의 뜻도 새겨보고 시대를 살아가는 인간다움의 품도 보고, 삶의 모순에도 마주하고 인류 문명의 줄기를 조감하는 탐구의 가치도 알게 되었다. 그가 열어 보인 이 학문의 세계는 겉으로 드러나는 삶의 부스러기에 매달리는 사회학의 연구 행태와는 다르게 넓은 폭과 듬쑥한 깊이를 담고 있었기에, 나 또한 모든 경계를 허물고 그 너머 탁 트인 학문 세계로 들어가야 했다. 현실 학문의 좁음과 얕음에 실망하고 불만을 품게 된 사람이라면, 그의 학문 세계는 새삼 다가가야 할 생각의 보고이고 친화할 수밖에 없는 생각의 들판이라고 느꼈다. 그의 광활한 연구 관심은 시대를 뛰어넘어 오래된 인류의 문명으로 뻗치었고 이를 학문의 유산으로 남겼다. 비교 문화사회학의 연구 관심을 북돋운 버클리의 학풍과 어울리는 학문 세계였다. 험악한 절벽의 바위틈에 웅숭깊게 층층 고여 있는 물과도 같이, 목마른 자들이 마시고 마셔도 다함없이 솟아오르는 샘물을 나는 베버에게서 찾았다.

이 물을 마시면서 나는 베버와 함께 뒤르케임의 이론 전통에 대한 해석의 독창성을 이룬 벨라가 파헤친 일본 연구의 접근 방법을 살펴보고, 도이칠란트의 학풍을 이어받은 볼프강 에버하르트의 중국 사회론과 정신분석학을 비롯한 사회 이론을 중시해 온 해리 하루투니언의 일본 역사 해석도 만나고, 나아가 정치학과의 데이비드 앱터의 비교 분석론과 함께 제국주의와 식민주의 그리고 지역 연구를 흥미롭게 마주했다. 그가 예일대학의 정치학과와 사회학과 공동 교수로 초빙되어 떠나기에 앞서 내게 함께 가자고 권했던 그의 관심과 배려를 잊지 못할 자랑거리로 여겨 여태 마음에 담고 있다. 아무튼 나는 이러한 만남을 통하여 역사 체험을 비교의 눈으로 밝혀 보는 보람에 눈뜰 수 있었다.

이론을 바탕에 깔고 역사 현실을 분석하는 연구 지향성에 젖어 나도 그렇게 사회의 됨됨이를 바라보며 풀이하고, 역사의 꺾임과 굽이를 뜯어보며 따지고, 인간의 삶이 엮이어 나오는 그 뜻을 알아보고 새기고 싶었다. 누가 왜 공산주의자가 되고 공화주의자가 되는가? 마찬가지로 누가 왜 동학교도가 되고 기독교도가 되는가? 동학농민운동은 무엇 하자는 것이었고 기독교 개화운동은 또 무엇 하자는 것이었는가? 조선 사회를 혁파코자 한 운동이 모두 어떤 신앙 전통을 내세웠다는 것은 무엇을 말하는 것인가? 이 운동 세력은 사회 조건의 변화에 어떻게 대응하고 어떻게 조정하여 우리의 역사를 일구고 바꾸고자 했는가? 국문으로 박아 나온 「독립신문」은 어떤 점에서 통례의 개화사상과 다르고, 어떤 후원 세력을 얻어 어떤 방식으로 역사 변동을 일구고자 했는가? 한글 운동과 시민 민주주의는 어떻게 '친화'하였고, 그 밑에는 어떤 삶의 지향성이 자리하고 있는가? 일제 강탈에 항거한 기미년의 겨레 운동은 왜 어떻게 전국 방방곡곡에서 동시다발로 일어났고, 그 뜻은 어떻게 땅 밑으로 들어가 널리 번져 나갔으며, 해방과 그 이후의 역사 체험은 우리에게 또 무엇인가? 우리가 사로잡혀 시달림을 당하고 있는 저 좁다란 경제주의와 유사 가족주의의 뿌리는 어디에 있으며 그것은 삶을 어떻게 찌들게 하는가? 우리가 만난 여성운동은 무엇이며 녹색-생태 운동은 어떻게 받아들이어야 하는가?

내가 익힌 사회학 이론과 뗄 수 없는 역사 체험에서 우러나온 물음들이었다. 베버가 다른 나라 다른 문화권을 뜯어보면서 자기 나라 자기 문화 전통을 살폈듯이, 나도 다른 나라 다른 문화권을 공부하면서 우리나라 우리 사회와 문화를 마음 다잡아 살펴야 했고 살필 수밖에 없었다. 어쩌면 우리 사회, 우리의 문화 전통을 알아보기 위하여 다른 나라를 보고 다른 나라의 문화 전통을 알아보고자 했을 것이다. 우물 안의 개구리 됨에 대한 도전의 감행이었다. 나의 물음과 나의 풀이는 어떤 자료의 수집과 열거만으로 다 말할 수 없는 삶의 의미 문제였고 이에 대한 인식과 실행의 문제였다. 그리하여 나는 베버가 그린 서양의 '쇠우리'에 더하여 우리의 모습을 그려 주는 '대竹우리'를 내세울 수도 있었다. 내가 들어서게 된 사회학의 세계이고 내가 지켜 온 '역사 사회학'이다.

나는 이러한 공부 길을 걸어온 사회학도이다. 다른 나라 사람이라면 던지지 않을 '우리'의 물음을 던지지 않으면 안 되었다. 평탄치 않은 험난한 길이라고 하더라도 멈추지 않고 저 멀리 산을 향할 수밖에 없다는 생각에서였다. 그리하여 나는 '이론'이라는 바퀴에 우리의 '역사 현실'이라는 다른 바퀴를 단 수레를 모는 길에 들어서 있다고 말해 왔다. 내가 관심을 품고 발표한 글들은 모두 이 두 바퀴를 굴려 움직였던 수레에서 빚어 나온 생각 덩어리이다. 이러한 관심을 가진 사회학도로 학생들을 만났고 동료들을 만났다. 그리고 함께 생각을 나누며 공부했다. '좋은' 학생들을 만났고 '좋은' 동료들을 만났다. 함께 생각을 나누고 함께 생각을 나눌 수 있는 만남의 터도 함께 일구었다. 아무나 누릴 수 없는 나의 삶이었고 나의 복이었다.

3. 되새김

이처럼 베버에 대한 나의 이끌림과 그의 끌어당김은 묻고 답하는 배움으로 나타나고 이야기를 주고받는 나눔으로 이어졌다. '대화'이었다. 이야깃거리는 하나둘이 아니었다. 그가 풀이하는 '삶의 뜻'을 새겨 풀어보고, 때와 곳에 따라 다르게 펼쳐지는 그 '뜻'의 뿌리와 가지를 살피며 삶에 힘을 불어넣어 이끌어 가는 윤리 지향성을 살피고, 그가 뜯어보는 근대의 득의양양한 체제화와 거기에 딸려 붙은 부품으로 떨어지게 된 삶의 역설을 되새기고, 그가 파헤친 거대한 전통의 물줄기에 실려 흐르는 슬기의 이야기를 새김질하며 체제 그 너머의 가능성에 생명 줄을 던져 볼 수 있다는 돌파의 길도 그려 보았다.

대화란 상대를 전제한다. 누구라도 베버의 생각과 만나 생각을 나눌 수 있다. 생각을 남기고 떠난 사람은 후대의 사람에게 어떤 조건을 달지 않는다. 모두에게 관대하다. 상대할 만한 자와 차마 상대할 수 없는 자를 가리지 않는다. 대화의 기회는 그렇게 모두에게 열려 있다. 이 때문이다. 대화는 한결같을 수 없다. 여러 결이고 여러 켜이다. 얕고 가볍다고 핀잔맞을 변변찮은 대화도 있고 깊고 진득하다며 갈채 받을 푸짐한 대화도 있다. 이는 비평의 대상이다. 그러나 다른 차원에서 바라다볼 수 있는 대화의 세계가 있다. 생각과 만나 생각을 주고받는 대화로 자기의 됨됨이가 빚어지고 자기의 모습이 영근다면 대화는 '자기 구성'의 핵심이 된다.

나는 베버라는 생각의 거목을 만나 그와 이야기를 나누고자 했다. 나의 '나됨'은 베버의 학문 세계와 만나 나눈 이 삶의 기회와 뗄 수 없게 잇닿아 있다. 이 만남을 뜻있고 값지게 여겨 끊어짐 없이 생각을 나누고자 한 '대화'의 체험이 없었다면, 그가 들려주는 소리에 귀를 기울여 새겨듣고자 하고 그와 이야기를 건네고자 한 '대화'의 기회를 살리지 않았다면 사회학도로서의 나의 됨됨이는 사뭇 다른 모습으로 나타났을 것이다.

이렇듯 만남은 삶을 절여 만든다. 베버와의 만남은 지난 어느 한 날의 만남으로 끝나지 않고 그렇게 끝날 수 없는 '이어지는' 만남이었다. 어느 귀퉁이에 고여 멈춰 있지 않고 흐르고 흐르는 물줄기와도 같았다. 길다면 긴 세월 동안이었다. 드센 강바람도 맞았고 넘쳐 나는 흙탕물에도 빠져 보고 타는 가뭄도 만났다. 밝은 햇살도 느껴 보고 어두운 밤하늘에 휩싸이기도 했다. 모두는 그것대로 뜻이 있었고 맛이 있었다. 강바람은 강바람대로 흙탕물은 흙탕물대로 가뭄은 가뭄대로, 그리고 밝음은 밝음대로 어둠은 어둠대로 이야깃거리이고 생각거리였다. 전혀 시들해질 수 없는 만남이었다.

그러나 생각은 어느 하나에 매달려 멈춰 있지 않았다. 세상은 변하고 시대의 물음도 바뀌는 만큼 나 또한 마주해야 할 삶의 도전에 맞닥뜨려야 했다. 이러한 뜻에서 나도 정지 상태에 갇히지 않고 동력 상태를 유지해 왔다고 할 수 있다. 베버와의 대화를 놓치지 않으려 하고 놓지 않을 수 있었던 것은 그의 학문 세계가 세대와 문명권을 뛰어넘는 적절성의 호소력이 있었기 때문이었을 것이다. 무수한 안팎의 변화에도 불구하고 그의 카리스마는 문명을 꿰뚫고 세차게 용솟음치고, 여전한 활력을 뿜어내는 그의 '쇠우리' 개념은 모든 경계를 넘어 더욱 억센 기승을 부리고 있다. 나는 이러한 그의 학문 세계가 끌어당기는 대화의 흡인력 앞에 지금껏 떠나지 않고 그의 생각을 만나 이야기를 걸고 있다. 비록 글로 드러내어 적지 않았다고 해도 삶의 길에서, 생각의 길에서 그와 대화하고자 한다. 사회학도로 살아가게 된 내 삶에 어떤 건더기가 있다면 그것은 위대한 학문의 세계를 만나 멈추지 않고 이어 온 대화 때문일 것이다. 이 점에서라면, 가까이에서 함께 공부한 이들이 나에게 '고전 사회학'을 중히 여기는 사회학 선생이라고 이름 붙인 것이 그렇게 틀린 말이라 할 수 없다.

그렇다. 애초 사회학의 길로 들어설 생각을 하지 않던 내가, 뜻하지 않게 사회학의 길로 들어서 사회학도로 살게 된 데는 막스 베버의 학문 세계에서 나오는 생수의 힘이 있었다. 이 물을 마시면서 나는 다른 사람에게 함께 마시자고 했고 그 신선함과 상쾌함을 또 다른 대화의 주제로 올려놓기도 했다. 이러한 뜻을 치켜세우고자 하여 그를 기리는 학술 모임을 열 수도 있었다. 그러니까 1980년이다. 우리나라 학계를 한 수준 높이겠다는 당찬 생각으로 학제 간 학술 운동을 내세우고 나온 「현상과 인식」이 베버의 죽음 60해가 되던 때에, 그를 말할 수 있는 사람을 모두 모아 그의 학문을 새기도록 했고 발표문을 모아 특집호로 꾸미기도 했다. 이 학술 행사는 이제 역사이다. 우리나라의 학문 역사이고 우리나라 사회학의 역사이다. 나는 이 학술지의 창간에 뜻을 같이한 동료들과 이 일을 함께 꾸린 특권을 누릴 수도 있었다.

그리고 얼마 되지 않은 때였다. 도이칠란트로 가서 베버 연구가의 지도를 받으며 베버를 공부하겠다는 결의에 찬 학도도 만났다. 사회학과 대학원 학생 정 갑영이었다. 앞서 내가 찾아가 교분을 나눈 바 있는 튀빙겐대학의 프리드리히 텐브루크 교수가 선뜻 그를 지도하겠다고 허락해 주었다. 베버 연구의 대가에게서 배운 정 박사와의 대화를 우리는 값지게 여겼고 그에게서 또 배우고자 했다. 사회학의 이름을 걸친 자라면 아무나 베버를 들먹거릴 수 있다고 여기며 뜬금없이 '전문가'로 꾸미고 나와 마구 나대는 무모하고 무례한 대학인들과 달리, 그는 떠벌림 없이 끈질기게 그러면서도 조용하게 베버 생각을 다져 온 겸허한 베버 전공자이다. 「현상과인식」의 오랜 전통에 이어, 그는 '막스 베버 탄생 150해 기림' 학술 행사도 추진하고 '막스 베버 죽음 100해 기림' 학술 행사도 기획하였다. 그리고 나는 베버 연구에 놀라운 기여를 이어 오고 있는 김덕영 박사도 만나 그에게서 배우고, 베버 연구의 한 전통을 만들고 있는 최 종렬 박사와 그의 제자 이 예슬 박사에게도 배운다. 내가 들어선 공부 세상이다. 그리고 물론 함께 학술 모임에 나와 발표하며 생각을 나누는 학회의 귀한 벗들에게서도 배우고 있다.

4. 책의 짜임

이 책은 막스 베버의 학문을 두고 쓴 내 생각 한 다발이다. 그가 살아온 배경이나 전기를 적고자 하지 않았다. 그러한 책은 나라 안팎에서 쉽게 찾을 수 있다. 그리고 주요 저서도 번역되어 나오고 있다. 이 모두는 다 큰 값을 지닌다. 하지만 나는 위대한 사회(과)학자가 남긴 생각과 만나 함께 나눈 나의 이야기와 생각을 적고자 했다. 그러므로 이는 그의 생각과 나눈 나의 대화 기록이라고 할 수 있다. 다른 말로, 우리가 살아가는 이 삶이란 어떠하며 어떠해야 하는지 물으며 새기고 새기며 묻고자 한 작은 보고서와 같다.

앞에서도 일렀듯이 베버의 학문 세계에 대한 이해의 폭과 깊이는 사람에 따라 다르기 마련이다. 그 세계가 드러내 보여 주는 형체를 볼 수 있는 자기 시력 안에서 보고 그 세계에서 울려오는 소리를 들을 수 있는 자기 청력의 테두리 안에서 들을 따름이다. 그러므로 이 글들은 어쩌지 못하는 나의 시력과 청력의 한계 안에서 빚어져 나온, 한 사람의 이해에 지나지 않는다. 그러함에도 내가 베버의 학문 세계를 만나 생각한 바를 적을 수 있을 만큼은 귀가 막히지 않았고 눈이 가려지지 않았고, 그만큼은 마음 문이 열려 있었던 셈이다. 막스 베버의 산마루는 내 눈으로 본 것이며, 그 산에서 들려오는 울림은 내 귀로 들은 것이다.

어찌 되었건 이 글 속에는 나의 공부 관심이 스며 있고 나의 문제의식이 배어 있고 나의 현실 탐구 의지가 담겨 있다. 관심은 관심이고 의식은 의식이며 탐구는 탐구이다. 과장할 것도 없고 치장할 것도 없다. 내 생각 그대로 적은 글들이다. 바람몰이의 회오리에 자기도 모르게 휩쓸려 젠체하는 자들이 득세하는 시대에도 '저것은 아니다!' 하고 '저것일 수는 없다!'라고 하며 마음속으로 새기고 다지며 시대의 광풍을 뚫고 나아가고자 한 내면의 정신이 밑에 깔린 글들이다. 다른 사람이라면 쓰지 않을 글, 삶의 역사 체험에서 영근 나의 글이다. 이 글의 가치는 그러므로 내 삶에서 우러나온 생각붙이기에 다수의 찬동과 지지를 바랄 수 없다. 하지만 그 지지가 곧 궁극의 지지이거나 최종의 지지일 수는 없다. 다수가 다 담아낼 수 없는 소수자의 삶은 소수자의 삶을 만나 함께 어울린다. 이들은 스스로 '시인'이라고 한다. '무리'와 구별되는 '소수'의 삶을 자축하고 그 삶의 충만함을 치하할 따름이다.

그러므로 아래처럼 또 읊을 수 있다. 베버가 학문의 소명을 등에 지고 이 세상에 온 지 150년이 되어 이를 기리며 글을 모아 「다시 읽는 막스 베버」를 펴낸 기쁨을 나누는 자리에서 내가 적어 나눈 마음 한 토막이다.

무리는 보이는 것에 파묻혀 있습니다 / 무리는 보이는 것을 이야기합니다 / 시인은 보이지 않는 것을 찾아 나섭니다 / 시인은 보이지 않는 것을 그립니다 // 무리는 시인을 하찮게 여깁니다 / 시인은 무리를 두려워하지 않습니다 // 굴대 시대의 문명을 잊은 무리와 달리 / 시인은 초월의 역사로 세계를 새깁니다 / 이 냉혹한 극지의 밤에서도 // 무리 한가운데서 / 시인의 노래가 살아 있다는 것은 / 이상합니다 / 기적입니다 // 우리는 무리 가운데 있습니다 // 하지만 우리는 / 무리처럼 살지 않고 / 시인처럼 노래합니다 // 오늘 / 베버를 다시 읽고자 한 벗들이 만났습니다 // 시인의 마음으로 2015년 8월 29일

이 책에 들어 있는 글이 어떤 주제로 엮이었다면 그것은 현실과 영합하지 않는 시인처럼 현실을 돌파해 가는 초월을 향한 한 사회학도의 탐색이고 탐구이다.

하이델베르크 언덕 묘지에 묻힌 베버 부부의 묘에는 석회암으로 빚은 긴네모꼴 기둥이 서 있는데, 그 한쪽 옆에는 "우리는 그와 같은 사람을 결코 찾지 못할 것이다"라는 글이 적혀 있다. 군더더기 없는 짧은 비문이다. 막스 베버를 기리며 그의 아내 마리안느가 쓴 글이라고 한다. 이 묘비문을 찍은 사진은 내가 은퇴한 그날까지 연구실 책상 옆에 걸려 있기도 했다. 베버는 실로 누구도 복제할 수 없는 위대한 학자이고 거대한 사상가이다. 하지만 그가 그러했듯이 우리도 초월의 세계를 풀이의 마당으로 끌어들이는 공부 길에서 그의 위대함과 거대함을 체험할 수는 있다. 이 체험이 짙어질수록 우리 모두 저마다 남다르고 색다를 수 있다. 여기 모은 나의 글은 그의 학문 세계를 이끌어 간 '초월 영역'에 대한 감수성의 표현이고 해석이다. 이 점에서 이 책은 한 주제를 두고 벌인 글 모음이다.

이 책의 첫 번째 가름은 베버가 남긴 학문의 줄기를 알아보고 이를 나의 관심에 따라 새기고 되새기고 풀이하고 되풀이하고자 한 글이고, 두 번째 가름은 베버를 따로 떼어 내기보다 다른 인물들과 이어 보며 견주어 보고자 한 글이다. 이 모두는 베버의 생각을 만나면서 내가 마주한 놀라움과 서먹함과 어울림의 느낌과 함께, 내가 더 알아보고 더 풀어내어야 했던 글들이다. 나의 사회학은 이러한 길 걸음 위에서 어떤 모습을

떠어 가게 되었을 것이다. 세 번째 가름 '덧붙임'은 삶의 길에서 누군가를 만나 얽히고설키면서 나의 됨됨이가 어떤 색깔을 띠게 되었을 것이니 이를 그리고자 한 글을 모으고 있다.

5. 맺음

이 땅에서 태어나 이 땅의 문제와 맞닥뜨려야 했던 시민이고 학도인 내게, 베버는 다만 서양의 어느 위대한 학자로만 서 있지 않다. 앞에서 적어 두었듯이 그는 내게 삶에 대한 물음을 던질 수 있도록 힘을 불어넣어 주었다. 이는 고분고분 그의 말을 받아들이며 그 안에 머물 일이 아니었다. 그가 살던 시대와는 다른 시대에 살고 그가 태어나 살던 나라와는 다른 나라에 태어나 살고 있기에, 그가 던지고자 한 물음과 내가 던지고픈 물음이 같을 수 없다. 그의 물음에서 나의 물음을 끌어낼 수는 있을지언정 그의 물음이 곧 나의 물음일 수는 없었다. 바꿔 말해 그의 대답이 나의 대답일 수는 없었다. 그의 생각과 만나 수많은 이들이 다져놓은 생각까지도 새겨볼 수 있는 후학의 특권을 누리면서, 나는 우리 사회의 문제를 늘 염두에 두고 새기고 또 새겨야 했다. 누구도 대신해 주지 않고 대신할 수 없는 이 물음들을 두고 지침 없이 그리고 멈춤 없이 달라붙어 생각하며 씨름해야 했다. 그렇지 않은가? 우리의 문제는 우리가 풀어 가야 할 우리의 문제이다. 남이 대신해 풀어 주지 않을 우리의 물음이다. 내가 흔히 학생들 앞에서 하는 말로, 위대한 맑스도 뒤르케임도 그리고 물론 베버도 우리 사회를 위해 가슴 아파한 적이 없다. 그러나 몹시 허름하여 보잘것없다고 하더라도 나는 우리의 문제를 두고 밤잠 자지 못하였고 우리 사회의 아픔을 두고 가슴 치며 눈물 흘리어야 했다. 이 땅에 태어나 이 땅에서 공부하는 삶으로 '부름을 받은' 사람이라고 자신을 이해하는 학인이라면 짊어져야 할 삶의 짐이다.

생명은 보이지 않게 땅속 깊은 데서 흐르는 물줄기에 잇대어 노래한다. 앞서간 창밖의 목련도 그러했고 호숫가 길목의 산수유도 그러했다. 싹을 내는 만 가지 생명이 모두 그러할 것이다. 나의 이 책도 깊은 땅속에서 흐르는 다함없는 물줄기에 맞닿아 있다.

차 례

2부 관심과 인식의 비교 지평

3부 덧붙임

1부

역사 현실의 해명과 해석

막스 베버의 카리스마

사회운동 연구의 분석적 개념으로서

1.

사회변동의 문제는 막스 베버Max Weber의 사회학적 탐구에서 매우 중요한 테마를 이루고 있다. 그의 유명한 「프로테스탄트 윤리와 자본주의 정신」이라는 논문도 이 테마를 두고 질문을 던지고 해답을 찾으려 한 것이다. 무엇이 근대 자본주의의 발생을 촉진한 원초적 세력이었는가? 이러한 사회변동에 관한 질문이 비단 경제생활 영역에만 던져진 것은 아니다. 사회변동 과정에서 일어나는 여러 다른 사회 영역의 구조적 변동의 차이를 모두 관심 있게 보고 있다. 사회변동의 테마가 광범위한 제도적 수준으로 확대되어 사회의 모든 영역으로 확산되고 있음은 베버의 이론적 및 내용적 저작물을 훑어보아 쉽게 알 수 있다.

베버는 개인의 창의성과 혁신적인 추진력이 사회제도적 구조로 견제, 제한된다는 사실에 결코 눈이 어두워 있는 것은 아니나, 그 중요성을

* 이 글은 「人文科學」 35집(1976)과 「현대 사회의 구조와 이론」(서울: 일지사, 1978)에 실려 있다.

강조함으로써 사회변동의 질문을 설정하고 있다. 그의 글을 통해서 이 점을 곧 알아낼 수 있으나 특히 카리스마를 논의하는 데서 더욱 명백하게 알 수 있다.

베버의 카리스마를 두고 여러 입장에서 토의가 계속되어 왔다. 아시아나 아프리카의 이른바 여러 후진 국가의 정치 지도자 유형을 운위할 뿐만 아니라 후기 산업사회의 정치 지도자를 그릴 때도 이 용어를 들먹여 왔고, 이 용어가 흔히는 가치판단적으로 채색되어 긍정적으로, 부정적으로 해석되어 오기도 하였다. 그러나 어느 면으로는 거의 상식화되다시피 한 이 용어가 정확하게 이해되고 또 활용되는지는 의문이고, 이론적인 입장에서 카리스마가 '체계적'으로 논의되고 파악되고 있는지는 더욱 의문스럽다. 특히 사회변동의 중요한 내적 과정인 사회운동 연구에서 카리스마가 어떤 이론적 의미를 가지고 있는가 하는 데 대한 열띤 토의는 찾아 보기가 힘들다. 이 글에서는 베버의 카리스마 개념이 요즘 사회학적 연구의 흥미 있는 한 분야인 사회운동의 구조와 과정을 이해하는 데 조명할 수 있는 이론적인 빛을 마련해 주고 있다는 근거를 밝혀 보려 한다. 이 짧은 글에서는 사회운동의 구조와 과정에 관련되는 베버의 카리스마에 초점을 둠으로써 이 점을 정당화할 것이며, 그러기 위하여 다음과 같은 세 가지를 다루려 한다. 첫째, 베버의 카리스마 개념의 이론적 배경을 보고, 둘째, 카리스마의 일반적인 이론의 틀을 발전시키기 위하여 준거점을 들여다본 다음, 마지막으로 이와 관련하여 사회운동 연구의 이론적 함축성을 밝혀 보고자 한다.

2.

베버는 카리스마라는 용어를 "보통 사람과 구별되며 초자연적, 초인간적 또는 적어도 특수한 예외적인 힘이나 자질을 부여받은 것으로 보이는 어떤 개인적 인품의 특수한 자질"Weber, 1964: 358이라고 정의하고 있다. 이러한 속성은 권위의 유형을 분석하는 데서 더욱 구체적으로 기술되고 있다. '카리스마적'으로 정당화된 권위의 유형은 '전통적'으로 정당화된 권위의 유형과 '합리적 및 법률적'으로 정당화된 권위의 유형과 구별된다. 왜냐하면 앞의 것은 카리스마적인 개인이 혁신적인 자질을 보여 줌으로써, 그리고 이 같은 카리스마적인 자질을 인정하는 추종자가 나타남으로써 정당화되는 데 반하여, 뒤의 두 가지 권위 유형은 명령이 복종자에게 일상적이고 통상적인 것으로 전달됨으로써 정당화되기 때문이다윗글: 360-361; Weber, 1958ㄷ: 245. 여기서 보듯이 그는 카리스마를 다른 두 가지 유형의 권위와 대비시켜 이해하고 있다. 카리스마는 일상적인 통상의 영역 밖에 있을 뿐 아니라, 나아가 전통적인 권위와 법률적이고 합리적인 권위와 날카로이 대치하고 있는 것이다. 이러한 점에서 카리스마는 권위의 다른 두 유형에 안티테제적이라 할 수 있다. 베버가 "전통적으로 틀에 박혀 있는 시기에 있어서 카리스마는 큰 혁명적 세력"이라고 말한 밑바탕에 깔려 있는 뜻은 카리스마의 변동적 성격이다. '이성'이 행위의 조건 상황을 바꿈으로써 밖으로부터 작용하여 이에 대한 인간의 태도를 바꾸거나 또는 개인을 지적으로 변화시키는 똑같이 큰 혁명적인 세력일 수 있다. 그러나 카리스마는,

고통, 갈등 혹은 열정의 경험을 통한 주관적이거나 내적인 재구성을 포

함할 것이다. 그러므로 '세계'의 여러 문제와 구조에 대한 전혀 새로운 모든 태도의 지향성을 가지고 행위의 태도와 방향의 중심적인 체제를 근원적으로 바꾸는 결과를 가져오게 될 것이다Weber, 1964: 363.

위에서 베버가 개념화하고 있는 카리스마는 제도적 질서의 통상적인 틀을 부수고 새로운 제도적 질서를 세우려는 많은 형태의 변동 지향적인 활동과 행동에 매우 광범위하게 활용되고 있다. 베버는 이러한 카리스마의 속성을 샤먼, 예언자, 당의 우두머리, 전승 장군, 특정 지성인 등과 같은 여러 유형에 결부시키는가 하면 다른 한편으로는 관직, 가문, 가계, 세습적 사회형태에도 연관시키고 있다. 또한 카리스마적인 자질은 예언자, 정치 지도자, 법률적 또는 경제적 혁신을 가져오는 영도자뿐 아니라 종교적, 정치적, 법률적 또는 경제적인 영역에 걸쳐 다르게 표현되고 있다는 것도 밝히고 있다윗글: 359; Weber, 1968: xxxi.

베버는 이같이 다양한 카리스마적 표현 형태를 제시하면서 넓게 문제를 다루고 있음에도 불구하고 어떤 체계적인 개념적 명료성을 끈질기게 파헤치고 있는 것 같지는 않다. 카리스마의 이 같은 개념화의 미완성이 최근 몇몇 논의를 불러일으켰으리라고 보인다. 카리스마적 표현의 여러 형태에 초점을 두고 이론적인 손질을 하려 한 사람은 실스Edward A. Shils이다. 카리스마의 원초적인 자질이 비제도적인 변두리 영역뿐 아니라, 제도적인 중심부에도 존재할 수 있음을 지적하면서 더욱 일상적인 형태의 카리스마적 표현을 강조하기에 이르고 있다.[1] 흔히 넘겨 버리고 있었던 사회적 중심부의 혁신적인 힘을 강조한 것은 그의 이론적 기

1 실스의 이론적 견해에 관해서는 Shils(1965) 볼 것.

여임에 틀림없다. 그러나 더욱 면밀하게 사회학 이론의 전개 과정을 검토해 본다면 뒤르케임Émile Durkheim의 '거룩한 것'the sacred이라는 개념을 유추하면서 카리스마의 규범적 차원을 파슨스Talcott Parsons가 훨씬 앞서 강조하였음을 알 수 있다Parsons, 1937: 658-672; Weber, 1963ㄱ: xxxiii-xxxiv. 카리스마의 개인적 차원을 베버가 너무 강조한 나머지 이의 규범적 차원을 적절하게 설명해 주지 못하고 있다는 파슨스의 주장이 옳은 것 같으며, 이런 점에서 베버의 카리스마를 다룬 파슨스의 이론적 입장을 받아들여도 좋을 것이다. 이는 베버의 상당히 거친 개념적 구축을 넘어서서, 그의 글 가운데 흩어져 있는 카리스마의 여러 하부 개념을 형식 개념으로 구축한 이론적인 보완이라 할 수 있다. 어떻든 베버는 카리스마의 여러 소재를 제시해 주면서도 여기에 그리 큰 관심을 가지고 있지 않는 것 같으며, 그의 큰 관심사는 사회 변형 과정에서 차지하는 카리스마적 자질의 기능적 중요성인 것같이 보인다. 그러므로 그가 보다 크게 흥미를 가지고 있었던 것은 제도적 질서의 카리스마적 형태가 아니라 제도 자체의 카리스마적 힘에 대한 반反카리스마적인 세력이라고 할 수 있다. 이러한 이해의 틀은 제도화된 기관을 통하여 주어진 질서와 체제를 보강하려는 '공식적'public인 운동과 비제도적인 집합체를 통하여 주어진 질서와 체제를 변형하거나 재구성하려는 '사회운동'을 개념적으로 구별하는 근본적인 기준이 될 수 있다.[2] 앞의 것도 경우에 따라 어느 수준에서는 변형과 재구성을 촉진할 수 있으나 필연적으로 그렇다고는 볼 수 없다. 반대로 뒤의 것은 모든 경우 사회적인 변형과 재구성을 지향하게 되는 것이

2 다른 통상적인 행동이나 운동과 구별되는 집합행동의 일반적 정의와 사회운동의 특수한 정의는 Smelser(1963)의 1-2장과 Swanson(1971)의 4장 볼 것.

다. 베버가 카리스마의 변형적 힘에 일차적인 관심을 가지고 있다는 사실로 해서 카리스마를 사회운동에 이어 보려는 시도는 의미 있는 것이다. 바로 이런 점에서 사회운동 연구에 베버의 카리스마가 어떤 이론적 함축성을 가지고 있는지를 살펴보려는 시도는 그의 지적 관심을 함께 나누는 일이기도 하다.[3]

3.

위에서 사회운동 연구라는 관점에 따라 베버의 카리스마를 간단히 개념화하여 보았다. 다음에서는 카리스마적인 현상—즉 사회질서를 재정의하고 재구성하려는 변형적 행위의 발생—의 조건과 과정을 구체적으로 검토해 보려 한다.

카리스마적인 현상이 나타나기 위해서는 어떤 조건이 필요한가? 베버가 카리스마적인 현상이 일어나는 조건에 대하여 구체적이고도 체계적인 이론을 정립하려 한 흔적은 찾아 보기 힘들다. 그러나 어떤 조건 아래서 카리스마적인 현상이 나타날 것인가 하는 문제에 몇 가지 암시적인 대답을 찾는 것이 전혀 불가능한 것은 아니다. 가능한 한 예는 어떤 사회적인 조건 아래서 어느 특정 종교운동이 일어나는가 하는 베버의 논의를 주의 깊게 검토하는 것이다.

베버에게 있어서 카리스마적인 현상을 불러일으키는 두 조건을 찾아볼 수 있는데 하나는 실존적 일반 조건이며 다른 하나는 구조적 특수 조

3 이 점에 대해서는 베버의 중심적 관심사를 간략히 서술한 벨라의 다음 글을 볼 것. Bellah(1970: 7-8).

건이다. 이 두 가지 조건을 간단히 살펴보자.

카리스마적 현상의 일반 조건을 적절하게 이해하기 위해서는 모든 사회적, 문화적 상황에서 인간의 근본적인 성향 가운데 일차적 중요성이 있다고 베버가 파악한 의미 추구의 실재를 이해하여야 한다. 그는 인간이란 사회 관계성과 조직이 존립하게 된 연유의 의미를 해석하고 싶은 욕구를 지니고 있다고 생각하고 있다. 다른 말로 표현하면 인간은 사회적 세계a social world의 일반 질서의 의미를 찾아 보려는 근본적인 경향을 가지고 있다는 것이다. 인간은 질서의 바탕을 캐어묻고, 대답하고, 알려 하는 것이다. 다시 말해서 인간의 행위란 필연적으로 의미 추구를 포함하고 있다. 베버는 "세계의 의미를 찾아 보려는 가능성은 사태의 흐름에 경이할 수 있는 능력을 전제하고 있다"Weber, 1952: 207고 말한다. 인간은 주어진 질서를 그대로 받아들이는 것을 넘어서서 왜 질서가 그렇게 설정되어 있는가를 해석하려 든다. 보기를 들어 인간이란 부유한 상태에 도달하는 것만으로 단순히 만족하는 것이 아니라, 어떻게 그러한 부를 획득하게 되었으며, 왜 그 부를 획득하는 것이 당연한지를 알고 싶어 하고, 심지어는 경제적 부의 분배 구조 자체를 정당화하고 싶어 한다. 같은 식으로 인간은 여러 고통의 의미는 무엇이며 왜 스스로 고통을 받고 있는지를 캐내어 알고 싶은 욕구를 가지고 있다. 의미를 추구하려는 타고난 경향성은 삶의 어느 특정 단계나 제한된 시기에 잠시 나타나는 것이 아니라 삶의 전 과정을 통해 실존적으로 나타난다. 이 의미 추구 행동은 정치적이든 경제적이든 또는 문화적이든 상관없이 모든 사회 행위 가운데 스며 있고, 환멸, 좌절, 걱정, 공포, 불의 또는 부와 명예와 권력 등등 모든 조건, 모든 상황에서 나타난다. 의미 추구는 사회적인 삶의 지속적인 과정이다. 이러한 행위를 부정하는 것은 있을 수 없다. 왜냐하면 모든 인간의 문제—보기를 들어 고통, 죽음과 같은 것들—를 피하기란 실존적으로 불가능하고 이를 순전히 기계적으로만 해결할 수는 없기 때문이다. 그러므로 모든 사회 행위에 의미를 주고 의미를 찾는 것이 기본적인 요소로 포함되어 있다.[4]

위에서 보듯이, 베버는 질서의 바탕과 관련하여 인간이 겪고 있는 특수한 경험 세계와 자기의 특수한 조건 상황에 의미를 불어넣고 싶어 한다는 것을 아는 것이 사회 행동 이해에 매우 중요하다고 보고 있지만, 인간 행위의 기본적인 경향성과 카리스마적 호소와 매력appeal에 이끌리는 현상을 구체적이고 체계적으로 연결시켜 주는 데까지는 나가지 못하고 있다. 그러나 의미를 추구하고 그러한 경험에 참여하려는 근본적인 경향성이 카리스마적인 인물과 그의 메시지가 주는 매력에 민감할 수 있는 '일반적'인 조건이 되고 있음은 분명하다.

이 전제를 이 정도로 서술하고 카리스마적인 현상이 일어나는 특수한 조건을 간략히 검토해 보자. 이 '특수'하다는 뜻은 이 조건이 위에서 밝힌 조건의 일반적인 수준을 좁힌다는 점에서 이해되어야 한다는 말이다. 카리스마적인 분출 현상은 의미의 근거와 어떤 궁극적인 이해의 틀을 추구하려는 인간의 기본적인 경향성이 삶의 전 과정에서 기능을 중지하지 않는 한 계속 나타날 것이다. 그러나 다음에 논의하고자 하는 특수한 조건 아래서 카리스마적 분출 가능성은 더욱 커질 것이다. '특수' 조건이 구조적인 조건이 된다면 '일반' 조건은 실존적인 사전 조건이 된

4 이런 관계 아래서 베버가 행위자를 '주관적'인 관점에서 이해할 것을 강조하고 자기의 '이익'을 생각하면서 상황을 정의하려는 행위자의 의미 체계에 계속 관심을 가지고 있었음을 이해할 수 있을 것이다(Weber, 1964: 88). 의미의 추구에 대한 베버의 일반적인 논의는 특히 Weber(1958ㄷ: 267-301) 볼 것. 이러한 베버의 테마—의미의 추구—를 벨라의 더욱 다듬어진 비교 종교사회학은 물론이고 틸리히(Paul Tillich)의 형이상학적 탐색에서도 찾아 볼 수 있음은 여기서 새삼 자세히 쓸 필요가 없을 것이다.

다고 볼 수 있다.

베버의 종교적 경향성의 구조적 성격에 대한 논의를 참고함으로써 특수 조건을 이해할 수 있을 것이다. 베버는 신분의 위치와 종교적 경향성은 의미 있게 병행하고 있다고 지적하고 있다. 아마도 이 관계에 대한 적절한 말을 농민 계급에 관한 다음의 글에서 찾아 볼 수 있을 것이다.

> 문화의 본질적인 양태가 더욱 농민 중심일수록 … 사람들의 농경적 요소가 전통의 양태 속에 들어갈 것이며, 종교, 최소한 대중의 종교는 윤리적 합리화를 가지지 못할 가능성이 더욱 클 것이다. 그러므로 유대교와 기독교의 후기 전개 과정에서 농민들은 한 번도 합리적인 윤리 운동의 전달자로 등장한 적이 없었다Weber, 1963ㄱ: 81.

이 글이 지적하고 있는 것은 농민은 단순한 물활론적animistic, 마술적 신앙과 매우 큰 친근성을 가지고 있다는 점이다. 무사 계급이나 봉건적 귀족계급과 같이 제도적 질서에 밀착되어 있는 사람들의 경우도 또한 마찬가지이다윗글: 85. 이 모든 계층의 사람들은 기존 질서, 즉 전통에 깊이 묻혀 있기 때문에 일반적으로 제의 중심적이며 전통적인 신앙과 관습의 전달자가 될 뿐 다른 종류의 종교적 신앙의 전달자가 되는 것이 아니다. 그렇다면 베버는 농민, 무사, 봉건적 귀족 등과 같은 계층의 사람은 당대의 지배적이고 기성적인 유형을 깨뜨리는 특수한 운동에 전연 무감각하다고 보고 있는 것인가? 그는 다시 농민에 대해 말하면서 이 질문에 대해 다음과 같이 대답하고 있는 듯하다.

> 농민들의 운명이 자연에 강하게 묶여 있고, 유기체적 힘과 자연적인 사

> 건에 지나치게 의존하고 있고, 경제적으로는 행동이 합리적 체계화에 거의 지향되어 있지 않고 있기 때문에 일반적으로 농민층은 국내적인 힘재정적, 농경적 또는 봉건영주적인 것이나 아니면 어떤 외부적인 정치권력에 의하여 노예화나 프롤레타리아의 위협이 있을 때에만 종교의 전달자가 될 것이다윗글: 80.[5]

윗글은 베버가 보는 경제적 또는 정치적 상태 그 자체와 종교적 경향성 간의 밀접한 관계를 간단하게 말해 주고 있다. 사회집단에 내재하고 있는 여러 가지 구조적 요소로 말미암아 같은 종교적 상징에 여러 가지 형태로 반응이 나타나지만 그렇다고 해서 어떤 종교운동이라도 결국 사회적으로 혜택을 받지 못하는 계급의 경제적 또는 정치적 이해관계에 의해 결정되고 만다는 뜻은 아니다.

윗글에서 보는 바와 같이 베버가 문제를 포착해 보려는 점은 오히려 사회 신분의 위기와 새로운 종교적 호소력에의 경향성이 직접적으로 연결되어 있다는 사실이다윗글: 6-7장.

위기의 경험은 좀 더 명확히 검토되어야 한다. 위에 지적한 바와 같이 전통적 및 관료적 구조는 영속적이며 안정된 질서를 전제로 하기 때문에 사회집단의 일상적이고 통상적인 생활의 정상적이고 회귀적인 요구를 처리할 수 있다. 보기를 들어 가부장적 경제체제는 통상적인 평범한 생활을 통하여 일상적인 필요를 충족시키게 되어 있고, 관료적 구조하의 경제체제는 합리적 법칙의 체계 위에 바탕을 두고 있기 때문에 앞

5 줄 친 것은 나의 것임. 마술적인 신앙과 합리적이고 윤리적인 종교를 베버가 구별하고 있음을 상기해 두어야 한다. 간단히 말해서 앞의 것은 비체계적으로 긴장 상태를 처리하고, 뒤의 것은 체계적으로 처리한다고 할 수 있다.

의 것과 다르기는 하지만 이도 역시 정상적인 통상 관례를 통하여 일상적이고 예상할 수 있는 필요를 충족시키는 것이다. 그러나 통상적인 생활 영역 안에서 어떤 예상치 못한 사태가 나타날 때 위와 같은 기성 구조 체제는 이러한 사태의 필요를 충족시키지 못할 뿐 아니라 충족시킬 준비조차 하지 못할 것이다. 동시에 행동적 수준에서 개인이 구조적 해체에서 오는 새로운 위협, 요구 그리고 도전에 직면하였을 때 그의 기성 사회질서에 대한 적응력은 무력해지고 말 것이다. 그는 심한 괴로움을 스스로 경험하게 될 것이다. 이것이 고통의 상태이다. 사회 신분이 뒤죽박죽이 되었을 경우 사람들은 소속한 사회의 권위 체계를 불신할 뿐 아니라, 기존 질서로부터 아무런 혜택도 기대하지 않을 만큼 안정감을 상실하고 말 것이다. 이 불안감과 헤어날 수 없는 곤경에 빠져 있을 때 무력하다고 느끼게 된다.[6]

이러한 위기의식을 가지게 될 때 사람들은 스스로 당면하고 있는 사태란 도대체 어찌 된 것인지를 정의하고 그런 조건 상황을 명료히 이해, 판단할 수 있는 의미의 틀을 찾아 보고 싶을 것이다. 당하고 있는 좌절, 고통, 소외감, 혼돈감 그리고 무의미함을 충분히 초월할 수 있는 미래에의 약속을 찾으려 할 것이다. 자기 주체identity의 문제와 씨름하면서 현 사회 실재에 대하여 새 뜻을 탐색하려 할 것이다. 의미를 추구하려는 과정에는 분명히 개인적인 차원이 있다. 그러나 이 모든 것도 의미 추구의 행위를 크게 결정짓는 위기의 구조적 이해를 무시한다면 충분히 이해될

6 최근의 이론적 토의가 이러한 위기 경험의 이해를 더욱 분명히 하여 줄 것이다. 특히 강박감에서 걱정을 더해 주는 심리적 경험이라고 부른 라자루스(R. S. Lazarus)의 논의는 Lazarus(1966), Miller & Iscoe(1963) 볼 것. 사회학에서 스멜서의 사회구조적 '긴장'(strain)이나 스완슨의 '사회불안'(social unrest)에 대한 설명은 각각 다음 두 글을 볼 것. Smelser(윗글: 3장), Swanson(1970).

수 없을 것이다. 베버는 위기의 경험은 생활의 특수 형태를 보여 주는 구조와 신분의 문제에 직접적으로 연결되어 있다는 사실을 매우 심각히 여기고 있다. 적절한 보기를 일본의 초기 메이지明治 시대 프로테스탄트 교회 구성원의 성격을 분석한 샤이너Irwin Scheiner의 최근 연구에서 찾아볼 수 있다Scheiner, 1970: 3장. 초기 메이지 시대의 일본 교회 구성원들은 주로 명치유신 이후 '권력으로부터 무시당하고 잘린', 다시 말해서 중앙으로부터 소외당하고 있었던 사무라이 계급으로 구성되었음을 지적하고 있다윗글: 53. 사무라이 계급의 개종을 역사적으로 분석한 이 연구는 베버가 무사 계급 자체는 통상적인 상황 아래에서는 비교적 종교적인 자극에 끌리지 않지만, 사회적 안정이 붕괴될 때 갑작스러운 개종이 가능하다고 본 점을 뒷받침해 주고 있다. 의심할 여지 없이 새로운 종교적 자극에 무사 계급이 더욱더 이끌리게 된 것은 경제적, 정치적 및 사회적인 여러 결핍감 때문이었을 것이나, 이는 또한 벨라Robert N. Bellah가 강조하듯이 스스로 속한 사회에서 경험하는 의미의 진공상태the vacuum of meaning 또는 의미의 결핍the deprivation of meaning 때문이기도 한 것이다.[7]

위에 논의한 것을 요약하면 다음과 같을 것이다. 카리스마적인 현상은 병적이고 파국적인 조건에서만 나타나는 것이 아니라 어떤 정상적인 사회생활에서도 나타날 수 있다. 이러한 조건을 이해하려는 체계적인 접근 방법은 위의 두 가지 조건 어느 하나에만 관심을 쏟든지 또는 인간 생활의 정상 상태와 비정상 상태를 잘 나누어서 볼 것이 아니라, 의미 추구 행위의 실존적 바탕 위에 사회 경험의 구조적 측면을 연결시킴

7 이러한 생각의 줄기는 벨라의 여러 글 가운데 있는 것이지만, 이 점은 버클리에서 1971년 봄 학기에 연 '막스 베버 세미나'에서 더욱 구체적으로 논술되었다.

으로써 가능한 것이다. 이런 관점에서 카리스마적인 운동의 조건을 토의하는 것은 한없이 신비스럽고 오묘한 인간 생활의 탐색의 실마리를 사회과학의 영역에서 풀어 보려는 데 있다. 카리스마가 나타날 땅은 '구조적'으로 파국적이고 병적인 극한 상황에 한정되지 않고, 의미와 질서의 바탕을 캐묻는 것이 인간 행위의 공통적인 특징이자 궁극적인 핵을 이루고 있는 한, 사회 속에 항상 주어진다. 그럼에도 불구하고 카리스마적인 운동의 출현은 일반적으로 구조적인 위기가 태동할 때를 기다리고 있는 것이다.

그런 위기 사태 속에서 사람들은 혼란과 좌절감을 갖게 된다. 주어진 사태를 명확히 알아보려 하나 더욱더 혼란감을 가질 뿐이다. 바로 이러한 상황에서 사람들이 지도자를 요청하게 된다. 이 점과 관련시켜 베버는 다음과 같이 말하고 있다.

> 대개 … 눌린 사람들 또는 적어도 재난의 위협을 받고 있는 사람들은 구원자와 예언자를 필요로 하였다. 행운이 있는 사람들, 재산이 있는 사람들, 지배 계층의 사람들은 이러한 필요를 느끼지 않았다. 그러므로 대다수의 경우 예언자적으로 선포된 구속의 종교는 사회적으로 혜택을 받지 못하는 계층 속에 영속적인 소재를 두어 왔었다. 이들 가운데서 이 같은 종교심은 마술magic의 대치물이거나 아니면 합리적 보완물이 되었다Weber, 1958ㄷ: 274.

바꾸어, 위기를 극복하고 요청 사항을 만족시켜 주는 한편 의미와 질서의 새 차원을 마련해 주려고 카리스마적인 지도자가 등장한 땅을 여기서 알아볼 수 있다. 카리스마의 소유자는 경제적, 사회적 및 문화적인 파국 상태와 같은 위기 상황에서 나타날 가능성이 많다. 보기를 들어 베버에게 있어 카리스마적인 지도성의 원형이라 할 예언자의 출현은, 사회적으로 억눌려 있고 대우를 받지 못하고 있어 구원자를 찾고 있던 사회계층과 직접적으로 연결되어 있다. 위기 속에 있었던 이러한 계층의 사람들에게 자연스러운 지도자는 관료적인 인사도 전통적인 권위의 인사도 아니다. 왜냐하면 이 두 종류의 사람은 한결같이 위기 상황의 출현 이전의 통상적인 필요를 만족시키기에 적절할 뿐이기 때문이다. 중대한 위급 사태 아래서 지도자란 기존 질서를 근원적으로 변형시키려는 데 특별한 관심을 가진 사람일 것이고, 부적절한 현실에 과감히 도전하려는 사명 의식을 가진 사람일 것이고, 사람들의 좌절, 허탈, 혼돈감을 풀어 주기 위하여 새로운 의미와 질서를 제시하려는 사람이 될 것이다.

그렇다고 해서 이러한 위기 상황과 부수적인 요구가 사람들이 어느 특수한 개인이나 행동에 동원되는 양태를 자동적으로 규정짓는 것은 아니다. 베버가 카리스마적 현상의 출현 조건을 설명하려 할 때, 이러한 현상은 위기 상황의 단순한 반영이나 '요구-만족'이라는 함수관계의 공식 이외에 아무것도 아니라고 주장하는 것은 아니다. 통상적인 사회조직이 깨졌을 때 여러 종류의 유혹과 행동에 쉽게 휘말려 들어갈 것이다.[8] 그럼에도 불구하고 사람들이 주어진 상황을 평가하고 특별한 목적을 세우고 이를 달성하기 위한 능력을 갖고 있지 못하는 것이 일반적인 현상이다.[9] 결정적인 행동으로 나아가기 위해서는 특정 사회계층의 요구를 반

8 이러한 현상에 대한 이해에 도움이 될 토의는 다음과 같은 글이 될 것이다. Deutsch(1961), Kornhauser(1959: 2-3부).

9 이러한 면을 Swanson(윗글)이 확실히 하고 있다.

영할 뿐 아니라, 상황을 해석하고 요구 사항을 보완하고 더욱 중요하게는 새로운 질서를 만들어 내는 카리스마적인 인물이 나타나야 한다. 베버가 강조하는 것은 평범한 사람들의 생각과 행위의 지평선을 넘어서는 특출한 인물의 자질이다. 그가 보는 대로 카리스마적인 지도자를 위기 상황의 관계로만 설명할 수는 없다. 카리스마적인 지도자가 위기를 심각하게 다루기는 하지만 위기를 초월할 수도 있는 것이다.[10] 다른 말로 하면 카리스마적인 인물이 사회적으로 소외를 당하는 계층의 사람들을 구하기 위해 나타나지만, 그렇다고 어느 특수 계층에 한정되어 있는 것은 아니다Weber, 1963ㄱ: 7장. 예수가 가장 강렬하게 메시아를 기다리던 때에 나타나기는 하였으나, 이방 종족과 싸울 민족 지도자가 되기를 거부함으로써 대중의 바람을 직접 반영하지는 않았다는 사실을 기억하여야 한다. 이런 관계에서 볼 때, 카리스마적 자질은 평범한 사람들과 구별되고 그리하여 초자연적이고, 초인간적이고 또는 예외적이라고 인정을 받게 된다 할 것이다.

이 같은 카리스마적 인간의 창의성과 혁신적 자질은 상징체계의 내용 자체, 즉 세계를 보다 높은 질서의 관점에서 종합적으로 보고 사회체계의 변형을 이끌 뚜렷한 전망을 형성하는 데 매우 중요하다. 이 점은 흔히 다른 관점에서도 논의가 되긴 하지만, 베버의 비교 종교사회학과 관련시켜 볼 수 있을 것이다. 어떻게 종교적 상징체계가 형성되어 기성 제도적 질서 아래서 생기는 중요한 긴장을 처리하려 하는가를 찾아봄으로써, 여러 종교적 행동 방향의 형태와, 더욱 근본적으로는 서로 다른 종교적 상징체계의 내용 자체를 검토하려 하고 있다. 잘 알려진 대로

10 이 점은 Bellah(윗글: 280)의 글에서 강조되고 있다.

여기서 베버는 금욕주의와 신비주의를 구분하고 내세주의와 현세주의를 구분한 뒤 서로 교차시켜 얻은 네 가지 해결적 설명 유형을 끌어내고 있다. 베버가 해결의 여러 방향을 각각 넓게 다루고 있지만, 그의 일차적인 관심은 합리화되고 체계화된 높은 질서에로의 약진을 가능케 하는 상징체계에 있었다. 모든 종교운동의 초기에 있어서 카리스마적인 인물은 지방에 국한되어 있고 특수적인 데서부터, 보다 넓고 보편적인 자각으로 상징체계의 내용을 확대하여 재구성시키는 데 결정적인 역할을 한다.

이러한 초기의 상징 창조 단계를 뒤따라 상징체계 그 자체가 카리스마적이 된다. 여기서 행동 방향을 보편적인 목적으로 강하게 이끄는 상징체계의 입장에 일치하는 협동 행위가 이루어진다. 위기 사태 아래서 카리스마적 상징은 기성 상징과 행동 지향 유형의 내용을 변경시킴으로써 문제적 상황을 정의하고 해결하는 데 도움을 주게 된다. 그렇기 때문에 특정한 카리스마적인 상징이 전파되어 용납될 경우 집합행동적인 현상이 나타날 가능성이 있게 된다. 이 점은 베버의 저작에 전반적으로 나타나 있지만, 더욱 분명하게는 프로테스탄트 윤리나 상징체계의 기술에서 발견된다. 이 상징체계가 어느 만큼 영향을 미쳤는가 하는 것은 제쳐 두고라도 이 상징체계의 변형적 동력은 경제적 영역에 국한되지 않고 보다 넓은 사회구조에 걸쳐 계속적 합리화 과정의 가능성을 열어 줄 강한 경향성을 가지고 있다는 사실을 지적할 수 있다. 간단히 말해서 이 프로테스탄트 상징은 카리스마적 운동을 유발할 수 있다는 뜻이다.[11]

11 이러한 문제에 대해서는 여러 가지 중에서도 Eisenstadt(1968)의 글 볼 것.

4.

카리스마적인 인물이 추종자의 인정과 후원을 얻으면서 현존하는 제도적 질서를 부순다고 할 때, 베버가 카리스마적인 지도자와 그의 추종자들 사이에 존재하는 강한 심리적인 유대를 강조하는 것은 매우 흥미 있는 일이다. 지도자는 자기와 자기의 상징체계에 대하여 열성과 절망과 혹은 희망과 같은 여러 상태에서 우러나올 수 있는 무조건적이고 철저하고 전적인 헌신을 요구한다Weber, 1964: 359-360. 지도자란 추종자들이 그를 카리스마적인 인물이라고만 인정하는 것을 넘어서 그의 명령에 따라 '행동'하는 것이 당연한 의무라고까지 생각하게 될 때 완벽한 의미에서 카리스마적이 된다. 여기서 카리스마적인 본체와 추종자 사이의 간격에 다리를 놓아 주는 것은 카리스마적인 목적과 행동 방향을 공유하는 데서 전개되는 공동 협력 의식이다.

구약성서에 나오는 예언자에서 볼 수 있듯이 카리스마적인 인물은 자기의 사명 의식에 넘쳐 종교적인 교리나 신의 계명을 선포하고, 사회 구성원들에게 자기가 선포한 질서에 전적인 충성을 요구하고 있다. 이러한 개인적인 소명 의식과 이에 대한 대중으로부터의 전적인 헌신의 확보가 카리스마적인 현상을 더욱 완전하게 만든다. 이 점은 개종의 심리 과정에서도 볼 수 있다. 실질적으로 한 동네나 학급 전체가 어느 계기를 통해 개종하는 경우 선교사들의 유별난 온정과 헌신적 태도에 개종자들은 강렬한 개인적인 헌신과 행동을 보여 줌으로써 교호 작용을 일으키게 된다. 샤이너가 보여 주는 대로 선교사의 개인적인 영향과 개종자의 강렬한 헌신적 행동의 표현은 메이지 초기의 개종 경험에서 카리스마적 현상의 분명한 보기를 볼 수 있다Scheiner, 윗글: 24-30.

더욱이 카리스마적 본체에 충성과 헌신을 서약함으로써 추종자들은 기성 질서를 부수고 새로운 질서를 세우는 공동 목적에 적극적으로 참여하게 된다. 그렇게 함으로써 카리스마적인 지도자가 자아내고 분명히 해 주는 목적과 행동에 추종자들은 더욱더 깊은 연관을 맺게 된다. 사람들이 집합체의 카리스마적인 중핵에 연결되어 있어 제도적 구조를 '목적에 맞게'purposively 재구성하려 하는 바로 이 같은 집합적 현상이 카리스마적인 것이다.[12] 그러기에 카리스마적인 현상은 카리스마적인 지도자의 부름에 깨달은 바 있어, 나아가 참여하여 추종자가 됨으로써 행동 방향과 태도를 본질적으로 재구성하게 되는 상황이다.

위에서 이미 암시되어 있듯이 베버에게 카리스마의 순수한 형태는 "초기 형성 과정에만 존재한다." 이것은 안정된 상태를 오래 유지할 수 없으며 전통화하거나 합리화하거나 아니면 두 가지를 혼합하고 있는 상태를 야기시킬 것이다Weber, 1964: 363-364. 카리스마적 집합체 자체는 카리스마적 자질이 통상화routinization하는 결과로 존재하게 된다. 이러한 관계를 이해한다면 다음과 같은 분석이 가능할 것이다. 기존 질서의 정당성에 도전하는 데 일차적으로 지향되어 있어 그 질서를 부수는 지렛대의 구실을 하는 구심력 자체를 보다 영속적인 제도적 상태로 변형시키려는 시도의 동기가 무엇이든 간에, 카리스마의 순수한 자질은 자체의 지속과 안정을 위해서 약화될 수 있다. 실제로 많은 경우에 있어서 카리스마적인 자질은 통상화 과정에서 급격히 삭감되고 약화되고 심지어는 상실될 수도 있다. 또한 근원적으로 반反기성적인 의미의 세계를 주어

12 어떤 상징체계를 바탕으로 한 목적을 가진 행동을 서술할 때 카리스마적 집합체에 관한 한 집합행동을 보는 스멜서의 견해에 동의하게 된다. Smelser(1964), Evans(1969: 89-94)의 글 볼 것.

사람들을 어떤 폭발적인 집합 행위로 동원할 수 없을 정도로 크게 후퇴하게 만들 수도 있다. 비록 이렇게 부정적으로 카리스마의 통상화를 보는 면이 베버의 저작 가운데 강조되어 있지만, 동시에 통상화의 과정을 통하여 카리스마는 자체의 범위가 넓어지고 지속의 가능성이 커지고 있다는 사실이 강조되어 있음을 소홀히 해서는 안 된다.

카리스마적인 개인과 그를 추종하는 신봉자의 유대로써 맺어진 카리스마적인 집합체의 존재만으로는 카리스마적인 메시지를 유지하는 것은 불충분하고 초보적일 뿐이다. 카리스마적인 목적이 제도적인 구조에 성공적으로 접붙여지려면 초보적인 유대 관계가 영속적인 집합체나 공동체로 발전되어야 한다. 모든 사회운동은 지도적 인물과 그의 추종자중간 간부와 대중가 있어야 하는데, 이들이 같은 정도의 카리스마를 공유하고 있는 것은 아니나 이들은 일상생활을 근원적으로 변형시키고 철저하게 능동적이고 자발적으로 규제함으로써 카리스마의 본체에 관련되고 있다는 확실성을 끊임없이 확인하려 든다. 이러한 모든 종류의 사회 행위가 카리스마적인 집합체의 소속 회원과 외부 사람을 '구별' 지으며 어떤 점에서는 정상적인 인간의 능력의 한계를 능가할 수 있게 만든다. 새로운 상징체계에 참여하는 이런 종류의 모든 행동이 어느 특정한 운동에 한정되어 있는 것은 아니지만, 프로테스탄트 상징체계가 위의 논의점을 매우 적절하게 표현하고 있다. 프로테스탄트 공동체의 소속 회원은 하나님으로부터 직접 은총의 카리스마를 받았기 때문에 곧 세속적인 성직자가 된 것이다. 개인에게 요청되는 행동은 이 세상에서 하나님의 뜻을 완수하기 위한 그의 도구로서 봉사할 자신의 능력을 결정적으로 증명하는 일이 될 것이다.[13]

결국 모든 사회운동은 초기에 있어서, 지도자와 헌신적으로 따르는 무리사도, 제자, 후원자 또는 전우 등등의 집단으로 되어 있다. 그러나 이러한 유대 관계만으로는 충분하지 못하다. 카리스마적인 지도자나 그의 메시지가 성공적으로 유지되려면 다만 추종자를 만드는 것 이상으로 그들의 헌신적 행동을 보다 영속적인 바탕 위에 보존해 두는 것이 필요하다. 성공적으로 지속되는 사회운동의 경우 추종자는 지도자의 사명 의식에 능동적으로 참여하고 어떤 식으로든 지도자가 가진 카리스마적인 자질을 공유하게 될 것이다. 통상화 과정이란 불가불 사라질 수밖에 없는 개인 중심의 특수한 카리스마를 제도적인 수준으로 일반화시켜 본래의 뜻을 유지하는 것이다.[14] 앞에서 카리스마의 전개 과정을 봄으로써 베버가 이론화한 카리스마의 준거점을 구축해 보려 하였다. 이것을 다음과 같이 요약해 볼 수 있을 것이다.

카리스마적 현상의 단계	카리스마적 현상의 성격
위기의 경험	
위기 사태	
	상징화(symbolization)
카리스마적 본체(개인과 상징)의 출현	
	동원(mobilization)
추종자의 등장	
카리스마적 집합체의 형성	
	통상화(routinization)
협력적 행동	
재구성	

결론을 대신해서 흔히 넘겨 버리기 쉬운 문제에 주의하면서 사회운동의 구조와 과정 연구에 도움이 될 수 있는 막스 베버의 카리스마가 주

는 중요한 이론적 암시를 고찰하여 보자.

베버의 카리스마에 대한 직접적이고 간접적인 논의가 상당히 많이 되어 있다. 최근에 와서 그의 '카리스마' 개념은 정치권력의 형태와 인물을 연구하는 데 유용한 개념이라고 보게 되었다. 그러나 이같이 전연 좁다란 범위에서의 카리스마 이해와 활용을 제외하고는 사회운동 분석·연구에 도움이 될 개념적 틀의 구축과 같은 보다 넓은 이해와 활용은 찾아 보기 어렵다. 카리스마에 관한 베버의 논의가 던지는 이론적인 암시를 더욱 체계적으로, 어떤 면에서는 더욱 광범위하게 활용하는 것은 분명 값어치 있는 일이며, 이는 수정 베버주의자라기보다는 충실한 베버주의자의 입장이 될 것이다. 이러한 관점에서 본다면 위에서 논의한 이론적 재구성 자체가 완전한 것은 아니다. 그러나 여기서는 어떻게 카리스마가 출현하고 전개되는지를 분석하여 우리가 관심을 가지고 있는 사회운동 분석을 위한 일반적 틀에 연결될 수 있는지를 밝혔다는 것만으로 충분할 것이다.

비록 지도자의 역할이 오늘날 사회학적 연구에서 완전히 무시되고 있다고는 할 수 없으나 사회운동의 전개 과정에서 차지하는 지도자의 기능적 중요성이 사회학적 사고에서 적절한 취급을 못 받고 있는 것만은 확실하다. 사회운동의 사회학적 토의에서 많은 사람들이 지도자의 중요한 위치를 인정하기를 꺼리는 것 같다. 그러면서 프로이트Sigmund

13 자세한 것은 베버의 가장 유명한 저작 볼 것. Weber(1958ㄷ).

14 도움이 될 논의를 Swanson(1966: 109-113)의 글에서 찾아 볼 수 있다. 이런 관계에서 실스가 카리스마의 분산을 강조하는 것은 베버의 '카리스마 통상화'의 적극적인 면을 이해하는 데 도움이 된다(Shils, 1958).

Freud의 고전적 이론에[15] 발판을 둔 정신분석학적으로 기울어진 이론가들에게 지도자의 역할에 대한 문제를 전가시켜 버림으로써 변명의 근거를 찾으려 하는지도 모른다. 사실상 블루머Herbert Blumer의 감염contagion 이론의 관점도 지도자의 어떤 중심적 위치와 그의 역할을 적절히 고려하지 않고 있다. 다만 집합행동의 '충동적'인 면을 지나치게 강조하고 있을 뿐이다. 기껏해야 추종자들은 자기들의 지도자에게 저절로 우러나는 감정을 쏟아 넣게 된다는 견해를 밝혔을 뿐이다. 이렇듯 블루머는 집단적인 사건에 참여하는 사람들로부터 지도자가 복종심을 불러일으킬 수 있는 강력한 역할에 대해서는 아무런 설명도 제공해 주고 있지 않다Blumer, 1957: 127-158; Evans, 윗글: 65-85.[16]

여기에서 베버의 카리스마 이론의 강점을 알게 된다. 프로이트가 주장하는 리비도libido적인 유대 관계나 에고ego의 이상과 같은 심리학적인 중요성을 제안해서가 아니라, 지도자 속에 내재한 위력과 함께 특수한 사회·역사적 상황에서 지도자가 사회적으로 타당성을 얻게 되는 과정을 같이 강조한 점이 곧 베버의 강점이 되는 것이다.[17] 지도자와 추종자의 심적 관계에만 치중하는 대신에 그의 이론적 통찰은 지도자가 상징체계를 창조, 재구성함으로써 스스로의 자질을 나타내 보이고 이러한

15 지도자와 추종자의 관계에 대한 프로이트의 설명은 개인심리학 이론을 집단 심리의 분석에 활용하고 있는 Freud(1960)의 글 볼 것. 지도성의 정신분석적 설명은 다른 것 중에서 Gilbert(1950)의 글 볼 것.

16 현대 사회학에 있어서 집합행동의 위치가 어떤 것인지를 개관하고 있는 것으로는 Turner(1964)의 글 볼 것. 여러 가지로 블루머가 르봉(G. Le Bon)의 저작 속에 나타나 있는 많은 불명료한 개념을 발전시키었으나, 집합행동의 여러 에피소드를 설명할 만큼 분석적인 수준에 도달하지 못하고 있음을 또한 인정하여야 할 것이다(Le Bon, 1960).

17 이론적으로 이렇다 할 진전을 보이고 있지는 않으나 프리들랜드는 다음 글에서 카리스마의 심리적 측면을 지나치게 강조하는 것은 옳지 않다고 주장하면서 이 같은 사회적 측면을 강조하고 있다. Friedland(1964: 18-26), McLaughlin(1969: 243-257)의 글 볼 것.

행동으로 해서 추종자와 후원자를 얻게 된다는 사회운동의 형체화 과정에 주의를 기울이게 하고 있다.

카리스마적 지도성보다 구체적인 함축성은 사회운동의 공통적 현상으로 '상징화' 과정이 나타나며 특수한 위기 상황이 정의되어야 할 위급한 시기에 나타난다는 사실이다. 이러한 관계에서 베버가 암시하는 것은, 상징이란 어떤 특정한 심리학적 또는 사회학적 설명만으로 파악될 수 없다는 것이다. 다른 말로 해서 상징화란 전적으로 심리학적이거나 사회학적인 변인으로 떨어뜨릴 수 있는 것이 아니다. 카리스마적인 지도자의 역할과 관련하여 생각할 때 상징화는 그 자체의 입장에서 이해되어야 한다. 위에서 본 대로 카리스마적 지도성은 특수한 사회적 관계 상황에서 나타나는 것이다. 마찬가지로 그 상징체계 자체도 그러한 상황에서 형성된다. 사회·역사적인 사건의 한 부분이긴 하지만 어떤 임의적인 방법으로 결정되는 것이 아니다.[18] 많은 경우에 있어서 카리스마적인 지도자의 출현에 앞서 사회 속에 이미 초보적이고 자발적인 감정이 퍼져 있다. 그러나 대중이란 이 같은 막연한 감정 상태를 구체화시키거나 조리가 선 상징체계로 일반화시킬 수 있는 능력을 가지고 있는 것은 아니다. 이러한 관계 상황에서 카리스마적인 지도자가 나타나서 대중 가운데 혼란되어 있는 감정 상태를 정리하여 보다 높은 질서를 제시함으로써, 대중이 확신을 가지고 당면한 문제를 '의식'하게 한다.[19] 카리스

18 이러한 분석적 이해에 이르기까지 '막스 베버 세미나'와 스완슨과의 개별적인 대화가 크게 도움이 되었으며, '카리스마'에 대한 나의 이해는 이 같은 학문적 경험을 통하여 더욱 명료하게 되었으리라고 믿는다.

19 스완슨은 조그마한 집단을 연구해 온 여러 가지 결과를 활용하면서 위기 상황 속에서의 독자적인 행동 주역을 맡는 인물을 기술할 때 바로 이러한 카리스마의 특성을 강조하고 있다. 카리스마적 지도자를 일반화하고 있는 스완슨의 논리는 Guy E. Swanson의 윗글("Toward Corporate Action")에 있음.

마적인 지도자가 사회집단 가운데서 혼선을 빚고 있는 괴리적인 견해들을 새로운 이해로써 조리가 분명한 높은 수준의 질서로 밀고 나가는 것이 위대한 사회운동의 표적이 되곤 하였다.[20]

터너Ralph Turner의 규범 생성론emergent norm theory이 블루머의 감염 이론을 극복하려 하고 있지만, 카리스마적인 지도자의 상징 창조의 역할을 인정하는 데까지는 못 미치고 있다. 터너는 집합체의 구성원들 사이에서 관찰되는 상징 교환의 현상을 강조하면서도, 그의 규범 생성론은 집합행동 사태의 참여자들 사이에서 어떤 상징이 교환되기 이전에, 도대체 어떻게 해서 상징 그 자체가 애초에 나타나는가 하는 것을 채 묻지 않고 있다.[21] 같은 식으로 강한 이론적 가치에도 불구하고 갬슨William Gamson의 합작 이론coalition theory도 바로 이러한 상징 창조와 상징화를 신중히 다루려 하지 않고 있다.[22]

어느 사회운동도 어떤 상징체계가 이를 이끌고 있는지에 따라 매우 다른 성격과 형식을 띠게 된다. 위기를 벗어나고자 하는 열망이 번져 나갈 때 상징체계를 창조재구성, 채택 또는 소생하여 핵심적인 의미나 목적의식을 주는 것은 카리스마를 소유하고 있기 때문에 예외적인 자질을 갖추고 있다고 인정되는 사람의 역할에 달려 있는 것이다.

마지막으로 베버의 '통상화' 개념은 사회운동의 전개 과정을 분석하

20 카리스마를 이렇게 이해할 때 베버의 애당초 카리스마 개념을 요즘 사회과학자들이 흔히 잘못 이해하고 있음을 발견하게 된다. 베버가 카리스마를 개념화할 때 확실히 민중 동원에 대한 생각을 하고 있으나, 이것을 저속한 대중성과 같은 것이라고는 할 수 없다. 그런데도 불구하고 어떤 경우에는 카리스마를 개념화하는 데 이러한 대중성을 부정하고 있다고 베버를 비판하기도 한다. 여러 가지 중에서 Apter(1968: 757-792)의 글이 보기가 될 것이다.

21 규범 생성론의 자세한 서술은 Turner(윗글, 1964: 122-132), Evans(윗글: 95-104)의 글 볼 것.

22 이 경우가 '경기 이론'(game theory) 전반에 적용될 것이다. Gamson(1961, 1962)의 글 볼 것.

는 데 필요하다는 점을 명심하여야 할 것 같다. 카리스마는 사회운동의 초기 단계에서만 기능을 발휘할 뿐이라고 생각하여, 이를 조직적인 변형 과정과 관련시켜 생각하지 않는다면 매우 편파적일 것이다. 개념상으로 보면 카리스마는 일상적인 제도적 생활과는 관계없는 이질적인 것이지만, 카리스마를 통상화 과정과 무관한 것으로 이야기한다면 이는 카리스마적인 인물이라는 거창한 나무를 보려고 카리스마적 힘의 숲을 보지 않으려는 것과 마찬가지일 것이다. 카리스마는 통상화 과정에서 그 위력을 상실할 수도 있을 것이다. 그러나 원래의 메시지를 지속시키는 길은 제도적인 상태로 유형화시키는 것이다. 사회운동의 중추적인 상징체계를 지속시키기 위해서는, 그리고 원래의 열정을 유지시키기 위해서는 카리스마적인 상징체계를 바탕으로 한 행동 실천자의 조직체를 만들 필요가 있다. 사회운동이란 이중 기능을 가지고 있어서, 한편으로는 낡은 질서를 부정하는 비제도화de-institutionalization의 기능과 다른 한편으로는 새로운 질서를 구축하기 위한 본래의 투쟁이 지속적이 될 수 있게 하는 재제도화re-institutionalization의 기능을 수행하여야 한다면 제도적 구조 전반에 걸쳐 모든 관심과 영향력을 보여 주어야 한다. 일상적으로 행동화하기 위한 통상화 과정이 반드시 애초의 카리스마적 표출 자체에 대한 반대가 아니라, 많은 경우에 있어서 카리스마의 본체를 일반화하려는 노력일 수 있다. 베버의 통상화 개념은 사회운동의 쇠퇴뿐 아니라 제도화의 연구에 효과적일 수가 있을 것이다. 대개의 경우 통속적으로 사회운동이란 집단행동의 보다 조직화된 형태라고 보고 있다. 그렇게 함으로써 초보적인 데서 보다 복잡한 상태로 발전하는 사회운동의 조직적 변형 과정을 생각 없이 넘겨 버리게 된다. 사회운동은 통상화가 필요하다는 입장에서 카리스마를 토의한다면 그에 대한 몇 가지 오해는 없어질 수도 있을 것이다.

최근 몇 해 동안 사회운동은 신문과 기타 대중 매개체에서뿐 아니라 학문 세계에서도 눈에 뜨이도록 큰 관심을 모으고 있다. 그러나 사회운동이라는 문제에 대하여 그리 많은 이론적인 글이 나왔다고는 볼 수 없을 것 같다. 최근의 몇몇 논의와 비교한다면 베버의 '카리스마'가 체계적으로 잘 엮어진 이론이라고 할 수 없다 하더라도, 이 이론의 폭과 깊이를 보아서 사회운동의 분석에 효과적일 수 있는 이론적 개념으로 재구성, 활용할 수 있을 것이다.

'프로테스탄트 윤리'의 재인식

1. 머리말

막스 베버의 수많은 글 가운데서 「프로테스탄트 윤리와 자본주의 정신」1904-1905은 가장 잘 알려져 있고 또한 가장 널리 읽혀 왔다. 얼핏 보아 매우 쉽고 단순한 내용을 담고 있는 듯하며 그 논의의 주제마저 간결하고 명쾌하여 평이한 듯하기도 하다. 그러나 이 글이 세상에 나오자마자 불꽃 튀는 듯한 논란의 대상이 되었다. 뛰어난 사회학자와 역사학자는 베버의 '프로테스탄트 윤리'라는 논지를 두고 예외 없이 한두 마디씩 거들어, 논란의 불꽃은 지난 70여 년 동안 줄곧 이어져 왔다. 독일의 좀바르트Werner Sombart와 트뢸치Ernst Troeltsch로부터 영국의 토니R. H. Tawney와 로버트슨H. M. Robertson과 이탈리아의 판파니Amintore Fanfani, 미국의 파슨스Talcott Parsons, 스웨덴의 사무엘손Kurt Samuelsson, 스위스의 뤼티Herbert Lüthy에 이르기까지 결과 꼴을 달리하는 온갖 찬반의 논의가 모두 그 유명한

* 이 글은 「현상과인식」 4권 4호(1980년 겨울)에 실려 있다.

베버의 한 논문을 두고 벌어져 왔던 것이다.[1] '프로테스탄트 윤리'의 논지는 20세기에 있어 아마도 가장 문제적인 사회학의 관심거리이었던 것 같으며, 그러기에 그것은 가장 풍요한 지적인 논의의 출처이기도 했던 것이다.

그런데 이들 논의는 주로 베버의 논지를 지탱해 주는 역사적 자료, 해석 그리고 거기에 이어져 있는 인식의 방법에 초점을 두어 왔다. 실증주의의 극복을 겨냥한 이해적 방법, 경제적 결정론의 한계를 폭로하며 내세운 종교적 또는 이념적 이익의 강조, 그 밖에 이념형Ideal-type 따위를 포함하는 베버의 개척적인 방법론을 염두에 두고 보면, 이제까지의 논란들이 한결같이 '프로테스탄트 윤리'라는 논지의 타당성을 캐묻고 그 신뢰성을 따지는 쪽으로 기울어져 왔던 이유를 쉽게 이해할 수 있다. 이러한 현상은 베버의 논지가 그만큼 충격적인 문제작이었다는 사실과, 또한 아무리 공격하고 부정하려 해도 좀처럼 꺾이지 않는 그 "무엇"을 '프로테스탄트 윤리'의 논지가 담고 있다는 사실을 여러 말 할 것 없이 다잡아 보여 준다 할 것이다.

이와 같은 논란의 중요성과 기여를 한껏 높이 사면서도, 그 논지 속에 담겨 있는 다른 한 줄기의 문제가 지나치게 소홀히 다루어져 왔다는 사실에 나는 주목하고 싶다. 그것은 다름 아닌 현대 자본주의사회의 인식에 관한 것으로서, '프로테스탄트 윤리'의 논지를 마무리 지으면서 현대사회의 구조적 짜임새를 어둡고 답답하게 바라다보고 걱정하고 있는 베버의 생각과 이어져 있는 문제이다. 이 논지가 소개되어 있는 책의 머리

1 쉽게 살펴볼 수 있는 자료로서 Green(1959), Eisenstadt(1965: 385-400)의 글 볼 것. 그리고 이와 관련하여 Moore(1971), Wrong(1970) 속의 여러 글 볼 것. 베버의 주제에 배경이 될 수 있는 것으로서 Bendix & Roth(1971: 16장)의 글 볼 것.

글과 끝맺음 글에서 한결같이 방법론적인 문제를 다루고 있지만, 끝맺음의 부분에서 현대사회의 문제를 간결하게 그리고 압축하여 정리하고 있다. 세계 치미는 어두운 감정과 갑갑한 생각을 참지 못하여 경고하듯, 격정에 가까운 투로 털어놓고 있는 베버의 현대사회 인식은 오늘날까지의 논의에서 차지하는 것 이상으로 큰 중요성을 가지는 것이며, 그것 이상으로 더 강조되어야 할 것 같다.

이 글은 바로 이러한 전제에서 쓰인 것이다. 현대사회에 대한 베버의 인식을 논의의 대상으로 삼을 때 '프로테스탄트 윤리'의 논지를 떼어 놓거나 가볍게 다루는 경우나, 바꾸어 그 논지를 따질 때 현대사회에 대한 베버의 태도와 인식 체계를 잇대어 붙여 보지 않는 경우는 모두 베버와 그의 주된 저작을 곡해하는 어리석음을 저지를 수 있다. 바로 이러한 점을 마음에 두고 현대사회의 구조적 문제와 '프로테스탄트 윤리'를 이어 보고자 한다. 이 글에서 펴 나갈 논의의 발판이 되게 먼저 베버의 논지를 짧게나마 추려 보고, 이어 현대사회의 구조화가 지닌 특성을 살핀 다음, 여기서 제기되는 문제와 이의 극복에 대한 베버의 생각을 가늠해 볼 것이다.

2. 프로테스탄트 윤리와 자본주의 정신

베버가 제기한 문제는 무엇이 근대 자본주의를 생겨나게 했는가 하는 것이었다. 이 문제 뒤에는 서양 세계 특유의 "합리화"[2]에 대한 그의 깊은 관심이 있었다. 그가 뜻한 합리화란 모든 삶의 영역에서 전통, 권위, 감정 따위를 예상하고 계산할 수 있는 절차와 법칙으로 조금씩 차차 바꾸어 놓고 있는 점이 보다 뚜렷해지고 추상화되는 과정이다. 보기를 들면 합리적인 조직 안에서는 사사로운 목적이 아닌 비인격적impersonal인 목적의 달성이 강조되며, 따라서 그 조직은 능률과 효율성을 높이기 위하여 기능적으로 분업-전문화될 것이다. 합리적으로 움직이는 조직은 전문적이고 기술적인 기준에 의하여 모든 행위를 평가할 것이다. 전문화, 비인격화, 능률 따위로 정의되는 합리성의 핵심적인 성격은 일반적으로 말해서 비인격적인 목적과 사사로운인격적 목적이 갈라진다는 사실이다.

서양 문명에서 가장 두드러지게 볼 수 있었던 이 합리화의 과정은 서양 사회의 모든 영역에 걸쳐 퍼져 있었다. 그러나 그 가운데서도 경제활동 영역에서의 합리화 과정을 베버는 눈여겨보았다. 오직 서양에서만이 합리적인 경제활동을 강화하고 있었던 것에 주목하였다. 곧 근대 자본주의는 서양에서만 볼 수 있는 현상이라고 베버는 인식하였다. 물론 그가 말하는 "근대 자본주의"는 우리들이 통례적으로 말하는 상식적인 의미의 자본주의는 아니었다. 이익 추구, 돈벌이를 최대한으로 해 보겠다는 충동과 욕심 자체는 여기서 뜻하는 "근대 자본주의"와 아무런 관계가 없다. 이러한 충동과 욕심은 옛날부터 이 지구의 모든 지역에 꽤 공통적으로 존재해 온 것이기 때문에 그리 특이한 것이 되지 못한다. 귀족, 군인, 거지들, 노름꾼, 부패한 관리, 창녀들도 모두 이 같은 욕심과 충동은 다 가지고 있는 것이다. 돈을 벌겠다는 무절제한 비합리적인 충동을 눌러 진정시키는 합리적인 절제를 통하여 이익을 추구하는 것이 자

2 합리성 또는 합리주의라는 말과 이어져 있는 낱말로서, 베버 스스로 인정하고 있듯이 여러 가지를 포함하고 있어 한마디로 명백하게 정의되기 어렵다(Weber, 1958ㄱ: 78). 합리성이 지닌 여러 뜻과 그것이 던지는 문제를 따져 보고 있는 Eisen(1978)의 글 볼 것. 보다 자세한 것은 Weber(1978ㄱ) 1권 1-3장, 2권 6-8장 그리고 3권 10장과 그 밖의 여러 곳 볼 것.

본주의라고 베버는 규정하고 있다.[3]

그뿐만 아니라 근대 자본주의는 정치적 권력의 비호나 국가적 독점에 의하여 생성된 것이 아니며, 해적 행위나 비합리적인 투기와 요행에 의하여 발전된 것도 아니다. 이와는 달리 규칙적인 시장의 움직임에 맞추어 합리적으로 기업 활동을 영위해 나가는 것이 서양 근대기의 자본주의가 지닌 본질적인 성격이었다. 그것은 합리적인 계산과 부기, 가족 공동체 단위로부터 분리된 기업 활동의 독립, 자유노동에 바탕을 둔 노동의 합리적 조직화로 특징되고 있었다Weber, 1958ㄱ: 17-21.[4]

베버가 "자본주의 정신"이라 한 것은 위에 밝힌 근대적인 합리적 자본주의를 강력하게 지지하는 일련의 삶의 태도, 삶의 양태 또는 삶의 윤리를 일컫는다. 이 "정신"은 무절제한 탐욕적 이익 추구, 그리고 열심히 노력하고 일하기보다는 할 수만 있으면 놀고 쉬려 하고 생계만 유지되면 그것으로 만족하려는 노동관을 두둔하고 정당화하려는 "전통주의"와 맞서는 개념이다. 자본주의의 정신[5]은 이익 추구의 노동을 살기 위하여 마지못해 하는 수단으로 여기지 않고, 그 자체가 윤리적으로 의미 있는 일이며, 따라서 윤리적으로 부과된 의무 행위로 본다. 다시 말해서 일노동에 대한 적극적인 태도, 일한다는 것을 인간의 가장 고귀한 윤리적 목표로 삼고 있는 내적 의무감이 강조되는 한편, 이익 추구를 위한 노동은 매우 엄격한 기강과 통제 아래에 놓이게 되었다. 충동과 사사로운 욕심이 이끄는 대로 경제적 이익을 추구하는 것이 아니며 기강이 없는 획

3 Weber(1958ㄱ) 글의 Introduction과 여러 곳 볼 것.

4 쉽게 풀이하고 있는 Bendix(1960)의 3장 볼 것.

5 중국, 인도 그리고 바빌로니아 문명권에서는 찾아 볼 수 없는 이 특유한 정신에 대해서는 Weber(1958ㄱ)의 2장 볼 것.

득욕에 따라 협잡하고 투기하는 것이 아니라, 이익을 추구하되 체계적인 방식에 의하여 합리적이고도 정직하게 일에 전념하는 것이, 이른바 자본주의 정신과 이어진 직업의식 또는 직업 정신이다.

베버는 프로테스탄트 기독교 가운데 금욕적ascetic인 교파가 주장하고 있던 윤리에서 자본주의 정신과 서로 통하는 삶의 지향성을 찾았다. 중세적 가톨릭교회가 수도원 속에서의 삶을 가장 높이 치켜세워 이에 종교적 가치를 주고 수도원 밖의 세계와 그 역사 속에서의 삶을 종교적으로 격하시키었던 데 반하여, 프로테스탄트 교파는 중세적 수도원의 담벼락을 헐고 수도승에게 종교적인 삶의 표준을 두었던 윤리적인 기준을 모든 기독교 신도에게 확대하여 적용하였다. 종교개혁은 일상적인 하루하루의 삶 속에서 모든 기독교인은 기독교적인 삶의 뜻을 구현해야 한다는 윤리 의식을 확산시키었던 것이다Weber, 1958ㄱ: 3장.[6] 따라서 기독교인의 윤리적인 관심사가 수도원의 높은 성곽 속에 한정되어 있지 않고, 그들의 일상적인 삶의 무대가 되는 모든 영역이 윤리적인 관심의 대상이 되었다. 프로테스탄트 교파는 세속 사회라는 삶의 무대 위에서 벌어지는 모든 활동에 대하여 종교적인 가치를 부여하고, 거기에 윤리적인 삶의 지침을 마련해 주었던 것이다.

개혁파 가운데서 칼뱅주의[7]는 철저한 급진적인 윤리 의식을 표방하고 있었다. 이에 따르면 유한성을 지닌 인간의 인지 범위를 벗어나 그 위에 존재하는 절대 권한과 초월의 하나님이 그의 예정에 의하여 인간을 선택하고 또 선택하지 않았다고 한다. 그리고 이 세상은 인간의 것이

6 이와 더불어 Weber(1964: 541-590) 및 Weber(1958ㄷ)의 11-12장 볼 것.

7 Weber(1958ㄱ: 98-128)에 있는 칼뱅주의(Calvinism)에 대한 베버의 논의를 볼 것.

아니며 인간의 영광을 위한 것이 아니라, 오로지 하나님의 영광을 위하여 존재한다고 믿었다. 이 영광을 위하여 인간은 이 세상에서 힘써야 할 뿐이라고 풀이하였다. 이러한 신학적 전제를 받아들일 때 그것은 엄청난 행동 지향성을 낳을 수밖에 없었다는 것이 베버의 논증이다. 절대적이며 초월적인 하나님과 완전히 타락한 인간 사이의 간격은 너무도 큰 것이기 때문에 하나님과 인간이 어떤 신비스러운 통합을 이룬다고 하는 것은 전적으로 불가능하다. 다만 예정에 따라 택함을 받은 사람들은 하나님의 뜻과 명령을 좇아 이 세상에서 하나님의 나라를 건설해야 하는 하나님의 뜻을 이 세상에 펴야 하는 "도구"의 구실을 감당해야 할 뿐이다윗글: 114. 예배나 제사 따위의 신비적인 종교 의례가 아니라 실천적인 금욕의 행동 지향성으로 표출되어 드디어 세상이라는 삶의 무대 위에서 적극적으로 나타나야 했다. 여기서 금욕 또는 금욕주의라 함은 인간이 지닌 육체적인 욕구에 빠져들거나 감정과 기분에 좌우되지 않고, 차라리 육체적 욕구, 감정, 기분을 억눌러 통제하여 오직 하나님의 영광을 위해 스스로의 삶과 행동 전체를 규제하여 절도 있고 기강 있게 살고 움직이는 것을 뜻한다윗글: 118.

이 같은 금욕주의는 교회라는 제도의 권위와 성직자를 주축으로 하는 일체의 예배 의식에 대하여 저항케 하였다. 제도, 예배 의식 또는 성직자를 통하여 인간이 구원받는 것이 아니라 하나님과의 직접적인 관계를 맺을 수 있다는 신앙적인 고백에서, 인간 중심의 사사로운 모든 결속 관계와 제도를 불신하고 절하시킬 수 있었으며, 따라서 개인의 내적 고립을 통하여 모든 것에 대한 철저한 책임 의식을 느낄 수 있게 하였다. 금욕주의적 칼뱅주의 신도에게 가해진 윤리적 의무는 하나님의 기준에 맞추고 그에게 복종하는 것이지 인간이 만든 기준에 따르거나 인간이 만든 온갖 제도와 요구에 복종하는 것이 아니었다.[8] 이런 교리로부터, 독립적이고 합리적인 삶의 주체자, 곧 "근대인"이 나타났던 것이다.

일과 직업에 대한 적극적인 의식이 생기게 된 것도 똑같은 논리적 귀결이었다. 삶의 목적은 하나님의 뜻을 이 세상에 널리 이룩하고 또 오직 그의 영광을 위하는 데 있는 만큼, 인간이 하는 모든 일은 그것이 하나님을 위한 것인 한에 있어서는 값어치 있는 것이다. 따라서 무슨 일이든 열중해서 열매를 얻어야 한다. 칼뱅주의의 "소명 의식", 곧 부름을 받았다고 하는 생각은 모든 것은 하나님의 영광을 위하는 것이지 인간의 쾌락 추구가 아니라는 생각과 이어져 있다윗글: 102-103. 모든 일은 하나님의 영광을 위하여 짜이고 방향 지어져야 하기 때문에 시간을 헛되이 낭비할 수도 없고, 사치스럽게 살아서도 안 되며, 게을러서도 안 된다. 가능한 한 최대로 생산성을 높이기 위하여 일해야 하고, 여기서 나온 이익은 재투자하고, 그리하여 규모 있고 짜임새 있는 경제생활을 가꾸어야 했다.

위에 적은 베버의 논지를 묶어 보면, 칼뱅주의적 프로테스탄트 윤리는 철저하고 진지한 직업의식을 요구하였는데, 그것은 쾌락과 탐욕을 거부하여 계획성 있게 이윤을 추구하는 합리적인 삶의 형식을 자극하였으며, 그러한 삶의 지향성은 근대적인 자본주의의 정신과 조화를 이루는 경제 윤리이었다윗글: 155-180.[9] 베버는 사회·경제적인 세력이 종교운

8 "인간의 내적 고립"(diese innere Isolierung des Menschen)과 금욕적 지향성의 관계에 대해서는 Weber(윗글: 104-107)의 글 볼 것.

9 베버는 자기의 논지에 퍼부어진 비판에 대답하는 글(1910)에서 자기 논지를 더욱 명백히 하고 있으나 본질적으로 똑같은 내용을 되풀이하여 강조하고 있다(Weber, 1978ㄷ: 1105-1131).

동을 모양 짓는 경우가 있음을 인정하면서도Weber, 1958ㄱ[10] 근대 자본주의의 생성에 프로테스탄트 윤리가 결정적으로 기여하였다는 점을 밝혀내고 있다.

3. 현대사회의 구조화와 윤리적 실제

근대적인 의미의 자본주의적 활동과 그 지향성의 특징인 합리화의 과정은 프로테스탄트 윤리라는 새로운 행위 지향성에 의하여 가치적으로 도약하였다. 베버가 가리키고 있듯이, 서양 문명에서 뚜렷하게 볼 수 있는 합리화의 전개 과정은 다만 종교의 영역에 한정된 것도 아니며 또한 종교적 요인만으로 설명될 수 있는 것도 아니다. 기업이 집안으로부터 떨어져 나온 것, 합리적인 장부 정리, 자유노동, 기술의 발달, 로마법의 유산 그리고 합리적 또는 관료제적 국가 체제 따위가 계속 성장하고 확대되어 오고 있었던 것이다.[11] 종교 영역의 합리화 과정도 구약에서 보는 예언자들과 제사장들에 의하여 결정적으로 촉진되었었다.[12] 그러나 칼뱅주의로 대표되는 프로테스탄트적인 금욕주의는 종교적 합리화와 세속적 합리화를 깊고도 넓게 돌파시키었다고 강조하고 있다.

「프로테스탄트 윤리와 자본주의 정신」의 마지막 부분에 쓰여 있는 몇 쪽의 글은 거친 유물론적 역사 인식의 교조주의를 극복하려는 이론적 관심—이의 구체적인 연구로서 어느 특정의 종교 윤리와 자본주의

10 특히 베버의 머리말과 91쪽 그리고 183쪽에 나타난 그의 방법론적인 입장을 볼 것.

11 위의 달음 2 볼 것.

12 Weber(1964) 2권 4장에 실린 종교사회학적인 글을 볼 것.

정신의 사회·심리적인 일치성을 증명하는 것—을 넘어, 현대사회에 대한 깊은 사회적 관심을 피력하는 데 바쳐지고 있다. 자기가 살고 있는 시대를 지배하는 가치의 문제에서 사회과학자가 문제의 중요성을 얻는다는 베버의 방법론적인 기준과 서로 이어져 있는 것으로서,[13] 여기서 베버는 현대사회가 자본주의, 관료제 또는 합리화라는 변동의 축에 따라 엮이고 있는 구조화의 문제에 관심을 쏟고 있는 것이다. 경제적 활동의 합리화는 삶 전체의 합리화 과정이라는 보편적 현상을 나타내 보이는 하나의 특수한 경우에 지나지 않음은 두말할 나위도 없다. 어떻든 합리화 과정에 결정적인 돌파를 감행케 한 프로테스탄트 윤리의 위대한 기여가 삶을 더욱더 합리화시킨 데 이어, 그것은 드디어 경직되어 버린 체제로 나타났다. 베버는 다음과 같이 적고 있다.

> … 금욕주의가 수도원의 감방에서부터 일상적인 삶[의 영역]으로 옮아 세상 안에서의 도덕을 지배하기 시작하면서, 그것은 근대적 경제 질서의 엄청난 체계cosmos를 이룩하는 데 그 몫을 다하였다. 이 질서는 이제 기계적 생산의 기술적 및 경제적 조건에 얽매여 있는데, 오늘날 기계적 생산은 다만 직접 경제적인 영리에 관여하는 이들뿐만 아니라 이 기제 속에 태어난 모든 개인들의 삶을, 저항할 수 없는 힘을 가지고 규제하고 있다. 아마도 그것은 화석화된 석탄이 마지막으로 다 타 버릴 때까지 그렇게 이들을 규제할 것이다. 백스터Baxter가 본 대로 물건에 대한 관심은 "어느 순간이건 벗어던져 버릴 수 있는 가벼운 외투처럼 성도the

13 Weber(1949)의 글 2장, 특히 80쪽 아래에 적은 것과 이어 볼 것. 이른바 가치 관련성(Wertbeziehung; value-relevance) 또는 가치 지향성과 관련되어 있는 방법론적인 논의를 알아보기 위해서는 Weber(1977)의 121-122쪽 볼 것.

saint"의 어깨에 걸쳐져야 할 뿐이다. 그러나 운명은 그 외투를 쇠우리an iron cage; Gehäuse가 되게 했다Weber, 1958ㄱ: 181.

여기서, 일찍이 맑스가 인간이 만든 생산품이 생산의 주체인 인간을 지배하는 자본주의의 소외 속에서 인간은 어찌할 수 없는 진퇴유곡에 빠져 있다고 한 것을 상기할 수도 있다.[14] 맑스가 자본주의의 소외적 질곡에서 인간의 고통을 확인했다면, 베버는 합리화 과정의 억압적 통제에서 현대인의 비극을 갈파한다. 베버는 삶을 더욱 규모 있고 능률 있게 짜 놓고 인간의 자유로움을 한껏 펼쳐 보고자 하여 이룩해 놓은 합리화에의 구조화가 인간 스스로의 삶을 갉아먹고 그 자유로움을 얽어매고 짓누르고 있다고 보는 것이다. 능률적 생산을 낳은 합리화라는 거대한 체제가 인간을 지배하는 차가운 익명의 도구가 된, 이른바 비극적 도착현상에 의한 인간 존엄성의 상실과 그 노예화의 위험성 속에 현대사회가 던져져 있다 할 것이다. 여기에 터무니없이 큰 구조적 괴리가 있다. 구조적 짜임새가 합리화되어 오면서 그것을 가능케 한 씨앗의 힘은 시들어 드디어 자본주의는 아무런 정신적인 방향타가 없이, 그리고 아무런 윤리적인 의무감을 주지 못한 채 무윤리 또는 윤리 부재의 상태에서 제 나름으로 움직이고 있는 것이다.

베버는 다음과 같이 말을 잇고 있다.

14 맑스의 사상 전체가 그렇듯이 그의 소외론도 헤겔의 소외론에 대한 반역적 수용에서 이루어졌다. 맑스는 사유재산에 터하고 있는, 특히 산업화된 자본주의 아래에서, 노동은 강제로 강요되어 그것은 자기실현보다는 자기부정의 형태가 되어 인간을 노예화하기 때문에, 인간은 자기 노동의 결과인 생산품으로부터, 생산과정으로부터 그리고 자신의 사회적 속성으로부터 소외된다고 보고 있다. 그리하여 사유재산은 인간이 노동으로부터 소외되어 나타나는 결과로서 강화되기도 하는 것이다. 짧게나마 그의 소외 이론을 알아보기 위해서는 Dupré(1966)의 글 120-137쪽 볼 것.

> 금욕주의가 세계를 개조하고 그 안에서 그 이상을 실현하려 했던 때부터 물질적인 것은 일찍이 역사의 그 어느 시기에서도 전례를 찾아 볼 수 없이 점차 커져 드디어 가혹한 세력이 되었다. 오늘날 종교적 금욕주의의 정신—마지막인지 누가 아는가?—은 [쇠]우리에서 새 나가 버렸다. 그러나 의기양양한 자본주의는 기계적인 바탕 위에 놓여 있기 때문에 더 이상 이를 지탱해 줄 것을 필요로 하지 않는다. 금욕주의의 행복한 후계인인 계몽주의의 발그레한 장미색마저도 회복할 수 없게 시들어 버리고 있는 듯하고, [부름받았다고 믿는] 인간의 직업에서 느끼는 의무 의식은 죽은 종교적 신앙의 망령처럼 우리의 삶을 배회하고 있다Weber, 1958ㄱ: 181-182.

이것은 분명히 역설적인 상황이다. 칼뱅주의적 금욕주의가 내세운 철저한 자기 절제와 주체적인 실천 행위의 윤리가 합리적인 정신을 자아내어 온 나머지, 그것은 드디어 신비스러운 것을 앗아 버린 합리화의 세계로, 괴이한 자본주의 조직 밑으로, 그리고 굳어 버린 관료제적 체제 아래로 던져져 윤리적 돌파력을 잃게 된, 그 운명적 귀결에서 베버는 패러독스를 보았다. 다시 말해서 드높은 윤리적 이상과 깊은 금욕적 지향성이 굳어진 기계화와 생각 없고 느낌 없는 살벌한 경쟁 체제화를 부채질하고 나아가 삶의 모든 영역을 합리화함으로써 인류의 문명이 자멸의 깊은 늪에 빠지게 된 위험을 낳은 것이다. 제도적 짓눌림을 떨쳐 버리고 외부적 얽매임을 풀어 보려는 영웅적 거사가 인간의 존엄과 자유와 영혼에 어처구니없는 위협을 가져왔다는 말이다. 하나님의 절대 권한을 치켜세운 종교개혁가들의 혁명적 정신과 비전이—아니 모든 이상과 유토피아도—일상화하고 통상화하여 굳어져 관료제화하고 획일화하고 표준화하는 합리화를 낳을 수 있다는 도착 현상을, 베버는 감히 폭로하고, 이 음울한 역사적 운명을 마치 구약시대의 예언자처럼 준엄히 경고하였다.[15]

현대사회의 구조적 짜임새가 안고 있는 문제는 인간의 삶과 행위가 마땅히 터하고 있어야 할 종교적 및 윤리적인 가치가 쇠미해지고 있는가 하면, 그러한 가치로부터 숫제 동떨어져 있다는 점이다. 합리적 자본주의가 그 자체의 기제에 따라 움직이고 커 갈 수 있을 만큼 그 자체의 위력을 행사하고 있으며, 또한 그것을 뒷받침해 주는 그 나름의 문화적 경향성을 만들어 내고 있다고 할 수 있다. 현대 자본주의 체제의 성향에 어울리고 그것을 지탱해 줄 수 있는 문화적 가치를 구태여 정의해 본다면 그것은 삶에 대한 깊은 감수성과 인식을 저버린 채 효용성과 능률성을 바탕으로 하는 영리욕일 것이며, 그것은 삶과 행위를 윤리적으로 이끌어 가는 금욕주의에 맞서는, 오로지 영리를 위한, 쾌락을 위한 물욕일 따름이다. 삶과 행위가 "가장 높은 정신적 및 문화적 가치에 직접 이어질 수 없는 곳"에서나, 직업의식을 수행할 때 "단순히 경제적 강제성으로 느낄 필요가 없는 경우에는 인간은 그가 하는 모든 것에 대하여 의미를 찾고 정당화하려는 시도마저 팽개쳐 버리는 것이다"Weber, 1958ㄱ: 182. 이와 같이 인간의 삶과 행위가 보다 높은 의미의 체계와 이어져 있지 못

15 바로 이 점을 두고 막스 베버의 탄생 100돌을 맞아 하이델베르크에 모였던 이들이 논란을 빚은 바 있다. 특히 베버에 대한 마르쿠제의 비판적 평가에 대한 토론자들의 반론들이 여기서 내가 베버의 글을 빌려 쓰고 있는 줄기와 어울린다고 본다. Marcuse(1971)의 "Industrialization and Capitalism"과 이에 대한 Georg Weippert, Reinhard Bendix 그리고 Benjamin Nelson의 토의 내용을 볼 것(Stammer, 1971). 두말할 나위도 없이 베버는 예측성을 치켜세우는 과학주의, 결정론적인 맑스주의, 헉슬리의 「Brave New World」나 조지 오웰의 「1984」 따위에서 보는 로봇화하고 있는 사회의 차꼬와 수갑 형태가 닥쳐올 것을 다 경고하고 있는 것이다. 넬슨이 말하고 있듯이, 맑스의 「공산당선언」이 약속하고 있는 꿈과 베버의 예언적 경고는 참으로 크게 대비될 만하다 할 것이다.

하고 이로부터 "분리"되어 있는 구조적 짜임새 아래에서, 윤리적 및 종교적 영향력이 쇠잔해지는 것은 당연한 현상이다.[16] 구조적 분리는 필연적으로 합리적인 사회체제가 스스로 "하나님"의 자리에 올라서서 호령하고 군림하는 체제의 절대화를 불러오며 그 체제의 경직화를 강화시키는 것이다.

베버는 '프로테스탄트 윤리'에서 그가 앞질러 본 인간의 비극적 상황을 어떻게 극복할 수 있을 것인지에 대하여 명백한 해답을 제시하지 않고 있다. 차라리 그러한 해답을 제시하고픈 충동을 꺾어 삼가려 했다고 해야 옳을 것이다. 그것은 가치판단과 신앙의 영역에 속하는 것으로서 자기가 논증하려는 역사적 연구의 테두리를 벗어나고 있다고 보았기 때문이다. 다만 "영혼이 없는 전문가들, 감성이 없는 향락인들, 이 쓸데없는 것들이 이전에 한 번도 미치지 못한 문명의 수준에 올랐다고 생각하는," 그러한 시대를 경고하면서도, "미래에 이 [쇠]우리에 누가 살게 될 것인지, 또는 이 어마어마한 발전의 마지막에 이르러 전연 새로운 예언자들이 나타날 것인지, 또는 옛 사상과 이상이 대대적으로 되살아날 것인지, 또는 그 아무것도 아니라면 일종의 발작적인 자기만족으로 꾸며진 기계화된 석화石化 현상이 나타날 것인지는 누구도 알지 못한다"Weber, 1958ㄱ: 182고 신중하게 그리면서 어떤 가능성을 내다보고 있을 따름이다.

16 분리라는 낱말은 벨라가 종교적인 의미의 체계와 현실 세계 사이의 관계를 유형화하면서 썼던 "disjunction"의 개념에서 나온 것이다. 이와 더불어 다른 두 가지의 유형, 곧 융해성(fusion)과 창조적 긴장(creative tension)에 대한 개념 정의에 대해서는 Bellah(1965: 178-194) 볼 것.

4. 현대사회의 위기와 윤리적 각성

이처럼 문명의 운명적 행로에 대하여 깊이 괴로워했던 베버의 생각은 '프로테스탄트 윤리'의 마지막 부분에 단지 짧게—너무도 짧게—표출되어 있지만, 그것은 오늘날 우리들이 건성으로 쉽게 읽어 넘어갈 수 없는 너무도 깊은 내용을 담고 있다. 베버는 윤리적 의무 의식이 지배한 시대가 막을 내리고 자동기계가 지배하는 시대의 막이 오르는 시점에서 사회의 됨됨이를 증언하고 경고하고 또 극복하려 하였다. 그는 헤어나기 힘든 합리화의 덫으로부터 벗어날 길을 찾으려 했고, 부끄러워할 줄 모르는 속물들의 무감각한 광란을 깨우쳐 주려 했고, 그리고 로봇화하는 관료 체제의 어두운 비정에 한 가닥 깜박이는 등불을 밝히고자 하였다.

베버가 제시한 길은 무엇인가? 그것은 두말할 것 없이 가속화하고 있는 합리화의 체제를 흔들어 다시 짜는 일이다. 구조적으로 볼 때, 윤리적 심판으로부터 면제되어 있고 종교적 위력으로부터 격리되어 가장 높은 신앙의 대상만이 누리던 지배력을 손아귀에 넣은 오만하고 방자한 합리화 체제의 우상 덩어리를 타파하는 일이다. 더 이상 금욕주의에 바탕을 두고 있지 않고 더 이상 하나님에게 아무 의식을 갖지도 않음으로써 오로지 효율성의 가치와 기술적 이성 위에서 겉돌아 가는 거대한 기계의 횡포를 다스리고, 인간은 가치 의식적인 참여와 결단의 마당을 잃어버리고 다만 기계의 회전에 휘말리어 획일화되고 도구화되고 있는 비인간적인 상황을 떨쳐 벗어나자는 것이다.

이러한 관련에서 볼 때 베버가 인식하고 있는 현대사회의 위기는 좁은 뜻에서의 경제적 문제나 정치적 문제가 아니라 넓은 뜻에서의 종교적 문제이다. 효율적 조직이다, 과학·기술적 발명과 혁신이다, 또는 생산의 극대화다 하여 모든 수단을 "합리화"하고 오직 도구적인 것에만 관심을 쏟고 있는 가운데, 인간은 스스로의 삶을 보다 높은 것과 이어 보고 깊은 바탕에 이어 보지 못하여 의식 있는 존재임을 확인할 수 있는 여유를 얻지 못하고 있다. 그러한 가운데 수단은 억압적 통제의 자리를 더욱 굳혀 모든 것을—목적이 되어야 하는 것들까지도—이용하고 종속시키었던 것이다. 그러나 과학, 기술, 관료적 조직체 따위의 온갖 수단의 합리화는 사람과 사람 사이의 관계와 이웃한 사람과의 더불어 사는 삶을 실존적으로 의미 있게 해 주지 못하고 말았다. 현존하는 합리화의 도구적 체제가 인간에게 의미 있는 삶의 틀을 제공해 주지 못하고 있다는 점에서, 오늘날 사회적 상황을 종교적 위기라고 볼 수 있고 종교적인 문제 상황이라고 할 것이다.[17] 오늘날 이른바 풍요의 나라라고 하는 사회와 풍요한 나라로 발돋움하려는 여러 사회에서 일어나는, "반문화"counterculture 운동과 같은 수많은 문화적 및 사회적 실험 행위 속에서, 많은 청중과 추종자를 모으고 있는 "신흥종교"에서, 그리고 열광적인 "정치 종교"에서 현대사회가 겪는 의미의 위기 또는 종교적 위기의 징후를 찾아 볼 수 있다. 숱한 사회·문화적인 실험과 정치 운동과 종교적 부흥은 도구적 합리화의 문제가 얼마나 심각한가 하는 것을 드러내 보여 주는 것이다. 그것이 모두 현대사회의 문제를 자동적으로 해결할 수 있는 힘을 갖추고 있다고 손쉽게 속단하여 이를 무턱대고 예찬할 수는 없다. 1960년대의 미국 사회가 경험하고 있었던 것과 같은 테러적인 극

17 과학, 기술 그리고 관료제적 조직의 위세를 그 어느 사회보다도 높이 치켜들고 있는 미국 사회의 "성공"이 적어도 부분적으로 "의미의 위기"를 몰고 왔다고 분석하고 있는 벨라의 글을 참조할 것(Bellah, 1976).

좌파 운동이나, 은둔적인 자기 보호 지향성이나, 약물 옹호의 군거적 청년운동이나, 심지어는 우파적인 기독교 교회의 부흥 운동 따위들이 현대의 산업사회가 합리적 수단주의와 정공으로 맞붙어 그것을 극복할 수 있는 의미의 체계를 마련해 주었는가, 또한 앞으로 바람직한 의미의 체계를 마련해 줄 수 있을 것인가 하는 데는 적극적인 반응보다는 오히려 회의적인 반응이 앞설 수밖에 없다.[18] 많은 실험 행위들에서 보듯 사회 구조의 짜임새에서 겪는 좌절과 불만에 대한 단순한 반작용이나 즉흥적 혈기만으로는 현대사회가 안고 있는 심각한 의미의 결핍증 또는 의미의 진공상태를 극복해 내기 어려울 것이기 때문이다.

여기에서 우리는 현대 산업사회의 합리화를 낳은 '프로테스탄트 윤리'라는 전통을 되새겨 보아야 한다는 아이러니의 자리에 서게 된다. 왜냐하면 끝없이 사사로운 성공에 눈이 어두운 도구적 합리화나 경제적 및 공리적인 개인주의또는 이기주의가 삶을 침몰시키고 있는 위험을 막기 위하여,[19] 탐욕스러운 충동으로 어지럽게 날뛰는 난폭한 행동 지향성에 고삐를 매어 두었던 프로테스탄트 윤리의 금욕주의에 우리들이 새삼스럽게 주목해야 하기 때문이다. 거의 절대적인 자리를 굳힌 합리적 수단

18 기존 문화에 대하여 저항하는 여러 반문화적인 내용의 운동을 무분별하게 묶어 거부할 만한 그럼직한 기준은 없다. 문화적인 실험 행위는 그것이 사람됨의 귀함을 확인하고 있는 한에 있어서 일단 긍정되어야 한다. 이에 대하여 박 영신(1980) 또는 이 책의 둘째 글 볼 것. 그러나 앞에 적어 두고 있는 바와 같은 기준에 따라, 또한 뒤에 따져 보게 되는 관점에 따라 문화적 실험 행위를 평가해 볼 수는 있을 것이다. 벨라의 윗글에 더하여, 사회·문화적인 실험 행위를 분석하고 있는 Wuthnow(1970) 볼 것. 이와 관련하여 베버의 카리스마 개념을 반문화 운동에 이어 보고 있는 Roth(1975) 볼 것.

19 이기주의나 경제적 및 공리적 개인주의는 뒤르케임(Émile Durkheim)이 일찍이 공박하였던 바로서, "인간성의 종교"가 터하고 있는 정의와 인간 일반에 대해 측은히 여기는 동경심에 차 있는 참된 개인주의와 구별되는 것이다. 이러한 공리적 개인주의는 도구적 합리화가 자아내는 행동 지향성과 매우 긴밀히 이어져 있다 할 것이다. 이러한 점에서 뒤르케임과 베버를 잇고 있는 박 영신(1978) 8장 볼 것. 뒤르케임의 "개인주의"를 알아보기 위해서는 그의 "개인주의와 지성인"(뒤르껭〔뒤르케임〕, 1979) 또는 박 영신(1980: 145-162) 볼 것.

주의가 삶을 톱니바퀴처럼 돌아가게 하는 기계화의 사나운 물결을 되거슬러 올라가기 위하여, 삶의 모든 영역에 의식적으로 뛰어들어 행동하게 한 프로테스탄트 윤리의 소명 의식과 강력한 의무감에서 새로운 힘과 가능성을 다시 보게 되기 때문이다. 한마디로 말해서, 이 시대의 사회적 상황에 보다 적절하고 바람직한 의미의 체계를 더듬어 찾으려 할 때 프로테스탄트 윤리가 적어도 다음과 같은 상징적 가능성symbolic capacity을 안고 있다는 점에 주의를 기울일 필요가 있다.

첫째, 프로테스탄트 윤리는 초월성의 인식 위에 터하고 있음으로 해서 현존 질서의 정당성에 언제이고 도전할 수 있는 힘을 뿜어낼 수 있다. 곧 수단적 합리화의 현존 체제에 손쉽게 동일시하거나 이것이 스스로 하나님의 자리로 올라서서 군림하는 우상화의 가능성을 막고 거부할 수 있는 초월성에의 감수성을 강조한다. 물론 어떠한 사회에서든지 거기에는 한계를 지닌 인간의 조건과 그것을 넘어선 어떤 것에 결부시키려는 "종교적"인 경험의 세계가 있기 마련이다. 그러나 동시에 "거룩한 것"the sacred과 "더러운 것"the profane 사이에 갈등과 긴장이 생동적으로 솟아날 만큼 언제나 이 둘이 뚜렷하게 나누어져 있지 않은 경우가 있다. 다시 말해서 초월적 인식의 정도가 약하거나 초월성이 함몰되어 있을 수 있다.[20] 오늘날 도구적 합리성의 체제가 그 한계를 인지하지 못하고 사회 구성원은 그 체제를 넘어선 어떤 것에 자리를 이어 보지 못하고

20 거룩한 것과 더러운 것을 나누어 보는 개념 정의를 종교사회학적으로 쓰고 있는 뒤르케임의 생각과 이어지는 것인데, 초월성의 인식은 거룩한 것에 대한 감수성을 뜻한다(Durkheim, 1965; Bellah, 1970: 1부, 3부; Bell, 1976: 1부 4장). 벨의 책은「資本主義의 文化的 矛盾」(벨, 1980)으로 소개되어 있다. "초월적" 의미 체계는 현상학적 사회학에서 말하는 매일매일의 생활에서부터 나오는 의미론과는 다른 것으로서, 여기서 쓰는 초월성은 "매일매일의 실재"—슈츠의 말을 빌려 쓰면—를 초월하는 의미 체계이다(Wuthnow, 윗글: 58).

있는 윤리적 상황은, 거룩한 것과 더럽혀진 것이 잘 구별되지 않고 심지어는 앞의 것이 뒤의 것에 의하여 짓밟히고 있는 초월성의 심각한 위축 시대로 규정될 수 있다. 좁으라운 자기 이익과 탐욕스러운 효용성에 매이어 깊은 실존적 의미를 잃어버린 합리화의 견고한 체제를 부수고 그것을 넘어서야 하는 초월적 각성이 그 어느 때보다도 절실하게 요청되고 있는 오늘, "거룩하다"는 허울을 쓰고 하나님의 자리에 올라선 일체의 체제적 우상을 허물어 버리고 그것을 넘어 보다 높은 초월적 존재에 대한 헌신과 충성을 강조하는 프로테스탄트 윤리의 상징적 능력은 더없이 "적절"하다 할 것이다.

둘째, 프로테스탄트 윤리는 보다 높은 뜻을 어느 울타리 속에 가두어 두거나 단순히 읊조리는 것이 아니라, 이 세상 속에 풀어 넣어 구체적으로 널리 이룩해야 한다는 실천과 참여의 지향성을 의무화한다. 이것은 중세기의 승려들처럼 모든 사회적인 유대를 끊고 모든 사회적인 관심을 버린 채 세상으로부터 도피하는 형태의 행동 지향성이 아니라, 청교도처럼 스스로를 하나님의 뜻을 이 세상 속에서 실행하는 도구로 여겨 모든 사회적인 삶을 통하여 하나님에게 영광을 돌리고 그의 뜻을 따라 자기의 모든 활동을 의무적으로 수행해 나가는 참여적 형태의 행동 지향성이다. 이 지향성이 깨우쳐 주고자 하는 것은 도구주의적 합리성의 구속으로부터 해방한다 하여 한껏 쾌락적으로 세속적인 열매를 즐기는 탐닉성과, 보다 높은 뜻의 이름 아래 보다 넓은 집합체에 깊이 관여하기를 거부하는 은둔성이다. 이 모두가 현존하는 도구적 합리성의 체제를 직접 지원하고 있는 것은 아니기 때문에 결과적으로 그것을 약화시키는 데 한몫을 맡을 수 있을 것이다. 그러나 탐닉성은 합리적이며 지성적인 일체의 경험 세계로부터 벗어나 비합리적이며 비지성적인 충동의 경험 세계로 되돌아가려는 자기중심의 쾌락을 중요시한 나머지 차근하고 끈질긴 도전의 힘을 적극적으로 보여 주지는 못한다.[21] 그리고 은둔성은 현존 질서의 도덕적 타락에 대해서는 비판하지만 그 질서 자체의 갱생 가능성에 대한 희망은 저버리게 되어 냉소적인 자기 보호에 관심을 한정시켜 종교적 이기주의나 신비적인 도취에 빠져 도전의 힘을 밖으로 분출시키지 못한다. 바로 이러한 점에서 프로테스탄트 윤리는 오늘의 사회적 흐름을 근원적으로 바꾸어 놓을 수 있는 대안으로서 실천적 관심과 참여 지향성을 제시하고 있다.

합리화의 도구주의 체제가 우상화되고 자기 관심의 좁은 테두리 속에 안주하려는 무윤리 또는 윤리 부재의 상황에, 프로테스탄트 윤리의 기본적인 경향성은 아직도 의미 있는 활력소를 불어넣어 줄 것이다. 비록 세상 속에 두 발을 딛고 서 있지만, 기존의 '나'와 내가 들어가 있는 그 '세상'을 궁극적으로 넘어설 수 있게 하는 의미의 체계가 그 윤리의 틀과 긴밀히 이어져 있기 때문이다.

5. 맺음말

아롱이 비판하고 싶어 했듯이, 현대 자본주의사회를 지나치게 비관적으로 해석하고 있다는 점에서 베버는 맑스주의자와 같은 잘못을 저

21 Bell(윗글) 여러 곳 볼 것. 그는 현대사회의 문화적 경향성이 모든 도덕 틀을 폐기하고 모든 제도를 부정하려 들기 때문에 부수어야 할 낡은 제도의 담벼락이 별로 남아 있지 않다고까지 말하면서, 새로운 종교는 자연으로 돌아가는 낭만주의나 혼란스러운 현대주의(Modernism)가 아닌 전통, 과거, 기억에 돌아가 새로운 이음을 경험케 하는 것이 될 것이라고 내다보고 있다. 일반적으로 그의 분석에 동의하면서도 나는 부수어야 할 도구적 합리성, 합리성의 전체주의 또는 이기적 수단주의 따위의 제도적 성곽은 아직도 무척 단단하다고 보고 싶으며, 반문화 운동의 경향성 가운데 간접적으로 현존 질서에 동조하는 다른 형태의 이기주의와 도구주의가 있음도 아울러 강조하고 싶다. 더불어 Bell(1977) 볼 것.

지르고 말았다고 비판할 수 있다Aron, 1970: Ⅱ, 296-302. 그러나 베버가 합리성 자체를 온통 일방적으로 부정하고 있다고는 볼 수 없다. 아마도 그는 합리성의 밝고 어두운 두 얼굴을 같이 보고자 했다고 해야 옳을 것이다. 고매한 인격의 소유자라 하더라도, 호소력 있는 유토피아적인 꿈과 약속이라 하더라도 그것들이 범할 수 있는 엄청난 타락상을 경고하고자 했던 것이다. 그것이 자본주의적 풍요이든지, 사회주의적 프로그램이든지, 그 모두가 교조주의가 되고 궁극적인 것이 되어 전체주의적인 조직으로 나타나 인간성을 짓누를 수 있다는 위험성을 똑바로 바라보고자 했던 것이다. 칼뱅주의가 낳은 합리적 도구주의는 최종적인 산물이 아니며, 그것 또한 보다 높은 가치에 이어져 재구성되고 혁파되어야 한다고 생각했던 것이다. 이 끝없는 자기부정과 자기 극복의 역사를 추진하는 데, 초월적 의미 체계가 실천적 행동 지향성으로 표출되는—이른바 의미 체계와 현실 세계 사이에 "창조적 긴장"이 감돌고 있는 의식 세계가 필수적이다. 이러한 윤리적 각성만이 회고적 낭만주의에 도취되거나 찰나적 현대주의에 몰입되지 않고 보다 적극적으로 현존하는 사회적 짜임을 끊임없이 넘어설 수 있게 할 것이며, 현실이 굳어지지 않게 역동적으로 움직여 가게 할 것이다. 어떠한 주의 주장도 절대화될 수 없고 어떠한 도구적 체제도 신격화될 수 없게, 창조적 긴장의 상태에서 우리는 보다 깊은 실존의 문제를 제기하고 보다 높은 가치에 관여되어 있어야 한다. 이러한 끝없는 사회변동의 과정은 그 자체가 문제적인 상황으로 남아 있기 때문에 언제나 낙관적으로 이해될 수는 없는 것이다.[22]

22 파슨스가 베버의 이론을 진화론과 이어 놓고 있는 것은 합리화 과정이며, 그것은 때로 낙관적으로 채색되어 있다고 비판되고 있다(Parsons, 1963; Eldridge, 1971: 53-56).

바로 이러한 맥락에서, 위에서 다시 살펴본 '프로테스탄트 윤리'는 합리화되어 가고 있는 산업사회의 윤리적인 문제 상황에 돌파의 구실을 맡을 수 있다고 보게 되는 것이다. 인간성을 예속시키는 악마의 세력이 하나님의 자리로 올라서는 현대사회의 추세에 맞부딪쳐 이를 극복할 수 있는 윤리적 돌파의 의미 체계가 반드시 어느 하나의 종교나 종파의 전매특허품일 수는 없다. 위대한 종교라면 그 속에 놀라운 구원의 가능성을 담고 있을 것이다. 현대사회를 위기로 파악하고 있는 무리들에게, 베버가 말하는 카리스마적 길잡이가 여러 위대한 종교적 전통에서 경쟁하듯 다투어 나올 수 있어야 한다.[23] 종파적 편협성 때문에 사회의 어두운 상황을 정확하게 진단하지 못하고 독단적 폐쇄성 때문에 그 상황에 대한 처방을 올바로 주지 못할 때, 위대한 종교적 가능성은 끝내 빛을 보지 못하고 시들고 말 것이다.

위축되어 가고 있는 초월성의 영역을 지키고, 거기에 이어 깊은 실존적인 물음을 쉼 없이 던지고, 실천적 의무 의식으로 사회 속에 뛰어들 때 비로소 현대인은 쇠우리로부터 벗어나 참다운 삶의 공간을 마련할 수 있을 것이다.

23 이에 관련하여 카리스마적 분출 가능성을 구조적 특수 조건과 실존적 일반 조건으로 나누어 다루고 있는 박 영신(1976/1978) 또는 이 책의 첫째 글 볼 것. 카리스마에 대한 베버의 생각을 알아보기 위해서는 Weber(1968) 또는 Dow Jnr.(1977) 볼 것.

칼뱅주의 해석의 '오류 지점'

친화력의 논리와 축소의 원리

1. 사회학의 해석으로

칼뱅의 생각을 여러 갈래로 표출시켜 온 집단들과 지역들 사이에서 칼뱅에 대한 해석의 문제는 계속 논쟁의 대상이 되었다. 칼뱅과 칼뱅주의에 대한 연구가 지속되고 있는 것은 이 때문이라고 할 수 있다McNeill, 1954; Maag/Fields, 2004; Muller, 2004; Trueman, 2004; Zachman, 2008. 이것은 어느 한 학문 영역에 한정되어 있지 않고 신학과 역사학으로부터 사회과학에 이르는 여러 영역에 두루 걸쳐 있다. 이 논쟁에서 칼뱅주의는 고정불변한 특정의 틀 안에 응고되어 있을 수 없었다. 수많은 바깥 사상과 함께 안팎에서 일어난 도전에 대응하면서 스스로 "여러 가지의 수정을 해 왔던" 것이다McNeill, 1954: 396. 이른바 합리주의와 세속주의에 대한 반응의 차이에 따라 칼뱅주의는 자체의 교리와 입장에 대한 해석을 둘러싸고 논쟁

* 이 글은 「현상과인식」 33권 3호(2009년 가을)와 한국인문사회과학회(엮음), 「칼뱅주의 논쟁: 인문사회과학에서」(서울: 북코리아, 2010)에 실려 있다.

을 벌이면서 변화해 왔다.

이 글은 이러한 해석의 역사 줄거리와 거기에 얽힌 논쟁을 통틀어 따지려는 데McNeill, 1954; Benedict, 2002 새삼 그 뜻을 두지 않는다.[1] 오히려 사회(과)학 쪽에서 논의된 항목 하나를 여기에 끌어들이고자 한다. 칼뱅의 생각을 이어받았다고 하는 칼뱅주의 교도들이 근대사회의 형성에 무시하지 못할 영향을 미쳤다고 하는 논지에 들어서고자 한다. 베버는 칼뱅주의와 근대의 합리스러운 자본주의 정신 사이에 매우 긴밀한 관계가 있다는 점을 밝힌 바 있다. 바로 이 '관계'라는 것이 언제나 논쟁거리였다. 그것이 정확히 무엇을 말하며 그 성격을 어떻게 규정해야 할 것인가 하는 점에서 엇갈리는 생각이 빗발쳤던 것이다. 이 논지를 두고 이미 수많은 이야기들이 오갔기 때문에Green, 1959; Fischoff, 1968; Eisenstadt, 1968; Mommsen, 1989; Honigsheim, 2000: 267-273 이 글에서는 칼뱅주의로 표상되는 윤리 지향성과 사회 상황의 관계에 대한 베버의 생각이 몰고 온 논쟁의 꼬투리 하나를 캐 보면서, 그가 말한 '친화력'의 개념에 초점을 맞춰 그것이 빚게 되는 상황에 대하여 지나쳐 버린 논점 하나에 초점을 맞춘다.

2. 칼뱅주의와 사회구조

칼뱅주의는 그것의 옹호자와 반대자들이 어느 한두 가지로 빙퉁그러지게 간단히 그려 낼 수 있는 것이 아니다. 그러기에는 그 신학 체계가 복잡하고 사상이 넓고 또 깊다Partee, 2008: 5-27. 바로 이 때문에 제가끔 주

1 칼뱅에 대해서는 우리나라 신학계에서도 활발하게 연구되어 왔다. 이에 대한 자료(정 성구, 1995: 595-609)와 논의(정 성구, 윗글: 134-156; 한국칼빈학회, 1998; 이 상규, 2009: 249-277) 그리고 최근에 나온 오 형국(2006)도 볼 것.

장을 펼치고 거기에 대한 반주장을 또 펼쳐 끊임없이 해석과 반해석을 이어 왔으며, 그 과정에서 특정 입장의 수호와 거부 그리고 특정 주장의 변호와 이탈의 역사를 빚어내었다.[2] 이 모든 것과는 상관없이 신학 쪽에서는 간결하게 칼뱅주의의 핵심을 정의 내리고는 그것을 굳게 지켜 가고자 한다. 칼뱅주의를 평생의 연구 과제로 삼은 신학자 맥닐McNeill, 1954: 436의 말로, "참된 칼뱅주의자는 신에게 영광을 돌리고 그에게서 즐거움을 누리는 믿음에서 복됨을 찾는다. 믿음이 약한 자는 이 넘치는 기쁨을 이해하지 못한다."

이것은 흔히 사회(과)학에서 제대로 이해하지 못한 채 지나쳐 버리는 칼뱅주의자의 칼뱅주의 이해이다. 칼뱅주의는 인간 사회에 머물면서도 언제나 신 중심의 믿음과 삶을 모든 것 위에 두었다. 절대의 초월성에 대한 헌신이었다.[3] 그리하여 칼뱅주의자들은 루터교파와는 달리 권력을 가진 군주와 제후들의 후원에 기대어 자체의 교세를 확보하고 확장해 가고자 하기보다 그들에게 차라리 맞서고자 하였다. 그들은 적대하는 권력층과 기존 교회와 맞서 싸우면서 번져 나갔다. 칼뱅 자신이 추방된 희생자요 피난민이자 이방인으로 살았듯이Selderhuis, 2009 그를 따르는 이들 또한 난폭한 권력의 탄압과 교권의 핍박을 피해 떠돌이로 유배지에서 고난을 당하였으며 이 고난 가운데서 자신들이 추구코자 한 믿음의 삶을 적극으로 다져 갔다Duke, 1994: 1-20. 이들은 파슨스의 표현으로 현실을 그대로 받아들이는 "수동"의 루터파와는 달리Parsons, 1991: 114 이 세

2 이러한 등속의 문제에 대하여 여러 눈으로 살펴본 대응의 글들이 많이 있다. 최근의 것 하나로 읽기 편한 Hall(2009) 볼 것.

3 신학 쪽에서 이해하는 칼뱅주의에 대해서는 Steinmetz(1995: 3-5), Muller(2004: 130-149)도 볼 것.

상에서 하나님 나라를 세우는 도구로 '능동'의 삶을 살아가고자 하였다.

칼뱅주의자들이 바깥 세력에 맞서 대응할 수 있는 강력한 교회의 조직과 신앙의 기강을 세워 가고자 한 것은 이 때문이었다McGrath, 2007: 56-57. 물론 이러한 뜻은 칼뱅이 말한 '그리스도의 삼중직'Calvin, Ⅱ, 15: 칼빈[칼뱅], Ⅱ, 491-506에서 더욱 뚜렷하게 나타난다. '믿음으로 그리스도와 한 지체'가 된 그리스도인이라면 단순히 그리스도의 제사장 됨뿐만 아니라 그의 '예언자' 됨과 '왕' 됨에 참여하여 악과 싸우고 악을 다스리는 적극의 삶을 살아갈 수밖에 없다는 것이다Partee, 2008: 158-167. 이를 위해 교회는 엄정히 다스려지고 교도들은 엄하게 훈련되어 규율을 지켜 가도록 하였다.[4]

이 투쟁과 자기 조정의 과정을 거쳐 칼뱅주의는 여러 모습으로 나타났다. 때문에 이것을 어느 하나로 정의하기는 어렵다. 애당초 칼뱅주의라는 말이 다른 개신교의 교파와 구별하기 위해 쓰였지만 오늘날에 와서는 오히려 '개혁주의'라는 말을 쓰게 될 만큼 그 신학의 입장이 넓어졌고 어쩌면 묽어졌다고도 할 수 있다. 개혁주의 가운데서 칼뱅의 특성을 구별코자 할 때만 특별히 칼뱅주의라는 말을 쓰고 있을 정도이다 Benedict, 2002: xxii-xxiii.

그러나 칼뱅주의는 근대의 역사에서 지나쳐 버릴 수 없는 사회 세력으로 작용하였다. 칼뱅주의가 표방한 이러한 지향성 속에 현존하는 사회구조와 갈등할 수밖에 없는 가능성이 담겨 있었기 때문이다. 이 점이 사회(과)학의 시선을 끌게 되어 논의의 대상으로 올라섰던 것이다. 물

4　이와 이어 개신교 정신 가운데서 칼뱅의 신학 노선을 시민과 이어 논한 글(박 영신, 2008ㄷ)과 국가와 정치에 대하여 루터와 다른 입장을 가진 칼뱅의 신학 사상을 논한 글(전 경연, 1982: 200-207; Höpfl, 1991)과 이 문제에 대한 루터와 칼뱅의 생각(Luther/Calvin, 1991) 볼 것.

론 이에 대하여 사회(과)학 쪽에서 관심을 갖기 시작한 것은 그리 오래된 일이 아니다. 20세기 초에 나온 '프로테스탄트 윤리'라는 논지Weber, 1958ㄱ; 베버, 1987; 박 영신, 1980가 처음이었다.[5] 자본주의라는 낱말이 널리 쓰이게 된 것이 이 논지가 불러일으킨 논쟁 때문이었다는 것을 익히 아는 사람이라면박 영신, 1995ㄱ: 39-41, 칼뱅주의를 사회과학의 논의 마당으로 끌어들인 것도 이 논지 때문이라는 것을 알고 있을 것이다. 베버는 칼뱅주의를 역사 변동의 축과 이어 보고 싶었다. 칼뱅주의를 퓨리터니즘이란 말과 프로테스탄트 윤리라는 이름으로 정의하고 그것을 자신의 관심사인 합리스러운 금욕 지향의 자본주의 정신과 이어 놓으면서Weber, 윗글: 98-128; Poggi, 1983 칼뱅주의가 비로소 사회과학의 이야깃거리가 되고, 마침내 '자본주의'뿐만 아니라 '칼뱅주의'를 둘러싼 논쟁도 벌어지게 되었다.

'프로테스탄트 윤리'를 두고 벌어진 논쟁을 알아보기 위해서는 우선 종교 신앙의 생성 기원과 전파에 대한 엇갈리는 해석을 이해할 필요가 있다. 근대 경제의 원리와 생활 정신 또는 윤리라는 두 영역 사이의 관계에 대한 논의에 앞서 종교 일반에 대하여 맑스주의 쪽에서 내놓은 해석을Marx/Engels, 1964 들여다볼 필요가 있다. 맑스주의 진영에서 낸 목소리가 반드시 같지는 않았다. 생각의 결을 달리하면서 논쟁을 벌이고는 여러 갈래로 갈리기까지 그렇게 긴 시간을 필요로 하지 않았다R. Niebuhr, 1964. 카우츠키와 같이 단단한 결정론에 기울어진 교조주의가 나왔는가 하면 베른슈타인과 같이 칸트의 철학에까지도 문을 열어 두고자 한 수

5 우리나라 신학계에서도 칼뱅을 논하는 가운데 이 논지에 주목고자 한 경우가 있다. 이 종성(1978: 192-193)이 곧장 떠오르는 보기이다. 불행하게도 그는 이차 자료에 기대어 '베버의 논지'를 겨우 소개하는 초보 수준에 머물고 있을 뿐 베버의 저작을 '직접' 읽고 논하는 수준으로는 나아가지 못하였다(윗글: 186-193). 막스 베버의 글 어느 하나도 그의 '연구 도서 목록'(윗글: 242-253)에 들어가 있지 않다.

정주의도 나왔다Breuilly, 1987; Geary, 1987.

하지만 생각과 관념과 신앙의 세계를 계층과 계급의 이해관계로 풀이하고자 한 점에서 맑스주의자들은 견해를 같이하였다. 한마디로 그들은 종교란 사회 상황을 반영하거나 그 상황에 맞춰 가는 인간의 생각과 의식 뭉치에 지나지 않는다고 보았다. 계층과 계급에 따른 종교 신앙의 여러 형태와 유형은 베버도 중시한 바다. 그러나 맑스주의식의 해석에 대하여 드러내 놓고 또는 드러내 놓지 않고 그는 끈질긴 반론을 펼쳤다. 흔히 쓰는 말로 지나치게 상부구조를 강조하면서 하부구조의 중요성을 약화시킨다고 맑스주의 쪽에서 베버를 몰아붙이겠지만, 그는 주저하지 않고 자신의 학문과 접근 방식을 명쾌하게 털어 말하였다. 그는 맑스주의가 상부구조조차도 하부구조에 달려 있다고 풀이코자 한다며 그것이야말로 견딜 수 없는 독단의 논리라고 쏘아붙이기도 하였다Mommsen, 1989: 57.[6]

칼뱅주의에 대한 해석 또한 이러한 틀에서 이루어졌다. 맑스가 죽은 다음 그의 생각을 전파하기에 온 힘을 쏟았던 엥겔스가 쓴 글이 그 보기이다. 그는 독일을 중심으로 퍼진 루터교파와는 달리, 프랑스의 '예리함'을 지니고 있던 칼뱅이 종교개혁이 지닌 "부르주아계급의 성격"을 앞에 내세우고는 교회 자체를 공화 체제로 바꾸어 민주화하였다는 점을 인정한다. 나아가 루터의 종교개혁이 어려움을 겪고 있을 때 "칼뱅주의 종교개혁은 제네바에서, 홀란드에서 그리고 스코틀랜드에서 공화주의자들을 위한 깃발"이 되어 "홀란드를 스페인으로부터 그리고 독일제국으로

6 물론 베버의 논의는 맑스주의 쪽에서 전혀 의미 없는 것으로 내동댕이쳐진 것이 아니라 오히려 그의 연구가 높이 평가되기도 하였다. 보기를 들어 카우츠키는 베버의 연구가 맑스주의의 논의에 도움을 줄 수 있다고까지 하였다(Salvadori, 1989: 93-108).

부터 자유케 하고 영국에서 일어나고 있던 부르주아혁명의 제2막을 위한 이념의 옷을 마련해 주었다"고도 했다. 그러고는 "칼뱅주의가 그 시대의 부르주아계급의 이익을 진실된 종교로 위장한 모습"을 띠면서 스스로를 정당화해 갔다Marx/Engels, 1964: 265고 주장하였다.

베버는 이러한 관점을 받아들일 수 없었다. 그는 관념과 이익 사이에는 매우 복잡한 교호 작용이 있을 뿐만 아니라 관념이란 다른 요인과 조건으로부터 어느 정도 떨어져 있는 '자율성'을 지닌다는 점을 인정해 두고자 하였다. 당연히 종교의 세계를 경제의 하부구조에서 끌어내고자 하는 유물론의 교조주의 해석을 거부하였다. 그렇다고 해서 그가 다른 극단으로 나가 자본주의라는 경제체제는 오직 종교개혁의 산물에 지나지 않는다며 또 다른 교조주의를 내세우고자 하지는 않았다Weber, 윗글: 90-92. 그의 논지를 특정 시기의 서양 사회에 한정시키지 않고 동양 사회에도 적용시켜 보려고 한 여러 시도에서 이 점은 더욱 분명하게 드러난다. 아무리 프로테스탄트 윤리에 버금하는 다른 종교 윤리 지향성을 찾아볼 수 있다고 하더라도 그 윤리만으로 다른 문명권에서조차 서구가 체험한 그 특유의 근대 자본주의를 이끌어 낼 수는 없다고 하였다. 관념의 차원이 다른 삶의 차원에 깊은 영향을 미치지만 그것이 어떤 제한이나 구속도 받지 않고 자유자재로 힘을 뻗치거나 정해진 관념의 궤도에 올라 자동으로 그 위를 질주하지는 않는다. 종교 윤리는 구조의 조건에 따라 부드럽게 진행되기도 하지만 또한 좌절되고 왜곡되기도 한다. 행동 지향성과 함께 구조의 요인을 살펴야 하는 '구조 차원'의 접근이 요청되는 까닭이 여기에 있다Bellah, 1970: 53-63; 박영신, 1984. 종교 신앙과 사회 상황 사이의 관계란 어느 극단의 논리로 풀이될 수 없는 역동의 과정으로 파악되어야 한다. 베버 또한 어느 한 가지 요인이 다른 한 가지를 결정한다는 수학의 공식을 만들고자 하지 않았다Weber, 1958ㄱ: 183.

크게 보아 '프로테스탄트 윤리'에서 비롯된 많은 논쟁은 이러한 베버의 접근 방법을 잘못 이해한 데서 비롯되었다고 할 수 있다. 그는 칼뱅주의가 자본주의를 낳은 유일한 원인이거나 그것이 단독으로 출생시킨 근대의 자녀라거나 칼뱅주의가 근대의 자본주의를 낳은 충분조건이 된다는 논지를 펴지 않았다. 종교개혁이 일어날 때 이미 유럽에서는 경제 규모가 확장되고 기술 발전이 속도를 내고 있었다. 그러할 때 중세 가톨릭 국가라는 조건 안에서 소수자가 될 수밖에 없던 종교개혁 세력이, 뤼티Lüthy, 1968: 94의 표현으로 사회변동의 "누룩"이 되었고 변혁의 소수 전위대가 되었던 것이다. 이들 누룩의 세력이 마치 구약의 예언자들과 그들을 따른 무리처럼 가톨릭교회의 총수인 교황을 바알 우상을 숭배하는 제사장으로 공격하였다. 그리고 '내가 원하는 것은 제사가 아니라 공의'라고 하고 "다만 공의가 물처럼 흐르게 하고, 정의가 마르지 않는 강처럼 흐르게 하여라"라고아모스 5: 24 외친 예언자의 가르침을 따라, 이들은 내세에 대한 갈구나 내면의 평온을 기리는 것이 아니라 이 '세상 안'에서 공의와 정의를 펼치는 예언 정신의 '누룩'으로 살아가고자 하였다 윗글: 100.

칼뱅주의가 받아들인 구원의 길은 중세 교회가 공식화해 온 구원의 길과는 달랐다. 칼뱅교도들은 구원이란 교회가 요구하는 종교 의례를 충실하게 따르고 지킨다고 해서 획득할 수 있는 것이 아니라고 믿었다. 이들은 고해성사, 미사 참여, 사제의 중재가 인간의 구원을 결정하는 수단이 된다고 생각하지 않았다. 칼뱅주의 교도들은 오직 이 세상 안에서, 이 세상일을 통하여 신의 뜻을 실현해 가는 길밖에 다른 길이 있을 수 없고, 거기에서 구원의 증표를 확인할 수밖에 없다고 믿었다. 자신의 기분에 맞추거나 세상의 기준에 따르고픈 충동 같은 것을 준엄히 통제하면서 신의 뜻을 받들어 세상에서의 일을 책임 있게 구현해 가는 것, 베버의 말로 '세상 안에서의 금욕주의'를 실행해 가고자 했다. 칼뱅의 교리는 겨우 근대 자본주의라는 경제 체제나 활동을 부추기는 수준으로 축소되거나 격하될 수 없는 더욱 광범위한 세계관을 가지고 있었다. 하지만 베버는 이러한 삶의 방식이 경제의 삶에서 '그토록 엄격하게 헌신하는' 윤리의 삶을 살아간 특유한 인간성을 만들어 내고, 다른 문명권에서 볼 수 없는 근대 서구 특유의 세계를 만들었다는 '해석'의 논지를 세우고자 하였다Weber, 1963ㄱ: 220.

베버의 학문 세계에 비친 칼뱅주의와 자본주의라는 두 요소의 인과관계는 자연과학의 눈으로 증명해 내어 일반 공식이나 법칙으로 만들 수 있는 것이 아니었다. 그의 접근 방법은 '해석'하는 사회학이었다. 인간 행동에 의미를 주는 그러한 행위를 풀이하여 종교 윤리와 근대의 자본주의를 이어 놓고자 했던 것이다.

3. 친화력의 논리

베버가 말하는 해석의 사회학은 두 가지 차원에서 이야기할 수 있다. 하나는 사회학의 연구 대상으로 삼는 인간의 행위를 논하는 것이고 다른 하나는 인간 일반이 들어서 있는 삶의 상황을 의미 있게 풀이해 주는 종교 지성인의 역할을 논하는 것이다. 그가 사회학은 인간의 행위를 해석하여 이해하는 학문이라고 했을 때 그것은 인간이 자신의 행동에 '의미'를 붙이는 경우를 연구의 대상으로 삼는다는 뜻이 된다Weber, 1978ㄱ, I: 4. 의미를 주는 것은 자기 혼자만의 세계에서도 가능하지만 그것이 '사회'

의 성격을 가지려면 다른 사람들이 의미를 붙이는 그러한 행위에 지향되어 있어야 한다. 그러므로 사회관계란 단순히 마음과 마음이 서로 만나는 데 있는 것이 아니라 행위가 의미 있게 진행될 것이라는 개연성 위에 놓여 있다윗글: 27-28. 우정 관계, 국가, 시장은 모두 이러한 행위의 결합체를 드러내는 것들이다. 이와 함께 해석의 사회학은 종교 지성인이 풀이해 주는 삶의 의미 문제에 주목한다. 삶 속에는 어느 하나의 틀로 완벽하게 해명될 수 없는 지극히 불합리한 모순들이 덩어리로 엉켜 있기 때문에 어쩔 수 없이 여러 신들 사이의 쟁투가 벌어지고 여러 갈래의 종교 지향성이 나올 수밖에 없다. 신들을 대신하여 싸우면서 그 나름의 종교 지향성을 만들어 내는 사회 세력이 종교 지성인이다Weber, 1946: 123.

앞에서 일렀듯이 베버는 이 종교와 종교 지향성을 따르는 자들은 사회계층의 물질 조건을 반영하는 결과에 지나지 않는다고 보는 견해를 단호히 거부하였다. 아무리 종교 지향성이 사회의 영향을 받고 정치와 경제의 힘에 따라 결정된다고 하더라도 먼저는 종교로부터 특징짓게 된다고 보았다. 베버 자신의 말로 하면 '이념', 그것만이 아니라 "물질과 이념의 이익"이 인간의 행동을 "직접" 다스리기는 하지만 흔히는 이념이 만드는 "세계 이미지"가 "전철수처럼" 행위가 어떤 방향으로 나아가게 할지를 결정한다는 것이다Weber, 1946: 269-270, 280.

그의 사회학은 주관의 의미를 지니고 있는 사회현상을 전제하며, 그것은 자연과학에서 표방하는 무감각한 인과관계의 틀로는 풀이될 수 없다는 점을 또 전제한다. 사회 상황은 단순한 객체가 아니라 해석의 대상이다. 세계란 인간에게 언제나 해석의 가능 영역이며 해석의 필요 영역이다. 맑스가 생각하는 것과는 달리 베버는 사회 존재와 의식이 기계처럼 일치하는 것이 아니라 이 둘 사이에 해석의 과정이 들어 있다고 본다. 이것을 가장 잘 드러내고 있는 개념이 '친화력'이며 이 개념으로 풀이코자 하는 것이 친화력의 논리이다.

우리 학계에서 '선택적 친화성'이라고 옮겨 놓는 이 낱말Wahlverwandtschaften은 물론 베버가 생각해 내놓은 개념이 아니다. 이 말은 18세기 화학에서 쓰기 시작했던 것인데, 그것이 괴테가 발표한 소설의 표제로 붙여지게 되면서 널리 펴지게 되고 칸트의 생각과도 만나게 되었다Howe, 1978: 366-379. 베버는 중등학교에 다닐 적에 공부하는 시간에 남몰래 벌써 40권으로 된 괴테의 문학 전집을 모두 다 읽었다M. Weber, 1988: 47-48. 그 속에 물론 괴테가 1809년에 발표한 소설 「친화력」2001도 있었다. 베버는 행복을 손에 넣기 위하여 시시하고 저급한 데 집착하고 있는 괴테를 결코 예찬할 수 없었고 당시 괴테를 숭배하기까지 한 동무들을 꾸짖으면서 오히려 프리드리히 실러를 높이 값 매김 하였다. 하지만 독일의 문학과 문화를 상징하기에 이른 괴테의 영향을 그라고 해서 피해 갈 수는 없었다M. Weber, 윗글: 154-155.

이 소설은 흥미롭다. 여기에는 네 사람이 나온다. 부유한 남작 에두아르트와 부인 샤로테, 그리고 그들이 사는 장원으로 끌어들인 남편의 미혼 친구인 대위와 부인 친구의 딸인 오틸리에, 이들이 함께 살게 된다. 괴테는 이끌림과 떨어짐, 들러붙음과 갈라짐의 화학 현상을 서로 들어맞고 엇갈리는 이 네 사람 사이의 엇맞물기에 맞춰 본다. 얼핏 대위와 오틸리에 사이에 뭔가 새로운 관계가 빚어질 것이라는 예상은 곧 빗나가고 엉뚱한 사랑의 관계가 빚어져 나온다. 에두아르트가 오틸리에와 가까워지고 부인 샤로테가 대위와 가깝게 된다. 주인공들이 나눈 이야기에서 읽듯이, 전혀 문제가 될 것 같지 않고 서로 헤어질 것이라고는 상상조차 할 수 없는 "어떤 결합이 제3의 인물이 다가옴으로 해서 해체

되고 일찍이 그토록 아름답게 결합된 이들 중 하나가 정처 없이 멀리 내쫓기는 경우", 다른 말로 "지금까지 둘씩 둘씩 결합되어 있던 네 개의 존재가 접촉을 하게 되면서 지금까지의 결합을 떠나 새롭게 결합하는 바로 그러한 경우"가 모두 "이끌림, 친화성, 버림과 결합 관계"라는 친화력의 도식 안에서 전개된다괴테, 2001: 50. 어떤 특정 관계가 다른 어떤 관계보다 더 어울리고 선호되는 진기하고 흥미로운 현상을 두고 소설의 주인공들이 생각을 나눈 것이다. 이러한 친화력의 관계가 비극의 종말을 맞는 것으로 소설은 끝난다. 이 논의에서 중요한 것은 마치 자연과학자가 실험실에서 결합과 이탈을 관찰했던 것처럼 괴테 또한 과학에 깊은 관심을 가졌던 작가로서 이들 인간의 만남과 헤어짐의 현상을 소설이라는 실험실 속에서 관찰하려 했던 점이다. 괴테는 친화력의 역학 관계를 인간 사이의 관계로 풀이코자 했던 것이다.

베버는 이 친화성의 논리를 그의 사회학에 끌어들였다. 자연과학에서 쓴 친화성이라는 낱말이 괴테의 소설을 통하여 독일인들의 이야기 속으로 들어온 것처럼 이 낱말이 괴테를 통하여 베버의 학문 세계에 들어섰던 것이다Howe, 1978: 371. 베버는 친화력의 논리를 여러 논문에서 활용하였다. '프로테스탄트 윤리'의 논지에서 칼뱅주의와 근대 자본주의 사이의 친화성을 논하는 것뿐만 아니라 문화의 가치와 그 중요성이 계급 이익과 친화력을 보인다는 점을 들어 갈등 상황을 논하기도 하였다Weber, 1949: 56. 사회 행위가 특정 의미에 친화력을 갖는가 하면 그러지 않을 수도 있다. 비슷한 가치 이상을 가진 사람들이 함께 모이고 나아가 그러한 사람들을 끌어모으고 또 더해 가면서 특정 학술지도 만들 수 있지만윗글: 61, 종교 지향성과 사회계층 사이에 친화력이 없는 경우도 있다. 베버는 어떤 한 요인에 의한 경직된 인과관계를 법칙으로 내놓으려는 것이 아니라 유연한 해석을 필요로 하는 풀이에 관심이 놓여 있었기에 친화성의 개념은 그에게 안성맞춤이었다Thomas, 1985.

어느 경우이든 삐걱거리는 동거를 오랫동안 견뎌 내기란 어렵고 그 동거는 조만간 다른 방도와 출구를 찾아 새로운 동거로 나아가기 마련이다. 자발성과 창의성을 요구하는 합리스러운 경제행위의 지향성에서 보면 그것을 내내 헤살 놓기만 하는 중세 교회와 봉건제도의 권위 체제를 줄곧 떠받들고 전래하는 관행이란 어찌할 수 없다며 그 모든 것을 묵묵히 따르기에는 채워진 인습과 인종의 족쇄가 너무도 고통스러운 것이었다. 현존하는 옛 체제와 합리스러운 자본주의의 정신이 부딪치는 마찰의 불편함과 거기서 나오는 삶의 불일치를 언제까지고 지탱해 갈 수는 없었다. 그 삶의 공간에 들어선 칼뱅주의라는 새로운 윤리 지향성을 만나면서부터 그러한 감정을 더해 갔다. 자본주의 정신은 오랫동안 친화할 수 없었던 타율의 관계에서 벗어나 합리스러운 경제행위에 어울리고 그 행동 지향성을 북돋는 새로운 삶의 윤리 세계로 곧바로 들어설 수 있게 되었다.

보기를 들어 18세기 후반의 프로테스탄트 은행가들은 저당물을 잡고 돈을 꿔 주는 일을 업으로 삼은 전당포 주인이 아니었고 돈놀이를 하는 대금업자가 결코 아니었다. 이 점에서는 이들 모두 가톨릭 은행가들과 다를 바 없었다. 문제는 종교 윤리와 교회법이 화폐의 유통과 교환 과정을 어떻게 보고 어떤 범위에서 정당화하고 허용하는가 하는 점이다. 중세 가톨릭교회의 엄청난 재산을 관리하는 은행업이 부닥치게 되는 현실의 필요성 때문에 교회법은 오랜 세월 동안 은행업의 요구에 맞춰 타협하고 조정하고 양보했어야 했다. 그러나 교회법은 은행업에 대하여 그 근본으로부터 적대하는 태도를 견지해 왔다. 이 점에서는 루터도 마찬가지였다Weber, 1958ㄱ: 200-203. 그러나 법률가로 훈련받은 칼뱅은 자기 나름의 뚜렷한 입장을 세워 갔다. 이 문제에 대하여 중요한 연구 업적을 남긴 넬슨이 보여 주고 있는 바와 같이Nelson, 1969, 칼뱅은 기독교에서 말하는 보편주의와 형제자매의 윤리를 손상하지 않으면서 개인의 양심과 공공의 유익을 내세워 성경을 풀이하고자 하였다. 그는 은행업에 종사하는 은행가들이 구약시대에 히브리 족속과 이방인들에게 각각 다르게 적용되었던 '집단 경계'의 법규를 떨쳐 버리고 은행 관계에 들어선 모든 사람들에게 동일하게 적용되어야 할 보편 규칙을 세워야 하고, 나아가 은행업이 모두에게 공평한 공공의 유용성을 확보해야 한다고 했다. 이러한 칼뱅의 가르침에 힘입어 칼뱅주의 윤리와 은행업을 포함하는 근대의 합리스러운 경제행위가 새로운 친화 관계를 맺을 수 있었던 것이다.

이렇게 베버는 사회계층과 종교 지향성의 관계를 친화력의 기제로 풀이코자 하였다. 칼뱅주의의 윤리를 받아들인 사회계층은 주로 봉건시대의 강제력을 행사하는 국가기구나 귀족층에 속하지 않은 도시 거주자들이었는데, 이들의 관심과 종교개혁의 지향성이 서로 마주하여 들러붙게 되었던 것이다.[7] 서구 부르주아계급의 경제 관심과 종교개혁으로 빚어진 엄격한 윤리 지향성이 서로 이끌려 빚어져 나온 것이 합리스러운 근대의 자본주의였다. 베버의 종교사회학과 지성인의 사회학 가운데 이러한 친화성의 현상은 매우 중요한 자리를 차지하고 있다Sadri, 1992. 이것은 단순한 화학작용이 아니라 의미를 지니고 살아가는 인간들이 헤아려 결단하고 선택하는, 매우 민감한 내면의 의미화 과정을 통하여 일어나

7 반대로 종교개혁 세력이 갈라져 나갈 수밖에 없는 상황도 예상할 수 있다. 16세기 당시 교회 분열을 막자고 한 일부 평화주의자들의 신앙 형태인 이른바 니고데모주의를 비판했던 칼뱅의 초기 생각에 대한 글(황 정욱, 1998ㄱ) 볼 것.

는 현상이다.

베버의 접근 방법을 내세우려는 사회학자들은 '친화력'을 사회 조건과 의식 세계의 '일치'와 '상응'과 '반영'이라는 개념으로 표현되는 맑스주의의 접근 방법과 그 관점에 대한 대안으로 보고자 한다Gerth/Mills, 1946: 62-63. 베버가 제안하는 사회학의 연구는 어떤 공식이나 법칙으로 표현될 수 있는 보편스러운 인과관계를 겨냥하지 않았다. 경제 조건이 사회 행위를 결정하는 주요한 원인이 되기도 하고, 뒤바꾸어 사회 행위가 경제에 영향을 미칠 수도 있다. 하지만 "언제 그리고 어떻게 이것이 일어날 것인지에 대하여 어떤 중요한 일반화를 만들어 낼 수는 없다"Weber, 1978ㄱ: 341. 그가 말하는 문화과학으로서의 사회학은 일반화시킬 수 있는 법칙을 추구하는 것이 아니었다. 일반화시킬 수 있는 것이 있다면 그것은 "사회 행위의 구체스러운 구조와 경제조직의 구체스러운 조직 사이의 선택 친화성의 정도에 대해서" 일반화할 수 있을 뿐이다. "그것들이 서로를 부추기는가, 헤살을 놓는가 또는 물리치는가 하는—그것들이 서로에 대하여 '적절한가' 또는 '적절하지 않은가' 하는 것에 대하여 일반스러운 관계를 말할 수 있는 것이다"윗글: 같은 곳. 쌍방의 교섭 과정을 중시하고 그것을 '피드백'의 관계로Forcese, 1968: 193-201 보고자 하는 접근 방식이다.

그가 말하는 사회(과)학의 특별한 성격과 그 학문의 가능성, 그리고 그가 말할 수 있는 인과관계와 일반성의 관계는 규격화된 보편스러운 인과관계의 진술이나 일반화가 아니라 바로 이 친화력의 논리 위에 서 있었다. 이 논리는 기계론에 터한 논의의 함정을 벗어날 수 있는 해석의 새로운 가능성을 제공해 준다 할 수 있다. 인간이기에 의미를 찾고 풀이하면서 그 의미의 문화가치를 중요하게 여기고자 하는 그러한 인간의 삶과 행위를 이해코자 하는 것이 그의 사회학이기에, 친화성은 필수 불가결한 방법론의 도구이다. 자연과학을 모든 학문의 본보기로 믿고 마냥 그 학문 방법의 뒤꽁무니를 쫓아다니면서 마침내 사회학의 논의에서 삶의 의미가 지닌 중요성마저 저버리고 있는 오늘의 상황에서, 친화력의 논리를 내세워 사회학다운 사회학의 존재를 지키고자 한 그의 기여는 결코 가볍게 여길 수 없는, 실로 크고 중요한 것이다.

베버의 논지에서 끌어낼 수 있는 친화력의 관계는 모든 삶의 상황에 두루 적용될 수 있다. 이것은 교황의 권위를 허문 이력을 가진 영국의 개신교도들이 미국으로 왔을 때 그들이 가져온 종교를 민주주의와 공화주의 방식의 기독교라고 하고, 종교와 정치의 입장이 "친화성"으로 이어져 있고 세속의 제도가 '하늘'의 제도와 "조화"를 이루고자 하는 경향성이 있다고 앞서 밝힌 토크빌의 생각에도 이어진다Tocqueville, 1945: 310-311.[8] 실제로 칼뱅주의는 여러 영역과 친화의 관계를 가져왔다는 연구물들이 있다. 퓨리턴 운동을 싹트게 한 바탕으로서의 칼뱅주의가Woodhouse, 1992: 36-37 근대과학에Merton, 1957, 영국의 왕권주의자들에 대한 시민 저항의 의식 세계에Walzer, 1965, 시민혁명 전의 영국의 전통 질서와 법과 제도에 대한 저항운동에Little, 1969 친화성을 보여 준 바 있다. 그런가 하면 칼뱅주의의 예정설은 스코틀랜드 계몽주의자들이 보여 준 이신론에Stewart, 2003 친화성을 가졌으며, 교회 예전주의자들에 대한 반주장에도Duke, 1994; Steinmetz, 1995: 172-186 강한 친화성을 드러내 보여 주었다.[9]

8 프로테스탄트 기독교와 민주주의의 관계에 대한 논의는 수없이 많다. 넓게 개신교 일반을 다루면서 칼뱅주의가 오늘날의 민주주의에 준 영향에 대하여 짧게 논하고 있는 글(De Gruchy, 1995: 75-94) 볼 것.

9 이에 더하여 지난날의 신학과는 달리 인간과 신의 관계를 서로 의존하는 것으로 파악고자 하는 새로

그러나 여기서 머문다면 베버의 사회학이 뿌리내리고 있는 깊은 뜻을 드러내지 못한다. 베버는 겉으로 나타나는 단순한 인과관계의 도식을 뒤집어 놓고자 하는 데 흥미를 가진 것이 아니라 삶의 해석 능력과 거기서 일어나는 친화력의 현상에 주목했기 때문이다.

4. 관심의 축소와 그다음

칼뱅주의 교도들은 루터교도처럼 개인 차원의 경건과 명상으로 기울거나 권위 체제에 대하여 고분고분 순종하지 않았다. 베버가 밝히고 있듯이 칼뱅주의자들은 구원이란 자기 스스로 도를 닦아 수련을 많이 쌓는다고 해서 획득될 수 있다고 믿지 않았다. 그들은 수도원으로 들어가 명상과 기도에 전념하여 내면의 평온함을 누리는 자기 수양의 행위에 삶의 의미를 두지 않고, 인간 밖에, 인간 위에 존재하는 초월의 권위에 거부할 수 없는 윤리의 책무를 느끼면서 그 초월의 가치를 내면화하고 그 가치를 현실의 삶에서 적극으로 구현해 가야 한다는 참여 지향성에서 궁극의 의미를 찾았다. 그리하여 칼뱅주의자들은 신의 영광을 위하여 신을 영화롭게 하는 데 삶의 목표와 의미를 두고 신의 뜻에 따라 이 세상을 변혁하는 행동의 길로 나아갔던 것이다. 자신이 이 세상에서 신의 영광을 드러내는 도구로 살고 있는가 하는 것이 물어야 할 물음이었다. 이 삶은 어느 한순간의 선행이 아니라 삶 자체를 온전히 초월의 목적에 이어진 통일된 윤리 체계에 결합시켜 절제와 기강을 지켜 가는 합리스러운 것이어야 했다Weber, 1958ㄱ: 108, 117-118. 이제 칼뱅주의 교도들은

운 신학과 새롭게 등장한 경영 이념 사이에 친화성이 있다고 하는 것(Winter, 1974: 1134-1150)도 볼 것.

명상이나 수행에 빠져드는 것과는 거리가 먼, 자신의 믿음을 세상 속에서 증명해야 할 적극의 행동과 쟁투를 요청하는 삶의 지향성을 가지게 되었다Weber, 윗글: 120-121; H. Niebuhr, 2001: 217-218. 이와 같이 칼뱅주의는 처음부터 '새로운' 삶의 지향성을 지니고 있었다Tawney, 1926: 91-92, 95-97.

이 철저한 금욕주의는 그러나 그 속에 경직성의 씨앗을 안고 있었다.[10] 일단 친화력에 의해 행동 지향성이 정해지면 인간은 그것을 굳혀간다. 그 지향성을 벗어나려 하지 않는다. 그 지향성 안에 안주하면서 그 바깥의 다른 가능성에 대해서는 눈을 감는다. 이것은 괴테의 소설 주인공들이 교차 결합된 자기도취의 정원에 갇혀 다른 모든 것에 대해서는 어떤 눈길도 보내지 않은 것과 같은 현상이다. 자기 관심에 따라 들어서게 된 그 친화력의 세계 너머의 다른 세계에 대해서는 마음을 쓰지 않고 무감각하게 되는 것이다. 그렇게 관심의 세계가 줄어든다.

칼뱅주의를 오직 경제 관심에 지침을 주는 것으로 받아들이게 된 도시 부르주아계급은 자신들의 소명 의식을 그 친화의 영역 안에 집중시켜 그 너머의 다른 영역에 대해서는 좀처럼 눈을 돌리지 않고 자신들에게 익숙게 된 그 특정한 삶의 지향성에 몰입하여 산다. 이 세상과는 상관없이 "이 세상 밖에서 그리고 이 세상 위에서" 금욕의 삶을 살아가야 했던 중세 가톨릭 승려들의 '귀족 정신'을 "예정된 하나님의 성도"로서 "이 세상 안에서" 금욕의 삶을 살아가야 하는 칼뱅주의식의 '귀족 정신'으로 바꿔 놓은Weber, 윗글: 121 그 자신만만한 자기 확신 때문에, 그들은 자신들의 강인한 소명 의식으로 분투하며 살아가는 그 제한된 좁다란 삶

10 이것은 어디까지나 사회학의 분석 내용일 뿐 칼뱅의 윤리관 그 자체를 뜻하는 것은 아니다. 칼뱅은 분별없는 '잘못된 방종함'과 함께 비좁은 '잘못된 엄격함'도 경고하였다(Calvin, III, 10, 1-5: 칼빈[칼뱅], III, 385-391). 이러한 칼뱅의 윤리를 논한 것(Fuchs, 2009: 152-154) 볼 것.

의 영역에서 벗어나지 못했던 것이다. 그만큼 친화의 관계가 철석같이 굳어져 어떤 바깥의 압력에 대해서도 꺾이지 않고 거기에 맞서는 불굴의 정신에 스스로 사로잡혀, 그 관계의 도식을 더욱 강화해 갈 뿐 다른 삶의 영역으로 관심을 옮겨 놓거나 다른 차원의 세계로 눈길을 돌리지 못했던 것이다.

칼뱅주의에 친화력을 느끼면서 칼뱅주의 교도가 된 사회계층은 주로 도시 거주자들이었기 때문에 그들은 경제 영역에서 활동하였다. 이들은 경제 영역을 합리스럽게 운용하여 이로부터 나오는 이익과 번영을 윤리의 차원에서 정당화할 수 있었다.[11] 이러한 삶의 운용 방식에 익숙하게 되면서 이들은 자신들의 삶 그 테두리 바깥에 대한 관심을 펼치기가 어려웠다. 집중의 삶이 분절화로 치닫게 되어 스스로 칸막이를 쳐 버린 그 좁은 경계를 넘어 온전한 삶의 세계를 그려 볼 수 없게 된 것이다. 이를테면 자연 생태계 자체가 하나님의 놀라운 영광을 드러내고 있다는 칼뱅의 가르침에 대하여 Calvin, I , 5, 1; 칼빈[칼뱅], I , 109-114; Schreiner, 1991: 64-65; Steinmetz, 1995: 23-39[12] 이들 도시 거주민들은 오랫동안 마음의 눈을 뜨지 못하였다. 경제활동을 통한 이 세상 안에서의 합리스러운 활동에 집착한 나머지 그들의 활동이 파괴하고 훼손하는 환경과 생태계에 대한 윤리 감수성이 흐려졌다고 할 수 있다 White, Jr., 1967/2000. 자기활동 영역에 대한 넘치는 확신 때문에, 곧 칼뱅주의 윤리 지향성에 따라 일편단심 경제

11 이 대목에서 칼뱅의 생각을 분명히 할 필요가 있다. 퓨리턴들은 세상의 성공을 구원받은 자의 징표라고 생각했지만 칼뱅은 그렇게 등식화하지 않았다. 거꾸로 세상에서 겪는 고생을 저주받은 것이라고 생각하는 것은 잘못이라고 하였다(Olson, 2004: 169). 이와 함께 가난한 자들에 대한 칼뱅의 관심도 새겨야 한다(Holder, 2004: 260-262; Hall, 2009: 106-120; Kirkpatrick, 2001: 30-33, 148, 151, 155).

12 이와 이어 칼뱅의 창조론과 함께 그것이 세계를 탐구의 대상으로 삼고 세상 속으로 들어가게 하는 모티브를 주었다고 하는 오 형국(2006: 261-265)의 논의 볼 것.

활동에 집념하여 거기에 전력하면서 그들 자신이 빚어낸 문제에 대해서 관심을 기울이지 못하게 되었으며, 외곬으로 빠져들게 된 그들의 소명의식 그 자체에 대한 자기 성찰의 기회를 스스로 잃어버린 꼴이 되었던 것이다.

친화성은 널리 쓰는 말로 유착의 심리 바탕으로 기능하고 전래하여 현실 속에 깊이 뿌리내리게 된 질서에 권위의 지속성을 불어넣어 그것을 더욱 고착시켜 가는 장치로 작용한다. 이것은 지난 역사에서도 일어났고 올 역사에서도 일어날 수 있는 사태이다. 질서란 정당성의 권위 위에 자리하고 있다. 특정 질서를 의미 있게 받아들이거나 의미 없는 것으로 이해하는 것은 질서의 정당성과 이어져 있으며, 그 질서에 복종하고 불복할 수 있는 가능성 또한 그것이 터하고 있는 권위 구조에 달려 있다. 깊은 수준에서 이 정당성의 바탕을 제공하는 것은 종교 체계와 지향성이다. 근대 자본주의의 새 질서에 밑바탕을 마련해 준 것이 바로 칼뱅주의였다. 이 종교 지향성은 초월의 권위에 잇대어 삶을 체계 있게 엮어가도록 하여, 전래하는 삶의 방식과 거기에 예속되어 있던 경제활동의 방식과 경제 질서 그 자체에 대한 정당성을 질문하도록 했으며, 나아가 새로운 경제활동의 방식과 경제 질서를 만들 수 있는 삶의 동기를 불어넣어 주기도 했다. 바꾸어 말하면 질서에 대한 칼뱅주의의 새로운 이해는 기존하는 질서에 맞서 새로운 질서를 만들어 갈 수 있는 자발의 참여를 북돋았다고 할 수 있다.

그러나 칼뱅주의는 모든 곳에서 예외 없이 새로운 질서를 만들거나 끊임없이 전래하는 질서를 돌파하여 새로운 질서의 가능성에 문을 열어 주는 것이 아니다. 칼뱅주의와 근대의 자본주의가 강한 친화력을 보이면서 새로운 경제 질서를 만들었던 것을 모든 역사를 관통하여 세계 전체로 확장시켜 일반화할 수 없듯이, 칼뱅주의가 언제나 전래하는 질서의 정당성을 질문하면서 새로운 질서를 만들어 내는 것이라고 뭉뚱그려 이야기할 수 없다. 초월의 권위에 헌신하여 현존하는 것을 절대화하지 못하게 긴장을 자아내는 변혁의 가능성이 칼뱅주의 속에 들어 있기는 하지만, 그것이 어떤 사회 조건에서도 언제이고 새로운 질서를 만들어 내는 것은 아니다. 칼뱅주의와 합리스러운 자본주의의 친화력과 그 관계를 한마디로 거부하려는 한쪽의 단순한 생각을 받아들일 수 없는 것과 같이, 칼뱅주의가 어느 조건 상황에서건 초월의 권위에 기대어 전래하는 질서에 도전하고 허물 수 있는 능력을 구체화한다는 또 다른 한쪽의 단순한 주장도 받아들일 수 없는 것이다. 아무리 칼뱅주의가 그 속에 "내면의 역동성"을 가지고 있다고 하더라도 그것이 "자동으로" 움직이는 것은 아니기 때문이다Little, 1969: 222.

역동성조차도 자체의 오만을 어쩌지 못하고 스스로 멈춰 버리는 유혹에 빠질 수 있다. 군주와 제후가 휘둘러 온 질서와 전래하는 관습에 사로잡힌 관행의 질서를 허물고 새로운 질서를 세운 다음에 찾아드는 그 자족의 순간에 오만이 잉태되어 마침내 자체의 역동성까지도 무력게 할 수 있기 때문이다. 칼뱅주의자들이 모처럼 자기들이 원한 질서를 제도화하기에 이르면서, 그들은 이 순간이 영원하기를 바라고 그 제도화가 영원하기를 바란다. 하지만 그러한 바람에서 그들의 됨됨이가 완전한 것이 아니며 그들이 만든 것들이 부패하고 타락한 조건 속에서 일군 결과에 지나지 않는다는 것을 잊은 것이다. 그 오만이 마침내 내면의 역동성을 멈추게 하는 것이다. 역사 변혁 능력을 과시했던 그 역동성이 기력을 잃게 된 역설의 상황이다. 이것은 칼뱅의 제네바에서도 엿볼 수 있는 것이었고, 크롬웰의 영국에서도 드러났으며, 식민지 시대 뉴잉글랜드의 퓨리턴들의 행태에서도 나타난 바이다. 권력과 종교를 일치시켜 온 전래하는 질서를 초월의 권위에 따라 그 질서와의 긴장을 내뿜으며 혁파했던 칼뱅주의자들이 그들이 이룩한 새로운 질서를 믿음의 이름으로 묶어 두고자 하는 자기 오만에 사로잡혀 있었기 때문이다.

'분화'의 개념을 따와 이 상황을 풀이하고자 하는 리틀Little, 1969: 222-223의 말로 하면, 권력과 종교의 '미분화' 상태에 놓여 있던 옛 질서를 칼뱅주의자들은 초월의 권위에 대한 헌신의 믿음을 통하여 허물어 버릴 수 있었다. 하지만 권력을 종교의 영역으로부터 "분화"시켰던 바로 그 역사의 진보가 뒤집혀, 칼뱅주의자들이 그 본래의 '분화' 능력을 잃고 자신들이 만든 특정 질서를 유지하기 위하여 다시 권력을 종교의 영역과 일치시켜 '미분화'의 상태로 되돌아서고자 한다. 근원의 분화 과정을 촉진시키면서 새로운 질서를 만들었던 칼뱅주의가 새로운 질서의 탄생과 함께 그 내면의 역동성을 포기하게 된 오만의 꼴이다. 분화의 개념은 뒤르케임과 파슨스에 이어지고 그들의 관심이 비록 베버의 관심과 일치하지 않는 점이 있기는 하지만, 그들의 개념은 베버가 평생의 연구 관심으로 삼은 합리화 개념과 몹시 가까이 만나고 있다박 영신, 1980.[13] 합리화가 치닫게 된 경직된 삶의 세계는 바로 이 내면의 역동성을 잃어버린 오만의 결과라고 할 수 있다.

이처럼 친화력은 단순한 친화의 관계에서 끝나는 것이 아니다. 사회의 한 영역이 종교의 영역과 친화의 관계를 맺는다는 것은 그 관계를 종

13 이 글의 논지에서 벗어나기에 여기서 다루지는 않지만 베버가 말하는 합리화는 그가 실러(J. Schiller)의 글귀를 따와 적고 있는 '세계의 탈주술화(disenchantment)'라고 한 것과 이어진다(Weber, 1946: 147-156). 이것은 그가 신비스러운 영역으로부터 떨쳐 나오게 된 근대의 상황을 가리키기 위하여 쓴 낱말이다.

교로 정당화하고 나아가 그것을 절대화하여 고착화할 수 있음을 보여 준다. 이전의 모든 쇠사슬을 끊어 버릴 만큼 막강한 위력을 발휘하여 삶의 여러 영역을 자유롭게 풀어 주었던 종교의 힘이, 거꾸로 스스로 이룩한 그 '자유'의 특정 지점에 들러붙어 자기 안위와 도취에 빠져 자유의 영원한 변혁 능력을 멈춰 버릴 수 있다. 이 상황은 마치 예수의 제자들이 산에 올라 '변화'된 정경을 목도한 다음 그 산 위에서 만판 머물고 싶었던 그 '바람과 욕구'의 이야기와 같은 것이다누가복음 9: 28-36. 인간이 빠져들 수 있는 이해할 만한 유혹이고 함정이다.

하지만 신의 뜻을 현실의 삶 속에서 구현해 가야 할 칼뱅교도들에게는 도무지 벗어나고 싶지 않을 만큼 산 위가 황홀하고 평안하다고 하더라도 그곳은 결코 머물 곳이 아닌 것이다. 모름지기 그 평온을 박차고 산 밑으로 내려와야 한다. 그들은 신의 뜻에 따라 삶의 체제를 끊임없이 바꿔 가기 위해 부름을 받은 자로 산 밑으로 내려와 세상 한가운데서 살아가야 하기 때문이다. 이 세상의 질서란 그대로 지켜 가야 할 '신성한 체제'가 아니라 그 초월의 높은 뜻에 따라 끝없이 바꿔 가야 할 '세상의 체제'일 따름이다. 그 어떤 것도 초월의 권위와 일치시키고 등식화하여 '탈분화'의 뒷걸음을 쳐서는 안 되는 것이다. 종교 일반이 그러해야 하지만 초월의 극대화를 지키며 인간과 세계를 초월코자 하는 변혁의 힘을 그 어느 종교 지향성보다 강력하게 뿜어내 온 칼뱅주의자들에게는 더욱 그러해야 하는 것이다.

그럼에도 종교는 비극의 상황을 빚는다. 그것이 지닌 초월의 가능성을 세속의 압력 밑에서 하찮은 지푸라기처럼 여겨 손쉽게 저버리게 되는 현실이 다름 아닌 종교의 비극이다벨라, 1994: 248-249. 이 비극의 무대 위에 칼뱅주의도 올라서 있는 것이다.

5. 상징의 힘 되새기며

다양한 신학 노선과 윤리 지향성으로 전개되어 온 칼뱅주의에서 이른바 '보수주의'의 교리 해석을 지키고자 한 우파 진영에 속했다고 하더라도 우리나라 개신교 역사가 보여 주듯이 특정 역사 상황에서는 '순응'보다는 '맞섬'의 길에 들어서기도 했으며, 그 나름의 긴장과 대결의 사회 과정을 빚어내어 기대치 않은 엄청난 변화의 동력을 대어 주기도 하였다. 도거리로 부르는 근본주의자들의 신앙 집단이 폭넓은 사회 및 정치 변혁의 운동 세력으로 나타날 수 있었던 '각별한' 역사 이야기가 그것이다Park, 2003: 50-94; 박 정신, 2004: 125-179, 2010. 어떤 종교 지향성이 역사 상황에 따라 다르게 나타날 수 있다는 것은 종교와 역사 상황 사이에는 결코 일반화할 수 없는 복잡한 변증의 관계와 그 미묘한 과정을 지니고 있다는 뜻이기도 하다. 칼뱅주의 교리가 우리나라의 특정 상황에서 다른 사회 요인들과 만나 또다시 다른 가지를 칠 수 있고, 내부 분열과 함께 한쪽이 다른 쪽을 격하하고 훼손하여 '더럽히면서' 자기를 거룩하다고 치켜세워 친화와 반친화의 경직된 대립 구조화를 낳을 수도 있다이 철, 2009; 황정욱, 1998ㄴ: 373-374.

상상하기 어려운 변혁의 에너지를 분출할 수 있는 초월의 가능성은 한갓 가능성으로 남아 있을 뿐 자체의 구체스러운 실현을 반드시 보장해 주지는 않는다. 그것은 어쩔 수 없는 가능성이기에 안팎의 여러 유혹에 의해 현실 속에서 시들어 버려 '가능성의 가능성'을 향한 영원한 변형의 힘을 잃을 수도 있다. 절대의 확신으로 올라설 수 없는 인간이 자기 확신의 확신에 넘쳐 스스로 절대의 자리로 올라서서는 그 절대 너머 새로운 가능성의 지평에 문을 닫아 버리기 때문이다. 영원한 가능성을 향해 문을 열어 두고 있어야 할 초월의 가능성을 배신한 다음 인간이 맞닥뜨리게 된 그 가능성의 중단 사태이다. 초월의 능력을 행사해 온 종교 지향성이 어느 지점에서 멈춰 서서는 그곳에 안주하고픈 유혹에 굴복해 버린 자기모순이다. 이 자기 축소의 분절화 과정에서 독선의 편협함이 움돋는다.

여기서 기억해야 할 점이 있다. 칼뱅주의를 비롯한 프로테스탄트 윤리는 특정 삶의 영역에 집중하는 직업윤리에 한정되어야 할 만큼 비좁지 않다. 역사에서 드러난 그대로 그 윤리는 삶의 모든 영역으로도 나아가 그곳에서 부름받은 소명의 삶을 살아가도록 부추겼다. 그럼에도 삶의 관심이 분절화되어 제각기 좁은 칸막이로 갈라져 들어가 그 안에 갇혀 버린 것이다. 이것은 친화력으로 굳어진 삶의 타성이다. 그럼에도 벨라가 밝히고 있듯이Bellah, 2006: 123-149 그 타성 밑바탕에는 여전히 싱그러운 초월의 능력이 완전히 사라지지 않고 도사리고 있다. 그 능력에 터하여 차갑게 굳어진 그 삶의 틀에서 떨쳐 나와 더욱 넓은 지평을 바라볼 수 있어야 한다. 베버 스스로 '형제[자매]애'와 '이웃됨'을 강조하고 나왔던 바를 다시 새겨봐야 한다는 말이다Weber, 1946: 324-359. 어찌 보면 이것은 성도들이 교통하는 것이 교회의 참모습이라며 아래와 같이 적고 있는 칼뱅의 생각과 상통하는 것이라 할 수 있다.

> 하나님이 어떤 은택이든 성도들에게 주셨다면 이제는 성도들이 서로 나눠야 한다는 원리에 따라 그리스도의 공동체에 함께 모이게 되었다고 말하는 것과 같다. … 하나님이 모든 사람들에게 공통된 아버지이고 그리스도가 공통된 머리라는 것을 진실되게 확신한다면 형제자매의 사랑으로 연합하여 그들이 받은 은택을 그들이 서로 나눌 수밖에 없다

Calvin, Ⅳ, 1, 3; 칼빈[칼뱅], Ⅳ, 49-50.[14]

이 가르침은 소명 의식이 어느 영역에 이어져 있든 그 영역보다 훨씬 넓은 삶의 지평을 가리키며, 두말할 나위도 없이 인류의 역사를 관통하여 다스려 온 저 오랜 친족 집단 중심의 윤리 관심과 거기로 되돌아가고자 하는 비좁은 삶의 지향성을 넘어서는 더욱 넓은 삶의 공동체와 거기서 나눠야 하는 '형제자매의 사랑'을 가리킨다박 영신, 2008ㄴ: 25-26.

이것은 오늘에 이른 삶의 역사를 깡그리 새롭게 새겨봐야 할 계기와도 이어질 수 있다. 다른 말로 이것은 자신을 인식의 중심부에 두고 모든 것을 주변에 위치 지은 인간 중심의 비좁은 생각의 틀을 부수어야 하는 새로운 삶의 책무를 가리킨다. 이 책무는 부의 증식에 단단히 고착시켜 놓은 삶의 지향성 때문에 자칫 자기만의 성취를 유일한 구원의 표지로 삼아 이웃한 가난한 자들의 빈곤에 대하여 깍듯한 관심을 지켜 온 칼뱅의 생각조차도앞의 달음 9 지나쳐 버리는 속 좁은 자기중심의 틀을 되돌아보는 데까지 나아가고, 한 차원 넓혀 인간의 인간에 대한 지평 그 너머 창조 질서 안의 피조물 사이에서도 펼쳐져야 할 삶의 지향성으로도 이어져야 한다박 영신, 2008ㄱ; 송 준인, 2009.[15]

인간은 자칫 특정한 구체 수준에 종교 지향성을 붙잡아 놓고는 더욱 높은 일반스러운 관심 세계로 나아갈 수 있는 가능성을 지레 문 닫아 버

14 위의 옮김은 나의 것임.

15 송 준인(2009)은 '인간 중심'에서 범신론과 범재신론에 터한 '생태 중심'으로 나아가는 통례의 생각에 머물지 않고 '하나님 중심'으로 나아가야 한다는 논지를 펼치고 있다. 그의 논지는 흔히 기독교가 빠져든 인간중심주의와는 달리 유대교와 이슬람교에서 초월의 하나님 중심을 강조했다는 논지(Jamieson, 2008: 21)와 다른 차원에서 만나고 있다.

리곤 한다. 칼뱅주의자들도 마찬가지였다. 그들 역시 특정 지역과 시대의 과제에 홀려 그 모든 것을 넘어, 다른 말로 구체스러운 수준 너머 일반 수준으로 나아가지 못하기도 했던 것이다. 칼뱅주의 스스로 자체 속에 들어 있는 가능성의 가능성을 철저하게 일궈 가지 못하여 영구히 넓어져야 할 관심 세계를 놓치고 잃어버린 경우라 할 수 있다. 칼뱅주의 해석에서 지나쳐 버리는 오류가 바로 이 대목이었다.

칼뱅주의는 자체의 원형으로 돌아가 공간과 시간에 얽매인 구체스러운 수준의 활동 구조, 그것을 쉼 없이 새김질해 볼 필요가 있다. 칼뱅주의라는 프로테스탄트 윤리가 삶의 놀라운 변혁을 가져왔음에도 불구하고 그것이 피할 수 없는 '쇠우리'라는 역설의 상황을 낳게 되었을 때, 다시 그것을 돌파하기 위하여 그 변혁의 원천으로 작용한 초월의 상징과 다시 마주하는 깊은 계기를 만들 수 있어야 한다(박영신, 1980, 2008). 여기에서 새로운 가능성의 문이 열릴 수 있기 때문이다.

베버의 '쇠우리'

'삶의 모순' 역사에서

1. 머리말

베버는 삶을 '의미의 문제'에 이어 풀이하였다. '의미'의 세계를 빼 두고서는 인간의 삶과 그 역사를 이해할 수 없기 때문이었다. 베버를 위대한 생각의 사람으로 떠받들게 되는 까닭이 바로 이 점에 있다. 구약의 예언자와도 같이 그는 의미의 문제를 뭉개어 인간의 인간됨을 부수어 온 오만한 생각 뭉치에 압도되기를 거부하고 이의 도도함에 맞서 왔다. 인간에 대한 탐구는 생물학에 맡기거나 자연과학에 기댈 것이 아니었다. 현대의 사상 풍토를 논박하고 있는 똑똑하면서도 우아한 미국 소설가 로빈슨의 말을 빌려 온다면Robinson, 2011, 이것은 사람에 대한 논의는 감지하는 경험으로서의 '마음'이라는 내면의 세계를 주목해야 한다는 논지에 이어지는 것이었다. 요즘 들어 사회(과)학 쪽 사람들은 이 의

* 이 글은 「사회이론」 통권 46호(2014년 가을/겨울)와 한국사회이론학회/한국인문사회과학회(엮음), 「다시 읽는 막스 베버: 탄생 150주년 기념, 베버의 삶과 학문 연구」(서울: 문예출판사, 2015)에 실려 있다.

미의 문제에 대하여 둔감하다. 이들이 의미의 문제를 가볍게 여기는 자들과 짝하고 있는 동안 이 문제는 오늘날 제법 요란한 소리를 내기 시작한 이른바 인문학에 위임되고 있는 형편이 되었다. 그러나 삶의 의미 문제는 어느 분화된 학문의 전유물일 수 없다. 의미의 문제는 베버가 세운 사회(과)학의 전제 조건이다. 이 문제에 등을 돌리고서는 그의 학문을 이해하지 못할뿐더러 인간의 인간됨, 그것을 알아내지 못한다.

하지만 이 글은 베버의 학문 세계가 터하고 있는 의미의 문제 일반을 논하지 않는다. 초월의 영역에서 '궁극의 의미'를 찾고자 한 삶의 지향성이 마침내 다른 모든 현실 영역을 부정과 변화의 대상으로 만든 역동의 과정에 분석의 초점을 맞추고자 한다. 두말할 나위도 없이 이 과정은 간단하지 않았다. 현실의 영역은 자기 긍정과 존속을 위해 현실 부정과 변화에 대항하고 나왔다. 삶의 역사는 이 두 영역이 서로 잡아당기는 줄다리기의 과정으로 나타났다. 초월 지향성이 강할수록 변혁 가능성이 높고 현실 지향성이 강할수록 고착 가능성이 높았다. 베버가 말하는 '합리화'는 이와 같은 삶의 역학이 낳는 모순의 역사 과정이었다. '프로테스탄트 윤리'의 강력한 초월 지향성과 그것이 낳은 합리화의 체제 밑에서 초월 지향성이 쇠잔해진 '쇠우리'의 상황은 합리화의 긴 역사 그 끝자락에서 나타난 모순의 보기일 따름이다. 나는 이러한 삶의 모순이 전개되어 온 과정을 다시 살펴 오늘의 삶과 그 의미를 아래에서 풀이해 보고자 한다.

이를 위해, 베버가 남긴 글 가운데서 가장 격렬한 논쟁을 자아낸 「프로테스탄트 윤리와 자본주의 정신」의 마지막에 나오는 '쇠우리'라는 낱말에 뒤얽힌 이야기를 먼저 적은 다음, 그가 세상을 떠난 지 60돌이 되던 해 학술 계간지 「현상과인식」이 계획한 학술 모임 때 내가 발표한

“〈프로테스탄트 윤리〉의 재인식”박 영신, 1980/1981에서 강조했던 ‘쇠우리’의 문제로 돌아가, 삶의 끌어올림초월 지향성과 삶의 끌어내림체제의 압력 사이의 모순된 상황에서 살아가는 삶의 의미 문제를 따져 보고자 한다. 그러할 때 오늘의 상황과 그 속에서 우리가 살아가는 그 삶의 모습이 더욱 온전하게 드러날 것이기 때문이다. 이 글에서 나는 서양의 합리화 과정에서 만나게 된 ‘쇠우리’의 상황으로 동양 문명권 속에서 살아가는 우리의 삶을 적절히 풀이할 수 있을 것인지를 따져 보고, 이 풀이에 더 어울리도록 ‘대竹우리’의 개념을 더해 보고자 한다.

2. ‘쇠우리’ 관심

우리 시대와 대학의 제 모습이기도 하지만 내가 베버의 글을 읽게 된 것은 대학을 졸업한 다음이었다. 병역의 의무를 져야 했던 만큼 나도 군대에 들어가 군인이 되었다. 마침 상당한 시간의 여유를 가질 수 있던 교육기관에서 장교로 복무할 수 있었다. 이때였다. 나는 「프로테스탄티즘의 윤리와 자본주의의 정신」이라는 책 제목에서 어떤 친근감을 느끼며 이 책을 손에 넣었다. 그런데도 그 알맹이와 뒤에 달아 둔 해박한 달음과 풀이의 난해함에 내가 여지없이 짓눌려 버렸던 기억이 아직도 생생하다. 이어 내가 영어판 「중국의 종교」Weber, 1963ㄴ를 읽게 된 것은 제대한 다음 대학원에 복학해서였다. 책 뒤에 붙은 봉투에는 법학과 교수가 첫 대출자였다는 기록 카드가 들어 있었다. 내가 이 대학 도서관에서 두 번째 빌린 사람이었다. 이 책 역시 무척 난해했지만 우리 사회를 이해하는 데 도움을 주는 것 같아 나는 베버의 생각으로 한 걸음 더 다가가고 싶어졌다. 하지만 내가 베버의 학문 세계에 본격으로 들어서게 된 것은 미국 대학에서였다. 베버에 대한 관심을 지켜 온 선생을 그곳에서 만났던 것이다. 왈저Walzer, 1965의 관심과는 달리 사회학자 파슨스와 벨라 그리고 법학자 버먼의[1] 가르침을 받으면서 베버의 생각에 이어 영국의 종교 전통과 법의 관계를 밝혀 보고자 한 리틀 교수를 만나면서 베버의 학문 세계에 대한 나의 친근 정도를 높이고, 이어 그의 선생 벨라 교수의 지도를 직접 받을 수 있는 기회를 얻게 되면서 베버에 대한 나의 이해 지형을 넓혀 갈 수 있었다.[2] 두 선생은 모두 파슨스의 지도를 받았기에 파슨스는 나의 베버 이해에도 중요하게 작용한 셈이 되었다.[3] 이러한 과정을 거치면서 나는 베버의 학문 세계에 사로잡히고야 말았다. 그리하여 내가 걷게 된 이 공부 길에서 그의 생각과 쉼 없이 대화할 수밖에 없는 처지에 놓이게 되었다.

나는 이러한 공부 배경을 가진 사회학도이다. 1975년부터 대학에서 가르치기 시작하면서 나는 베버가 관심을 지켜 온 삶의 의미와 거기에서 나온 윤리 지향성, 지배와 정치, 카리스마 현상, 방법론의 문제를 빼

1 버먼(Harold Berman)의 법학을 중요하게 보고 그의 학문을 우리 학계에 소개한 사람은 김 철이다. 그가 옮긴 버만[버먼](1992, 2013) 볼 것.

2 나는 '베버 읽기'라는 주제로 벨라 교수의 허락을 받아 연 '개인 지도 연구' 과목에서 '유일신의 생성 과정'을 살펴 이를 '합리화' 이해의 뼈대로 삼고자 한 기말 보고서를 낸 바 있고, 이어 카리스마 개념을 사회운동의 분석 개념으로 확장코자 한 글도 쓸 수 있었다. 이 뒤의 것은 우리글로 옮겨 발표하였다(박영신, 1976/1978). 아무튼 이로써 나는 베버 이해에 관한 한 '의미 있는 학생'이 되었다. 그 어느 때였다. 일본 유학생이 나를 찾아온 적이 있었다. 벨라 교수 밑에서 베버를 연구하겠다며 버클리로 온 학생이었다. 벨라 교수가 먼저 나를 만나 보라고 그에게 말했다는 것이다. 그는 일본 대학의 박사과정을 밟다가 온 학생답게 베버에 관한 많은 정보를 가지고 있었지만 얼마나 자기다운 생각을 할 수 있을 것인지에 대해서는 불확실하게 보였다. 그는 공부를 계속 이어 가지 못하고 한 해 만에 일본으로 돌아갔어야 했다.

3 이들의 학문 관계에 대해서는 리틀(Little, 1969/1984)의 'Preface 1984', 벨라(Bellah, 1957, 1970; 벨라, 1981), 파슨스(Parsons, 1937/1966) 그리고 박 영신(1992: 142-154, 369-419, 2013ㄱ: 172-181)도 볼 것. 벨라 교수는 균형을 지키고자 한 열린 학자였다. 그와 함께한 '베버 읽기' 과목에서 베버의 저서 목록에 더해진 이차 자료는 벤딕스의 베버 연구(Bendix, 1960)가 유일하였다. 미국 학계의 '베버 연구' 역사와 그 줄기에 대해서는 Scaff(2011: 2부) 볼 것.

놓지 않고 이야기해 주고자 하였다. 오랫동안 우리나라의 사회(과)학계에서는 베버 논의가 주로 물질 조건에 맞서는 종교/의식의 자율성에 대한 관심에 쏠려 있었다. 맑스의 이론을 전면에 드러내든 않든 일제 강탈기로부터 커다란 연구의 줄기를 이루었던 사회경제사 쪽의 이론 지향성에 맞서는 대항 이론으로, 베버의 사회(과)학이 이해되고 있었다. 이 언저리의 모든 논의가, 역사 변동의 동인이 물질이냐 이념이냐, 맑스식으로 말해 하부구조냐 상부구조냐 하는 거칠고 단순한 인과관계에 대한 관심의 틀 안에 갇혀 있었다. 그렇다고 해서 미묘하고 까다로운 베버의 생각에 깊이 파고들어 가 이것을 우리의 역사 현실에 대한 논의로 끌어들여 사회경제사의 접근 방식에 버금갈 수 있는 어떤 의미 있는 대안의 연구가 시도된 것도 아니었다.[4]

이러할 때 나는 베버의 역사 사회학이 던지는 해석 방법과 그 실행의 과제를 강조하고 그것을 우리 역사 체험에 비춰 보는 한편박 영신, 1977/1978, 1978, 1978/1996—이 문제는 다른 글에서 다루고자 한다—, 당시 사회학의 이론에서 문제가 되었던 논의 주제에 베버의 생각을 이어 놓고자 하였다.[5] 그리고 베버의 개념을 분석의 도구로 삼을 수도 있다는 이론의 재구성박 영신, 1976/1978: 7-36과 함께 베버 논의에서 가볍게 다뤄진 그의 현대사회에 대한 생각을 다시금 논읫거리로 올려놓고 싶었다. 어쩌면 사회학 이론 일반과 현대사회의 인식 문제에 또 다른 사회학의 창건자 뒤르

4 우리나라의 베버 연구 상황을 알아보기 위해서는 김 중섭의 글(1980: 207-219) 볼 것. 이 글은 1980년까지 발표된 베버 관련 논문의 성격을 검토하고 있을 뿐만 아니라 발표 논문 목록까지 달아 두고 있다.

5 사회학 이론에서 논쟁이 되었던 균형론과 갈등론의 문제를 베버의 이론에 이어 놓았던 정 갑영(1980: 178-216)의 논문은 이러한 나의 관심과 맞닿아 있었다.

케임을 끌어들여 베버와 맞붙이고자 하는 나의 관심박영신, 1978: 228-259, 특히 250-258과 무관하지 않겠지만, 나는 베버 자신이 평생 씨름해 온 '합리화 문제'에 점차 기울어졌다. 그 어느 지점에서 나는 「프로테스탄트 윤리와 자본주의 정신」 끝에 담긴 베버의 생각에 맞닥뜨려야 했다. 그가 말하는 합리화 과정을 논하려면, 그리고 '프로테스탄트 윤리' 논지를 그의 생각 전체와 연결시켜 이해하려면 그 끄트머리에 나오는 삶의 상황을 논의의 마당으로 끌어들이지 않으면 안 되었다. 비록 짧게 적혀 있지만 이것은 피해 갈 수 없는 주요한 주제였다. 베버는 이것을 '쇠우리'의 상황이라고 했다.

이 말은 베버의 글 가운데서 가장 인상 깊은 글귀라고도 할 수 있는 대목에 나온다. 「프로테스탄트 윤리와 자본주의 정신」의 2부에 들어 있는 두 논문은 그가 1904년 석 달 가까이 방문했던 미국 사회에 대한 관찰과 성찰이 녹아 있다Scaff, 2011: 1부. 여기서 베버는 퓨리턴이 그가 개념화하고 있는 '금욕주의 윤리'에 따라 '소명 의식'으로 일하고자 하였으나 현대인은 일하도록 강요되고 있다고 한 다음, "오늘날 기계[를 통한 대량] 생산은 다만 직접 경제 영역에 관여하는 이들뿐만 아니라 이 기제 속에 태어난 모든 개인들의 삶을, 저항할 수 없는 힘을 가지고 규제하고 있다"고 했다. 그러면서 "백스터가 본 대로 물건에 대한 관심은 '어느 순간이건 벗어던져 버릴 수 있는 가벼운 외투처럼 성도the saints'의 어깨에 걸쳐져야 할 뿐이다. 그러나 운명은 그 외투를 쇠우리가 되게 했다"Weber, 1958ㄱ: 181고 적었다. 이러한 삶의 상황을 이야기하기 위하여 베버는 '(쇠)우리'라는 말을 세 번씩이나 썼다.

'쇠우리'는 독일어 원본이 아니라 영어 번역본에 따라 내가 옮겨 놓은 말이다. 우리나라에서 나온 번역본에는 이 말이 '쇠우리'로 옮겨져 있지 않았다. 처음 나온 번역본에는 베버가 쓴 말ein stahlhartes Gehäuse, Weber, 1920: 203 그대로 "鋼鐵과도 같이 堅固한 桎梏Gehäuse"권 세원/강 병규, 1958: 160이라고 옮겨져 있었다.[6] 나는 이것이 너무 긴 데다 한문자로 옮겨져 있다는 데서 유쾌할 수가 없었다. 내가 이 책을 다시 우리말로 옮겨 놓고자 한 마음이 없던 것은 아니었지만—물론 나는 그 뜻을 이루지 못하고 말았다—우선 이 말만이라도 쉬운 표현이었으면 했다. 아래에서 보겠지만 종교 및 문화 전통이 다르기 때문에 이해의 분위기가 다를 수밖에 없다고 하더라도, 영어권 사람이라면 누구라도 쉽게 읽을 수 있게 베버의 독일어 표현을 "an iron cage"로 옮겨 놓았던 파슨스처럼Weber, 1958ㄱ: 181, 한글을 아는 우리나라 사람이라면 누구라도 쉽게 읽을 수 있게 나 또한 "쇠우리"라는 한글로 옮겨 놓고자 하였다박 영신, 1978: 254. 이 말이 나오는 글을 발표하기에 앞서 나는 강의실에서 기회 있을 때마다 '쇠우리'라는 말의 뜻을 풀이해 줄 뿐만 아니라 쪽지 시험의 문제 가운데 '쇠우리' 또는 '쇠우리와 현대사회'라는 것을 넣어 두어 이를 두고 학생들과 함께 생각을 나누며 그들의 생각을 북돋고자 하였다.

뒤이어 이 책을 우리말로 옮긴 여러 번역본이 나왔다. '쇠우리'라는 말이 제각각으로 옮겨졌다. 몇 가지 보기를 들면 이 말을 "철과 같은 각殼"양 회수, 1980: 216으로, 묶음표 속에 영어 표현을 넣어 둔 "철장iron cage"박 종선, 1987: 246으로, "강철 같은 겉껍질"박 성수, 1988: 145로 옮겨 나왔다. 이 책의 표준판으로 받아들여질 가능성이 높은 최근의 번역본에서 번역자 김 덕영은 누구보다 독일에서 교육을 잘 받은 베버 학자임에도 이 말을 "쇠우

6 참고로 베버의 이 책이 일본어로 처음 옮겨져 나온 것은 1938년이었는데, 여기서 번역자(梶山力)는 이 말을 "철로 만든 딱딱한 족쇄"로 옮겨 놓고 있다(ヴェーバー, 1938/1944: 244). 일본 글을 이렇게 우리말로 옮겨 준 김 응교의 도움에 감사한다.

리"로 옮겨 놓고 있다베버, 2010: 365.

얼마 전에 나는 전혀 다른 줄기에서 '쇠우리'라는 말을 만나게 되었다. 기독교 집안에서 자란 나는 철도 채 들기 전부터 어머니로부터 성경 이야기를 들으며 자랐다. 그 어느 때 존 버니언의 「천로역정」 이야기도 듣게 되었고 게일 선교사가 옮긴 그 책을 나도 만져 볼 수 있었다.[7] 그로부터 껑충 세월의 담을 뛰어넘어 2005년에는 내가 직접 「천로역정」1678을 읽게 되었다. 이번에는 집도 아니고 학교도 아닌, 내가 출석하는 교회에서였다. 기독교 고전을 함께 읽고 생각을 나누는 시간에 이 책이 선정되었던 것이다. 나는 영어판「The Pilgrim's Progress」, Bunyan, 1957으로 읽도록 했다. 여기에 나의 마음을 끈 놀라운 사실 하나가 있었다. 책 앞부분에 '쇠우리'iron cage라는 말이 잇달아 네 번이나 나왔다윗글: 33-34. 이것을 읽는 순간 베버의 책 끄트머리에 나오는 '쇠우리'와 마주 겹쳐지게 되었다. 나는 곧장 베버의 책으로 돌아갔다. 그는 '쇠우리'라는 말을 쓰기에 앞서 퓨리턴의 윤리 지향성을 논하기 위하여 버니언의 이름을 세 차례나 썼고, 그 가운데 한 차례는 버니언이 쓴「천로역정」의 책 이름까지 적어 두고는 이것은 퓨리턴의 작품 가운데서 단연 가장 넓은 독자층을 가진 책이라고도 했다. 그는 자신의 독일어 논문에서 버니언의 책 제목을 독일어로 옮기지 않고 영어 그대로 적어 두기도 하였다Weber, 1920: 97. 그리고 이 논문의 '달음'에서는 버니언의 이름을 일곱 차례나 적고 있을 만큼 베버는 그의 책을 익히 잘 알고 있었다.

버니언의 책에서 '쇠우리'가 나오는 이야기의 마디는 이렇다. 순례의

7 이 책은 존 버니언(John Bunyan, 1628-1688)이 쓴 비유 소설이다. 1895년 게일 선교사가 「텬로력뎡」(천로역정)으로 옮긴 다음 여러 번역본이 나왔다(박 영신, 2007). 이 책은 우리 집 아버지의 책장에 꽂혀 있었다.

길을 가는 주인공 크리스천이 '쇠우리' 안에 앉아 있는 사람을 만나게 된다. 그 자신 "전에는 자타가 인정하는 아주 훌륭하고 화려한 신자信者"였지만 자신에 대하여 "경계와 주의를 게을리"하게 되면서 "이 쇠창살로 된 감방 안에 갇혀 있는" 형편이 되었다는 이야기를 크리스천이 듣는다. 번역본마다 버니언이 쓴 '쇠우리'iron cage를 각각 다르게 옮겨 놓을 수 있겠지만 최근에 나온 한 번역본은 이 말을 '쇠창살'과 함께 '쇠로 된 우리' 또는 '쇠우리'로 옮겨 놓았고번연[버니언], 2003: 41-43, 한 해설서는 '쇠 철장'이라고 옮겨 놓기도 했다김홍만, 2005: 112-113.

다시 베버의 책으로 돌아가 그 원본을 보면 과연 '쇠우리'로 옮겨 놓는 것이 적절한가에 대한 물음을 던지게 된다. 앞에 적었듯이 베버는 그저 퓨리턴 버니언의 영어 책을 잘 알고 있을 정도가 아니라 자신의 독일어 논문에 버니언의 책 이름을 영어로 표시해 둘 만큼 그 책에 담긴 생각을 중요하게 여기고 있었다. 그런데도 그는 버니언이 쓴 '쇠우리'iron cage라는 말을 독일어로 직역하여 '쇠우리'로 옮겨 놓지 않고 자신의 생각을 넣어 "ein stahlhartes Gehäuse"'강철같이 단단한 우리'라고 했다. 후대의 사람들은 '강철 같다'고 한 이 표현이 단순히 '쇠'라는 말보다 더욱 강력하고 심지어는 인간의 공정 과정이 더해진 것을 드러내기 위한 것이라고 추정해 보기까지 하였다.

이쯤에서 나는 이 말에 대하여 조금 더 살펴보고 싶었다. 이것은 한문투로 옮겨진 베버의 말을 순수한 한글로 표현코자 했던 그 뜻에서 끝낼 수 있는 간단한 문제가 아니었다. 버니언의 책을 읽으면서 '쇠우리'의 문제를 가까이 언제 한번 다뤄 보아야겠다고 했던 마음의 다짐을 떠올리며, 이 말 옮김에 대한 조사를 더 해 보고자 했다. 베버의 원래 독일어 표현을 문자 그대로 옮겨 놓지 않고 왜 파슨스는 구태여 버니언이 쓴 'iron cage'쇠우리로 옮겨 놓고자 했는지도 찾아 보아야 했다. 하지만 내가 추적고자 한 이 문제가 실망스럽게도/다행스럽게도 다른 사람에 의해 벌써 추적이 되어 글로 나와 있었다. 공부하는 사람은 나의 뒤늦은 다짐을 기다려 주지 않았다. 이 일을 앞서 눈여겨본 사람은 일찍이 소로킨과 함께 파슨스의 가르침을 받은 티랴키안이다Tiryakian, 1981/1991. 그는 "사회학자들이 쓰는 가장 강력한 메타포"가 되었다고 할 수 있는 베버의 '쇠우리'가 어디서 나온 것인지를 찾아 보고자 하였다.

티랴키안은 정신분석학으로 베버의 심리 세계를 분석한 미츠먼의 연구Mitzman, 1970로 돌아갔다. 미츠먼은 베버와 그의 아버지 사이에서 생긴 불편한 관계와 아버지에 대한 아들의 반감과 증오의 경력을 들추어내어 그것 때문에 베버가 정신 쇠약증에 시달리게 되었다고 풀이하기도 하였다. 여기서 미츠먼은 파슨스가 '쇠우리'로 옮겨 놓은 것 이상의 의미를 지니는 독일어 원문에 따라 베버의 말을 '강철같이 견고한 집'a housing hard as steel으로 옮긴다고 하면서, 베버는 자기 아버지 세대의 '견고한 집'에 들어가기를 완강히 거절했고, 나아가 베버의 어머니 가문에서 물려받은 칼뱅주의의 금욕주의가 낳은 행위 윤리가 이제 '강철처럼 견고한 집'처럼 되었다고 느꼈다고 했다. 그리고 베버는 이 모든 데서 벗어나 스스로 자유와 자율성을 찾아 가고자 했다고 분석하였다Mitzman, 1970: 172-174; Tiryakian, 1981/1991: 111-112.

'쇠우리'에 대한 미츠먼의 풀이가 이처럼 개인의 심리 분석에 멈춰 있는 동안, 티랴키안은 베버 사상의 계보를 이에 덧붙여 보고자 한다. 버니언의 「천로역정」으로 돌아가 '쇠우리'가 나오는 소설 구절을 길게 따오기까지 하면서 베버가 한편으로는 '쇠우리' 안에 앉아 있는 그 '사람'과 자신을 동일시하고, 다른 한편으로는 멸망의 도성에서 벗어나 천성의 자유를 향하여 순례의 길을 가는 주인공 크리스천과 자신을 동일화하고 있었다고 했다Tiryakian, 1981/1991: 114. 그는 여기에 베버의 아픔이 있었다고 보았다. 넓게는 서구 사회에, 좁게는 독일 역사에 자유를 선사한 종교개혁 전통과 개신교의 금욕주의 윤리 정신이 쇠퇴하고 있는 상황에서, 자유가 얼마나 존속할 수 있을 것인지에 대하여 베버는 괴로워했다는 것이다.

사회학의 고전 가운데 고전이 된 「프로테스탄트 윤리와 자본주의 정신」을 영어로 옮기면서 파슨스가 베버의 표현을 문자 그대로 옮기지 않고 '쇠우리'라는 말을 택한 것은, 버니언이 반드시 이 말을 썼기 때문이 아니라 퓨리턴 윤리에 관심을 쏟고 있던 베버의 생각을 이 말이 적절히 전해 줄 것이라고 보았기 때문이라고 한다. 파슨스 이후 이 책을 다시 영어로 옮긴 번역자들이 이 말을 독일어 표현에 더욱 가깝게 표현하고자 했지만Swedberg, 2005: 132-133,[8] 번역에는 번역의 힘이 있다는 현실을 어찌하지 못하였다. 오늘날 '쇠우리'라는 말이 널리 쓰이게 된 것은 번역자 파슨스의 위력이 발휘된 때문이고, 그 위력을 누구도 선불리 꺾을 수가 없게 되었기 때문이다. 베버 연구에 평생을 바친 벤딕스가 티랴키안에게 한 말처럼, 베버가 쓴 'Gehäuse'라는 낱말은 여러 뜻을 가지고 있기 때문에 미츠먼이 '강철같이 견고한' "집"이라고 옮긴 것도 괜찮지만 '강철같이 견고한' "상자"casing로 옮기는 것이 더 적절할 수 있을지 모른

8 이에 관하여 김 광기의 작은 책이지만 그 안에 매우 흥미로운 사실이 들어 있다(김 광기, 2007: 151). 그는 캘버그(Stephen Kalberg)가 2002년 베버의 책을 새로 옮기면서 독일어 원전에 충실하여 파슨스가 '쇠우리'라고 한 것을 "강철 외피(껍데기)"(鋼鐵外皮, steel casing)로 번역해 놓았다고 소개하고는, 이에 대하여 자신의 호감이 깃든 해석과 평가를 덧붙이고 있다. '어느 순간이건 벗어던져 버릴 수 있는 가벼운 외투처럼' 성도의 어깨 위에 걸쳐 있는 것과 어울리기 위해서는 '외피'가 더 적절하다는 것이다. 물론 이것을 정반대로 해석하는 것 역시 설득력이 없다고 할 수는 없다. '외투'와 '쇠우리'의 간격을 극대화하는 것이 베버가 표현하고자 한 의미이고 의도일 수 있기 때문이다.

다. 하지만 그가 독일 말로 다시 옮기면 'eiserner Käfig'쇠우리가 되는 파슨스의 이 말이 베버 논지의 큰 뜻을 살려 의역하고 있는데 이것도 나쁜 번역은 아니라고 했듯이윗글: 112, 특히 117 달음 4, 80년도 더 된 '쇠우리'iron cage 메타포는 더 이상 그것이 적절한 번역인가를 따지는 논의를 벗어나 그것이 뿜어내는 의미를 새기는 논의를 자극할 것만 같다. 그만큼 '쇠우리'는 계속 강렬한 생명력을 이어 갈 메타포로 남아 있을 것이다Baehr, 2001.

3. 합리화 과정과 삶의 모순

앞에서 잠깐 비추어 본 바와 같이 '쇠우리'의 문제는 베버의 거대한 연구 관심에 연결될 때 비로소 그 본래의 뜻이 선명해진다. 미츠먼의 저작과 티랴키안의 논문이 그 나름으로 흥미진진한 이야기를 파헤치고 있지만 두 사람의 글은 모두 베버 개인의 사사로운 삶을 파고드는 수준에 묶여 있다. 베버가 씨름해 온 문제의 정수와 이어 놓기는 해도 분석의 출발점은 어디까지나 베버 개인의 삶이었다. 심하게 말하면 이들의 접근은 개인의 일화를 바탕으로 삼아 개인의 삶에 모든 것을 되돌리고 있다고 할 수 있다. 이 지점에서 나는 이들의 관심으로부터 떨어져 나오고자 한다. 거의 사반세기 전에 내가 발표했던 "〈프로테스탄트 윤리〉의 재인식"으로 돌아가 거기서 논했던 '쇠우리'의 문제를 되새겨 그것을 합리화라는 커다란 문명사의 과정을 이해하는 계기로 삼고자 한다.

흔히 베버를 들먹이는 사람들은 '종교'라는 요인을 따로 떼어 내어 그것을 다른 사회 영역에 영향을 주는 변수로서 이해하고자 한다. 오늘날 '종교사회학'이라는 이름으로 분과 학문의 독립성을 주장하고 지키려는 이들과, 종교의 영역을 아예 제거해 버리고는 어느 특정 분과 학문에 연구 관심을 매달아 두고 있는 이들 모두가 여기에 해당된다고 할 수 있다. 이러한 관심에 따라 '프로테스탄트 윤리'의 논지를 둘러싼 논쟁도 끊이지 않고 이어져 오고 있다Hamilton, 2001: 165-176. 베버의 논지가 속류 맑스주의자들의 경제주의에 대한 대응 논리로서 중요성을 지니고는 있지만 베버가 탐구하려 한 종교는 그렇게 단순하지 않고 그러한 관심 수준에 놓여 있지 않다. 그가 말하는 종교는 분화된 삶의 어느 특정 영역이 아니라 의미를 추구하고 지향하는 인간존재의 성격과 인간 행위에 속한다.

이 점에서 인간은 특별한 존재이다. 현실 세계를 무작정 받아들이지도 않고 거기에 기계처럼 반응하지도 않는다. 삶에서 겪는 고통은 무엇 때문이며 죽음이란 또 무엇인지, 무엇을 위해 왜 살아야 하고 어떻게 살아야 하는지에 대하여 물음을 던진다. 그리고 이 물음으로 파고들어 가 해답을 캐내고자 한다. 그렇게 하여 세계의 질서는 "의미 있는 '우주'가 되고, 될 수 있고 그리고 되어야 한다"Weber, 1913/1946: 281. 우주가 '의미 있게' 되는 과정은 간단하지 않다. 그러나 이러한 의미의 세계를 제공해 주는 것이 베버가 뜻하는 종교이다. 그가 사회학이란 의미 있게 지향되어 있는 인간의 행위를 풀이하는 것이라고 정의 내렸을 때Weber, 1947: 88-115, 이미 그의 사회학은 자신이 이해하고자 하는 '종교'와 분리될 수가 없었다. 베버가 헌신할 수밖에 없었던 종교의 연구는 그가 정의 내리고 있는 사회학 그 자체이고 사회학의 본령을 말하는 것이었다. 이러한 점에서, 인간의 행위를 탐구하는 자신의 사회학에서는 종교라는 것이 사회학의 하부 분과로 떨어져 나갈 수 없는 인간존재의 존재됨을 규정하는 삶의 본질과 성격을 뜻하였다.

베버 학문의 핵심 개념이 되는 합리화의 문제도 이러한 학문 세계와 이어진다. 인간의 삶이란 아무렇게나 전개되는 것이 아니라 의미의 세계에서 적절성을 얻고 방향을 찾게 된다. 이 의미의 물줄기가 솟구쳐 나오는 가장 깊은 곳에 종교가 자리한다. 의미는 종교라는 우물에 잇대어져 있다. 모든 종교가 의미의 원천인 것이다. 베버가 분석하고 있는 대로, 유교는 사변의 세계를 물리치고 인간의 삶에 도움이 되지 않는 것이라면 모두 일축한다는 점에서 '합리스럽다'Weber, 1946: 293고 할 수 있으며, 유교를 믿고 따르는 사람이 이 종교를 의미 있는 것이라고 여겨 거기에 맞춰 삶을 일관되게 이끌어 가는 것을 또 합리스럽다고 할 수 있다. 마찬가지로 개신교는 자체의 세계관에 따라 삶을 이해하고 거기에 따라 엄격한 자기통제의 삶을 살아가기를 요구한다는 점에서 '합리스럽다.' 이처럼 합리화는 전혀 다른 종교의 관점에서 나오고 다른 방향으로 전개된다. 합리화를 강력하게 밀어붙인 힘은 '합리성'의 이름으로 편 논리나 철학이 아니었다. 그것은 흔히 말하는 합리성의 차원 저편에 자리한 몰합리성의 극치를 이루는 '믿음'의 힘에서 우러나온 것이었다. 심원한 변혁의 원동력은 차원을 같이하는 데서 나오는 것이 아니라 차원을 달리하는 데서 솟아 나온다.

'합리스럽다'거나 '비합리스럽다'고 하는 것 그 자체는 어떤 객관의 잣대로 판가름될 수 없다. 그것은 모든 종교 문화의 전통을 성격 짓는 각각의 잣대에 따라 규정된다. 바꿔 말해 '몰합리스러운' 각각의 궁극 가치에 따라 삶의 의미가 만들어지고 삶의 지향성이 주어진다. 따라서 이 가치의 눈으로 보면 이 가치가 합리스럽고 저 가치는 합리스럽지 않게 보이고, 저 가치의 눈으로 보면 저 가치가 합리스럽고 이 가치는 합리스럽지 않게 보일 수 있다. 삶의 의미는 각각의 궁극 가치에 터하여 만들어지고 다스려진다. 이 전제 위에서, 이쪽에서 보면 비합리스럽지만 저

쪽에서 보면 합리스러울 수 있다. 그만큼 의미의 세계를 자아내는 우물은 하나둘이 아니고 여럿이다.

이러한 이해 위에서 베버는 서양 문명의 의미 세계를 파헤쳐 보고자 하였다. '프로테스탄트 윤리'의 논지를 펼치기에 앞서 그는 이 점을 명쾌히 하고 있다. "지금까지 그리고 오늘날에도 자본주의 문화의 성격을 가장 뚜렷하게 규정하고 있는 소명의 생각과 그 소명 의식으로 노동에 헌신"하게 된 이 '합리스러운 생각'이 어디에서 온 것인지 그 발원지를 밝혀내는 것이 그의 연구 과제였다Weber, 1958ㄱ: 78. 이것은 '프로테스탄트 윤리'를 논하게 된 동기와 이어지면서도, 서양에서만 나타난 근대의 '합리스러운' 변동과 조직을 낳은 '합리화' 과정에 대한 탐구로 나타났다. 그는 소명 의식에 이끌려 자기를 통제하며 살아가는 합리스러운 금욕주의가 나오게 된 것은 종교개혁의 정신 때문이며, 여기에서 합리스러운 자본주의가 나오게 되었다는 논지를 펼 수 있었던 것이다.

나는 합리화를 정의하는 데 긴 시간을 바치고자 하지 않는다. 베버 자신이 이에 대하여 어느 한 글에서 명쾌하고도 간결하게 정의 내리지 않고 여러 글에서 두루 논하고 있기 때문에 이 개념을 몇 줄로 간단하게 적어 두는 것은 무례하다. 베버 연구물은 모두 합리화에 대하여 긴 지면을 할애하고 있다. 그러나 베버를 논하는 글이라면 합리화의 문제를 빼놓거나 지나치지 못한다. 나 역시도 베버를 다룬 몇몇 글에서 이를 직접 또는 간접으로 살펴본 바가 있다. '프로테스탄트 윤리' 논제를 다시 살피고자 한 글박 영신, 1980과 그에 앞서 발표한 '카리스마 글'박 영신, 1976/1978에서, 이에 더하여 도시의 문제를 두고 맑스와 베버의 이론을 견주면서박 영신, 1986/1987, 베버 서클에 속했던 루카치의 물상화 개념을 논하면서박 영신, 1987/1987, 오늘날의 정신세계를 새기면서박 영신, 2008ㄴ 그리고 칼뱅주의를 '친화력'의 개념으로 다시 풀이하면서박 영신, 2009/2010 내 자신 합리화의 문제와 마주해야 했다. 이런 까닭에 합리화의 과정이 인간이 살아가는 삶에서 모순된 상황을 낳는다는 나의 논제에 집중하여 이와 곧바로 이어지는 한에서 합리화의 의미를 여기서 짤막하게 논하고 넘어가고자 한다.

삶의 모순은 인간이 추구하는 가치 이념을 현실에서 구현할 수 없다는 데 있다. 이념과 현실 사이의 거리가 멀면 멀수록 모순은 더욱 첨예하게 된다. 이것은 야스퍼스가 말한 기원전 천 년 그 중간 어디쯤에 나타난 '굴대 시대'의 문명Jaspers, 1965 안에서 살아가게 된 인간의 피할 수 없는 삶의 조건이며 운명이다. 이 문명이 이 역사를 관통하여 삶의 방향을 제시해 주고 그것을 떠받치고 다스려 온 축이었다. 그렇다면 '굴대의 문명'의 중심이 되는 뜻과 힘은 무엇인가? 이것은 초월 영역에 대한 감수성이다. 이 문명에 와서야 비로소 인간이 초월에 대한 눈을 뜨게 되었다는 것이다Schwartz, 1975; Eisenstadt, 1986ㄱ; Bellah, 2011; Bellah/Joas, 2012.[9] 본보기가 되는 것이 히브리 종교 전통에서 찾게 되는 하나님에 대한 생각이다. 예언자들이 대변한 이 하나님은 현실을 완전히 넘어서는 '초월의 존재'이다. 이 때문에 히브리 전통에서는 권력의 정점에 앉은 왕도 절대화될 수가 없었다. 그 어떤 것이든 모두가 이 초월의 빛 아래 있어야 했고 그 빛의 비춤을 받아야 했다Weber, 1952.

이 점에서 계몽주의 사상을 좁게 이해해 온 이들에게 공화국의 정신을 구약에서 찾고 있는 젊은 정치학자 넬슨의 연구는 특별한 깨우침을

9 '굴대'라는 낱말로부터 굴대 시대의 성격과 그것이 담고 있는 의미를 다른 맥락에서 논하고 있는 나의 몇몇 글(박 영신, 2013ㄴ, 2013ㄷ, 2013/2014) 볼 것.

준다Nelson, 2010. 그는 초월의 차원을 강조해 온 히브리 역사에 공화주의가 뿌리내리고 있었음을 밝히고 그것이 종교개혁을 거쳐 영국의 공화주의 운동으로도 뻗어 나갔다는 점을 논증하고 있다. 이처럼 초월의 힘을 드러낸 굴대 문명이 전개되면서 현존하는 권력은 더 이상 자기 절대화를 지켜 갈 수 없게 되었다. 인간은 현존하는 영역과는 다르고 그것을 넘어서는 초월의 영역을 보고, 이 두 영역 사이의 간격을 의식했던 것이다. 이 문명이 낳은 초월의 영역이 현존 질서를 있는 그대로 받아들이지 않고 그것을 끊임없이 질문하고 돌파해 가도록 인간을 몰아붙인 힘으로 작용하였다. 이러한 뜻에서 굴대 문명은 이전의 문명에서는 찾아 볼 수 없었던 초월의 영역에 눈뜨게 하여 현실과 그 너머의 초월 사이에서 일어나는 모순을 경험케 되는 삶의 복잡성을 불러오고, 이러한 상황에서 인간이 삶에 대하여 던지게 된 '물음'의 성격도 바꿔 놓게 된, 역사의 새로운 전기이자 혁명이었다박영신, 2013ㄷ.

위에서 본 바와 같이, 하나로 뭉뚱그려져 있던 현실과 초월의 두 영역이 날카롭게 갈라지게 된 삶의 상황에서, 의미의 문제를 저버리지 못하는 인간으로 남아 있는 한 인간은 심원한 분열과 대립의 모순을 회피하지 못하고 맞닥뜨릴 수밖에 없는 긴장의 삶을 살아간다. 아우구스티누스는 이러한 삶을 누구보다 명쾌하게 논술한 총 22권의 1200쪽 분량의 웅장한 저작 「하나님의 도성」을 남겼다Augustine, 2002. 그는 이 책만 쓴 것이 아니었다. 야스퍼스의 말로Jaspers, 1962: 65-66 아우구스티누스가 평생에 걸쳐 집필한 것처럼 그의 글을 읽는 데도 그만한 시간을 바쳐야 할 만큼 그는 하루도 거르지 않고 "날마다" 글을 써 온 위대한 저술가였다. 그러나 그의 모든 저술 가운데서 압권으로 평가되고 있는 것은 이 책이다. 방대한 책이라 때로 지루하게 읽히다가도 그의 해박한 지식에 압도

되어 끝까지 읽게 되는 고전의 고전이다. 아우구스티누스는 하나님의 도성과 인간의 도성, 또는 하늘의 도성과 땅의 도성이라고 이름 붙인 두 도시를 설정하고 기독교인이라면 모름지기 앞의 도성을 향하여 순례의 길을 걸어가야 한다고 한다. 때문에 기독교인은 이 땅에서 살아가면서도 이 땅 안에 갇혀 있지 않고 이 땅 그 너머 초월의 도시를 향하여 걸어가는 '긴장'의 삶을 살아가지 않으면 안 된다. 순례자로 살아가는 사람은 이 땅의 도성을 최종의 것으로 보고 그것을 절대화하여 그 도성 안에 진을 치고 살아가려 하지 않는다. 하나님의 도성을 향하여 살아가는 사람들에게 땅의 도시 바빌론이나 인간의 도성 로마는 결코 영구히 머무를 곳이 아니어야 하듯이, 현실 체제란 머물러야 할 정주의 공간이 아니라 떠나야 할 잠정의 공간이다. 아무리 인간이 이룩한 업적이 화려하고 장대하다고 하더라도 그것은 언제나 상대화되어야 할 이 땅의 것이다.

이런 까닭에 순례의 길은 평탄할 수 없다. 이 점은 버니언의 「천로역정」에서도 잘 드러나 있다. 버니언은 엄청나게 크고 무거운 「하나님의 도성」을 모두가 쉽게 읽을 수 있도록 새로 적어 놓고 싶어 했다는 듯이 꼭 같은 순례의 주제를 소설의 형태로 풀어 놓았다. 이 땅은 순례자에게 언제나 걸림돌이다. 그의 길을 헤살 놓는 것들이 이 땅 곳곳에 자리를 차지하고 있고 그가 빠져들기 십상인 유혹의 덫이 모퉁이마다 숨어 있다. 그러나 하늘의 도성을 바라보고 걸어가는 순례자는 그 모든 것에도 불구하고 그 모든 것을 뚫고 꿋꿋하게 나아간다. 그가 그렇게 앞으로 나아갈 수 있는 것은 그가 지닌 초월의 감수성이 자신의 삶을 '끌어올리기' 때문이다. 현실 체제가 온갖 구실을 달아 이러한 삶을 '끌어내린다'고 하더라도 그는 일어서서 가야 할 길을 걸어간다. 순례의 길을 멈추고 체제의 어느 지점에 자리를 잡아 주저앉게 되는 것은 이 '끌어내림'에 무릎 꿇었기 때문이다.

서양의 합리화 과정에 결정의 계기를 마련해 준 프로테스탄트 윤리는 삶을 '끌어내리는' 틀에 맞서 삶을 '끌어올리는' 초월의 요구에 헌신해 온 막강한 변혁의 에너지원이었다. 그것은 수도원의 감방에 머물고 있던 금욕주의가 수도원의 담벼락을 허문 다음 일상의 삶 한가운데로 들어서서 자체의 활동 범위를 넓혀 간 금욕주의의 일반화를 뜻하였다. 금욕주의는 자체 확장의 계획에 방해가 되는 것이라면 무엇이든 돌파할 수 있는 튼튼한 변혁의 힘을 과시해 왔다. 어떤 것도 그 기세를 꺾지 못하였다. 경제이든 정치이든 법이든 모든 것이 돌파의 대상이었다. 하지만 금욕주의는 그것이 이룩해 놓은 체제에 안겨 체제와 주거니 받거니 하다가 그만 체제 안에 내려앉아 버리고 말았다. 순례자가 순례를 멈춘 격이다. 금욕주의의 갑옷을 벗어던지고는 체제가 주는 제복을 입은 것이다. 옷을 바꿔 입은 것은 자기 참모습의 포기를 뜻하였다.「천로역정」의 주인공이 만난 '쇠우리' 안에 앉은 그 인물처럼 순례의 삶을 멈추는 순간 그는 체제의 창살 안에 갇혀 버리고 만다. 이전에는 아주 당당한 금욕주의의 순례자였다고 하더라도 현실 체제가 '끌어내리는' 힘에 대한 경계를 게을리하게 되면서 그만 '쇠창살로 된 감방 안에 갇힌' 꼴이 된 것이다.

앞에 적었듯이 베버의 저 유명한 은유의 표현을 파슨스가 '쇠우리'로 옮겨 놓은 것은 본래의 표현을 충실하게 따르지 않고 의역에 치우쳤다는 비난을 받아 온 것이 전혀 근거 없는 것은 아니다. 어찌 보면 베버의 원래 독일어 표현보다 파슨스가 채택한 '쇠우리'라는 표현이 오늘날 영어라는 날개를 달고 높은 언어 장벽을 넘어 이렇듯 널리 퍼져, 그야말로 번역이 '반역'이 되고 말았다고도 할 수 있다. 그러나 긴 역사의 흐름에서 나타나는 합리화 과정을 초월과 현실 체제 사이의 '끌어올림'과 '끌어내림'의 가치 갈등과 거기서 비롯되는 긴장과 대립의 연속으로 읽게 되면, 파슨스가 받아들인 「천로역정」의 '순례 주제'는 이 상황을 이해하는 데 적절성을 더해 주었다고도 할 수 있다. 현재라는 속세의 삶이 힘과 돈이 주는 쾌적함에 홀리고 드디어는 속세가 제공하는 논리에 길들여져 그것이 자신의 삶에 어울리고 마음에 든다고 하여 순례의 길을 포기하고 거기에 자리 잡고 머무를 수 있다. 마치 칼뱅주의자가 그리할 수 있었던 것처럼박 영신, 2009/2010, 자신의 관심 세계에 와닿는다고 하여 특정 관심의 영역을 '친화성의 무대'로 삼아 그것을 넘어서지 못하고 거기에 정착해 버리는 모순된 상황을 낳게 되는 것이다.

이 친화력은 현실 체제 쪽에서 끊임없이 쏘아 대는 현실 안주의 유혹에 사로잡혀 그것으로부터의 해방과 자유를 향한 순례의 뜻을 팽개치고는 순례의 길을 숫제 멈춰 버리게 할 수도 있다. 이것은 순례자로 살아가는 삶의 포기이며 패배이다. 자기 돌파의 끝없는 가능성을 향한 길을 멈추고는 안주와 정착의 '쇠우리'에 들어가 그 체제와 한통속을 이루기 때문이다. 다른 말로, 삶이 지켜 가야 하는 변혁의 가능성은 체제화의 정지 상태에 빠져들고, 지극히 좁은 제한된 금욕주의 관심의 절대화로 떨어진다. 순례자는 모든 것을 부정하고 넘어설 수 있는 능력을 지켜 가야 한다. 베버가 말하는 '현세 거부'는 그러한 것이다. 그것은 답답한 오늘날의 체제 자체를 거부하는 삶을 요구하고, 모든 것을 부정하고 이웃 일반으로 뻗어 나아가는 '현세 거부의 사랑'을 요구한다Weber, 1958ㄱ; Bellah, 2006. 그가 '프로테스탄트 윤리' 논문을 발표한 다음 10년이 지난 1915년에 내놓은 "중간 고찰"Zwischenbetrachtung은 그의 모든 글 가운데서 가장 핵심이 된다고 벨라는 평가한 바 있다Bellah, 2006: 124. 그는 이어 베버가 이 글에서 프로테스탄트 종교의 지향성이 특정 직업윤리에만 한정될 만큼 좁지 않다는 점을 밝혀 두었다면서, 무엇보다 '형제[자매]애'와 '이웃됨'에 대한 논의를 주목해 볼 필요가 있다고 하였다. 벨라를 따르면, "이것은 자기의 직업에 대한 소명 의식보다 훨씬 넓은 삶의 지평을 가리킨다. 나아가 구원의 종교가 친족 집단 중심의 윤리 관심과 그 틀을 부수고 더욱 보편스러운 윤리 지향성을 제공해 주었던 돌파의 연장선상에서, 이 종교 지향성은 오늘날의 세속 문화 안에서 자기 충족성에 빠져 좁다란 의식 세계를 넘어서지 못하는 인간을 향하여 이웃 일반에 대한 관심을 가지도록 북돋아 줄 수 있는 가능성"을 자아낸다는 것이다.

이러한 벨라의 논지에 대하여 앞서 나는 오늘에 와서 내쫓김을 당한 초월성의 상황에 주목하여 아래와 같이 적어 두었다.

> [이것은] 지난날 초월의 영역에 자신을 잇댐으로써 온갖 마술의 세계를 부수고 삶의 의식 속에 깊이 뿌리내린 친족 집단의 질서까지도 질문하고 그것을 돌파할 수 있었던 것처럼, 오늘에 와서도 바로 그 추방된 초월성을 끌어들여 거기에 잇대어 세속 문화의 차꼬를 풀어 볼 수 있다는 뜻이다.
>
> 초월의 세계는 특정한 역사의 상황에서 특정의 윤리 의식에 따라 직업에 대하여 가졌던 그 어떠한 의무 의식보다도 훨씬 높은 데 자리하고 있다. 프로테스탄트 윤리 지향성이 초월의 권위에 대한 헌신으로부터 친족의 관계에 얽매인 좁은 관계의 테두리를 돌파해 갈 수 있는 강한 동력을 뿜어냈듯이, 그러한 헌신의 동원으로 다시 세속 문화의 비좁은 이익 관심을 뛰어넘어 '형제[자매]애'와 '이웃됨'이라는 넓은 삶의 지평으로 나아갈 수 있는 힘을 자아낼 수 있다는 것이다. 세속 시대의 인간

이 세속의 지평 안에서 자신의 관심을 좁은 테두리에 고착시키고 있기 때문에 그 테두리를 넘어서기 위해서는 그 지평 바깥의 다른 지평을 볼 수 있는 초월의 영역에 대한 감수성이 요청된다는 것이다박영신, 2008ㄴ: 25-26.

4. 역사의 역학

굴대 문명의 특성이 초월성에 있다고 했을 때 그것은 서양의 역사를 틀 지어 온 고대 그리스와 히브리 전통뿐만 아니라 중국의 전통 그 밑바탕에도 자리하여 각각의 문명을 일구고 이끌어 왔다고 할 수 있다. 이러한 뜻에서 모든 위대한 세계 문명은 초월성을 지닌 세계종교와 뗄 수 없다. 세계종교 모두는 자체의 초월성 때문에 현존하는 질서를 가만히 내버려 둘 수가 없었다. 초월의 기준에 기대어 세속의 질서를 비판하고 그것을 돌파하여 질서 자체를 변혁시켜야 했다Bellah, 2012. 합리화는 바로 이러한 비판과 돌파와 변화를 제도화해 온 역사의 과정이었다. 이 과정에서 굴대 문명의 초월 가치는 원형 그대로 존속해 오지 않았다. 위에서 보았듯이 초월의 '끌어올림'과 현세의 '끌어내림'이 맞부딪치는 역동의 과정에서 끊임없는 대립과 갈등과 긴장이 일었다. 이 과정의 어느 지점에서 초월의 영역이 현세의 영역에 의하여 자체의 능력을 가동하지 못하여 쇠약하게도 되었다. 이것은 인간이 일궈 온 역사에서 예외를 낳지 않았다.

베버가 밝힌 '쇠우리'의 현상은 서양 문명의 역사에서 일어난 초월 영역의 가동 중지를 드러낸 역사의 가장 가까운 보기일 따름이다. 그는 이것을 퓨리턴의 윤리 의식과 이어 "퓨리턴은 소명감으로 일하기를 원했고, 우리는 그렇게 하도록 강요되고 있다"고 했다. "왜냐하면 금욕주의가 수도원의 감방에서부터 일상의 삶으로 옮아가 세상 안에서의 도덕을 지배하기 시작하면서, 그것은 근대 경제 질서를" 만드는 데 주요한 역할을 수행했기 때문이다. 나아가 그는 "이 질서는 이제 기계에 의한 생산의 기술 및 경제 조건에 얽매여 있는데, 이것은 다만 직접 경제 영리의 획득에 관여하는 이들뿐만 아니라 이 기제 속에 태어난 모든 개인들의 삶을 저항할 수 없는 힘을 가지고 결정하고 있다"고 했다. 이어 그는 다음과 같은 말을 하였다. 내가 앞서 쇠우리에 대하여 이야기할 때 따와 적었던 글귀가 이 속에 들어 있다.

> … 아마도 그것은 화석화된 석탄이 마지막으로 다 타 버릴 때까지 그렇게 이들을 결정해 갈 것이다. 백스터가 본 대로 물건에 대한 관심은 "어느 순간이건 벗어던져 버릴 수 있는 가벼운 외투처럼 성도"의 어깨에 걸쳐져야 할 뿐이다. 그러나 운명은 그 외투를 쇠우리가 되게 했다.
> 금욕주의가 세계를 개조하고 그 안에서 그 이상을 실현하려 했던 때부터, 물질의 재화는 일찍이 역사의 그 어느 시기에서도 전례를 찾을 수 없게 점차 커져 드디어 움직일 수 없는 힘이 되었다. 오늘날 종교의 금욕주의 정신—마지막인지 누가 아는가?—은 [쇠]우리에서 새 나가 버렸다. 그러나 의기양양한 자본주의는 기계 체제의 바탕 위에 놓여 있기 때문에 더 이상 이를 지탱해 줄 것을 필요로 하지 않는다. 금욕주의의 행복한 후계인인 계몽주의의 발그레한 장미색마저도 회복할 수 없게 시들어 버리고 있는 듯하고, [부름받았다고 믿는] 인간의 직업에서 느끼는 의무 의식은 죽은 종교 신앙의 망령처럼 우리의 삶을 배회하고 있다Weber, 1958ㄱ: 181-182; 또는 박 영신, 1980/1981: 270-271.

베버는 쇠우리의 운명을 진, 또다시 그의 말로 하여 전례 없는 문명을 성취했다는 듯이 우쭐대는 "영혼 없는 전문가, 가슴 없는 감각주의자"Weber, 1958ㄱ: 182가 오늘날 기고만장하게 행세하고 있다고 하였다. 서양이 빠져들게 된 이 삶의 앞날은 밝지 않았다. 오히려 섬뜩하였다. 말년의 베버에게 이것은 꽃이 활짝 핀 황홀한 여름날이 아니라 얼음으로 얼어붙은 "차디찬 암흑과 고난으로 뒤덮인 극지의 밤"으로 다가왔다Weber, 1958ㄱ: 128. 이것은 맑스가 그토록 붙잡고 싸운 계급의 문제 영역을 넘어서는 문명 전체의 문제이고 삶의 밑뿌리 문제이다. 베버와 루카치의 관계를 논하는 글에서 내가 적었듯이, 이 상황에서는 임금노동자이든 자본가이든 모두가 '인간다움'을 잃고 "생각 없는 삶의 주인공"으로, 삶의 "자기 파산자"로 살아가야 할 따름이다박 영신, 1987: 100-111, 특히 110.

이 상황을 낳은 과정을 베버의 다른 말로 표현해 보면 카리스마의 '통상화'라고 할 수 있다. 카리스마 개념은 물론 특정 인물만을 가리키지 않는다. 그것은 앞서 내가 강조해 두고자 했던 것처럼박 영신, 1976/1978 초월성과 같은 어떤 변혁 능력을 지닌 상징의 힘을 말한다. 베버는 이러한 카리스마와 그것이 맞게 되는 통상화의 과정 사이에서 벌어지는, 몸젠이 쓰는 말로 "끝없는 투쟁"의 문제를 중심 과제로 삼았고Mommsen, 1974: 20, 위에서 보았듯이 이 과정의 마지막 판에 이르러서는 카리스마의 초월 능력을 잃게 되어 변혁의 가치에 어떤 틈도 주지 않는 막강한 관료체제 밑에서 쇠우리라는 '새로운 농노제'의 노예로 살아가게 된윗글: 54-58 인간의 운명을 자신의 관심 대상으로 삼았다.

쇠우리의 상황이 서양 문명 특유의 합리화 과정, 그 마지막 어느 지점의 상황을 가리키기는 하지만 반드시 지구의 반쪽만을 그리고 있는 것이라고는 할 수 없다. 지난 한두 세기에 걸쳐 서양 문명의 파고가 거세

지면서 모든 문명권이 그 물결을 뒤집어쓰게 된 나머지 쇠우리의 현상도 더 이상 서양 문명권에만 적용된다고 말할 수가 없게 되었다. 이것은 온 세계가 빠져든 어두운 삶의 상황이다. 세계 모든 도시에 대규모 고층 건물이 들어섰고, 그 안에 자리 잡은 사무실의 전자 기계 앞에 앉아 있는 직장인의 모습이나 분주스레 움직이는 전문 기술자들의 모양새는 여느 서양 문화권의 조직체에서 일하는 자들의 자태와 조금도 다를 바 없다. 이들은 엄격한 규율과 통솔 체계를 갖춘 현대의 지배 기제 속에서 자그마한 오차도 허용치 않는 어마어마한 기계의 부속품처럼 작동한다. 인류의 역사에서 보기를 찾을 수 없을 만큼 막강한 지배력을 행사하는 물질 재화의 권력과 행정 통제 권력에 이들 모두가 매달려 있다. 오늘날의 범세계화 상황은 쇠우리의 동시성을 범세계 수준으로 확장시키고 있다.

그러나 이것으로 모든 문명권의 삶을 다 그려 놓을 수는 없다. 서양 이쪽의 동양 도시 한가운데 들어선 각종 작동 체제가 얼핏 쇠우리의 상황에 들어서 있는 것같이 보일 수 있다. 하지만 그것은 겉으로 드러난 것으로 실체를 판가름하는 서툰 지식의 사람들에게만 그렇게 보일 뿐이다. 베버의 쇠우리는 자체의 역사를 가지고 있다. 이 역사를 갖지 않는 쇠우리는 정확히 쇠우리가 아니다. 기껏 '모방 쇠우리'에 지나지 않는다. 아무리 같아 보인다고 해도 동양 문명권에 자리한 쇠우리는 서양 문명이 거쳐 온 합리화의 과정 그 끝에서 만들어진 것이 아니다. 이것은 서양 문화의 역사에서 일어난 합리화 과정의 중요한 계기를 준 종교개혁의 경험 위에 서 있지 않으며, 프로테스탄트 윤리가 자아낸 금욕주의의 내면화를 전제하지도 않는다. 이런 이유 때문에 동양 문명권을 뒤덮고 있는 오늘날의 쇠우리는 그 구조에서 베버가 말한 쇠우리와 같을 수 없고, 아래서 보겠지만 실제로 같지 않다. 따라서 베버가 "금욕주의가 수도원의 감방에서부터 일상의 삶으로 옮아가 세상 안에서의 도덕을 지배하기 시작"했다고 하고, "오늘날 종교의 금욕주의 정신—마지막인지 누가 아는가?—은 [쇠]우리에서 새 나가 버렸다"고 한 것은 서구 문명의 상황을 두고 외친 말이다. 그가 말하는 이 금욕주의는 서양의 어느 시대 어느 종파의 삶을 이끌어 간 습속 유형이었고, 그것이 베버가 쓴 독특한 뜻에서의 엄격한 '금욕 지향'의 합리스러운 근대 자본주의 정신을 낳았던 것이며, 그것이 그가 그리고 있는 '쇠우리에서 새 나가' 버렸던 것이다. 강력한 변화의 동인으로 기능하였던 금욕주의의 윤리가 특정 체제의 힘에 의해 무력화되어 합리화의 과정이 끊임과 멈춤이 없이 이어지지 못하고 정지한 것이다.

그렇게 새 나간 금욕주의의 씨앗은 서양 특유의 역사에 뿌려진 것이었다. 그것은 세계 온 사방에 다 뿌려지지 않았다. 베버가 비장하게 부르짖은 말은 서양의 맞은쪽에서 살아가는 우리를 향하여 쏟아 낸 것이 아니었다. 다시 말해서 그가 말하는 바 철장 밖으로 새 나가게 된 쇠우리 이전의 금욕주의를 우리는 가지고 있지 않았다. 구태여 우리도 쇠우리에 갇혀 있게 되었다고 말한다면 그것은 베버가 말한 서양 문명 특유의 금욕주의를 갖지 않은 우리 식의 어떤 쇠우리일 것이다.

우리의 쇠우리 그 창살 안의 세계는 어떠한 것인가? 쇠우리는 어떤 습속 위에 터 잡고 있고, 뒤바꾸어 자체 안에는 어떤 의미의 세계가 도사리고 있는 것인가? 이 물음에 대한 해답의 실마리는 여러 곳에서 찾아 볼 수 있을 것이다. 하지만 나는 이것을 베버의 연구에서 찾는다. 그의 학문 관심은 프로테스탄트 윤리에 대한 연구 주제 그 하나에 머물러 있지 않고 광범위한 비교 연구를 통하여 문명의 전개 과정을 비교 역사의 눈으로 살피고 알아보고자 한 실로 광대한 연구 주제로 나아갔다 Tenbruck, 1980; Schluchter, 1987. 이 때문에 그는 프로테스탄트 윤리를 넘어 동양과 인도의 종교 전통에까지 나아갔으며 마땅히 고대 유대교로도 들어서야 했다. 여기서 우리가 기대어 볼 곳은 중국 종교에 대한 베버의 분석 내용이다.

위에서 말했듯이 유교는 굴대 시대에서 움터 나온 세계종교이다. 벨라는 유교 전통에 대한 한 베버의 생각을 수정하고 있다고 할 만큼 이 동양의 종교에 대하여 긍정의 눈으로 보았다. 이 점에서 벨라는 아이젠스타트와 함께한다. 아이젠스타트도 유교 속에 우주 질서의 이상과 인간의 현실 세계 사이에서 생기는 '긴장'에 대한 이해가 있고 현존하는 속세의 문제에 대하여 비판할 수 있는 자원이 들어 있다고 하였다. 그는 유교를 현세 '적응'의 종교로 본 베버를 "바로잡고"자 했다고도 할 수 있다 Bellah, 2011: 478-479에서 Eisenstadt, 1980 되따옴. 벨라는 통치자가 아닌 '도'道를 따르라고 하고 부친이 아닌 의를 따르라고 한 순자荀子의 가르침이 중국 전통에서 이어져 내려왔다는 점을 들어, 그는 유교의 보편주의를 강조하였다 Bellah, 2011: 479. 그는 유교의 인仁과 예禮를 보편주의의 핵심 원리로 보고, '인'은 '인간다움'을 뜻하였으며 그것은 인간이 서로를 사람으로 대하는 보편 윤리의 이상을 가리키었다고 했다. 유교에서는 일반 원리로서의 '인'이 '예'와 떨어질 수 없었다. '예'의 보기를 여러 가지로 들 수 있지만 그 핵심은 '인'이 세계와 동료 인간들에 이어져 있어야 한다는 데 있었다. 이렇게 보면 '예'는 '인'에게 맥락을 제공해 주면서 '인'을 일반화시켜 놓은 것이었다고 할 수 있다.[10] 하지만 공자의 가르침에 뿌리

10 벨라와 아이젠스타트가 굴대 문명 모두가 변혁 능력을 공통으로 가지고 있었다는 점에서 출발하고

내리고 있는 이 보편주의가 역사의 전개 과정 전체를 다스려 오지는 못하였다. 자기 집안에 대한 의무 의식을 강조하는 효孝가 강력한 영향을 행사했기 때문이다. 초기에는 '효'가 두드러지지 않았지만 점차 이 가치가 강조되어 확고한 자리를 굳히게 되면서 모든 의무 관계의 바탕이 되었다Bellah, 2011: 411-418, 430-431.

이것을 나의 논의 줄기에 이어 보면, 굴대의 종교 문명을 표상한 초월관심이 유교의 보편주의 속에 들어 있었지만 현실 안에서 구현되는 제도화의 과정에서 '효'와 같은 특수주의의 의무 관계 밑으로 떨어지게 되었다고 할 수 있다. 삶의 지향성이 보편주의로 나아가는 대신에 사사로운 의무 윤리를 강조하는 관계의 망 속으로 끌려 들어가고 말았던 것이다. 베버가 중국 도시의 구조를 분석하면서 썼던 말로 하면, 모두가 "친족의 사슬"에 묶여 있어야 했다. 도시민의 빈번한 반란에도 불구하고 이 사슬은 "결코 부서지지 않았다"Weber, 1951: 14; 박 영신, 1986/1987. 그것을 분쇄하지 않고 유지해 갈 수 있는 의례와 사사로운 친분 관계가 단단히 힘을 쓰고 있었기 때문이다. 타고난 '자연스러운' 인륜 관계에 대한 의무의 윤리가 강조되어 이것은 인간 모두를 '신의 피조물'로 보아 "인간의 의무를 객관화"시킬 수 있는 퓨리턴의 윤리와 대비되게 되었다Weber, 1951: 236. 이 때문에 좁다란 자기의 세계를 넘어서고자 한 유교의 초월 지향성이 인간들이 만들어 놓게 된 친족의 관계 망에서 '새 나가 버리게' 되었던 것이다.

유교의 제도화 과정에서 나타난 초월 지향성의 문제는 중국의 윤리

있기 때문에, 이들은 베버의 유교 이해가 한쪽으로 치우쳐 있다고 볼 수밖에 없었을 것이다(Eisenstadt, 1986ㄴ; Eisenstadt/Johann P. Arnason/Björn Wittrock, 2005). 베버의 생각에 벨라를 견주어 비판의 눈으로 논하고 있는 글(Turner, 2013: 164-165, 174-177) 볼 것.

전통을 이어받은 우리의 역사와 동떨어져 있지 않다.[11] 고려 말기에 이미 「주자가례」에 바탕을 둔 관혼상제의 예법과 제도가 상층부 지식 세력을 중심으로 널리 받아들여지게 되었지만, 유교를 국가의 이념으로 한 조선이 개국하게 되면서 유교화Deuchler, 1992의 과정은 국가권력을 등에 업고 모든 영역으로 침투해 들어갔고 백성 일반으로도 널리 퍼져 갔다. 이 유교화의 핵심은 '효'를 뿌리와 줄기로 하는 가족 중심의 의례와 인륜 관계에 있었다박 영신, 1978: 5장; 이 희덕, 1984: 303-323. 조선의 개국공신이자 유학자인 정 도전이 「불씨잡변」佛氏雜辨, 1398에서 불교에 대하여 퍼부은 비판의 근거는 인간이 지켜 가야 할 인륜마저도 불교가 '헛된 잠정의 관계''假合'로 본다는 데 놓여 있었다정 도전, 1972: 480. 그는 이 점을 들어 조롱과 조소를 섞어 가면서 가차 없이 불교를 비판하였다. 이것은 단순히 부패한 현실 불교를 비판한 것이 아니었다. 인륜 관계에 대한 지극히 '자연스러운' 의무 의식마저도 허물고 있다고 하여 불교 자체의 가르침을 신랄하게 비판하고 나온 것이었다. 불교에 대한 그의 공박은 한마디로 삼강과 오륜의 '근본을 잊었다'는 데 있었다. 베버가 중국의 종교를 두고 말했던 것처럼Weber, 윗글: 같은 곳, '산 사람이든 죽은 사람이든' 가깝고 구체스러운 인륜 관계를 초월하는 보편주의 지향의 의식이 조선 사회에서도 여지없이 쪼그라들고 말았던 것이다. 조선 사회에서 그토록 귀히 여겨 온 조상에 대한 제사는 조선의 유교가 강조해 온 인륜 관계 일반과 함께 '효'의 윤리를 효과 있게 구현해 가는 의례의 장치였다최 길성, 1986: 91-112.

11 중국과 일본 그리고 우리 사회를 견주어 보기 위해서는, 여러 글 가운데서 일본 사회의 가치 지향성을 논하고 있는 Bellah(1970: 116-119; 박 영신, 2006ㄱ), 중국과 조선의 유교 지향성을 견주고 있는 박 영신(1995ㄴ), 일본에 조선을 맞대어 보는 박 정신(1983/1986) 볼 것.

'효'의 전통은 지난날의 윤리 의식이 아니다. 그것은 살아 있는 우리의 윤리 전통이다. 대가족이 핵가족이 되고 가족이 파괴된다고 하는 수많은 위기 담론에도 불구하고, 그 담론은 근본의 수준에서는 현실과 거리가 멀다. 실제로 가족 위기 담론은 다른 것이 아니라 전래하는 인륜 관계에 대한 동경이자 강화의 기제이다. 첨단 과학기술로 제품을 만드는 재벌 기업을 비롯하여 모든 집단이 유사 가족주의의 원리로, 그리고 가족 관계를 중심으로 하는 작은 '포함의 단위'로 작동되고 있지 않다는 증거는 찾아 보기 어렵다송 재룡, 2004; 이 황직, 2004; 정 재영, 2004; 문 은희, 2004/2011. 우리나라의 기업 문화를 연구한 한 보고서에서도 이 점이 확인되고 있다. 기업이 형식상으로는 "서구의 합리스러운 관료제 모형"과 별반 다르지 않지만 운영 방식에서는 친족 조직과 구분하기가 어려울 정도이다 Kim, 1992: 205-206. 달리 표현하여 '외관'의 모습과 '내면'의 속내가 같지 않은 것이다김 철, 2000. 세계 대학과 경쟁하겠다는 지식 조직체도 그러하고 초월 지향성을 존재 이유로 삼고 있는 종교 조직도 그러하다. 전래하는 사사로운 인륜의 의무 관계를 벗어나지 못하고 그 울타리 안에 모든 것이 포획되어 있다. 대학은 사사로운 친분 관계를 좀처럼 넘어서지 못하고 교회는 '세습'의 관행을 떨쳐 내지 못한다박 영신, 1987/1995, 1995ㄷ, 2013ㄹ; Park, 2012.

유교와 기독교와 같은 세계종교에 들어 있는 초월 지향성과 거기서 비롯되는 보편주의는 복잡한 역학 관계에서 각각 그 나름의 합리화 과정을 밟는다. 유교를 받아들이는 신분 계층과 권력관계에 따라 그 전개 방식이 다르게 나타나기도 했다. 보기를 들어 무사 계급이 받아들인 일본의 유교와 양반 문사 계급이 받아들인 조선의 유교는 그 성격과 제도화 과정이 서로 달랐다박 정신, 1983/1986. 권력관계와 경제 제도의 특성 그리고 시대의 상황에 따라 종교 지향성 자체가 영향을 받기도 한다김 광기, 2010. 그렇게 하여 합리화의 역사 과정은 어느 좁은 공식으로 풀이될 수 없게 매우 복잡한 역동 관계를 불러온다. 그것의 역동성은 앞에서 말한 것과 같이 삶을 '끌어올리는' 힘과 삶을 '끌어내리는' 힘, 이 둘 사이에서 일어나는 모순의 역학 관계를 만들어 낸다. 이 과정에서 삶을 '끌어올리는' 초월 지향성의 힘이 클 경우는 굳어진 합리화 체제의 틀조차도 돌파해 갈 수 있게 되고, 삶을 '끌어내리는' 체제의 힘이 클 경우에는 초월의 능력이 약화되어 체제의 틀은 더욱 굳어진다.

우리의 경우 유교—불교는 물론 기독교까지도—가 지닌 초월 능력은 오래전에 가까운 인륜 관계의 의무 수준으로 축소되어 삶이 '친족의 사슬' 안에 갇히게 되었다. 그것을 넘어설 수 있는 상징 자원은 이 사슬에서 '새 나가' 버렸다. 서양의 합리화 과정이 최근 들어 '쇠우리'의 상황으로 굳어졌다면 우리의 경우는 그보다 앞서 동양 문명이 낳은 '우릿간'의 상황으로 경화되었다고 할 수 있다. 범세계화의 과정에서 삶의 상황이 겉으로 보면 서구의 쇠우리인 것 같으나 그것은 단지 겉모습일 뿐 그 안에는 동양의 가치에 의하여 만들어진 인륜 관계의 족쇄가 들어서 있다. 이것은 서양의 쇠우리와 내면 구조에서 구별되는 동양 특유의 속박 구조이다. 말하자면 인륜 관계를 일차의 헌신 대상으로 치받들어 온 우리나라는 쇠우리의 겉 사슬에 싸인 우리 식의 또 다른 '우리' 안에 들어앉아 있다고 할 수 있다. 삶이 유교가 담고 있는 본래의 초월 지향성이 '끌어올리는' 그 힘을 줄기차게 지켜 오는 대신에 눈에 보이는 가까운 인륜 관계가 '끌어내리는' 현실 압력에 쓰러져, 결국에는 좁다란 인륜 관계의 부자유한 '우리' 속에 갇혀 버리게 된 것이다. 오래전부터 이 땅에서 자라 온 굳센 대나무로 촘촘하게 짜 엮은 '대우리'에 우리가 편안하다는 듯 들어서 있게 된 것이다. 그리하여 오늘날 우리의 삶은 '이중의 우리' 속에 들고 말았다. 강철처럼 견고한 '쇠우리'와 대쪽처럼 강고한 '대우리'로 겹겹이 둘러싸여 더욱더 부자유스럽게 된 잉여의 억압 구조 속에서 우리가 살아가고 있다.

5. 맺음말

'쇠우리'는 서양 사회의 합리화가 낳은 근대의 "어두운 쪽"을 그리며 더없이 강렬한 은유의 몫을 맡아 왔다Alexander, 2013. 범세계화가 가속화되면서 이것은 더 이상 서양의 문제가 아니라 지구촌 전체의 문제로 번지게 되었다. 그러나 이 개념에만 기대게 되면 우리의 문화 습속과 전통의 구조를 무의미하게 할뿐더러 그것과 단절시켜 우리의 자기 이해를 서구 학문과 그 종사자들에게 맡기는 꼴이 된다. 이것은 손쉬운 마음가짐이다. 베버가 넓게는 서양 일반과 좁게는 자기 사회의 문제와 씨름했듯이 우리도 우리의 문제와 씨름해야 한다. 베버의 생각과 만나 그와 대화하면서 우리가 배워야 할 그의 학문 정신이 여기에 있다. 이 정신을 귀히 여기며 이 땅에서 학인으로 살아가는 사람이라면 모든 문명 모든 역사의 삶에 일률로 적용될 법칙을 추구할 것이 아니다. 역사의 삶 그 현실을 깊이 파고들어 가야 한다. 우리가 '쇠우리'를 살펴보면서도 그것으로 다 풀이될 수 없는 우리의 모습을 찾아 나서야 했던 것도 이 때문이다. 우리는 '쇠우리'와 함께 '대우리' 안에 겹으로 갇혀 살아가는 삶의 모순을 겪고 있다. 이 '대나무의 우리'는 서양과 공간상으로 떨어져 있다는 것을 강조하기 위한 개념이 아니다. 공간상으로는 매우 가까워졌지만 문화 습속으로 보면 우리는 '우리'이다. 여기 우리가 탐구해야 할 일이 있고 감당해야 할 삶이 있다.

그렇다고 해서 속 좁은 문화 배타주의를 제창하려는 것이 아니다. 우리는 범세계의 상황을 알고 있어야 하고 그 안에서 우리의 삶을 읽을 수 있어야 한다. 뒤바꾸어 우리를 알기 위해서도 세상을 넓고 깊게 알아야 한다. 여기에는 '탈아'脫亞도 없고 '귀아'歸亞나 '환아'還亞도 없다. 굴대 문명의 변혁 가능성 밖의, 더 높은 다른 삶의 척도를 이후의 문명이 만들어 낸 것이 없기에 그 초월 가능성의 잣대에 따라 현존하는 모든 것을 뚫고 나아가 그것을 벗어나는 길, 그것을 함께 생각해 보고 그 길로 함께 들어서자고 할 뿐이다. 따라서 우리가 갈 길은 어떤 '우릿간'에도 갇혀 있지 않고 그 모두에서 헤어나는 것이어야 한다. '입구'入歐의 길도 아니고 '입아'入亞의 길도 아니며 '입한'入韓의 길도 아니다. 인간의 역사에는 그 어디든 인간이 만들어 놓은 그 나름의 족쇄가 있기 때문이다. 우리는 이곳저곳에 진 치고 있는 쇠우리와 대우리를 모두 돌파하는 '영구한 초탈超脫'을 살아갈 뿐이다.

이 점에서 우리는 또다시 베버의 학문 관심과 만난다. 베버가 '프로테스탄트 윤리' 논문을 발표한 다음 한참 지나 중국을 비롯한 다른 세계종교에 대한 논의로 나아갈 연구 계획을 세우고는, 이의 '머리말'Weber, 1958ㄷ이 될 내용을 1913년에 미리 써 두었다. 텐브루크가 풀이한 바Tenbruck, 1980/1991: 255, 베버는 괴테의 말을 자신의 붓으로 바꾸어 "3천 년의 역사를 인식하지 못하는 사람은 세계를 이해하지 못한다"는 글귀를 달아 이 머리글을 마무리할 수 있었을 것이다. 베버는 분명 서양 사회 특유의 합리화 현상과 씨름한 서양 사람이고 독일 사람이었다Scaff, 1989. 그러나 그의 학문 관심은 반드시 서양 문명과 독일 역사의 테두리 안에 머물러 있지 않았으며 그 문제를 필생의 과제로 삼은 것도 아니었다. 서양인이고 독일인이었지만 그는 세계인이었다. 인류 문명에 나타난 합리화의 문제와 집요하게 씨름해 온 보기 드문 심오한 사상가였다. 우리가 부닥치고 있는 문제는 이 시대의 문제이지만 그것은 한 백 년의 문제나 한 문명권의 문제로 한정될 것이 아니다. 그 문제는 긴 문명의 역사에 들어서 있을 때만 적절히 이해될 수 있고, 그러할 때만 삶의 깊은 의미도 새겨볼 수 있는 문명사의 문제이다. 3천 년의 굴대 문명사에 우리 자신이 들어서게 되면, 우리의 문제는 자국만의 것도 특정 문명권만의 것도 아니며, 나아가 그것은 아직 깨지 못한 몽매한 자들의 혼을 빼앗고 있는 좁다란 호구지책의 관심사도 아니라는 것을 간파하게 된다. 우리가 '초탈'의 삶을 말할 수 있는 것도 이 때문이다.

이 삶은 다른 것이 아니다. 이것은 순례의 길이다. 이 삶의 길은 지상 어디에도 집착하지 않는, 카프카가 말하는 바 "지상으로 가려고 하면 천상의 목줄이 그의 목을 죄고, 그가 천상으로 가려고 하면 지상의 목줄이 그의 목을 죈다"고카프카, 2014; 편 영수, 2014 한 이 어쩌지 못하는 어두운 삶의 계곡을 뚫고, 아우구스티누스가 그리는 '신의 도성'을 향하여 걸어가는 삶이다. 그가 바울의 가르침을 받아 현존하는 '세상을 본받지 말라'고 하고 '신의 형상으로 창조된' 그 뜻에 맞춰 가라고 한 것은Augustine, XXII, 16, 초월 지향성이 '끌어올리는' 가능의 세계를 단념하고 현실이 '끌어내리는' 힘 앞에 무릎을 구부리고는 순례 자체를 포기하는 삶에 대한 경고이다. 이 현실 세계의 체제 안에서 살아가야 하지만 그것을 넘어서는 초월의 소리에 귀를 기울여 이 세계의 유혹에 맞서 체제의 삶을 돌파해 가는 길, 이것은 결단코 편안할 수 없고 평온할 수 없는 길이다. 이 길은 어느 시인이 말한 것처럼 '아름다운 소풍' 나들이가 될 수 없다. 이것은 차라리 거친 광야의 삶이고 살벌한 쟁투의 삶이다. 이 삶을 단념하는 그 순간 쇠우리에 갇히고 대우리에 에워싸여 타율의 삶을 살아가야 하는 종복이 된다.

지난 1980년, 베버가 세상을 떠난 지 60해가 되어 우리가 서울에서 열었던 그 학술 모임에서 내가 써 발표한 "〈프로테스탄트 윤리〉의 재인식"에 대하여, 한 논평자는 '설교를 잘 들었다'고 말한 바 있다. 아마도 그렇게 들렸을 것이다. 계산기를 두드리는 그렇고 그런 사회학도로 살아가고자 하지 않는다면 베버가 말하는 신념과 책임의 두 윤리 문제를 담담하게 떼어 놓지 못하고 가벼이 떨쳐 내지 못한다. 나는 그렇고 그런 사회학도로 살아가고자 하지 않는다. 그러기에 여기에 적은 이 글 또한 '설교'처럼 들릴 것이다. 그렇다 해도 이것은 특정 종파 공동체를 위한 것이 아니라 동시대의 시민을 향한 공공의 설교일 터이다.

현재를 지켜 가고자 하는 욕망의 타성과 그것을 더욱 효율성 넘치게 굳혀 놓고자 하는 욕망의 강화는 현재라는 견고한 체제를 만들어 놓고, 현재를 살아가는 모든 사람들에게 체제의 삶은 선택 없는 최선이자 대안 없는 최종의 역사라고 그 '객관성'과 '과학성'을 역설하는 현실을 우리는 간파하고 있다. 이 체제에 대한 수용의 태도에서만큼은 상층부도 하층부도 없다는 것도 안다. 그리고 모두가 체제의 사람이 되어 있다는 것도 안다. 우리가 돌파해 가야 할 이 삶이 거의 불가능에 가깝다는 것도 넉넉히 헤아려 볼 수 있다. 이러한 점에서 우리는 공허한 꿈에 속아 넘어가는 몽상가가 아니라 베버처럼 꿋꿋한 현실론자로 서 있다. 야스퍼스의 '초자아'superego로 자리했던 베버의 형상은 사라질 수밖에 없다고 하더라도Radkau, 2011: 559-560, 베버는 여전히 철학자이자 사회학자이며 사회학자이자 철학자로 이 도성에서 쟁투의 삶을 산 지성의 사람이다Jaspers, 1989. 이 삶은 하나의 거울이다. 현존 체제의 힘에 몸을 내맡기고

엎드려 살기보다는 차라리 현실과 대결하며 살아가고자 하는 투쟁의 사람에게는 그렇다. 현실의 압박은 어쩔 수 없다고 주저앉아 버리는 절대다수의 통상화 세력에 맞서, 카리스마의 상징을 그리며 당당히 맞서 싸우고, 저 불가능이라는 괴물과 맞붙어 싸우고자 하는 결의에 찬 전사에게는 기필코 그러하다. 초월의 삶을 표상하는 하늘의 도성과 통상화의 체제를 지키려는 이 땅의 도성은 끝내 타협할 수 없는 삶의 모순 가치를 말하기에, 진정한 삶을 살아간다는 것은 마지막 순간까지 싸우며 살아가는 쟁투일 수밖에 없다Weber, 1958ㄷ: 152.[12] 이것이 진정한 자유이며, 책임 있는 삶이다.

이 삶은 모두에게 열려 있지 않다. 모두가 이 도성의 '쇠우리'와, 그리고 '대우리'에 갇혀 있기 때문이다. 그러나 이 '우리'에 한사코 대결하도록 부름받은 사람이 있다. 이 부름에 답하고 나서는 그 소수에게 주어진 삶, 그것이 다름 아닌 자유의 삶이자 책임의 삶이다.

12 이러한 삶을 염두에 두고 베버의 인간 이해와 그가 말하는 자유와 책임을 논하고 있는 뢰비트의 글(Löwith, 1960/1970) 볼 것.

‘날마다의 삶’, 그 뜻의 발자취

베버에 잇대어

1. 삶의 뜻

사람이란 뜻 없이 사는 동물이 아니다. 언뜻 그렇게 보일 때마저도 따져 보면 그렇지 않다. 삶이 있는 곳에는 삶의 뜻이 있다. 삶에 거는 뜻이 없다면 삶을 그려 볼 수도, 생각할 수도 없다. 사람으로 사는 한 그렇다. 사람이란 삶의 뜻에 잇대어져 있다. 어느 누구든 삶에서 뜻을 찾고 삶에 뜻을 둔다. 사람이 누리는 삶에는 뜻이 담겨 있다. 태어나 철이 든다는 말은 이 삶의 뜻을 헤아리고 새길 수 있는 힘을 갖게 된다는 의미이다. 사람은 이 뜻에 따라 삶을 엮고 꾸린다. 나아가 삶의 길을 이어 가고자 하고 바꾸려고도 한다. 어떤 삶이든 그 뜻과 동떨어지지 않는다. 뜻 없는 삶이란 삶 자체를 내던져 버린다는 것을 말한다. 바로 여기에 사람다움이 있다. 괴로움과 즐거움, 가난과 부함, 실패와 성공, 절망과 소망, 갈등, 대립, 화해 그리고 삶과 죽음…. 굽이굽이에서 마주하는 이 삶을 아무렇

* 이 글은 「현상과인식」 44권 1호(2020년 봄)에 실려 있다.

지도 않게 받아들이지 않으며 그냥 넘기지 않는다. 그 뜻을 어떤 식으로든 새김질한다. 그러지 않고서는 살 수 없는 존재가 사람이다. 사람이란 바깥 자극에 단순히 반응하지 않고 삶의 뜻을 새겨 이에 자신을 이어 놓을 수 있는 능력을 가지고 있다는 데서 다른 동물과 구별된다.

인류의 문명사는 삶의 뜻에 대한 역사이다. 삶을 어떻게 바라보고 어떻게 풀이하며 어떻게 값 매기고자 했는지, 곧 삶의 뜻을 추구하고 다듬고 틀 지어 삶의 밑그림을 그리고 그것에 터하여 실행해 온 삶에 대한 기록이다. 왕은 절대자이기에 인민은 절대자인 왕을 신으로 떠받들고 그의 권력에 무조건 순종해야 한다는 문명이 다스린 사회가 있기도 했다. 그와는 반대로 왕은 절대자가 아니기에 인민은 왕을 신으로 떠받들거나 무조건 순종할 이유가 없으며, 필요하다면 그를 비판하고 그에 맞서 저항하여 싸워야 한다는 문명이 다스린 사회도 있었다. 권력자의 의미 질서와 저항자의 의미 질서가 갈등을 빚고 마침내 대결하는 가장 잘 알려진 선명한 보기가 고대이집트의 바로 왕에 맞서 싸운 모세의 이야기를 기록한 문명의 역사이다Walzer, 1986. 또한 비슷한 보기를 '하늘'이나 '하늘의 명'이라는 개념을 만들어 왕조 변혁에 커다란 영향을 끼친 중국의 종교 사상에서도 찾을 수 있다Schwartz, 1985. 문명은 각각 그 나름으로 풀이하여 지켜 온 삶의 뜻이 담긴 큰 그릇이다.[1]

오늘날의 문명도 그러하다. 올해 초 대참사를 불러온 오스트레일리아 잡목 지대의 걷잡을 수 없는 대형 산불이 두 주를 넘기고 있을 때 스위스의 한적한 마을 다보스에서는 내로라하는 자들이 모여 세계경제를

1 '굴대 문명'이라고 이름 붙일 수 있는 '세계종교'가 공통으로 지닌 초월 감수성과 이에 터한 비판 능력에서 이러한 문명의 특성을 찾아 볼 수도 있다(Bellah, 2011).

논하는 자리를 열었다. 그런데 모임의 주제가 인류가 맞닥뜨린 삶의 위기를 두고 그 뜻을 생각해 보자는 것이었다. 거기에는 화석연료를 포기하기보다는 우선 경제성장을 이룩하는 것이 풍요로운 인류의 삶을 지키는 길이라며 지난 수 세기에 걸쳐 세계를 이끌어 온 산업 문명의 논리를 새삼 소리 높이 주창하는 소리도 있었고, 다급한 지구온난화의 위기 사태를 보면서도 그 주범인 화석연료를 고집하는 것은 인류의 멸망을 몰고 올 생명 파괴를 정당화하는 어리석은 단견이라며 지배 문명에 집착하는 다수의 논리에 반기를 들고나온 탈산업 문명론자의 목소리도 있었다. 산업 문명을 고집하는 아메리카의 재무 장관은 인류의 미래를 포기해서는 안 된다며 기후변화에 대한 당장의 결단을 촉구해 온 17세 스웨덴 소녀 저항자를 가소롭기 짝이 없는 초라한 말썽꾸러기로 몰아세우기도 했다. 그는 산업 문명이 앗아 가는 올제 세대의 '앞날'을 누구보다 골똘히 생각해 온 소녀 운동가에게 세계경제를 이끌어 갈 "경제 수장인가?"라고 빈정대며 물은 다음, 우선 대학에 진학해서 경제학을 공부해 보고 이런 자리에 와서 설명 좀 하라고 퉁명을 떨기도 했다Wearden, 2020. 이 외신 보도는 두 사람이 삶의 뜻을 두고 서로 다른 두 문명의 논리를 얼마나 충실히 대변했는지 생동감 넘치게 전해 주었다. 세계경제를 마음대로 주물럭거리면서 한껏 거드름을 피웠던 강대국의 장관이 내뱉은 말을 받아 대학에 진학하지 않은 스웨덴 소녀가 자신의 뜻을 당당하게 밝힌 것처럼, 이 문제는 산업 문명의 틀 안에 갇힌 오늘날의 대학에서 경제학을 배운다고 해서 해결될 일이 아니다. 이것은 삶에 대한 뜻의 문제이며, 문명의 문제이다. 이 두 사람의 대결은 삶의 값을 어디에 두고 그 삶을 어떻게 바라보고 규정하는가 하는 뜻매김 사이에서 튕겨 나온 갈등이다.

아래의 글은 이러한 문제 관심에서 나왔다. 삶이 어떻게 이런 뜻 저런 뜻을 갖게 되었는지 그 뜻매김의 과정을 살펴보고자 한다. 하지만 나는 여기서 삶의 뜻 모두를 다루지 않으며 그 모든 것이 공통으로 지니고 있는 삶의 바탕을 찾고자 하지 않는다. 이 뜻을 지배계급의 지배 수단이나 대항 계급의 저항 수단으로 한정 지어 그 수준에서의 풀이에 흥미를 가져 온 맑스주의자들의 '이데올로기' 논의뤼데, 1993: 31-57와 뒤섞어 놓으려 하지도 않는다. 이 글의 관심은 다른 데 있다. 문명에 나타난 삶의 뜻을 주의 깊게 보고 이에 잇대어 삶의 지향성을 살피고자 한 막스 베버의 생각으로 돌아가, 그의 학문 관심이 낳은 '날마다의 삶'에 대한 풀이를 다시 새겨보고자 한다. 이에 터하여, 우리가 겪어 온 역사의 체험을 풀이해 보고 나아가 오늘날의 삶에는 어떤 문제가 도사리고 있는지 그 뜻을 짧게나마 새김질하여 우리가 들어선 삶의 모습을 살펴보고자 한다.

2. 뜻풀이 학문

베버는 사회학의 새 길을 연 선구자답게 삶의 뜻에 이어 사람의 삶을 풀이하는 학문 세계를 이룩하였다. 그는 삶의 뜻으로 사람의 행위를 이해코자 했다. 이 뜻에 따라 여러 갈래의 행동 지향성이 만들어진다는 데 초점을 맞추었다. 삶의 뜻이 언제 어디서나 모두에게 같은 것으로 받아들여지지 않는다는 역사 현실의 구성과 작동에 심혈을 기울여 그 이치를 따지고 싶었다. 이 연구 길에서 그는 어마어마한 열매를 맺었다. 이제로부터 꼭 한 세기 전 그가 쉰여섯 되던 해에 세상을 떠났다는 사실을 떠올려 보면 그가 남긴 학문의 업적은 다만 엄청 많을 뿐만 아니라 그 폭과 깊이에 놀라 찬탄사가 절로 터져 나온다. 그의 생각에 동조하든 반대하든 상관없이 오늘날의 사회(과)학은 그가 일군 학문의 세계를 비켜 갈 수 없다. 모든 논의는 이런저런 꼴로 그의 학문 세계를 가로질러 가야 한다. 그 가운데 가장 뚜렷한 업적은 삶의 뜻에 터하여 사는 사람의 됨됨이에 대한 그의 인간학이다. 그가 사회학이라는 이름을 단 새로운 학문의 길을 튼 까닭도 사람의 문제와 씨름하기 위해서였다. 그러므로 바깥 자극에 어떤 의미도 주지 않고 본능으로 즉각 반응하는 동물의 행동과 구별되는 행위, 곧 어떤 것이 주는 뜻과 거기에 줄 수 있는 뜻에 잇대어 움직이는 사람의 행위를 알아보고 풀이하는 일을 그는 사회학의 연구 과제로 삼아야 한다고 주장했다. 이러한 그의 학문을 '이해/해석 사회학'verstehende Soziologie이라고[2] 부르는 것은 아주 마땅하고 자못 자연스럽기조차 하다.

베버는 '자연과학'을 본보기로 삼아 인간과 사회를 풀이하고자 한 실증주의가 힘을 떨치고 있던 당대의 학문 흐름을 가만히 바라다보고만 있지 않았다. 이에 맞섰다. 실증주의의 연구 방법에 맞서는 '반실증주의'의 접근 방법을 내놓고자 했다. 무엇보다 사회(과)학은 자연과학이 연구의 대상으로 삼는 자연현상과는 다른 사회-문화 현상을 연구의 대상으로 삼아야 한다는 점을 그는 분명히 하였다Weber, 1978ㄱ: 1장. 이 학문의 연구 대상은 자연과학이 연구의 대상으로 삼는 바람과 하늘과 땅과 물과 돌멩이들과는 다른 속성을 지닌, 사람의 삶과 행동이다. 아무리 그 모두

2 베버가 세상을 떠난 다음에 「경제와 사회」라는 제목으로 엮여 나온 그의 글 모음(1922/1978)에 부제로 단 'verstehende'/'interpretive'라는 말이 그의 사회학 생각을 잘 드러내 준다고 한다. 이에 더하여 베버의 몇몇 방법론 관련 글을 옮겨 엮은(Weber, 2012: 497) 책 속에 들어 있는 낱말 풀이도 볼 것. '베버의 사회학'이라는 이름으로 그의 사회학을 소개한 프로인트의 책(1966/1981)을 우리말로 옮기면서 한 장의 제목으로 단 '이해 사회학'을 번역본의 책 제목으로 삼은(프로인트, 1981: 특히 2-3장) 이 종수 교수의 결정은, 자연과학을 모방하려는 법칙과 양화 사회학의 흐름에 대한 마땅찮음과 편치 않음을 선언코자 한 의도와 무관치 않을 것이다.

를 아울러 바라보려는 우주의 눈을 가진다고 하더라도 사람은 뜻풀이를 한다. 바람의 속도와 크기를 재는 데서 멈추지 않고 부드러운 산들바람을 시원히 여기며 즐기고 미친 듯이 몰아치는 광풍을 염려하는 것은 사람의 몫이고, 하늘과 땅과 물의 깨끗함과 더러움의 크기를 밝히는 수치와는 달리 아름다운 하늘과 땅과 물을 그리는 가치와 심미의 차원을 찾는 것은 사람의 생각 마당이다박 영신, 2011/2012. 자연과학의 연구 대상 그 어느 것도 자유를 갈망하지 않고 이성을 논하지 않으며, 사리에 맞는 생각도 내놓지 않을 뿐만 아니라 불의와 갈등과 고통과 분노에 대한 어떤 도덕 관심도 지니지 않는다. 자기 본위의 타산에 묶인 타성의 사슬을 끊고 절대 선으로 나아가자며 애타게 부르짖을 수 있고, 억압을 떨쳐 내는 자유의 가치 때문에 치러야 할 희생을 달게 받아들일 수 있고, 무엇이 올바른지 끈덕지게 따지는 도덕 차원의 문제를 두고 논쟁을 벌일 수 있는 것은 인간이 지닌 속성이고 인간이 누리는 특권이다.

이와 같이 뜻을 새기고 그 뜻에 잇대어 움직이는 사람의 삶과 행위의 바탕에 어울리고 이를 담아내어 풀이할 수 있는 학문 접근 방식은 자연과학에서 빌려 올 수 없다. 자연과학이 우러러보는 객관성과 일반 법칙의 추구와 구성이 아무리 존중받아 마땅한 중요한 학문 덕목이라고 하더라도, 그러한 방법으로는 온전히 담아낼 수도 풀이할 수도 없는 특성을 사람이 지니고 있기 때문이다. 사람의 삶과 그 뜻을 헤아리고 풀이해야 하는 사회(과)학의 연구가 자연과학을 모형으로 삼는 실증주의 접근 방법을 무작정 끌어들여 이에 대한 비판과 성찰 없이 단순 적용하는 방식은 실로 어불성설이며 얼토당토않은 짓이다박 영신, 1986/1987; 정 갑영, 2013. 그렇다고 해서 베버가 경험 세계를 무시하고 자기 나라에서 크게 일어났던 낭만주의의 전통으로 돌아가 그것과 짝하려 하지 않았다. 벤딕스가 일러 주는 대로Bendix, 1960: 262 베버는 관찰할 수 있는 경험 세계를 존중코자 한 사회(과)학자이다. 이 점에서 그는 경험과학에 대한 헌신의 고삐를 조금도 늦추지 않았다. 실증주의의 법칙이나 낭만주의의 관념에 파묻힌 획일화된 일방의 이론 틀을 거부하고 손쉽게 일반화할 수 없는 복잡하고 미묘한 경험의 관찰 세계를 중시코자 했다. 그가 맞붙어 씨름코자 한 '사람의 문제'는 한두 가지 변인으로 풀이될 수 없는 여러 변인이 복잡하게 뒤얽혀 있는 데다 겉으로 드러나는 현상을 보고 간단하게 규정할 수 없는 아낙의 뜻과 교묘하게 뒤엉켜 있기 때문에 우격다짐으로 단순화하고 공식화시킬 수 있는 것이 아니다. 이 지점에서 그는 자연과학이 연구 대상으로 삼지 않은 사람의 행동 동기와 그 뜻을 귀히 여겨 풀이하는 새로운 학문 가능성과 필요성을 내다보았다. 삶의 뜻과 거기에 이어 행동하는 사람의 문제는 현실 조건을 빼 두고 실험실에서 측정하거나 어떤 공식을 만들어 낼 수 있는 것이 아니며 현실과 동떨어진 어떤 이념의 틀에 억지로 짜 맞출 수 있는 영역이 아니다. 삶의 뜻을 찾고 거기에 따라 삶을 영위하는 역동성 넘치는 인간의 문제를 연구하기 위해서는 새로운 학문이 요청되었다. 그가 세운 사회(과)학은 이 요청에 대한 응답이었다Weber, 윗글: 같은 곳.

사람이 어떤 행동을 할 때는 그러한 행동을 하고자 하는 동기가 있기 마련인데, 그 동기는 삶의 뜻에 잇대어져 있다. 그 뜻의 알맹이와 힘이 무엇이든 어떤 수준에 놓여 있든 그것과 떨어져 있지 않다. 자연과학의 연구 대상인 돌멩이는 존재의 뜻을 새김질하지 않지만 사회과학의 연구 대상인 사람은 삶의 뜻을 새김질한다. 사람은 법칙의 공식 안에 함부로 틀어넣을 수 없는 삶의 뜻을 가지고 있고 이와 맺어진 행위의 동기를 지니고 있다. 사람이 기대는 이 '뜻'은 어떤 바깥 조건에 대한 단순반응으로 급조되어 나오는 것이 아니라 더욱 높은 수준에 자리한 '뜻의 덩어리'에 잇닿아 있고 거기에 달려 있다. 사람이 지닌 뜻은 큰 덩어리에 속한 작은 덩이다.

사람의 행위는 '삶의 뜻'과 이와 맺어진 관계와 맥락을 논하지 않고서는 풀이될 수 없다. 행위는 거대한 '뜻의 틀' 안에 들어서 있고 거기에 닿아 있다. 그러한 경우로 풀이될 수 없는 특이한 경우가 있다면 그것은 새로운 뜻을 내놓은 '예외'의 사태이고 '예외'의 행위자에게서나 찾을 수 있을 뿐이다. 통상의 틀을 허물고 이를 돌파하여 새로운 삶의 뜻을 선포코자 하는 예언(자)의 유형에 속한다고 밖에 달리 말할 수 없다박영신, 1976/1978. 이와 같은 예외를 빼 두고 보면 사람은 모두 어떤 '뜻의 덩어리'에 줄을 대고 따르고 있다. 지난해 수도권 몇몇 곳에 세워질 신도시 계획이 발표되었을 때 곧바로 수많은 사람들이 거리로 나와 신도시 건설을 반대하는 시위를 벌이고 서명운동을 펼친 동기는 자기가 사는 집의 값이 떨어진다고 헤아려 내다본 부정의 '타산'에 잇대어져 있었을 것이다. 반면에 이 시위에 동참하지 않고 서명을 거부한 사람들은 마침내 자기가 들어가 살 수 있는 집이 더 생기게 된다고 가늠하여 내다본 긍정의 '타산'에 잇대어져 있었을 것이다. 아니면 이따위 계산법과는 다른 어떤 삶의 뜻을 값지게 여겨 행동의 방향을 택했을 것이다. 사람은 현존 사회에 들어선 어떤 '뜻의 덩어리'에 걸치어 자신이 나아가야 할 삶의 길을 찾고 거기에 따라 움직인다.

베버는 삶에 대한 '뜻의 덩어리'를 인류의 문명이 낳은 믿음의 전통에서 찾았다. 문명은 이러한 뜻을 간직한 보고였다. 절대자가 존재하느냐 존재하지 않느냐 하는 물음을 자연과학이 말하는 객관성의 안경으로 답하고 객관성의 잣대로 증명하려고 한다. 하지만 그렇게 얻어 낸 결론으로 믿음의 행위 그 진위를 판단코자 하는 시도는, 사람의 삶과 그 삶의 뜻에는 어떤 바깥 잣대로도 재단할 수 없는 엄연한 주관성이 깃들어 있다는 사실을 무시하는 오만하고도 경솔한 판단 횡포이다. 삶의 뜻을 지닌 인간의 정신과 가치를 탐구하고자 하는 연구에서—베버식으로 말하여 '정신/문화 과학'에서—오로지 겉으로 관찰하고 실험할 수 있는 객관화된 대상만을 관찰하고 증명하여 법칙으로 만들고자 하는 자연과학을 모방하여 이를 답습하고자 하는 것은 가당찮다. 합리주의와 과학주의가 기승을 부리던 계몽주의 이후 절대자의 존재 유무를 캐 보고자 하여 실로 지루하게 이 주장 저 주장을 내놓으면서 싸움을 벌여 왔지만, 믿음의 세계는 이러한 '과학'으로 판가름될 차원이 아니다. 자연과학을 길잡이로 삼아 삶의 뜻을 찾고 헤아려 보고자 하는 노력은 사람됨의 본질과 특성을 포기하고 외면하는 헛다리 짚기이다. 베버는 이러한 인식의 오류에서 벗어나고자 했다.

믿음의 세계는 사람에게 어떤 삶의 뜻을 주고 사람이 거기에서 삶의 뜻을 찾는 '삶의 뜻' 그 본바탕이자 물줄기이며, 그 뜻에 따라 삶의 목적이 세워지고 그 목적에 이르기 위하여 분투하는 행동 지향성을 이끌어 간다. 베버가 「종교사회학 글 모음」의 '머리글'로 적어 둔 데서 다시금 일러 주었던 것처럼Weber, 2002: 356-372, 삶의 뜻을 새기는 행위는 인간의 본질에 속하는 존재 속성이다. 이 행위는 서구 문명의 전통을 관통해 온 '합리성'의 있고 없음과는 관계없이, 다른 말로 어느 특정 문명에 한정되지 않고 모든 문명을 꿰뚫고 있다. 앞에 적었듯이 문명이 '삶의 뜻'을 담고 있기에, 베버는 이 문명 세계로 파고들어 가 그 바탕과 거기에서 내뻗쳐 나온 줄기의 역사를 알아보고자 했다. 이런 관심에 따라 그는 문명의 전통을 견주어 풀이하는 거대한 비교 문명 사회학의 길을 터놓았고

Weber, 1915/1946, 나아가 이렇게 시작한 학문은 오늘날에 와서도 활기찬 생각의 자극제가 되고 있다. 이 광대한 비교 문명 연구의 지평으로 들어가는 어귀에서 그가 발표한 논문이 저 유명한 「프로테스탄트 윤리와 자본주의 정신」1904-1905이다.[3]

3. 뜻과 삶

베버가 말하는 '프로테스탄트 윤리'는 삶에 대한 프로테스탄트 교리와 거기에 터한 삶의 지향성에 대한 해석이다. 그는 돈을 받고 면죄부를 판 가톨릭교회의 갖가지 부패와 전횡에 맞서다 그 울타리 안에 머물 수 없어 밖으로 뛰쳐나온 종교개혁의 선봉장 루터와 이후의 개혁가들이 끌어낸 '삶의 뜻', 거기서 나온 삶의 지향성과 과정을 눈여겨보았다. 이들 프로테스탄트 신학자들과 사상가들—베버의 낱말로 적어 보면 믿음을 논리화하고 합리화하는 "지성인층"에 속한 자들Weber, 1922-1923/1946: 특히 279-283—이 삶을 어떻게 바라보고 깨쳐 풀이하였으며, 그들의 가르침이 프로테스탄트 교도들의 삶을 어떻게 바꾸고 어떤 방향으로 이끌었는지 밝혀 보려 하였다. 이 연구에서 그는 가톨릭교회와는 현격한 차이를 보인 프로테스탄트의 가르침과 실제 행동 지향성을 찾아내었다. '프로테스탄트 윤리 논지'를 통하여 그가 보여 준 사회학은 행위의 뜻을 이해하고 해석하는 학문 방법이었다. 그 행위는 기계처럼 획일화할 수 없고 그러한 뜻에서 객관화되지 않는다. 행위자가 '뜻있다'고 풀이하여 거기에

3 베버의 사회학을 바깥 나라로 널리 알리는 데 더없는 계기가 된 것은 파슨스(Talcott Parsons)가 이 책을 잉글랜드어로 옮겨 놓은(Weber, 1958ㄱ) 것이라고 해도 그렇게 틀리지 않다. 우리나라에서도 이 책은 오래전에 옮겨졌고 뒤이어 여러 차례 옮겨져 나왔다(박 영신, 2014/2015: 137).

맞춰 행동한다는 점에서 행위는 주관에 속한다. 그러므로 그 뜻은 어떤 객관의 잣대로 재어 '맞다'고 정답을 알려 줄 수 없고 어떤 보편 진리에 기대어 '옳다'고 일반화할 수도 없다. 이러한 생각에서, 베버는 「프로테스탄트 윤리와 자본주의 정신」에서 '프로테스탄트 윤리'라는 말과 함께, '자본주의 체제'나 '자본가계급'이라고 하지 않고 '자본주의의 정신'이라는 말을 썼다. 그의 학문 관심은 어디까지나 행위자가 행위에 주고 붙이는 '뜻'을 찾아—이것을 '심리학의 차원'으로 그려 보고Tawney, 1930/1958 '사회심리학'으로 옮겨 놓고도Weber, 윗글: XI 있지만—그 행위를 알아보고 풀이하는 것이었다.

그가 말하는 '경험 사실'은 이러한 삶의 뜻과 연결되어 있다. 사실이라는 이름 밑에 자료를 아무리 많이 찾아 모은다고 해도 삶의 뜻과 연결되지 않는 한 무가치하고 무의미하다. 사회(과)학으로 훈련받지 못한 자들도 시간을 바치고 노력을 쏟으면 얼마든지 찾아 모을 수 있는 자료를 축적했다고 해서 그가 말하는 사회(과)학의 반열에 들 수는 없다. 값진 자료일망정 '사회(과)학'의 이름을 얻지는 못한다. 베버는 사실과 사실의 축적에 몰입하는 연구 수준에 머무는 행위를 보람되다고 여기지 않았다. 사실만으로는 풀리지 않는, 사실에 이어져 있으면서도 사실 자체와는 다른 행위의 동기와 바탕인 삶의 뜻을 찾아 그것과의 관계에서 풀이해야 한다고 보았기 때문이다. 물론 그는 이 수준에 그치지 않았다. 사람의 행위가 어떻게 동기 지어져 어떻게 나타나고 어떤 결과를 낳는지, 그 인과관계를 설명하는 수준으로 나아갔다. '프로테스탄트 윤리 논지'는 이러한 그의 학문 관심과 접근 방식을 가장 명료하게 드러내 보여 준다.

인간은 '삶의 뜻'에 따라 행동하고 그 행동이 서로 다른 지향성으로 나아간다는 점에 착안하여 베버는 종교 윤리를 유형으로 분류하여 서로 견주어 본다. 여기서 그는 '일/직업'에 대한 뜻풀이로 돌아간다. 도이치 낱말 '베루프'Beruf나 잉글리시 낱말 '콜링'Calling은 "하나님이 맡겨 주신 일"이라는 종교 신앙의 뜻을 지녔고 오늘에 이르러서도 그 빛이 완전히 바래지는 않았다고 한다. 베버는 이 낱말이 이러한 뜻을 뿜어내게 된 것은 인종 또는 민족 언어의 특성 또는 '게르만 민족의 정신'과 같은 민족성이나 기질 때문이 아니라, 종교개혁의 불을 댕긴 루터가 고전어로 된 성경을 도이치 말글로 옮겨 놓은 데서 비롯되었다고 한다. 베버는 이에 대하여 조그마한 망설임이나 주저함도 없이 단호하게 논파한다. 그의 말을 좀 더 정확히 옮기면, 성경 문구 자체라기보다는 루터가 성경을 자기 나라 토박이 말글로 옮기면서 거기에 적힌 글귀와 낱말을 어떻게 읽고 풀이코자 했는지 하는 그의 '뜻 새김과 풀이' 때문에 이 낱말이 특별한 뜻을 가지게 되었다고 한다. 번역가의 '번역 정신'이 중요하다는 생각이었다Weber, 1958ㄱ: 79.

루터의 번역은 중세 가톨릭교회에서는 상상할 수 없는 '정신'을 표상하였다. 애초 그도 중세 교회의 전통을 따라 세상 안에서 하루하루 일하는 세속의 삶에 별다른 뜻을 두지 않았다. 이 삶은 영에 속한 사제와 수도사의 삶 저 아래에 속한다고 여겼다. 중세 신학자 토마스 아퀴나스와 다르지 않았다. 그 또한 세상의 일을 육에 속한다고 여겨 낮춰 보았다. 하지만 개혁의 으뜸 원리로 자리 잡은 '오직 믿음'이라는 새로운 구원관에 이르게 되면서 세속의 일에 대한 루터 자신의 생각도 바뀌었다. 구원이란 하나님과 그리스도와 그 '말씀'을 모두 받아들이고 거기에 자신의 삶을 완전히 맡기는 '믿음'으로 얻어지는 것이지 수도원에서 도를 닦는다고 해서, 바꿔 말해 인간의 '노력과 공로'로 얻을 수는 없다고 주장하였다.[4] 덧붙여 세상과 단절된 수도원 안에서 일정한 규율에 따라 도를 닦는 수도자의 삶은 수도원 바깥세상에서 살아가는 사람들에 대한 사랑의 마음을 저버리고 오직 자기의 구원만을 구하는 자기 본위의 이기주의 행태에 지나지 않는다고 쏘아붙였다.

가톨릭교회에서 낮게 평가해 온 일상인의 삶에 '말씀'의 빛을 새롭게 비추어 보면서 루터는 세속에서 사는 일상인의 삶에 완전히 다른 뜻을 줄 수 있었다. 어떤 누구의 높임을 받기는커녕 모두에게 낮춤을 당하면서 하루하루 '세상일'을 하는 이른바 '세속 일에 부름받은' 사람들이야말로 하나님의 사랑을 구현해 가고 있는 것이라고 했다. 수도원 안의 삶이 수도원의 담벼락 바깥 일상의 세상에서 일어나는 일과 세상 안의 이웃과 어떤 관계도 맺지 않고 어떤 관심도 갖지 않고 오로지 '내세'를 지향하는 이기주의자의 삶과는 다른 삶의 뜻을, 그가 세상 안에서 살고 있는 일상인에게서 보았기 때문이다. 그는 세속 안에서 책임 있게 일하는 마음가짐이야말로 하나님을 기쁘게 하고 하나님의 뜻을 받드는 일이라고 보았다. 종교개혁 이전에는 사제와 수도사를 일러 거룩한 삶을 살도록 하나님의 부르심을 받은 존재라고 보았지만, 종교개혁 이후에는 성당이나 수도원의 담벼락 바깥 일상인의 삶터인 세상 안에서 날마다 일하는 모든 직업 종사자가 그 부르심의 특권을 지니게 되었다.[5] 세속의 일을 맡아 하는 일상인의 삶이 가진 뜻을 보고 이에 도덕 차원의 성격과 가치

4 '오직 믿음'(Sola Fide)이라는 이 글귀는 종교개혁 사상과 교리의 핵심을 이룬다. 이에 대한 논의는 지난 몇 세기에 걸쳐 수많은 연구물이 나와 있다. 간결하면서도 명쾌하게 이를 정리해 둔 최근의 책만 하더라도 만만찮다(보기로 McGrath, 1999). 우리의 논의 관심은 종교개혁의 사상과 교리 그 자체에 있지 않다. 그 교리를 따르는 믿음의 사람들에게 그것은 어떤 삶의 뜻을 불어넣어 주었으며 어떤 행동 지향성을 낳았는지에 대한 물음에 있다.

5 'Beruf', 'Calling', 그리고 라틴어 뿌리를 가진 'vocation'을 중심으로 가톨릭교회와 루터교 그리고 칼뱅주의자들이 각각 어떤 생각을 품고 자국어로 옮겼는지, 그 언어와 번역의 역사를 파헤친 베버의 긴 '달음'(Weber, 1958ㄱ: 207-211 달음 3, 특히 210) 볼 것.

를 부여하여 이 삶을 값있게 받아들이고 정당화한 것이야말로 종교개혁이 이룩한, 꼭 집어 말하면 루터가 남긴 가장 중요한 업적 가운데 하나라고 베버는 풀이한다윗글: 80-81.[6]

그럼에도 루터는 중세의 찌꺼기를 온전히 떨쳐 내지 못하였다. 그가 풀이한 삶의 뜻 안에는 전통주의가 자리하고 있었다. 칼뱅과 견주어 볼 때 이 점은 더욱 선명하게 나타난다. 실제로 가톨릭교회가 줄기차게 '적수'로 여긴 종교개혁 세력은 루터나 루터파가 아니라 칼뱅과 칼뱅주의자였다윗글: 87. 칼뱅주의의 윤리관은 '소명 의식'을 지닌 세속의 직업에 대하여 일관되고도 강렬하게 긍정하고 지지하는 태도를 보였다. 오늘날의 사회(과)학도 가운데 비좁게 훈련받은 자신의 한계를 되돌아볼 수 있는 성찰의 기운이 조금이나마 남아 있는지 의아히 여기고 있지만, 베버의 학인다움은 대학에 자리 잡아 진 치고 있던 자와 후속 세대 모두를 한없이 부끄럽게 한다. 이 논의 대목에 이르러서도 그러한 느낌을 피하지 못한다. 박학하고 심오한 베버는 문학작품에 담긴 정신을 자기 논의 속으로 끌어들여 풀이한다. 여기서 그는 중세의 시인 단테와 퓨리턴 밀턴을 맞대고 있다.

「신곡」 끝머리에서 시인이 하나님의 신비에 젖어 입을 열지도 못하고 명상에 잠겨 버리는 낙원 체험에 대한 서술과, "퓨리터니즘의 신곡"이라고 불리게 된 밀턴의 「실낙원」 끝에서 시인이 노래한 삶에 대한 적극성과 담대함을 토해 내는 서술 사이에는 좁힐 수 없는 간극이 있었다.

6 '현대인'이 현대인의 모습을 지니게 된 과정을 지성사의 눈으로 파헤친 테일러도 이러한 점을 강조하고 있다. 그는 '보통의 삶'을 '긍정'해 준 것(the affirmation of ordinary life)은 종교개혁가들이라고 했다(Taylor, 1989: 211-218). 아래에서 보겠지만 나는 다만 '긍정'에서 그치지 않고 '사명'과 '책임'에 눈길을 보낸다.

베버는 이 간극을 간파하고 뜻을 꿰뚫어 본다. 칼뱅의 교리를 따른 퓨리턴에게도 낙원에서 추방된 실낙원은 슬프디슬픈 일이다. 하지만 슬픔의 수렁에 빠져 주저앉아 버리지 않는다. 밀턴이 그리고 있는 대로 인간들은 "에덴을 지나 그 쓸쓸한 길을 간다"밀턴, 2016: XII, 645. '섭리'라는 안내자와 함께한다. 몇 마디 앞으로 다시 올라가면 천사 미카엘이 아담에게 전하는 힘찬 격려의 노래도 들을 수 있다. "그대의 지식에 알맞은 행위를, 믿음을 더하고, 덕을, 인내를, 절제를 더하고, 사랑, 나머지 모든 것의 영혼인 자애라는 이름으로 불리는 사랑을 더하라. 그러면 그대 이 낙원을 떠나도 싫지 않을 것이니, 한층 행복한 낙원을 그대 안에 갖게 되리라" 윗글: XII, 585.[7] 베버는 퓨리턴 시인 밀턴이 이 세상 안에서의 삶을 적극으로 강하게 표현한 의식 세계는 중세의 가톨릭교회 안에 갇힌 단테에게서는 전혀 기대할 수 없다고 일러 준다. 아니, 칼뱅의 영향을 받은 이 퓨리턴의 태도는 루터의 가르침을 따르는 루터파에서도 기대할 수 없는 것이라고 한다Weber, 1958ㄱ: 88. 베버가 '프로테스탄트 윤리 논지'에서 '프로테스탄트 윤리'는 칼뱅의 영향을 받은 퓨리턴의 삶에서 가장 명확하게 드러났다고 보고 이 윤리와 근대 서구에 나타난 '특별한' 자본주의의 정신, 곧 소명 의식의 윤리가 요구하는 삶의 기강에 터한 자본주의 정신 태도를 이어 놓았다박 영신, 1980.

서구 특유의 자본주의 정신을 이 소명 의식에 이어 풀이한 베버의 논지가 널리 퍼지면서 소명 의식이 자본가라는 경제 행위자에 한정된 윤리 지향성으로 받아들여지게 된 오늘날의 지식 상황은 베버의 잘못이 아니다. 특유한 프로테스탄트 '윤리'와 특유한 자본주의 '정신'의 관계

7 위의 옮김은 밀턴 연구가인 조 신행이 옮겨 놓은(밀턴, 2016) 글귀에 나의 붓을 조금 더한 것임.

에 초점을 맞춰 논의한 그의 연구를 어설프게 받아들인 후대인의 잘못이다. 그가 밝힌 소명 의식은 어떤 특정 직종에 종사하는 직업에만 들어 있었던 행동 지향성이 아니다. 말할 것도 없이 풀무를 차려 놓고 하루 종일 망치질을 하는 대장장이도 사제나 수도사 못지않은 근실한 소명 의식을 품고 이른바 '성직자'라고 하는 자와 다를 바 없는 무거운 사명감을 지니게 되었다. 대장장이 일은 더 이상 생계를 위한 단순한 경제행위에 머무르지 않았다. "하나님이 맡겨 주신" 거룩한 일이었다. 대장장이는 그러한 삶의 뜻을 담아내고 드러내야 했다. 여기에 카리스마 개념을 끌어들여 풀이해 보면, 성스러움의 카리스마가 교회와 수도원의 공간 안에 안주하기를 거부하고, 교회 아래에 있다고 해서 그리고 수도원 바깥에 있다고 해서 이제껏 관심의 대상으로 떠오르지 못하고 무시만 당했던 '세속' 세계 속으로 번져 나갔기 때문이다. 카리스마의 위력을 행사해 온 성스러움은 이제 성당을 둘러친 담장을 허물고 수도원을 에워싼 울짱을 부수고는 그 바깥으로 뻗어 나갔다. 거룩한 삶의 터전은 어느 공간에 갇혀 있을 것이 아니었다. 종교개혁은 오랫동안 버림받아 온 세속 속으로 거룩함을 침투시켜 그 세속을 거룩한 공간으로 들어 올린 역사의 쾌거였다.[8]

베버의 학문은 이러한 문명의 변동 과정을 풀이코자 한 사회학이었고 문명의 역사와 만나야 했던 역사 사회학이었다. 핏줄로 엮인 가족끼리 자기 조상의 숭배 의례를 절대화했던 가족공동체 중심의 종교 결속

8 '카리스마' 개념은 수많은 논의와 논쟁을 불러왔다. 그만큼 흥미롭다고도 할 수 있고 손질할 곳이 많다고도 할 수 있는 낱말이다. 나 또한 오래전에 이를 되새기며 적용 범위를 넓히고자 시도해 본 바 있다(박 영신, 1976/1978). 위의 논의는 아직도 거론해야 할 실스와 파슨스가 내놓은 생각과 풀이에 이어지는 또 다른 논의의 주제이다(Shils, 1958; Parsons, 1937: 658-672).

관계를 허물고, 나아가 그 너머 지역공동체와 도시국가에 속한 구성원끼리 지역/도시의 수호신에게 예배했던 지역/도시국가 중심의 종교 결속 관계도 무너뜨린 개방과 평등의 윤리에 터한 새로운 결속 관계로 나아갔던 역사 변동의 과정Fustel de Coulanges, 1980; 박 영신, 1986/1987을 연상케 하는 심대한 문명의 변화가 베버의 관심거리였다. 그가 밝히려고 한 문명과 문명의 변화는 인간의 삶과 삶터에서 일어났고 그 밑바탕에는 삶의 뜻이 놓여 있었다.

4. 나날의 삶, 그 뜻

가톨릭 윤리와 프로테스탄트 윤리는 삶에 대한 각각 다른 이해와 해석을 내놓았고 그것은 마침내 엄청난 사회 변화를 불러왔다. 가톨릭교회는 이른바 성직자의 삶을 '거룩하게' 여겨 이를 높이 우러러볼 뿐만 아니라 교회 '안'의 일과 수도원 '안'의 삶을 값지게 여긴 반면, 프로테스탄트 교회는 성직자의 '거룩한' 삶을 '일반화'하여 사제와 수도사뿐만 아니라 일상을 사는 일반인의 삶도 '거룩하다'고 가르쳤다. 교회 '밖'의 일과 수도원 '밖'의 삶 모두가 값지다는 교리였다. 이 교리에 따라, 성직자에게 요구되는 '소명 의식'과 여기서 나오는 책임 의식 또한 '일반화'되어 성직자에게 요구되었던 '소명 의식'과 책임 의식을 일반인에게도 불어넣었다. 마침내 교회/수도원 바깥에서 벌어지는 '날마다의 삶'도 중요하다는 새로운 가르침은 이전에 평범한 일상인의 삶에서 볼 수 없었던 활력을 자아내어 분발케 하였다.

그리하여 이제 어떤 직업, 어떤 삶을 막론하고 모두가 '거룩한 삶을 살도록 하나님이 부르셨다'는 '하나님의 거룩한 뜻'에 자신의 삶을 잇대어 이해하고 풀이해야 했다. 퓨리턴은 이러한 '소명 의식'으로 자신의 삶을 이끌어 갔다. 사제와 수도사라는 이른바 '성직자'와 그 바깥에 자리한 '평신도' 사이에 놓여 있던 차별의 벽은 더 이상 정당성을 행사할 수 없었다. 그 벽은 정당성을 잃고 허물어졌다. 퓨리턴이 표상한 자기 절제와 기강의 윤리가 "하루하루의 삶" 속으로 뻗어 나가 세상 안에서의 삶의 가치를 뒷받침해 주었다Weber, 윗글: 181. 이것은 실스식으로 말해 보면Shils, 1958, 수도원을 거점으로 삼아 그 안에 '집중'되어 있던 카리스마의 '거룩함'이 수도원 밖으로 펼쳐져 나날의 삶 안으로 흩어진 것이다.

이제 삶은 소명이다. 삶이란 소명 의식을 지닌 과제로 받아들여야 한다. 위에서 적었듯이 베버가 관심을 두고 연구의 주제로 삼았던 '프로테스탄트 윤리'의 논지가 명성을 얻으면서 마치 프로테스탄트 윤리에서 나온 소명 의식이 자본가에서만 나타났다는 인상을 심어 주고, 기껏 경제 영역에서만 중요한 뜻을 지녔다는 인상을 심어 주기에 이르렀다. 하지만 이것은 착각이고 오해이다. 그가 비록 경제 영역에 한정시켜 프로테스탄트 윤리를 논하기는 했지만, 삶의 뜻을 풀이하고 그 뜻을 받아들인 퓨리턴들이 소명 의식을 경제 영역에만 결부시키지 않았다. 이 세상 안에서 살아가는 하루하루의 삶 모두가 '하나님에게 영광'을 돌려야 한다고 믿었다. 그 삶은 어느 특정 영역으로 한정 짓지 않았다. 삶의 모든 영역을 일컬었다. 어떤 삶이든 삶의 마당에 들어가 '하나님의 영광'을 드러내야 한다고 믿고 그렇게 살고자 적극 참여하며 분투했다. 베버가 보는 대로, 칼뱅주의 영향을 받은 잉글랜드의 퓨리턴들은 일관되게 자기가 맡은 일/직업을 신앙의 토대 위에서 생각하고 그러한 의식으로 살았다Weber, 윗글: 5장. 왈저가 베버의 논지에 기대어 잉글랜드의 퓨리턴/시민혁명을 논구한 것은 삶에 두루 참여했던 퓨리턴 교도들의 역사를 드러내 보여 준 값진 연구의 보기이다Walzer, 1965.

종교개혁 이후 삶은 이전과는 다른 뜻을 갖게 되었다. 어떤 삶이든 모두 높은 뜻을 지니고 큰 목적을 지니게 되었다. 그 뜻은 숭고하고 그 목적은 거룩했다. 루터가 펼친 '만인 제사장'론은 오랫동안 가톨릭교회가 가르쳐 온 '거룩함'과 '속됨'의 교리에 대한 통렬한 비판이고 교정이었다. 그는 "독일 크리스천 귀족에게 보내는 글"1520에서 "교황이나 주교가 기름을 붓고 체발剃髮하고 서품敍品을 하고 봉헌례를 하거나 또는 평신도와는 다른 옷을 입는 일은 위선자의 조상彫像들을 만들 것"이며 "이런 것은 결코 크리스천이나 '영적인' 인간을 만들지 못한다"고 가톨릭교회를 몰아세웠다. 그는 이어 "우리는 다 세례를 통하여 사제로서" 거룩하게 구별된다고 하였다루터, 2003: 30. "크리스천의 자유"1520라는 글에서 그는 '사제'니 '승려/수도사'니 높이 부르고, '영적인 것'에 바치는 삶이라 하여 '성직자'라고 경의를 표하여 부르게 하는 낱말들이, 성경에 나오는 '섬기는 자들', '종들', '청지기들'이라는 낱말들과 얼마나 다르고, 거드름 피우는 가톨릭교회의 거창한 호칭들이 본래의 기독교 신앙에 얼마나 어긋나는 것인가 하고 대들어 물었다. 그리스도인이라면 모두가 청지기이며 종이며 섬기는 자의 책임 의식으로 살아가야 할 사명을 지고 있다는 주장이었다루터, 2003: 314-315.

이러한 점을 밝히 비춰 볼 수 있다면, '근대 자본주의'를 낳았다고 하는 '프로테스탄트 윤리'를 단순히 경제 이익 추구에 탐닉한 경제 동물을 만들어 낸 사욕의 동인이자 장치로 기능한 것처럼 몰아가는 자들의 해석 왜곡을 어렵지 않게 가려낼 수 있다. 퓨리턴들의 경제행위가 다른 사람들과 구별되는 점은 경제 이익을 추구한 그들의 탐욕이 아니었다. 인간의 탐욕이란 퓨리턴의 창안물이 아니라 아담과 이브의 타락과 함께해 온 오랜 역사를 가지고 있다. 퓨리턴의 윤리는 이러한 탐욕과는 달리, 아니 이에 맞서 정반대로 나아가도록 삶을 이끌었다. 하나님의 뜻에 잇대어져 있어야 하는 삶이 자기 탐욕에 미혹됨이 없도록 모든 일을 정연하고 조리 있게 절제하면서 처리하는 삶의 방식에서 그 유별남이 드러났다. 퓨리턴들은 자기 일에 '부름받았다'고 믿고 이 일에 전념하면서 전래하는 관습과 인습에 젖은 사회제도에 적응하고 순응하지 않고 이에 맞서고 바꿀 수 있었다. '직업'으로 사람의 높낮이를 재는 중세 가톨릭교회의 유산을 타파하고 극복한 역사는 종교개혁운동의 힘이었다. 퓨리턴은 자신의 직업을 통하여 '하나님의 영광'을 드러내어야 한다는 강한 의무의식을 지녔다. 모두가 하나님이 맡긴 과업을 이 세상 안에서 책임 있게 감당해야 하는 '청지기'라고 자신을 이해하고 해석했다. 자기가 소유한 재산에 대해서도 '충성스러운 청지기'의 의무를 다해야 한다고 믿고 행동했다Weber, 윗글: 170.

충성된 청지기로 사는 삶 또한 경제 영역에 한정되어 적용될 윤리가 아니었다. 그것은 모든 삶에 적용되어야 할 것이었다. 이 삶의 지향성은 관념과 사변의 세계가 아닌 삶이 엮이고 있는 문제투성이의 현실 속에서 '증명'되어 나타나야 했다. 하나님이 모든 것을 '예정'해 놓았기 때문에 사람이 할 수 있는 것은 아무것도 없다는 숙명론에 빠져들 수 없는 까닭도 하루하루의 삶 그 현장에서 '청지기 됨'이 '증명'되어야 한다는 퓨리턴 윤리의 강렬한 가르침 때문이었다윗글: 160 아래. 이 가르침에서 퓨리턴들은 어쩔 수 없는 긴장과 강박감 속에서 살아야 했다. 그들이 이 불안함에서 벗어나기 위해서는 역설처럼 들리지만 이 세상 안에서 열심히 규모 있게 청지기로 일하는 길밖에 없었다. 베버의 표현 그대로 "이 세상 안에서의 금욕주의"를 실행하며 살아야 했다윗글: 2부.

퓨리턴에게 나날의 삶은 더 이상 자기 마음대로 자기식으로 살 수 없었다. 자기가 '소유'했다고 여기는 재산도 궁극에서는 자기 소유물이 아니듯이, 자기가 들어서 있는 나날의 삶 또한 자기 욕망을 충족시키기 위하여 자기 마음대로 운용할 수 있는 자기 소유물이 아니다. 이러한 눈으로 보면, 종교개혁은 중세 가톨릭교회가 통괄하던 권위의 실추를 불러왔을 뿐 아니라 종교성 자체를 쇠퇴시켰다고 말할 수 없다. 이것은 서구 기독교 문명의 전개 과정에 대한 소로킨의 논지를 비판하는 한편 대안의 풀이를 내놓고자 한 파슨스가 오래전에 지적했던 논지에 이어진다 Parsons, 1963. 루터가 돈이나 재물을 바치면 죄를 면해 준다며 면죄부를 팔아 재정을 충당코자 한 가톨릭교회의 관행을 비판하는 데 머물지 않고 '고해성사'까지도 부정하고 나온 행위로 보면 교회의 권위를 추락시켰음이 분명하다. 그러나 교회 조직과 신부를 통하지 않고 하나님과 직접 관계를 맺는 양심의 영역을 열어 둔 것을 두고 종교성 자체의 약화라고 말하는 풀이는 지나치다. 종교개혁운동은 모두가 세상 속으로 들어가 하루하루 '하나님의 뜻'에 따라 삶을 엮어 가야 한다는 강렬한 믿음을 낳았고, 이 때문에 현실 세계 안에서 책임 있게 적극으로 참여하는 새로운 삶의 지향성을 불러왔다. 물론 이 행동 지향성을 일반화시킬 수는 없다. 개신교파에 따라, 역사 상황에 따라 현실 세계와 신앙 세계를 나란히 벌려 놓은 다음 서로 간섭지 않으려는 지향성도 나타났고 현실 세계의 문제에 개입하기보다는 퇴거의 길을 택한 지향성도 생겨났다. 그러나 베버가 강조한 '프로테스탄트 윤리'에 충실하여 이 세상 안에서 '하나님의 뜻'을 이루어야 한다는 삶의 소명 의식을 받았다고 자신을 이해하고, 그러한 삶에 의미를 두어 현실 세계에 순응하지 않고 차라리 이와 '긴장'하면서 현존 세계를 바꾸고자 한 책임 있는 적극성을 표상하기도 했

다. 개신교가 준 삶에 대한 풀이가 끼친 영향이 있다면 바로 이러한 적극 참여의 지향성이었다.[9]

개신교 윤리는 삶의 뜻에 새로운 전기를 마련해 주었다. 현실 세상 안에서의 삶은 결코 무의미, 무가치하거나 무상하지 않으며, 차라리 뜻깊고 값지고 보람되다는 새로운 삶의 지향성을 터놓았다. 힘 있는 자들의 사회통제 방식은 언제나 교묘하다. 힘없는 자들 스스로 자신의 처지뿐만 아니라 일과 삶마저도 낮춰 보도록 이념을 만들어 이를 내면화시켜 현실 질서를 순순히 받아들이도록 몰아갔다. 지배 세력은 이런 목적을 이룩하는 데 성공을 거두었다. 현존 질서를 정당화하고 묵묵히 수용하는 삶의 태도를 일상인의 의식 속에 주입시켜 다른 삶의 가능성에 대한 관심의 문에 단단한 자물쇠를 달아 잠가 두었다. 세기를 거듭하여 이 불평등한 층위가 지속되어 온 이유는 근본의 뜻에서 경제 조건 때문이 아니라 내면화된 이념 때문이었다. 베버는 가톨릭 질서 안에서 힘을 쓴 자들이 선호한 '삶의 뜻'이 도전을 받게 된 원인은 '프로테스탄트 윤리'로 나타난 다른 '삶의 뜻'이라고 보고, 이것이 낳은 사회변동의 역사를 풀이코자 하였다.

종교개혁은 힘없는 자들의 삶과 그들이 들어선 삶터에 새로운 '뜻'을 제공해 주었다. 이 뜻에 힘입어 더 이상 힘없는 자로 짓눌려 사는 삶을 당연하게 여기지 않는 당차고도 떳떳한 존재가 되었다. 자신이 들어선

9 현실 세계와 믿음의 지향성 '사이의 관계'를 유형화한 가장 뚜렷한 사회(과)학자는 베버이다. 그는 일찍이 방대한 비교 문명 연구를 펼치면서 현실 세계와의 '긴장'을 최소한으로 줄이고자 한 중국 종교의 윤리 지향성을 알아보고 이를 퓨리턴 윤리 지향성과 맞대어 견주기도 했다(Weber, 1963ㄱ: 8장). 파슨스와 벨라도 이러한 신앙 지향성의 유형을 밝히는 데 관심을 두어 왔다. 나 또한 우리 역사의 변동 과정을 논하면서, 그리고 전쟁을 일으킨 일본과 도이칠란트가 제2차 세계대전 후 '사죄'의 문제에 대하여 서로 다른 태도로 임하는 '자기 이해'와 행위의 밑바탕을 견주어 살피고자 한 논의에서 이러한 유형을 만들어 적용해 본 바 있다(박 영신, 2014ㄴ, 2015ㄱ).

삶이 값을 얻고 누릴 수 있었다. 그들은 힘 있는 자들 그 너머 하나님을 섬기는 '일꾼'이고 하나님의 쓰임을 받는 '연장'이라고 자신을 이해하였다. 지위의 격상이고 삶의 격상이었다. 사제나 수도승이 아니지만 세상일을 하는 평신도들도 '거룩한 일'을 하는 거룩한 사람이고 '거룩한 삶'을 사는 거룩한 사람이라고 자신을 이해하고 풀이하였다. 그동안 종교개혁이 경제와 정치 영역에 끼친 영향에 대해서는 관심을 두어 왔지만 현실에서 하루하루를 사는 일상인의 삶과 그 삶을 영위하는 일상인에 대해서는 유감스럽게도 별다른 관심을 보이지 않았다. 이 글은 오랫동안의 논의의 부재를 낳은 사회(과)학도의 불찰과 태만에 대한 자그마한 뉘우침이며 바로잡음이다.[10]

5. 맺으며

'삶의 뜻'에 대한 위의 논의는 나의 '삶의 이론' 관심으로 거슬러 올라간다. 삶의 문제처럼 모든 것을 아우르면서도 모든 것의 밑바탕을 이루는 항목은 없다. 한국사회이론학회가 30돌을 맞아 삶의 문제를 주제로 학술 모임을 열었을 때, 나는 '삶의 이론'이라는 이름 밑에 삶의 알맹이는 '물음 행위'라는 사실을 들추었다. 자신의 존재는 물음에서 확인되고, 그 물음의 내용이 인류의 문명사를 통하여 바뀌어 왔다는 논지를 펴 보

10 이에 더하여 역사의 의미, 지식계급의 역할, 직업관에 대한 비교 연구가 필요할 것이다. '거룩한 일'이 가족을 위한 것인지, 국가를 위한 것인지 문명권마다 다르게 나타났기 때문이다. 이러한 물음과 이어지는 논의가 이뤄진 바 있다(보기로 Benedict, 1967; 벨라, 1994; 박 정신, 1983/1986, 2014; 여영시, 1993). 아울러 우리 역사에 나타난 신분 상승 이동(사방박, 1938/1962)이 상층부 지배 계층에 의하여 일상을 사는 백성 일반의 삶이 무시당해 온 때문일 뿐 일상인의 삶과 그들의 '직업'에 대한 새로운 뜻을 지니게 된 때문은 아니었다는 점도 차분히 분석해 볼 일이다. 이러한 논의들을 마음에 담아 가까이 나의 논지를 더욱 확장해 보고자 한다.

았다박 영신, 2013ㄷ. "나는 묻는다. 그러므로 나는 있다"고 하는 논지에 더하여 그 물음의 속성을 따져 보고자 한 의도에서였다. 어떻게 하면 '잘 먹고살 것인가?' 하는 생존에 관한 물음이 모든 생명체에게 던져진, 그러한 점에서 원초의 질문이다. 하지만 '왜 올바르게 살아야 하는가?' 하는 윤리의 물음을 던질 수 있는 인간에게는 원초의 물음은 넘어서야 할 대상이다. 물음을 던지는 것은 생명체의 특권이나 어떤 물음을 던지는가 하는 도덕 능력과 가능성의 빛으로 보면 원초의 질문에 묶여 있을 수 없기 때문이다.

물음은 이러한 문명 진화의 방향으로 변화해 왔다. 위에서 살펴본 '삶의 뜻'은 문명 진화에 결부된 논의가 아니라 문명 분화를 들추어내는 논의이다. 오늘날의 '삶의 지향성'이 이전의 지향성보다 더욱 바람직하다고 가치 판단할 수 없고 더욱 '진화'된 도덕 체계를 구현하고 있다고 단정할 수도 없다. 그렇다고 지난날의 삶이 더 여유로웠으니 그때로 되돌아가자고 호령할 것도 아니다. 서로 다른 삶의 뜻에 따라 이 길로 들어서는 이들이 있는가 하면 저 길로 들어서는 이들도 있다. 그러므로 삶의 뜻을 달리하여 서로 다른 삶의 지향성에 따라 살아가는 만큼 서로가 서로를 향하여 등 돌릴 필요는 없다. 서로 이야기를 건네며 서로 배우고 함께 가르치고자 하여 모두 마음 문을 열고 있어야 할 따름이다.

이 글에서 알아본 바, 우리 모두가 들어선 날마다의 삶은 죽음이라는 생물체의 조건을 만나기 전까지는 가벼이 여기거나 가벼이 여겨질 것이 아니다. 현존하는 지배 가치와 이념 틀에 의하여 그 삶이 가볍게 여겨지는 한이 있더라도 날마다의 삶을 귀하게 여기는 '삶의 뜻'을 놓치지 않고 마음속에 단단히 간직하고 있는 한 그 삶은 결코 가볍게 여길 수 없고 실제로 가볍지 않다. 현존하는 모든 통제와 억압의 틀을 뚫고 더욱 높은 뜻에 자신의 삶을 잇대어 놓아야 할 책무 의식을 요구하고 있기 때문이다. 하루하루의 삶은 뭇사람들처럼 아무렇게나 살아도 될 범상한 일도 아니려니와, 오로지 먹고살기 위하여 억척을 부려야 할 천박한 일도 아니다. 나날의 삶은 높은 삶의 뜻을 드러내어야 할, 제한된 시간이고 공간이다. 언제까지나 열려 있는 무한한 시공간이 아니다. 때가 오면 멈추는 '유한한' 시간이고 그때가 이르면 닫히는 '유한한' 공간이다. 우리는 그날을 알지 못한 채 시공간의 테두리 안에서 살고 있는 유한한 존재이다. 하지만 이제 여기에서 벌어지는 제한된 나날의 삶을 경외감으로 맞이하고 소명감으로 이 삶이 세계에 참여하도록 부름받은 존재이다.

'거룩한 삶'의 뜻이 모두에게 주어졌으나 모두가 누리지는 않는다. 그 뜻이 세속 한가운데로 들어서게 된, 파슨스의 독특한 뜻으로 '세속화'된 시대를[11] 맞았다고 하더라도Parsons, 1978: 240-244 그 뜻에 모두가 충실하지 않다. 타성에 젖어 들고 인습에 묶이어박 영신, 2009/2010, 2014/2015 '거룩함'을 놓치고 있다. 삶의 고결한 뜻을 잃어 가는 심상찮은 현대사회의 비속함을 알아차리는 사람은 이 뜻이 걸어온 발자취를 더듬어 살피고 새삼 함께 새김질하고자 하는 이 일을 부질없는 넋두리를 늘어놓는 짓이라고 말하지 않는다. 생각 있는 사람은 가다듬어 삶의 상황을 뜯어 살핀다. 생각할 줄 아는 사람은 더욱 깊은 삶의 뜻을 이야기하고자 한다. 뒤틀린 삶의 무모함과 고르지 않은 삶의 부당함 모두를 눈에 보이는 이런저런 바깥 조건 탓이라며 틀에 박힌 이야기를 되풀이하여 늘어놓는 거

11 '세속', '세속성', '세속화'라는 말이 널리 쓰이고 있지만 정확히 무엇을 가리키는지에 대해서는 여전히 의견이 분분하고 혼란스럽다. 테일러가 '세속 시대'를 다룬 큰 저작(Taylor, 2007) 앞머리('Introduction', 1-22)에서 이 낱말의 개념을 두고 길게 논하는 것도 이 개념의 불명료함 때문이다. 이에 더하여 철학의 줄기에서 논한 그의 '세속성 이야기'(윗글: 560-589)도 볼 것.

만 떠는 자들의 독선을 간파하고 있기 때문이다. '경제'가 모든 것의 원인이라는 환원 논리에 터한 경제주의가 거셀수록, 나의 표현박 영신, 1995ㄱ: 1-2부으로 '물질 종교'가 기세를 떨칠수록, 매캐러허McCarraher, 2019의 말로 '맘몬 열광'이 세찰수록 '높은 뜻'에 잇대어 삶을 이해하고 풀이했던 윤리 지향성을 다시 떠올려 그려 볼 필요가 있다. 시대의 갈급함은 생명의 물줄기에서 멀리멀리 떨어져 나온 자기 단절의 삶 때문이 아니겠는가.

베버의 그늘 밑에서

'굴대 문명' 관심의 되살림과 그 쓰임

1. 머리글

세계 도처로 파고들어 가 마구 저질러 대는 자본주의의 낯익은 횡포에 면역이 된 오늘날과 달리, 유럽을 휩쓸기 시작한 초기자본주의의 낯선 광포함에 대한 공포와 혐오는 쉽게 진정시킬 수 있는 것이 아니었다. 난데없이 몰아닥친 자본주의가 다만 평온한 삶의 매듭을 엉클어 놓을 뿐만 아니라 매듭과 매듭을 다시 잡아맬 수 없도록 삶 자체를 온통 망가뜨리고 있었기 때문이다. 자본주의에 대한 두려움과 구역질은 삶의 혼란과 파탄을 겪어야 했던 어느 한 집단에 한정되지 않았다. '근대'를 구가해 온 '근대인' 모두에게 예외를 두지 않은 위기 상황이었다. 하지만 그들은 담대히 이 위기와 마주했다. 근대 안에서 근대를 살게 된 근대의 사람은 인간이 손아귀에 넣은 '과학'의 힘에 기대어 근대를 뚫고 나아가겠다는 늠름한 풍취를 과시했다. 사회학을 창건한 도도한 프랑스의 지

* 이 글은 「사회이론」 통권 58호(2020년 가을/겨울)에 실려 있다.

식인들은 오래전부터 형이상학 이후 과학이 지배하는 시대가 와서 인간을 구원해 주리라 기대하며, 이제껏 구원의 문제를 전담해 온 사제들을 몰아내고 아무런 주저함 없이 그들의 자리로 의젓하게 올라앉았다. 자본주의의 운명을 과학의 이름으로 예언한 맑스는 근대인이 곧바로 공감하고 영합할 수 있는 확실한 진보의 법칙과 함께 숱한 금언과 격언을 쏟아 내기도 했다. 「정치경제학 비판 논문」1859에서 그가 "존재를 결정하는 것은 인간의 의식이 아니라 그들의 사회 존재가 의식을 결정한다"고 말했을 때, 이전의 형이상학은 무의미하고 무가치한 허풍선이가 되고 말았다. 이전의 형이상학은 의식의 한 붙이이기에 그것 또한 물질의 삶을 반영하고 생산력과 생산관계 사이에서 생기는 갈등을 투영할 뿐이었다. 맑스의 생각은 자본주의와 대결코자 한 장쾌한 근대인의 정신을 반영한 것이었다.[1]

베버는 이러한 지식계의 흐름에 자신을 맡기지 않았다. 호기를 부린 근대인을 모범으로 삼을 수 없었고 그에 발맞춰 묵묵히 뒤따를 수 없었다. 이제의 삶과 올제의 삶이 그렇게 단순 명료하지 않았다. 인간의 운명을 근대의 무기로 온전히 다스릴 수 있으며 남김없이 풀이할 수 있는가? 그는 더 물어야 했다. 근대의 문제를 근대가 낳은 근대의 수단으로 구원할 수 있는가? 그는 더 깊이 물어야 했다. 단순하고 명료하게 법칙으로 설명해 주고, 그것도 단답형으로 시원하게 결론 내 주기를 바라는

1 맑스가 남긴 글이 엄청난 만큼 그의 생각을 한 가지로 말하기는 어렵다(Eagleton, 2011). 하지만 위에 적은 글귀 속에 나타나는 맑스의 경직성을 변호하기 위하여 그의 생각을 묽게 만든다면, '맑스의 맛'을 잃어버리고 만다. 내가 '사회학 이론' 강의 때마다 되풀이해 온 변함없는 오래된 논지이다. 그렇다고 해서 그의 모든 생각을 송두리째 버리라는 뜻이 아니다. 아기를 목욕물과 함께 버리는 어리석은 짓일랑 삼가야 한다. 그에게는 현실을 통렬히 비판하는 '예언자의 모습'이 있다. 나는 이러한 '맑스의 됨됨이'를 무엇보다 귀히 여긴다(박 영신, 2018).

근대의 형식에 찌든 우리에게는 베버가 답답하기 이를 데 없는 엉거주춤한 지식의 사람으로 보이고, 감조차 잡을 수 없는 애매모호한 생각의 사람으로 다가온다. 그러나 단순 명료한 데 홀릴 준비를 하고 있는 성마른 이 시대에 물음을 던져 온 이들에게는 그가 오히려 현실 문제에 다가가 마주하려는 정치한 지식의 사람이자 현실에 파고들어 가 그 실체를 드러내 밝히는 심오한 생각의 사람으로 느껴진다. 높은 이념을 내세워 혁명을 치른다 해도 절대 평등과 절대 자유가 보장되는 것이 아니라 지배와 피지배 사이의 갈등은 사라지지 않으며, 이 갈등의 해결책이 더욱 심각한 부자유함을 낳는다고도 보았다. 이처럼 그의 근대 인식은 천진난만하지 않았다.

바로 이 까닭에 오늘날의 정황을 두고 깊이 고뇌하는 사람들이 그에게 매료되기도 한다. 그는 단순한 대답을 요구하는 자들에게 복잡성을 선사하고 명료함을 구하는 자들에게 애매함을 던져 준다. 그에게 삶이란 단순하기보다 복잡하고, 명료하기보다는 한없이 희미하다. 누구보다 여러 분야를 관통하는 광범위한 지식을 쌓았고 어느 누구 못지않은 심원한 이론을 갖추고 있었음에도, 야스퍼스의 말로 그는 "지식의 한계"를 간파하고 있었으며 '실재' 그 자체는 어마어마해서 다만 "어느 측면"에서만 알 수 있을 따름이라고 생각했다Jaspers, 1965: 84-85.

베버가 남긴 학문의 열매 가운데 돋보이는 항목은 근대의 문제이다.[2]

2 물론 이 말은 긴 풀이를 필요로 한다. 근대의 문제에 관심을 두었지만 그가 남긴 방대하면서도 다채로운 글이 증명해 주듯이 이 문제는 여러 주제들과 서로 뒤얽혀 있다. 멀리 갈 것 없이 우리 학계에서의 논의도 그러하다. 1980년 「현상과인식」이 막스 베버의 서거 60해를 맞아 연 학술 모임에서 발표한 글과 거기에서 논의되었던 내용이 이를 말해 주고, 2014년 그의 탄생 150돌이 되던 해에 한국사회이론학회와 한국인문사회과학회가 함께 마련했던 학술 모임과 그때의 발표 논문이 또 이를 일러 준다. 이때의 발표 논문은 정당한 절차를 밟아 「사회이론」과 「현상과인식」에 각각 나뉘어 실렸고, 이어 한국사회이론학회 김 광기 편집위원장의 애씀에 힘입어 단행본으로 엮여 나오기도 했다(김 광기, 2015ㄱ; 한국사회이론학

그는 근대를 낳은 문명의 힘을 찾아 나선다. 서구인답게 그는 서구의 문제와 마주하여 그 씨앗이 움터 나온 매우 미묘하고 복잡한 문명 속으로 파고들어 갔다. '프로테스탄트 윤리 논지'Weber, 1958ㄱ는 이러한 연구 관심의 첫걸음이었다. 하지만 여기서 멈추지 않았다. 이를 논증하기 위하여 다른 문명권과 견주어 보았다. 이 어마어마한 연구 과제 때문에 그는 '세계종교'의 문명 속으로 들어가 각각의 얼개를 찾아 보고 제각기 걸어온 길을 살폈다. 아래에서 나는 베버의 세계종교 연구와 오늘에 와서 새롭게 떠오른 '굴대'axial 문명에 대한 연구 관심이 어떻게 이어지고, 이 연구는 어떤 가르침을 주는지 짧게 알아본 다음, 베버의 연구 관심과 계획에 잇대어 굴대 문명에 대한 연구가 놓치거나 가볍게 다룬 바를 들추어내어 이를 논의 과제로 삼고자 한다. 이러할 때 베버와 굴대 문명 연구의 적절성을 높일 수 있기 때문이다.

2. '세계종교'와 '굴대 문명'의 이음새

베버가 말한 '세계종교'는 많은 신도들을 모았던 유교, 힌두교, 불교, 기독교, 이슬람교, 이 다섯 종교를 일컬었다. 이어 그는 여기에 유대교를 덧붙였다. 유대교를 빼 두고는 기독교와 이슬람교를 이해할 수 없기 때문이었다. 길지는 않지만 그가 종교를 어떻게 이해했는지를 밝히는 글

회/한국인문사회과학회, 2015). 베버의 이념형과 슈츠의 전형 개념을 함께 논한 글(김 광기, 2015ㄴ)을 비롯한 여러 흥미로운 주제를 다룬 정 갑영, 정 원, 신 동준, 문 상석, 박 창호의 사회학 쪽 글들과 함께, 우리나라에서는 제대로 논한 바 없는 주제들, 곧 카프카 작품을 베버에 이어 보고자 한 문학 쪽 글(편 영수, 2015), 베버를 보는 버먼의 생각을 살핀 법학 쪽 글(김 철, 2015), 한국 역사의 접근 방법을 베버의 역사사회학으로 가늠한 역사학 쪽 글(박 정신, 2015)이 단행본에 실렸는데, 이 모두는 직간접으로 앞에서 말한 베버의 연구 관심과 접근 방법에 이어지고 있다.

귀가 있다. 종교는 "삶을 조절하는 체계"이다Weber, 1958ㄷ: 267. 종교는 삶을 이끄는 결정 능력을 가졌다고 본 것이다. 그러나 그는 종교 자체에 관심을 지니고 있지 않았다. 그가 '프로테스탄트 윤리'와 '근대 자본주의 정신' 사이의 관계를 연구해 왔던 만큼 이들 세계종교의 '경제 윤리'에 관심을 기울였다. 경제 윤리에 이어지는 한에서 세계종교가 관심의 대상이 되었다. 유대교를 빼 두지 못하는 이유도 유대교의 경제 윤리가 서구의 역사에서 중요성을 갖기 때문이었다. 이처럼 그는 자신의 관심에 따라 세계종교 하나하나를 논구하여 자신의 논지를 강화시키고자 했다.

그렇다면 이러한 베버의 생각과 '굴대 문명' 사이에 무슨 관련성이 있는가? 간단하게 답하기 어려운 물음이다. 베버가 가르치던 하이델베르크대학에는 베버의 친근한 동료 에른스트 트뢸치Ernst Troeltsch와 같은 탁출한 학자들이 모여 있었고, 그러한 교수들을 보고 나라 안팎의 빼어난 학생들이 이 대학으로 찾아들었다. 이 대학에 카를 야스퍼스가 들어와 있었다. 정신분석학을 전공한 의사였으나 전공을 바꿔 철학 공부의 길로 들어선 젊은 학자였다. 그는 가까운 미래의 맑스주의 문학 이론가 루카치György Lukács를 비롯한 야심 찬 젊은 지식인들과 더불어 좀처럼 던지지 않는 물음도 당돌하게 던지며 함께 생각을 나눴던 '베버 서클'—이들이 일요일 오후 네 시에 옛 성이 마주 보이는 네카어 강가에 자리한 베버 교수의 저택 2층에 모였기에 '일요 모임'으로 불리기도 한다—의 일원이 되었다.[3] 야스퍼스는 베버 부부와 각별히 가까이 지냈고 베버가 세

3 베버의 삶을 이야기할 때면 지나치지 못할 것이 '베버 서클'이다. 20세기 초의 하이델베르크대학의 교수 서클과 베버를 중심으로 모여든 '별들'의 대학 도시는 아무나 복사할 수 없는 풍경이고 학풍이다. 이 모임에 대한 수없는 글들 가운데서 특히 아랫글 볼 것. Jaspers(1989), Dreijmanis(1989), Loewenstein(1966), Honigsheim(1966: 1-2), Marianne Weber(2008: 여러 곳, 특히 467), 박 영신(1987: 61-72).

상을 떠난 다음에도 베버 집안과의 관계를 계속 이어 갔다. 그는 이러한 만남을 통하여 베버에게서 지울 수 없는 영향을 받았다. 한평생 인간 실존의 문제에 골똘해 온 20세기의 위대한 철학자 야스퍼스는, 베버가 세상을 떠난 지 40년이 지난 다음에도 "지난 50년 동안 나는 막스 베버를 생각함이 없이 철학 한 적이 없다"고 회상하면서, 베버라면 "[이에 대하여] 무슨 말을 할까?" 하고 늘 물었다고 고백했다Jaspers, 윗글: 140.[4] 특정 철학의 지식 여부와는 상관없이 삶과 삶의 절망, 내면의 갈등과 고통, 실존과 실존 체험의 문제에서 다른 철학자들에게서 찾을 수 없는 철학의 도전을 베버에게서 받고 배웠으며, 뭔가 분출할 것 같은 힘을 보았다고 했다Radkau, 2011: 552-560.

이즈음이었다. 베버와 그의 동료들이 고대 히브리 예언자를 주목하고 이에 버금하는 현상이 다른 문명권에도 동시에 나타났다는 점을 부각시키기 위하여 '예언 시대'라는 말을 쓰기 시작했다. 실제로 베버는 고대 그리스와 인도에서 히브리 예언자와 같은 역할을 수행한 존재가 있

4 그렇다면 베버의 '예언 시대'라는 생각은 어디에서부터 온 것인가? 호기심을 가질 수 있다. 그가 '프로테스탄트 윤리'에 대한 연구 관심을 표명한 다음, 이의 후속 편을 발표한 때가 1905년이다. 바로 이 해 초에 그는 이 내용을 하이델베르크 교수들을 중심으로 만들어진 '에라노스(Eranos) 서클'에서 보고하고 토론까지 하였다. 그는 한 해 전부터 이 서클에 참여하기 시작했다. 개신교 신학자 트뢸치, 공법학자 옐리네크와 같은 다양한 전공자들이 모여 멈출 줄 모르는 대화와 토론을 이어 가며 생각을 나누는 자리였는데(박 영신, 2015ㄴ), 거기에서 논의된 것 가운데는, 기독교의 테두리를 벗어나 관심의 폭을 넓힐 뿐만 아니라 심지어 새롭게 주목을 받고 있던 중동의 문화와 그 맥락에서 구약을 풀어 보고자 하는, 당시로서는 충격을 줄 수밖에 없는 연구 주제도 있었다(Radkau, 2011: 285-288). 이 모임은 베버 자신이 종교에 대한 폭넓은 연구와 이를 둘러싼 논의를 접하면서 '세계종교'에 더 가까이 다가서고 '예언 시대'를 더 넓게 볼 수 있는, 최소한 그러한 생각을 점검할 수 있는 기회의 자리가 되었다. 베버는 '일요 모임'을 열기 시작한 1911년 그 이전에는 '에라노스 서클'에 적극 참여하였다. 베버의 부인 마리안느는 '에라노스 서클'에서 남편 막스는 "프로테스탄트 금욕주의"를 발표하는데 아내인 자신은 10명의 남자 교수들을 대접하기 위하여 "프랑스 포도주에 담근 햄"을 생각해야 한다며, 당대의 여성운동가답게 남성 중심으로 돌아가고 있는 이 교수 모임을 자신의 전기에서 비웃듯이 비꼬는 말투로 적고 있다(Marianne Weber, 2008: 356).

었다는 사실을 지적하는 한편, 앞서 긴 세월 동안 삶을 '조절'하며 다스려 온 '주술 종교'의 시대와 '주술' 신앙을 넘어서서 '구원 종교'의 새 신앙을 연 분기점에 '예언의 시대'가 있었다는 논지를 펼치었다. 이들 예언자들이 '주술 신앙'에서 '구원 신앙'으로 넘어가는 변환의 계기를 마련해 주었다는 논지였다. 이 문제를 추적한 한스 요아스는 베버가 '굴대'라는 낱말을 쓰지는 않았으나 이미 하이델베르크에서는 '굴대 시대 논쟁'이 있었다고 풀이하고 베버가 구체스럽게 논한 출처까지 제시한다Joas, 2012: 10-11, 17. 유감스럽게도 그가 성실하게 드러내 놓지 않았지만 이 점은 앞서 벨라가 밝혀 둔 바 있다. 벨라는 자신이 내놓은 굴대 문명에 대한 거대한 저작에서 굴대 문명 논의의 "선각자"는 베버라고 적었다. 베버가 '세계종교'를 비교 분석하면서 "굴대 시대 가설"을 제시했고, 더욱 분명하게는 기원전 8세기와 5세기 사이에 이스라엘, 페르시아, 인도, 중국에서 '예언 시대'에 견줄 수 있는 종교운동이 일어났으며 이 시대가 뒤이어 일어난 '세계종교'의 배경이 되었다고 한 논의 내용Weber, 1978ㄱ: 441-442, 447을 근거로 내세우기도 했다Bellah, 2011: 271.

베버의 '일요 모임'에 들어가 베버 부부와 그리도 가깝게 지냈고, 베버가 세상을 떠난 다음에도 그와 쉼 없이 대화했던 야스퍼스라면, 이러한 베버의 생각을 건성으로 지나치지 못했을 것이다. 통상의 철학자들에게서는 찾지 못할 '철학의 도전'을 베버에게서 받고 그에게서 배웠던 야스퍼스라면, 베버의 '세계종교' 관심과 '예언의 시대' 논지에 각별한 눈길을 주지 않고 모른 체할 수는 없었을 것이다. 야스퍼스는 베버의 생각 어느 것도 흘려보내지 않고 귀담아들었다. 그는 이러한 베버의 생각에 초점을 맞춰 자신의 생각을 더하고 다듬어 새로운 논의의 불씨가 되고자 했다. 야스퍼스는 굴대 문명을 논한 자신의 책 앞머리에서 역사철학에 지울 수 없는 기여를 한 사람 가운데 베버를 넣고, 문명 사회학에 집중한 베버의 동생 알프레트 베버의 생각을 부각시키고는 있지만 굴대 굴대에서 베버의 생각에 잇대고 있다Jaspers, 윗글: xiv-xv, 266, 277. 야스퍼스는 다만 좁다란 이론 수준에서 이 주제에 흥미를 가지지 않았다.

히틀러의 나치 전체주의 체제가 저지른 전쟁으로 폐허가 된 유럽의 문명을 깊이 되새겨야 한다는 실존 수준의 성찰 욕구를 어찌할 수 없었다. 알다시피 그는 자기의 조국 도이칠란트가 히틀러의 광기에 휘말려 들어 광란의 춤을 함께 추었거나, 춤을 추지는 않았더라도 비굴하게 잠잠히 있었던 "독일의 죄 문제"는 누구도 피할 수 없다고 여겼다. 유럽 문명에 대한 겸허한 반성의 시간을 갖고자 했다. 그가 나치의 탄압을 피해 유대인 부인과 함께 스위스 바젤대학으로 떠나야 했고 전쟁이 끝난 다음 하이델베르크의 교수직을 다시 찾아 돌아왔지만, 도이칠란트 인민의 무딘 책임 의식에 실망하여 기어코 자기 나라를 뒤로하고 다시 바젤로 돌아갔다. 야스퍼스에게 이 대학 도시는 더 이상 잠시 동안의 거주지가 아니라 여생의 정착지가 되었다Dreijmanis, 1989. 그는 유럽을 넘어 세계의 종교로 나아갔다. 이들 종교 문명은 무엇을 지향하며 어떤 점에서 함께 만날 수 있는 것인가? 그는 이 물음을 안고 세계종교의 문명 속으로 들어갔다. 이러한 관심에서 나온 결과물이 1949년에 출판된 「역사의 기원과 목표」이다야스퍼스, 1986; Jaspers, 1953. 바로 여기에 일본에서는 '차축'車軸 또는 '기축'機軸 시대로, 중국에서는 '축심'軸心 시대로 옮겼고 우리나라에서도 뒤따라 '차축' 또는 '기축'이라고 하는 말, 곧 우리말로 '굴대 시대'라고 풀어 쓸 수 있는 말이 나온다.

그러므로 굴대 시대 논의는 야스퍼스의 생각을 초들어 말할 수밖에 없다. 이를 밝혀 둔 글이 수없이 많은 데다 나 또한 이런저런 몇몇 글에서 벌써 일러두었던 만큼박 영신, 2013ㄱ, 2013ㄴ, 2013ㄷ, 2013/2014, 2014/2015, 2017ㄷ 여기에서 되풀이하지 않는다. 한 가지 강조하면, 철학자 야스퍼스는 역사의 사실을 실증의 자료로 삼아 이를 통하여 밝혀 보려고 하는 역사학자들의 관심과 달리, 인간의 실존 문제를 논하기 위하여 지난 역사에서 의미를 찾아 보고자 했다. 우선 이 시대가 언제 나타나고 언제 마무리되었는지에 대한 시기 구분과 설정에 대해서는 서로 다른 견해를 가질 수 있다. 야스퍼스는 기원전 800년에서 200년 사이를 굴대 시대로 잡는다Jaspers, 윗글: 1-21. 이때에 인간의 삶에 격렬하고 심장한 변화가 일어났다는 역사 현상에 착안하여 이를 '굴대의 돌파'axial breakthrough라고 이름 붙인다. 인류의 문명사에 나타난 문화의 혁신과 생각의 변혁을 이르고자 함이다.

인류의 역사에서 철기시대의 도래가 중요하고 문자의 수단이 삶의 행태에 엄청난 변화를 불러일으켰다는 점을 누구도 부정하지 못한다. 철기가 전쟁을 더욱 효과 있게 수행케 하고 문자가 소통의 범위를 넓혀준다. 이른바 이와 같은 수단의 문화가 발달하였다. 강대한 제국이 이러한 수단을 손에 넣으면서 더욱 강대해질 수 있었다. 역사가들은 이 현상에 현혹되어 심혈을 기울이기도 한다. 하지만 역사의 정신을 파헤쳐 보고자 한 야스퍼스는 여기에 홀리지 않았다. 그는 다른 데서 역사의 중요성을 찾았다. 강대한 제국 이집트와 바빌론이 갖지 못한 의미의 세계를 보고자 했다. 인간의 삶과 삶의 지향성 모두를 "질문"하고 이에 "새로운 의미"를 주고자 한 새로운 지향성과 능력이 나타났다는 사실을 야스퍼스는 간파하였다. "전체로서의 존재"를 의식하고 '자기 자신'을 의식하고, '자기 한계'와 이 '세계에 대한 두려움'과 '자신의 무력함'을 의식한 새로운 문명의 변화였다. 이 때문에 인간이 비로소 "정신의 긴장"을 체험할 수 있었다. 일찍이 찾아 볼 수 없는 놀라운 변혁이었다. 이것이 그가 말한 '굴대 시대'에 나타났던 '굴대의 돌파' 사건이다. 이러한 문명이 중국의 유교, 인도의 불교, 이란의 조로아스터 종교, 팔레스타인의 이스라엘 예언 종교 그리고 고대 그리스의 철학에서 동시다발로 나타났다. 이집트와 바빌론에 없던 문명의 '돌파'였다 Jaspers, 윗글: 2-6.

3. '굴대 문명' 연구의 후예들

앞서 몇몇 글에서 굴대성, 굴대 시대, 굴대 문명에 대한 연구의 중요성을 조금은 적어 둔 바 있기에 중복을 최소화하면서 굴대 문명에 대한 관심을 새삼 불러일으킨 연구의 줄기만을 여기에 옮겨 놓고자 한다.

한참 동안 별다른 주목을 받지 않던 주제였는데 새롭게 관심을 불러일으킨 계기는 학제 간 연구의 전통을 대변해 온 아메리카의 학술지 「다이달로스」Daedalus의 1975년 봄 호라고 할 수 있다. 이 논문집은 기원전 '첫 천 년' 사이에 나타난 인류의 정신세계를 논한 학자들의 글을 모아 특집 "Wisdom, Revelation, and Doubt: Perspectives on the First Millennium B.C." 으로 엮은 호였다. 이 학술지에 실린 글은 중국과 인도, 그리스와 메소포타미아에 걸쳐 나타난 인류의 문명으로 돌아가 특집의 제목에 어울리는 정신 유산을 찾아내어 이를 거침없이 펼쳐 내었다. 이것은 야스퍼스가 '굴대 시대' 논의에서 헤겔이 표상해 온 기독교 중심의 역사관이 '오리엔탈리즘'으로 짙게 각색되었다는 비난과 의심을 말끔히 떨쳐 내었다는 역사 인식의 지향성과 같았다. 이 문명의 특유한 성격은 현존 상태를 있는 그대로 정당화하고 변호하여 당연시하거나 절대화하지 않고 이에 대하여 의심을 품고 회의하고 나아가 부정코자 한 점이었다. 거기에는 이후

자주 거론되는 중국 사상사가 슈워츠의 글도 실려 있었다. 그는 기원전 '첫 천 년'에서 찾을 수 있는 문명의 특유한 성격이 '초월성'이었다고 하고, 보기로 유교에서 말하는 마음 안의 '인'과 이를 밖으로 드러내는 '예'의 규범과 도교에서 말하는 '도', 고대 그리스철학에서 찾을 수 있는 '지혜'와 '회의', 그리고 이스라엘의 조상으로 그려지는 아브라함이 초월의 소리에 순복하여 자신이 들어서 있던 통상의 삶을 떠나 순례의 길을 시작하는 삶을 들었다. 그가 말하는 초월이란 다름 아니라 '현행의 것'을 따져 되새기고자 하는 "일종의 물음"이고 "그 너머에 있는 것을 새롭게 바라보는" 시선이다. 굴대 시대란 이러한 '초월의 돌파'transcendental breakthroughs가 일어난 시기였다. 그의 말로 '초월의 시대'였다Schwartz, 1975.

이러한 생각을 사회(과)학 쪽에서 광범위하게 그러면서도 줄기차게 이어 간 학자는 히브리대학의 아이젠스타트와 버클리대학의 벨라이다. 아이젠스타트는 야스퍼스가 강조했던 것처럼 기독교 중심으로 세계의 역사를 이해코자 한 서구 중심의 생각 틀을 허물고, 다른 말로 서구 중심의 근대화 논의를 넘어서서 세계 역사를 더욱 넓게 보고자 했다. 하지만 그는 여기서 자신의 색깔을 더하여 굴대 문명을 낳은 여러 문명권에서 어떤 변화가 일어났는지를 제도 수준에서 찾아 보고 풀이하고자 했다. 역사철학의 문제를 사회(과)학의 문제로 재구성하려는 뜻이었다. 지난 세기를 주름잡던 근대화 논의가 '단수'의 근대성을 전제하고 있었으나, 그는 굴대 문명의 영향을 받은 여러 나라에서 이 문명의 유산이 어떤 행위자에 의하여 어떤 조건 밑에서 어떻게 구체화되었는지를 살펴야 한다는 이른바 '복수'의 근대성multiple modernities 논지를 내세웠다. 그는 문화 지향성과 제도화 사이의 역동 관계와 그 과정을 탐구코자 하였다 Eisenstadt, 2000: 1-29, 2000, 2006, 2012: 277-293.

달리 말하면, 통상의 삶 한가운데서 초월 차원에 대한 감수성이 생기고 이에 대한 관심과 헌신에 힘입어 세속 차원이 날카롭게 구별되고, 현존 세속 질서를 넘어서서 또 다른 질서로 나아가고자 하는 대안 지향성이 나타나면 이 두 차원 사이에는 '긴장'이 생기기 마련이다. 이 긴장의 처리와 해결 과정은, 베버가 일렀듯이 종교 윤리에 영향을 받을 수밖에 없다. 하지만 초월 차원의 문화 요인으로 모든 것을 다 풀이할 수는 없다. 사회 조건에 상관없이 특정 행동 지침을 하달하여 일거수일투족을 모두 강제할 수 있는 결정 요인으로 작용하지 않는다. 보기를 들어 다 같은 프로테스탄트 기독교라고 하더라도, 다른 말로 특정 지향성의 바탕을 공유하고 있더라도 사회에 따라 다른 방향으로 나아갈 수 있고, 시대에 따라 또 다른 방향으로 나타날 수가 있다. 기독교가 지배 정치 세력으로 득세하면 권위주의로 나아갈 경향성이 있는 반면에, 소수 세력으로 다원 사회의 한 부분을 이루게 되면 민주주의로 나아갈 경향성을 보인다. 굴드가 이러한 아이젠스타트의 생각을 전하면서 적어 두었듯이, 기독교 신봉자들이 사회질서 안에서 어떤 '자리'를 잡고 있는가 하는 '위치 선정'의 문제가 중요한 변수가 된다Gould, 2013: 14 달음 28. 이처럼 같은 개신교가 사회에 따라 다르게 나타나기도 하지만 시대에 따라 다르게 나타나기도 한다. 우리나라의 기독교가 3·1운동 직후까지만 해도 사회의 변혁에 중추 역할을 했지만 반세기가 지난 70-80년대에 들어서는 기득권의 일부가 되어 변혁의 동력을 잃었을 뿐만 아니라 체제 유지 세력으로 자리 잡은 현상도 여기에 해당하는 보기이다C. Park, 2003.

이처럼 굴대 문명의 뜻이 현실 세계에 구체스럽게 제도화하여 드러나는 과정은 여러 요인과 세력들 사이에서 벌어지는 끊임없는 교섭과 조정 행위에 따라, 특히 행위자가 지닌 지향성의 성격과 내용에 따라 다르게 나타난다. 굴대 문명이 강하게 영향력을 행사할수록 사회 구성원의 행동을 엄하고 정밀하게 통제하지 않고 융통성 있게 대응해 갈 수 있는 삶의 지향성을 자아내고, 그만큼 변화할 수 있는 기회의 폭도 넓혀 준다. 이와 달리 굴대 문명이 주는 영향력이 약할수록 사회가 경직되어 사회 구성원의 행동 자체를 엄격히 통제하여 융통성 있게 대응할 수 있는 삶의 지향성을 주지 않고, 변화할 수 있는 기회의 폭도 좁아진다. 앞의 경우는 뒤르케임의 낱말로 사회의 분화 정도가 높은 다원 사회, 뒤의 경우는 그 정도가 낮은 일원화된 사회가 될 것이다Eisenstadt, 2012. 아이젠스타트는 이처럼 굴대 시대의 문명이 표상한 문화 지향성이 여러 요인에 의하여 어떻게 제도화되는지, 그 과정에 특별한 관심을 쏟았다.

'복수 근대성'의 논지를 펼치던 아이젠스타트가 일러 주는 대로, 그리고 체계 있게 공부코자 한 이들이라면 이미 익히 알고 있는 대로, 베버의 '프로테스탄트 윤리 논지'가 나온 지 반세기도 되기 전에 벨라는 서양에서 동양으로 눈을 돌려 일본의 산업화와 경제성장의 과정을 살피려는 연구 계획을 세웠다. 그는 일대 변화를 일으켜 근대 일본을 만든 메이지 시대에서 변동의 동인을 찾으려는 통상의 생각과는 달리 도쿠가와 시대로 거슬러 올라가 거기에서 동인을 찾아내었다. '프로테스탄트 윤리'에 견주어 볼 수 있는 경제 윤리가 그 시대에 작동했다는 논지를 폈다. 애초 박사 학위논문이었던 이 연구물이 책으로 출판되어 나오면서 Bellah, 1957; 벨라, 1994 경제 영역의 합리화 과정은 서구에서만 일어나고 프로테스탄트 윤리에 잇대어져 있어야만 한다는 서구 중심의 고정관념이 허물어졌다. 이를 염두에 둔다면, 벨라의 지도를 받은 알렉산더Alexander, 2013가 굴대 문명에 대한 벨라의 연구Bellah, 2012를 두고 서양인들의 생각 속에 묻혀 있는 '오리엔탈리즘'의 지뢰밭을 멀리 돌아서, 한 걸음 더 나아가 그 지뢰를 제거해 가면서 넓게는 세계종교를, 좁게는 동양 종교를 균형 있게 논한 돋보이는 업적이라고 새삼 평한 것은 조금은 엉뚱하고 뒤늦은 감마저 준다. 프로테스탄트 윤리에 버금하는 기능의 등가물을 일본에서 찾은 벨라의 연구는 에드워드 사이드의 통쾌한 저서 「오리엔탈리즘」Said, 1978이 세상에 나오기 한참 전이었다.[5]

벨라는 50년 전쯤에 그가 가르치던 하버드대학에서 자신의 선생 파슨스와 함께 공동으로 '사회 진화'를 주제로 한 세미나 과목을 열었다. 여기에 동료로 참여한 히브리대학의 아이젠스타트벨라, 1981: 27와 줄곧 친근한 관계를 지켜 왔다. 바로 그가 오랫동안 지녀 왔던 자신의 학문 관심에 잇대어 굴대 문명 연구에 뛰어들어 기념비로 남게 될 784쪽의 거대한 저작을 남겼다Bellah, 2012. 이 책에서 그는 누구도 좀처럼 엄두를 내지 못할 방대한 자료를 분류하고 분석하여 자신의 학문 능력을 유감없이 드러내었다. 생물과학과 문화과학을 넘나들면서 부족 시대, 고대 시대로 돌아가 이 시대의 종교현상을 풀이하고 새기는가 하면, 고대 이스라엘, 고대 그리스, 기원전 천 년기의 중국, 그리고 인도의 굴대 시대의 자료를 뜯어보고 파헤쳐 나갔다. 그는 그동안의 연구물을 널리 찾아 이를 다시 살피면서 체계와 균형을 갖춘 논의를 펼치었다. 벨라의 책이 나오자마자 사방에서 쏟아져 나온 40여 편의 서평, 노트, 비평을 다시 분석하여 평한 한 평자의 말을 따르면, 이 책은 의심할 바 없이 "걸작"이라고 불러 마땅하고 '고전'으로 남게 되었다Stausberg, 2014. 이 책의 뒤표지에서 읽을 수 있듯이, 철학의 논쟁에서는 언제나 날카롭게 대립해 온 하버

5 글이란 글 쓰는 이의 됨됨이를 가장 잘 드러내 주는 마음이자 가슴인 만큼, 이 책을 쓴 사이드도 특별한 지성인이다. 내가 그의 생각에 이끌리게 된 것도 이 때문이다. 그가 1993년 여름 BBC4에서 강연(Reith Lectures)한 내용을 중심으로 그의 지성인다움에 대하여 쓴 나의 글(박 영신, 1993) 볼 것.

마스와 테일러도 한목소리로 이 저작에 극진한 찬사를 보냈다는 사실만 보아도 이 책의 값과 무게를 조금은 가늠해 볼 수 있다. 벨라가 굴대 문명 연구에 기여한 성과에 대해서는 나도 앞서 적어 둔 바가 있기에 다시 길게 말하지 않겠지만 간단하게 지나칠 수 없는 그의 생각 하나를 여기에 밝혀 두고자 한다박 영신, 2013/2014: 26 아래.

그 역시 굴대 문명이 인류 역사에서 변혁의 돌파구를 마련해 주었다는 점을 강조하면서도 이 과정이 막힘없이 진행되었다거나 평탄하게 진척되었다고 말하지 않는다. 오히려 한결같지도 고르지도 않았다고 한다. 순풍에 돛을 달고 달리듯 이 문명이 아무 탈 없이 역사의 뱃길을 따라 항해하지 않았다는 뜻이다. 거세게 불어닥치는 역풍을 맞아 물속 바위에 얹히는가 하면 몰아치는 폭풍에 뱃길을 잃고 방향 없이 헤매기도 했다. 굴대 시대에 들어 초월 영역에 대한 감수성을 익혀 줄곧 그 감수성으로 삶이 조절되고 다스려지는 것이 아니라 그 이전 시대의 세속 질서와 습속을 떨쳐 내지 못하고 뒷걸음질하여 아예 지난날의 삶의 방식으로 돌아가기도 했고, 어중간하게 이 둘이 혼재하는 불투명한 삶의 상황에 들기도 했다. 그러므로 굴대 시대의 문명을 논하는 자는 자칫 이러한 과정에서 나타난 조각 하나를 보고 성마르게 '모두'라고 판단하고 판정을 내려서는 안 된다. 뒤르케임이 일러 주듯이, 사회분화의 과정이 '기계 같은 결속 관계'에서 '유기체 같은 결속 관계'로 나아가기는 하지만 이 두 유형의 결속 관계가 철저하게 분리되는 것이 아니라 두루뭉술하게 뒤섞여 혼재하고 공존한다. 마찬가지로 굴대 시대의 초월 감수성과 그 이전의 세속 예속성이 문명의 진화 과정에서 속속들이 분리되지 않고 함께 섞이고 나란히 마주하기도 한다. 이러한 풀이 방식으로, 벨라는 어느 굴대 문명 이후 초월 감수성이 언제나 철두철미하게 삶을 이끌어 가는 것이 아니라 그것이 비판과 극복의 대상으로 삼는 굴대 문명 이전의 세속 지향성과 서로 섞이고 나란히 함께하기도 하고, 오히려 이전 시대의 찌꺼기에 휘둘려 그 안에서 치인다고도 한다. 속단하여 결론 내기보다는 일반화의 수준과 정도에 대하여 더욱 신중해야 한다는 경고이다. 굴대 문명이 일어났다고 중국에 과연 '초월의 돌파구'가 있었는가 하고 물음을 던지는 입장에 대하여Elvin, 1986: 325-359 벨라는 이와 같은 자신의 풀이 방식을 제시하면서 좀 더 길게 문명사를 바라볼 것을 주문한다 Bellah, 2011: 272 아래.

위에서 짧게 보았지만, 굴대 문명의 중요성을 강조할 뿐만 아니라 이 문명의 구조를 깊이 파고들어 가 오래오래 기억될 출중한 연구 업적을 남긴 아이젠스타트와 벨라는, 앞서간 수많은 학자들의 연구를 활용하고 있으나 누구보다도 베버의 사회(과)학과 대화하면서 자신의 논지를 펼쳐 나갔다. 벨라는 일찍이 뒤르케임 연구에 한 획을 그었던 사회학자이다박 영신, 1978: 250 달음 45, 1986/1987; Bellah, 1973. 굴대 문명 연구의 기념비가 될 그의 마지막 대작Bellah, 2012 앞에 붙인 '고마움의 글'에서 '사회학자로 그리고 지성인으로 부름받았다는 소명 의식'으로 보면 [베버보다] 뒤르케임에 "더욱 가깝다"고 적어 두기까지 했고,[6] 실제로 이 책이 뒤르케임의

6 나는 이 대목에서 벨라가 뒤르케임의 글 몇 편을 엮어 펴낸 책 속에 들어 있는 "개인주의와 지성인"이라는 유명한 논문을 떠올린다(Durkheim, 1898/1973). 이른바 '드레퓌스사건'으로 프랑스 지성계가 들끓고 있을 때 나온 글인데, 여기에 뒤르케임의 '지성인다움'이 잘 드러나 있다. 하버드대학 학부 학생으로 공산당에 입당한 경력이 있다고 해서 매카시즘이 기승을 부릴 때 그 자신 고초를 겪어야 했던 벨라에게, '지성인의 문제'는 언제나 중요한 생각거리였고 뒤르케임의 생각은 활력소가 되었다. 벨라가 1973년 버클리 사회학과 대학원에서 연 '뒤르케임 세미나'에서 학생들이 이 글을 읽게 되었지만, 나는 이에 앞서 1970년에 초고를 건네받아 깊이 감동하며 읽었던 생생한 기억이 있다. 이 연장선상에서 나는 이 글을 우리말로 옮겨 놓기도 했다(뒤르껭[뒤르케임], 1979; 그리고 박 영신, 2008ㄹ). 박 정희가 부하의 총에 맞아 생을 마감했던 그 직후에 우리가 특집의 주제로 삼았던 '지식 상황과 지식인'에 실었다.

사회학을 예시하는 것 같은 강한 인상을 주기도 한다. 하지만 뒤르케임에 대한 고마운 마음을 적은 바로 그 글귀에 뒤이어, 벨라는 이 저작의 글줄 하나하나 속에 베버에 대한 "숨겨진 빚"이 들어 있다고 한다. 한 걸음 더 나아가 "뒤르케임의 저작보다 베버의 저작이 나의 모델"이었다는 말을 덧붙인다윗글: xxxi. 베버의 생각 모두에 동의하거나 모두 받아들인다는 뜻은 아니지만 벨라는 야스퍼스처럼 한평생 베버와 '동행'했던 학인이었다. 이 점은 세계종교에 눈을 뜨고 굴대 문명을 논하는 그의 마지막 저작에서 선명하게 드러난다. 베버의 학문은 삶에 대한 생각의 체계화였고 굴대 문명에 대한 관심 또한 삶의 문제와 씨름한 또 다른 씨름이었다고 할 수 있다.

4. 삶의 문제

베버가 사람의 문제와 씨름하고자 했기에 그의 학문은 인간학의 문제로 보아야 한다고 주장한다면 이는 귀담아들어야 할 그럼직한 풀이이다. '사람'을 어떻게 보느냐에 따라 학문 지향성과 성격이 갈라지기 때문이다. 사람은 먹고살아야 하기 때문에 먹고사는 문제를 먼저 해결해야 한다거나 그 문제에 대한 집착을 어찌할 수 없다고 여기면, 물질 중심의 생각을 빚어 경제주의의 이론을 만들어 내거나 이를 시중들 것이다. 이와 달리 먹고살아야 하는 일이 일차의 과제라고 하더라도 그렇게만 볼 수 없는 인간의 다른 가능성과 능력을 귀하게 여기면, 경제 이외에 다른 요인을 귀하게 여기는 생각과 이론으로 나아갈 것이다. 이 두 가지 모두 사람을 보는 오래된 생각의 줄기에 잇닿아 있다. '사람'의 문제를 뒤집어 보면 이는 곧 '삶'의 문제가 된다. 베버에게서도 그러하다. 그가 말한 '세계종교'는 인간의 삶을 조절하고 규제하여 이끌어 가는 힘과 방향의 체계화이다. 어느 시기로 잡든 '인간'은 지구 위에 나타난 그때부터 오늘에 이르기까지 변함없는 '인간'으로 남아 있다. 그러나 인간의 '삶'을 바라보고 이를 풀이하여 이끌어 가고자 한 생각은 바뀌어 왔다. 인간이 다른 동물과 구분되는 바가 여기에 있다. 삶에 대한 이런 생각이 문명을 이루어 특유한 색깔도 내고 다양한 지향성도 드러내었다. 베버는 이와 같은 삶의 문제에 온 열정을 쏟았다. 그의 학문은 삶에 대한 생각의 체계화였고, 삶의 문제와 씨름한 위대한 세계 문명에 달라붙어 여기에 집중한 또 다른 씨름이었다. 학문이란 이전의 씨름과 씨름하는 '두 번째'의 씨름이라는 가르침의 본보기였던 셈이다.

지난 2013년 한국사회이론학회가 창립 서른 돌을 맞아 이를 기리기 위하여 "삶의 이론"이라는 주제를 내걸고 학술 모임을 차린 바 있다. 삶의 문제 그 밑바탕으로 파고들어 가고자 했다는 점에서 특이했고 또 매우 뜻깊었다. 나도 그 모임에서 "'삶의 이론': '물음 행위'의 풀이"라는 글을 발표하였는데박 영신, 2013ㄷ, 물음을 던질 수 있는 인간의 질문 행위에 초점을 맞추어 사람의 삶/생명을 단순히 숨 쉬는 행위로 규정하기보다는 물음을 던질 수 있는 능력으로 정의 내릴 수 있어야 한다는 논지를 폈다. 물음을 던질 수 있는 한에서 '살아 있다'고 할 수 있고, 물음을 던지지 못하면 살아 있다고 할 수 없다는 뜻이었다. '나'란 그러한 존재로 이해해야 한다. 내가 물을 수 있는 능력을 행사할 때에만 나를 확인할 수 있기 때문이다. 아무런 물음도 어떤 물음도 던지지 못하는 자는 살아 숨을 쉬고는 있으나 실상은 죽은 것이나 마찬가지이다. 내가 그때 논했던, '나는 묻는다. 그러므로 나는 있다'는 명제가 그렇게 가능한 것이다윗글: 30.

그러나 물음이라고 해서 다 같지 않다. 낮은 수준의 물음에서 높은 수준의 물음으로 진화해 간다. 먹고살기 위해 '어떻게' 살 것인가 하는 '수단의 물음'에서, 지식 중심의 '인지의 물음'을 거쳐 옳고 바른 삶을 새기고 그리면서 '무엇을 위해' 살 것인가 하는 '가치의 물음'으로 나아간다. 위대한 종교는 바로 이러한 가치 수준의 물음을 지향하고 이러한 물음을 정당화한다. 굴대 문명은 잘 먹고사는 것을 당연하게 여겨 어떻게 하면 그러한 삶터에서 살아남을 수 있고 어떻게 해야 남을 꺼꾸러뜨리고서라도 자신이 올라설 수 있는가 하는 '동물 본능'에 지배당하는 통상의 삶과 지향성을 질문하였다. 그러고는 무엇이 옳고 바르며 선한지, 삶의 근본 가치를 물으며 새김질하도록 삶을 이끌어 갔다윗글: 20-28. 벨라의 지적처럼 굴대 문명 이전의 찌꺼기가 굴대 문명 이후에도 없어지지 않고 남아 있을 뿐만 아니라 힘을 떨칠 수도 있다. 굴대 시대 이후일지라도 굴대성과 비굴대성이 뒤섞이는가 하면 굴대성이 비굴대성에 의하여 압도당하기도 한다. 현존하는 세태를 수용하고 추종하기에 급급한 나머지 이를 비판하고 이를 초월할 수 있는 가능성에 문을 닫아 버리기 때문이다.

굴대 시대에 나타나기 시작한 '초월'과 '비판'과 '거부'의 정신은 현존 질서를 마냥 정당화하고 절대화하는 현세 지향성과 '긴장' 관계에 들기 마련이다. 하지만 굴대 문명의 지향성은 현세의 압력과 유혹에 휘말리어 체제에 순응하고 적응하는 방식으로 '긴장'을 처리코자 하는 손쉬운 방식을 받아들이지 않는다. 초월 영역에 잇대어 현 체제에 투항하여 이에 밀착-집착하는 '노예'의 삶을 분쇄하여 이 체제의 정당성을 부정하고 변혁의 길로 이끌어 간다. 베버가 변혁의 능력을 자아낸 윤리 지향성으로 그토록 높이 평가한 '프로테스탄트 윤리'조차도 초월과 현세 사이의 '긴장'을 언제나 잘 지켜 가지 못하였다. 삶의 지향성을 쉼 없이 '새롭게' 변혁시켜야 함에도 불구하고 어느 지점에 주저앉아 버리는 자기모순을 낳기도 한다박 영신, 2009/2010. 베버의 말로 바꾸면, 서구 문명의 합리화 과정에 강력한 계기를 마련해 주었던 '프로테스탄트 윤리'가 그것이 이룩한 성취의 자기 흥취와 만족에 사로잡혀 무한히 넘어서야 할 자기 한계의 테두리를 넘어서지 못하고는 현세의 체제와 짝하여 이에 대하여 던져야 할 물음의 사명을 저버리기에 이른 것이다. 그리하여 현세의 질서는 더 이상 종교 윤리를 필요로 하지 않는 '쇠우리' 상황으로 전락하고 말았다. 그가 그린 근대의 모순이고 삶의 모순이다Weber, 1958ㄱ: 181; 박 영신, 1980, 2014/2015.

이와 같이 베버는 서양의 문제를 연구 과제로 삼아 이를 중심으로 끈질기게 물음을 던지고 여러모로 풀어 보았다. 심지어는 중국과 인도, 이슬람의 문명과 서로 견주어 보면서 '서구 특유의 합리화' 과정을 추적고자 했다. 다시 말해 비교 문명사의 관점에서 널리 세계종교를 살핀 그의 연구는 자기가 문제시한 서양 문명 특유의 성격을 규명하기 위한 수단이었다. 이러한 그의 연구가 '서양 중심'으로 치우쳤다는 인상을 주었을지 모른다. 하지만 이를 일러 사이드가 말하는 '오리엔탈리즘'의 늪에 빠져들었다고 평한다면 이는 지나치고 차라리 부당하다. 어설픈 작은 지식으로 과대히 늘어놓는 지각없는 자가 범할 수 있는 섣부른 짓이다. 근본의 뜻에서 그의 학문 관심은 서구의 특유성에 있었지 서구의 우월성에 있지 않았다. 한 걸음 더 나아가 서구의 특유성에서 그는 서구의 비극을 간파했다. '오리엔탈리즘'에 혼을 빼앗긴 자들에게서는 기대할 수 없는 생각이었다. 그의 '프로테스탄트 윤리 논지'가 학계에 불을 지핀 지 벌써 한 세기 하고도 15년이 지난 지금에 와서도 꺼지지 않고 번지고 있기 때문에 이 불길에서 쉽게 눈을 떼기가 어려웠을 것이다. 하지만 이 논지 하나만으로 그의 학문 관심과 성과를 갈음해서는 안 된다. '프로테스탄트 윤리 논지'를 담은 책 끝머리에서 그는 서양의 합리성을 일방으로 예찬하지 않고 오히려 비장한 말투로 이의 역설과 모순을 경고하고 있다. 일상인에게도 익숙하게 된 "영혼 없는 전문가, 가슴 없는 감각주의"라는 글귀도 여기에 들어 있다. 위에 적어 두었듯이 베버는 이 상황을 '쇠우리'로 표현하였다Weber, 1958ㄱ: 181-182; 박 영신, 1980, 2014/2015: 124-128. 그는 서양 문명의 흐름과 아무 일 없다는 듯이 그 흐름을 타고 살아가는 삶을 두둔하거나 변호한 '체제의 지식인'이 아니었다. 이에 깊은 물음을 던지며 혹독하게 비판하고 성찰을 요구한 '삶의 지식인'이었으며 시대의 예언자였다.

베버의 학문 성격을 두고 여기서 더 논하려 하지 않는다. 그는 서양의 합리화 문제에 관심을 집중했지만 그렇다고 해서 다른 문명권이 그것대로의 어떤 합리화 과정을 밟지 않았다는 뜻도 아니고, 그러한 점에서 그것대로의 근대성이 없었다고 말한 것도 아니다. 서구의 합리화를 기준으로 삼는다면 다른 문명은 다르게 평가될 뿐이었다. 그러므로 서양의 합리화 선상에 놓인 서구식의 합리스러운 자본주의가 있다면, 동양에서는 그 문명권에서 나타날 수 있는 그것대로의 자본주의가 있다. 서로 다른 우물물과 토양에서 나온 여러 갈래의 '자본주의'를 모두 뭉뚱그려 하나로 보는 시각을 베버는 문명 분석에 도움이 안 되는 연구 방식이라고 못마땅히 여길 따름이었다.[7] 이 점에서 베버와 이후의 굴대 문명 연구자

7 나는 우리 사회의 자본주의를 가족주의 전통에 잇대어 풀이하면서, 이는 베버가 관심을 모았던 서구 특유의 '합리로운 자본주의'와 구별된다는 논지를 오래전에 밝혀 둔 바 있다(박 영신, 1977/1978, 1984/1987, 1987/1995, 1995; Y. Park, 2012). 이 모두는 베버의 접근 방법을 따라 자본주의의 유형을

들을 구분하여 분류하는 논지에 선뜻 동의하지 못한다Cotesta, 2017. 그가 씨 뿌린 연구는 후대인을 기다려야 했을 따름이다. 아이젠스타트나 벨라는 굴대 문명을 논하면서 베버와 야스퍼스가 미처 손을 뻗칠 수 없었던 먼 지역의 오래된 문명의 전통 안으로 들어가 거기에서도 초월 감수성이 나타났다는 점을 설득력 있게 논증코자 했다. 뿐만 아니라 사회의 여러 조건 때문에 이 초월 전통이 시들거나 짓눌리기도 했고 세속 가치와 어울리는가 하면 이를 시중들기도 했다는 점을 일러 주기도 했다. 굴곡진 역사에서도 초월의 감수성은 문명의 전통 속에 살아 있었다는 논지를 굽히지 않고 한결같이 강하게 내세웠다. 나는 이들에게서 배운다. 그 노고의 크기와 생각의 폭과 깊이 앞에, 나는 그들의 신발 끈을 매기에도 부족한 참으로 작은 공부꾼이라는 사실도 다시 느낀다. 하지만 물음을 던지고자 한다. 베버의 학문에 이어 굴대 문명을 논한 연구자들이 베버의 논지를 수정해야 할 만큼 연구의 깊이와 폭을 더했다고 하더라도, 베버가 문제시한 합리화의 역설이 낳은 비극의 상황에 대해서는 별다른 관심을 보인 것 같지 않다. 나는 바로 그들이 비켜 간 논의의 지점으로 돌아가고자 한다.

베버가 자신이 두 발을 디디고 있는 사회의 문제와 씨름했듯이, 나는 내가 서 있는 이 사회의 문제와 씨름하고자 함에서다. 정확히 말하면 꽤나 오랫동안 이 문제에 맞닥뜨려 왔다고 해야 한다. 나는 '쇠우리'의 상황을 지나치지 못할 어두운 근대의 운명이라고 생각하면서도 이것만으로 우리의 삶을 적절히 풀이할 수는 없다고 생각해 왔다. 만일 서구 문

살피고자 한 의도였고, 그렇게 함으로써 우리 식의 자본주의의 정체를 명확히 이해할 수 있다는 생각이었다.

명의 문제 상황에 대한 진단과 이에 대한 처방만으로 우리 사회의 문제가 간단히 해결된다면 우리의 문제를 서양 학자들에게 맡기고 가벼운 마음으로 토끼 사냥을 떠날 수 있다. 그러나 그렇게 할 수 없고 그렇게 하지 못한다. 그들의 물음이 나/우리의 물음과 같을 수 없고 같지도 않다. 우리가 던져야 할 물음은 따로 있다. 여기 이 땅에서 공부하고 생각하는 자의 사명이 있다. '가족주의', '유사 가족주의', '친분주의'를 말할 수밖에 없고 이 개념으로 우리 사회를 뜯어보고자 한 것도, 나아가 '쇠우리'와 함께 삶을 짓누르는 혈연, 지연, 학연과 같은 사사로운 관계의 틀 안에 묶여 살아야 하는 '대竹우리'의 조건 상황을 더해야 한다는 논지를 편 것도박 영신, 2014/2015 이러한 뜻에 이어진다. 우리의 아픔은 우리가 제일 잘 알고 있다.[8]

그러면서도 나는 우리의 문제를 굴대 문명의 전통에 잇대어 논할 기회를 갖지 못했다. 이 과제는 뜻있고도 흥미로운 공붓거리이고 생각거리이다. 분명 우리는 굴대 시대가 낳은 문명의 전통 속에 오랫동안 들어서 있었다. 적어도 형식에서는 그렇다. 하지만 물을 수밖에 없다. 이 문명이 낳은 초월 영역에 대한 감수성을 지닌 적은 있는지, 있다면 언제 어떤 모습으로 나타났는지, 초월 감수성을 가진 바 없다면 그 까닭은 무

8 위에 적은 '특수주의' 가치 유형에 속하는 개념들과는 다른 개념을 더할 수도 있다. 보기를 들어 우리나라의 국가주의가 어느 때부터 자리 잡기 시작했는지도 따져 봐야 하지만 최소한 일본을 통하여, 특히 식민지 지배를 통하여 깊이 뿌리내리고 있었다는 풀이는 설득력 있다. 나는 이 또한 보편주의를 누르고 집단 특수주의의 형태로 나타났다고 볼 수 있지 않는가 하는 풀이의 가능성을 생각하고 있다. 어찌 되었건 이 모든 문제는 종교 윤리 지향성과 무관하지 않을 것이다. 베버의 논지와 버먼의 생각을 논하는 글(김 철, 2015: 213-214) 앞머리에 달아 둔 한 쪽이 넘는 긴 '달음 2'에서, 글쓴이는 베버의 논지를 따라 종교 윤리 전통과 법 제도를 이어 봐야 함에도 불구하고 이를 방치해 온 점을 새김질하고 있다. 여기에서 그는 우리의 법 제도가 왜 이러한 모습을 지니게 되었는지, 일제가 시행한 법학 교육에 이어 풀이해 준다. 중요하고도 값진 정보와 해석을 담은 '달음'이다.

엇인지 하는 물음에도 다가가고자 한다.

5. 맺음말

1) 굴대 문명 연구자들은 굴대 시대에 동시다발로 다른 지역에서 나타난 문명을 가림 없이 모두 귀히 여긴다. 이들 문명은 서로 무찌르거나 쉬이 남을 꺾어 이기려고 존재하지 않는다. 서로 만나고 말 걸기 위해서이다. 한 문명이 다른 문명을 짓눌러 압살하거나 뭉개어 괴멸시키려는 득실과 승패의 대립 관계로 보려는 일체의 인식 방법을 거부하고, 문명과 문명이 서로 배우고 서로 가르치는 겸허한 개방성과 의존성, 무엇보다 결속 관계와 공동 의식을 되살리고자 한다. 문명과 문명이 서로 마음 열고 어떤 문명이 더욱 깊고 짙은 초월 감수성을 실행하는지를 살피고 배우기를 바란다. 범세계화를 불러오게 된 오늘날에 와서 문명끼리 경쟁한다면 바로 이 감수성의 농도와 실행 정도에 대한 가늠일 따름이다. 위대한 굴대 문명의 초월 감수성에 잇대어 사는 사람은, 현실의 단일 지평에 흡수되어 현존 질서의 요구에 얽매여 사는 비좁고 부자유한 삶을 비판하고, 그 너머 더욱 넓은 '다른' 삶의 가능성에 눈뜬다. 초월 감수성은 현존 세계에 모든 관심을 묶어 두어 그 세계 너머를 볼 수 없게 삶을 협소화하여 궁핍게 하는 현실 집착과 유착의 경직성과 편벽됨을 깨뜨린다. 짐짓 '자유롭게' 열린 마음으로 사는 것 같지만 실은 현실 세계의 틀 안에 갇혀 다른 세계의 삶과 삶의 지평을 생각지 못하는 실로 답답하고 편협한 인간관과 세계관을 부술 수 있는 힘이다. 이 감수성은 현존 질서를 넘어설 수 있는 변화에 문을 열고 현존 질서의 상식과 지식 너머의 새로운 가능성에 마음 문 열고 배우며 이를 받아들일 수 있는 학습 능력

을 제공해 준다.

굴대 문명의 정신을 진정 지키고자 한다면 문명은 현존하는 세계를 지지하지 않고 변호하지 않는다. 차라리 이를 비판하고 부정한다. '핏줄'에 얽매여 핏줄을 위해서라면 무엇이든 서슴없이 하려 들고, '돈줄'에 이끌려 돈줄을 위해서라면 어떤 것이든 마다하지 않는 현존 세계의 관행과 질서를 비판하고 부정하지 않고서는 한 발짝도 앞으로 나아갈 수 없다. 굴대 문명의 초월 감수성은 이러한 현실 고착의 마음가짐을 비판하고 거부할 수 있는 능력을 간직하고 그 능력을 구체화하도록 이끄는 힘이다.

2) 벌써 몇십 년이 지났지만 우리가 겪은 고속 경제성장과 산업화를 두고 이곳저곳에서 이런저런 평자들의 논의가 빗발쳐 나왔다. 그들은 이른바 '네 마리 용/호랑이'라고 불린 싱가포르, 홍콩, 대만, 한국이 보여준 경제 및 산업 발전에 자못 놀라워했다박 영신, 1984/1987, 1987/1995. 베버의 '프로테스탄트 윤리 논지'에 따라 서구의 자본주의 발전 과정만을 논의해 온 서구 중심주의의 학문에 대한 불만도 곁들어 드러나기 시작했다. '아시아적 가치'라는 말이 그때 나타나 널리 번졌다. 이 말은 물론 자유와 인권을 억압하는 아시아의 정치 체제와 관행에 대한 서구 자유민주주의 쪽의 비판을 막기 위한, 정 막지 못한다면 적어도 누그러뜨리기 위한 방편으로 활용된 정치 색깔 짙은 지역주의 냄새가 풍기는 데다, 역사에 민감한 이들에게는 지난날의 '대동아공영권'을 떠올리게 하는 거북한 느낌도 자아내었다. 그럼에도 '아시아의 가치'라는 깃발 아래 모인 지식인들은 마치 서구에 물들지 않은 실로 줏대 있는 지식인인 듯이 떠벌렸고, 시정의 많은 호응도 즐기는 듯했다. 이 바람을 타고 여러 모임

도 열고 출판물도 내놓았다. 시류에 편승한 이 말은 경제의 등락에 따라 개념의 용도가 판가름되는 수준으로 떨어져 지역 특수주의의 변호 이상 체계를 갖춘 진지한 연구의 주제로 올라서지 못한 채 동호인들 사이에서나 마치 새롭다는 듯이 서로 주거니 받거니 하는 말로 끝나 버린 형국이 되었다.

이러한 일이 벌어지고 있는 동안, 범세계 공동체의 문제에 관심을 쏟아 이를 뒷받침하고 이끌어 갈 수 있는 보편주의의 문명 전통을 찾고자 분투해 온 지식계의 색다른 움직임이 있었다. 굴대 문명의 전통을 되살리고 이를 다시 끌어들여 함께 생각해 보자는 연구 기획이 그렇게 나타나 번져 나갔다. 서구 문명의 한계와 실패를 되새기며 배움의 창문을 주저 없이 활짝 열어젖히고는 저쪽 먼 하늘을 쳐다보고자 한 저들의 담박함과 여유로움은 서구 학계의 겸허와 개방성의 다른 이름이었다. 과학주의, 계몽주의, 합리주의, 상업화, 물질 풍요, 과학기술을 내세우며 한껏 뽐내던 문명임에도 그 한계를 세세히 들춰내어 이를 돌이켜 생각하며 자기를 살피고자 했다. 이제껏 의심의 여지가 없는 '당연'이라고 여기고 그에 더하여 '절대'라고 믿고 이 모두를 성가시게 되물을 것 없는 '정당함'이라고 여겨 온 삶의 모든 차원에 대하여, 굴대 시대의 문명이 낳은 초월 영역에 대한 감수성에 기대어 깊은 수준에서 물음을 던지고, 비판하고, 거부하고, 성찰코자 했다. 인간이 이룩한 그 어떤 것도 우상의 자리에 올라서서 인간의 삶을 호령해서는 안 된다는 굴대 문명의 지혜 전통을 따르고자 함에서였다.

굴대 문명의 연구자들은 베버와의 대화를 이어 가면서, 그동안 깊이 헤아리지 않고 건성으로 넘겼던 문제 상황을 더욱 면밀히 살피고, 논의의 마당으로 들어서지 못했던 삶에 대한 기록을 찾아 다시 풀이하고자 한다. 우리는 이들이 이룩한 놀라운 학문 업적과 성과에서 미처 생각하지 못했던 바를 깨쳐 배운다. 그들의 배움이 우리의 배움거리이다. 그들에게서 널리 배우면서도 우리는 새삼 눈여겨보고 싶은 관심 주제를 생각한다. 그리고 묻는다. 선대들이 누리지 못한 번질거리는 화려한 풍요를 누리고 있는데 무엇 때문에 우리는 만족하지 못하는가? 아무렇지도 않게 하루하루를 살고 있는 무리의 흐름에 자신의 삶을 무턱대고 맡기고자 하지 않는다면, 그리하여 최소한의 품위를 지니고 살고픈 자기다운 사람으로 살아가고자 한다면 이러한 물음을 던지지 않을 수 없다. 문명의 이기에 홀딱 속아 부자유한 삶의 '쇠우리' 속에 갇혀 물음 자체를 멈춰 버린 근대의 운명을 비통해했던 베버처럼, 생각 있는 사람은 깊은 물음을 던진다. 유진 매캐러허가 내놓은 두꺼운 책에서 베버의 논지를 자기식으로 각색하여 맘몬에 사로잡힌 이 시대의 자본주의를 질타하는 한편, 이의 해결 방안을 지난 시대의 어느 사회주의에서 구하고자 한 시도McCarraher, 2019 자체는 가상하다. 그러나 베버는 그러한 논리에 사로잡혀 있지 않았고 마땅히 그 수준에서 돌파구를 찾으려 하지 않았다. 서양문명에 대한 진단과 처방은 모두 그 논리와 수준 이상이었다. 그는 지난 몇백 년의 역사를 말하기보다는 삶의 언덕바지에 올라 몇천 년의 역사 전경을 내려다보고자 했다.

소명 의식에 온전히 헌신했던 칼뱅주의 윤리의 신봉자들이 쇠우리의 역설 상황에 들게 된 문명의 운명은 경제 논리와 수준에서 이해될 수 없다. 이와 동떨어진 그리하여 무관하지는 않지만, 인간의 삶이란 인간존재가 불완전한 만큼 불완전할 수밖에 없다는 더욱 큰 문제와 맞닿아 있다. 불완전함이 완전함일 수 없음에도 불완전함에 주저앉아 완전함을 향한 발걸음을 멈추고는, 불완전함을 완전함이라고 우기고 마침내 그 후원자가 되고 종복이 되어 산다. 자기 한계를 두고 괴로워할 줄을 모르는 우쭐거리는 근대인의 삶이다. 이러한 삶의 이지러짐과 뒤틀림은 날로 더해 간다. 버니언이 「천로역정」에서 그리고 있는 주인공의 순례 길은 끊이지 않는 '현세 부정'의 투쟁이다. 줄기찰 뿐만 아니라 끝없는 영구한 투쟁이다. 이 투쟁을 멈추는 순간, 버니언의 말로 "경계와 주의를 게을리"하는 바로 그때, 순례의 길에 오른 자마저도 쇠우리에 갇히고 만다번연[버니언], 2003: 41-43; 박 영신, 2014/2015: 112-123. 나의 표현으로 쇠우리는 물음을 잃은, 물음이 멈춘 삶의 형태이다.[9] 이렇게 정지된 쇠우리 안의 삶이란 고립이다. 모든 방해물을 거뜬히 돌파해 가도록 삶을 이끌어 온 그 '신앙 윤리'를 내팽개친 채 좁은 자기 속에 갇혀 버린, 그리하여 이웃과의 소통이 차단된 공간에 틀어박혀 도무지 그 바깥을 보려 하지 않는 고루함이며, 이의 미화이고 정당화이다.

이 쇠우리에서 벗어나는 구원의 길은 그러므로 맘몬 예찬의 부정 이상이어야 한다. 자신이 갇힌 '쇠우리' 바깥 이웃과의 교호와 교감 그리고 공감이 확보되는 삶의 지향성을 되찾는 길이어야 한다. 베버의 생각을 따르면, 프로테스탄트 윤리 지향성은 다만 '소명 의식'으로 표상될 수 없는 더욱 높고 깊은 삶의 지향성을 담고 있다. 그것은 굴대 문명의 전통에 따라 '현세 거부'의 정신으로 쇠우리의 철책도 부술 수 있는 '나날의 삶'박 영신, 2020ㄱ으로 실행되어야 한다. 이 지향성은 단순히 어떤 표피의 주의 주장을 일컫지 않는다. 굴대 문명의 초월 감수성에 뿌리내리고 있어야 할 삶이고 삶의 실행이다Weber, 1958ㄷ; 박 영신, 1980. 벨라는 이 감

9 이 글은 베버의 생각을 두루 살피지 않았다. 물음과 그 물음의 멈춤은 그의 사회변동에 대한 생각과 만난다. 카리스마의 분출이 통상화의 과정을 밟아 굳어지고, 그것이 다시 변혁을 이루는 끊임없는 순환의 역사 과정이라고 그의 변동 이론에도 이어진다(박 영신, 1976/1978).

수성에 기대어 좁다란 삶의 감방에서 벗어나 이웃으로 나아갈 수 있다고 한 베버의 생각을 그가 남긴 가장 중요한 항목으로 꼽는다Bellah, 2006. 이것은 단 한 번으로 결판날 것이 아니라 부단히 실행해야 할 삶의 지향성이고, 굴대성을 무기로 삼은 자가 빠져들 수 있는 가공할 독선을 살펴 언제나 자기의 해석과 행동을 살피는 조심스러운 삶의 지향성이다Bellah, 2012: 465.

앞에 적었듯이 우리에게는 또 다른 문제가 있다. 우리는 어정쩡한 근대에 살고 있는 어정쩡한 존재다. '쇠우리'와 함께 '대우리'라는 '이중 우리' 속에 겹으로 들어서 있기 때문이다. 벨라는 굴대 문명 '이전'과 '이후'가 매끈하고 가지런하게 정리되지 않은 채 뒤죽박죽 혼재하여 때로는 부드럽게 때로는 껄끄럽게 공존하고 있다고 말할 것이다. 그렇다고 해도 합리화의 긴 과정을 무서운 열정과 번뜩이는 박학으로 분석해 놓은 연구의 끝자락에서 베버가 문제시한 삶의 어두운 상황을, 후대의 굴대 문명 연구가들이 중히 여기지 않았다. 현대 문명에 대하여 비관주의에 기울어진 베버와 달리 벨라가 신중한 낙관주의에 기울어져 있기 때문일 테지만, 나는 그가 가벼이 여긴 베버의 주제에 점점 더 사로잡히고 있다.

위대한 굴대 문명의 한 부분을 이루는 유교가 넓게는 아시아에서, 좁게는 우리 사회에서 삶을 어떻게 조절하고 이끌고자 했는지, 그 길 걸음에서 삶을 얽어매지는 않았는지, 그렇다면 그 얽어맴은 누구에 의한 것이고 무엇 때문이며 어떻게 그럴듯한 통념이 되고 통상화되었는지 좀 더 따져 보고자 한다. 베버를 생각하고 굴대 문명을 새기면서 내가 지니게 된 물음이다.

베버의 '민주주의' 생각

1. 오랜 생각

막스 베버에 대한 관심은 사회학으로 들어선 길목에서 이미 내 마음 속에 싹터 있었지만 이를 글로 옮겨 학술지에 실으면서 밖으로 드러나게 되었다. 첫 번째 글은 그의 카리스마 개념을 다시 구성해 보고자 한 시도였는데,[1] 이 글은 연세대학교 문과대학이 펴낸 학술지「人文科學」1976에 실려 나왔다. 대학에서 가르치기 시작한 다음 처음 써 발표한 논문이자, 나의 '사회학도 됨'을 알린 첫 논문인 셈이다. 오늘날과 달리 그때는 사회학과가 문과대학에 속해 있었다. 3·1운동 전에, 그러니까 우리나라에서는 처음으로 사회학 과목을 가르친 '문과' 전통에 어울리게박 영신,

* 이 글은「현상과인식」44권 4호(2020년 겨울)에 실려 있다.

1 이 글(박 영신, 1976)의 이력을 좀 더 정확히 적으면 버클리 대학원 시절로 돌아가야 한다. 종합시험 직전에 스멜서(Neil J. Smelser) 교수의 '개인 지도 과목'을 위해 쓴 보고서로 거슬러 올라가기 때문이다. 이어 스완슨(Guy Swanson) 교수까지 이 글을 검토하면서 다듬어 학술지에 싣자는 말을 들었지만, 학위 과정을 끝낸 다음 귀국할 생각만 하고 있었기 때문에 나는 그러한 제안을 귀담아듣지 않았다.

1985/1992: 428; 손 인수, 1992: 64, 사회학이 역사학, 문학, 철학의 이웃 학문으로 옆에 자리하여 서로 생각을 나누며 함께 배우고 가르치던 아늑한 분위기에 들어서 있었고, 학문과 학문 사이의 소통이 가능한 비옥한 땅에 자리 잡고 있었다. 나는 학문의 소통을 더욱 부추기고자 하여 뜻 맞는 몇몇 교수들과 함께 '패컬티 세미나'라고 불린 교수 학술 모임을 만들었다. 최근에 출간된 동료의 논문을 먼저 읽고 논문을 쓴 이와 함께 차분하게 그러나 여유롭게 생각을 함께 나누는 방식을 채택했다. 잡된 이야기를 주고받던 교수 휴게실을 학문 이야기를 나누는 교수 세미나실로 바꿔야 한다는 학풍 진작의 뜻도 다지면서 그 뜻에 동참하는 즐거움을 함께 누리었다. 몇 해 지나지 않아 여러 까닭으로 빛을 잃고 말았지만 이 '교수 세미나'는 한동안 교정의 이야깃거리였다. 이 학술 모임이 한창 활발하던 때 나의 '베버 글'이 나와 이 모임에 내놓을 수 있는 기회를 얻게 되어, 전공을 달리하는 교수들과 함께 생각을 나누며 토론했다.[2]

이로부터 네 해가 지난 다음에 두 번째 글이 나왔다 박 영신, 1980. '베버의 죽음 60해'를 맞아 그의 학문을 기리는 학술 모임을 열자는 나의 뜻을 「현상과인식」 동료들이 받아들여, 이 학술 계간지의 이름으로 '베버 심포지엄'을 열었다. 우리나라 학문 역사에 넉넉히 기록되고 마땅히 기억될 학술 모임이었다. 학제 간 학술지의 뜻에 맞게 여러 학문 분과에 속한 연구자들이 발표자와 토론자로 참여하여 우리가 베푼 이 학술 모임에 활기를 불어넣었고 품위를 높여 주었다. 나도 그 모임에서 발표하였다. '프로테스탄트 윤리'를 다시 새겨보자는 주제로 쓴 글이었다. 발표

2 이 모임에서 발표한 교수 가운데 박 동환(철학)과 임 철규(비교문학) 그리고 상경대학 경영학과의 오 세철(조직 행동)이 들어 있었다. 이들이 「현상과인식」 '창간'에 뜻을 같이한 동인이 되었다.

자의 글과 이를 두고 나눈 대화 내용 모두가 「현상과인식」 4권 4호1980년 겨울에 "막스 베버와 사회 인식"이라는 특집 제목 밑에 실렸다.[3] 순수 학술지에 대한 열망이 컸던 탓에 호마다 몇천 부를 찍어 시중 서점에 내놓았지만 막스 베버를 '특집'으로 엮어 낸 그해의 4호는 다시 찍어 내야 할 만큼 큰 관심을 모았다.

그때의 학문 상황을 돌아보면 넓게는 사회학이라는 학문 전반이, 좁게는 사회학 이론이 몹시 척박하였다. 나는 당연히 사회학/이론에 부름받았다는 숨길 수 없는 사명감을 지녔을 뿐만 아니라 누구 앞에서도 감추지 못할 당당함도 지켜 갔다. 누구도 내가 찾아가 배운 세계 수준의 사회학자들 밑에서 배우지 않았다는 것을 나는 잘 알고 있었기 때문이다. 삶의 현실을 따지고 새기려는 '풀이'와 함께, 이 '풀이'와 만나 생각을 나누고 이에 나의 생각을 더해 보는 '풀이의 풀이'를 나는 언제나 값지게 여겨 왔다. 이 풀이는 삶의 마당을 이루는 사회의 됨됨이를 알아보기 위하여 어느 공식이나 법칙에 기대지 않고 그 밑바탕의 뜻과 짜임을 밝히고 살펴 새김질하는 성찰 행위로 나아가고자 한다. 이러한 뜻에서 내가 발표한 위의 두 글은 '이론 논문'이다. 그리고 우리 학계의 관심 테두리와 수준을 넘어서고자 한 논지를 담아내고자 한 글이다.

베버의 여러 다른 주제에 쏟는 관심에 견줄 만한 주목을 받지 못하는 민주주의를 주제로 삼아 이를 새겨보고자 하는 마당에, 거의 45년이 다 된 글과 40년을 넘기게 된 글을 다시금 들먹여 이를 불러들이는 것이 엉

3 발표문을 차례대로 적으면 아래와 같다. "사회 인식의 방법론"(박 순영), "자본주의, 합리성 그리고 인간"(심 윤종), "프로테스탄트 윤리의 재인식"(박 영신), "동양 사회의 인식: 비교 역사적 종교사회학의 시각"(정 재식), "막스 베버의 학문 세계"(이 순구). '특집호'에는 우리나라에서 이뤄진 '베버 연구'를 처음으로 살펴본 김 중섭(1980)의 글도 실렸다.

뚱하게 비칠 수 있다. 하지만 이것은 나의 초기 관심을 돌이켜 생각해 보고자 하는 회고의 정에 젖어서가 아니다. 민주주의에 대한 베버의 생각을 살피고자 할 때 이 두 글에서 다룬 주제를 피해 갈 수 없기 때문이다. '민주주의'라는 낱말을 제목으로 달거나 이 낱말을 끌어들여 직접 다루지 않지만 거기에서 논한 주제는 베버의 '민주주의 생각'과 뗄 수 없게 맞닿아 있다. 그가 씨름해 온 '합리화'라는 문명의 문제 상황을 뚫고 앞으로 나아갈 수 있는 원동력을 '카리스마'에서[4] 찾을 수 있다고 보았다는 뜻에서, 그리고 그가 '프로테스탄트 윤리' 논지를 편 논문의 끝부분에 이르러 차갑고 쓸쓸한 '합리화'의 어두운 상황을 그리면서 그 너머 자유의 문제를 넌지시 던져 주었다는 뜻에서, 앞서 내가 다뤘던 논의는 아래에서 논할 민주주의에 대한 그의 생각과 깊이 잇대어져 있고 맞물려 있다. 나는 베버의 글에 터하여 민주주의를 논할 수밖에 없었던 그의 상황 인식과 그의 관심을 알아보고, 거기에서 한 걸음 더 내디딜 수 있는 논의의 줄기도 찾아 보고자 한다.

2. 합리화의 길

베버가 생각한 민주주의는 별개의 연구 항목이 아니다. 이는 오늘날의 사회를 일궈 온 길고도 오랜 변동의 과정과 그 성격에 대한 그의 문제의식 안에서 이해되어야 한다. 그러할 때 그가 다룬 여러 항목과 마찬가지로 이곳저곳에 흩어져 있는 민주주의에 대한 글들이 무엇을 논하고

4 '카리스마'는 지도자에게 국한되지 않는다. 가치판단을 하지 않고 모든 지도자에게 적용되어야 한다고 하더라도(Bendix, 1970) 거기에 머물러 있어서는 안 된다. 베버의 카리스마는 '상징'과 '상징화'로 이해될 필요가 있다. 나는 이러한 점을 내세우고자 했다.

자 했고 어떻게 전개되었는지를 비로소 적절히 이해할 수 있다. 그가 남긴 주요 저작에서 가장 두드러지는 관심사는 합리화 과정이다. 이는 헤겔이 말한 역사철학으로 이해될 수 있는 것이 아니다. 경제와 정치와 문화에 걸쳐 있는 수많은 요인들이 뒤섞이고 뒤얽혀 빚어내는 매우 복잡한 쟁투의 역사 과정이다. 당연히 문화권 특유의 과정을 밟는다. 그럼에도 커다란 흐름이 관통하고 있다. 그가 쓰는 특별한 뜻에서 역사는 '합리로운' 방향으로 전개되어 나아간다. 굳이 '역사철학'이라는 말을 끌어들인다면 그의 역사철학은 이 합리화의 길 걸음 속에 들어 있다고 할 수 있다.

이 문제는 좀 더 세밀히 새겨야 한다. 위대한 세계종교는 제각기 구원의 길을 제시한다. 그의 영향을 받은 철학자 야스퍼스가 내놓은 '굴대 시대의 문명' 문제가 새삼 관심거리로 떠올라 최근 들어 사회학자를 비롯하여 여러 학문 분야에서 활발한 논의가 이뤄지고 있다Bellah, 2011; Bellah/Joas, 2012. 굴대 시대의 문명이 모두 현세의 차원에 집착하기를 거부하고 그 너머 초월 차원에 대한 감수성을 제시했다는 말은, 현세에 영합해 온 이전의 삶과는 달리 현세와의 '긴장' 관계를 낳고 이를 해결하기 위하여 현세를 비판하고 부정할 수 있는 새로운 삶의 가능성에 눈뜨게 되었다는 것을 뜻한다. 이 말을 바꿔 보면 굴대 시대의 종교 문명은 현존 질서가 얼마나 많은 문제를 안고 있는지를 묻지 않고 무작정 그 질서에 맞추려는 이전의 행동 지향성과는 달리 비판과 재구성의 지향성을 나타내었다. 베버가 말한 세계종교가 제시하는 '구원'의 길은 바로 이런 것이다. 이들 종교는 현세가 말하는 복을 복이라고 여겨 거기에 맞추고자 하는 '적응'의 길과는 다른 길을 가리킨다. 현세의 복과는 다른 복을 추구하고 그 복을 얻기 위해서는 현세에 적응하는 대신에 현세의 복 자체를 질문하고 이를 비판하고 혁파하라고 한다. 이 점에서 '구원 종교'는 현세 부정의 윤리 지향성을 지닌다. 벨라가 발표했던 '종교 진화'에 대한 글에서 알 수 있듯이, 원시 종교와 고대 종교와 달리 굴대 종교를 이룬 '역사 종교'는 삶의 초점을 현세에 두지 않고 그것과 구별되고 그것보다 더 나은 영역에 두기 시작했다. 이때부터 '구원'이라는 목표가 중요한 관심사로 떠올랐다벨라, 1981: 48-49.[5]

베버의 '프로테스탄트 윤리' 논지 속에서도 이러한 모습을 찾아 볼 수 있다. 이 윤리를 가장 엄격하고 집요하게 실행한 퓨리턴들은 종교개혁 이후의 여러 다른 종파와 달리 중세 가톨릭교회의 교리와 관행을 투철하게 그리고 단호하게 끊어 버리고자 했다. 자신들의 믿음에 따라 '하나님의 뜻'을 이 '세상 안'에서 구현하는 기강 있는 삶을 살아야 했기 때문이다. 하나님의 뜻이란 이 세상의 뜻과 다르기에 그들은 현세의 질서와 타협하거나 현세의 흐름에 적응하려 하지 않았다. 오히려 이 세상과 대결하고 이 세상을 바꾸고자 했다. 보기를 들어 현세의 복을 받기 위하여, 뒤집어 말해 이 복을 받지 못하게 방해하는 악귀를 몰아내기 위하여 제사를 지내거나 굿을 하는 모든 주술 행위에 빠져들지 않고 오히려 이를 '미신'으로 보았고 '죄'라고 여겼다. "가장 가깝고 소중한 사람"을 땅에 묻는 장례 의례에서도 '성례'라는 이름으로 거행되는 일체의 주술 행위를 '미신'으로 여겨, 사람의 느낌과 마음을 위로하여 편하게 해 주는 인간 중심의 의례가 기어들어 오지 못하도록 추호도 방심하지 않고 늘 깨어 경계했다. 한마디로 그들은 '마법을 제거'하고자 했다Weber, 1958ㄱ:

5 그렇다고 해도 굴대 시대 이후의 역사 전체가 베버가 말하는 이전의 '마법'으로부터 벗어나지는 않았다. 굴대 시대의 윤리 지향성을 감당하지 못하거나 이를 받아들이지 못하여 굴대 시대 이전으로 돌아가려는 무수한 뒷걸음질도 쳤다(박 영신, 2020ㄴ: 15-16).

105.[6] 주술은 구원을 가져올 수 없고 구원 자체와 아무런 관계가 없다고 믿었기 때문이다. 이러한 믿음의 윤리를 엄히 지키는 결연한 퓨리턴이라면, 현세에서 즐거움을 누리는 대신에 그 즐거움을 넘어서고 현존 질서에 들러붙는 대신에 거기에서 떨어져 나와 이에 맞서고자 했다. 그들은 이렇게 나날을 사는 것이 구원의 길이라고 믿었다박 영신, 2020ㄱ. 베버는 이를 '금욕주의' 지향이라고 개념화했다. 그가 뜻하는 '합리화'란 간단하게 말해서 이러한 '마법'으로부터 벗어나는 해방의 과정이고, 바로 말하면 '금욕주의'의 다른 표현이다.

'성례'라는 이름으로 행하는 온갖 제사와 의례들이 퓨리턴의 기준으로 보면 단호히 거부되어야 할 터무니없는 미신이고 주술이었지만, 다른 신앙 지향성을 가진 자들의 기준으로 재면 퓨리턴의 행위야말로 이를 데 없이 경직되고 편협하다. 베버는 바로 이러한 퓨리턴의 윤리 지향성, 곧 대다수가 순순히 받아들이기 어려운 이 윤리를 구원의 길이라고 믿고 받아들였다는 특기할 사실에 주의를 기울여, 다른 집단에서는 찾아 볼 수 없는 '합리로운', 이전에는 볼 수 없었던 '근대'의 자본주의 정신이 이 윤리 지향성에서 싹텄다는 점을 보고 이 둘 사이에 인과관계가 있다고 논증하였다. 이 논지를 두고 멈출 줄 모르는 논쟁이 이어졌고, 이를 두고 베버는 서양 중심주의의 눈으로 중국과 인도와 같은 다른 문명권을 바라보고 풀이한 '오리엔탈리즘'의 본보기라는 비판에 마주할 수도 있었다박 영신, 2020ㄴ: 11, 14. 이뿐만이 아니다. 그는 개신교에 치우쳐 가톨릭교회가 강조하는 '성례'라는 의례의 가치를 온전하게 다루지 못했

6 비록 베버가 비교 문명 연구에서 고대 그리스를 빼 두었지만 이 지점에서 헬레니즘의 과학 사상을 말하고 이와 연결시키고 있다. 이 점을 들어서도, '굴대 시대'의 문명을 논하면서 그리스철학을 덧붙인 야스퍼스의 논의가 앞서간 베버의 생각과 잇대어져 있음(박 영신, 2020ㄴ)을 밝혀 볼 수 있다.

다고 비판받기도 했다 Joas, 2012: 17-21. 신앙 전통을 달리하는 문명권에는 '초월 영역'에 대한 감수성이 없거나 무르다고 하면, 또는 '근대'의 합리스러운 자본주의가 일어날 수 있는 가능성이 없거나 적다고 하면 곧바로 편향된 '독선'이나 '오류'라고 규탄의 목소리를 내지만, 제사나 굿이나 가지가지의 '성례' 자체를 모두 주술 행위로 평가 절하하다 못해 이를 '미신'으로 규정하여 남김없이 다 뽑아 버리고자 한 퓨리턴의 '마법 타파' 행위까지도 받아들일 수 있는가 하고 다그쳐 물으면 선뜻 그렇게 할 수 있다고 대답하지는 못한다. 친족과 친분의 불화와 마찰을 빚으면서까지 주술 관행을 깨기보다는 이를 지키면서 '근대'의 혜택과 요구에 편안히 순응하는 길을 택하고자 한다. 이러한 맥락에서 베버는 퓨리턴 특유의 윤리 지향성을 주의 깊게 살피고 그 독보성에 경탄했다. 서양 문화권이라고 해서, 개신교라고 해서 주술 타파가 온전히 실행되지는 않았다. 퓨리턴 종파 교도만이 고착된 이전의 주술 신앙 행태와 거기에 터한 행동 지향성을 거뜬히 부정하고 새로운 삶의 지향성을 추구할 수 있는 능력을 드러내 보여 주었다. 베버는 이러한 퓨리턴의 윤리만이, 적어도 그러한 지향성을 가져야만 특별한 뜻에서 '합리스럽고' '기강 있는' 경제행위의 유형을 만들어 낼 수 있었다고 논증했다.

서구 합리화의 길을 이끌고 북돋은 프로테스탄트 교회가 맨 앞쪽에서 있기는 했으나 종교개혁운동에 자극과 충격을 받아 가톨릭교회 쪽에서 벌인 대항 종교개혁운동 이후의 가톨릭교회에서도 비슷한 합리화 현상이 나타났다. 교회가 나서서 의례와 신앙의 기준을 높이고 사제뿐 아니라 평신도의 교육 수준도 높이고자 했다. 역사가들은 16세기의 종교개혁이 변혁의 계기를 만들기는 했지만 이 과정은 중세부터 몇 세기를 두고 이어 온 긴 '개혁'의 과정이라고 풀이하기도 한다 MacCulloch, 2003: 26-

34. 찰스 테일러는 이러한 종교개혁사의 논지에 기대어 11세기부터 중세 교회가 꾸준히 개혁을 시도해 왔다고 한다. 이른바 성직자와 일반 평신도에게 지켜야 할 행동의 준칙을 부과하여 엄중한 책임을 지도록 하고, 삶을 규율에 따라 조절하고 통제하는 기강을 세우도록 한 개혁 운동이 널리 번져 나갔다는 주장이다. 바꿔 말해 삶의 규율화를 통한 '합리화' 과정은 역사와 함께 계속 이어져 왔고, 이를 통한 탈주술화 현상, 곧 그가 내세우고자 한 '세속화'의 과정도 계속 진행되어 왔다고 논증한다 Taylor, 2007: 85-86, 242-244, 786 달음 92.[7] 규율을 통하여 성직자와 평신도 모두의 삶을 제어하고 통제할수록 삶은 더욱 표준화되고 획일화되기 마련이다. 그러한 합리화 과정이 꾸준히 진행되어 왔다는 풀이이다. 그 결과 차별과 차등이 약화되어 평등화의 정도를 높였는가 하면, 균등화를 불러와 각각의 특성은 사라지고 삶은 단조로워졌다.

이렇게 보면 '프로테스탄트 윤리'가 합리화의 첫걸음을 떼었다고 말할 수 없다. 그 이전부터 합리화의 역사 과정이 오랫동안 진행되어 왔기 때문이다. 하지만 이의 기여를 정당히 받아들여야 한다. 칼뱅주의 종파인 퓨리턴은 중세 가톨릭교회가 떨쳐 내지 못했던 모든 주술 관행을 속속들이 파헤쳐 주저 없이 주술의 찌꺼기를 과감히 걷어 내었다. 철두철미한 '주술 타파' 세력이었다. 제사와 의례를 거룩하게 여기는 주술 행위 일체를 미신이라고 규정하고 이를 남김없이 제거해 버리는 '합리화'의 길에서 이들처럼 격렬하고도 과단성 있는 걸음을 뗀 급진 종교 윤리의 실행자는 없었다. 이러한 뜻에서 퓨리턴은 '합리화' 역사의 계기를 마련

7 탈주술화를 비롯하여 이와 직결되는 합리화와 합리성 그리고 합리주의를 엮어 다루고 있는 김 덕영(2012: 654-684)도 볼 것.

해 주었다.

이 특유의 급진 윤리 지향성은 분명 종교개혁의 산물이었다. 하지만 이 급진성의 시발점이 프로테스탄트 윤리에 있지는 않았다. 주술로 얼룩진 가톨릭교회의 지배 체제를 단순히 뒤집어 놓은 사건에서 시발점을 찾을 것이 아니었다. 베버는 역사를 더 거슬러 올라간다. 그는 "고대 유대교"의 예언 전통에서 이 급진성의 틀을 찾았다. '제사'나 '의례'나 '주술'에 사로잡혀 현상 유지에 급급했던 문화에 맞서, 공의의 윤리 지향성을 표상한 예언자들의 외침과 이를 받아들인 이스라엘 공동체가 이 합리화의 출발이었다Weber, 1952. 베버가 고대 유대교에 대한 논문을 발표한 다음 여러 방면의 연구가 축적되어 고치고 덧붙여야 할 내용이 적지 않지만, 이 점에서만큼은 여전히 꺾이지 않고 굳건한 논지로 남아 있다Zeitlin, 1984. 퓨리턴의 윤리는 이러한 유대교 전통의 줄기에 잇대어 이해해야 한다. 도이칠란트 태생의 사회학자 슈로더가 말하는 것처럼, 퓨리턴은 주술을 완전히 떨쳐 내지 못했다는 뜻에서 "하나님의 절대 초월성"을 신앙했다고 할 수 없는 중세의 가톨릭교회를 건너뛰어 고대 유대교와 새삼 만나 합리화 과정을 심화하고 격상시켰다고 할 수 있다. 그는 "유대교의 세계관 논리"가 "하나님의 초월성과 전능함"을 신앙한 프로테스탄티즘을 낳았다고 풀이한다Schroeder, 1992: 99, 특히 105.

3. 합리화의 덫

그러므로 베버 연구자들이 어느 영역에 초점을 맞추든 피할 수 없이 그의 '합리화' 문제에 부딪치고 나아가 이에 관심을 쏟게 되는 것은 당연한 이치이다. 그들 가운데서 가장 명료하게 이 점에 대하여 논파한 학자는 튀빙겐대학의 텐브루크이다Tenbruck, 1980. 우리가 쉽게 만나는 베버의 글들이 커다란 책자로 엮여 나온 것은 부인 마리안느 베버의 손을 거쳐 그가 세상을 떠난 다음이었다.[8] 흔히 베버의 '대표작'이라고 생각하는 「경제와 사회」도 마찬가지였다. 텐브루크는 이러한 평가에 반기를 들었다. 베버가 말하는 사회학이란 인간이 행위에 주는 의미를 풀이하는 학문이었고 이 의미는 종교가 마련해 주었기 때문에, 그는 세계종교 안으로 찾아들어 가 이들 각각의 윤리 지향성을 밝히고자 하였다. 특히 하루하루 살아가기 위하여 충족시켜야 할 거칠고 사나운 경제 욕구를 어떤 방향으로 이끌었고 어떤 방식으로 다스렸는지, 이들 종교의 경제 윤리를 비교 연구할 필요를 느꼈다. 중국의 유교와 도교, 인도의 힌두교와 불교, 팔레스타인 땅의 유대교 그리고 끝맺지는 못했지만 이슬람교에 대한 방대한 자료를 찾아 이를 뜯어보려는 야심 찬 '비교 연구'를 감행했다. 저마다 삶의 의미를 풀이하고 논리화한 경제 윤리를 제시했다는 것은 문화권마다 '합리화'의 논리가 있었다는 것을 말한다. 각각 합리화의 논리에 따라 합리화의 길을 걸어왔다는 뜻이다. 이렇게 볼 때, 베버의 글 가운데서 가장 잘 알려진 「프로테스탄트 윤리와 자본주의 정신」도 독립된 개별 연구로 자리매김하기보다는 '합리화'라는 거대한 연구 주제의 한 부분일 따름이라고 보는 것이 온당하다.

아메리카의 사회학자 파슨스가 옮겨 1930년에 펴낸 「프로테스탄트 윤리와 자본주의 정신」이 계기가 되어 도이칠란트 사회학자 베버의 학문이 잉글랜드 언어권의 학계에 널리 알려지게 되고, 이어 다른 언어

8 오늘에 와서 보면 더해야 할 부분이 많이 있지만 우리 세대에게 베버 연구의 길잡이가 되었던 벤딕스의 책 맨 앞에 넣어 둔 'Bibliographical Note on the Writings of Max Weber'(Bendix, 1962: xi-xiv)에서 한눈으로 그의 저작 전모를 볼 수 있다.

권으로도 퍼져 나갔다. 파슨스가 이 책 앞에 '지은이의 머리말'Author's Introduction이라고 넣어 둔 베버의 글은Parsons, 1930/1958: 13-31 1905년에 발표한 「프로테스탄트 윤리와 자본주의 정신」, 이 논문 하나를 위해 쓴 것이 아니라, 앞에 적은 여러 세계종교에 대한 연구 논문을 하나로 묶을 계획을 세우고 이 연속 연구, 곧 '세계종교 사회학'의 맨 앞쪽에 넣을 '머리말'로 한참 뒤에 적어 둔 것이다. 이 '머리말'과 비슷한 때에 베버가 "중간 고찰"Weber, 1958ㄷ: 13장이라고 옮겨 부르는 '되새김 글'을 썼다. 텐브루크는 이 글을 중요하게 여긴다. 그 까닭은 여기에 세계종교가 밟아 가는 '합리화' 과정의 문제를 베버가 연구 주제로 설정해 두었다는 점이 잘 드러나 있다고 보았기 때문이다.[9] 이렇게 보면 베버의 연구 논지가 하나의 통일성을 이루고 있다는 텐브루크의 논지가 야무진 증거를 갖추고 있을 뿐만 아니라 강한 설득력도 갖는다.

베버가 말하는 '합리화'/'합리성'은 어느 하나의 잣대로 판가름할 수 있는 개념이 아니다. '합리화' 또는 '합리성'은 일반 개념으로 쓰고자 하여 만들지 않았다. 여러 가지가 뒤섞여 모순되기도 한 '역사 개념'이다. '프로테스탄트 윤리'를 논하는 글 앞머리에서 베버 자신이 이 점을 분명히 해 두기도 했다. 자신이 서 있는 입장에 따라 다르게 생각한다. 퓨리턴을 논하면서 위에 밝혀 두었듯이 자신이 보는 관점에 따라서 이것은 '합리스럽다'고 하고 저것은 '불합리스럽다'고 한다. 베버의 표현으로, 퓨리턴이 지닌 '소명 의식'에 따라 절제하며 규모 있게 사는 '합리스러운' 삶의 지향성은 좁다란 자기 이익을 추구하는 삶이 '합리스러운' 삶이

9 합리화 과정에 대한 문제 제기는 여러 영역에서 이뤄질 수 있다. 지난 얼마 동안 정 갑영은 이 점에 착안하여 글을 발표하고 있다(정 갑영, 2014, 2020).

라고 여기는 '행복추구주의'의 눈으로 보면 '비합리스러운' 삶이다Weber, 1958ㄱ: 53, 194 달음 9. 모두가 돈을 벌어 잘 먹고 잘 살고자 하는 인간의 '자연스러운' 욕구에 따라 움직이는데, 퓨리턴은 이를 거꾸로 뒤집어 인간의 욕구와는 아무 상관 없이 경제 획득 자체에 온 관심을 쏟으려는 삶의 지향성을 지녔기 때문이다. 일반인의 눈으로 보면 퓨리턴은 터무니없이 '비합리스러운' 삶의 태도를 지닌 별난 사람이었다. 이러한 삶의 지향성은 어쩌다 나타난 우연이나 돌발 사건이 아니다. 종교 윤리의 합리화 과정에서 빚어져 나온 결과물이다. 가치 관점에 따라 서로 다른 삶의 지향성을 갖는 현상은 사회와 사회 사이에서만 나타나지 않고 같은 사회 안에서도 나타난다. 베버는 합리스럽다고 하거나 비합리스럽다고 하게 된 까닭이 어디에 있는지를 규명하는 데 자신의 분석 관심을 모았다. 이는 섣불리 과학의 이름으로 표준화된 잣대를 갖다 대고 단순하게 객관화하여 평가하고 판단할 수 없는 일이다. 문명의 특유성과 다양성을 축소-왜곡하지 않는 한 그렇게 할 수는 없다박 영신, 1986/1987: 45.

오늘날에 와서 더욱 잘 알려지게 되었지만, 베버가 꿰뚫어 본 이 합리화의 역사 과정은 생각처럼 그렇게 단순하지 않고 오히려 복잡하다. 세계종교가 초월 감수성을 내놓고 이에 대한 헌신을 강조하면서 주술과 미신의 어두운 미몽의 동굴 안에 갇혀 있던 인간을 끌어내어 계몽의 빛으로 인도해 주었다는 점에서, 종교를 통한 합리화는 인류의 역사 전개에서 커다란 변동의 동력이었다. 두말할 나위 없는 역사의 쾌거였다. 베버는 이러한 합리화 과정을 극단으로 밀어붙인 변동의 흐름이 나타나기 시작한 문명권은 서양이라는 점을 특이하게 생각했다. 하지만 베버는 여기서 멈추지 않았다. 그랬다면 그의 학문은 별달리 눈여겨볼 가치가 없는 평범한 연구 가운데 하나로 끝나고 말았을 것이다. 그가 생각 있는 사람들의 머릿속을 들쑤셔 놓는 특유한 학문의 사람이 된 것은 그러한 서양의 기여를 떠벌려 놓았기 때문이 아니다. 합리화의 세계가 눈부시게 밝아 온다고 기고만장해 우쭐거린 현대인의 조급증에 찬물을 끼얹기라도 하듯이, 그는 인류에게 자유를 선사하겠다고 기대를 부풀려 온 합리화 과정, 바로 그것의 종착점이 자유가 아니라 부자유라고 진단하고 경고하고 나왔기 때문이다. 「프로테스탄트 윤리와 자본주의 정신」 맨 뒤쪽에서 그가 말한 '쇠우리'의 정황에 바로 이 점이 나타나 있다.

여기서 나는 40년 전 「현상과인식」이 연 학술 모임에서 발표했던 글로 돌아간다. 초월의 영역에 잇대어, 퓨리턴의 말로 적어 "하나님의 뜻"을 이 세상 안에서 구현하는 연모로 살아가야 한다는 윤리 지향성에 따라, 퓨리턴은 경제활동에도 오롯이 부름받은 '소명 의식'으로 임하였다. 물질 획득의 욕구나 탐욕이 경제활동의 동기로 작용하지 않았고, 필요한 만큼 기분에 따라 일하는 전통 의식이 개입하지 않았다. 이 모두는 엄격히 거부되었다. 자기 욕망과 물질 욕구와 무관하게 오직 일에 전념하는 소명 의식이 베버가 말하는 '합리스러운' 자본주의 정신을 끌어내었다. 베버가 퓨리턴 백스터에 기대어 한 말을 따와 적으면, "물건에 대한 관심은 '어느 순간이건 벗어던져 버릴 수 있는 가벼운 외투처럼 성도'의 어깨에 걸쳐져야 할 뿐인데 … 운명은 그 외투를 쇠우리가 되게 했다." '쇠우리'는 바로 이 합리화의 과정 끝자락에 나타난 삶의 모습을 은유하는 낱말이다. 물질의 욕구를 제어하는 종교 윤리가 시들해져 위력을 잃고 기세등등하게 날뛰는 물질의 힘 앞에 소명 의식조차 온데간데없이 자취를 감추어 버린 상황을 이른다. '소명 의식'에서 일하고 싶었던 지난날의 퓨리턴과 달리 이제 모두 "일하게끔 강요"받기에 이르렀다 Weber, 1958ㄱ: 181-182.

오늘날의 자본주의 체제는 누구도 쉽게 풀 수 없는 견고한 강철로 만들어진 현대의 차꼬이다. 합리화의 길 걸음에서 승리감에 고취되고 도취되어 앞날의 행운은 더욱 찬란할 것이라고 믿었던 현대인의 말로는 당혹스러운 모순이 되고 난처한 역설이 되고 말았다. 마음껏 누릴 수 있다고 여긴 자유의 약속은 합리화 과정이 심화할수록 숨 막히는 부자유의 현실로 나타났다. 그때 우리나라에서 논읫거리로 삼지 않았던, 아니 바깥 학계에서도 오늘날처럼 깊이 논의하지 않았던 이 주제를 중요한 생각거리로 삼아 논한 다음에도, 나는 이 문제를 쉽게 떨쳐 버리지 못하였다. 1987년 여름 「현상과인식」이 하버마스에 초점을 맞춰 '비판 이론'을 특집호로 엮었을 때 내가 호르크하이머와 아도르노를 이어 하버마스가 내놓은 비판 이론의 핵심 내용은 베버가 문제시한 합리화에 잇닿아 있다는 점을 길게 논했고박 영신, 1987/1992: 321-357, '1987년 가을 「사회학연구」 학술 모임'에서 베버와 루카치의 관계를 논하면서 자본주의와 '합리화' 그리고 '물상화'를 이어 보고자 했다박 영신, 1987: 55-118. 세기를 넘어 베버 탄생 150해가 되던 해 한국인문사회과학회와 한국사회이론학회가 함께 연 학술 모임에서 나는 또다시 이 주제와 맞닥뜨렸고, 한 걸음 더 나아가 우리 사회의 문제 상황을 되살펴 보고자 했다. 베버가 서양 문화권의 문제와 씨름하면서 침통해했던 '쇠우리'의 상황으로는 우리 사회가 적절히 풀이되지 않는다고 보고, '대竹우리'의 상황을 덧붙여 놓기도 하였다박 영신, 2014/2015.

다시 베버가 문제시한 합리화의 정황으로 돌아가면 쇠우리의 상황은 더 이상 어찌할 수 없는 합리화의 막다른 골목이다. 누구도 피해 갈 수 없고 어느 누구도 대신 해결해 줄 수 없는 절박한 상황이다. 과학의 이름으로 능률성과 정밀성과 객관성을 높이기 위하여 전문 기술 세력이 정밀한 계산에 따라 작동시키는 이 행정 체제는,[10] 자율과 자유의 영역을 송두리째 앗아 가 어떤 여지도 남겨 놓지 않고 삶 자체를 옭매는 올가미와 다르지 않다. 관료제의 기능인들은 전문 지식의 테두리를 넘어서는 상상과 희망과 창의성을 위험시한다. 그 모두는 질서 정연한 체제 작동을 방해하고 체제 관료들의 권한을 위협하기 때문이다. 그러므로 조금이라도 거추장스럽다고 여겨지면 곧바로 체제의 위협으로 여겨 불허코자 하고 박멸코자 한다. 새로운 생각은 체제 앞에서 언제나 위험시되어 꺾여 버린다.

무엇을 할 수 있는가? 바로 이 지점에 '정치'가 개입해야 하고 '민주주의'가 들어서야 한다. 베버가 생각한 민주주의는 이러한 합리화의 덫에 걸린 현대의 삶을 구원해 내려는 신념과 논리의 귀결이다.

4. '민주주의'의 힘

정치는 행정의 반대쪽에 자리한다. 정치는 정치이고 행정은 행정이다. 정치는 전문 기술 지식으로 관리하고 경영하는 기술 행정 체제 밑에 들어서지 않는다. 베버에게 정치는 합리화 과정에서 나타나는 전문 기술 관료 세력의 지배 공간 밖에서, 이에 맞서 움직이는 행위 공간이다. 그가 마음에 둔 민주주의는 합리화로 빚어진 관료 체제에[11] 도전하는 집

10 '합리화'를 굴드너(1983)의 '새 계급' 개념에 이어 현대사회에서 전문 지식 소유 계급의 오름세가 더욱 뚜렷하고, 이는 여러 영역에서 나타난다는 논지도 내놓을 수 있었고, 지식 소유 계급의 '자기 성찰'을 요구할 수도 있었다(박 영신, 1987: 1-2장, 4-5장).

11 관료제 자체를 내가 논하고자 하지 않을뿐더러 이에 대한 초보의 지식을 얻고자 하지 않는 만큼 이 글에서 이의 성격에 대하여 살필 필요를 느끼지 않는다. 이에 대해서는 베버가 *Economy and Society*, XI장에 잘 정리해 두고 있는 터다(Weber, 1978ㄱ: 956-1005).

합 결의이며 이를 다스리려는 집합 행위이다.

베버의 '정치사회학'을 이해하기 위해서 지배와 정당성의 세 가지 유형을 일러 주는 글Weber, 1978ㄱ: 202-301을 읽는 것이 관행처럼 되어 있다. 하지만 민주주의와 민주정치에 대한 그의 생각은 여기에 들어 있지 않다. 그의 '민주주의 사회학'을 이해하기 위해서는 그가 남긴 '정치에 관한 글들'을 만나야 한다. 생의 마지막에 썼다고는 할 수 없지만 1차 세계대전 끝 무렵에 발표한 글이어서 그때 그가 어떤 생각을 품고 있었는지, 좀 더 구체스럽게 자기 나라의 현실을 마음에 담아 쓴 글이어서 구체스럽게 그가 어떤 나라를 그리고자 했는지를 알아볼 수 있는 값지고도 흥미로운 자료이다. 이 글들은 「경제와 사회」 맨 끝 '덧붙임'Appendices이라는 이름 밑에 실려 있다Weber, 1978ㄱ: 1373-1469.

관료제가 확장하여 삶의 구석구석으로 침투해 들어올수록 민주주의의 정치 영역은 졸아든다. 특히 국가 관료제가 지배할 때 그러하다. 공공 영역뿐 아니라 사사로운 영역에서도 조직의 효율성을 높이기 위하여 관료제가 나타난다. 하지만 사사로운 영역의 관료제가 국가 관료제 밑에 흡수된다면, 다른 말로 이 두 영역의 관료제가 하나로 녹아 국가 관료제 단독으로 다스리게 된다면 이를 효과 있게 견제하여 통어할 수 있는 길이 막히고 만다. 이를 두고 베버는 "고대이집트의 상황"과 비슷해지는 형국이고, 나아가 "더욱더 합리스럽게 되어 부서뜨릴 수 없는 형태"가 될 것이라고 내다봤다. 엄격한 위계질서에 세분화된 법률과 규정과 전문 기술 지식을 갖춘 비정하고 냉혹한 관료제가 "속박의 틀"을 만들기에 급급하기만 하니, 인간이 언젠가는 고대이집트의 인부들처럼 무기력한 복종의 삶을 강요받게 될 운명에 처했다고 미리 헤아려 본 것이다. 하루하루의 삶을 완벽하게 지배하여 인간을 "공장"노동자처럼 부려

먹는 살아 움직이는 것 같은, 그러나 이를 데 없이 박정한 '기계'와 같은 관료 조직을 낳는 상황을 그는 그렇게 그리었다윗글: 1402. 도이칠란트 사회학자 몸젠은 베버의 생각을 다시 강조하여 격한 논조로 현대의 정황이 '새로운 농노제'가 되고 현대인의 삶은 '새로운 노예살이'로 떨어지게 되었다고 그의 외침에 가락을 덧붙이기도 했다Mommsen, 1974: 57. 베버는 합리화와 관료제가 극으로 나아간 얼어붙은 차가운 동토의 서구 문명과 그것이 낳은 쇠우리의 창살 속에 갇혀 부자유하게 된 잔인하고도 암담한 삶을 집요하게 파헤쳤다. 이 베버를 '오리엔탈리즘'의 기수로 몰아가는 행태는 아류 지식인만이 늘어놓을 수 있는 허풍선이의 공담이다. 그의 학문은 서양 문명의 모순과 역설에 대한 성찰이자 인간이 체제의 부속품으로 전락하여 자유의 공간을 빼앗기게 된 음울한 '삶의 현실'에 대한 깊은 수준의 비판이었다Mommsen, 1989.

베버는 재산과 분배의 문제에 모든 관심을 쏟았던 맑스와 달리 모든 문제를 관장하고 통제하고 관리하는 전문 행정 세력을 어떻게 제한하고 견제하여 다스릴 것인가의 문제에 초점을 두었다.[12] 바로 이 까닭에 베버는 '지배' 체제의 문제가 중요하다고 보고 이를 해결하기 위한 방도를 찾아내야 할 절박한 내면의 요청을 받게 되었다. 잘 알려진 대로, 자본주의 체제가 수많은 한계와 결점을 가지고 있음에도 불구하고 베버가 다른 경제체제보다 선호할 수밖에 없었던 까닭도, 그것이 경쟁의 과정에 문을 열어 두고 있는 만큼 경직성보다는 역동성을 자아내고 폐쇄성보다

12 맑스와 베버의 생각은 여러 눈으로 견주어 보고 이어 볼 수 있다. 한 사람은 노동자의 대변자이고 다른 한 사람은 부르주아의 변호인이라는 이름을 붙이기까지 하나, 이 수준의 비교는 수박 맛을 제대로 알지 못한 채 겉만 핥는 식이다. 이 두 사람의 생각을 심도 있게 논한 카를 뢰비트(Karl Löwith)의 글을 비롯하여 읽을거리가 수없이 많다는 점만을 여기에 적어 둔다(Mommsen, 윗글: 47-71, 1989: 4장).

는 개방성으로 나아갈 수 있는 능력을 갖고 있다고 보았기 때문이다. 그는 자본주의 체제가 저지르는 비인간화의 어두운 세계를 지나치거나 두둔할 만큼 경박한 지식인이 아니었고, 특정 이념에 집착할 만큼 편협한 사회과학자가 아니었다.

그는 생산수단의 사유화를 종식하고 이를 국가가 장악하면 노동자의 삶이 자유로워질 것이라는 감미로운 구호와는 달리, 국가 체제의 일방 지시에 고분고분 복종해야 할 삶의 예속성을 앞질러 내다보았다. 비록 이 모든 경고와 예견이 그의 생시에는 미처 사실로 드러나지 않았으나 사후의 역사에서 현실로 나타났다. 노동자는 국가와 당의 통제탑 위에서 삶의 모든 영역을 빈틈없이 지시하고 관리하는 보이지 않는 관리자 앞에 더욱 무력하기만 한 '부자유'한 삶의 처지를 절감해야 했다. 폴란드의 망명 사회학자 마리아 히르쇼비치가 홉스의 책 이름을 빌려 와 공산국가를 "관료제 '리바이어던'"이라고 이름 붙인 책을 내놓자마자 읽고, 이어 그의 집으로 초대를 받아 식탁을 함께한 다음 거실에 앉아 공산 체제하의 생생한 삶의 체험을 직접 들으면서 이 점을 확인할 수도 있었다. 공산국가 체제에는 서로 견제할 수 있는 제도의 장치가 없기 때문에 어떤 방해도 받지 않고 마음대로 권력을 행사할 수 있는 거대한 '주권 관료제'가 견고히 자리 잡고 있다Hirszowicz, 1980; 박 영신, 1993: 특히 10. 트로츠키가 스탈린 체제에 반기를 든 나머지 이내 내쫓김을 당하고 자신이 앞장선 혁명이 여지없이 '배반당했다'고 한 주장은 절대 권력을 행사하게 된 소비에트 관료제에 대한 뒤늦은 문제 제기였을 따름이다Trotsky, 1965: 248-249.

앞에 적었듯이 베버의 정치 논문들이 지닌 의미는 국가 관료 체제로 나타난 합리화 과정에 한정되지 않는다Roth, 1978. 도이칠란트의 상황을 두고 그가 펼친 흥미로운 생각 뭉치도 그 안에 들어 있다. 관료제가 불가항력의 기세로 진행된다는 상황을 전제하고, 정치는 어떻게 짜여야 할 것인지에 대하여 자신의 생각을 피력한다. 개인의 존엄성이란 내팽개칠 수 없는 고결한 가치인 한 개인이 누려야 할 자유 없이도 '잘 살 수 있다'는 생각은 들짐승의 수준으로 자신을 떨어뜨리는 천한 자의 습성이다. 두말할 필요 없이 경제 우선의 가치 지향성을 뒤따르면 기와지붕 외양간의 살찐 짐승을 보고 복되다 할 것이고 심지어는 우아하다고 할 것이다. 하지만 비경제 요인을 강조하는 지향성에서 보면 이 짐승이 비참하다 못해 애처롭다고 할 것이다. 하지만 분명한 것 하나가 있다. 사람의 품위와 존엄성을 귀히 여기는 자유와 민주주의는 빈궁한 가운데서도 그윽한 향기를 드러내어야 할 원숙한 삶의 가치이다. 베버는 이 가치를 꿰뚫어 보고 내세웠다.[13]

인간의 존엄성과 자유의 가치는 인류의 문명이 낳은 가장 고귀한 삶의 원리이다. 이러한 가치 지향성 때문에, 인간의 존엄성을 귀히 여기는 생각의 사람에게 국가 관료제의 지배는 당연히 허투루 다룰 수 없고 가

13 베버가 러시아에서 일던 변혁의 기미를 예의 주시하여 이를 뜯어보면서 민주주의와 자유는 물질의 여유, 나아가 자본주의의 발전과 아무 상관이 없고 친화성도 없다고 한 논지 속에도 이 점이 들어 있다(Weber, 1978ㄱ: 282-283). 레닌이 보여 준 것처럼, 러시아 지식인들 사이에는 맑스의 역사 발전 단계 이론에 맞추어 자기 나라에도 자본주의가 발전하고 있었다는 점을 내세우고자 한 시도가 있었다. 베버는 물론 이러한 논지를 따르지 않았다. 그는 민주주의란 근본에서 경제체제와 구별되는 다른 가치 지향성과 의지를 포함하는 복잡한 역사 유산과 관계된다고 풀이하였다. 내가 1988년 안식년을 맞아 글래스고대학의 '소련 및 동유럽 연구소'에 머물면서 러시아어를 배울 때였다. 거기서 러시아 자본주의를 추적한 레닌의 책을 읽었다. 인상이 깊었던 만큼 이후 나는 대학원 세미나에서 그의 책을 두고 학생들과 함께 읽고 논하기도 했다. 유배지에서 마무리한 그의 책에는 우리의 '자본주의 맹아론'을 떠올리게 하는 논지도 들어 있었다. 농민은 소수 부농과 다수의 빈농, 그리고 둘 사이의 중농으로 분화되었고, 이들 사이에 착취의 관계도 나타났다고 했다. 서유럽 역사에 터한 맑스의 발전 단계 모형은 러시아나 동양의 지식인들을 당황하게 하고 난처케 하는 '우상'이었다. 이 점은 '러시아 맑스주의의 대부' 플레하노프에서도 찾을 수 있고(박 영신, 1990ㄱ/1992), 이론가 가운데 이론가인 니콜라이 부하린에서도 찾을 수 있다(박 영신, 1990ㄴ/1992).

벼이 지나칠 수 없는 문젯거리로 다가선다. 베버는 이 문제에 맞닥뜨리고자 했다. 이 점에서는 뒤르케임과 같은 지향성을 지녔다고 할 수 있다. 개인의 자유를 지키기 위하여 도덕성에 터한 통합을 강조한 뒤르케임과는 달리, 베버는 정치제도의 형태에 초점을 맞추고자 할 따름이었다Prager, 1981. 그는 대규모 조직이 사라지지 않는 한 관료제는 없어서는 안 될 불가결한 행정 체제로 위력을 더해 갈 텐데, 이 체제 안에서 엄청난 영향력을 행사하는 전문 관료층을 "견제하고 효과 있게 통제할 수 있는" 어떤 장치가 있는지 우려에 찬 마음으로 물음을 던졌다. 이어 "제한된 뜻일망정 민주주의가 도대체 가능할 것인가?" 하고 또 묻고자 했다. 이 물음에서 멈추지 않고 논의를 더 펼쳤다. 정치인은 가치와 목적을 구현하기 위하여 권력을 확보코자 하고, 그러기 위해 쟁투하고 그 결과를 책임진다. 이 점에서 정치인은 관료와 다르고 관료가 아니다. '관료'는 기업체든 정부든 의회든 자신이 들어선 조직 기관의 윗선에서 내리는 지시가 좋든 싫든 이를 받아 집행하는 업무를 의무로 여긴다. 자기 개인의 선호에 비추어 판단하지 않는다. 베버가 본 도이칠란트의 문제는 규정과 지시에 따라 움직이는 관료의식을 가진 자들이 '기득권' 세력을 이루어 모든 영역을 지배하고 있다는 데 있었다. '정치인'이 국가의 '방향'을 잡아 주지 않고 있다는 것을 문제시하였다. 그것도 몇 세기에 걸쳐 겨우 한 번 나오는 "정치 귀재도 아니고 위대한 정치 재사도 아닌, 그저 정치인"인 그러한 인물이 나라를 이끌고 있지 않다는 분석이었다. 이처럼 관료제에 맞설 정치의 영역이 무력하고 쇠잔하다는 현실이 그가 본 당대 도이칠란트의 문제였다윗글: 1403-1405.

그렇다면 합리화 과정에 맞설 정치 지도자는 어디서 나올 수 있는가? 지도자의 선출 문제가 과제로 떠올랐다. 그는 이 문제를 염두에 두고 의회 제도의 중요성을 거론했다. 모든 '지배'는 정당성을 획득해야 한다. 정당성의 근거가 지배 유형에 따라 다르지만 어떤 지배 유형이든 마땅히 피지배자의 인정을 받지 않으면 안 된다. 한마디로 피지배자의 인정은 '지배'의 조건이다. 베버는 주권재민의 정신에서 나온 '국민 민주주의'와 '국민 지도자'라는 말을 쓰는데, '국민 다수'에게 호소력을 행사하고 이들의 지지를 받는 대중민주주의의 지도자를 '국민 지도자'라고 일컬었다. 보기를 들어 카리스마를 가졌기 때문에 '정당성'을 얻는 지도자라고 한다면 추종자들은 마땅히 그러한 인물로 인정해야 한다. 그것이 그들의 '의무'로 나타나야 한다. 하지만 카리스마를 지닌 지도자가 영구할 수 없기 때문에 '통상화' 과정을 밟지 않으면 안 된다. 내가 베버에 대한 첫 논문으로 발표한 글의 주제가 이 점에 이어진다박영신, 1976.

카리스마는 역사 변동의 돌파를 불러오는 힘이다. 카리스마를 가진 지도자를 중심으로 지배 형태가 만들어진다. 통상화의 필수 단계에서 전통 지배 유형으로 나갈 수도 있고, 법률로 합리성을 갖추는 지배 유형으로 나갈 수도 있다. 긴 역사의 과정으로 보면 카리스마의 통상화가 합리화이고 관료제화이다. 카리스마는 고대사회에 한정된 계몽과 과학 이전의 시대에서 통용될 수 있는 개념이 아니고, 그런 시대에서나 기대해 볼 수 있는 변혁의 독창성과 이를 통한 돌파 현상이 아니다. 카리스마의 통상화 과정에서 나타나는 고도의 합리화와 극도의 관료제화에 순응하지 않고 이에 불응하고 나아가 돌파할 수 있는 카리스마의 동력이, 오늘날이라고 해서 완전히 불가능하지만은 않다. 베버는 이러한 분석의 시각에서, 더욱 높은 가치를 향하여 변혁의 계기를 만들어 줄 수 있는 정치 지도자가 요청된다고 보았다. 그는 이를 일러 '국민 지도자'라고 했다 Weber, 윗글: 266 아래.

베버가 국민 민주주의와 국민 지도자에 관심을 쏟은 나머지, 스스로 실토하고 있듯이 민주주의를 삶의 영역 전반에 잇대어 논하지 않았고 민주주의의 가치 이념에 관심을 쏟지 않았다. 게티즈버그 묘지에서 민주국가의 정부를 논한 링컨처럼 민주주의의 본질 문제를 주제로 삼은 바 없다.[14] 지배 유형을 셋으로 나누어 본 데에 민주주의의 지배 유형을 더하여 더욱 체계 있게 논할 수도 있었을 터인데 이러한 방향으로 나아가지는 않았다. 베버는 투표와 선거와 정당과 의회에 초점을 맞추어 이에 관심을 기울였다. 그의 민주주의 논의에서 아쉽고도 불만족스럽게 느끼는 점이다. 그가 아메리카를 방문하는 동안 깊은 인상을 받았던 '종파' 교회의 민주주의 정신과 습속에 대한 논의에서 보여 주는 예리한 통찰력은 실로 눈부시다. 그는 유럽 대륙에서 보는 '국가' 교회와 달리 시민의 자율성과 참여에 바탕을 두는 '종파' 교회와 민주주의가 행동 원리와 가치 지향성 그리고 조직의 성격에서 서로 어울리고 있다는 '선택 친화성'도 보았다. 토크빌을 끌어들이지 않으면서도 유럽 대륙의 국가 교회와는 달리 철저하게 자원 집단의 성격을 갖는 이 '종파' 교회를 중시하였고, 아울러 다양한 결사체에 참여하는 아메리카 시민들과 그러한 조직이 시민의 삶에서 차지하는 중요성도 높이 보았다. 국가 교회와 달리 '종파' 교회는 민주스러운 원리로 움직이는 자원 조직체였고, 민주스

14 베버는 자기 나라의 상황을 염두에 두고 민주주의의 필요성을 논하고자 했을 따름이다. 이 점에서는 아메리카의 민주주의를 깊이 논구한 토크빌과 크게 다르지 않다. 토크빌이 9개월 동안 아메리카에 머물면서 그 나라의 민주주의를 눈여겨보고 이를 저작으로 남겨 오늘에 이르기까지 높이 평가받고 있는 반면에, 베버가 단 3개월 남짓 아메리카를 살펴보면서 적어 둔 짤막한 몇몇 글들은 높이 평가받기는커녕 별로 알려지지도 않고 있다는 것이 차이일 따름이다. 어떻든 이들은 모두 유럽 대륙에서 볼 수 없는 아메리카의 민주주의를 보고 깊은 인상을 받았고, 이에 기대어 자기 나라의 상황을 새김질하고자 했다(Kalberg, 1997). 베버가 러시아의 상황에 관심과 흥미를 갖게 된 것도 자기 나라의 상황과 잇대어 보고자 함에서였다(Marianne Weber, 2008: 327-328).

러운 시민의 습속을 다질 수 있는 '직접민주주의'의 구성체였다윗글: 1204-1210; 박 영신, 2017ㄴ. 유감스럽게도 베버는 자기 나라의 민주주의를 논하면서 이와 같이 앞서 분석해 놓은 '종파' 교회와 민주주의의 친화성이 일러 주는 시사점을 더 이상 발전시키지 않았고, 더욱이 이를 끌어들여 자신의 논의에 이어 놓지 않았다.

아마도 자기 나라의 상황이 다급하다고 느낀 듯하다. 또한 자기 나라의 문화 전통과 국가 교회 제도로 짜인 사회구조와 퓨리턴들이 아메리카 대륙으로 건너가 그곳에서 '종파' 교회를 제도화시켜 온 오랜 습속의 문화 사이에는 메울 수 없는 간극이 있다고 여겨 더 이상 이 문제를 논구할 엄두를 못 낸 듯도 하다. 그런 나머지 베버는 '국민 민주주의'의 지도자와 그를 선출하는 방식에 얽매여 민주주의에 터한 지배의 주체가 되는 시민의 역량을 경시하는 결과를 빚고, 나아가 텃밭이 어떠하든 '국민 민주주의의 지도자'를 뽑기만 하면 자기 나라에서도 민주주의 제도를 정착시킬 수 있다고 생각한 것 같기도 하다. 정치 지도자의 정당성을 물을 수 있는 피지배층의 존재를 빠뜨리지는 않았지만, 피지배층은 그의 민주주의 논의에서 언제나 부차의 자리에 서 있다. 개인의 자유를 지켜 내기 위하여 합리화로 무장된 관료제에 맞서 살의가 들끓는 투쟁의 마당으로 들어서는 지도자의 용기를 누구도 낮춰 봐서는 안 된다. 그리하여 그를 높이 볼 수밖에 없다. 그럼에도 그의 위세를 강조한 탓에 '피지배자'라고만 부를 수 없는 '시민'의 활동 영역이 극도로 축소되고 '시민다움' 자체가 가벼이 다뤄진 것은 불만스러운 대목이 아닐 수 없다.

시민의 자원성과 참여 습속보다 지도자의 역할을 중히 여길수록 그 나라는 다수 국민의 이름으로 지도자 중심의 광기 정치가 돌출할 가능성은 더욱 높을 수밖에 없다. 베버의 '국민 지도자'와 '국민 민주주의'의 논의가 합리화의 극단으로 몰아가는 오늘날의 정황에 무시하지 못할 가르침을 주고 있지만, '시민 참여'의 경시는 더욱 냉정한 재음미를 요구한다. 실제로 이러한 생각의 줄기 때문에 자유민주주의를 신봉했던 그가 '민족주의자'이자 '제국주의자'이고 유감스럽게도 나치의 등장에도 기여했다는 빌미를 주고 있다Mommsen, 1985, 1989: 11장.

5. 시민의 짐

베버는 민주주의의 가치 이념에 관심을 쏟지 않았다. 널리 알려진 대로 그는 링컨이 남북전쟁이 끝난 다음 게티즈버그 묘지에서 행한 연설에서 민주국가의 정부를 논한 것과 같은 민주주의의 본질 문제보다는 자기 나라의 상황을 염두에 두고 민주주의의 필요성을 논하고자 하였다. 이 점에서는 아메리카의 민주주의를 깊이 논구한 토크빌과 크게 다르지 않다. 비록 그가 9개월 동안 아메리카에 머물면서 그 나라의 민주주의를 여러모로 뜯어보고 이를 저작으로 남겨 오늘에 이르기까지 그의 기여가 높이 평가되고 있지만, 그리고 베버가 단 3개월 남짓 아메리카를 살펴보면서 몇 토막 짤막한 글들을 남겨 그의 기여는 별로 알려지지 않고 있지만, 이들은 모두 민주주의의 성격과 이념 자체를 논하려는 뜻을 가지기보다는 각각 자기 나라의 상황을 마음에 담아 아메리카를 보고 듣고 느낀 것을 적어 두었다Kalberg, 1997. 물론 이렇게만 말할 수는 없다. 이들의 글 속에서는 민주주의가 부닥치는 문제 상황을 미리 내다보고도 있다.

하지만 먼 훗날을 미리 내다볼 수 있는 혜안은 인간에게 주어져 있지 않다. 비길 데 없는 식견과 안목을 갖추었다고 해도 역사를 예견할 능력을 보장받고 태어나는 사람은 없다. 넓은 식견도 현존의 테두리를 뚫을 수 없고 높은 안목도 현재의 울타리를 넘을 수 없다. 인간은 역사의 조건에 매여 산다. '이제'의 역사가 지나간 다음 어느 '올제'의 언덕바지에서 지나간 '이제'를 말할 수 있을 뿐 '이제'의 자리에서 다가올 '올제'의 역사를 확언할 장사는 아무도 없다. 갖은 용기를 다 내고 타고난 담력을 다 부려 본다 한들 없는 혜안을 만들어 내지는 못한다. 아무리 다가오는 역사를 날카롭고 주의 깊게 내다본다고 해도 그는 자기 시대의 우물을 벗어날 수 없는 제한된 인간일 뿐이다. 자기 지식에 충만하여 제어할 방도를 알지 못하여 대뜸 앞날을 예측하고 나온 자들 모두가 실패를 불러오지 않은 예외를 남기지 않았다. 그러므로 역사를 살필 줄 아는 자라면 과대히 늘어놓지 않으며 풍을 떨지 않는다. 오직 거드럭거리는 자만이 불확실한 회색에 검은색과 흰색을 덧씌운다. 못다 한 이야기는 후대인의 몫으로 남기고 그는 시대의 증인으로 살다 먼저 떠나야 할 따름이다. 베버는 자기 시대의 증인이었다.

베버의 생각 지평에 나타난 시대는 지나갔다. 완전히 사라지지 않았다면 적어도 알아볼 수 없게 달라졌다. 경제력과 군사력을 지녔지만 안정된 민주주의를 실행해 본 바 없는 나라 사람이었다. 도이칠란트가 일본처럼 민주주의 나라가 된 것은 자력이 아니라 2차 세계대전의 패전을 겪고 아메리카와 연합군의 점령과 강제를 통한 타력에서였다Roth, 1979: 203. 이후의 변화들도 만만찮다. 전자 통신기기의 발달과 범세계화로 빚어진 수많은 변화가 있다. 이와 무관치 않게 나타난 새로운 현상 하나를 보기로 들어 보면 시민의 참여 폭이 넓어졌다는 점이다. 시민은 더 이상 자기들에게 영향을 미칠 정책의 결정을 멀리서 구경만 하는 무력한 방관자로 서 있고자 하지 않는다. 제도권의 권력에 대하여, 비록 그 권력의 점유자들이 선거를 통하여 다수를 대변하는 임기를 보장받고 있다손 치더라도 시민은 팔짱 끼고 가만히 보고만 있지 않는다. 권력의 자리에 들어선 자와 그들을 뽑은 유권자 시민 사이에 소통이 원활하게 이뤄지지 않으면 유권자들은 언제이고 시민의 광장으로 나갈 차비를 하고 있다. 지난 반백 년에 걸쳐 공공의 마당으로 뛰쳐나온 월남 반전운동, 여성운동, 녹색 환경운동의 여러 갈래들이 보여 주듯이, 권력자들이 시민들로부터 떨어진 자기들만의 권력 공간 안에서 권력을 획책할 수 있는 특권을 누리기 위하여 높고 견고한 성곽을 쌓아 올린다고 해도 그들의 권력은 시민의 감시에 노출되어 있다. 이뿐만이 아니다. 권력이 성곽 안에 도사리고 앉아 있는 동안 시민의 운동 세력은 권력 체제 안에서 미처 감지하지 못하고 감지할 수 없었던 문제를 들고나왔다. 시민 참여의 폭은 나라마다 다르다. 정치 문화와 역사 전통 그리고 제도가 다른 탓이다. 그러나 시민의 참여 폭은 넓어지고 있다.

이 점에서 베버가 살던 시대 상황과 오늘날의 상황은 다르다. 그는 시민 참여의 정치 문제를 민주주의와 이어 체계 있게 논의하지 않았다. 그러나 위에서 살펴보았듯이 만족스럽지 못한 이 아쉬운 점을 뒤로하고 그가 예언자처럼 외쳤던 합리화 과정에 대한 경고에 귀 기울일 수밖에 없고, 이 과정이 운명이라면 이에 맞서 쟁투해야 할 유일한 길은 민주주의의 확장에서 찾아야 한다는 그의 목소리에 화답할 수밖에 없다. 비록 우리가 '국민 민주주의의 지도자'를 추종하여 박수 치거나 박수를 거두는 그 정도의 역할에 만족해야 할 피지배자의 자리에 앉아 있을 수 없지만, 참여 자체를 위축시키는 관료제 중심의 합리화 과정에 맞서 쟁투하며 살아가야 한다. 이 참여는 바스티유 감옥을 공격한 혁명 군중과 다르고 레닌의 명령을 따른 대중과 다르다. 적어도 두 가지 수준에서 이러한 주장이 가능하다. 하나는 오늘날의 지배 체제는 자체의 정당성을 시민의 자유와 인권 그리고 평등과 같은 민주주의 가치에서 찾아야 하고 이를 지키고자 하는 시민의 주장을 옹호해야 하기 때문에 시민은 절차의 과정을 통하여 자기의 주장을 해결코자 한다. 다른 하나는 시민의 요구와 주장을 판가름하고 이를 조정할 수 있는 제도가 작동하는 한 체제의 전복은 불필요하다. 베트남전쟁을 규탄하고 여성의 평등권을 주장하고 지구의 문제를 해결하자는 목소리를 받아들이는 후원 세력이 입법과 사법과 행정 영역에 널리 퍼져 있고, 대안을 주장하는 운동 세력에 동조할 수 있기 때문이다. 이 모두는 시민의 참여 없이 밀실에서 전문 기능인 중심으로 정책 결정을 하는 관료제, 곧 합리화 과정에 대한 비판이고 도전일 뿐만 아니라 이의 교정 방식이기도 하다.

우리나라에서도 이러한 운동의 보기를 찾아 볼 수 있다. 네 해 전 시민들이 대통령을 탄핵하자며 서울 광화문광장에서 겨울 내내 대규모 촛불 시위를 열었다. 그들은 청와대를 급습하지 않았고 국회에 돌을 던지지 않았다. 경찰과 격하게 대치하지도 않았다. 시민의 바람에 공감하는 정당도 있었고, 시민의 바람을 인정한 국회의 결의도 있었고, 헌법재판소의 최종 판결도 있었다. 제도 권력 기구의 소통 능력 부족을 시민의 직접 참여를 통하여 조절하고 정당한 절차를 밟아 결말을 얻는 과정을 거쳤다. 정당정치를 인정하지 않는 것도 아니고 삼권분립을 부인하는 것도 아니다. 오히려 이를 인정하고 존중하는 시민 저항운동이었다. 우리의 문제는 권력 기구의 소통 반응이 무디고 굼떴다는 데 있었다. 정당 또한 관료제화의 결과물이기도 한 만큼 시민의 목소리에 둔감하여 유연성을 잃어버릴 수 있지만, 표를 먹고 사는 정치인의 집단으로 남아 있는 한 자체의 계산이든 가치의 발동이든 유권자 시민의 움직임에 끝내

무감한 채로 시간을 끌 수는 없었고, 실제로 이 움직임에 동조하고 나올 수밖에 없었다박영신, 2017ㄴ.

시민이 시민으로 산다는 것은 시민의 책임을 진다는 뜻이다. 몇 해 한 번꼴로 투표장에 나가 자기 성향에 맞는 후보에게 표를 던지는 것으로 책임을 다한다고 할 수 없다. 그 결과가 어떻게 되든 선출직에 들어선 대의원에게 모든 짐 다 지우고 자기는 '평안히' 생업에 종사하겠다든지, '먹고살기'조차 버겁다며 사사로운 삶의 공간으로 퇴거하겠다는 것은 책임을 저버리는 행위이다. 선출된 자라고 해서 탐욕과 탐욕을 위한 작당의 유혹에서 자유로운 것도 아니고, 선출된 자들의 집단이라고 해서 높은 윤리 기준에 따라 제어 기능을 원활히 수행하는 것도 아니다. 권력자의 무사안일은 시민의 무관심과 비례한다. 독재 정권의 우두머리와 그 하수인은 기회 있을 때마다 국민을 향하여 '생업'에 종사하라고 가르치고자 했고, 정권을 규탄하는 대학생들을 향하여 '학업'에 충실하라고 타이르고자 했다. 나라의 문제는 자기들이 해결하겠다며 나라 다스리는 일을 '정부'에 맡기라고 회유했다. 모두가 자기 일터와 삶터와 배움터 '안'에 머물러 '바깥' 거리나 광장으로 뛰쳐나오지 말라는 그들의 달램은 시민의 책임을 포기하라는 뜻의 다른 표현이었다. 그것은 시민을 따돌린 다음 권력 독점의 아성을 더욱 견고히 하겠다는 터무니없는 지배욕의 에두른 표출일 따름이었다.

시민은 지배 체제의 명령에 발맞춰 행진하는 군졸로 살지 않는다. 시민은 지배 체제의 명령을 의심하고 질문하는 비판자의 길로 들어선다. 그 길은 편안히 먹고살기 위해 공공의 마당에서 퇴각하여 사사로운 자기 타산의 담벼락 안으로 들어가지 않고, 온갖 옷을 걸치고 우리 앞에 나타나는 지배 세력을 향하여 어깃장을 놓을 수 있는 불편한 광장으로 나아가 함께 소리치는 삶이다. 능률과 효율성을 내세우며 이에 반하는 것이라면 모두 성가시게 여기는 일체의 합리화 체제를 흔들어 놓을 힘은 시민의 참여 이외에 다른 데서 나오지 않는다.

6. 맺으며

내가 날마다 걷는 호수공원 둘레길에 내걸린 펼침막의 글이 개운치 않다. "제발!" 하는 말이 제일 앞에 나온다. 큰 글씨에 힘을 주어 쓴 느낌표로 외침의 뜻을 더하여 강하게 소리치는 분위기를 연출한다. 이어 "묻지도 따지지도 말고 마스크를 반드시 착용합시다!"라고 기운껏 목청을 돋운다. 이제 지쳤다는 듯이 '부디!' 말 좀 들으라며 더 이상 '묻지도 말고 따지지도 말라'고 퉁명스럽게 타이르는 투다. 코로나 돌림병 사태라 백성을 깨우쳐 정연한 생활 질서를 구축하고 모두의 안전을 도모해야 한다는 관료 체제 특유의 의식을 드러낸 구호이다. 돌림병 상황을 총괄 감독하는 부서에 속한 사람들이 노란색 겉옷을 입고 날마다 텔레비전 카메라 앞에 나와 전체 국민을 향하여 모두가 따라야 할 명령을 내리고 지침을 준다. 베버가 말한 '고대이집트'의 관료제가, 우리가 체험한 독재 정권의 군대 통솔 체제가 다시 나타나고 있다는 느낌이다. 오늘날의 관료 체제를 점거한 전문 기술 세력은 대번에 시민의 기를 꺾겠다며 윽박지르고 나올 만큼 거칠지 않다. 하지만 위기 상황을 기회로 삼아 체제 본위의 지배 효율성을 높이기 위하여 '묻지도 따지지도 말라!'며 시민을 길들여 이끌어 가겠다는 체제의 본성은 감추지 못하고 그대로 드러내고 있다. 온 국민을 '계도'하겠다는 전문 관료들의 특성이다. 호수공원에 내걸린 펼침막은 아직도 빛바래지 않고 바람에 펄럭이고 있다.

'시민'이라면 체제의 손짓 발짓 하나하나에 예민한 감각을 지닌다. 아니 체제의 말과 움직임 그 밑바탕을 꿰뚫어 보고 질문한다. '위로부터'의 명령에 능한 관료 체제가 언제나 불편하고 불만해하는 일이다. 이 점에서 시민은 어쩔 수 없는 비판자이고 어쩔 수 없이 비판자로 산다. 정확히 말하면 참여 비판자이고 비판 참여자이다. 편안히 먹고살기 위해 사사로운 자기 타산의 담벼락 안으로 움츠러들지 않고 그 안에 붙박인 듯 앉아 푸념을 일삼지 않는다. 별별 탈을 쓰고 우리 앞에 나타나는 지배 체제의 관리자를 향하여 어깃장을 놓을 수 있는 공공의 집합 마당으로 나아가 그들이 난처해하고 싫어할 소리를 내지른다. 시민은 통념의 피지배자로 남아 있지 않고 지배자로 올라선다. 이러한 시민만이 능률과 효율성을 내세우고는 체제의 일에 반하는 것이라면 모두 짓눌러 막아버리는 강철 같은 합리화 체제의 틀을 격발하여 뒤흔들어 놓을 수 있다. 이 힘은 시민의 참여에서 나온다. 다른 데서 나오지 않는다. 카리스마의 상징에 공감하고 이에 헌신하는 '시민의 참여' 없는 체제 도전은 상상할 수 없다.

베버가 세상을 떠난 지 한 백 년이 되는 이해, 그가 남긴 학문 유산과 만나 새삼 새겨보는 나의 생각 한 토막이다.

2부

관심과 인식의 비교 지평

도시와 사회변동

맑스에서 베버로

1. 머리말

맑스와 베버의 사회학은 서구 사회의 변동 현상에 대해 그들이 겪은 지적인 충격의 논리적 구성이라 할 수 있다. 경제적 생산과 조직, 정치적 지배 형태와 성격, 문화적 가치와 내용을 포함하는 사회 짜임새의 변동은 그 양상과 범위로 보아 지난 세대에 일찍이 찾아 볼 수 없었던 것이었다. 그들은 이런 모습을 남달리 예민하게 주목하고, 나아가 해명하려 하였다. 서구에 번지고 있는 자본주의의 실체는 무엇이며, 그 역사적 기원은 어떻게 설명되며, 그것이 제기하는 문제적인 상황은 무엇인가에 대한 집요한 탐구가 그들의 사회 이론으로 나타난 것이다.[1]

이 두 사람의 이론은 여러 각도와 다양한 측면에서 개별적으로 떼어

* 이 글은 「사회학연구」 넷째 책(1986)과 「역사와 사회 변동」(서울: 한국사회학연구소/민영사, 1987)에 실려 있다.

1 특히 Giddens(1971) 볼 것. 기든스는 보다 구체적으로, 자본주의의 역사와 기원에 대한 맑스와 베버의 논의에는 상당한 "일반적인 이론적 일치"가 있다고 보았다(Giddens, 1970: 289-310). 이 글의 우리말 옮김은 기든스(1985: 1장)에 있음.

논의되기도 하고 또는 한데 묶어서 비교되기도 하였다. 아마도 사회학의 이론적 논의에서 이 두 사람보다 더 큰 관심을 끈 사람은 없었을 것이다. 하부구조니 상부구조니 하면서 또한 유물론이니 관념론유심론이니 하면서 두 사람을 각각 규정하여 대비시키는 취미 정도의 낮은 수준으로부터, 제법 난해한 방법론의 철학적 바탕을 비교론적으로 검토하는 수준에 이르기까지 각양한 논의들이 잇달아 나왔다. 그것은 인식론의 논의에 머물고만 있지도 않다. 계급과 계층을 나누어 보려는 설익은 대비로부터 실천적 진보냐 이론적 보수냐로 양분하는 식의 논의도 있었고, 소외냐 비인간화냐 하는 만남의 가능성도 타진되었다. 어떻게 보면 필요 이상으로 논의가 계속 반복되는 느낌마저 주었고, 그러는 가운데 두 이론의 참모습들이 이지러지는 경우들도 있을 정도이다.

논의의 이론적 중요성과 수준의 문제는 떼어 놓고서라도, 크고 작은 주제를 둘러싸고 벌인 수많은 논의에도 불구하고, 실로 기이하게도 도시의 주제와 이어 이 두 사람을 비교한 글은 찾아 보기 어렵다. 있다면 그것은 주로 주변적으로나 입문 수준에서 다루고 있다.[2] 지난해에 출판된 「베버와 맑스의 대화」A Weber-Marx Dialogue를[3] 보아도 이러한 점을 실감케 한다. 이것은 학술 모임에서 발표한 글들을 묶어 낸 책으로서 몇몇 신선한 논의들을 싣고 있는 흥미 있는 책이다. 사회주의와 민주주의의

2 Saunders(1981)을 예외적인 경우라고 들고나올 사람이 있을 것이다. 첫 장만을 보면 그럴 만도 하다. 그러나 그것조차 책 전체의 내용과 아무런 의미 있는 관계를 지어 주지 못한 채 동떨어져 있어 오늘의 도시사회학의 이론적 이해에 도움을 주지 못하는 부정적인 것으로 고전 사회학자들의 이론이 그려져 있다. 흔히 개론류의 책에서 보듯이, 사회학의 창건자들에 대한 간단한 소개로 겉치레의 예의를 치르면서 이 책의 제목에 걸맞은 듯한 인상을 주고 있을 뿐 그들의 이론적 의미를 간과 내지는 왜곡하고 있는 셈이다.

3 Robert J. Antonio와 Ronald M. Glassman(엮음)이 1986년 University Press of Kansas 판으로 내놓은 책.

주제를 두고 두 사람의 견해를 대화적으로 검토한 것이라든지 오늘의 미국 사회를 보는 이 두 사람의 견해를 검토한 것은 무척 시사적이다. 하지만 이 최근의 시도에서조차, 도시를 이어 보는 논의는 개별 논문에서는 물론이려니와 이 글 모음의 책 끝에 단 '찾아보기'의 항목에서마저 취급되고 있지 않다. 기묘하게도 간과되어 왔던 바로 이 항목이 아래에서 논의할 내 글의 내용이다.

물론 이러한 시도는 만만치 않다. 맑스와 베버가 도시의 문제를 주목했으나 도시를 중심으로 논의한 글들이 두 사람의 글 속에 고르게 나타나고 있지 않다는 데 어려움이 있다. 베버의 강의를 엮어 낸 「도시」라는 영어판이Weber, 1958ㄷ 있는 반면 맑스에게는 그것에 견줄 만한 저작이 없다. 이 같은 사실이 비교를 어렵게 만들 것이라는 점이 전제되어야 한다. 또한 이 두 사람은 도시 그 자체를 필생의 과제로 삼아 그것을 중심으로 논의를 계속 펴 온 "도시사회학자"가 아니라는 점이 이 논의를 자의적인 것으로 보이게 할 가능성마저 있다. 그러나 나는 이러한 점을 오히려 도전의 대상으로 생각한다. 아래에서 보겠지만, 도시를 다루었다면 그들은 모두 현대사회를 낳은 긴 역사적 변동의 맥락에서 파악하려 했지,[4] 이른바 오늘의 대다수 "도시사회학자"들처럼 거시적 변동의 맥락에서 도시의 문제를 떼어 내어 미시적이고 단절적으로 비좁게 논의하지 않았다. 이러한 줄기의 연구와 연구의 관점은 오늘에 와서 더욱 의미있게 되었다고까지 생각할 수 있다. 맑스와 베버의 연구 내용을 어느 만큼 재검토하고 연구의 관점을 재확인함으로써 자칫 간과하거나 왜곡시

4 조금은 주변적으로 다룬 느낌을 주지만, 위의 Peter Saunders의 글과는 달리 Holton(1986)은 이러한 관점에서 뜻있는 글이라 생각한다.

킬 수 있는 그들의 이론적 논의를 보다 정확히 이해하는 것은 물론, 오늘의 도시사회학이 치닫고 있는 몰역사적이고 축소적인 연구 경향에 대한 교정과 비판을 가할 수도 있을 것이다.

이러한 생각에서 이 글은 먼저 도시와 사회변동을 이어 놓고 있는 맑스와 베버의 관심과 인식 내용을 서술한 다음, 여기서 밝혀질 몇 가지 차이점을 비판적으로 논의하고 비교할 것이다.

2. 맑스: 도시와 사회 진화

도시와 문명을 등식화하는 생각, 곧 도시와 문명의 발상과 발달을 이어 놓으려는 입장은 오랫동안 끈질기게 이어져 왔다. "도시와 문명은 떼어 놓을 수 없다"는 사실, 다시 말해서 "도시가 일어나고 번지면서 인간은 드디어 원시적인 상태에서 [그] 모습을 나타내기 시작했다"는 기데온 쇼버그의 주장은 널리 받아들여지고 있다. 지금까지의 인류 역사에서 "도시는 농업 다음으로 중요한 발명품"으로 꼽는 이들도 있을 정도이다 Sjoberg, 1960: 1. 이처럼 도시는 산업사회 이전의 것이든 그 이후의 것이든 생동하는 공간, 변화와 혁신, 발전과 근대화의 요람지이자 그 동력의 지원지이며 또한 그 상징적 중심부가 되어 왔다.

이러한 생각은 맑스의 역사 진화적 발전 이론에도 나타나 있다. 그는 벌써부터 도시와 촌락이 중세에 두드러지게 분화되고 있는 현상을 눈여겨보고 있었으며, 그것을 기존하는 봉건적 생산양식과 새롭게 부상하는 자본주의적 생산양식 사이에 낀 모순과 대립의 표출 현상으로 파악하려 하였다. 아득한 과거로부터 고대, 중세 봉건제도로, 거기에서부터 자본주의적 생산양식으로 발전되어 온 역사 변동의 과정에서 도시의 출현은 중요한 자리를 지키고 있었던 것이다.

사회 형성체가 역사적인 변동의 과정을 밟아 온 것을 유물론적인 생각으로 분석하고 있는 것을 논의하기에 앞서, 사회와 사회 형성체를 어떻게 개념화하고 있는가를 먼저 살펴보는 것이 좋을 것이다. 맑스에 따르면 사람은 살아가기 위하여 생산(일)의 과정 속에 들어가게 된다. 이 과정에서 자연과의 관계를 맺게 되고, 나아가 혼자 떨어져서 생산 활동을 하는 것이 아니라 다른 사람들과 어울려 교섭하면서 함께 일하게 된다. 이 같은 관계가 사회관계이자 생산관계이며 또한 생산의 사회적 관계이다. 이 관계는 생산에 쓰이는 도구 또는 수단의 성격에 따라 바뀐다. 화기라는 전쟁의 도구가 발견되면 옛 군대 조직이 새로운 조직으로 바뀌고 군대와 군대 사이의 관계도 함께 바뀌는 것과 마찬가지이다. 곧 생산의 물질적 수단 또는 생산 세력이 변동하고 발전하면 생산관계가 변형된다. 이 생산관계의 총체 또는 사회관계가 사회이다. 이러한 생각은 몇 해가 지난 뒤에 다시 다듬어져 쓰이고 있다. 생산의 과정에서 사람들이 들어서게 되는 특정 생산관계의 총체를 사회의 "경제구조"라 부르고는, 그것이 실재하는 진짜 토대이며 그 위에서 법률적 및 정치적 상부구조가 생기고 그 토대와 일치하는 특정 형태의 사회의식이 나타난다고 보았다. 사회가 발전하여 어느 단계에 이르면 물질적 생산 세력이 기존하는 생산관계와 갈등을 빚게 되는데, 그것은 이 생산관계가 생산 세력의 발전에 구속을 가하고 장애물이 되기 때문이다. 사회혁명의 기운은 이러한 긴장과 갈등의 관계에서 일어나는 것이다. 그는 "경제적 토대가 바뀌면 거대한 상부구조 전체가 꽤 급속하게 변형된다"는 글귀로 변동의 이론을 요약하고 있다. 이런 등속의 생각을 줄여 오늘날 흔히 쓰이고 있는 도식으로 나타내면 다음과 같다.[5]

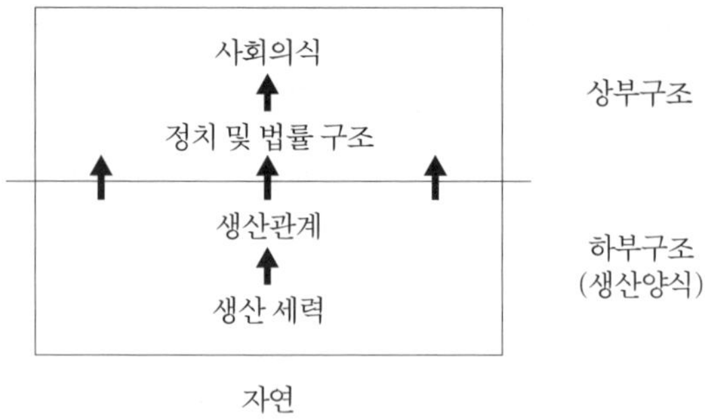

사회·경제 형성체

맑스는 이런 분석적 시각에서 인류 역사의 발전적 진화의 단계를 풀이한다. 이와 이어진 특수 발전 단계를 부족사회, 노예제에 터한 고대사회, 유럽의 봉건사회, 자본주의부르주아사회라고 분류하기도 했고 고대사회, 봉건사회 그리고 자본주의의 총체적 생산관계라 부르기도 했으나, 1859년에 나온 「정치경제학 비판의 기초」의 '머리글'에서는 현대 자본주의가 등장하기에 앞서 세 단계, 곧 "아시아적" 사회, 고대사회, 봉건사회의 생산양식으로 나누어 놓고 있다. 다시 말해서, 자연을 개간·이용하면서 자연이라는 조건 안에서 삶을 만들고 이어 가는 역사적 형성체의 진화 과정을 유럽뿐만 아니라 비유럽을 통틀어 일반적인 수준에서 구분하여 구조적 윤곽을 그리고 있는 것이 맑스의 진화적 사회변동 이론의 기본 뼈대이다.

그런데 이 역사적 진화의 풀이에서 도시가 중요한 요인으로 거론되고 있는 것이 특별히 흥미롭다. 따지고 보면 도시와 촌락을 구분하여 이

5 물론 구조·기능적 체계 이론의 관점에서 보면 이 도표에 그려진 것처럼 화살표를 한쪽 방향으로만 표시할 것이 아니라 두 쪽 방향으로 표시해야 한다는 주장이 가능할 수도 있다. 이런 해석을 보려면 Sztompka(1974), 특히 170-171쪽 볼 것.

둘 사이의 분화 과정을 분석의 대상으로 삼은 것은 「독일 이데올로기」로부터 계속 이어져 왔다. 마치 뒤르케임의 사회변동 이론과도 같이—물론 애덤 스미스류의 경제 이론에 더 크게 기대었겠지만—맑스는 농업과 상공업의 분리 및 이것과 이어진 도시와 촌락의 분리 그 밑바탕에는 분업의 과정이 깔려 있으며, 도시는 문제적이지만 진취적이고 발전적인 상황을 낳는다고 보고 있다Durkheim, 1933.[6] 그 나름의 관심이 분업의 과정을 재산 소유의 형식 또는 생산양식과 직결시키고 나아가 계급의 문제와 이어 놓는 데 모아지고 있을 따름이다.

아시아적 생산양식으로 특징되는 역사적 형성체는 인간의 원시적 상태에 역사적으로 가장 가까이 자리하고 있는 사회이다. 전제적 지배와 분산의 정도가 다를 수 있으나, 기본적으로는 촌락공동체 안에 사는 개인들이 그 공동체와 분화되지도 않고 농업과 수공업이 구별되지도 않은 이 조직의 원리가 공동체 안에서 계속 재생산되는 자체 유지적 통일체이다. 전제적 통치자는 소단위의 여러 공동체를 다스리는 우두머리로서 잉여 생산을 전쟁이나 관개 사업과 같은 공동체들 전체의 경제적 비용에 추동하기도 하나 재산 소유의 형식은 나타나지 않았다. 토지를 가지고 농사는 했으나 그 농민이 토지를 재산으로 "소유"하지는 않았다. 재산 소유가 존재하지 않았기 때문에 계급도 없었다. 계급이 있었다면 아주 원시적인 것이어서 계급 사이의 모순도 채 나타나지 않은 상태이다. 분업에 저항하고 역사적 변동을 가로막는 정체 사회이다. 도시와 촌락이 분화되지 않은 일종의 융해 상태로서, 큰 도시가 있었다면 그것은 실

6 특히 이런 해석과 관련하여 Fenton(1984: 48) 볼 것. 이것과 이어 뒤르케임의 역사 사회학적 방법을 보려면 박 영신(1986/1987: 3장) 볼 것.

제 경제구조 위에 걸쳐 놓은 지배자의 거대한 주둔지였을 뿐이다.

고대사회는 보다 역동적인 삶으로 특징된다. 벌써 토지를 소유한 촌락 인구들이 모여 있는 중심적인 도시를 창출하였고 개간지는 도시의 영역으로 흡수된다. 아시아적 공동체에서는 볼 수 없는 재산 소유상의 분화가 일어나 공유 토지가 밑에 깔려 있으나 사유 토지가 분리되어 나타나기도 한다. 이처럼 비록 완전하지는 않지만 제법 자유롭고 평등한 사유재산 소유자들이 도시적 공동체를 이루어 이것을 지키기 위하여 함께 바깥 세력에 대항하기도 한다. 고대 로마 사회에서 보듯이, 시민은 토지 소유자들로 구성된 공동체였기 때문에 토지를 둘러싸고 공동체들 사이에 분쟁이 일게 되면 공동으로 전쟁에 참여하게 되었다. 여기에서 친족 중심의 공동체가 군사 조직화한다. 도시에 모여 정착군을 이룬 것이 군사적 조직의 바탕이 되어 단순한 친족 집단이 상하 위계 관계로, 나아가 정복·피정복 관계로 분화되어 갔다. 고대사회의 역사는 "도시들의 역사"이었다. 다만 그 도시들은 "토지 소유와 농업에 터하고" 있었을 뿐이다.

도시적 공동체의 분화가 가속화되고, 시민권의 근거가 된 소유 토지를 정복하기 위한 전쟁을 통해 정복자의 시민권과 피정복자의 노예화로 고대사회가 와해된 이후에 나타난 단계가 게르만적인 중세사회이다. 촌락공동체를 기본 단위로 한 아시아적 생산양식과 도시를 기본 단위로 한 고대사회와는 달리, 중세사회는 고립된 집안을 중심으로 하는 개별 가내 조직 단위를 기본 골격으로 삼고 시작되었다. 점진적이고 세월을 요했던 것이지만, 로마의 정복으로 획득된 광대한 영역으로 번진 농업의 확장이라는 조건 위에 봉건제도가 들어선 것이다. 공동체 소유의 토지가 군사 조직을 가진 봉건영주들의 집단 소유가 되고 농노라는 피

착취 계급을 둔 사회조직이 촌락 중심으로 형성되었다. 그러나 동시에 상인들과 수공업의 장인들로 구성된 길드 조직이 견습 도제와 직공들과 맞서고 있는 사회조직이 중세의 도시에 나타났다. 또다시 생산과 상업이 분리되고, 생산의 특수화로 인한 도시들 사이의 분업 현상이 나타나고, 드디어 촌락에 터한 봉건세력과 개별 도시의 시민 집단 세력 사이에 계급적 갈등이 생겨났다. 맑스의 말을 빌리면 역사의 마당은 도시가 아닌 "촌락으로 시작하여" "도시와 촌락이 반목하면서" 발전해 온 시대이다.

그의 역사 해석에 따르면 도시와 촌락은 서로 다른 생산양식에 터하고 있었다는 점에서 도시는 발전 지향적 성격을 지니고 있다. 촌락은 인간과 토지 사이에 중재되지 않은 직접적인 유기적 관계로 특징되는 "자연"에 대한 생산관계를 가졌다면, 도시는 인간의 의식, 의지, 목적이 중재되고 있는 생산과 교환으로 특징되는 "사회"에 대한 생산관계를 구조적 바탕으로 삼고 있었다. 도시와 촌락은 상공업과 농업의 분화로 이어졌고, 노동과 교환에 의존하고 있는 동적 자본과 비육체노동, 그리고 이와 달리 교환에 의존하고 있는 부동의 재산과 육체노동 사이의 분업과 이어지고 있음은 위에서 비춰진 바다Holton, 윗글: 45-46.[7] 그러나 이 같은 이분법적 분류를 너무 단순하게 다룰 수는 없다. 고대사회의 생산양식을 논하는 데서 그 사회의 역사도 도시와 이어졌다고 보고 있는 것이다. 다만 그것이 보다 발전된 생산양식을 낳지 못한 까닭으로 도시와 촌락의 분화보다는 어떤 도시이었는가가 주목되어야 한다. 이때의 도시는 노예제도에 터한 토지 소유와 농업을 그 바탕으로 하고 있었으며, 노동력의 상품화를 촉발할 만큼 토지 중심의 고착성을 깨지도 못하였고 어느 만

7 맑스의 원전 자료는 생략했지만 대용으로 읽을 수 있는 Warner(1971: 49-74) 볼 것.

큼 분화는 되었으나 사유재산권도 발달시키지 못하였다. 그 도시는 자본주의적인 경제적 부를 증식시킬 수 있는 도시를 낳지 못한 것이다. 고대 로마 도시는 정치적 행정 기능 이상을 수행하지 못하였다. 월러스틴이 구분하고 있는 바, 고대 로마제국이 세계 체계적 속성을 가지고 있었음에도 불구하고 근대 자본주의의 세계 체계적 속성과는 달리 정치·관료적 행정 체계에 머물러 있었다고 한 것은Wallerstein, 1974[8] 바로 위에 말한 맑스의 생각을 기본적으로 재원용하고 있을 뿐이다. 맑스에게 있어 로마의 멸망은 도시와 도시 밖의 주변 세력 사이에 벌어진 정치적 싸움에 의한 정치적 세계 체계의 붕괴였지 새로운 생산양식으로 도약한 계기로서 기능한 것은 아니었다. 고대사회의 중심적 도시와 주변 지방들 사이의 정치적 결속이 깨진 것은 단지 노예적 생산양식의 몰락과 함께 지난날의 자영적 소농 제도에로의 복귀로 끝나고 만 것이다.

도시의 발전이란 다름 아닌 사회의 분화 정도가 더해 가는 과정으로 파악하여 어느 만큼 역사적으로 일반화시킬 수 있다. 말하자면 도시적 발전의 연속적 일반성이 있다고 할 수 있다. 그러나 동시에 서구의 중세 도시에는 그 이전의 도시와 명백하게 구별되는, 이른바 도시 발전의 불연속적 특수성도 있다. 자본주의적 생산양식이 정착되어 나타나기 바로 이전의 단계에 나타난 중세의 도시는 그 이전의 사회 진화의 단계에서 볼 수 있는 것도 아니며, 과거의 역사에서 단순히 연속적으로 일어난 것도 아니었다. 농노의 탈출로 크게 조건 지어진 중세의 도시는 순탄하고 자연스럽게 생성된 것이 아니라 단절적인 독특한 기원을 갖고 있는 것

8 이와 관련하여 Holton(윗글: 52) 볼 것. 월러스틴의 이론에 대한 비판적 논의로 박 영신(1985: 159-187) 볼 것.

이다.[9] 이제 도시는 일반 개념보다 어떤 도시인가라는 특수 개념이 요청되고 있는 셈이다. 그가 말하는 근대기의 도시는 고대사회에서 보는 "도시의 촌락화"가 아니라 "촌락의 도시화"라는 것도 이런 맥락에서 이해되어야 하는 것이다.

이 불연속적 특수성의 주제는 근대도시를 바라보는 또 다른 주제와 논리적으로 이어져 있다. 그것은 다름 아니라 역사란 도시의 역사이기도 하지만 보다 구체적으로 계급투쟁의 역사라는 주제이다. 사유재산이 중요하게 되고 봉건사회 속에서 사유재산권을 둘러싸고 계급 다툼이 벌어진 현상, 곧 중세 농노제도가 붕괴되고 영지에 얽매여 있던 노동력의 예속 관계가 와해된 상황과 이어진 사회 내적인 계급투쟁에 분석의 초점이 모아지고 있는 것이다. 토지가 자본화하고 농민들은 지난날의 토지 예속적 관계에서 몰아냄을 당하여 상공업적 생산을 가능케 하는 길이 열리게 됨과 아울러, 농촌적 재산 관계, 도시적 산업 생산체의 위치 설정, 독립적 길드의 압력, 시장의 확장과 같은 여러 요인들이 복잡하게 얽히어 펼쳐지는 사회과정에서 사회는 더 이상 순조롭고 점진적인 발전 양상을 띠었던 것이 아니라 갈등투성이의 대립과 폭력적 투쟁으로 점철된 변동 과정을 드러내기 시작하였다. 맑스는 도시와 촌락을 대비시켜 도시의 세력이 확장되고 있는 추세에 맞추어 산업도시를 "농촌적 삶의 백치성"에서 벗어나는 발전의 지표라고 생각했던 데서 한 걸음 더 나아가, 거대한 산업도시는 자본가가 주축이 되고 있으나 이와 대결하는 새로운 노동자군을 창출하고, 드디어 착취계급과 직접 대면하면서 억압과

9 이 점은 「자본론」의 첫째 책은 물론 「자본주의 이전의 경제 형성체」 그리고 「독일 이데올로기」와 「공산당선언」과도 다 이어져 있다. 이 같은 논지에 뒷받침될 수 있는 것으로 Holton(윗글: 41-48) 볼 것.

착취의 비인간성을 서서히 의식하기 시작하여 조직의 단계로 진입해 들어가 도시를 대결과 투쟁의 마당으로[10] 바꾸는 역사 발전적 현상에 보다 큰 관심을 쏟기 시작하는 것이다.

엥겔스도 이런 생각의 흐름을 고스란히 반영한다. 1840년대의 영국 사회 소설가나 중류층의 도시 개혁가들처럼 그 역시 「영국 노동자계급의 상황」에서 비참한 산업도시의 참상을 사실적으로 그리고는 윤리적으로 개탄하고 분노한다. 글래스고로부터 런던에 이르는 궁핍한 노동자계급이 재산 및 제조업의 소유 계급에 적대하여 깊은 분격이 치밀어 솟구칠 때면 앞서 일어난 "프랑스혁명"은 한낱 어린애들의 장난처럼 보이게 될 어마어마한 폭력적 혁명으로 번질 것이라고 경고하고, 이들 노동자계급의 고통에 대하여 도덕적 책임감을 가져야 한다고 부르짖었다. 이 참상을 보고 젊은 엥겔스는 은근히 일하는 당사자가 생산수단을 직접 소유하였던 과거에의 동경을 표시하기도 했다. 그러나 그 후—다시 말해서 원숙한 맑스의 이론을 흡수하면서—도시 노동자의 상황은 과거에 비하여 자유로워졌다는 점을 강조하고는 이것을 적극적으로 바라다보려는 입장에 서게 된다. 18세기 후반 시골에서 베 짜고 있던 직물 노동자가 살 집은 갖고 있었다 하더라도, 처절하게 보이는 19세기 후반 영국의 프롤레타리아가 훨씬 더 높은 수준에 있었다고 평가한 것은, 당시의 노동자계급이 놓여 있던 상황을 결코 윤리적으로 정당화한 것은 아니지만 역사 발전의 단계적 맥락에서 이것을 현실적으로 긍정한 것이

10 위의 내용은 맑스의 선언적인 여러 글에 나오지만, 경제 이론과 계급 갈등에 대한 논의를 덧붙여 봄이 보다 균형된 이해를 도울 것이다(Smelser, 1976: 205-235).

다.[11] 자본주의의 확장 때문에 정든 고향 집에서 노동자들이 떨어져 나오게 된 것은 그들의 가련한 도시의 빈궁에도 불구하고 결코 역사의 퇴행이 아니라 정신적 해방의 첫 조건을 통과한 것이다. 이들 노동자들이 도시에 떼 지어 모여 공통된 피착취 상황에 놓이게 될 때에만 그 계급적 착취의 굴레를 종식시킬 수 있는 일대 해방의 혁명적 거사를 감행할 수 있다고 보았기 때문이다. 억압과 궁핍화의 도시는 계급 없는 사회를 향한 혁명적 대드라마의 클라이맥스를 분출시킬 역사의 무대이기에 긍정되어야 했던 것이다.

3. 베버: 도시와 합리화 과정

우리가 잘 알고 있는 대로 베버는 서구 사회의 합리화 과정에 대한 해석적 풀이에 골똘하고 있었다. 왜 유독 서구에만 자유노동을 합리적으로 조직한 기업 중심의 자본주의가 발달했는가를 알아보기 위하여, 메소포타미아와 이집트의 역사, 유대교의 기록들, 헬레니즘, 로마제국의 흥망사를 포함하는 고대 문명과 중세의 성립, 게르만의 사회생활사를 통틀어 살피는 방대한 역사적 연구의 순례를 감행하였는가 하면, 서양에서 출발하여 근동과 동양의 중국과 인도를 오가는 먼 여정을 다 밟아 보았던 것이다. 이런 과정에서, 슐루히터가 요약하고 있듯이 베버는 "단순히 자기 분석의 사실적 바탕뿐만 아니라 이론적 지평 또한 계속 확

11 원전에 대한 달음은 제외했으나 위의 내용에 대해서는 Schorske(1963), 특히 105-107쪽 볼 것. 사회주의 이론의 전개와 관련시켜 보고 있는 Himmelfarb(1983: 496)도 볼 것.

장하였던 것"이다Schluchter, 1981: 9.[12] 서구의 합리성과 이의 제도화 과정이 지닌 특유한 성격과 그 기원을 설명하려 했던 것은 다른 문명권에는 합리성이나 합리화 과정이 없었다는 절대적 가치판단을 전제로 한 것이 아니다. 비서양 문명사회는 "서구"의 관점 및 방향과 다른 그 나름의 관점에서 합리성을 찾고 그 방향에서 합리화 과정을 밟아 왔다는 생각에 터하여 비서구 문명이 가진 문화적 중요성과 특유성을 인정하고 있는 것이다. 베버는 다른 문명권에서 보면 이해할 수 없는 몰합리적인 것이라 하더라도 서구 문명이 밟아 온 서구적 의미의 합리화 과정과 그 근거를 근대 경제적 합리화의 속성과 연결시키고 이러한 해석의 맥락에서 비서구 문명과 서구의 문명을 대비시켰을 따름이다윗글: 9-10 달음 11.[13] 합리성과 합리화 과정에는 다양한 종류와 유형이 있고 각기 다른 역사적 독특성을 지니고 있는 것이다. 베버의 도시 연구는 유명한 「프로테스탄트 윤리와 자본주의 정신」이라는 논지와 세계 문명의 비교 역사 연구에서와 같이[14] 자본주의라는 이름 속에 들어 있는, 보다 정확히는 자본주의적 기업 정신이 뿌리박고 있는 서구 문명의 독특한 합리화 과정에 대한 연구의 일환으로 착수되었다.[15] 그러기에 그는 합리적 자본주의가 생성되기 이전의 역사에서 그 정신적 또는 윤리적 모체를 찾으려 했듯이, 근대 자본주의가 나타나게 된 사회·역사적 배경으로서 고대도시와 중

12 이 글은 「서구 합리주의의 발전」이라는 이름으로 박 영신/양 창삼 옮김에 의해 한국사회학연구소에서 곧 나올 것임.

13 합리화 과정의 주제에 대해서는 Tenbruck(1980) 볼 것.

14 베버의 여러 글 볼 것(Weber, 1958ㄱ, 1958ㄷ, 1964).

15 1911-1913년에 연 베버의 강의 내용이었다고 하는 영어판 *The City*는 그가 세상을 떠난 다음 해인 1921년 *Archiv für Sozialwissenschaft und Sozialpolitik*에 실렸다가, 그 뒤 *Wirtschaft und Gesellschaft*에 포함되어 나왔다. Bendix(1960: 92) 달음 42 볼 것.

세도시를 비교 역사적으로 주목한다. 맑스에게서 느끼게 되는 바, 도시에 대한 어느 만큼의 명쾌한 개념의 정의나 준거조차 없이 조야한 논의를 펴고 있는 것과는 달리, 베버는 논의의 출발부터 연구하려는 주제의 개념부터 실로 정밀히 규정하기 시작한다. 그의 독특한 연구 방법에 따라 도시를 이념형으로 구성하였던 것이다Weber, 1949, 1947.

글머리에 쓰고 있듯이, 도시를 양적인 뜻에서의 큰 공간의 주거지로 생각한다면 도시의 법률적 속성을 갖고 있지 않은, 이른바 "도시"로 일컬어지는 옛날의 수많은 도시의 주거민보다 훨씬 더 많은 사람들이 산 "촌락"까지도 포함하게 되어, "크기"만으로 정의하는 것은 적절치 않다 Weber, 1958ㄴ: 65-66. 말하자면 경제적 생산관계, 인구학적 및 생태학적 크기나 밀집성, 이질성이나 개체성과 같은 속성 그 어느 하나만을 근거로 삼아 도시를 지나치게 좁게 정의하거나 그 반대로 지나치게 넓게 정의하여 이것을 보편적으로 적용시키려는 의도를 거부한다. 그가 탐구하려는 주제에 걸맞게, 서구의 합리화 과정에 나타난 특정 시기의 도시를 면밀히 따져 보는 데 도움을 줄 수 있는 방식으로 도시를 정의한다.

경제적 차원에서 도시를 정의할 때, 도시는 "농업보다는 일차적으로 상거래에 의존하며 사는 사람들의 거주지"이다윗글: 66. 그러나 그럴 경우 아시아나 러시아의 "상거래 촌"처럼 집안 식구들이 모여 단일 세습적인 상거래 집안으로 고착된 것까지도 포함할 수 있기 때문에 상거래의 다변성이 추가되어야 한다. 그렇다 하더라도 농노를 고용하며 사는 소상인과 기술공이 모여 사는 곳을 관습적인 뜻에서 도시라 할 수는 없다. 그보다는 정규적으로 상품을 교환하는 "시장"을 갖고 있는 곳이 도시의 본질이어야 한다. 경제 생산품이 특수화되어 도시민과 비도시민이 원하는 물건을 구할 수 있는 주거지의 "경제적 중심부"로서의 시장이 세워진 곳이 도시인 것이다. 이러한 시장도 영주 또는 제후의 이해관계 때문에 그들이 내주는 허가나 보장을 받고서야 존속할 수 있다윗글: 66-67. 그러나 중세 초기에서처럼 이러한 물리적인 구속을 받지 않고 상거래를 목적으로 상거래에 종사하는 사람들이 스스로 결사체를 만들게 되면서 나타난 "순수한" 시장으로서의 도시가 나타날 수도 있었다윗글: 68.

이것은 경제적 차원에서 내린 도시의 정의만으로는 그 본질이 충분히 드러나지 않는 차원이다. 베버는 경제적 요인 밖에 있는 비경제적 차원을 도시의 본질에 포함시켜야 한다고 본다. 거기에는 경제적인 개념 속에 넣을 수 없는 축성과 요새적 주둔지로서의 도시적 성격을 뜻하는 군사적 측면도 있는 것이다. 그러나 도시는 "정치적 및 행정적" 개념을 담고 있으며 그런 뜻에서만이 특수 지역이 도시에 속할 수 있는 것이라고 그는 말한다. 대다수 도시 주거민의 수입원이 촌락 주거민보다 농업에 더 크게 의존하고 있는 반농촌적인 중세도시를 "도시"라고 하는 것은 바로 이 같은 정치적·행정적인 뜻에서 가능한 논리이다. 도시는 특수한 정치적 및 행정적 장치를 마련해 두고 있는 "부분적으로 자치적인 결사체"이며 "공동체"이다윗글: 74. 유독 서양에서 일반적인 현상으로 나타난 도시는 경제적인 뜻에서의 도시가 아니고 군사적 주둔지로서의 도시도 아닌, 특수한 정치적·행정적 구조를 가진 진정한 의미에서의 도시 주민들의 "공동체"였다윗글: 80.

이 같은 도시 공동체의 개념 구성에 따라, 주민들은 성곽, 시장, 자체의 법원과 최소한 부분적으로 자치적인 법률, 이와 관련된 결사체의 형태, 최소한 부분적인 자치성과 자치행정, 곧 도시민에 의해 선출된 이들이 집행하는 행정 체제와 같은 특성을 가지고, 그들이 상거래를 주도해 나가는 것이 도시의 본질적 속성이라고 파악한다. 이러한 개념적 기준에 부분적으로나마 맞는 것은 중세 서양에 나타난 도시이며, 그 밖의 문화권에서는 일반적인 현상이 아닌 예외적인 경우로만 나타날 수 있다고 윗글: 81 베버는 앞질러 말한다.

이어 그는 서양의 도시가 갖고 있는 특징을 좀 더 자세히 살핀다. 서양의 도시와 동양의 도시에는 서로 비슷한 점이 많다. 다 같이 상거래의 중심이 된 시장과 성곽도 있었고 상인들과 기술공들의 조합들도 있었고, 또한 정도의 차이는 있지만 어느 만큼의 자치적인 규칙들도 마련되어 있었다윗글: 91-92. 그러나 동양의 도시는 서구의 도시 형태로 발전하지 못한 장애 요인들을 갖고 있었다.

어느 지역이든 도시는 도시 밖에서 이주해 온 사람들이 함께 사는 주거지역이었다. 그러므로 동양의 도시에는 과거에 급제하여 관리로 사는 문사 계급과 하층 무식자 계급이 모여 살았으며, 서양 고대사회에는 지주 귀족층과 관리들 그리고 하인들이 살고 있었는가 하면 노예들도 함께 거주하였고, 중세 초기에는 관리, 승려, 고용된 군인들이 같이 살고 있었다. 도시를 중심으로 부를 축적할 수 있는 기회가 생기면서 도시 안의 이해관계는 보다 복잡해지고 거기에서 상충되는 갈등도 생기기 시작하였다. 자유인이 무역과 상업을 경영하면서 처음으로 경제적인 부를 축적하였으나 돈을 주고 예속 신분에서 벗어난 자유인들조차 나타나게 되면서, 도시 주거민들은 공통된 경제적 이해관계로 결속하게 되어 영주가 집행하는 법조차 파기할 수 있는 권리를 획득하기도 한다. 이런 것은 다른 데서 찾아 볼 수 없는 중세도시의 독특한 역사적 경험 내용이다 윗글: 94. 자유의 원리가 지배하는 곳, "도시의 공기는 자유케 한다"Stadtluft macht frei는 격언처럼 노예의 주인이 노예를 부릴 권리를 잃게 되는 도시, 도시 주민들이 자기들 사이의 내적인 정치 평등권을 누리고 도시 행정 관리들을 선출하는 정치적 주거지역으로서의 도시가 북부 유럽에 나타나기 시작하였다윗글: 94, 219.[16] 중세적 신분 관계가 무너진 그 자리에 경제적 독립성을 누리면서 행정직을 지키고 도시민들에게 권력을 행사하는 새 귀족 세력이 나타난 것이다. 그러나 도시 내부의 지위와 상관없이 도시민 전체가 하나의 세력으로 조직되어 도시 밖의 귀족 세력과 갈등의 관계에 놓이게도 된다. 도시 밖의 농촌적 촌락 세력에 기대고 있는 옛 봉건적 귀족 세력과는 달리, 도시귀족은 경제적 부를 추구하고 도시 행정기관에서는 길드 세력과도 자리를 같이했다. 이것은 도시 전체를 평등화하는 변동의 움직임이었다. 이들 도시 세력이 농촌적 귀족 세력과 갈등하고 나아가 관계를 끊을 수 있었던 제도적 형태가 도시 자치제였다Weber, 1958ㄴ: 95.

고대도시와 중세도시에 나타난 발전된 도시의 가장 뚜렷하고 주요한 특징은 동료적 결사체의 속성이다. 퀴스텔 드 쿨랑주의 「고대도시」에서 읽듯이,[17] 고대도시에는 도시민의 단결을 상징하는 종교 의례와 도시민이 함께 참여하는 의식이 발달하고 있었다는 것은 다 아는 바이다. 그것을 소급해 올라가면, 중국의 조상숭배 의식과 같이 고대의 종교적 의례가 가족 중심으로 시작되어 집안에 속한 이들만 참여하고 그 집안에 속하지 않은 이들은 참여할 수 없게 구분되어 있었다. 그러나 고대도시의 발달 형태에서 보듯이, 서양에서는 집안 사이의 간격과 집안의 대립이 동양처럼 뚜렷하지도 않았고 더구나 가족의 배타성이 신성한 것으로 존

16 이와 관련하여 서구 도시와 동양 도시, 또는 자유 도시와 세습 도시의 유형으로 베버의 생각을 다듬고 있는 Vatro Murvar(1966, 1985: 81-84) 볼 것.

17 Fustel de Coulanges(1980/1984), 특히 1-3부 볼 것. 이것을 뒤르케임의 사회학적 관심과 이어 놓고 있는 것을 보려면 박 영신의 윗글(1986), 특히 483-486쪽 볼 것.

중되지는 않았다. 베버는 신약성경에 나타난 사실을 보기로 든다. 바울이 갈라디아 교회에 보낸 편지에서 유대인으로 태어났든 이방인으로 태어났든 하나의 신앙으로 구원받았다면 더 이상 구별되지 않는다는 점을 강조한 것과, 초대 기독교에서 할례받은 이나 받지 않은 이가 함께 참여하는 성찬식의 전통을 들어, 고대사회에서조차 가족 중심의 종교 의례적 배타성이 사라지기 시작했다는 점을 보여 준다Weber, 1958ㄴ: 98. 나아가 혈연적 친족 집단을 넘어선 종교 의례상의 원칙적 평등성이 실천되고 있었던 것이다. 중세기에 들어서는 도시에 관한 한 친족 집단은 애초부터 약했을 뿐만 아니라 그 주요 속성으로 작용하지 않았다. 도시는 집을 소유한 시민 하나하나가 모여 만든 협동체였다.

동양에서는 도시 자치제가 생길 수 없었던 장애 요인으로서 친족 조직을 떠받들고 있는 조상숭배 의식과 같은 비합리적인 제도가 있었다윗글: 97, 99.[18] 앞서 보았듯이 서양에서는 벌써부터 친족 집단의 위력이 약한 도시가 나타났는 데다, 그것을 강화시킬 수 있는 조상숭배와 같은 것은 없었다. 이러한 친족적 전통이 약하거나 정착되지 않았던 데서 기독교가 널리 번질 수 있었으나, 또한 "기독교 자체가 친족의 종교적 중요성을 파괴하는 데 결정적 요인"으로 작용하였고, 이에 바탕을 둔 교회 공동체가 중세도시의 정치적·행정적 조직에 큰 영향을 미친 것이다윗글: 100.[19] 도시의 교회와 교회의 공식 행사와 성찬식에 시민이 함께 참여하는 데서, 친족 관계와는 아무 관계 없이 신앙인 하나하나가 모여 만든 "신앙

18 이와 관련하여 한국의 전통적 관습인 조상숭배를 여러 측면에서 논의하고 있는 최 길성(1986) 볼 것.

19 바로 이와 같은 상황이 개혁가나 사상가 그리고 예언자들이 나타나 쉽게 청중을 얻을 수 있는 사회적 조건이라고 한 내용들은 다른 여러 글에서도 지적되고 있다. 보기로서 Weber(1963ㄴ: 337-338) 볼 것.

고백적 결사체"로서의 신앙 공동체가 되어, 드디어 기독교는 친족 관계가 가졌던 종교 의례적인 중요성을 없애 버리고야 만다윗글: 102-103.

중세 서구 도시와는 달리 동양에서는 도시에 살면서도 이들 도시민들은 자기 고향 집안에 속하는 것으로 생각하는 것이 정상이었다. 친족 집단을 중심으로 하는 결속 관계가 강조되어 그것은 촌락뿐 아니라 도시의 직업 결사체에서도 촌락의 친족 집단처럼 소속 회원의 생활 방식에 주된 영향력을 행사하고 있었다. 따라서 도시와 촌락이 지역적으로 나누어져 있었고 길드 형식의 직업 결사체도 찾아 볼 수 있었지만, 중세의 도시처럼 도시와 길드가 그 나름으로 특권을 누리게 되는 방향으로 발전하지 못하였다.[20] 특히 북부 유럽에서는 도시가 만들어지면 도시민은 친족 집단과는 상관없이 하나의 독립된 개인으로서 시민이 되었다. 개인 자격으로 "서약"하여 도시 결사체에 들어가면 그것 자체로 시민으로서의 "법적인 지위를 보장"받았던 것이다윗글: 106-108. 고향에 연줄을 대지 않고 혈연적 친족 집단을 배경으로 내놓지 않고도, 도시라는 땅에 들어온 사람들이라면 누구라도 똑같은 시민의 특권이 주어질 수 있게 되었다. 이와는 대조적으로 동양에는 자유롭게 상공업에 종사·활동하고 서로 협력하여 규제하는 "확고하고, 공적으로 인정되고, 공식적이며 신뢰할 수 있는 법적 바탕"이 없었다.[21] 중세도시는 "경제적으로는 상거래의 장소였으며, 정치적으로 성곽이요 요새 주둔지였고, 행정적으로는 법원 관리지역이었고, 사회적으로는 서약으로 결합된 연맹체였다"Weber, 1958ㄴ: 104, 241.

20 이에 대하여는 Weber(1963ㄴ: 16-19) 볼 것.

21 Weber(1963ㄴ: 20).

도시민으로 서약하여 도시 결사체에 속한 시민으로서 법률적인 권리를 얻고 시민으로서 서로 단합하여 그들에게 적대하는 지배적 귀족 세력에 대항할 수 있는 군사적 힘을 키우기까지 하였다윗글: 119-200, 특히 181. 친족이나 가문을 종교적으로 정당화한 동양의 전통과는 달리, 그것을 종교적 및 윤리적으로 약화 또는 파괴하는 데 결정적 동기를 준 것이 기독교이고 그러한 계기가 다시 한번 극적으로 나타난 것이 종교개혁 이후였다는 것은 두말할 필요도 없다. 서구의 종교적 전통은 특정 친족 집단으로서가 아니라 스스로 믿는다고 결심한 개인의 서약과 함께 종교적 결사체의 회원이 되었으며, 이러한 결사체적 공동체가 서구 도시에서 형성된 도시적 결사체의 모형이었던 것이다. 도시 시민의 결사체는 관례나 헌장을 통하여, 또는 다른 도시를 본받아 자체의 법률을 만들어 이것을 모든 시민들에게 공통으로 적용하여, 혈연이나 지연에 대한 특수주의적인 집단이 아닌 보편주의적인 원리에 서 있는 결사체로 발전하였다. 사사로운 집안의 명예나 감정에 의한 결투 방식이나 종교적 제의와 관련된 심판의 관습을 버리고, 시민들 스스로 배심원이 되고 합리적인 증거를 중시하는 법률적 단위로서 성장하여, 도시 결사체는 길드의 세력도 제한할 수 있는 행정 집행력을 가진 조직으로 커 갔다윗글: 183. 고대 도시에서 볼 수 없었던 합리적인 경제체제를 만들면서 도시는 산업화의 방향으로 계속 치달아 가게 된다. 이것이 서구 합리화 과정의 구조적 및 규범적 조건이 된 도시의 모습이었다.

도시에 관련된 베버의 생각을 「도시」라는 책이 망라하고 있는 것은 아니다. 도시와 관련된 논의들은 방대한 「경제와 사회」에 실린 여러 글과 그 밖의 여러 종교사회학에 관한 글에 이르기까지 널리 흩어져 있다. 그러므로 도시에 대한 베버의 사회학적 연구를 「도시」라는 이름으로 엮여 나온 한 권의 책에 한정시키는 것은 그에 대한 바른 이해를 그르치게 할 수도 있다.[22] 그러나 보다 중요한 것은 도시에 대한 그의 관심이 "도시" 그 자체에 한정되어 있는 것이 아니라는 사실을 되새겨 보는 일이다. 도시사회학이라는 이름으로 나오는 갖가지 글들이 지겹도록 반복되고 있는 과오와 실패가 바로 이 점에 근거한다.[23] 이 사실을 간과하지 않을 때만이 비로소 고대도시에 대한 일대 기념비적인 연구물을 남긴 퀴스텔드 쿨랑주나 중세도시 연구에 값진 기여를 했다고 하는 피렌과[24] 같은 역사학자들의 관심과 베버의 사회학을 구별할 수 있는 것이다. 도시 자체의 기원과 그 조건에 대한 역사적 사실의 발견, 그것보다 그가 현실적으로 관심을 갖고 탐구하여 이해하려 한 서구의 합리성과 그것이 펼쳐지고 있는 의미 있는 합리화 과정의 문화적 중요성과 의미에 관련되는 한에서 도시의 문제가 의미 있는 연구 영역이 될 뿐이다. 개인소유의 재산이나 가산에서 기업이 공식적이고 법률적으로 분리되어 나가고, 노동을 합리적인 자본주의 방식으로 조직하고, 합리적 상업부기가 널리 퍼지는 근대 자본주의적 기업의 독특한 모습,[25] 그러한 원리가 경제 영역에 한정된 것이 아니라 삶의 모든 영역 속으로 침투해 가는 과정을 중요한 문제로 보았던 것이다. 이런 합리화 과정은 분명히 지난날의 마법적 지배에서 삶을 해방시키는 발전의 과정이며, 그런 과정이 확장·신장되

22 위의 논의는 제한된 지면 때문에 충분히 제시하지는 못했으나, 중국과 인도에 대한 종교사회학의 글들을 읽어 보는 것은 기본적인 과제이다. 비록 자료로서 신빙성은 문제가 된다 하더라도 여기에 베버의 강의 내용을 담은 Weber(1961)을 덧붙여 보는 것이 좋을 것이다.

23 수많은 글들 가운데서 그나마 성의 있게 쓴 듯한 다음의 글만 보아도 이 점은 명백하다. Mellor(1971: 189-194), Saunders(윗글).

24 베버와 관련하여 Pirenne(1925/1952)의 6장이 특히 흥미롭다. 또한 베버와 비교하고 있는 Holton(윗글: 48-62) 볼 것.

25 여러 글에 더하여 Weber(1961: 202-209) 볼 것.

어 보다 큰 합리성으로 나아가는 방향성마저도 띤 변동의 흐름이다. 도시는 이러한 방향으로 사회가 변동해 가는 특수한 역사적 상황에서 중요한 요인으로 작용한 것이다.

도시와 관련하여 이 합리화 과정을 어떤 점에서 문제시하고 있으며, 그것을 어떻게 풀이하고 있는가 하는 것은 아래에 이어질 맑스와의 비교에서 보다 분명히 드러나게 될 것이다.

4. 견줌: 내용과 형식

맑스와 베버가 한결같이 관심을 두고 있었던 것이 서구에 나타난 자본주의에 대한 분석이었던 만큼, 거기에는 벌써 일정한 유사성이나 아니면 최소한 관심의 교차점이 있을 것이라는 것은 넉넉히 생각해 볼 수 있는 일이다. 사실 이러한 논의는 카를 뢰비트가 남긴 저작에서 훌륭히 다루어진 바 있다Löwith, 1982. 여기서는 다만 나의 논의 내용과 관련지어 몇 가지로 견주어 본다.

이 두 사람은 모두 사회변동에 대한 역사적 분석을 강조하였을 뿐만 아니라 그 분석적 개념이 어느 면에서 겹쳐지고 있다고 말할 수 있다. 보기로서 베버가 중세기에 발전된 자치적 길드 조직, 상공업, 법률적·행정적 전문직의 형성, 이런 것들과 이어진 자유 도시를 서구 자본주의의 발전에 기여한 중요한 조건으로 파악한 것을 맑스와 이어 볼 수도 있다. 비록 맑스가 베버에 버금가는 역사적 연구의 치밀성을 결여하고 있다는 것은 인정하더라도, 그 역시 서구 자본주의의 발달에는 시민 주도의 도시 자치성이 있었음을 지적하려 하였다. 그가 애써 아시아적 생산양식 또는 그 정체성을 도시와 촌락의 융해적 미분화 상태와 연결 지은 반면, 중세 역사가 촌락으로 시작했지만 도시의 지배로 나아가는 과정에서 독립된 길드 조직이 생기고 소규모지만 상품생산을 주도하게 되었다고 한 것은 바로 이 중세 서양 도시의 중요성을 강조하기 위한 것이었다 할 수 있다. 브라이언 터너는 맑스와 베버가 서로 비슷하다는 점을 지나치리만큼 강조하여, 맑스의 아시아적 생산양식은 베버의 세습 제도와 비슷하다고 짧게 쓰고는 흔히 베버의 사회학을 반맑스주의적이라고 하는 통례의 견해에는 문제가 있다고 반박까지 한다Turner, 1981: 248-249. 고대 로마 경제에 대한 베버의 연구는 맑스의 노예적 생산양식과 어울린다는 점을 내세우는 데서 한 걸음 더 나아가, 최근의 맑스주의자들이 자본주의 이전의 사회 형성체를 연구해 놓은 것 가운데 페리 앤더슨의 저작과 같은 것은 베버적인 분석 방식을 쓴 인상을 강하게 풍긴다고 주장한다. 그가 베버의 글을 따오거나 그의 연구 내용을 달음으로 표시하지 않아 베버에 기대고 있는 내색을 보여 주고 있지는 않지만, "도시, 노예경제, 도시민의 역할, 군사 문제와 같은 여러 특정 문제점을 앤더슨이 다루고 있는 것은 베버적인 제도적 분석으로 보인다"고 쓰고 있다.[26]

이 같은 논지가 상당한 계몽적인 값어치를 갖고 있음은 분명하다. 밖으로 내보이는 모양과 의도적·무의도적으로 드러내 보이지 않는 속사

26 1974년에 나온 Perry Anderson의 두 책을 가리키고 있다. *Passages from Antiquity to Feudalism*과 *Lineages of the Absolutist State*. 여기에 머물지 않고, 월러스틴의 「근대 세계 체계」에서 나타나는 접근조차 중심적인 주제는 베버로부터 직접 끌어낸 것이라고 주장한다. 보기를 들어 중국이 자본주의를 발전시키지 못한 것은 수록제(Prebendalism)라는 구조적 결함 때문이라고 강조해 말하는 등, 자본주의의 출발을 수록제와 봉건제가 각기 내포하고 있는 발전 가능성의 내적 차이라는 베버적인 분석의 틀에서 개념화시키고 있다는 것이다. 단지 그는 중심부가 주변부의 자생적 발전을 저지시키고 있다는 네오맑스주의의 외부적 분석 틀에서 그 결과를 따져 볼 뿐이라고 덧붙이고만 있다(Turner, 윗글: 245, 251-256; Wallerstein, 윗글: 57-63). 터너의 논지가 지닌 또 하나의 문제는 그 스스로 조금은 시인하고 있듯이 내적인 것과 외적인 것으로 분석의 시각을 나누어 보는 것은 맑스와 베버에게 적용하기가 매우 거북스럽고 까다로운 분류라는 점이다.

정 사이의 틈새를 밝혀 보이고자 하기 때문이다. 그러나 맑스와 베버의 생각을 이 수준에서만 견주어 본다면 그들의 사회학적 세계에 깊이 굴착해 들어가지 못하고야 말 것이다. 맑스의 베버화가 아니면 베버의 맑스화를 꾀하는 한낱 흥미로운 해석에서 끝나겠기에 말이다. 여기에서 그들의 사회학적 분석 방법이 갖고 있는 인식의 속성에까지 논의를 내뻗치어 그것을 다시 확인할 필요가 있다.

이런 문제에 대해서도 맑스를 어떻게 또는 어떤 면을 보느냐에 따라 베버와 구별하기 힘든 영역이 없는 것은 아니다. 초기의 저작에 나타나 있는 맑스를 보면 노동을 통해 자연과 인간이 중재되는 과정을 강조하는 것과, 인간이 상황을 만들듯이 상황이 인간을 만든다는 "변증적"인 측면을 뽑아낼 수도 있다. 그리고 베버는 당대의 이른바 다듬어지지 않은 "속된 맑스주의"의 경직된 유물사관을 비판한 것이지 맑스 자신의 보다 역동적인 설명 방식과 맞부딪친 적이 없다고 주장할 수도 있다. 그렇다 해도 맑스의 주요 저작 가운데 경제적 단일 요인적인 인과관계를 거부하거나 이것을 극복하고 있는 경험적·역사적 연구를 증거로 끌어내어 올 수는 없기에, 이 두 사람 사이에서 설명적 방식이 수렴되고 있다는 주장에 대하여 의심쩍게 생각하는 이들을 그 누구도 아직 수긍시키지는 못했다. 특히 젊은 맑스를 넘어 과도기를 지난 다음 원숙한 과학적 맑스로 이어지는 단계에서 피력된 도시 문제와 사회 진화의 단계에 대한 지극히 도식적인 진술로는 수렴 가능성에 대한 회의를 티끌만큼도 줄이지 못하고 오히려 그것을 강화시킬 뿐이다.

베버가 통렬하게 비판하고 있는 결정론적인, 그리하여 현실과 동떨어진 형이상학적 유물론의 역사 해석이Weber, 1949: 68-69, 71 맑스 자신의 것이 아니라 그를 왜곡한 "속된" 추종자들의 생각이라고 변호하더라도 그것에 상관없이, 그런 해석을 극복하려는 베버의 시각은 방법론적인 글에 선언적으로만 나타난 것이 아니라 수많은 경험적 및 역사적 연구에 일관되게 지속적으로 나타나고 있다는 사실을 부인할 수 없다. 그가 여러 곳에서 경제적인 원인 하나만으로 풀어 볼 수 없을뿐더러 경제적 요인만이 유일하고 실제적인 요인이라고 할 수 없다고 한 말은 그것 이외에 정치적, 사회적, 법률적, 종교·윤리적인 요인들을 다 고려해야 된다는 말이다윗글: 같은 곳.[27] 「프로테스탄트 윤리와 자본주의 정신」은 유물론에 대한 역전의 논리를 펴는 것이 아니라, 특정 종교적 윤리에서 합리성이라는 서구 문명의 특성을 논리적으로 추출하려는 이론적 구성이라는 것도 우리가 논의하는 맥락에서 본다면 단일 요인적 설명 방식의 오류를 극복하려는 것이었다Weber, 1958ㄱ: 182-184.[28] 이 점은 그의 여러 비교종교사회학적 연구에서도 나타나지만, 특히 위에 살핀 「도시」의 연구에서처럼 더 야무지고도 치밀하게 드러나는 곳이 없을 것이다. 기존하거나 또는 불시에 나타날 수도 있는 여러 요인들이 서로 얽혀 벌어지는 역사적 상황과 그 과정을 의미 있게 풀어 보고 파헤치는 것, 이러한 접근에 터한 「도시」는 이미 널리 알려진 제프리 알렉산더의 말로 하면 "다차

27 그리고 그 밖에 여러 곳 볼 것. 이러한 것을 강조하게 되는 베버의 신칸트학파적 인식론과 맑스의 헤겔적인 인식과 관련된 철학적 배경에 대한 논의는 이 글의 테두리에서 크게 벗어나는 것이므로 여기서는 생략한다. 이에 관해서는 여러 글이 있지만, 특히 Antonio(1985: 20-43) 볼 것.

28 이 논문이 베버 당시의 지성 세계를 휩쓸려 하는 경직된 교조적 유물론에 대하여 중요한 비판이자 바로잡음의 몫을 맡으려 했다는 것은 조금도 낮추어 보아서는 안 될 것이지만, 오늘에 이르기까지 근대화 이론이나 사회 발전론이나 하는 논의에서 사회변동에 대한 베버의 분석적 시각을 편협하게 원용하거나 아니면 똑같이 편협하게 일소에 부치고 있는 것은 어떻게 보아도 온당치 않다. 인간 행위와 사회변동에서 상징, 가치, 신념의 요인이 정당하게 취급되어야 한다고 강조하더라도, 그것을 사회구조적인 맥락에서 동떨어진 것으로 다룬다면 문제다. 베버의 이론을 개인의 심리적 차원으로 보려는 것은 큰 한계를 낳는다고 일찍이 주장하고 있는 벨라의 아랫글은 이 같은 점에서 아직도 의미 있게 읽혀져야 한다. Bellah(1963, 1970).

원적인 개념화"에Alexander, 1983 의한 설명의 좋은 보기인 셈이다.

자본주의 발달의 역사적 과정에 대한 논의에서 사회변동을 설명하는 두 사람의 방식에서 또 다른 중요한 차이를 찾아 보게 된다. 이 두 서양인이 모두 서구 자본주의의 발전 과정을 풀어 보고자 했던 만큼, 서구에 독특한 그 자본주의가 왜 비서구 사회에서는 나타나지 않았는가 하는 물음을 던지고 그것을 비교론적으로 풀이했었어야 했다. 서구 봉건제도는 자본주의의 온실이 되었는데, 아시아적 생산양식이 지배한 사회에서는 자본주의가 태동하지 않았다는 것이 맑스의 생각이었다. 이 생산양식이 지배했던 곳에서는 사유재산도 없고 따라서 계급도 없고, 물론 생산수단에서 노동을 분리시킨 주요 단계로서의 자유 도시를 향한 분화도 없었다. 정체된 인도가 철도 부설 등 영국의 식민지 지배 정책에 의해 변형되어야 했던 그러한 발전의 계기가 필요했다고 보는 것이다. 정체된 사회가 그 낙후성을 분쇄하기 위해서는 도시적인 패기와 발전의 힘을 가진 자본주의의 변혁 충격이 있어야 한다. 그것은 발전의 단계적 도약이 되기 때문이다. 서구의 역사 진화에서 앞의 한 단계는 다음 단계로의 발전에 필요한 단계라는 발상도 마찬가지 논리이다. 원시 공동사회를 벗어나 고대 노예사회로, 봉건사회로, 자본주의사회로, 드디어 사회주의사회로 가는 발전의 단계가 진화의 보편적 법칙을 이루고 있는 것이다. 홉스봄이 벌써부터 이러한 시각에는 매우 심각한 문제가 있어 비판의 대상이 되리라는 데 고심한 나머지 애써 진화적 단계설을 약화시키려 하고 있지만Hobsbawm, 1964, 그리고 최근 코카는 이 같은 점을 들어 베버가 맑스를 몰역사적이라고 몰아세우는 것은 일방적이었다고 맑스를 두둔하려 하지만Kocka, 1985: 134-166, 맑스에 동정적인 이 두 옹호적 변증론자들은 맑스의 역사 진화적 단계설을 주도면밀하게 개념적으로

"재구성"하지 못한 채 그것이 안고 있는 애매한 개념적 불명료성과 불안한 이중성을 실토했었어야 했다. 역사적 총체성 개념을 가지고 사회를 총체적으로 풀이하려는 인식의 노력은 불가능하고 또한 형이상학적이라고 한 베버와는 달리, 맑스는 그런 총체성의 개념에 따라 역사 발전의 단계를 말하고 있다는 데서 그 경직성이 가중되고 있는 것이다.

마치 지적인 운명의 장난과도 같이, 알튀세르의 말처럼 맑스가 헤겔을 단순히 거꾸로 뒤집은 것이 아니라 해도 그리고 그의 영향권 아래 있던 젊은 시절의 비과학적인 맑스가 원숙해지면서 "인식론적 단절"을 경험했다 해도박 영신, 1984, 역사의 발전을 보는 맑스의 눈에서는 헤겔의 기본 생각이 말끔히 청산되었다기보다는 인식의 밑바탕에 침전되어 다시 내면화되고 있었던 것이다. 한마디로 헤겔의 "새 원리"가 펴져 표현되는 것이라는 역사·철학의 울타리 속에 갇혀 있다고 해야 옳다. "아시아적 생산양식"이라는 이 당혹스러운, 서양 중심의, 그러기에 인종 중심적이라고도 해야 할 편견이 저변에 깔려 있는 이 개념이Lichtheim, 1973: 151-171 최근 맑스주의자들 사이에서 저버림을 당하는 것은 새로운 각성에 기인한 자연스러운 일이라 할 수 있다. 알튀세르가 1850년대 후반을 맑스의 "인식론적 단절"로 보고 있는 데서 한 걸음 더 나아가, 힌데스와 허스트는 「자본론」에까지 침투해 있는 헤겔의 목적론적 역사철학을 꼬집고 과학적 인식에 이르지 못한 미숙한 서구 중심의 생각이라 하여 "아시아적 생산양식"의 개념을 일소에 부치고자 할 정도이다.[29] 그렇다 해도 자본주의적 생산양식 이전의 서구와 동양의 생산양식이 과연 같은가라는 등속의 문제들이 또 꼬리를 물고 제기되어 긴 논의를 불러일으키지만, 여기서는 맑스의 진화적 단계설이 안팎의 공격을 받고 궁지에 몰려 있다는 것만을 지적해 두는 것으로 충분할 것이다.

베버의 연구가 서양 중심이었다고 할 때는 특별한 조건을 붙여 두어야 한다. 그가 서구의 특유한 합리화 과정을 해석하려 했을 때 자연히 비서구 문명권을 들여다보고 그 유사점과 함께 차이점을 명백하게 들여다보지 않으면 안 되었다. 곧 서구 문명에 국한하여 거기서 벌어진 역사 변동을 알아보기 위하여 비서구 문명권을 비교해 본 것이다. 단지 서양에서 보편적 중요성을 갖는 발전 방향에 따라 나타난 문화 현상을 여러 사회·역사적 상황의 전후 관계로 풀어 보고자 한 것이다. 이 점에서 베버는 보편적 역사관을 보이고 있다고 할 수 있다.[30] 그렇다고 해서 맑스처럼 발전의 단계를 나누어 시대를 구분하고 나아가 역사 발전의 단계나 진화론적 도식에 역사 변동의 경험 내용을 채워 메꾸는 것이 아니라, 서로 다른 시기에 서로 다른 장소에서 여러 요인들이 중복적으로 복잡하게 그리고 역동적으로 전개되어 나온 그 과정의 문제적 상황을 베버는 비춰 보고 싶었던 것이다.

동양은 동양대로 문화적 의미를 가지고 그것을 강화하려 했을 따름이며, 그것을 동양의 눈으로 보았을 때 지극히 합리적이었다. 베버의 관심은 보편사적 역사 발전 "단계"의 사회변동에 놓여 있었던 것이 아니라, 합리화와 관련된 개념 유형 또는 모형을 밝혀 이것을 설명적 해석에 활용하는 것이었다. 서구의 부르주아 합리성이 근대적 자본주의를 북돋우었는가 아닌가, 동양의 문사적 합리성이 경제적 자본주의를 자극했는가 아닌가를 비교 해석하여, 합리성의 종류와 지향성이 다르다는 것

29 Hindess & Hirst(1977), 특히 4장 볼 것. 알튀세르와 비슷한 생각을 하면서도 목적론적 역사관의 극복을 주장하고 있는 내용을 보려면 특히 276쪽 아래 볼 것. 이와 관련하여 정치적인 측면을 강조하고 있어 맑스의 허점을 보충하려 하는 Keyder(1976: 178-196) 볼 것.

30 베버의 발전사적 관심에 대해서는 Schluchter(윗글) 볼 것.

을 보고 서구의 자본주의는 종교적·윤리적 합리화와 서로 어울릴 수 있는 방향으로 나갔다는 데 그 비교론적 특유성이 있다고 밝힌 것이다. 서구의 청교도 윤리는 유교의 합리적 적응이 아니라 합리적 통제와 지배에 지향되고 있었다고 한 것이 보기가 될 것이다. 서구 합리화의 특성이 옛 사회체제를 허물어뜨리고 새로운 체제를 만들어 가고자 한 데 반하여, 중국 사회의 동양적 합리화는 자체의 체제를 유지시키려 한 다른 종류의 것이라는 주장이다. 모든 문명권의 사회가 규격화된 발전의 단계, 곧 자본주의나 그 이후의 사회주의를 목표로 하여 하나의 항로를 따라 일제히 달려가는 진화 과정의 단계론이 거부되고 있는 것이다. 다시 말해서 모든 사회가 노예제도, 봉건제도, 자본주의, 사회주의라는 이미 결정된 역사의 도정을 밟아 가는 것이 아니다. 문명권마다 그 지향성의 원리와 조직의 이념이 서로 다르기 때문에 일괄적으로 묶어 보는 것은 무리라고 생각한다. 노예제도도 모든 문명권에 똑같은 방식으로 다 존재했던 것이 아니라 고대 그리스와 로마에 한정된 특수한 것일 수 있고, 공식적이고 쌍방적인 영지 수여의 계약 방식에 대한 위계질서의 봉건제도도 서구와 일본 정도의 역사에만 나타난 독특한 것일 수 있다. 맑스와 엥겔스가 고대사회나 봉건사회를 개념적으로 엄격하게 손질함이 없이 느슨하게 쓰고 있는 것과는 달리 그리고 그러한 애매한 개념들을 성급하게 연결하여 획일적인 발전의 단계로 규격화해 놓은 것과는 달리,[31] 베버는 도시의 개념을 구성하는 데서도 명백히 드러났듯이 문명과 시대에 따른 현상의 특성을 강조하여 조심성 있게 개념들을 구성하여 비교하면서 어느 궤도에 따라 사회가 단계적으로 발전해 간다는 도식을 부정하였다. 이러한 인식의 관점에서 그는 서구 중세도시의 법률적, 정치적, 행정적 자치성을 뚜렷하게 부각시키고 종교 윤리상의 특유성을 들어 약화시키기 힘든 기본적인 친족 관계의 틀을 드디어 허물어뜨린 기독교의 가르침과 그 공동체의 특성을 강조했었다.

합리화 과정은 문명권마다 다른 것이기에 저마다 특유한 정당성의 근거와 지향성이 있고 의미 부여의 방식이 다를 수밖에 없다. 그것은 일반적인 수준에서 세계사의 정신이 한 방향으로 펼쳐지는 헤겔적인 총체사의 역사 인식 방법에 수렴되는 것이 아니며, 더구나 발전적 단계에 따라 기계적으로 진화해 가는 것은 아니다. 서구 중세에서 자치성을 가진 자유 도시가 나왔다고 해서, 그것이 모든 고대도시의 특징을 가진 모든 도시를 총체적으로 파멸시키고 그 폐허 위에 새로운 단계로서 나타난 것이 아니라 봉건 중세 속에서 나와 그 속에서 "특별한" 도시로 어느 일부 지역에 자리하고 있었을 뿐이다. 세계의 각 문명권이 창출해 낸 위대한 역사 종교의 윤리적 지향성이 제각기 달랐고 따라서 사회제도가 서로 다른 방향에서 정착되고 변형될 수밖에 없었다고 보는 것이다.[32] 그러므로 오늘의 베버주의자들은 맑스주의자들처럼 그 스승의 사회변동 논의가 인종 중심적이라고 비난받거나 괴이쩍게 여기게 될 "아시아적 생산양식"과 같은 단계로 곤경에 빠질 것도 없고, 또한 그의 논의를 새삼 치켜세우기 위하여 특정 발전 단계의 틀을 수정 또는 제거해야 할 논리적 압력에 시달릴 필요도 없다.

위의 논의 내용과 이어져 있어 조금은 겹쳐지겠지만 과학에 대한 맑스와 베버의 입장도 여기서 견주어 봄 직하다. 마치 콩트가 내놓은 사

31 여러 글 가운데 특히 Andreski(1984: 4장) 볼 것.

32 역사 종교의 여러 지향성이 보여 주는 유사성과 차이를 지적하고 결코 목적론적 단계나 좁은 서구 중심의 발전론을 수용하지 않는 한에서, 보다 최근의 "진화론"이 의미 있게 논의될 수 있을 것이다(벨라, 1981: 2장).

회 발전의 3단계 법칙을 연상시키듯 맑스는 밝은 미래에 대한 굳은 신앙을 사회 진화의 단계로 규격화하고 있다. 단선적 발전 단계를 법칙적으로 인식했다는 것은 과학을 바라다보는 입장에서 콩트와 맑스가 뜻을 같이한 것이라고 볼 수 있다. 이들이 세계의 역사를 필연적인 발전의 역사로, 나아가 발전의 법칙으로 인식하려 한 것은 당시 서구 사회를 휩쓴 계몽주의 사상과 그것과 이어진 실증주의 또는 과학주의의 원리를 수용했기 때문이다.[33] 사회의 모든 문제는 과학이 해결해 줄 수 있고 그 과학의 힘에 의하여 발전된 내일에 이를 수 있다는 생각, 곧 과학을 전적인 신뢰의 대상으로 격상시킨 것이다. 이성이라 하든 자유라 부르든 또는 절대정신이라 이름 붙이든, 이 모든 것이 한 덩어리가 되어 오늘의 세계를 극복하고 내일의 세계로 나아가는 그 과정을 발전이라 하고 예측하였다. 맑스가 말하는 역사 발전의 법칙은 과학에 대한 믿음인 동시에 특정 발전에 대한 신앙이었다. 역사란 단계를 밟아 진화해 가고 운동의 법칙처럼 계속 진보하여 축적되어 나가는 것이라고 파악함으로써, 헤겔식의 역사철학에다 역사 "이론"이라는 가운을 입힌 강력한 "과학"의 이데올로기를 만들어 내고야 만 것이다. 지금까지의 역사 연구가 그 서술의 자료 정리나 역사철학의 사변에 머물러 있었으나 이제 역사 "이론"이라는 이름으로 그리하여 역사"과학"이라는 과학의 권위 밑에 들어선 맑스

33 물론 맑스가 모든 경우에서 프랑스의 계몽주의와 영국 빅토리아시대의 낙관론적 발전론과 아무런 차이를 보여 주지 않는다고 하는 뜻은 아니다. 그러나 경제적 발전에 치러야 할 사회적 희생을 감지했지만 그것조차 결국에는 인간의 삶을 균형 있게 질적으로 향상시킨다는 방향에서 필연적으로 통과해야 할 단계라고 보고 있을 뿐 기본적인 발상에서는 차이가 없다고 보아야 옳을 것이다. 단순히 맑스가 남긴 지엽적인 글을 빌려 논한 만큼 설득력은 없지만, 이 글의 논지와 다른 주장을 펴고 있는 것으로서 Jordan(1971: 66-67, 307) 달음 142 볼 것.

의 진화 법칙은,[34] 단순히 새로운 지평을 연 것이 아니라 "비과학적"이라는 누명을 쓸 모험을 시도하지 않는 한 그 누구도 도전할 수 없는 과학의 거룩한 영역으로 승천한 셈이 되었다. 계몽주의의 물결을 타고 과학을 예찬한 서구의 지식인들이 제각기 잡다한 노랫가락을 불러 댔지만, 그 요란한 소음 속에서도 한 가지 가락에서 화음을 만들고 합창의 조화를 이룬 것은 다름 아닌 과학에 대한 더없이 깊은 신뢰였다. 생산력의 발전과 이어 놓은 분업의 증대와 "도시와 촌락"의 이분법에 터한 모순의 현상과 그 극복, 곧 촌락의 인구 감소와 도시의 과잉 도시화로 나아가는 것은, 단순히 농업으로부터 상공업이 분리되어 나오는 것이나 도시와 촌락의 상충되는 이해관계에서 오는 대립이 거기서 끝나는 것이 아니라 사회 발전의 단계적 법칙에 따른 필연적인 것이었다고 인식했던 것이다. 엥겔스의 경우도 여기서 또다시 떠올릴 수 있다. 윤리적으로 예민한 서구의 모든 지식인들과 같이 도시 노동계급의 궁핍과 도시의 참상을 보고 엥겔스가 개탄하면서도 역사 발전의 "이론"에 따라 그것을 현실적으로 긍정해야 했던 것은 보다 나은 장밋빛 미래를 향해 법칙적으로 발전해 가는 바로 그 과학의 힘을 믿었던 때문이었다.

이 같은 맑스의 입장에 대하여 베버는 다른 어느 점에서보다도 단호하고 날카롭게 대립한다. 그는 인간 역사의 흐름 속에 어떤 궁극적인 목표를 설정하지도 않고 따라서 그것을 향해 나아가는 총체적 역사의 발전이나 그것을 법칙화할 여지를 남겨 놓지도 않는다. 그에게는 계몽주의적 낙관과 희망의 색조가 없고 과학의 위력에 대해 주저 없이 자기를

34 Cohen(1978), Shaw(1978). 보다 구체적으로 베버와 견주어 보고 있는 Scaff & Arnold(1985: 190-214) 볼 것.

맡겨 버리는 신뢰도 없다. 합리화의 정도를 더해 가는 방향성을 인정하고[35] 심지어 서양의 합리화 정도가 동양보다 더 크다고 할 때에도, 합리화의 정도가 높다고 하여 그 정도가 낮은 것보다 더 "발전"되었다고 가치 판단할 아무런 근거도 없는 것이며, 문제가 해결되어 보다 나은 삶이 보장된 상황이라고 할 아무런 "과학적" 또는 객관적 확신도 없다.[36] 합리화의 정도가 더해 갈수록 문제가 단순히 해결된다고 보기보다는 더 심각한 문제적 상황에 다시 뛰어드는 경우일 수 있다고 보는 것이다. 서구 문명 속에서 뻗어 나가는 합리화 과정에 특정 서양 종교의 전통과 그 윤리적 지향성에 따라 펼쳐진 내적 논리가 있다 하더라도, 그것은 특정 문명권 속에 한정된 것일 뿐만 아니라 베버가 이념형을 구성하여 일면적으로 파악하고 있는 만큼 그 일면적 현상을 전체 현상으로 그릇 대치시켜 볼 성질의 것이 아니다. 그러므로 앞에서도 지적해 두었듯이, 내적 논리가 제가끔 다른 문명권마다 그 나름의 특유성이 있어 어느 것이 높고 낮다고 판단할 수도 없고, 더구나 어느 것은 낙후한 것이니 그것이 선진의 것으로 파멸되어야 한다는 필연적 법칙이란 있을 수 없다. 모든 문명권이 하나의 절대적 가치를 향하여 똑같은 궤도 선상에서 뜀박질을 하는 것이 아니라 추구하는 가치가 다르고 궤도 또한 여러 갈래로 놓여 있다 할 수 있다.

과학의 이름으로 객관적 기준이라 하여 잣대를 갖다 대고 획일적인 평가의 대상으로 삼기에는 각 문명권은 너무도 특유하고 다양하다. 그

35 Friedrich H. Tenbruck의 여러 글 가운데 손쉽게 읽을 수 있는 것으로서 윗글 볼 것. 그리고 Schluchter(윗글), 특히 1장 볼 것.

36 윗글들에 더하여 벨라(윗글) 글 앞부분 볼 것.

특유한 다양성을 획일적 현실로 축소시키거나 착각 또는 왜곡하는 과오를 자초하기 전에는 하나의 목표를 설정해 두고 단계적이고 축적적으로 발전해 간다는 과학적 법칙이란 용납할 수 없는 것이다. 최종의 궁극적 목표는 과학적으로 평가되는 것이 아니라 과학의 영역이 미치지 못하는 그 너머에 자리하고 있는 것이며, 그 목표는 축적의 결과도 보편타당한 것도 아닌 단절되고 잠정적인 것이며 또한 심각한 갈등의 원천이 되는 것이다. 그것은 과학의 논의 대상이 될지언정 과학으로는 해결될 수 없는 정치적 영역이요 윤리적 영역이다.[37] 그러기에 베버에게는 역사를 이끌어 갈 결의와 에너지가 없다고 단숨에 결론을 내리는 것은 경솔한 표랑의 지식이나 어설픈 지식의 소유자만이 범할 수 있는 과오이다. 계몽주의적 발전과 희망에 터한 과학에의 신뢰를 거부한다고 해서 윤리적 결단과 이를 통한 역사에의 참여를 숫제 포기하자는 것이라고 해석한다면 잘못이다. 오히려 과학적 법칙에 기댄 규격화된 손쉬운 대답보다 가변적인 역사 현실을 냉엄히 분석하고 이 분석된 상황 속에서 부단한 실존적 결단을 내릴 수밖에 없다는 주장을 펴고 있는 것이다. 서구의 합리화 과정을 단순한 과학의 진보나 밝은 발전의 표상으로 보고 또다시 내일을 법칙적으로 기대하기보다는 그것이 가져다준 "쇠우리"라는 기대치 못한 오늘의 문제 상황을 담담히 분석하고 이에 대하여 윤리적 감수성을 곤두세우고 쉬임 없이 결단을 내려야 한다는 것도 이 같은 주장에서 나온 것이다.[38] 그가 말하는 역사 참여의 방식은 정답을 전제한 "과학

37 Weber(1949), 특히 3장 볼 것. 그리고 Weber(1958ㄷ)에 실린 "Politics as a Vocation"과 "Science as a Vocation" 볼 것.

38 베버의 여러 글에 대하여 박 영신(1981) 9장 볼 것.

적" 이론이 아니라 성찰적인 그리하여 다양한 대답을 전제로 한 "윤리적" 결단인 것이다.

앞에서 맑스와 베버가 다 같이 도시와 사회변동의 문제를 주목했음에도 불구하고 그것을 인식하는 입장과 설명의 방식에서, 그리고 이것들 밑에 깔려 있는 인식론적 및 방법론적 바탕에서 커다란 차이를 보여 주고 있다는 사실을 확인하였다. 먼저 간 맑스와 그를 따르는 이들의 연구 내용에 대하여 베버가 예외 없이 정면으로 부정한 것은 아니지만, 문제 제기의 근거와 이유, 접근 방법과 연구의 관심에서 기본적으로 그들과 동의할 수 없었다. 때로 맑스에 대한 베버의 오해를 지적하는 이도 있고 더러는 두 사람 사이에서 절충적이며 서로 보충할 수 있는 소지를 찾으려는 이도 있으나,[39] 도시의 개념 구성과 사회변동의 인식 방법에 나타난 두 사람의 사회학적 논의의 내용과 형식을 면밀히 견주어 따져 보면 볼수록 이들 사이의 거리는 조금도 좁혀지지 않고 팽팽히 맞서 도리어 멀어져만 간다는 생각을 갖게 된다. 여기에는 사회학을 바라다 보는 두 사람의 기본적인 입장과 그들의 인식론적·방법론적 전제가 이어져 있기 때문이다. 도시의 형성 과정과 사회변동 현상은 일차적 단일 요인으로 파악될 수 있는가 아니면 다차원적 복합 요인으로 풀이되어야 하는가, 단계적 진화 과정인가 아니면 예측 불가능한 역사적 요인들의 복잡한 작용과 반작용의 결합 과정인가, 그리하여 최종의 목표를 향해 가는 가치적 발전인가 아니면 가치적 판단을 할 수 없는 것인가, 그것

39 이 점에 대해서는 최근의 비판 이론가들의 논의 경향을 볼 필요가 있다. 초기 프랑크푸르트학파가 "공공연하게" 베버를 거론하여 수용치는 않았으나 "은근히" 수용한 것이라 한다면, 그 후예들은 "내놓고" 베버를 수용하고 존중하기 시작하였다. 이것은 그들의 지적인 스승 맑스에 베버를 이어 놓자는 전략이다. 물론 이러한 논의의 원형은 카를 뢰비트에서 찾을 수 있지만 최근 하버마스가 베버를 다루고 있는 것은 특히 주목할 만하다. 특히 Habermas(1984) 볼 것.

은 과학의 힘을 빌려 문제를 해결해 가는 과정인가 아니면 새로운 문제를 또다시 제기하는 상황인가 하는 데서 맑스와 베버는 서로 다른 입장을 제시하고 서로 다른 해답을 제공한다. 이들의 생각은 손쉽게 화해되거나 종합되기보다는 앞으로 상당 기간 동안 계속 우리들의 지적 세계에 갈등적으로 와 부딪치게 될 것이다. 다만 우리들이 살아가고 있는 이 삶의 세계는 그리 낙관할 수 없는 간단치 않은 여러 문제들로 깊이 시달리고 있고, 서구 사회가 걸어온 발전과 성장의 발자취를 단계적으로 뒤쫓아 간다는 것이 단순히 고달픈 것만이 아니라 그런 틀로 우리의 역사를 보는 것에 대해 케케묵은 저항이 아닌 자존적인 자기반성이 요구되기에, 우리는 확실한 미래를 제시하기보다 불확실한 현재와 미래의 삶을 성찰하며 고민하는 베버의 모습을 보다 가까이 느낄 뿐이다.

5. 맺음말

두말할 나위도 없이 맑스와 베버가 도시와 사회변동의 논의에서 보여 준 것과 같은 역사 사회학적 연구는 후대의 연구에 많은 내용적 및 방법론적 관심을 불러일으켰다.[40] 특히 베버의 「도시」가 맑스를 따르지 않는 베버주의자들보다 맑스주의자들로부터 먼저 호감을 사게 된 것은 흥미 있는 일이다. 소련권의 나라에서 이 책이 옮겨진 것이 1923년이고 비평의 글이 나온 것이 1925년이었으니 말이다Weiss, 1986: 94-98. 역사적 변동 과정에 도시의 문제를 연결 지어 거기서 검토되어야 할 여러 역사 사회학적 연구 과제에 초점을 맞추고자 할 때, 이 두 사람의 업적

40 Skocpol(1984)의 보충·번역판 스카치폴(1986) 볼 것.

을 비판적으로 따져 볼 과제가 우리들에게 있다. 맑스보다 더욱 신중하고 치밀하게 역사적 경험 내용을 다루고 있는 베버의 학문적 태도를 배워 관념적 틀에 기울어져 구체적 인간의 경험 세계가 경시되는 이른바 "과학적"이라 하는 통례의 사회학적 연구에서 나타나는 한계와 결점을 메꾸어 갈 뿐만 아니라 이에 대안적인 새로운 사회학의 장을 열어야 한다. 그리고 맑스는 말할 것도 없거니와 베버의 손에마저 와 닿지 않았던 역사적 자료를 널리 얻어, 브로델이 말하는 바 역사 자료상의 불균형과 불평등을Braudel, 1982: 134 극복해 나가는 보다 적절한 비교 분석적 노력도 요청된다.

우리의 역사를 사회학적으로 이해하고자 할 때 이 점은 더욱더 중요하다. 특정 역사 사회학적 연구가 서구에 나타난 특유한 현상을 풀이하기 위한 서구적 관심에 의하여 서양인의 붓으로 출발되었던 만큼, 그들의 연구 관심은 존중될지라도 그들의 연구에 필요하여 만들어 놓은 개념들을 우리의 역사적 경험 내용과의 아무런 변증적 긴장의 여과 과정을 거치지 않고 마구 쓰는 것은 무심코 생각하는 것 이상으로 문제다. 보기를 들어 우리 역사에 봉건사회제도가 있었는가 없었는가를 따지지도 않고 제멋대로 쓰는 것은 말할 것도 없고, 그러한 문제를 논쟁거리로 삼아 찬반의 대답을 구하는 것조차도, 그 개념과 그것을 둘러싼 논쟁의 맥락이 서양적이거나 기껏해야 일본에서 온 것이라[41] 그들의 역사 연구의 관심 언저리에만 맴돌고 있기를 자청하는 꼴이 되는 것이다. 봉건사회로 규정되는 특정 시기의 서구 역사와 이와 비슷하다 하는 일본 역사의 연구 관심에서 지적으로 해방되어야 한다. 그것은 민족적 저항 의식

41 봉건제도의 개념을 단순하게 얼버무릴 수 없다는 것을 더 알아보려면 Andreski(1965) 10장 볼 것.

이니 주체적이니 반외세적이니 떠들면서 서양과 일본 역사 연구의 부수 개념을 쓰고 있는 위선이나 자기모순에 대한 단순한 고발만도 아니다. 우리가 엮어 온 역사적 경험의 특유함은 바깥에서 들여온 개념을 두고 찬반의 대답으로 간단히 규정될 수 있는 것도 아니며 그렇게 해서 의미 있게 파악될 수 있는 것도 아니다. 서양과 일본의 역사를 단계적 발전의 시각으로 구성한 관념적인 틀에 알게 모르게 예속되어 있는 우리들의 지적 상황에서 잃어버린 독자성을 반드시 되찾으려면, 기울어진 역사 자료적 불균형을 우리의 손으로 바로잡아야 함은 물론 우리의 역사적 경험 내용과 우리의 문제의식에서 새 개념들을 만들어 낼 수 있어야 하는 것이다.

사회학적 창건자들이 남긴 이론적 유산이란 도시의 역사적 형성 과정을 다룬 데서 끝난 만큼 실제 도시 연구에는 큰 도움을 주지 못한다고 이것을 가볍게 취급하려는 경우가 있다Saunders, 윗글: 47. 그러나 이러한 주장과는 달리 오늘날의 도시사회학은 이들 창건자들의 관심 내용과 접근 방식에 어느 정도 기대고 있다는 것을 쉽게 찾아 볼 수 있다. 도시를 보는 이데올로기의 문제, 도시의 문화적 현상, 도시 안에서 벌어지는 여러 이해 집단과 계급 사이의 갈등과 사회운동, 도시의 행정과 관리의 문제, 자본주의 체제와 국가에 관련된 도시에 대한 연구들을 보면 맑스와 베버를 주변적인 인물로 봐도 좋다고 주장하기는 어렵다. 도시사회학의 연구가 활발한 영국에서는 특히 그러하다. 최근에 들어 새로운 관심을 불러일으킨 “비판 도시사회학”이라는 것도 이른바 급진 맑스주의나 급진 베버주의적 입장에서 비롯된 것이며, 신맑스주의와 신베버주의에서 나온 것이다Forrest et al., 1982: viii; Slattery, 1985: 2장. 이 두 진영 사이의 차이는 어떤 것이 더 비판적이냐 하는 데서 찾아지는 것이 아니라, 한쪽에서 경제적 자본주의가 현대 도시의 위기를 자아내는 장본인이라고 보는 경제 지향적 분석을 강조하고 있는 데 반하여, 다른 한쪽에서는 정치적, 사회적, 문화적인 차원의 분석을 덧붙여 보다 포괄적이고 다차원적으로 분석하고자 하는 데서 차이가 난다 할 수 있다.[42] 이 같은 다차원적 분석의 시각에 설 때, 비로소 도시로 이입되는 소수 이민 집단과 관련되어 있는 특수 문제나 자본주의사회로 규정할 수 없는 국가사회주의 체제하의 도시 문제와 사회운동을 보다 적절히 볼 수 있을 것이다.

이 점과 관련하여 베버의 관심을 다시 한번 강조할 필요가 있다. 앞에서 보았던 것과 같이 베버의 「도시」는 특정 지역과 시대에 한정되어 있는 역사 사회학적 연구이다. 그것만으로도 도시와 관련된 그의 문제의식을 다 파악할 수 있다고 하는 것은 실로 짧은 생각이다. 그가 남긴 여러 글이 흩어져 있는 데다 심지어 「경제와 사회」가 그의 대표적 저술인가 하는 논의가 일고 있어Tenbruck, 윗글, 그의 글들을 제대로 읽지 않고 베버의 중심되는 관심의 세계를 이해하려 하는 것은 참으로 어리석은 짓이다. 그러기에 그의 핵심적 문제의식을 찾아 이에 「도시」를 이어 놓지 않는다면 도시와 사회변동에 대한 베버의 기여를 크게 절하시키게 될

42 물론 이러한 구분은 연구에 따라 강조점이 달라질 수 있다. 구조주의 맑스 이론가인 알튀세르의 추상적 틀을 연상시키듯 생경하고 건조한 투로 *The Urban Question*(1972/1977)을 내놓았던 Manuel Castells이, 최근 들어 경직된 이전의 생각을 재검토하여 관심의 폭을 넓혀 보다 구체적이고 역사적이고도 비교 분석적인 *The City and the Grassroots*(1983)를 내놓은 것은 특히 흥미롭다. "집합적 소비"에서 문화적 의의와 특정 사회의 도시 역사에 대한 관심으로 확장되고 지역 운동과 시민운동에 대한 이해로까지 나가고 있어, 더 이상 도도했던 초기의 알튀세르적인 경직성 속에 갇혀 있기를 거부하고 보다 융통성 있는 신베버주의적인 입장으로 기울어진 듯한 인상을 주고 있다. 위의 두 글은 모두 London의 Edward Arnold 출판사에서 나왔다. 이 같은 연구 경향을 알아보려면 Pickvance(1976) 볼 것. 여기서 "도시 사회운동"이 강조되어 흥미를 끌고는 있으나 개념의 구성과 설명의 논리상에서 많은 미숙한 점이 있다. 이런 점에서 본격적인 비판을 시도하는 것은 아니지만 개념적·경험적 수준에서 카스텔의 도시 사회운동을 검토하고 있는 Lowe(1986) 볼 것.

것이다. 여기서는 구구하고 길게 늘어놓을 지면이 없다. 다만 합리화 과정의 모순된 속성과 도시의 연구가 이어져 있다고 한 앞의 논의를 상기시키는 것으로 충분할 것이다.

베버의 도시 연구는 서구 중세도시의 형성에 국한된 것도 아니고 도시 그 자체에 틀어박혀 있는 것도 아니다. 그것은 현대 자본주의의 속성인 합리화의 과정이 도시 속에서 그리고 도시적 사회 속에서 더욱 첨예화하게 나타나는 그런 변동의 문제를 제기하여, 그것이 우리들에게 어떤 문제 상황을 낳는 것인가 하는 물음과 이어져야 할 성질의 것이다. 이러한 본질적인 문제의식과 도시사회학을 제대로 의미 있게 이어 놓는 데까지 이르지 못한 것이 오늘의 연구 현황이다. 도시계획이라는 이름으로 우리들에게 나타난 관료 체제, 그것이 능률적 행정, 효율적 계산과 집행 그리고 과학적 예측에 따라 언제나 최적의 정책안을 도출해 낸다 하여, 평범한 시민의 참여를 원천적으로 봉쇄할 수 있는 변동의 추세, "과학"이라는 무적의(?) 정당성을 무기로 합리성의 갑옷을 두르고 우리들을 위압하는 이 어마어마한 정책 기술 세력의 지배 추세를 인지해야 하는 것이다. 합리화 과정에서 생산되는 전문 과학 지식이 역사의 그 어느 시대에서도 볼 수 없었던 막강한 힘을 행사하게 되고, 그 지식이 모든 경쟁 세력을 물리치면서 독점적 정당성의 자리에 군림하게 되면서, 과학 지식으로 훈련받은 전문 지식층이 새로운 지배계급으로 부상하여 그 아래 자리한 이름 없는 시민들을 전문 지식이 없거나 부족한 꾀죄죄한 집단으로 여겨 제멋대로 얕잡아 보는 무시무시하고 비인간적인 세계가 우리 눈앞에 펼쳐지고 있는 것이다. 이 새 계급은[43] 과학적인 그리하

43 "새 계급"(New Class)의 문제는 꽤 오랜 개념적 경력을 갖고 있고 오늘날에 와서도 계속 논란의

여 의심의 여지가 있을 수 없는 전문적인 지식을 가지고 행정 지침을 내리고 정책 결정을 하기 때문에, 그런 지식을 갖지 못한 이들에게 기대되는 "참여"란 단지 그런 지침과 결정을 수용하고 따르는 것뿐이다. 그것들을 거부하는 것은 비과학적이고 따라서 감정적이고 비합리적이라고 규정된 때문이다. 이러한 변동 추세가 지배한다면 우리가 사는 오늘과 내일의 세계는 도대체 어떤 삶의 터전으로 변신해 갈 것인가, 이런 문제에 다가서는 논의가 도시의 연구에 그리고 사회변동의 연구에서 몹시도 아쉬운 것이다.

대상이 되고 있다. 적절한 글로서 굴드너(1983) 볼 것. 그리고 이에 대한 나의 관심은 몇몇 글에서 표명되었지만, 특히 박 영신(1983/1987) 또는 이 책의 열째 글 볼 것.

자본주의사회와 문화

베버와 루카치

1. 머리말

19세기 후반으로부터 20세기로 넘어 우리 시대로 이어지는 역사적 경험은 많은 이들에게 충격을 던져 주었다. 자유방임의 논리에 따라 기술혁명을 자아내며 사회적 풍요의 삶의 완전성을 노래하던 발전에의 꿈은 자연의 품으로부터 인간이 몰아냄을 당하고 생산의 자원은 거대한 몇몇의 기업체나 전체주의적 국가 경제체제의 손아귀에 휘어잡히고 만 악몽을 낳았고, 혁명의 깃발 아래 드높이 치켜세워졌던 자유와 민주 그리고 개인적 자유와 시민적 참여의 약속은 관료제적 조직의 통제 밑에 깔려 버리는 파탄을 빚어내었다. 공동체의 끈이 풀어지고 끊기어 흐트러지는 것, 공동체가 깨지고 이익 추구의 사회로 바뀌어 가는 것, 수단이었던 경제적 풍요가 목적으로 올라서는 것, 살아가며 일하는 사람이 살기 위해 일하게 된 것, 이 살벌한 비정의 풍경이 밀어닥친 것이다. 이 같

* 이 글은 「역사와 사회 변동」(서울: 한국사회학연구소/민영사, 1987)에 실려 있다.

은 충격의 파고가 유럽 전역을 뒤덮었으나 그 어느 곳보다도 제1차 세계대전 이전의 제국 독일에서 더욱 세찼고 이에 대한 반응 또한 치열하였다. 낙후한 전통적 농업 사회에서 기계문명으로 옮겨 온 그 속도가 다른 나라에 비해 급속하였기에, 거기서 나온 사회적 해체의 경험이 남달리 컸고 지적 및 심리적 타격이 보다 고통스러웠기 때문일 것이다. 이러한 경험과 그 경험에 대한 독일 특유의 감수성에서 이 시대의 독일이 만들어 낸 지성 체계는 독특하고 또 어느 만큼 심오하였다.[1]

이 글은 희망의 꿈과 악몽, 약속과 파탄의 모순된 시대를 살아가며, 변동하는 사회의 됨됨이를 앞질러 꿰뚫어 보고 그것의 속성을 예리하게 파헤쳐 보려 한, 세기의 사회 이론가이자 사회사상가인 베버1864-1920와 루카치1885-1971를 논의의 대상으로 삼는다. 이 두 사람은 물론 이 역사적 단절의 경험을 지적으로 정리한 독보적 존재가 아니며 더구나 최초의 인물도 아니다. 니체가 있었는가 하면 부르크하르트Jacob Burckhardt도 있었고, 앞서 맑스가 있었고 동시대인으로 퇴니에스와 짐멜도 있었다. 이들은 우리들에게 비교적 익숙한 몇몇 인물을 손꼽아 본 데 지나지 않는다. 그러나 베버와 루카치는 그들의 지적 독창성에서뿐만 아니라 그들이 준 지적 영향으로 보아서도 그 누구에게 뒤진다고 할 수 없는 인물이다. 베버의 사회학이 담고 있는 방법론과 비교·역사적인 연구 업적은 일단 제쳐 두고서라도, 현대사회가 제기하고 있는 문제점을 인식하려 한 그 격정적인 탐구와 오늘의 상황을 보는 혜안에 어느 누구가 필적할 것인가. 보는 이에 따라서는 루카치도 결코 낮추어 평가하진 못한다.

1 독일 특유의 전통 속에는 낭만주의, 신비주의, 루터교파의 전통, 경건주의와 같은 것이 있을 것이다. 사회학적 생각과 이어지는 배경에 대해서는 Mitzman(1978: 1-36) 볼 것.

그와 이념을 달리하는 이들조차도, 초기의 맑스주의를 가장 독창적으로 재구성하여 미학, 문학, 예술, 사회 전반에 대한 새로운 해석의 역사를 열고 현대사회의 비극적 상황을 그 나름으로 풀이하고 있는 방식이 프랑크푸르트학파의 씨앗이 되었을 뿐만 아니라,[2] 삶을 질식시키고 있는 고착된 생각의 틀을 깨야 한다는 윤리적 감수성을 갖고 있기에 그를 무시하기가 어려울 것이다.

하기야 그렇다. 어째서 베버와 루카치를 논의의 한 마당으로 끌어들였는가 하고 의아해할 것이다. 어찌 보면 이 두 인물은 어울리지 않는다. 맑스에 대비시켜 부르주아 사회학의 두목처럼 지목되곤 하는 베버에다,[3] 단순히 맑스에게로 돌아간 데서 끝나지 않고 스탈린의 충복이 되고 계급적 문학 이론을 표준화시킨 루카치는Löwy, 1979: 특히 5장 도무지 맞지 않는다. 더구나 이 글은 이렇듯 밖으로 드러나 보이는 바 너무도 뚜렷하게 대비되고 있는 두 극의 인물을 단지 재확인하고자 하는 데 그 뜻을 두는 것이 아니라, 우리가 갖고 있는 인상적 이해를 거꾸로 뒤집어 이 두 사람이 어우러져 만나고 있는 지적 세계를 논증해 보

2 이에 대해서는 여러 글이 있으나, 특히 Feenberg(1981) 볼 것. 그러나 루카치의 영향이 어느 한 학파에 한정되어 있다고만 본다면 잘못이다. 교조적 맑스주의에 대안적인 이론을 내놓으려 한 다양한 시도들이 거의 빠짐없이 루카치와 이어져 있기 때문이다. 제2차 세계대전 이후 프랑스의 실존주의적 맑스주의자 메를로퐁티와 문학사회학자 루시앙 골드만과 같은 이들이 그 보기이다. 골드만(1984)와 아래의 달음4 볼 것.

3 여기서 쓰는 것과 같은 뜻에서의 "부르주아"라는 말은 학문 세계에서 가장 느슨하고 헐겁게 쓰이는 개념 가운데 하나다. 그러나 대개의 경우 맑스의 교조적 해석에 위배될 때 교조주의자들이 이것을 규탄하기 위해 "부르주아"적이라고 쓰고, 보다 넓게는 맑스주의적인 것이 아니면 무엇이나 "부르주아"적이라고 규정할 때가 많다. 베버의 이름 앞에 붙여진 이 낱말은 물론 경멸적인 뜻을 담고 있는 것이지만, 맑스를 벗어나고 그를 넘어서 독창적이고자 하는 것은 어떤 것이라도 "부르주아"적이라고 규정될 수 있다. 따라서 "부르주아" 사회학이라고 할 때 사회주의 노동운동의 혁명 사상이 던지는 위협에 대하여 "부르주아"사회를 지적으로 옹호하기 위한 것이라는 뜻이 주동을 이루지만, 역설적으로 맑스주의적 이론의 한계를 벗어나기에 그만큼 독창적이라 할 때도 쓰일 수 있다(Bottomore, 1984; Parkin, 1979).

이려 하기에 더욱 의아스럽게 느껴질 것이다. 그러나 이 글은 지적 낭비를 일삼는 논의에 머물지 않을 것이다. 루카치를 맑스에게 이어 놓고 단지 맑스에게 충실한 맑스적인 문학 이론을 내놓은 이로 이해하고 있는 좁은 시각에 얽매여 있고 또한 좁은 지식 속에 갇혀 있는 이들에게는 이 글이 시도하는 바가 처음부터 못마땅할 것이며, 그러기에 즉각적인 거부 반응까지도 나타낼 것이라는 것을 짐작해 내다볼 수 있다. 그렇지만 루카치와 맑스의 도식적인 관계를 벗어날 수 있는 조금은 지적으로 다듬어지고 깨어 있는 이들에게는 이 글의 논지는 흥미로울 것이며, 루카치의 삶과 지적 교류에 대하여 어느 만큼 알고 있는 이들은 이 같은 논의가 이제야 시도되고 있는 것이 매우 때늦은 느낌을 줄 뿐이라고 자못 기대의 눈으로 지켜볼 것이다. 사실 루카치가 그렇듯 열중하여 쓴 글들을 한데 묶어 "서구 맑스주의"로 부를 수 있고,[4] 이것은 저 프랑크푸르트 학파에서 보듯이 "맑스주의적인 베버 수용"이라 이야기할 수 있고, 다른 말로 "문화적 맑스주의", 한 걸음 더 나아가 하버마스가 부르고 있는 바 "베버적 맑스주의"라고 하는 것을 알고 있다면,[5] 여기서 시도하려는 바 베버와 루카치는 언뜻 떠올리는 것과는 정반대로 저만큼 멀리 떨어져 있는 인물만이 아니라 차라리 서로 가까이 만나고 있음을 지나쳐 버리지 못한다.

이 두 사람의 관계에 대해서는 벌써부터 알고 있는 사람은 알고 있는 터다. 헝가리의 주류 문화가 가하는 질식의 분위기를 벗어나 정신적 안

4 루카치의 저작 「역사와 계급의식」은 소련 또는 러시아 맑스주의에 대비되는 "서구 맑스주의"(Western Marxism)라고 평하여 이 말을 널리 쓰이게 했다는 Merleau-Ponty(1978), 특히 30-58쪽 볼 것.

5 쉽게 읽을 수 있는 것으로 박 영신(1987) 볼 것.

식처를 구하려 이탈리아를 거쳐 독일로 왔을 때, 루카치가 머문 도시는 당시 독일철학의 중심지였던 하이델베르크였다. 거기서 그는 오랫동안 남달리 친숙한 교분을 가지고 깊은 지적인 교류를 하고 여러 가지 일로 도움도 받게 된 막스 베버를 만났었다. 이런 까닭에 루카치를 다루는 이들은 그의 전기적 배경에서 언제나 베버와의 인간적이고 지적인 관계를 한 번쯤은 기록하고 넘어가기 마련이다. 그러나 이 같은 전기적인 수준에서가 아니라 이론적인 수준에서 이 두 사람을 만족스럽게 이어 보고 있는 글은 찾아 보기 어렵다.[6] 베버 연구가들은 그의 글만을 읽고 주석하기도 힘겹기에 루카치는 전연 고려할 수 없고 또 베버의 이해에 루카치는 전연 중요하지 않기 때문에, 이 같은 연구의 흐름은 전적으로 타당하고 또 이해될 만하다. 그런데도 마리안느 베버는 자기 남편의 전기를 쓰면서 베버의 "친구" 루카치가 쓴 심오한 논문은 베버에게 깊은 영향을 주었다고 회상하고 있는 점을M. Weber, 1975: 465-466[7] 주목해 볼 필요가 있다. 몇 해 전에 발표된 존 시어리의 글은Seery, 1982[8] 이 회상의 내용에서 실마리를 찾아 루카치의 생각이 맑스주의에 대한 베버의 이해에 영향을 주었다는 것을 논의하고 있다. 그럼에도 불구하고 베버의 사회 이론과 사상의 크기와 깊이로 볼 때 루카치의 영향은 지극히 주변적이고 미소

6 여기서 Habermas의 최근 저작(1981/1984) 1권은 예외라고 주장해 볼 수 있을지 모른다. 베버에 대한 새삼스러운 접근과 루카치를 포함한 맑스주의의 재해석, 그리고 이것들을 이어 놓고 있는 방식은 중요하고 또 인상적이다. 그러나 그는 베버와 루카치의 관계 그 자체보다는 맑스주의의 재구성을 통하여 의사소통 행위의 이론을 다듬어 가는 데 도움이 되는 한에서 수단으로 두 사람의 관계를 원용하고 있을 따름이다. 이론적 수준으로는 적절히 올라서지 못했으나 전기적인 수준에서 흥미 있게 다루고 있는 Marcus & Tar(1984: 109-135) 볼 것.

7 베버와 루카치가 아주 가깝게 "친교를 맺고 있었다"고 기록되어 있는 것은 특히 흥미를 끈다.

8 앞서 베버에게 미친 루카치의 영향을 쓴 Mitzman(1985/1969), 특히 271-276쪽 볼 것. 블로흐, 브레히트, 후설, 자이들러(Irma Seidler), 토마스 만과 루카치의 관계에 대해서는 진지한 논의들이 있는 데 반하여, 이처럼 베버와의 관계를 논의한 글을 찾기란 어렵다(Heller, 1983; Pike, 1985; Marcus, 1983).

한 것에 지나지 않는다. 이 두 사람 사이의 지적인 영향을 논의해야 한다면 두말할 나위도 없이 시어리의 논지를 역전시켜 베버가 루카치에게 준 영향에 초점을 맞추어야 한다. 루카치가 베버를 만났을 때는 이미 저명한 학자로서 베버는 사회학적인 방법론을 개척하였음은 물론 자본주의라는 현대사회의 특성과 문제에 대하여 고뇌에 찬 그 특유의 성찰 내용을 지적으로 정리해 두고 있었던 터였다. 루카치는 배우는 사람이었고 베버는 가르치는 사람이었다. 베버와 루카치는 이러한 관계의 맥락에서 논의되어야 한다. 그런데도 루카치 연구가들은 일반적으로 베버의 이론적 영향을 무시하거나 약화시킨 채 그들 나름의 논지들을 펴 왔다. 이러한 연구의 흐름은 이해하기도 힘들고 또 부자연스럽다. 나의 글은 바로 이와 같은 부자연스러운 몰이해의 공백을 메꾸려는 데 그 뜻을 두고 있다.

이 글에서 논의하고자 하는 두 인물은 깊은 사상을 간직한 사회 이론가로 설정되었다. 문학 이론가로서의 루카치는 문학 이론의 영역에서 다루어져야 하기 때문만이 아니라 사회 이론가로서의 그의 모습이 무시되어 왔기 때문에 이러한 루카치를 되살리는 동시에, 현대 자본주의사회를 분석하고 해명하려는 사회 이론의 수준에서 이 두 사람이 만나고 있음을 강조하려는 것이다. 아마도 루카치의 사회 이론에 대한 보다 정확한 이해를 바탕으로 삼을 때만이 그의 예술과 문학 이론에 대한 보다 완벽한 이해를 꾀할 수도 있을 것이다. 그렇다고 해서 이 두 사람의 사회 이론을 모두 망라하여 이 짧은 글에서 논의하고자 하는 것은 아니다. 그것은 터무니없이 방대한 작업이다. 베버와 루카치의 이론적 관심 가운데서 가장 중요한 것은 자본주의사회와 그 속성이랄 수 있는 자본주의적인 문화일 것이다. 이 점에 논의가 모아질 것이다. 이 두 사람의 경우 지적인 관계는 인간적인 관계와 동떨어진 채 글과 붓으로 또는 공간적으로 떨어져 어느 서재에서 간접 소통한 것이 아니라, 하이델베르크에서 만나 함께 소통하며 지낸 동반의 시공간에서 구체적으로 영글었다. 그러므로 이 글은 먼저 이 만남의 배경을 그린 다음, 이 만남에서 형성되어 간 현대 자본주의사회의 인식 내용을 풀이하고 견주어 보고, 여기서 얻은 바를 적어 그것이 뜻하는 것을 다시 생각해 보며 마무리할 것이다.

2. 베버 서클에서

프라이부르크대학의 경제학 교수의 자리를 떠나 베버가 모교인 하이델베르크대학으로 돌아온 것은 그의 나이 서른두 살이던 1896년이었다. 경제학의 석학이며 그의 스승이기도 한 크니스Karl Knies의 후임이었던 점으로M. Weber, 윗글: 65, 224 미루어 보아 당시 베버가 누린 학문적 위세를 넉넉히 짐작할 수 있다. 거기에다—대학 시절 스승 베버와 가까이 지냈던 호닉스하임이 회고하고 있듯이—독일에서 "가장 자유로울 뿐만 아니라 또한 가장 국제적이었던"Honigsheim, 1968: 1 대학이 하이델베르크였던 만큼, 이 대학의 교수로 초빙받은 것은 베버로 하여금 독일 학계의 주요 인물로 돋보이게 했을 수 있었다. 그는 이 도시의 면모에 대해서 다음과 같이 그리고 있다.

> 인종, 국적, 정치[적 입장] 또는 종교 때문에 다른 곳에서는 들어오지 못하게 배척되었을 사람들이 네카어 강변에 자리한 이 도시에서는 기꺼이 받아들여질 수 있었다. 그래서 오스트리아, 헝가리, 발칸반도의

여러 나라에서 온 소수 인종을 대표했던 이들 그리고 마지막으로—그러나 결코 무시할 수 없는—러시아 사람들이 모두 거기에 있었다 Honigsheim, 윗글: 같은 곳.

이렇듯 개방적이며 코스모폴리탄적인 하이델베르크에는 그리스정교의 전통적 신비주의를 따르는 러시아인들도 있었지만, 내일로 미룰 것이 아니라 오늘 당장 혁명을 일으켜야 한다는 극단적인 나로드니키 Narodniki주의자들도 모여 있었다. 또한 베버에게는 이 도시가 어린 시절과 자유분방한 대학 시절의 행복한 추억들이 담긴 고향과도 같은 곳이고, 슈바르츠발트의 산등성이로 에워싸인 프라이부르크와는 달리 "넓은, 웃음 짓는 라인 계곡으로 흘러들어 가는 은빛 강물"에 잇닿고 있는 다소곳한 곳이지만,[9] 다양한 배경을 가진 다양한 인물과 사상들이 맞부딪쳐 지적인 자극을 돋우고 생동감을 솟구치게 했던 움직이는 지성 도시였다. 법학자 옐리네크Georg Jellinek, 예술사가 노이만Carl Neumann, 신학자며 철학자인 트뢸치Ernst Troeltsch와 벗 삼을 수 있는 대학 도시였다M. Weber, 윗글: 226-228. 이 도시로 베버가 돌아온 것이다. 이 지적으로 무르익은 자유로운 도시에서 "하이델베르크의 전설"을 만든 것은 그러나 다른 어느 인물이나 그 도시의 개방성만도 아닌 베버, 바로 그 한 사람이었으며 베버의 목소리와 붓이었다Honigsheim, 윗글: 2.

그러나 이 대학에서 그가 그다지 오랫동안 강의하지는 않았다. 병약한 이유 때문에 강의를 중단하고 은거하기도 하고 이탈리아로 여행하며 요양하기도 해야 했다. 그러나 학문적 정열은 연구와 집필을 포기하

9 위의 표현은 마리안느 베버의 것이다(M. Weber, 윗글: 277).

지 못하게 베버를 밀어붙였다. 그는 결코 쉬지 않았다. 학술지를 편집하는 일을 계속하는 한편 당대의 국내외 문제에 대하여 단호하고도 분명한 입장을 표명하기도 했다. 그의 폭넓은 관심과 중후한 입장 때문에 탁월한 학자들과 지적 야심에 불타 있던 젊은 지식인들 그리고 강한 사상적 견해를 펴고 있던 망명객과 혁명가들이 찾아들기 시작했다. 이 쇄도하는 방문객에게 너무 많은 시간을 뺏기게 되어 감당하기 어렵게 되자 베버는 주일 오후를 열어 두어 이들을 한꺼번에 집으로 맞이하는 방식을 택하기에 이른다Honigsheim, 윗글: 같은 곳.[10] 사사로운 만남을 위해서는 주중의 방문도 가능하였으나 주일마다 모이는 베버의 저택은 특별한 분위기였다. 이것이 저 유명한 베버의 집 뜰에서 베풀어진 오후의 차 마시는 시간이다. 지적인 부인 마리안느 베버의 품위가 곁들여진 지적 토론의 마당이었고, 네카어강을 끼고 있는 하이델베르크의 지적 정취를 한껏 짙게 한 모임이었다.

학문적 관심의 폭과 깊이에 더하여 지적인 기지에 넘쳐 있던 베버, 그는 사회적, 정치적 문제에도 두루 관여했다. 노동자계급이 불공평한 대우를 받고 있는 문제에도 관심을 쏟고, 독일사회민주당이 단조로운 데 반하여 사회주의 이상과 신념이 살아 움직이는 유일한 조직은 노동조합이라고도 이해했다Weber, 1924: 특히 398-399. 그리고 사회주의자가 또한 부당한 대우를 받고 소수민족이 편견의 대상이 되고 있는 것에도 강한 반응을 보였다. 사회주의 자체에 대해서는 다소 께름칙한 생각을 안 한 것이 아니었으나 사회주의자이기 때문에 대학 강단에 서지 못하는 상황을 보고 그는 학자적 양심에서 분노하고 이의 시정을 들고 나서기도 했

10 그리고 마리안느 베버의 생생한 기록을 보려면 M. Weber(윗글: 특히 467 아래) 볼 것.

고, 유대인이기 때문에 대학교수가 되기 힘든 상황에 대해서도 똑같이 분개하였다. 좀바르트Werner Sombart가 맑스주의적 견해를 가졌다 해서, 미헬스Robert Michels가 생디칼리스트였다고 해서, 짐멜Georg Simmel이 유대인이라고 해서 대학이 이들을 받아 주지 않거나 편견을 갖는 데 대해서 베버처럼 분노하고 나서서 이들을 강하게 옹호했던 인물은 없었다 Honigsheim, 윗글: 7-9. 이러한 편견과 억압의 희생물이 되면서도 꿋꿋하게 신념을 지켜 가고 있던 많은 사회주의자들의 윤리적인 삶의 태도를 높이 사고, 특히 망명한 러시안들이 목숨을 내놓고 투쟁하는 지적 및 윤리적 순수성을 찬탄해 마지않았다Honigsheim, 윗글: 9-10.[11] 흔히 베버는 좁은 민족주의자로 각색되곤 한다Bottomore, 윗글: 7장. 그는 독일을 사랑하였다. 그러나 바로 이런 이유 때문에 자기 나라를 질책하고 이 나라의 됨됨이에 대하여 절망하기도 하였다. 이 시대의 독일이 놓여 있던 역사적 상황을 균형 되게 검토하지 않는다든지, 이 상황에 대한 베버의 매우 복잡하고 미묘한 반응을 성실히 이해하지 않고 그를 편협한 민족주의자로 규정하는 것은 참으로 편협한 것이다. 차라리 그는 유대인에 대한 편견을 질타하고, 러시아인과 폴란드인 그리고 수많은 이국인들의 가느다란 소리에도 깊은 이해와 동정심으로 귀 기울이고 있었다. 그뿐인가. 역사적 대립 관계에 있던 프랑스의 전통에서 핍박받은 이들의 인권을 지지해 온 사상을 배우고 드레퓌스사건에 감히 뛰어든 졸라와 동일시할 수 있었던 독일인이었다. 1904년 잠시 미국을 다녀온 이후 금욕주의적 프로테스탄트 윤리에 보다 큰 관심을 보였지만, 이 방문에서 미국인들을 물질

11 이와 관련하여 네카어 강변에 러시아 도서관을 세울 때 베버가 초빙받아 정초식 연설을 한 것을 상기해 보아 그가 러시아 망명객들과 특별한 관계를 맺고 있었음을 알 수 있다. 역사적 관계를 좀 더 자세히 찾아 보아야 하겠지만 편리한 것으로 M. Weber(윗글: 466-477) 볼 것.

주의적이라고 낮추면서 순수한 양 떠들어 대는 것과는 달리, 사업상 손해 보는 것이 뻔한데도 세인트루이스에서 열린 세계 박람회 동안 주일 예배 시간에는 문을 닫도록 한 미국 감리교도들의 종교적 윤리와 행동에서 커다란 인상을 받고, "우리라면 어떻게 되었을까?" 하고 반문하여 유럽인들이 갖고 있는 통속적인 미국관을 떨쳐 버리고 있었다Honigsheim, 윗글: 9.[12] 베버의 관심은 여기에 머물러 있지 않았다. 여성에 대한 사회적 인식을 깨려 했던 선구적인 태도도 갖고 있었다. 여성의 지적 개발에 관심을 보이고 여성의 권리를 변호하였던 남편의 뜻과 어울리게 마리안느 베버가 철학과 정치경제학 강의를 듣고 연구에 전력한 사실을 떠올려 볼 수 있다. 마리안느가 여성에 대한 이해를 돕고자 만든 한 조직의 지도자가 된 것을 격려하고 후원하는 한편, 베버 스스로 공석상에 나가 이 새로운 여성운동을 변론하기까지 하였다M. Weber, 윗글: 229.[13] 그는 여성의 내적 가능성을 살리려는 운동에 대하여 마음 문을 닫고 있는 여성들 자신의 낡은 생각이 남성들 이상으로 여성운동을 방해하고 있다고 강연하면서, 이들을 "어떻게 하다 안뜰에 들어온 낯선 암탉을 주둥이로 무자비하게 쪼아 내쫓아 버리는 암탉들에 비유"하기도M. Weber, 윗글: 같은 곳 하였다.

위의 몇몇 보기에서 알 수 있듯이, 베버는 고식적인 생각의 테두리를 깨고 자유롭게 생각을 펼쳐 보이면서 정치적, 윤리적 지평을 확장하며

12 그리고 Weber(1958ㄷ) 3부에 들어 있는 종교사회학에 대한 글 볼 것.

13 마리안느 베버는 1907년 「아내와 어머니의 법적 위치」(Ehefrau und Mutter in der Rechtsentwicklung)라는 책을 출판할 만큼 그 스스로 앞서간 지적인 여성이었다. 1910년에는 「피히테의 사회주의와 맑스 이론과의 관계」(Fichtes Sozialismus und sein Verhältnis zur Marxschen Doktrin)를 출판한다(Zitta, 1964: 50).

그 지평의 끝 가장자리에 늘 서 있고자 하였고, 정치적·사회적으로 억눌려 고통을 당하고 있는 이들에게 더없이 인간적인 관심을 불어넣고 있었다. 이러한 인간적 품격을 갖고 있었기에 베버는 그만큼 지적으로 신선하고 윤리적으로 대담하였다.

주일 오후의 모임은 제도화되어 모이는 이들이 거의 정해졌고, 이들이 베버와 정기적인 대화의 관계를 이룬 것이 "막스 베버 서클"이다. 여기에 "맑스가 죽은 이후의 가장 위대한 맑스주의 이론가"로 불려지게 될[14] 죄르지 루카치가 찾아들었다. 1912년의 일이다.

대다수의 주요 맑스주의자들의 집안 배경과 같이 루카치 아버지는 부르주아 중의 부르주아라 할 만한 헝가리의 은행가였다.[15] 아들 죄르지가 은행가가 되기를 바라는 아버지의 소원 때문에 헝가리의 대학에서 법학을 공부했으나 대학 시절 루카치는 연극 운동에 깊이 빠져 있었다. 남아 있지는 않지만 희곡도 쓰고 현대극을 노동자들에게 보여 줄 목적으로 '탈리아'Thalia라는 극단을 어울려 만들기도 하였다Parkinson, 1977: 3. 그러나 그가 회고하고 있는 대로 "독일 문학사가"가 되는 것이 루카치

14 이 글귀는 내 것이지만 이 비슷한 표현은 많다. 루카치는 이후 "가장 위대한 맑스주의 철학자"라 불리고 있는 것이 그 보기이다. Arato & Breines(1979: 3) 볼 것. 그러나 철학의 신비스러운 위력이 비신화한 오늘 그는 "철학자"보다는 "이론가"로 보아야 한다.

15 독학으로 자수성가한 루카치의 아버지가 25세 때 부다페스트의 Anglo-Austrian Bank의 경영 책임자가 되었고, 그 후 헝가리에서 가장 큰 General Credit Bank의 관리 책임자가 되었다. 42세에 그는 귀족의 칭호를 얻는다. 죄르지 루카치는 1907년 개신교의 루터교로 개종했으나 그의 집안은 유대계였다. 어떻든 루카치는 공산주의자가 되기 전까지 "von Lukács"라는 귀족의 칭호를 달아 이름을 썼었다. 그 아버지는 젊은 예술가, 작가, 버르토크와 같은 음악가의 후견인이 될 만큼 여유 있었고 또 사회적인 인정도 받고 있었다. 호르티(Horthy) 독재 정권이 들어서자마자 그는 아들 죄르지가 정치 운동에 관여하고 있다 하여 은행장의 자리에서 쫓겨난다. 이념은 달랐으나 자상하여 상당한 재산을 들여 가며 1919년 아들을 비엔나로 무사히 탈출시키기도 했다. Marcus & Tar(1986: 13), 루카치의 "Curriculum Vitae", 286쪽 그리고 "Biographical Notes", 294쪽 볼 것. 아래에서 SC(*Selected Correspondence*)로 씀. 헝가리의 근세사적 배경과 관련하여 박 영신(1981: 449 아래) 볼 것.

의 바람이었다 Lukács, 1983: 37.[16] 벌써부터 경화된 헝가리 문화의 낙후성에 대하여 비판적이었고 그런 문화와 대결하는 것조차 무익하다고 느껴 서구 지향적인 진보적 지식인들 틈에 끼어들기도 했다 Arato & Breines, 윗글: 10-11. 드디어 그는 헝가리를 떠나고 만다. 그때 루카치는 문학의 역사를 연구하는 이들이 실제로 역사에 큰 영향을 미칠 것이라는 "소박한 신앙"을 갖고 있었다 RL: 같은 곳. 그 이후 그는 곧 이 같은 관심을 떨쳐 버리게 되는데, 그 까닭을 다음과 같은 흥미 있는 이야기로 적어 놓고 있다.

> … 그 당시 괴테의 「베르테르의 슬픔」에 나오는 로테의 눈 색깔에 대한 논쟁이 들끓고 있었지요. 실제는 까만색이었는데 작품 속에서는 로테의 눈이 파란색이었다고 논박들 했지요. 누군가가 이 점에 대하여 주요한 논문도 썼습니다. 나는 이 모든 논쟁이 허트버니 아마도 헝가리의 작가 Lajos Hatvany일 것임: 글쓴이 달음가 이름 붙인 바 "알 가치가 없는 것에 대한 지식"을 보여 주는 산 보기라고 생각했습니다 RL: 같은 곳.

루카치는 문학사에 대한 관심을 버리고 철학 쪽으로 기울어졌다. 그 당시의 학제를 오늘의 말로 풀이하면 사회학과 철학, 특히 미학 쪽으로 옮겨 간 것이다. 1906년 첫 학위를 받을 즈음 잠시 베를린에 들러 딜타이의 강의를 듣고 짐멜의 개인 세미나에 들어가기도 했다. 특히 "문화적 객관화에 대한 사회학적인 접근 가능성을 내게 증거해 보여 준" 짐멜에게 크게 지적으로 빚지고 있음을 후에 적고 있다.[17] "예술의 사회적 성

16 대담 기록인 *Record of a Life*이다. 아래에서 RL로 줄여 씀.

17 "Curriculum Vitae", 286쪽.

격"을 문제시하고 일정한 분석적 안목을 주었고RL: 같은 곳, 「근대 희곡의 발달사」라는 글은 "짐멜적인 철학"이라고 실토하고, 딜타이와 함께 짐멜의 영향으로 역사적이며 사회학적인 글을 읽으면서 이때 맑스를 제대로 읽을 필요를 느꼈고 "짐멜의 눈을 통해 맑스를 읽은 것"이라고Marcus & Tar, 윗글: 14 말하는 등 짐멜에게서 받은 영향은 컸던 것 같다.

그러나 짐멜로부터 받은 영향을 말할 때면 루카치는 거의 빼놓지 않고 꼭 베버를 거론한다. 1967년 「역사와 계급의식」을 새로 펴낸 판에 붙인 머리글에서도, 사회학자로서의 맑스에게 매료되고 있을 당시 그는 "짐멜과 베버로 착색된 안경을 통해" 맑스를 보았다고 쓰고 있다Lukács, 1967/1971: ix.[18] 말년에 이르러 이 두 사람 관계에 대해서 이야기할 때는 베버와의 관계에 특별한 중요성을 두었다. 한 대담의 내용을 적어 본다.

> 루카치: 나는 짐멜의 영향을 받고 좀 더 뒤에는 베버의 영향을 받았습니다.
>
> 물음: 그들이 준 긍정적인 측면의 영향은 어떻게 보십니까?
>
> 루카치: 다음과 같이 요약하여 말할 수 있겠지요. 예술의 사회적 성격을 문제시한 것은 짐멜이고 이것은 나에게 하나의 관점, 짐멜 자신의 관점을 훨씬 넘어서는 문학에 대한 논의의 바탕을 제공해 주었습니다. 희곡에 대한 나의 책에 버팀이 되었던 것은 이 철학입니다.
>
> 물음: 그러면 베버가 준 영향의 본질은 무엇입니까?

18 *History and Class Consciousness*의 'Preface to the New Edition(1967)'이다. 아래에서 HCC로 줄여 씀.

루카치: 베버의 영향은 좀 더 뒤에 받았지만 훨씬 더 심원한 것이었습니다. 짐멜에게는 하찮은 일에 열중하는 면이 있었습니다. 그런 한편 베버는 짐멜이 가지고 있던 경박성을 갖지 않으면서 문학에 대한 종합적인 이론을 만들고자 했습니다. 이 사실을 이야기해야겠지요. 왜냐하면 그것이 내가 베버와 좋은 관계를 갖게 되는 데 한몫을 하고 있으니까요RL: 같은 곳.

대담은 계속 이어진다. 1962년에 나온 「이성의 파멸」Lukács, 1952/1962/1980과 관련하여 루카치는 다음과 같이 이야기하고 있다.

물음: 좀 더 뒤에 가서, 특히 「이성의 파멸」에서 짐멜과 베버를 평가할 때 당신은 이 두 사람 다 까놓고 비난하고 있습니다.

루카치: 도덕적인 맥락의 문제가 아니고는 베버에 대해서는 언제나 긍정적으로 생각했습니다. 이에 반하여 짐멜의 경박성에 대해서는 무비판적이지 않았기 때문에 우리는 사이가 나빠지게 되었습니다. 베버의 경우에는 그러한 소원함이 생기지 않았습니다RL: 38.

이 두텁고 친밀한 관계, 그것은 그저 인정 어린 인간관계에서 멈추지 않았다. 이 관계는 베버 서클의 성격이 그러했듯이 사상과 지성의 열띤 대화에서 영글어 나오는 깊은 지적 관계로 뻗어 나갔다. 이미 짐멜과 함께 보낸 적이 있었고 그로부터 상당한 평가를 얻기까지 했으나SC: 43번,[19]

19 Paul Ernst에게 보낸 루카치의 1910년 3월 10일 자 편지. 1917년 11월 7일 부다페스트로 떠나기에 앞서 루카치는 그의 원고, 일기, 1600통가량의 편지가 든 가방을 하이델베르크의 Deutsche Bank 금고에 넣어 두었다. 그것이 두 차례의 세계대전이 끝난 이후에도 보관되어 있다가 56년 만에 발견되었다.

루카치는 1910년에 쓴 편지에서 그에게서 이제 별로 더 배울 것이 없다고 하고 "그에게서 배울 수 있는 것은 다 배웠다"고SC: 60번[20] 잘라 말하고 있다. 베버와의 관계는 비단 시간적인 길이에서뿐만 아니라 지적인 깊이에서 질을 달리했다. 베버는 저명한 동료 교수들을 대하는 것과 조금도 다를 바 없이 루카치와 같은 독창적인 젊은이들이 제기하는 문제에 관해서도 깊은 관심과 주의를 가지고 대하였다. 위대한 학자는 젊은이의 독창성을 인정하고 젊은이의 생각을 진심으로 격려해 줄 줄 알았다. 얼마 동안 머물 것인지 확실한 계획을 세우지도 않고 1912년 5월 하이델베르크로 온 루카치는 베를린에 있었던 때와는 달리 화려한 지식인의 무리들 속에 흠뻑 빠져 버리는 느낌이었다. 하이델베르크는 신칸트학파의 거성 빈델반트Wilhelm Windelband, 라스크Emil Lask, 야스퍼스, 사회학자인 베버 형제와 트뢸치, 예술 및 문학사 교수들, 시인들, 세계관을 달리하는 사람들, 곧 "초월자 하나님이 보내는 사자使者를 기다리는 종말론적인 희망으로 흥분되어 있고" "형제자매의 [정신]으로 만들어진 사회주의적인 사회질서 속에 구원의 바탕"이 있다고 보았던 동부 유럽에서 온 젊은 철학자들이M. Weber, 윗글: 466 형성하고 있던 지성과 사상의 도시였다. 독일적인 차가운 이성이 교류되면서도 독일적인 낭만주의의 뜨거운 정열이 자유의 이념과 함께 공유되고 있던 이 대학 도시, 다름 아닌 베버의 개방적 포용성과 문명 비평적 안목으로 다져진 베버 서클에서 루카치는 쾌적한 정신적 고향을 찾은 것이다.[21] 그가 1917년 11월 부다페스

루카치는 이것을 잊고 있었는지 남에게 이야기한 적이 없었다. SC는 여기서 얻은 자료에서 뽑아 엮은 것이다(Marcus & Tar, 윗글: 25).

20 Beatrice de Waard에게 보낸 루카치의 1910년 1월 〔22일〕 자 편지.

21 이 서클이 인상적이었음이 분명하다. 그가 1915년 잠시 부다페스트에 돌아가 있는 동안 벌라주

트로 돌아가기까지Marcus & Tar, 윗글: 25 이곳에 머문 것은 다섯 해 남짓했지만, 베버와의 교류는 그가 세상을 떠난 1920년까지 계속된다. 그리고 지적인 교류는 물론 그 이후에도 계속되었다.

베버는 대학교수가 되고자 한 루카치의 장래 문제에 대하여 자문을 받고 도왔다. 부부가 이탈리아로 여행 갔을 때 두 주일 동안 로마에서 루카치와 함께 시간을 보내고SC: 121번,[22] 1905년 러시아혁명에 가담했던 무정부주의자인 화가 옐레나Yelena Grabenko와SC: "Biographical Notes", "Curriculum Vitae" 결혼하고자 할 때 부모에게 "자기의 친척"이라고 말하게 해 루카치 부모의 반대를 나서서 무마시키려고 했을 정도로Marcus & Tar, 윗글: 22 젊은 루카치의 삶 한가운데 베버가 자리하고 있었다. 루카치가 교수 자격Habilitation을 얻을 수 있도록 베버가 오랫동안 후견하고 있었던 것은 특기할 만하다. 지극히 까다로운 교수 자격의 획득 문제에 대해서는 매우 자상하게 그리고 상당한 전략을 꾸며 가며 동생 알프레트 베버와 함께 관여했다SC: 143번.[23] 그러나 베버는 학자였다. 그 일을 성사시키기 위해 그토록 지원을 아끼지 않으면서도 베버는 "비판적"인 후원자로 남아 있었다. 루카치의 연구물인 「미학」은 훌륭했지만, 그가 갑자기 도스토옙스키에 관심을 쏟으면서 이에 관하여 쓴 글을 보고서는 대단히 못마땅하게 여겼다. 그것은 수필적인 평론가가 쓴 것 같아 체계적인 데가 없다는 것이었다. 베버는 루카치에게 교수 자격 문제에 관해 조언하는 편지에

(Béla Balázs), 카를 만하임, 아놀드 하우저, 나중에는 칼 폴라니 등과 함께 이른바 "일요 서클"을 만들기까지 했을 정도였으니 말이다. 이 서클에서 1917년 '자유문화과학원'이 만들어져 강연회를 열기도 하였다(Arato & Breines, 윗글: 75; Marcus & Tar, 윗글: 23). 루카치의 회고담을 보려면 RL: 49-51 볼 것.

22 루카치에게 보낸 막스 베버의 1913년 10월 3일 자 편지.

23 루카치에게 보낸 베버의 1916년 [8월 14일] 자 편지.

서 자못 통명스럽고 솔직하게 아래와 같이 적고 있다.

> 나는 그 글을 몹시 싫어했고 지금도 혐오하고 있네. … 만약 그대가 체계적인 논문을 완성시키는 것이 견딜 수 없게 고통스럽고 또 못 할 일이라고 여기고 이럭저럭하는 동안에 다른 일이나 하려면, 마음이 무겁지만 교수 자격 문제에 대해서는 아예 잊어버리라고 조언할 수밖에 없네. 그대가 자격을 "얻을 능력"이 없기 때문이 아니라, 가장 깊은 뜻에서 그것은 그대에게도 도움이 되지 않고 결국에는 학생들에게도 전연 이롭지 않기 때문일세. 그런 경우에는 다른 데서 일을 찾아야 하네. 그러나 그대가 옳다고 생각하는 대로 할 일일세SC: 위와 같은 편지.[24]

단순한 문필가가 체계적인 지식을 구사하는 학자보다 덜 중요하다든지 또는 낮다는 뜻을 담고 있는 편지는 아니다. 베버는 "아마도 그 반대일 수 있다"고 했다. "그러나 [문필가]는 대학에 설 자리가 없으며 대학에도, 더욱 중요한 것은 자신에게도 이로울 것이 없다"SC: 143번, 같은 곳는 뜻이었다. 이 같은 학문적 비판의 자세를 놓치지 않고 그는 루카치가 어떻게 하든 교수 자격의 관문을 통과하여 동료로서 함께 대학에서 가르치고 싶었던 것이다. 베버는 그 뒤 얼마 후에 보낸 편지에서 다른 어떤 것보다도 "그대가 나의 동료가 되기를 바란다"SC: 144번고[25] 그의 간절한 마음을 전하고 있다.

24 위에 말한 「미학」은 *Heidelberg Philosophie der Kunst, 1912-1914*를 뜻한다. 그리고 도스토옙스키에 관한 글의 일부는 *The Theory of the Novel*에 들어 있는 것으로 알려져 있다.

25 루카치에게 보낸 막스 베버의 [1916년 8월 23일] 자 편지.

루카치는 다시 「미학」에 대한 연구로 돌아왔다. 아마도 베버의 충고 때문이었을 것이다. 부다페스트에 돌아간 이후에도 그는 교수 자격의 취득 문제를 포기하지 않았다. 그러나 1918년 12월 외국 시민이라는 이유로 교수 자격 신청이 거절당하자 이 신청을 스스로 철회한다. 후대인들은 그 오랜 기간 동안 바라 오던 대학 강단의 문이 끝내 그에게 열리지 않았다는 이 좌절의 사건이 바로 두 주 전까지도 부정해 마지않던 헝가리 공산당의 당원으로 들어간 정치적 변신의 이유라고 추론한다 Marcus & Tar, 윗글: 25.[26] 기구한 루카치의 생애가 다시 비엔나의 망명으로 이어지고, 베버는 뮌헨에서 죽음을 기다리고 있던 1920년, "가장 귀히 여기는 친구" 루카치에게 편지를 보낸다. 그는 "친구여, 그렇네, 우리들의 정치적인 견해가 우리를 갈라놓고 있네"라고 슬퍼하며, 그때 루카치가 처한 정치적 문제가 해결되어 "그대가 자신을 위해 계획했고 그대의 재능이 그대를 위해 마련해 둔 그 일로 되돌아오기를" 진심으로 바랐었다. "모든 것이 앞으로 몇십 년 동안 반동적"인 사태를 낳을 시기로 보였기에 더욱 그렇게 바랐던 것이다SC: 161번.[27] 이 인간적인, 실로 지적이다 못해 인간적인 베버와 루카치의 관계는 베버가 세상을 떠난 다음 그의 부인 마리안느에게 보낸 루카치의 편지에 화답되어 나타난다.

26 1918년 5월 25일 자로 된 자격 심사 신청서, 그의 교수 자격 심사가 불가능해졌다고 알리는 하이델베르크대학 철학부 학장의 1918년 12월 7일 자 통보서, 그리고 이에 대해 부다페스트에서 루카치가 감정을 자제하고 품위 있게 답신한 1918년 12월 16일 자 편지 볼 것. SC, "부록", 285쪽, 289쪽.

27 루카치에게 보낸 막스 베버의 1920년 〔3월 ?〕 자 편지.

> 지난 몇 해 동안 우리들 사이에 가로막힌 … [이 먼] 간격은 조금도 제거시킬 수 없는 것이라고 생각하면 무섭게 느껴집니다. 이 떨어져 있다는 사실, 입장의 갈림이기도 하고 공간적인 떨어짐이기도 한 이 사실을 나는 언제나 어리석고 있을 수 없는 순전한 경험적 필연성이라고 생각해 왔습니다. 우리들 사이를 갈라놓은 이 모든 것을 사람과 사람 사이의 말 몇 마디로 모두 치워 버릴 수 있다고 믿어 왔습니다. … 그런데 이제 이러한 말을 더 이상 할 수조차 없게 되었군요. 언젠가 때가 오면 막스 베버 [교수]님과 같이 앉아 이야기를 나눌 수 있을 것이라는 생각이 나의 인간적 생존을 떠받쳐 온 몇 안 되는 희망적인 생각 가운데 언제나 자리하고 있었습니다. 우리가 해야 할 일을 하든 않든—우리가 사는 인간 조건에 대해 판단할 수 있는 사람은 너무도 적어, 이 공동체를 거의 포기하고 고독 속으로 봉쇄되어 버리게 되는군요.[28]

이 감동적인 글은 베버와 루카치의 관계를 과장하고 있는 것이 아니다. 베버는 지적으로 인간적으로, 이 두 차원이 하나로 어우러져 통일되어 있는 루카치의 후원자이자 대화의 상대이며 그 무엇보다 그의 스승이고 또 그리움의 대상이었다. 이 모든 것이 마치 20세기의 이데올로기적인 대결로 빚어지는 인간적 비극을 앞질러 표상하고 있는 것과 같은 루카치의 윗글에서 확연히 드러나고 있다. 베버가 죽은 다음 루카치가 맑스주의 이론가로 부상해 올라섰을 때, 베버의 강렬한 이론적 빛은 루카치의 글들 속에 결코 가릴 수 없는 위력을 가지고 비춰지고 있었다. 아래의 논의는 이 위력에 초점을 맞춘다.

28 SC, 283쪽의 엮은이 '달음'에서 다시 따옴.

3. 물상화 이전의 비평적 시각

루카치의 사회 이론을 다루기에 앞서 그의 지적인 관심의 역사적 줄기를 짧게나마 거슬러 올라가 봐야 한다. 왜냐하면 그가 독일로 가기 이전부터 공식적인 헝가리 문화에 대하여 거부할 수 없는 거부감에 사로잡혀 있었던 데다, 독일의 지적인 분위기에 휩싸이면서는 더욱 분명하게 자본주의적 문화에 대한 비판 의식을 갖게 되고, 부르주아사회의 문화에 대한 비극적인 인식을 굳혔기 때문이다. 그는 1910년에 발표한 「영혼과 형식」의 머리말 격인 "비평의 본질과 형식에 대하여"에서Lukács, 1974 이 시기에 쓴 글들을 이어 놓을 수 있는 주제를 풀이하고 있다. 여기서 그는 비평의 기능을 "진리를 찾으려는 투쟁, 어떤 이가 어떤 한 인간, 어떤 한 시대 또는 형식에서 본 한 삶의 화신을 찾는 싸움"이라고Lukács, 윗글: 11 쓰고 있다. 그러나 그것은 "쓴 글의 내용이 우리에게 특수한 삶을 제시하고 있는가 아닌가 하는 그 글의 강도와 전망에 전적으로 달려 있다"Lukács, 윗글: 같은 곳. 비평가는 시나 비극과 같은 문학 형식에 관심을 두고 있지만 그런 작품 자체에 대한 관심보다 그런 형식이 담고 있는 "영혼"의 내용을 경험하고 그 경험을 표현한다. 그것은 "외적인 것과 내적인 것, 영혼과 형식 사이의 신비스러운 결합의 순간"이며 거기에 대한 경험의 표현이다Lukács, 윗글: 7-8. 그런데 비평가가 "언제나 삶의 궁극적인 문제들에 대하여 말하지만, 그가 단지 그림과 책만을 논의하고, 다만 실제 삶의 비본질적이고 아름다운 장식들만을 … 논의하는 것 같은 어조로 말하는 데" "아이러니"가 있다는Lukács, 윗글: 9 것이다. 그러나 비평은 삶에 대한 표현이다. 그가 따오고 있듯이 매슈 아널드의 말처럼 "삶에 대한 비평"이다Lukács, 윗글: 5. 시심은 시의 모든 작품들보다 더 오래전부터 있었고 더 크고 더 중요한 것이다. 이러한 각성의 빛에서 파악한 가치의 척도를 가지고 모든 현상을 판단할 사람으로 비평가가 이 세상에 온 것이다. 신발 끈을 매기에도 부족한 예수의 오심을 광야에서 미리 외쳤던 세례요한처럼Lukács, 윗글: 13, 15-16, 겉으로 확실하게 보이나 그것을 걷어치우는 일, 그 일은 가치와 목적을 기다리는 그리움이요, 그 참된 기다림과 그리움에 뜻을 두고 알리는 선각자가 곧 비평가이다Lukács, 윗글: 16. 루카치는 계속 말한다.

> 모든 진실된 목표는 참목표이며 길의 끝이며, 길과 목표가 만나지 않고 대등하게 서로 나란히 하지 않는다 해도 그것은 공존한다. 목표는 몇 번이고 밟아 가야 할 길이 없이는 생각할 수 없고 다다를 수 없다. 목표는 가만히 서 있는 것이 아니라 거기에 이르러야 하는 것이며, 멈춰 있는 것이 아니라 정상을 정복하는 것이다. 그러므로 비평은 … 궁극적 목표에 이르는 필수적인 수단으로 정당화되는 것 같다Lukács, 윗글: 17.

그렇다면 루카치에게서 그 궁극적인 삶의 문제란 무엇인가? 그것은 모순이다. 순수하고 절대적인 "사는" 삶과 진실된 존재, 그리고 더럽고 상대적이며 "사는 것이 아닌" 일상적인 삶과 불결한 존재, 이 두 원리 사이를 가혹하게 떼어 놓고 있는 이중성과 대립이 곧 그것이다. 참존재란 영혼이며, 그 영혼은 "인간세계의 본질이며 모든 사회제도와 문화물의 창조적이고 기본적인 원리"인 동시에 그것은 인간에게 특유하고 대체할 수 없는, 그리하여 내재적 가치를 주는 '기본 핵'으로서의 참개인됨을 말한다.[29] 근본적으로 거짓 삶과 부실한 존재는 영혼에 대립한다. 이 영혼에 적대하는 삶은 그 자체의 힘을 휘둘러 대어 원래의 의도와는 다른 방향으로 세력을 뻗쳐 그 삶을 만든 이들에게 적대하게 되었다. "수단이 목적이 된 것이다." 이 같은 삶이 곧 소외다. 그리하여 루카치가 뜻하는 참인간은 현존하는 존재가 아니라 가능의 존재가 된다. 그리스신화가 일러 주는 대로, 옛날에는 모든 피조물이 오늘과 달리 두 배였으나 제우스가 잘라 반쪽으로 만들어 인간이 되었기 때문에, 완성과 완전성을 향한 인간의 추구가 있게 되었다. 그리하여 우리가 갖고 있는 "그리움과 사랑은 잃어버린 인간의 다른 반쪽을 찾는 것이다"Lukács, 윗글: 92.

그러나 흐트러진 혼돈의 소외적 삶을 영혼이 다스려 극복하려는 예술조차 "초월"일 뿐 그 모순을 없애지는 못한다Márkus, 1983: 12. 이처럼 루카치가 본 궁극적인 삶의 문제는 넓은, 그러나 가장 깊은 뜻에서의 문화적인 문제였다. 곧 진실된 삶이 사라져 버린 위기 상황 또는 진실된 문화가 없는 위기적 세계와 이어지는 문제이다. 바로 이러한 분석이 실존적이며 형이상학적인 철학의 수준에서 파악되고 있는 한편, 또한 현대 부르주아사회의 본질적 속성으로 풀이되어야 하는 역사철학적 또는 역사적·사회학적 수준과도 이어져야 했다.

우리가 사는 역사적 사회 상황에서 인간이 겪는 특유한 경험 세계는 「영혼과 형식」에 들어 있는 "새로운 고독과 그 시"Lukács, 1908; 윗글: 79-90에서도 벌써 분석되어 있다. 베버 서클과 이어지고 있는 슈테판 게오르크 Stefan Georg의[30] 시를 비평하면서, 루카치는 현대 인간이 겪는 외로움을 우리 시대의 인간관계의 관점에서 풀이한다. 친밀성과 거리감의 관계는

29 Lukács(윗글: 152-174)에 있는 "The Metaphysics of Tragedy"(1910)는 위의 주제와 이어지는 바 이율배반성의 그 하나인 진실된 삶을 밝힌다. 곧 순수하고 충만한 자기됨의 경험, 그것을 영혼이 경험하는 데서 이루어지는 삶을 뜻한다. 그리고 이 주제에 관해 논의하고 있는 Márkus(1983: 7) 볼 것.

30 Honigsheim(윗글: 2, 25, 67, 80, 142), 그 밖의 여러 곳 볼 것.

어떤 뜻을 갖는가? "오늘날 우리가 모든 것을 이야기하고 어떤 이에게, 누구에게나, 어느 누구라도 상관하지 않고 이야기한다. 그러나 우리는 실로 어떤 것도 결코 말하지 않는다. 다른 사람들이 우리에게 몹시 가까이 자리하고 있으나" "그들은 우리로부터 너무도 멀리 떨어져 있어 우리로부터 그들에게까지 가는 길목에서 모든 것이 상실되어 버린다." "우리가 겪은 이 고통스러운 고독에서부터 도망치고 싶으나, 우리에게 가장 친근한 것은 영원한 고독의 기묘한 즐거움이다. … 우리는 수천 가지의 관계를 맺고 있으나 어떠한 참된 연결점도 결코 붙잡지 못한다. 우리 영혼의 풍경은 아무 데도 존재하지 않고, 이들 풍경들 속에 모든 나무와 모든 꽃들만이 구체적으로 나타나 있을"Lukács, 1974: 87 뿐이라고 한다. 어딘가에 소속하고 싶은 끝없는 바람에도 불구하고 결코 어디에도 소속할 수 없는 오랜 슬픔에 맞닥뜨리게 된 고독Lukács, 윗글: 같은 곳, "모든 사회적인 결속에서 떨어져 나간 외로움의 인식"Lukács, 윗글: 88, 곧 새로운 종류의 "외로움"이 주는 허무를 우리 앞에 새롭게 펼쳐지고 있는 역사적·사회적 상황 속에서 찾아낸 것이다.

현재의 상황을 사회학적으로 바라보려는 분석적 시각은 「영혼과 형식」에 앞서 쓴 것으로 알려진 「근대 희곡의 발달사」에서[31] 벌써부터 뚜렷하게 나타난다. 우리의 논의와 직접 이어지는 부분만 떼어 와 본다면, 고대 그리스의 연극과 근대의 연극에서 그대로 드러나듯이 고대사회는 통일된 유기적 공동체이고 오늘의 부르주아사회는 분절된 기계적 사회

31 이것은 1911년 헝가리에서 출판되었으나 1906-1907년에 쓰고 1908-1909년에 이르기까지 수정·가필되었다고 일러져 있다. 아직 유럽의 다른 나라말로 다 옮겨지지 않고 있다(Arato & Breines, 윗글: 4; Parkinson, 윗글: 3, 166 달음 7; Márkus, 윗글: 25 달음 69).

로 대비되고 있다.[32] 그리스의 도시국가는 일상생활이 자연스럽고 편안하게 느껴졌고 가치와 의미가 모든 사람들에게 충만하게 퍼져 있는 질서가 잡힌 사회였다. 이 공동체 자체가 폐쇄적이라 물질적 및 지적 수준에서 생산성이 계속 증대·발전되지 않고 엄격한 전통과 관습에 의하여 인간관계가 종속적이었지만, 사람들이 어느 면으로는 제약을 느끼지 않고 자아의 분열도 경험하지 않아도 될 종합한 인간성이 그 앞에 살아 움직였다. 오늘의 사회는 더 이상 유기적이지 않다. 옛날의 결속 관계를 구속의 쇠사슬로 인식게 하여 이 같은 차꼬로부터 인간을 해방시켜, 다른 사람들에 맞서 개인은 제법 자율성을 높이고 확장시키게도 되었다. 그러나 그 개인은 인간들이 어울려 있는 공동체와의 관계에서 벗어나 점차 "물건들의 관계 속으로만" 빠져들고 있는 것이다Márkus, 윗글: 16-17. 오늘날 인간이 가진 문제는 이 같은 물건들의 관계 속에 들어가 삶과 운명이 통제되고 있는 이 "세계"의 문제가 되었다. 사회제도의 속성, 이웃한 인간과 삶 자체에 대한 무지함, 그 밖에도 삶을 규제하는 여러 조건들, 이러한 것들이 "긴밀히 연결되고 무서운 논리로 결합"되어 있는 사회 안에 오늘의 인간이 자리하고 있는 것이다. 이들 개체적 부분들이 어떤 유용성을 갖고 또는 어떤 부당성을 갖는지를 우리가 안다 해도 아무 소용이 없다. "그것들은 인과관계의 사슬을 연결시키고 있는 고리들처럼, 정당하고 않고 상관없이 그것들이 가진 모든 힘으로 영향력을 행사하는 사실facts이" 되었기[33] 때문이다. 통일된 유기적 관계를 부수고 이제 인간

32 "유기적", "기계적"이라는 말은 György Márkus에게서 따온 것이다. 그러나 이 말은 뒤르케임을 연상케 하기에 가까운 훗날 서로 견주어 봄 직한 내용이다. 물론 뒤르케임은 분화의 정도가 낮은 상태를 "기계적"이라 하고 그 정도가 높은 상태를 "유기적"이라 했다(Durkheim, 1893/1933). 위의 논의에 대해서는 「근대 희곡의 발달사」에 기대어 논의를 전개시키고 있는 Márkus(윗글: 16) 볼 것.

적인 가치에는 무감각한 채 "법칙"으로 다스려지는Márkus, 윗글: 18 낯선 땅 앞에 우리가 서 있는 것이다.

마치 자연스러운 것인 동시에 당연한 것으로 받아들여지고 있는 법칙적 원리가 "경쟁"이다. 유기적 공동체가 허물어져 어떤 형식으로든 서로서로 기대어 산다는 것은 개인의 자율성을 억압하는 것이라 더 이상 허용될 수 없는 지난 시대의 유물이라고 믿게 된 마당에서, 고립된 개인들은 그들이 생각하는 자율성을 지키기 위하여 이 이름으로 서로를 "상대"로 여기고 그것이 누구든 이에 맞서 자기를 내세우고, 그리하여 필연적으로 남을 짓누르게 되고 뒤바꾸어 자기를 방어하기 위하여 남을 공격하고 파괴할 수밖에 없는 상황이 출현한 것이다. 자율적인 개인의 위치가 높아질수록 그것은 억압과 공격과 파괴의 구렁텅이로 떨어지는 이율배반의 궤도 속에 휘말려 들어 버린 상황이다.[34] 오늘날 이들 개인을 관계 짓고 있는 경쟁이라는 원리는 진실된 의미에서의 자율성이나 개인의 존엄성을 표상하고 있는 것이 아니라 서로 충돌하여 상대방을 무찔러 타도해 버려야 한다는 기괴한 운명의 올가미가 되었고, 그 운명 앞에서 예외 없이 우리 모두가 경험해야 하는 고립과 고독이 사무쳐 나오는 것이다. 이 비극적 세계를 루카치는 다음과 같은 절망적인 글로 그린다.

> 지난날에 비해 오늘날에 와서 개인이 얼마나 더 고독한가 하는 것을 아마도 더 크게 강조할 필요는 없을 것이다. … 인간의 진실된 인격은 사나운 바다 한가운데 자리한 외로운 섬이 되어, 어떤 목소리도 그 바닷

33 「근대 희곡의 발달사」, 453쪽의 내용을 Márkus(윗글: 17-18)에서 다시 따옴.

34 「근대 희곡의 발달사」, 161쪽의 내용을 Márkus(윗글: 18)에서 다시 따옴.

소리로 일그러지지 않고는 그 섬에서 들을 수 없다. 가끔 그 목소리는 들리지 않게 완전히 바닷속에 흠뻑 빠져, 어떤 사람이 두 팔을 쭉 뻗치고 있는 것을 보는 것이 고작이다. 그러나 결국 그 사람의 몸짓조차도 또한 잘못 이해되고 만다.[35]

경쟁은 서로가 서로를 향한 싸움뿐 아니라 서로를 오해하는, 하버마스의 말로 바꾸면 의사소통의 부재와 왜곡을[36] 낳고 만다. 낡은 것이라 하여 거부되었던 통일된 유기체적 공동체의 문화가 쇠잔하면서, 새롭게 나타난 근대적인 개인성과 그것을 강화시키고 있는 개인화의 급속한 성장 과정은 누구도 예상하지 못했던 획일성의 과정을 동반하였다Márkus, 윗글: 18. 토크빌 이후 이른바 대중문화 이론가들의 논지와박 영신, 1980: 2장 자못 상통하는 논지가 여기 루카치의 문화 위기론 속에 흐르고 있음을 본다. 경쟁의 원리는 분업의 증대 현상에서 빚어지는 구조적 분화와 기능적 분화로 표출된다. 루카치가 풀이하는 대로, 오늘날의 분업은 인간의 노동을 인간으로부터 격리시키고 추상화시키어 노동은 이제 노동자 개인의 인간됨과는 연결되지 않고 그 밖에 존재하는 기능적인 객관적 요인에 의존하게끔 되었다. "노동과 노동자의 관계는 점점 더 멀어져만 간다."[37] 노동자는 점차로 자기의 인격을 노동과 결부시키지 않게 되고 노동은 점차로 노동자라는 인격체를 요구하지 않고 있다. 일은 인격에서 동떨어져 나가 그 노동이 가진 "별개의 객관적인" 자체의 모습을 띠고

35 「근대 희곡의 발달사」, 163-164쪽의 내용을 Márkus(윗글: 18)에서 다시 따옴.

36 우리말로 나온 하버마스의 이론에 대한 것으로서 박 영신(1987), 이 기상(1987), 최 종욱(1987) 볼 것.

37 「근대 희곡의 발달사」, 146-147쪽의 내용(Márkus, 윗글: 19).

Márkus, 윗글: 19 거칠게 돌아가는 사회가 된 것이다. 사람과 일이 통일성을 잃고 분열되어 연결점을 놓치고 분리된 세계, 개인들이 홀로 떨어져 있어 어떠한 통일된 의미나 목적으로 엇물릴 수 없어 공통된 경험이 불가능해진 세계, 이 부르주아사회의 문화적 위기, 이러한 역사·사회학적 상황에 대한 문제의식이 초기 루카치 속에서 강렬하게 움돋음 하고 있었다.

4. 자본주의와 합리화

루카치가 예술사와 비평의 영역에서 글을 쓰고 있는 동안에 베버는 주목받는 중견 학자가 마땅히 축적하고 있어야 할 학문적 업적을 쌓아두고 있었다. 그러나 그의 업적은 단순한 업적이 아니라 역사적 경험 세계를 넓게 내다볼 새로운 전망대와도 같은 혁신적인 안목을 세운 것이었다. 그는 독일이 직면한 여러 현실적인 문제에 깊이 관여하며 소신을 피력해 온 중후한 시대적 발언자의 자리에 서 있으면서, 또 한편 여러 방법론적인 글을 통하여 사회과학의 학문적 새 지평을 열어 두고 있었다.[38] 이 가운데서 사회변동과 설명적 요인에 대한 그의 생각 두 가지를 여기에서 강조해 둘 필요가 있을 것이다. 고대사회를 비롯해 중세의 상업 조직과 독일의 당시 상황과 서구의 기술 발달로 나타난 사회변동 현상을 개인, 가족, 신분적 지위, 이해 집단, 계급, 종교, 정치 공동체, 세계경제와 같은 여러 단위들로 골고루 살피면서,[39] 그는 발전의 수준과 경

38 이 시기의 학문적 관심과 업적에 대해서는 Scaff(1984: 83-107) 볼 것.

39 Scaff(1984: 92) 표 1 볼 것.

향성에 대한 관심을 보였다. 여기서 중요하게 지적되어야 할 점은 "발전"과 관련되는 낱말을 쓰고 있지만 그것은 헤겔식의 사변적이고 형이상학적인 인식론과 역사철학적인 관점을 거부하고 또한 콩트나 다윈 그리고 맑스가 한결같이 따르고 있던 법칙적인 발전 단계론을 부정하고 있었다는 사실이다. 붙박아 놓은 듯 고정된 단일의 축과 척도에 따라—그것이 자유라는 이념이든 적응력이든 정의나 인도주의든—낙후한 단계에서 발전된 선진사회로 발전해 나간다고 보는 갖가지 이론적 관점들을 받아들이지 않으려는 것이었다. 이것들이 걸치고 있는 현란한 개념적인 치레 속에 은밀하게 감추어져 있는 이데올로기적인 신앙을 베버는 감히 공박하고 나섰다. 이러한 유사 사회과학적인 발상은 간단치 않게 복잡한 현실을 단순하고 소박하게 볼 뿐만 아니라 그러한 현실의 인식 자체를 흩뜨리고 일그러뜨리기 때문이었다.[40]

이러한 베버의 시각과 긴밀히 이어져 있으나 구분하여 볼 수 있는 다른 또 하나는 사회의 구조적 과정과 변동을 설명하는 요인에 관한 것이다. 그는 경제적 및 기술적 이해관계와 조건을 일차적인 기본 요인으로 보고 이 요인으로부터 사회·정치적 조직의 성격과 종교·윤리와 세계관을 도출하려는 맑스적인 인과관계의 논리를 논리적이고 방법론적으로 정당화하려는 접근 방법을 극복하고 있었다. 베버의 중심적인 관심이 통일적으로 발표되어 나오기 이전, 그러니까 정치국민경제학의 영역에 보다 가까운 연구에 몰두하여 여러 내용적 및 방법론적인 글을 내놓았던 초기 베버에서 경직된 인과관계의 틀보다 훨씬 넓은 설명적 안목이 선명하게 드러났던 것이다. 1894년 동부 엘베강 지역의 농업 노동에

40 윗글에 더하여 박 영신(1986/1987) 또는 이 책의 여덟째 글 볼 것.

대한 그의 연구를 보기로 끌어낼 수 있을 것이다. 그 사례연구에서 그는 "단순히 경제적인 요인이 결코 주도적인 역할을 수행하지 않는다"는 사실을 찾았었다. 특정 지역의 농업경영에 경제 조건이 유리한가 불리한가 하는 문제보다, 또는 생산양식의 차이에서 오는 이윤의 관계보다 그 지역의 "인구 분포, 교역의 분화, 토지 분할, 노동조직의 법률적 형태가 농업 노동자의 물질적 및 사회·윤리적 조건과 그 노동자의 총체적인 생활수준에 훨씬 더 큰 결정적 의미를 가지고 있다"는 점을 경험적으로 논증하였다. 노동자의 생활 조건에 영향을 미치는 결정적 요인은 농민들 사이에 역사적으로 형성되고 있던 넓은 뜻에서의 사회적인 계층 관계이지 그 역의 관계가 아니라는 것이다.[41] 경제적 요인이 중요하나 그것이 어느 특정 역사적 상황 어느 경우에도 일률적으로 일차적 설명력을 갖는다고 보는 "교조적"인 독선 논리 대신에, 최소한 그 요인이 갖는 중요성은 구체적인 역사적 상황에 빗대어 검증하는, 칼 포퍼의 "반증 가능성"의 뜻을 넓게 쓰는 것이 허용된다면 그러한 가능성의 여지를 갖고 있어야 한다는 입장을 내세웠다. 더욱 바람직하게는 경제적 요인이 사회적, 정치적, 종교적인 여러 다른 요인들과 엇물려 그것들이 서로 영향을 주고받는 광범위하고 다차원적인 "교호적 결과의 문제"로[42] 역사적 경험의 과정을 풀이해야 한다는 "사회학적" 관점을 정립해 두고 있었던 것이다.

굳은 법칙적 발전 논리와 똑같이 굳은 경제적 요인의 일차성 논리를

41 이 사례연구는 "Die deutschen Landarbeiter"이다. Scaff(1984: 95)에서 다시 따옴.

42 "a matter of reciprocal effects"라고 베버가 쓴 말이다. 윗글, 같은 곳 볼 것. 물론 "다차원적"이라는 말은 Alexander(1982-1983)에서 쓰고 있는 뜻과 같다.

거부하고, 역사 현실을 "현실적"으로 탐구하여 인식하려 한 것이 초기 베버의 방법론적인 글들을 꿰뚫고 있는 관심사였다. 이것이 이후의 사회과학의 연구에 준 기여와 계속 주게 될 기여의 가능성으로 보아 오늘날 누구도 그 중요성을 깎아내리지 못한다. 이 획기적인 방법론적 "특권"을 누리면서 그는 역사적인 현실 탐구의 새로운 문제의식에 관심을 모으고 그것을 추적하고 있었다. 1904-1905년에 내놓은 「프로테스탄트 윤리와 자본주의 정신」에서Weber, 1930 넌지시 비춰지고 있지만 더욱 분명하게는 1910년 이후 그가 펼쳐 보인 문제의 주제에 비하면, 초기에 쓴 여러 글은 오늘에 와서 이미 통상화된 그런 사회과학의 수준에 머물고 있는 초보적인 내용이라 해도 지나치지 않다.[43] 초기의 베버와 원숙한 베버 사이에 인식론적 단절이 있었다고 하면—흔히 맑스를 두 맑스로 보듯이—조금은 심할지 모르나, 그러나 그렇다고 규정해도 좋을 거대한 주제가 베버의 관심 세계 속에서 통일된 형태로 뻗어 나오고 있었다.

벌써부터 베버 연구가들 사이에 널리 알려져 있는 대로, 「프로테스탄트 윤리와 자본주의 정신」의 논지가 맑스의 일방적인 경제 결정론적 설명 방식을 단순히 거꾸로 뒤집어 세워 똑같이 일방적인 관념 결정론의 설명 도식을 대안으로 내놓으려는 데 있지는 않았다. 두말할 나위도 없이 오늘의 사회과학에서 통속적 맑스주의와 마찬가지로 통속적 베버주의 또한 설 자리를 찾지 못할 것이다. 오늘날 인간의 존재와 인간의 지식 그리고 현대의 문명적 상황에 대하여 번민하는 이들이 몰고 온 "베버

43 이 문제는 더 많은 논쟁적 논의를 요청할 것이다. 그러나 이것은 다음의 두 저명한 베버 연구가에 의하여 직접 또는 간접으로 논의된 바 있다. 특히 Tenbruck(1959), Nelson(1981) 볼 것. 그리고 베버의 방법론에 대하여 많은 이들이 갖고 있는 상식적인 이해를 '완전히' 뒤엎어 놓고 있는 Tenbruck의 다음 글도 이러한 논의의 맥락과 이어 보아야 할 것이다. 텐부룩[텐브루크](1986) 볼 것.

르네상스"의 참뜻은 단지 경직된 맑스주의적 방법론의 급소를 무참히 찔러 단숨에 쓰러뜨렸다는 그 방법론적 병기와 살해 이후의 축제적 통쾌감에 있지는 않다. 차라리 베버가 간 이후의 무시 못 할 사회적 변화의 양상에도 불구하고 아직껏 계속되고 더욱 문제가 되고 있는 현대의 문화적 상황을 울적한 마음으로, 그러나 날카로운 분석의 눈을 가지고 꿰뚫어 보았던 그의 도덕적이고 지적인 관심 세계에 동참하여, 그와 더불어 오늘의 삶의 세계가 우리에게 어떤 문제 상황으로 나타나고 있는가를 다시 묻고, 그의 고뇌에 찬 삶의 문제에 함께 "책임 있게" 대응하고 싶기 때문이다. '프로테스탄트 윤리'의 논지가 담고 있는 베버의 깊은 관심 세계를 다시 읽어 보라.[44] "셀 수 없이 많은 여러 역사적 요인들이 복잡하게 서로 작용하면서" 우리가 사는 바로 이 "현대 문화"의Weber, 1930: 91 구조가 전개되고 있는 이 과정에 종교가 끼친 영향을 보고 싶어 했다. 그는 종교의 중요성을 결코 낮출 의도를 갖고 있지 않다. 그러나 여기에서 그는 현대 문화, 다른 말로 하면 "우리의 자본주의 문화"에Weber, 윗글: 같은 곳[45] 초점을 맞추고 있다. 실로 근대 자본주의의 "정신"이 곧 "합리적이고 체계적으로 이윤을 추구하는" 태도이며 또한 문화적 지향성이다Weber, 1930: 64-65. 우리가 걸어온 문화적 발달의 과정에 따라, "완전하고 아름다운 인간성의 시대"를 일단 떠난 오늘, 그것은 "고대의 아테네 문화의 꽃"을 되살릴 수 없듯이 지난 인간성의 시대를 되풀이할 수 없게 된 것이다Weber, 1930: 181. 베버가 다음과 같이 쓴 글귀를 여기서 되새겨 봄

44 손쉽게 읽을 수 있는 것으로 박 영신(1981 : 9장) 볼 것.

45 "our capitalist culture"로 옮겨져 있고, 독일판으로는 "자본주의적 바탕 위에"(auf kapitalistischen Basis) 놓인 문화로 되어 있다(Weber, 1920 : 83).

직하다.

> 청교도들은 소명 의식에서 일하고 싶었으나 이제 우리들은 일하게끔 강요되고 있다. 금욕주의가 수도원의 방에서 나와 일상적인 삶 속으로 들어와 세속적인 도덕을 지배하기 시작하면서 놀라운 현대 경제 질서의 우주를 만드는 데 그 몫을 맡았었다. 이 질서는 이제 기계 생산의 기술적, 경제적 조건이 되어 오늘날에 와서 경제적 획득에 직접 관여하는 이들뿐만 아니라 이 구조 속에 태어난 모든 개인들의 삶을 저항할 수 없는 힘을 가지고 강제한다Weber, 윗글: 같은 곳.

그러고는 저 유명한 음울의 낱말, 곧 "쇠우리"라는Weber, 윗글: 같은 곳[46] 말로 현대의 문화적 상황에 대한 우리들의 통상적인 태도에 베버는 도전하고 경고한다. 베버는 서구 문명에 나타난 자본주의, 합리적 자본주의 또는 합리화 과정을 단순히 사회경제적 차원에서가 아니라 정치적, 사회·문화적 차원이 함께 연결된 다차원적 관점에서 문제시하고 이 문제와 씨름하기 시작한 것이다.

부분적으로는 베버 자신의 잘못이겠지만 합리성과 합리화의 개념을 이해하기란 그리 간단하지가 않다. 그의 여러 글에 흩어져 몇 갈래로 쓰이고 있기 때문에, 이 낱말의 여러 쓰임을 하나하나 꿰어 일목요연하게 정의하고 주석을 단다는 것은 아직도 많은 노력을 요청할 만큼 어렵고 까다롭다. 합리성이 인간 행위의 유형을 분류하는 데서 나오기도 하고, 삶의 여러 영역에 간헐적으로 또는 일관되게 쓰이기도 하고, 세계 문

46 이와 관련하여 박 영신(윗글)도 볼 것.

명권 어디에서나 나타나는 보편적-역사 발전의 중요 특성으로 그려지고도 있다. 흔히 베버의 합리성을 형식적인 것과 실질적인 것으로 간단히 나누어 보는 경우가 있는가 하면, 그것은 너무 단순화시키는 것이라고 보고 이것을 보다 세분화시키는 경우도 있다. 슐루히터는 합리성을, 계산을 통해 세계를 다스리는 능력과 관계되는 "과학적-기술적"인 것, 세계를 의미 있게 풀이하고 이해하여 그러한 세계에 대해 일관된 의미를 부여하는 "형이상학적-윤리적"인 것, 그리고 의미의 세계와 이해관계의 문제가 제도화되어 그 결과로 나타나는 "실제적"인 것으로 나누어 보고 있다.[47] 그런가 하면 캘버그는 세계와 행위를 실용적이며 이기적으로 보고 판단하는 "실제적"인 것, 정밀한 추상적 개념으로 실재를 의식적으로 다스리는 "이론적"인 것, 단순한 계산이 아니라 "가치" 원리와 관련지어 행위의 의미를 찾고 그 방향을 설정하는 "실질적"인 것, 그리고 산업화된 경제체제, 관료제화, 현대 과학의 지배 체제와 관련된 "형식적"인 것, 이 넷으로 합리성을 분류한다Kalberg, 1980: 1145-1179.

이 같은 분류가 결코 무의미하다 할 수는 없다. 여러 가지 이점이 있겠지만, 특히 개념적 분화에 따라 합리화의 현상과 그 전개 과정을 보다 면밀히 바라볼 수 있는 점을 들 수 있을 것이다. 그러나 우리의 관심에서 보면 개념을 어떻게 분류하든 베버의 합리성 또는 합리화는 우주를 어떤 의미로 파악하는가 하는 "세계관"의 문제와 긴밀히 이어져 있다는 것이 중요한 듯하다. 실제로 베버는 이 문제에 중심적인 관심을 두고 서구 문화를 성찰하고 있었다. 물질적, 이념적 "이해관계"가 인간 행위를 지배하지 "이념" 자체가 직접 지배하는 것은 아니다. "그러나 아주 빈번

47 Schluchter(1979: 14-15)와 그 아래 볼 것.

히 '이념'으로 고안되어 온 '세계관'the world images이—[철길을 바꿔 놓는] 전철수처럼—이해관계의 역동적 작용에 의하여 행동이 밀려 움직이는 진로를 결정한다. '무엇으로부터' 그리고 '무엇을 위해' 우리가 구원받고 싶어 했으며—잊지 말아야 할 것은—'구원받을 수 있다'고 했는지가 우리의 세계관에 달려 있었던 것이다"Weber, 1946: 280. 베버가 1915년에 쓴 글이다.[48] 서구의 문명과 이어 본다면, 유대·기독교적인 종교에 기대어 세계를 바라다보는 세계관을 채택하면서 신비스러운 마법적인 요소를 제거할 수 있는 "각성"의 과정이 운명적으로 나타났다Schluchter, 1981: 2, 170. 널리 알려진 대로 그리고 '프로테스탄트 윤리'의 주제와 이어지고 있는 대로, 청교도들은 그들이 가진 세계관에 따라 기강 있고 검약·절제하는 생활을 하면서 돈을 모으고 그것을 재투자할 수 있었다. 이러한 윤리적 행동이 투기적인 자본가들이 갖고 있었던 물질 추구의 공리적인 경제철학보다도 더욱 효과적으로 전통적인 경제행위의 유형과 그 굴레를 파열시켰던 것이다. 그런데 이 구원과 관련되어 있던 행위가 전통적인 사회구조를 부수는 데서 머물지 않고, 궁극적 가치와 아무 관련도 없는 합리적인 조직을 낳는 데 추진력을 제공해 주고 말았다Weber, 1930. 그것이 운명이고 역설이었다. 강력한, 그러나 여전히 고귀한 종교·윤리적 가치의 확장이 "무가치하고 더욱이나 자기모순적이며 서로 적대하는 목적"에 공헌하고 만 "무의미한 껍데기"가 되고 말았기Nelson, 윗글: 6 때문이다.

기독교적 세계관이 더 이상 윤리적, 지성적 합리화의 준거점이 될 수

48 베버의 글을 그것이 쓰인 시기에 관계없이 읽은 다음 조급히 아무렇게나 결론 내리는 일은 그의 지적인 관심을 자칫 그르치는 어리석음을 낳을 수 있다. 이에 대한 중요한 논의를 알아보려면 Tenbruck(윗글), 그리고 영어로 옮겨져 나온 Tenbruck(1980: 316-351) 볼 것. 이 문제에 대한 간단한 소개를 위해서는 Schluchter(윗글: 59-64, 113-116) 볼 것.

없는 이 "기독교 이후"post-Christian의Nelson, 윗글 서구 사회에 계산과 예측과 정밀한 수학적 논리와 기술의 효용성을 들고 과학이 들어서고, 경제, 관료 체제, 법률제도가 인간 행위의 유형을 만들고 역사를 엮어 가려는 축의 전도 현상이 벌어진 것이다. 합리화의 과정은 인류의 문명을 동서고금으로 관통하는 보편사적 현상이지만, 그 합리화에 가장 강력한 힘을 행사한 유대·기독교의 세계관이 지배해 온 서구에 돌처럼 굳은 "기계화된 화석화"의 근대 문명적 현상이Weber, 윗글: 182 더욱 첨예하게 나타났다. 베버는,

> 인간은 돈벌이에, 자기 삶의 궁극적 목적으로서의 획득에 지배당하고 있다. 경제적 획득은 인간의 물질적 요구를 만족시키는 수단으로서 더 이상 인간에게 종속되어 있지 않다Weber, 윗글: 53.

고 자본주의의 정신, 곧 자본주의적 문화를 요약해 적었다. 그리고 괴테의 생각을 나누어,

> 정신이 없는 전문가들, 마음이 없는 감각주의자들, 이 무가치한 것들이 이전에는 도달하지 못했던 문명의 수준에 이르렀다고 생각하고 있다 Weber, 윗글: 182.

는 말로 서구 사회의 문명을 개탄한다. 윤리적 가치를 앗아 간 이 현대 자본주의의 우주 안에서 살아가고 살 수 있는 인간은 도대체 어떤 인간인가? 오늘의 문화가 약속하고 예찬하는 물질적 편리의 물결에 휘말리어 대담히 거슬러 올라가려는 대항의 의지와 가능성을 놓친 것 같은 세

계에서, 과연 어떤 유형의 인간이 서구 문명, 아니 현대 문명의 고삐를 잡고 그 문명의 운명을 지고 이끌어 갈 것인가Weber, 윗글: 180-183? 자본주의 문화가 그 특유한 방식으로 획일화되고 전제적으로 지배하게 된 상황에서, 종교적 이념은 이제 문화적 중요성을 잃고 그 이념에 따라 자율적이고 자유로운 인간 의지가 솟구칠 수 있었던 서구 문명의 이상 자체가 추방되고 있음을 걱정스레 지켜보며 구약의 예언자처럼 베버는 통곡하듯 외쳐 대었던 것이다.

5. 합리화와 물상화

베버가 보편사적 관점에서 합리화되고 있는 서구 자본주의사회의 역설적 운명과 씨름하고 있던 때는, 루카치가 그를 찾아와 그의 서클에서 지적인 대화의 강도를 더해 가던 시기와 정확히 일치한다. 앞에서 본 것과 같이, 이때의 루카치는 미학과 예술사에 관심을 갖고 동시에 사회주의에도 흥미를 가지고 있었지만 아직도 막연한 상태에 있었을 뿐 체계적인 어떤 이론적 관점이나 접근 방법을 터득하고 있지는 않았다. 「영혼과 형식」에 담긴 생각이 자본주의사회와 문화적 상황에 대한 베버의 인식 내용과 어울리고 있었던 것은 사실이다.[49] 그러나 베버는 루카치보다 몇 해나 앞서 그러한 주제를 이미 체계적으로 파헤쳐 놓고 있었다. 짐멜과 가깝게 지내었던 베버이고 보면,[50] 이 두 사람은 지적으로 서로 통해

49 위에 적은 나의 논의에 더하여 Lukács(1974)에 들어 있는 "The Bourgeois Way of Life and Art for Art's Sake"도 볼 것.

50 M. Weber(1975) 여러 곳 가운데서 특히 252-253쪽, 312-313쪽, 420-422쪽 볼 것. 1910년 독일사회학회를 함께 만들고 방법론적 견해를 함께 나누었을뿐더러 1910년에 나온 짐멜의 책 「돈의 철학」

있었을 뿐 아니라 서로 영향을 주고받았을 것임은 넉넉히 짐작할 수 있다.[51] 그러므로 짐멜의 영향을 받은 루카치와 베버의 관심 세계는 만남이 이루어지기 이전부터 통하는 데가 있었다 할 수 있다. 그렇지만 루카치 스스로 말했던 바와 같이, 짐멜이 사소하고 경박한 문제에 사로잡혀 있었던 데 반하여 베버는 그의 독특한 방법론에 따라 거대하고 심원한 문제의식을 갖고 그 문제를 비교 문명사적으로 체계 있게 해명하고 있었다 Lukács, 1983: 37-38, 1952/1962/1980. 그런 한편 교수 자격 논문을 써 학계에 발을 들여놓고자 하는 꿈을 가졌음에도 불구하고 루카치는 여전히 산만하게 여러 단편적 관심사에 마음을 홀려 빼앗기고 있었다. 여기서 루카치는 겸허히 당대 학계의 거성 베버를 의식하고 있어야 했다.

불행히도, 이러한 결정적 시기에 루카치가 막스 베버로부터 얼마나 깊은 지적인 영향을 받았으며 어떤 점에서 큰 자극을 얻었는지를 자세한 기록으로 남겨 두지 않았다. 마리안느 베버는 베버 서클에 모인 젊은 "학생들" 가운데서 루카치가 뚜렷한 인물에 속한다고 그에 대한 인상을 꽤 긍정적으로 좋게 그리고 있는 여유를 보이고 있다. 이와는 대조적으로 루카치의 기록은 극도로 인색하다. 그가 베버에게 진 숨길 수 없는 지적 은혜를 충실히 기록해 두었어야 하는 학인의 성실성과 솔직함을 결하고 있는 것이다. 지극히 짧은 글귀 하나로 대신하거나 두어 군데 베버의 글을 따와 적고 있는 데서 끝나고 있는 형편이었다. 그러므로 그것도 희귀한 이차적인 자료에다 인색하기 이를 데 없는 루카치의 기록만으로 베버가 준 지적 영향이나 이 두 사람의 지적 관계를 들추어내려 한

(Philosophie des Geldes)을 베버가 읽고 있었다. 그리고 Honigsheim(윗글: 131)도 볼 것.

51 이 두 사람의 이론적 관련성에 대해서는 Tenbruck(1959) 볼 것.

다면 예외 없이 모두 실망하고 말 것이다. 타르와 마커스의 글처럼[52] 다분히 전기적이고 삽화적인 것으로 끝나거나, 아니면 몇 해 전 대니얼 벨이 겪었던 것처럼 "추리적인 빗댐" 이상의 자료가 없다고 지레 포기하고 돌아설 것이다Bell, 1981: 548. 그러나 이 두 갈래의 생각 그 어느 것에서도 나는 지혜를 찾지 못한다. 단순히 이야깃거리의 사건에 재미를 두기보다는 이론적 관심 자체에 초점을 맞추고자 하는 후대인에게 전기적 기록물 못지않게, 아니 그것보다 더욱 중요하고 값어치 있는 루카치의 이론적인 글들이 있다는 사실을 이 두 가지의 논의 모두가 다 지나쳐 버리고 있기 때문이다. 베버와 떨어져 베버가 세상을 떠난 다음 비엔나에서 글 마무리하여 출판했지만, 나는 아래의 논의를 위해 루카치의 대표적인 저작 「역사와 계급의식」을[53] 택하였다.

그가 남긴 많은 글 가운데서 이 책은 그것을 찬양해 마지않는 추종자와 그것을 분쇄하려는 적대자들이 한결같이 맑스가 죽은 이후 계속 이어져 온 맑스주의의 연구 역사에서 "가장 중요한 사건"으로 기록될 일이라고 생각하고 있다. 그것은 오늘에 와서 보아도 그러하다. 그 책은 세상에 나온 1920년대부터 맑스주의의 고전으로 당당히 올라서 있었다.[54] 이 책은 루카치의 다른 여러 저작과 마찬가지로 그가 가지고 있던 일관된 생각을 담고 있기는 하지만 벌써부터 이따금 써 놓았던 글들을 한데 묶어 놓은 것이다. 다만 두 논문, 곧 "물상화와 프롤레타리아의 의식"과

52 Marcus & Tar(1984: 109-135), "The Weber-Lukács Encounter" 볼 것.

53 이 책의 첫 논문은 1957년 영어로 옮겨진 적이 있으나 완역은 최근의 일이며, 2차 대전 후 프랑스 맑스주의자들이 재발견하였으나 큰 관심을 끌기 시작한 것은 1960년대 급진 사회운동이 일어난 이후부터였다. Breines(1979), 특히 533쪽 볼 것.

54 Breines(1979), 같은 곳 그리고 Parkinson(윗글: 34-35) 볼 것.

"조직의 문제에 대한 방법론 모색"만[55] 이 책을 위해 썼을 뿐이다. 앞서 밝혔던 바, 사회 이론의 범주에 속하는 것이라 할 수 있는 것으로서 가장 체계적인 글로 알려진 것은 물상화에 대한 논문이다. 그런 만큼 아래에서는 주로 이 글을 논의하고자 한다. 그 밖의 글들은 이 논의에 직접 관계되는 테두리 안에서 참고할 것이다. 물론 루카치는 이 저작이 펴고 있는 논지와 입장을 뒤에 가서 몇 차례고 철회하고 취소하였다. 더욱이 이른바 "자아비판"을 할 때마다 이 책의 지적 바탕을 가혹하게 비판하고 그 과오를 공식적으로 뉘우쳤다. 한편으로 보면 자기 스스로의 지적인 변화를 드러내 보이는 것이기도 했으나, 다른 한편으로는 그가 현실적으로 무시할 수 없는 정치적인 상황과 타협하거나 점차 약화되고 있던 스탈린 시대의 상황에서도 계속 쓸 수 있는 붓을 보호하기 위해 그가 선택해야 할 거의 유일한 방책이기도 했다.[56] 글쓴이 자신에 의하여 비판되고 부정되었다 해도 그것이 이 책에 대한 후대의 논의를 가로막지는 못한다. 우리는 이 책의 찬양자들 및 적대자들과 함께 맑스주의에서 이 책이 지니고 있는 중요성을 일단 인정하려 하며, 또한 그것이 더 이상 루카치의 서랍 속에 숨겨져 있는 미발표의 사유물이 아니라 갖가지 방향으로 지적인 영향력을 행사해 온 가장 체계적인 논문이며[57] 또 그러한 명성을 지키고 있는 공공의 지적재산이라는 점에서 이것을 다시 한 번 비판적 해석의 대상으로 삼으려 한다.

"물상화와 프롤레타리아의 의식"에서 루카치는 자본주의사회의 기

55 영어 옮김판으로 "Reification and the Consciousness of the Proletariat"와 "Towards a Methodology of the Problem of Organization"이란 제목이 붙어 있고, 첫 논문은 140쪽가량이나 된다.

56 이에 대해서는 Parkinson(윗글)에 더하여 Heller(윗글) 3부 볼 것. 그리고 György Lukács가 1967년 새 판에 붙이고 있는 "Preface to the New Edition(1967)", ix-xxxix쪽 볼 것.

본 원리와 그 살풍경의 근원을 들춰내는 방편으로 맑스가 당연히 상품의 구조와 문제를 분석하고 있었던 사실을 높이 사서, 그것을 풀이하게 되면 자본주의사회의 "모든 객관적인 형태"와 그것에 상응하는 "모든 주관적인 형태의 모형"을 파악할 수 있다는HCC: 83 전제로부터 논의를 전개해 나간다. 맑스에 따르면 "생산의 사회과정"에서 인간 행위는 아주 작은 부분으로 개별화되어 인간관계는 의식적 인간 행위와는 관계가 없이 떨어져 나가 "물질적 성격"을 갖는다HCC: 같은 곳. 자본주의사회에서는 생산품이 더 이상 자기가 쓰기 위해 생산되는 것이 아니라 서로 바꾸어 쓰기 위해 생산된다. 곧 소비가 아닌 교환을 위해 생산된다. 생산품은 인간과 동떨어져 그 밖에서 별개의 세계를 만들고 그 세계는 "물건들 사이의 관계"라는HCC: 86[58] 참으로 어처구니없는 형태로 나타난다. 생산품을 생산하는 인간들 사이의 관계가 아니라 그들이 생산한 생산품의 관계가 된 것이다. 이른바 교환가치가 아닌 사용가치를 창출하려 한 생산이 소비의 수준을 넘어서게끔 공급하게 되면, 사용가치는 사용가치에 머물 수 없어 교환의 수단, 곧 상품이 되고 만다. 자본주의사회는 이 같은 상품화의 현상이 더 이상 국부적이고 특수한 사건에 머물러 있지 않고 보편적인 수준으로 일반화되어, 사회구조의 형성과 기능의 원리로 작동하게 된 관계를 뜻한다HCC: 86-87. 인간의 손으로 만든 생산품이 물건이 되어 그것이 도착적으로 인간 자신의 노동을 사회적으로 성격 짓는 것이 "물신화"이다HCC: 84. 이제 생산과정에서 인간이 맺고 있는 관계는 인간

57 Marcus & Tar(1984)에서 Tar의 글 'Introduction', 특히 5쪽 아래, 그리고 Landmann의 글 "Critique of Reason from Max Weber to Jürgen Habermas", 118쪽 아래와 그 밖의 글을 볼 것. 그리고 Habermas(윗글: 345 아래)도 볼 것. Feenberg(윗글)도 볼 것.

58 이것은 물론 맑스의 「자본론」에서 나오는 말이다.

의 의식적인 행위와 통제와는 관계가 없는 별개의 물질적인 성격을 띠고 상품의 형태로 나타났다. 오늘날의 시장이 생산자나 소비자라는 인간의 관계로 이루어지지는 않는다. 오히려 값이 매겨져 있는 재화와 재산의 성격을 지니고 이것들이 사고 팔리는 관계로 움직여 가고 있다. 경제적인 의미의 재화로서 경제적인 추상적 개념으로 규정된 객관적 관계가 된 것이다.

이 같은 맑스의 물신론을 루카치는 "물상화"로HCC: 86 풀이한다. 상품의 물신론적 성격이 경제 영역에 한정되어 있는 것을 루카치는 확대시켜, "상품 구조와 모든 사회 측면에 침투하고 그것의 영상으로 사회를 다시 형태 짓는"HCC: 85 물상화 현상이 자본주의사회의 일반적인 성격이라고 본다. 사회 진화의 과정에서 자본주의사회의 분업이 이루어지게 된 필연적 결과로, 노동은 추상적이고 평준적인 것이 되고 비교 가능한 대등한 노동이 되어 점점 더 정확하게 측정할 수 있게 되었다. 이 변동의 현상이 자본주의적인 생산의 전제이며 결과이고 또한 이것이 자본주의사회 체제의 구조적 특성이다HCC: 87-88. 맑스의 물신화 개념에서 도출되었으나 그것으로 역부족하다고 보고 물상화의 개념으로 일반화시킬 필요를 느낀 데서, 벌써 베버의 "합리화" 개념의 도입은 긴요했으며 또한 불가피했다. 수공업 상태에서 협업과 제조 공업을 거쳐 기계공업으로 노동이 발전해 온 과정에서, 노동이 "전문화"되고 노동의 시간이 "계산"되게 되어 사람들이 가진 특질적 속성이 제거되고 정확하게 계산되어야 하는 "합리화"의 발전적 확장 현상이 가속화되어 왔다. "계산되고 계산될 수 있는 것에 터하고 있는 합리화의 원리"가HCC: 88 노동의 원리가 된 것이다. 결과를 정확히 예측할 수 있고 복잡한 것을 정밀히 분해하여 전문화시킬 수 있는 노동과정의 합리화, 이 과정에서 인간은 주인의 자리를 빼앗기고 기계적인 체계 속으로 말려들어 간 "기계화된 부분"이 되고 말았다HCC: 89. 상품의 지배가 보편화된 자본주의사회에 사는 노동자는 합리화 과정에서 자신의 존엄성을 잃고, 대량생산의 과정에서 계산되고 표준화된, "합리적으로 기계화된"HCC: 90 운명이 되었다. 이 노동자의 운명은 우리가 겪고 있는 산업화에 치른 희생이며, 이러한 뜻에서 이 운명은 "사회 전체의 운명이 되고 있다"HCC: 91. 지난날 촌락 공동체 안에서 유기적인 삶의 과정에 따라 생산하고 공동체의 다른 구성원들과의 유기적인 관계 속에서 자기가 위치 지어졌던 때는 "자유스러웠으나", 이제 그 자유는 자기의 노동력을 "자유스럽게" 시장에 내놓고 자기에게 "속한" 상품으로 팔 수 있는 "자기 소유의 물건"으로 보게 되었으며 "개체적인 소유의 물건"으로 보게 되었다는 뜻에서의 "자유스러운" 노동자일 뿐이다HCC: 같은 곳. 바로 이것이 노동자의 운명이고 그런 노동자에 의하여 움직여지고 있는 것이 전체사회의 운명이다. 인간이 상품 관계의 한 부분으로서 그 "비인간화되고 비인간적인 기능"으로 HCC: 92 작동하게 된 것이 상황적 운명이며, 모든 인간이 "물건"으로 치부되어 인간들의 관계가 "물건 사이의 관계"로 탈바꿈된 것이 자본주의사회의 운명이다.

확장된 상품화의 과정, 루카치의 말로 하면 물상화의 과정에서 자연스러운 인간관계와 인간적 결속 관계가 파손된 것을 일반적인 수준으로 끌어올려, 국가의 형태나 법률제도도 같은 과정을 밟는다고 본 것은 맑스가 단순히 경제 영역에서 풀이한 것과는 달리 베버적인 합리화 과정에서 그 암시와 단서를 얻었던 때문이었다. 이제 "정통파" 맑스주의자로 자처한 만큼[59] 맑스의 글에서 단편적인 것이나마 따와 자기의 이념적 색채를 분명히 하려는 의례적인 방식을 고수하고 있어야 했지만, 그리

간단하게 볼 수 없는 자본주의사회의 됨됨이를 좁은 맑스의 경제적 시각의 틀에 담을 수는 없었다. 여기서 루카치는 베버가 「경제와 사회」에서 정리하고 있는 내용을 끌어낸다. 자본주의와 국가 사이의 구조적 유사성이 크다는 점에 대하여 베버는 다음과 같이 썼던 것이다.

> 오히려 둘은 근본적인 성격이 아주 비슷하다. 사회학적으로 보면 "기업적 이해관계"가 현대 국가이다. 그것은 공장에도 똑같이 적용된다. 이것이 바로 역사적으로 봐서 그것이 갖고 있는 특유한 점이다. 마찬가지로 기업의 권력관계 또한 같은 종류다. 기술공또는 시골의 장인, 자작 농민, 성직록 소유자, 무사와 제후의 상대적인 독립성은 자기의 경제적, 정치적 또는 군사적 업무를 완수하기 위해 쓰고 또한 그것으로 자기 임무를 수행하면서 생계를 유지했던 도구, 물자, 재원 또는 무기를 스스로 소유하였다는 사실에 바탕하고 있었다. 비슷하게 노동자, 사무원, 기술 조수, 대학의 조교와 관리 그리고 군인의 위계적인 의존성은 대비될 수 있는 토대를 갖고 있는데, 다시 말하면 기업적 이해관계와 경제적인 생존, 이 두 가지를 위해서는 도구, 물자, 재원이 필수적인데 이것이 한 경우에는 기업주의 손에, 또 한 경우에는 정치적인 상전의 손에 달려 있다HCC: 95.[60]

59 「역사와 계급의식」에 루카치가 수정주의자로 몰려 버리게 된 근거가 없었던 것은 아니나, 루카치는 이 책의 첫머리 논문을 "무엇이 정통파 맑스주의인가?"라고 써 스스로를 "정통파"로 자처하였을 뿐만 아니라, 첫 판의 '머리말'에서 자기 논지들이 펴고 있는 목적을 "맑스가 이해했던 대로" 맑스의 이론을 해설하기 위한 것이라고 강변하고 있다(HCC: xliii).

60 이것은 물론 베버의 *Economy and Society*(Weber, 1978ㄱ), 3권, 1394쪽에서 따온 것이다. 루카치는 달음 19에서 *Gesammelte politische Schriften*(Munich, 1921: 140-142)로 밝혀 놓고 있다.

계속해서 루카치는 "이러한 현상의 원인과 사회적 의미"를 베버가 "매우 적절하게" 마무리하고 있다고 쓰고HCC: 95 다음의 글귀를 다시 따온다.

> 근대 자본주의의 이해관계는 내면적으로 그 무엇보다도 [타산적] 계산calculation에 바탕하고 있다. 그것은 자체의 생존을 위해—어떤 기계의 예상 실적을 계산할 수 있는 것과 꼭 같이—적어도 원리상 고정된 일반 법칙에 따라 기능을 합리적으로 계산할 수 있는 법률제도와 행정 기구를 요청한다. 재판관의 [종잡을 수 없는] 변덕심이나 자비심이 가는 대로 따라가고 그러지 않으면 침해할 수 없고 신성불가침이지만 비합리적인 전통에 따라 움직여만 갔던 가부장적 행정 체제를 참을 수 없듯이, 재판관이 개별 사건들을 다룰 때에만 자기가 갖고 있는 공명정대하다는 생각에 따르거나 아니면 법을 집행하는 다른 어떤 비합리적인 수단이나 원리에 따라 재판하는 것도 참을 수 없게 되었다. …HCC: 96[61]

위의 글을 베버로부터 길게 따와 적고 있는 루카치의 의도에서 읽을 수 있듯이, 자본주의사회를 풀이하는 데서 맑스와 베버 사이에 아무런 설명적 차이는 보이지 않는다고 그가 생각했음이 분명하다. 이런 뜻에서 그는 계속 베버의 글을 따와 적는다.

> 몇 세대를 거친 옛 자본주의의 획득 형태와 구별되는 근대 자본주의의 특유성은, 합리적 [과학]기술에 터하고 있는 엄격히 합리적인 노동조

61 Weber(윗글)의 계속임.

직이 몰합리적으로 구성되어 있는 그러한 정치제도 안에서는 그 어디에도 생겨나지 않았고 또 그럴 수도 없었다는 사실이다. 왜냐하면 고정자본과 정확한 계산 체제를 갖춘 이들 근대 기업은 법률적 및 행정적 몰합리성에는 너무도 쉽게 상하기 때문이다. 재판관이 다소간에 자동적으로 움직이는 법규 처리 기계가 되어, 필요한 비용과 수수료와 함께 서류를 위에 집어넣은 다음 아래로 나오는 것을 빼 보면 어느 만큼 그럴싸하게 수긍할 수 있는 이유를 단 판결문이 나오게 되어 있는 상황, 바꿔 말하면 재판관의 행동이 대체적으로 예측할 수 있게 되는 합리적 법률제도를 가지고 있는 관료적 국가에서만 근대 기업이 생길 수 있는 것이다HCC: 96.[62]

아마도 루카치 스스로의 부주의 탓으로 자신의 의도를 벗어났는지 몰라도, 베버가 맑스와 비슷하다는 것과, 자본주의적 경제체제와 정치 · 행정 및 법률 제도 사이의 구조적 유사성을 지적하는 데서 끝나지 않고, 그는 베버 특유의 생각을 담고 있는 글귀까지도 함께 따와 적고 있다. 논지를 폄에 있어 용의주도했던 루카치도 어쩌면 베버의 강한 논지와 통찰력에 기세가 꺾인 나머지, 맑스 같으면 그렇게 쓰지 않았을 내용, 곧 정치적, 행정적, 법률적 구조의 설명적 일차성이 강조되고 있는 것까지 따왔던 것이다. 조금만 주의하면, 베버의 설명 논리가 갖고 있는 특징 가운데 하나인—하나이지 결코 다가 아니다—노동의 특정 조직 방식은 그것과 서로 통하는 특정 정치, 행정, 법률 제도가 선행되는 경우에 가능하다는 논지를 위의 따온 글귀에서 어렵지 않게 파악했겠기에 말

62 Weber(윗글) 다시 따옴.

이다.[63] 그런데 루카치는 맑스와 베버를 연결시켜도 "정통파 맑스주의자"라는 자신의 이념적 신분에 아무런 해를 주지 않을 것이라 여기고 또한 그것 때문에 사나운 이데올로기적 역공세를 불러일으키리라고는 생각하지 않은 듯하다. 그러나 그것보다 더 결정적인 것은, 베버다운 논지를 도입함으로써 자신의 의도된 논지의 줄기가 옆으로 빠져 논지 자체가 흐려질 수 있다는 함정과 위험(?)을 감지하지 않고 있는 점이다. 그러나 여기서 그의 소홀함과 부주의함이나 또는 논리적 굴절을 확대 렌즈로 과장하여 폭로하는 일에 연연하려는 것이 나의 의도는 아니다. 오히려 그 반대이다. 루카치 자신의 펴려고 하는 논지는 이른바 계산과 예측의 원리가 지배하는 자본주의적 합리화의 과정이 맑스의 물신론의 좁은 시야와는 달리[64] 경제 영역이나 생산과정과 같은 사회의 어느 한 부분이나 수준에 한정되어 나타나는 국부적인 현상이 아니라 이 과정이 사회의 모든 영역과 수준에 상호 침투하여 확산되고 있다는 점이었다. 바로 이것을 그는 베버의 합리화 논의를 빌려 만든 자기의 물상화 개념으로 강조하고 싶었었다. 이 사실을 우리가 이해적으로 파악하고 또 그 사실에 논의가 모아져야 할 것이다.

물상화라는 말을 썼든 안 썼든 이것과 이어지는 생각은 헤겔로 거슬러 올라갈 수도 있고, 자본주의사회에서 물신적 상품 관계를 본 맑스 속

63 그러나 불행하게도 "맑스와 베버"의 관계를 강조하려는 이들 사이에서 이러한 차이를 지나쳐 버리는 잘못이 저질러지곤 한다. 루카치의 글보다 이들 후대인의 과오가 더욱 비판되어야 할지도 모른다. Keller(1985), 특히 90-92쪽 볼 것.

64 맑스의 물신화 개념이 편향되어 있다는 것을 지나치게 강조할 필요는 없다. 그러나 그는 이 개념을 비경제적인 영역으로 일반화시키지 못했음이 분명하다. 간간이 비체계적으로 이어 본 예외적인 경우가 있을 따름이다(Feenberg, 윗글: 62, 78).

에는 확연하게 자리하고 있다고 할 수도 있다.[65] 그러나 위에 적은 대로 맑스에게 기대면서도 짐멜을 거쳐[66] 베버에 이른 루카치는 물상화 개념을 획기적으로 발전시킬 수 있었다. 그는 물신화된 상품 관계에서뿐 아니라 국가, 권력, 법률, 행정 자체가 모두 "물신화"되어 버리고 인간의 의식까지 "물신화"된 것이 자본주의사회의 구조적 특성이며 삶의 방식임을 물상화의 개념으로 인식했었다. 베버와 같이 이른바 개인적인 "변덕스러움"을 떨쳐 버리고 감정과 정서가 없는 무분별함의 비인간화가 관료제에 국한되어 있지 않다고 본 것이다. 의식과 도덕에도 침투하여, 그 "변덕스러움"의 제거가 곧 무사공평함이며 그렇게 행동하는 것이 품위와 책임감을 지니는 것이라고 생각하게끔 되었다HCC: 99. 근대과학도 마찬가지다. 전문화가 되고 분화되고 있는 이들 과학은 세분화된 법칙들을 만들어 이것들을 얽어 체계를 만들고 있다. "근대과학이 더욱 복잡해질수록 그리고 방법론적으로 자체를 보다 더 잘 이해할수록", 더욱 확고하게 그것이 행사할 수 있는 영향력의 영역이 될 "존재론적 문제"를 제거하고 만다HCC: 104; Feenberg, 윗글: 63. 수치적 양화로 치닫는 방법의 공룡화가 운명적 무능을 낳은 것이다. 마치 맑스가 부르주아 정치경제학이 방법의 굴레 때문에 사용가치를 다루지 않고 실제 소비를 이해하지 못하고 있다고 비판한 것처럼HCC: 104, 106, 분절된 부분에 치우쳐 일면화

65 일반적인 시각에서 물상화를 논의하고 있는 Berger & Pullberg(1965: 196-211) 볼 것.

66 1844년 파리에서 썼다는 초기 「원고」에서, 인간이 스스로 만든 생산품으로부터, 생산 행위인 노동 자체로부터 그리고 인간 본질 자체로부터 "소외"되는 자본주의사회에서 노동자가 겪는 소외에 대하여 맑스가 말하고 있다. 그러나 이 「원고」가 세상에 알려지기 전에 루카치가 HCC를 쓴 만큼 물상화와 소외의 관계에 대한 논의는 맑스가 아닌 짐멜의 「돈의 철학」과 이어 보는 것이 온당할 것이다(Parkinson, 윗글: 56-57). 이런 점에 비추어 짐멜의 영향을 받았을 루카치가 이 사실을 너무도 미미하고 완곡하게 표현하고 있는 점은 유감이다(HCC: 95, 156-157).

되고 있는 오늘의 과학은 기본이 되는 구체적인 실재에 깊숙이 파고들어 사회 전체를 인식하지 못하고 있으며 또 할 수도 없게 되었다고 HCC: 105,[67] 루카치는 오늘의 학문 그 자체를 비판한다. 단지 경제구조에 분석의 초점을 맞추면서 자연히 정치경제학만을 비판했던 맑스를 또다시 확장하고 일반화시킨 셈이다. 충성스러운 맑스주의자의 모습을 갖추어 거의 모든 것이 맑스로부터 나온 듯이 그의 글을 경전처럼 지나칠 정도로 인용하여 자신의 정통성을 드러내어 스스로의 독창성을 감추려 했지만, 이것은 분명히 루카치의 독창성이다. 베버의 넓은 시각과 그의 깊은 분석의 등을 타고 맑스의 논의 내용을 넘어뛰었던 것이다.

베버와 루카치 사이의 상동성, 더 정확히 말하여 베버의 원용은 이 정도에서 끝난다. 베버의 표현으로, 궁극적 가치와 관련되어 있는 실질적 합리성이 형식적 합리성에 의해 제약되고 있는 그 조건과 장애물에 대하여 관심을 돌리면서, 그는 베버와 결별한다. 이제 잘 알려진 "총체성"의 개념을[68] 써, 루카치는 합리화 과정으로 진정한 합리성 자체가 짓눌리게 되는 것은 합리화된 사회의 여러 하위 체계들이 총체적으로 통합되지 않았기 때문이며, 이 같은 분절 현상은 물신화된 상품 구조 때문이라는 점을 다시 확인한다. 애초 그가 맑스의 물신론을 확장하려 했던 그 출발점 이전으로 회귀한 것이다. 베버의 다차원적 합리성이 제기하는 인간과 문명의 딜레마가 아니라, 맑스의 틀에서 나타난 대로 자본주의 사회의 궁극적 문제는 물신적 상품 구조로 요약되는 경제 위기의 문제

67 경제 지향적인 당시 맑스주의를 다시 철학의 수준으로 끌어올리면서 기존의 철학을 비판하고 있는 110-149쪽도 볼 것.

68 HCC 여러 곳에 있으나, 특히 149쪽 아래 볼 것. 이 주제와 관련하여 넓게 논의하고 있는 Jay(1984) 2장 볼 것.

로 되돌아온 셈이다. 의식과 문화를 모두 포함하는 광범위한 분석의 가능성을 지녔던 물상화 개념은 이제 탈물신화가 곧 탈물상화라는 등식으로 축소되어 버린다. 합리화의 시야로 바라보던 루카치의 물상화 논의는 물신적 상품 구조의 극복이라는 이름으로, 정치 경제적인 수준에서의 구체적인 "정치적 투쟁"의 문제로 변신한 것이다. 한때나마 물상화가 합리화의 불빛 아래 들어섰었지만 이제 그것은 다시 그 빛에서 나와 맑스의 물신론 곁으로 복귀하였다.

6. 역사의식과 계급의식

탈물상화의 출발점을 물신적 경제구조에서 찾은 이상, 루카치는 이 구조의 분석에서 머물지 않고 이 분석에 터한 사회의 변형을 이론적으로 계획한다. 물상화되고 있는 자본주의사회에서 탈물상화는 어떻게 가능하며 그 누구가 이 일을 맡을 수 있는가? 당면한 문제가 드러났기에 그 문제의 해결을 위한 이론적 무기가 필요했다.

자본주의사회는 부르주아와 프롤레타리아로 구성되어 있다. 근대적 생산방식의 발전 과정에 따라 형성되어 온 체제 위에서 생존하고 있었다는 뜻에서 이들 두 계급은 자본주의사회의 두 기둥이며 순수하게 자본주의적인 사회의 계급이다. 프티부르주아나 농민과 같은 그 밖의 다른 계급이 있으나 이것들은 봉건적 잔재와 관련되어 있어 그 계급적 성격에서 자본주의사회의 기능과 직결되어 있다고는 할 수 없다. 이 점에서 부르주아와 마찬가지로 프롤레타리아도 "자본주의적 사회질서의 산물"로 나타났다고 할 수 있다HCC: 149. 그러므로 이 사회의 총체적인 재구성은 그 사회 안에서 제가끔 체제적 역할을 수행하며 살아가고 있고

이 체제의 특성과 관련되어 있는 이 두 계급의 맥락 속에서 시도되어야 한다.[69]

자본주의 체제 아래 사는 이 두 계급의 존재 형태는 삶 구석구석에 자리한 물상화로 가득 차 있다. 똑같이 비인간화되어 있고 똑같이 자기 소외를 경험한다HCC: 149. 이들 두 계급이 놓여 있는 "객관적 상황"은 다를 바 없다고 할 수 있다. 루카치의 말로 "사회적 존재의 객관적 현실은 그 직접성에서[70] 부르주아와 프롤레타리아 두 계급에게 동일하다"HCC: 150. 그러나 그 객관적인 현실을 어떻게 보고 판단하는가 하는 상황적 조건에는 차이가 있다. 이 직접성을 "중재"의 과정을 통해 의식의 수준으로 올려 "직접적" 실재가 단순히 직접적으로 이해되는 것이 아니라 올바르게 이해되는 "진정한" 그리하여 "객관적"인 실재로 변형되는 것은 근본적으로 서로 다르게 나타난다. 여기서 프롤레타리아의 입장이 부르주아의 입장에 대립한다. 왜냐하면 프롤레타리아의 목표는 물상화된 부르주아사회의 지식 체계, 예술 상품, 그 밖의 모든 문화를 포함하는 사회 전체를 근원적으로 변형시키는 것이며, 그러한 생각이 그들의 의식 속으로 들어올 수 있기 때문이다HCC: 162-163. "계급적 이해관계의 발동기"를 돌려 "부르주아는 이 직접성의 장벽 속에 가둬 두나 프롤레타리

69 이것은 1920년 3월에 쓴 "Class Consciousness"의 주제와도 이어지고 있다(HCC: 46-82, 특히 56-60). 계급의 양분화를 그대로 받아들이고 있는 것을 그람시에 빗대어 못마땅하게 여기고 있는 글로서 뤼데(1993), 특히 1장 볼 것.

70 이 직접성(immediacy)의 개념은 중재(성)(mediation)와 함께 헤겔의 철학적 범주로서 맑스 이론을 재구성하기 위해 루카치가 쓰고 있다. 헤겔이 합리성을 이해(Verstand)와 이성(Vernunft)으로 나누고, 이성이 이해에 대립하여 나타나는 것이 아니라 "이성"이 중재의 과정을 통해 "이해"로부터 "변증적"으로 나타난다고 보았다. 그리고 헤겔의 범주에서 겉모양의 현상과 실재를 구별하고 이것을 변증적으로 쓴 것과 같이, 겉 현상은 의식에 들어오지 못한 존재의 "직접적"인 실재이나 이들 현상은 "중재"의 과정을 통해서 존재가 "실재" 속으로 들어오게 된다는 것이다. 이런 뜻으로 헤겔을 맑스와 루카치가 원용하고 있는 문제에 대해서는 Feenberg(윗글: 78-80) 볼 것.

아는 이것을 넘어서게 한다"HCC: 164. 자기 자신의 노동을 노동시장에 내놓아 상품으로 팔게 강제하고 그것이 기계화되고 분화된 "합리적"인 자본주의적 생산과정의 도구가 되는 데서 노동으로부터 인간을 단절시켜 궁극적으로 이 과정의 희생물이 되고 있다는 것은 노동자계급만이 가장 극단적으로 의식할 수 있다. 그것은 "사느냐 죽느냐" 하는 절실한 문제이기 때문이다HCC: 164-166. 자기 존재가 단지 상품으로 전락하고 있다는 사실을 의식할 때, 자본주의사회 안에 위치한 자신의 존재를 의식할 때, 자본주의사회의 본질적 성격인 이 "상품 체제의 물신적 형태들이 해체되기 시작한다"HCC: 168.

그들은 상품 구조의 체제 뒤에는 상품들의 이동이 아닌 진정한 삶이 있고, 그 상품 구조의 물신적 구조 밑에는 물건들의 관계가 아닌 진정한 인간들의 관계가 있다는 것을 의식하기에 이르는 것이다. 부르주아가 직접성의 망에 빠져 모든 대상이 상품화되고 물신적 교환가치가 양적으로 증가하는 것을 기계화, 합리화, 능률화, 양화의 증가로 또 질적인 변화와 발전으로 보고 있는 데 반하여, 프롤레타리아는 바로 이 과정이 인간을 분열시키고 비인간화시키고 상품으로 전락시키는 것이라고 보게 된다HCC: 171. 물상화된 자본주의 구조를 파열시킬 수 있는 계급은 바로 이 프롤레타리아계급이라고 규정하고 이 계급의 "특권적" 위치를 강조한다. 다른 계급이 겉으로 나타난 안정을 보고 열심히 하면 지배계급으로 올라설 수 있다고 여기는 "신분 의식"에 매여 있는 것과는 달리, 프롤레타리아는 자기를 위축시키고 비인간화시키고 있는 그 희생의 근원이 다름 아닌 상품 구조 그 자체라고 의식할 수 있기 때문이다. 그 의식은 결코 자동적이거나 자연 발생적이지는 않다. 물상화 현상이 속속들이 들어와 상품이 노동자를 "비인간화하고 자기 영혼을 무력하게 만들고 쇠잔시키고" 있는 것이 사실이지만, "바로 그의 인간성과 그의 영혼이 상품으로 바뀌지는 않고" 있다는, 이 "주체적 요소"의 중요성을 루카치는 치켜세운다HCC: 172.[71] 이것은 당시 맑스주의가 결정론적으로 흐르고 있는 것에 대한 비판적 해석이기도 하였다. 자본주의 아래에서 노동자들을 생산 공장에 공간적·물리적으로 근접하게 집결시켜 노동과정을 기계화하고 표준화하고 생활수준을 하향 평준화하면 "필연적"인 결과로서 "계급의식"이 생겨난다는 단순 논리에 대한 대안적 진술이다HCC: 173; Arato & Breines, 윗글: 137. 중요한 것은 변증적 과정을 통해 직접성을 쉬임 없이 부수고 이것을 넘어서 총체적인 사회로 나아가려는 열망이다. 당장의 임금 인상이나 가까운 장래의 경제적 이득이 아니라 그것보다 더 "멀리" 있는 총체성을 향한 부단한 운동에 참여하는 의식이HCC: 174 강조된 것이다. 물상화의 사회과정이 굳어 있다 하더라도 그것을 어쩔 수 없는 주어진 직접성의 대상으로 보지 않고, 오히려 자본주의사회의 틀 안에서 벌어지는 변동은 단순히 "물건들의 관계"에서 다른 "물건들의 관계"로 옮아가는 것 이상의 아무것도 아니라고 보는 의식, 그것이 인간 안에 들어와 앉은 물신적 대상을 깨 버리고 기본적인 인간관계와 뒤섞여 있는 물신적 관계를 잘라 축출해 버릴 수 있게 하는 힘인 것이다. 부르주아가 합리적이라고 보는 것을 몰합리적이라고 인식하고, 정상적이라고 여기는 것을 비정상적이라 파악하는 그 뒤바꿈의 의식이 변증적

71 여러 차례의 자기비판에도 불구하고, 루카치는 소외와 관계되어 있는 비인간화의 문제를 "의식"의 차원에서 바라다보려는 그 나름의 독창적인 생각을 포기하지는 못했다. 맑스가 「경제·철학 원고」에서 생각했던 것과는 다른 새로운 소외의 형태에 주목하고, 그것을 "의식 통제"의 "조작" 문제로 이어 놓고 있는 것이다. 그러므로 이것은 인간의 "주체적 요소"와 직결되는 문제라 할 수 있다. "생산력은 결국에는 언제나 인간이며 인간의 자질적 능력"이고, "인간 개혁을 〔우리의〕 중심적인 과제로 삼는 것"이 "새 단계의 맑스주의"를 뜻한다고 보았다. 그는 여기에 "어떠한 반맑스주의적인 것도 없다고 생각한다"고 말하고 있다. 그와의 대담 내용은 Pinkus(1967/1974), 특히 54-59쪽 볼 것.

과정을 통한 구조적 변형의 실천으로 이어진다고 보았으며, 이러한 변동의 담당 세력을 루카치는 프롤레타리아로 보고 있다HCC: 178-179.

그러므로 루카치에게 비춰진 프롤레타리아는 계급으로서의 의식이 가능한 존재며, 그러기에 물신적 사슬로부터 해방되어 물상화에 의해 더 이상 짓밟히지 않고 자유롭게 인간성을 살릴 수 있는 총체적 사회로의 변형을 수행하는 투쟁적이며 창조적인 운동 세력이다. 자본주의의 물상화를 돌파하여 드디어 탈물상화의 사회를 이룩할 혁명의 열매는 오직 프롤레타리아의 의식에 달려 있다는 말이다. "주체와 객체"가 하나가 되어 있는 헤겔적 의미의 절대적 주체가 루카치의 경우 프롤레타리아인 셈이다Arato & Breines, 윗글: 130-132. 이 주체는 가까운 목표를 겨냥하고 있는 경제 영역에서의 투쟁에 머물지 않고 자본주의사회의 총체적 변형을 실천적으로 지향하고 있는 개인이며 계급이다윗글: 134-135. 그의 긴 논문의 끝에 "어떠한 변형도 프롤레타리아의—자유스러운—행동 그 자체의 산물로서 나타날 수 있다"고HCC: 209 적어, 탈물상화가 단지 이 한 계급의 역사적 역할에 달려 있음을 루카치가 거듭 확인하고 있다. 한쪽으로 기울어진 관념론이나 또 다른 한쪽으로 기울어진 기계론도 거부하면서, 프롤레타리아의 주체성을 강조하나 그것이 가능한—베버의 개념을 그가 빌려 쓰는 대로—"객관적 가능성"을[72] 흐려 놓지 않는 논리를 전개하고 있는 것이다.

「역사와 계급의식」에서 개진된 프롤레타리아의 역할은 레닌적인 당

72 이 개념을 루카치가 그의 "선생" 베버로부터 끌어내어 어떻게 쓰고 있는지, 그 유사성과 차이에 대해서 논의하고 있는 Fetscher(1973: 501-525) 볼 것.

조직의 우위를 내세우고 있는 다른 글에 의하여 묶어지고 있다.[73] 그렇지만 "의식"을 강조하여 "객관적 관념론"을 펴고 있다고 비판되고 있는 가운데서도Wellmer, 1977: 특히 241-242,[74] 인간의 주체적 의식을 내세워 물상화된 사회를 변형시킬 것을 주장한 것은 어느 면으로 보든 결정적인 발상과 대립되는 한 줄기의 커다란 맑스주의 이론의 흐름을 구축한 것이었다. 인간의 의식을 강조하면서 프롤레타리아계급에 그 의식의 객관적 가능성을 불어넣어 이 계급의 의식을 촉구하고 사명을 자극하는 데 그가 기여한 바를 누구도 부정할 수 없다.[75] 그러나 맑스주의 논쟁사에서 벗어나 사회를 인식하는 하나의 이론으로 다루게 될 때 우리는 보다 넓은 시각에서 루카치의 이론적 적절성을 질문케 된다. 여기서 전반적인 논의를 펼 수는 없다. 다만 이 논의의 목적에 따라 의식과 윤리의 문제에 한정시켜 베버와 짧게 견주어 보는 것으로 충분하리라 생각된다.

루카치가 말하는 계급의식이나 프롤레타리아의 계급의식에 기대하는 논지가 지식인 중의 지식인인 루카치로부터 나왔다는 것은 가상한 일이다. 비할 데 없이 빼어난 지식인의 출중함 그 자체에 견줄 만한 그런 예외적인 겸양을 그가 보이고 있기 때문이다. 그러나 계급의식은 자

73 "Towards a Methodology of the Problem of Organization"(HCC: 295-342). 의식을 갖춘 당의 전위대와 그러지 못한 저변의 다수 대중 사이의 날카로운 분열은 전체 계급의 의식을 만들어 가는 변증적 과정을 보여 주는 한 측면일 뿐이라 한다. 그러나 "역사적 안목"을 갖고 프롤레타리아계급의 단결을 통한 혁명을 추진하기 위해서는 당의 우선적 위치가 인정되어야 한다는 논지다. 프롤레타리아의 혁명적 계급의식이 어느 틈에 당의 지도력으로 옮아간 것이다. 그리고 대중의 자발성을 강조하고 있는 로자 룩셈부르크에 대한 비판적 논의, "Critical Observations on Rosa Luxemburg's Critique of the Russian Revolution"(HCC: 272-294) 볼 것.

74 맑스주의의 철학적 차원을 회복하려 한 시도가 실패로 끝나 이 같은 결과를 빚었다는 것이다.

75 여러 글 가운데서 Schaff(1972: 특히 341) 볼 것. 그는 물상화와 계급투쟁에서의 프롤레타리아의 역할 문제를 끌어냈다는 것이, "헤아릴 수 없고 오래 뻗치는 이론적 업적"이라고 쓰고 있다. 그리고 Arato & Breines(윗글: 190-226) 볼 것.

본주의 사회구조의 특성과 그 안에 자리한 프롤레타리아계급의 위치, 그리고 사회 발전의 틀과 목표가 체계적으로 연결되어 있는 총체적인 지식, 곧 "이론"을 함축한다. 물상화된 사회에서 물상화되어 있어 총체적 지식을 갖추지 못하고 있는 아직도 "성숙하지 못한" 프롤레타리아계급이 어떠한 변증적 도약을 통해 이론을 갖춘 "성숙한" 계급의식을 갖게 되는지, 이른바 "계급 그 자체"Klasse an sich와 "계급을 위한 계급"Klasse für sich 사이의 간격을 어떻게 좁힐 것인지 하는 고전적 문제가 적절히 해명되지는 않았다Schaff, 윗글: 342-344.[76] 우리는 위대한 지식인 루카치의 비밀스러운 지식의 창고에 감추어져 있을 해명의 내용이 자못 궁금할 뿐이다. 그가 쓴 수많은 현학적 논설문과 예리한 철학적 비평문, 그리고 프롤레타리아를 치켜세운 「역사와 계급의식」은 두말할 것도 없이 지식을 위한 글이지 결코 임금노동자가 소화할 수 있게 그들을 겨냥하여 그들의 읽을거리로 쓴 것이 아니다. 그러므로 프롤레타리아의 계급의식을 간파한 것은 담당 노동계급이 아닌 현학적이며 강력한 철학적 논리를 무기로 삼고 있는 지식인이다. 프롤레타리아의 역사적 소명을 기대하는 그 강한 논지도 임금노동자가 아닌 지식인의 세계관을 말하는 것이며, 그들에게 역사 변동의 특권적 위치를 부여한 것도 노동자의 자발적 의식이 아닌 지식인의 지적 구성물의 결과에서 비롯된 것이다. 우리는 여기서 지식인의 겸양처럼 보인 논리의 전개 그 밑바탕에는 지식인의 거드름 피우는 위선이 흐르고 있음을 갈파하고야 만다. 그것은 거드렁거리는 통례의 엘리트주의이다Vajda, 1983: 122.

76 그리고 실천을 이론적 수준으로 처리하고 있는 맑스의 과오와 비슷한 그러한 과오를 범하고 있다고 비판하고, "심지어 형이상학이 그 자체를 주장해 온 것 이상으로 [루카치]는 이론이 더 큰 힘이 있다고 생각해야만 했다"고 적고 있다(Habermas, 윗글: 364).

그러나 보다 근본적인 문제는 루카치의 환원적인 논지에 있다. 맑스의 물신적 상품 구조를 끌어들여 그것을 베버의 합리화 개념을 통해 일반화시켰던 "물상화"가 뒷걸음질하여 물신적 구조로 되돌아가면서, 그의 환원적 설명은 미리부터 예상되었던 문제이었다. 정치경제학에 기울어져 있던 맑스의 관심에 이어 경제 수준을 일차적인 요인으로 삼아 사회 총체성을 분석했던 데서, 루카치가 말하는 "총체성"은 경제구조 자체에 수렴되고 만다. 이제 경제구조는 더 이상 총체성의 "예시적 본보기"가 아니다. 분석의 환원은 기존의 여러 지적 노력에 불만을 느껴 대안적 해결책을 내놓겠다던 그 행동 지침 또한 환원시켜 버렸다. 문명에 의해 죽어 가는 문화를 되살리려는 꿈과 탈물상화 이후의 인간성을 그리는 계획이 프롤레타리아 한 계급의 어깨 위에 한정적으로 부과된 것이다.

그가 베버의 합리화 논리를 그대로 지키고 있었다면 그가 저지른 환원적 논리는 역전되어 나타났을 것이다. 서구 사회의 문화적 위기에 대한 베버의 생각을 여기서 잠시 되새겨 봄이 좋을 것이다. 신비스러운 것을 앗아 가 버린 "각성"의 거역할 수 없는 흐름을 있는 그대로 받아들여야 하는 운명적 상황을 베버가 비통히 그러나 당당히 부딪치지 않았던가? 핵 문제의 고통 때문에 뉴턴의 세계로 되돌아가야 한다고 주장하기에는 아인슈타인의 세계가 너무도 압도적이다. 합리적 사회가 주는 고통을 빙자하여 중세의 높은 수도원의 담벼락 속으로 다시 기어들어 가자고 하기에는 종교개혁의 엄연한 역사적 의미가 너무도 강력하다. 오늘의 문화적 상황에서 인간이 자유의지와 자율성을 지킬 수 있는 길은 무엇이며, 지킬 수 있는 사람은 누구인가? 베버가 다그쳐 자기 세대를 향해, 이웃한 인간 모두를 향해 물었던 것이다.[77] 루카치의 눈에는 이 같은 베버의 외침은 비관적이고 타협적이며 또 지적인 체념으로 보였을 것이다. 그러나 당대를 휩쓴 독일 특유의 낭만주의적인 반부르주아적 관점을 어느 만큼 나누어 갖고 1905년 러시아의 첫 혁명에 깊은 정치적 관심을 두고 러시아의 신비주의에 탐닉했지만,[78] 베버는 소박한 낭만주의자는 아니었다. 눈앞에 벌어지고 있는 현실을 "현실"로 파악하고 현실적으로 대결하려 했다. 그는 결코 현실을 외면하거나 현실에서 도피하지 않았다. 그는 은둔주의자의 패배주의적 체념에 동조할 수 없는 체질을 갖고 있었다. 베버를 두고 실천 없는 체념이며 행동 없는 피동적 태도의 소유자라고 비난한다면, 그것은 행동과 실천을 어느 하나의 규격화된 좁은 틀 안에서 정의했을 때만 가능한 이야기이다.

앞에서 본 것처럼 베버가 분석한 합리화의 역사적 전개는 단지 경제 영역에 한정되어 있지 않았다. 루카치의 논의와는 달리, 자본주의적 합리화는 거대한 보편사적 합리화 과정의 특정 현상에 지나지 않으며 자본주의사회에서 나타나는 경제 영역의 합리화는 전반적인 합리화의 한 보기에 지나지 않는다. 정치, 사회, 법률, 과학, 문화 일반, 곧 일상적인 삶 전체가 합리화의 원리에 의해 점차로 지배되고 있기 때문이다. 그러므로 합리화 과정에서 비인간화되고 있는 운명적 문제는 일상생활을 살아가는 모든 인간이 부딪치고 있는 문제이다. 어느 한 영역에 종사하는

77 물론 「프로테스탄트 윤리와 자본주의 정신」으로 거슬러 올라갈 수 있는 문제이나, 더욱 핍진한 묘사로 말하고 절실하게 쓰고 있는 최후의 글, "소명 의식으로서의 정치"와 "소명 의식으로서의 학문"을 이어 보아야 할 것이다. *From Max Weber*, 1부 볼 것. 이와 관련하여 Schluchter(윗글: 2장) 볼 것.

78 M. Weber, 윗글, 327쪽. Michael Löwy, 윗글, 1장. 러시아에 대한 관심이나 당시의 지적 유행처럼 되었던 러시아의 문학—톨스토이나 도스토옙스키의 것들—에 대한 흥미가 루카치의 영향 때문이었다고 일방적으로 해석하는 데 조심해야 할 필요가 있다. 베버는 루카치와 만나기에 훨씬 앞서 1905년에 정치적으로 큰 자극을 받고, 곧 러시아어를 정통하게 익히고 러시아 신문을 통해 열심히 "숨을 죽이며 러시아의 드라마를 쫓았고" 러시아인의 국민성과 문명을 동정적으로 이해하고 있었다. 이 같은 나의 해석에 대립되는 것으로서 Seery(윗글)과 Mitzman(윗글) 볼 것.

특정 부류의 직종이나 계급에 한정적으로 나타나는 것이 아니다. 경제 영역에서 비인간화를 겪고 있는 그 합리화의 역설적 결과가 법률, 행정, 과학, 문화, 그 밖의 모든 생활에서도 나타난다. 하버마스가 "삶의 세계가 식민화되고 있다"고 표현한 것과 다를 바 없는 경우다.[79] 비인간화에 시달리며 "의미의 문제"로 고통을 받는 계층은 어느 하나가 아니라 사회의 모든 영역에 널리 퍼져 있다. 합리화의 카리스마적 변형이나[80]—우리의 논의와 이어지는 특별한 뜻에서 이 말이 허용된다면—"탈합리화"의 과업은 한 특정 영역의 계급이 도맡거나 그 계급에 위임할 수 있는 제한된 성질의 것이 아니다. 그것은 인간의 자율성과 의지로 오늘을 살아가는 모든 인간이 논리의 휘장 뒤에 진의를 숨기지 않고 진실로 정확하게, 진실로 위선을 떨쳐 버리고 마땅히 행사해야 할 윤리적인 임무이며, 오늘의 상황에서 "의미 있는 삶"을 추구하는 모든 인간에게 부가된 인간적 행위이다.

루카치가 자기 생애를 회고하면서 베버에 대하여 매우 긍정적으로 생각해 왔음을 밝히고 "도덕적인 맥락에서의 문제"를 예외 사항으로 조건 붙인 것은RL: 38 아마도 바로 위에 적은 베버의 견해를 동의할 수 없었기 때문이었을 것이다.[81] 물상화가 물신적 상품 구조로 떨어진 다음에는

79 아직 영어로 옮겨 나오지 않은 *Theories des Kommunikativen Handelns*(Frankfurt: Suhrkamp, 1981), 특히 8장 볼 것. 그리고 나의 "하버마스와 의사소통 행위의 사회학" 볼 것.

80 이런 관점과 관련하여 박 영신(1976/1978) 볼 것.

81 루카치를 평가적으로 옹호하는 이들은 아직도 정밀한 비교론적 분석을 시도하지 않은 채 루카치의 말만으로 속단하는 둔한 글들을 썼다. 그것은 루카치에 대한 유식함을 베버에 대한 유식함으로 균형 잡지 못했기 때문일 것이다. 보기로서 Paul Breines, "Young Lukács, Old Lukács, New Lukács", 특히 538-539쪽 볼 것. 그는 베버를 짐멜과 함께 싸잡아 다음과 같이 강한 투로 그러나 빗나간 견해를 적고 있다. 베버와 짐멜이 "소외된 세계의 우주적 극복 불가능성"을 믿고 있었던 데 반하여, 루카치는 "이 세계에 정면으로 도전하여 체념을 거부하였고, 그 세계의 성곽에 맞부딪쳐 구원적 공동체의 필요성에 대한 자신의 윤리적, 미학적 의무감으로 계속 후려쳤다."

돌이킬 수 없게 급속한 환원의 축소 과정을 밟아, 구체적인 해결 방안이니 행동 방향 또는 실천이니 하는 것을 가미하여 프롤레타리아의 역사적 역할에 역사 변동의 짐을 맡겨 버리게까지 되었다. 이제 부르주아사회에서 고난받은 자기나 자기 계급의 운명을 구체적으로 의식하여 윤리적으로 결단을 내릴 우리 시대의 인물들은 하나의 특정 계급으로 축소되었다. 그것은 은폐된 지식인의 논리적 자기 구현일 뿐이라는 비판은 제쳐 두고서라도, 그 논지가 구체적이거나 하나의 실천 방향이 될 수 있을는지는 모르나 그것은 피할 수 없이 엄청난 논리적 대가를 요구한다. 프롤레타리아에의 기대는 뭇 인간의 윤리적 무기력과 나아가서 몰윤리적인 태도를 암암리에 두둔하는 꼴이 될 수밖에 없기 때문이다. 물론 가슴 아픈 현실의 정황을 보고 후대의 사회 비평가들은 루카치의 논지에 동의하고 싶은 강렬한 충동을 제어키 어려울 것이다. "뭇 인간"에 일말의 기대를 걸기에는 너무도 많은 실망을 경험했기 때문이다. 그러나 합리화 과정이 널리 침투하여 사회의 각 영역에서 각기 다른 꼴과 결로 고통받고 있는 뭇 인간들에게 회심을 통한 구원의 기회를 원천적으로 차단하고 있는 루카치의 "최후 심판"은 너무도 가혹하다. 아니 그 심판은 윤리적으로 삶의 의미를 찾고 인간의 사회적 가능성이 전제되었을 때 가능한, 인간에 대한 심판이지 의미 추구의 사회적 행위를 수행할 수 없는 동물과 목석을 심판하자는 것이 아니라 했을 때 더욱 그러하다. 루카치가 프롤레타리아의 의식에 관심을 매몰시키고 있는 한편, 베버는 이들 의미 추구의 인간 모두의 의식에 관심을 보였다. 루카치가 프롤레타리아를 통한 이 물상화된 사회의 구원을 기대했다면, 베버는 인간 어디에서든 나올 수 있는 카리스마적 인물과 인간 모두에게서 나올 수 있는 카리스마적 상징에서[82] 새삼스러운 구원의 가능성을 내다보았다. 고난

받는 특정 인간에 대한 깊은 관심을 지나치지 않으면서도, 아마도 베버는 루카치의 말을 빌려 쓴다면 현대 인간은 그 정도와 형태는 달리하나 어느 면에서 모두 "프롤레타리아로서" 합리화의 비인간적인 과정의 희생물이라고 표현하고 싶었을 것이다. 임금노동자가 상품으로 팔려 단절을 겪어야 하듯이, 자본가는 경쟁과 획득의 과정으로부터 자기의 인간됨을 되찾지 못하는 생각 없는 삶의 주인공이자 "부유한 자기 파산자"일 것이기 때문이다.

그리하여 루카치의 환원적 해석과 윤리 의식은 교조적이다. 그가 말하는 총체적 사회는 자본주의사회가 획일적이듯이 그것 또한 획일적인 대립과 해결책 안에서 얻어진 정답이기 때문이다. 그것은 획일적 통일체를 지향하는 인식론적 관점이다. 세기를 거듭하면서 보편적 현상으로 나타난 역사의 됨됨이를 바라다보는 주체적인 인간의 "역사의식"은 일정한 목표와 프로그램에 종속되어야 하는 "계급의식"으로 환원될 내적 논리를 잉태하고 있었다. 여기서 다른 가능성과 다른 대안을 향한 도정의 문은 굳게 닫힌다. 베버는 그 문을 더 열어 두고자 한다.[83] 계급의식은 인간의 보편적 의식의 하나에 지나지 않으며, 그것은 역사가 어떤 역설의 과정을 밟아 오늘의 질곡에 이르게 되었는가를 비판적으로 성찰하는 역사의식의 하위개념이다. 그러므로 베버는 간단치 않은 역사의 역설 앞에서 멈칫거리나 그 멈칫거림은 성찰의 몸짓이며 분별력을 갖춘 결단의 과정이다. 루카치는 그 성찰과 결단의 과정을 무행동의 체념이

82 카리스마는 "인물"에 한정되는 것이 아니라 "상징"까지도 포함할 수 있는 현상으로 개념화할 수 있을 것이다. 박 영신(1976/1978) 볼 것.

83 이 문제에 대하여 맑스와 베버의 생각을 견주고 있는 박 영신(1986/1987) 또는 이 책의 여덟째 글 볼 것.

라 할 터이지만, 그러나 아이러니와 역설은 그런 멈칫거림의 윤리적 중재를 부르고 있다. 그것은 어느 과도한 지식인 집단이나 어느 종파나 어느 정치집단이나 어느 경제 계급 하나에 가둬 넣어야 할 특권적 행위가 아니다. 사람으로 태어나 사람으로 살아가고 또 생각하며 살아가는 참삶을 살고자 하는 인간이라면 모름지기 감당해야 할 그러한 인간적 의무이다. 그러기에 진실을 실천하려는 이들은 그들에게 부과된 책임적 요구 사항과 궁극적 가치의 문제와 변증적으로 부단히 교섭하여 역사 속에 서 있으나 역사에 예속되지 않고 살아갈 용기를 갖고 있어야 한다. 이 궁극적 딜레마를 인정하고 그것을 성찰적으로 돌파하고자 결단할 때, 주어진 과제 때문에 무슨 수단이고 다 동원하며 사는 것이 유일한 현실적 길이라는 시정잡배의 논리가 극복될 것이며, 경쟁적이고 타산적인 현실의 아픔 때문에 모든 것을 포기하고 현실에 등을 돌리는 은둔적 승려의 논리도 거부될 수 있다. 우리의 역사 현실은 이제 성찰과 결단의 마당으로 우리 앞에 펼쳐지는 것이다.

7. 맺음말

하이델베르크의 베버 서클을 통해 베버와 루카치의 관계를 면밀히 찾아 보고, 그 관계는 루카치의 대표적인 이론적 저작에 나타난 생각의 내용에까지 이어질 수 있음을 보았다. 이 두 사람은 자본주의사회의 가장 기본적인 원리이면서도 일반적인 속성으로 정의될 자본주의 문화가 제기하는 문제에 대하여 한결같이 비판적으로 인식하였다. 두 사람 다 사회 전체가 타산적 계산, 예측, 양적 수치화, 공식들에 의해 인간의 주체적인 판단의 영역이 좁아들고 인간다움이 위협받고 있는 문화적 상황에 주목하였다. 루카치의 "물상화"와 베버의 "합리화"는 이 같은 자본주의적 문화의 문제를 해명하기 위해 쓴 개념들이었다. 이 정도에만 머문 것이 아니다. 루카치는 베버의 합리화 개념의 시각을 빌려 맑스의 물신적 상품 구조를 "문화적" 수준으로 심화·확장할 수 있었다. 그러나 이 두 개념의 만남 이후 곧 틈이 벌어지기 시작했다. 물상화 개념은 다시 맑스로 돌아가 그 개념적 이력은 정해진 궤도에 진입하여 움직이게 된다. 프롤레타리아의 계급의식과 그것을 독점적으로 대변한 당의 역할에 대한 논의도 이 같은 개념의 전회적 이력에서 풀이될 수 있는 문제였다. 우리는 이것을 "환원적"인 전회라고 규정하였고, 여기에서 물상화 개념이 행사할 수 있었던 해석적 가능성, 바꾸어 말해 루카치의 독창성이 결정적으로 약화되었다고 평가하였다. 그럼에도 불구하고 루카치는 맑스주의 해석에서 무시하지 못할 독보적인 자리를 지키고 있음을 간과하지 않는다. 이러한 이론적 재구성은 여러 줄기의 지적 유산에 기대어 그것을 독창적으로 원용한 데서 얻어진 것임은 두말할 필요도 없다. 루카치는 자기 스스로 이야기했듯이 그리고 우리가 보았듯이 베버의 생각에 크게 기대었었다. 역사적 유물론을 맑스주의자인 카를 카우츠키Karl Kautsky가 거칠게 다루었던 것과는 대조적으로 이 이론의 요점을 제대로 이해하고는 이것을 역사 연구에서 "정밀히 수정"한 다른 학자들의 연구 성과를 활용해야 한다고 주장하고, 그는 그 가운데서도 막스 베버의 중요성을 강조하고 있었다.[84] 루카치의 독창성을 삭감하지 않고도, 그가

84 이 내용은 아래 강연에서 간접 인용한 것인데, 여기 흥미 있는 삽화가 있다. HCC의 "The Changing Function of Historical Materialism"은 1919년에 강연한 글에서 따온 것인데, 원본에서는 베버의 중요성을 밝혔으나 책으로 낼 때는 이 구절을 빼놓고 있는 점이다. Judith Marcus와 Zoltán Tar, 윗글, 115쪽. 그리고 회고적인 대담에서 그는 프랑크푸르트학파에 젊은 독일 학생들이 많이 모여들고 있다는 데 대해, "거기서 무엇인가 배울 것은 있겠지만 그것을 배우려면 프랑크푸르트[학파]에서 떨쳐 나와야 한다"고 말

맑스주의를 "수정"하여 인간의 주체적 의식을 강조했던 것은 분명 베버와 맺은 지적 관계와 그 영향 때문이었다 해도 사실에 그리 어긋나지 않을 것이다.

이 글은 베버가 루카치에게 끼친 지적인 영향을 살펴보고자 했던 만큼, 다른 이들이 준 영향과 이들 인물과의 관계가 논의에서 빠져 있는 것은 어쩔 수 없는 일이었지만, 그래도 그 문제는 아쉬움으로 남아 있다. 루카치가 만난 인물들 가운데서 그 스스로 지적으로 또 인간적인 면에서 베버보다 더 중요하게 평가하고 있는 이는 없다. 그러나 베버와 만나기 전에 교류하였던 짐멜로부터 받은 영향은 누군가가 밝혀 두어야 할 것이다. 비록 짐멜에 대해 높이 평가한 것은 아니나, "문화의 비극"을 말하고 "소외"와 "물상화된" 상황을 말했던 루카치의 스승이었으며 그 스스로 「근대 희곡의 발달사」에 깔려 있는 철학은 "진실로 짐멜적인 철학이라"고 했기에Marcus & Tar, 윗글: 111[85] 그와의 관계가 적절히 해명된다면 루카치의 모습은 한결 뚜렷하게 나타날 것이기 때문이다.[86] 그리고 벌써부터 학계의 상식이 되고 있으나 루카치가 끼친 영향 또는 루카치의 수용에 대한 검토도 보다 깊이 논구된다면 실증주의와 행태주의에 대한 비판 등 또 다른 면에서 그의 모습을 바라다볼 수 있을 것이다.[87] 더불

하고, 이어 다음과 같이 회고하였다. "… 내 개인적으로 짐멜과 막스 베버로부터 내가 사회과학의 첫 가르침을 받았지 카우츠키로부터가 아니었다는 것을 오늘에 와서 전연 후회하지 않고 있다"고 말하고 그의 다행스러운 지적 성장 배경을 말하고 있다. *Conversations with Lukács*, 100쪽 볼 것.

85 루카치가 하이델베르크에서 정착하려 할 무렵 짐멜이 이곳 대학의 교수들을 소개해 주려 한 도움의 편지를 보려면, SC, 100번, 1912년 5월 25일 자 편지 볼 것. 그리고 이곳에서 잠시 만날 뜻을 비춘, SC, 108번, 짐멜이 루카치에게 보낸 1912년 [?] 자 편지 볼 것.

86 단편적이지만 이러한 과제에 가장 가까이 접근하고 있는 글은 Levine(1985)에 들어 있는 "Ambivalent Encounters: Disavowals of Simmel by Durkheim, Weber, Lukács, Park, and Parsons"이다. 특히 103-112쪽 볼 것.

87 최근의 그의 생각을 드러내고 있는 과학비판에 대해서는 *Conversations with Lukács* 여러 곳, 특

어 이 글이 사회 이론의 수준에서 자본주의사회와 문화에 대한 베버와 루카치의 인식 내용을 다루었기 때문에, 루카치의 최근 저작에 이르기까지 논의를 뻗치지 않았던 점도 보충되어야 할 것이다. 여전히 논평적인 투로 썼지만 「이성의 파멸」이 여기서 생각되는 저작이다. 그가 영향을 받았던 많은 철학적 선구자와 그가 배웠던 베버와 짐멜, 가깝게 지냈던 만하임과 야스퍼스와 같은 친구들을 한데 묶어, 이들이 대표한 독일의 몰이성적인 철학이 나치라는 악마적 세력이 등장하게 된 지적 배경이라고 쏘아붙이는 글이다. 터무니없이 부당한 서술 내용이 곳곳에 흩어져 있어, 스탈린 시대에 주로 쓴 시대적 이데올로기의 산물이라는 배경적 이해를 곁들이지 않고는 그 누구도 따라갈 수 없는 책이다.[88] 그는 끝내 스탈린의 "몰이성"은 접어 두려 하기까지 고집하고 있다RL: 101-106. 이 모든 것을 다 처리한 다음, 칼 포퍼의 「열린 사회와 그 적들」과Popper, 1945 프랑크푸르트학파의 여러 저작들 가운데 특히 「계몽의 변증법」과Horkheimer & Adorno, 1972 함께 도저히 용납될 수 없는 비이성적인 역사 현상의 철학적 풀이가 될 수 있는 범주에 넣어, 이 저작을 비판적으로 견주어 봄 직한 과제도 생각해 볼 수 있다.[89]

1918년 33세가 되던 해 루카치는 볼셰비즘의 막사로 들어섰었다. 앞서 본 것처럼 이 결단에는 여러 사적인 문제가 뒤얽혀 있었을 것이다. 아무튼 이 사건은 그의 생애에서 "가장 큰 전환점"이었다.[90] 가장 가까

히 148쪽 아래 볼 것. 그리고 여러 가지 가운데 하버마스는 단지 최근의 것일 뿐이다. 그러나 보는 시각이 의사소통 이론에 한정될 것은 아니다(Habermas, 윗글: 첫째 책).

88 György Lukács의 *The Destruction of Reason* 그리고 Hodges(1977: 86-108) 볼 것. 만하임과 친분이 있었던 터라 이 비평적 글은 특히 흥미롭다.

89 이러한 문제를 제기하고 있는 Heller(윗글), 특히 179쪽 볼 것.

90 "Gelebtes Denken"(RL: 159).

웠던 그의 친구의 말을 따와 적으면, "… 이 주일에서 다음 주일 사이에 [루카치]는 사울Saul에서 바울Paul로 바뀌었다"고[91] 쓸 정도다. 그것은 다메섹 사건과 같은 일종의 방향 전환이요 개종이었다. 그러나 이 개종의 사건이 과장되어서는 안 된다. 이 결단은 마치 오랫동안 고여 들었던 물이 솟구쳐 터져 흘러나온 것에 비유될 조용한 축적의 갑작스러운 분출이었다. 물상화 이전의 비평적 시각에서 드러났듯이, 그는 자본주의사회의 비극적 상황을 남달리 예민하게 꿰뚫어 보고 깊이 윤리적으로 고민하였고, 거짓된 존재와 진실된 존재 사이에서 괴로워했다. 영어로 옮겨져 있는 대화 형식의 글, "심령의 가난함"에서Lukács, 1972: 371-385[92] 수단과 목적을 논의하고 관습적인 윤리를 넘어 궁극적 목적을 지향하고도 있었다. 거기에다 1914년에 터진 제1차 세계대전은 그가 피히테의 말로 표현하고 있는 대로 "절대적인 의미에서 죄받을 시대"이었기에RL: 47-48, 154-155, 그는 더욱 유토피아적인 그러나 동시에 윤리적인 생각에 기울어져 있었다RL: 154. 하이델베르크에서 겪은 좌절은 심화되었다. 여기에 학계에의 뜻이 산산이 부서지고 결혼이 파경에 이르는 등 사사로운 일들이 결합하여 그 방향 전환의 결단이 내려졌던 것이다. 그러나 그가 공산당에 가입하는 과정에서 상당한 내적 갈등과 주저함이 있었다RL: 54. 후대인들이 동의하든 않든 그는 끈질기게 나름의 윤리적 관심에서 벗어난 적이 없었다.[93] 그 윤리는 자코뱅적 윤리로 나타나고야 말았다. 1919년

91 Anna Lesznai의 말이다. Kettler(1971: 69)에서 따옴.

92 이와 관련하여, 그가 아홉 살 때 헝가리어로 옮겨진 「일리아드」를 읽고 헥토르의 운명에서 큰 감명을 받았다고 하면서, "… 패배를 당한 사람이 옳았고 보다 나은 영웅이었다는 사실은 뒤에 전개되어 나온 나의 전 생애를 결정했다"고 회고하고 있는 글귀도 볼 것. *Conversations with Lukács*, 33쪽.

93 보기로서 'Preface to the New Edition(1967)'(HCC: xxxi) 볼 것. 윤리란 개인 윤리와 집단 윤리로 나누어 볼 수 있는 만큼, "집단주의적"이라고 하여 "윤리적이지 않다"라고 주장하기는 어려울 것이다. 이

지극히 불안한 혁명정권하에서 잠시 동안 교육부 차관으로 있을 때의 행적은 잔인한 것이었다Zitta, 윗글: 98-110. 1956년 잠깐 동안이나마 헝가리 의거에서 조금은 어울리지 않게 또다시 표면에 얼굴을 내보였지만, 그 때는 벌써 서재에 은거하여 사는 데 이미 오래전부터 틀 잡혀 있었다. 프랑스혁명에서 로베스피에르가 당통을 처형한 것 같은 일들이 200년 가까이나 지난 이후에도 더 교묘히 더 빈번히 자행되고 있는 체제 아래에서, 그는 몸에 익힌 바대로 순종하듯 조용히 세상을 살다 임종하였다. 그의 스승 베버가 떠난 지 반세기가 지난 1971년 여름 어느 날 부다페스트에서였다RL: 127-131.[94]

베버는 루카치가 볼셰비즘에 몸 바치기로 작정한 것을 가슴 아파했었다. 그것은 스쳐 지나가는 낯선 세인에 대해 품는 단순한 비통함이 아니었다. "친구여, 그렇네, 정치적인 견해가 우리를 갈라놓고 있네. 이들 [공산주의 혁명의] 실험은 앞으로 백 년 동안 사회주의에 불명예를 초래할 수 있게 될 것이며 또 하고 말걸세"라고SC: 161번[95] 썼었다. 아마도 생전의 베버가 루카치에게 보낸 마지막 편지가 되어 버렸을 그 글귀다. 루카치는 나중에 베버가 독일을 사랑했던 독일식 "제국주의자"라고 몰아세우고 있지만,[96] 그는 베버의 인간됨에서 한 오라기의 흠을 잡아내지 못했다. 뒤에 가서 나치에 합류해 버린 좀바르트와는 달리 반유대주의자들을 가혹히 비난하고 비웃었으며, 영국의 스튜어트 왕가나 프랑스

문제에 대한 논쟁을 알아보려면 Marcus & Tar(윗글)과 Jay(1979: 91-98), 특히 93쪽 볼 것.

94 그리고 István Eörsi, "The Right to the Last Word"(RL: 9), Parkinson(윗글: 17) 그리고 "루카치 특집"으로 꾸며졌던 *The Philosophical Forum*, 3권 3-4호(1972년 봄/여름), "Editorial Notes" 볼 것.

95 막스 베버가 루카치에게 보낸 1920년 〔3월 ?〕 자 편지.

96 *The Destruction of Reason* 여러 곳, 특히 609쪽. 그리고 RL, 176쪽.

의 완고한 부르봉 왕가처럼 독일의 호엔촐레른 왕가에서는 그 어느 누구 하나 목 베임을 당하지 않았다는 것은 "독일 최대의 불운"이라고 사적으로 얘기해 주곤 한RL: 175-176 그의 이상주의와 역사의식을 루카치는 잘 기억하고 있었다. 그가 10월과 11월 혁명을 적대했기에 "반동적"이고 또 독일에 대한 애국적 사랑이 "제국주의적"이라고, 스탈린 시대에서 폈던 그의 논지에서 지칭하고 있지만, 베버는 여전히 "절대적으로 정직한 사람"이라고RL: 175 루카치는 존경했어야 했다. 하이델베르크에서 시작된 베버와의 대화는 그가 세상을 떠난 다음에도 계속 이어져 왔다. 그의 영혼과의 대화가.

여기서 우리는 자본주의사회에서 그 지배의 극을 이루고 있는 합리화 과정이 쇠우리를 낳았듯이, 지고의 이상을 내세운 전체주의 사회의 관료행정 체제 또한 쇠우리를 낳는다고 멀리 앞을 내다보았던 베버를 다시 기억하게 된다. 혁명적 조직과 관료제적 조직, 지식인들의 급진주의와 권위주의, 이 둘 사이를 단숨에 오고 가는 극단적인 진폭과 진동, 그리고 이 두 극단이 기묘하게 어울리고 있는 것을 혁명적 상황에서 찾아 볼 수 있었다.[97] 합리화 과정의 논의에 따라 경제적 계급 구성 대신에 관료적 지배 체제가 들어서는 관료제화의 철칙이었다. 좌절과 실망의 연속이다. 그러나 베버는 우리 앞에서 아래와 같이 말한다.

> 정치는 단단한 널판에 힘 있게 [그러나] 천천히 구멍을 뚫어 내는 일이다. 그것은 열정과 안목을 다 갖고 있어야 한다. 몇 번이고 인간이 불가

97 Weber(1978ㄴ). 특히 14장. "러시아의 부르주아 민주주의"에 대한 논의에서 전개되고 있는 그의 생각 볼 것. 그리고 Scaff & Arnold(1985: 200 아래) 볼 것.

> 능을 향해 뻗쳐 나가지 않는다면 가능한 것[도] 손에 넣을 수 없었다는, 이 진리는 모든 역사적 경험이 확증해 주고 있다. 그러나 그러려면 지도자가 되어야 한다. 아니 지도자에서 그치는 것뿐 아니라 아주 순수한 뜻에서 영웅도 되어야 한다. 지도자도 아니고 영웅도 아닌 사람들이라도, 모든 희망이 무너져 내릴망정 태연할 수 있는 마음을 굳게 먹고 있어야 한다. 이것은 지금 당장에 필요한 [태도]다. 그러지 않으면 인간은 오늘에 가능한 것조차 달성하지 못한다. 자기 관점에서 보아 자기를 내놓아 바치기에는 세상이 너무도 마비되어 있고 너무도 더럽다고 생각되어도 자기가 허무하게 무너질 수는 없다고 확신하고 있는 사람이 정치에 부름받은 소명을 갖고 있는 것이다. 이 모든 것에도 아랑곳하지 않고 "이 모든 것에도 불구하고!"라고 말할 수 있는 사람만이 정치에 부름받은 소명을 지녔다 할 수 있다Weber, 1958ㄷ: 128.

1919년 초에 한 "소명 의식으로서의 정치"라는 강연의 마지막 말이다.

누구만큼 인간의 운명에 대하여 깊은 윤리적 관심을 갖고 황폐한 삶의 마당에 함께 자리한 동시대인과 대화하고 서로를 도덕적으로 자극하며 생을 마쳤던 베버가 오늘 살아 있다면, 그가 귀히 생각했던 루카치에게 오늘의 메마른 도덕적 상황에 대하여, 그리고 거기에 서 있는 우리들에게, 과연 어떤 이야기를 들려줄 것인지 우리는 몹시 궁금해한다. 아마도, 아마도 그는 마지막 강연의 결론처럼 비록 우리가 좌절과 실의의 골짜기에 빠져 있다 하더라도 인간적 용기를 잃지 말자고 외칠 것 아닌가?

현대사회의 구조화와 새 계급의 지배

베버의 지식계급론

1. 머리말

식자들 사이에서, 그보다 사회과학도들 사이에서 "새 계급"이라는 말은 이제 더 이상 낯선 개념이 아니다.[1] 지주와 소작인이나 자본가와 노동자만을 입에 올리고 있는 이들은 단순히 시대에 뒤떨어졌다기보다는 변동하는 사회의 여러 모습에 둔감하여 예부터 내려오는 고식적인 생각에서 벗어나지 못하고 있다 해야 옳을 것이다. 지적 노예의 신분에 무의식적으로 사로잡혀 있다고나 할까. 특히 봉건사회에서 자본주의사회로 옮아온 것이나 아니면 사회주의사회로 가는 혁명적 변동과 같은 "과정"에 분석의 초점을 맞추기보다, 우리가 살고 있는 현대사회의 "구조적" 인식에 관심을 두고 있는 경우에는 새 계급의 개념이 유용할 뿐만 아니라 빼놓지 못할 분석적 개념이 되고 있는 상황이다. 우리 눈앞에 펼쳐지

* 이 글은 「역사와 사회 변동」(서울: 한국사회학연구소/민영사, 1987)에 실려 있다.

1 굴드너(1983) 그리고 박 영신(1983/1987) 볼 것.

고 있는 현대사회의 지평을 제대로 파악하고 있는 이라면 분명히 이 낱말의 뜻을 헤아리고 있어야 하게끔 사회는 바뀌어 왔다. 사실상, 반드시 "새 계급"이라 하지 않는다 해도 벌써부터 산발적으로 충실한 이론적 분석의 뒷받침 없이 새 통치 계급이니 새 주도 계급이니 새 지배계급이니, 나아가 새 중간층계급이라는 말을 유행처럼 쓰고 있는 형편이다.

넓은 뜻에서 새 계급new class은 반드시 현대사회와 직결되는 것은 아니다. 봉건사회가 무너지고 자본주의사회가 나타났을 즈음, 새로운 계급으로서 부르주아와 프롤레타리아가 등장했었다. 새로운 사회가 형성될 때면 새로운 문화가 나타나듯이 언제나 새로운 계급으로 특정 집단의 새 얼굴이 드러나곤 한다. 이런 점에서 새 계급은 하루아침에 갑자기 나타난 것이 아니고 어느 특정 역사적 시대에 국한되는 것도 아니다. 그러나 재산 소유와 같은 경제적 차원에서 계층을 나누어 보는 시각과는 달리, 교육받은 지식 소유의 계급 집단이 부상하여 재산 소유의 계급에 맞서게 된 현상을 주목하게 되면 피할 수 없이 이 새롭게 올라서고 있는 커다란 계급 집단을 현대사회의 두드러진 측면으로 파악하지 않을 수 없다. 이것이 특별한 뜻에서의 "새 계급"the New Class이다.[2]

사회학의 논의에서 계급 개념이 차지하는 중요성은 새삼 강조할 필요도 없다. 계급을 빼놓고 사회를 거론하거나 계급 현상을 무시하고 사회학적인 연구에 착수한다는 것은 물과 공기 없이 살아가겠다는 것에 비유될 수 있다. 그만큼 계급은 필수 불가결한 개념적 도구와 분석적 안목이 되고 있다. 이것을 인정한 다음 우리는 정직하게 계급이라는 개념을 얼마나 애매하게 쓰고 많은 경우 피상적으로 격식에 따라 또는 세심

2 새 계급의 등장 배경에 대해서는 윗글들 여러 곳 볼 것.

한 주의를 기울이지 않고 아무렇게나 쓰고 있지는 않은가 하고 자성하게 된다. 더구나 계급의 근원이 분업이며 그것은 계급의 구분에 따라 진행되는 것으로 보고 육체노동이니 정신노동이니 하며 나누고 나아가 계급 없는 사회라는 파라다이스를 그려 가며 "준종교적"인 발상까지 포함하게 되면 계급 개념은 훨씬 더 복잡해지고 더욱 막연해진다. 맑스주의에서 말하듯이 이제 마지막 남은 혁명의 과업을 치르고 나면 육체노동과 정신노동의 기능적 분업 현상은 사라진다는 기적 같은 말을 듣게 되면, 과연 분업은 극복될 수 있는 것이며 따라서 계급 없는 사회는 유토피아가 아닌 현실로 가능한가 하고 오히려 되묻게 된다. 수많은 혁명을 겪은 오늘에도 이 같은 장기적인 역사 사회변동의 종말에 대해서는 확신보다는 더 큰 의구심이 남아 있을 뿐이다. 자본주의사회의 계급 분석에서 선구자로 또 최대의 공로자로 지칭되고 있는 맑스의 계급 이론이 분석적 수준에 한정되어 있지 않고 아직도 불확실한 미래에의 "과학적"(?) 예측과 그것과 이어진 신앙에까지 뻗쳐지고 있기 때문에, 역설적으로 그 이론은 예언적 신념의 테두리 안에서만 통하는 몰과학적이며 몰경험적인 요소들과 혼재해 있다.

사회학에서 약방의 감초처럼 쓰이고 있는 "계급"의 개념이 이렇듯 문제투성이이고 보면, 거대한 계급 이론에 이어진 계급 개념의 쓰임새는 점점 약효와 신용을 잃어 가고 있다는 우려마저 느끼게 된다. 이런 상황에서 "새 계급"의 개념은 그 분석적 유용성을 과대 선전하지 않고 겸허하게 그 제한적 유용성을 제시한다. 새 계급의 개념적 유용성은 역사의 시작에서부터 역사의 종말에 이르는 거대한 인류 역사의 변동 과정을 한꺼번에 설명하고 이 거대한 역사의 축을 관통하여 예측하는 데 있는 것이 아니라 현대사회의 구조적 특성과 그 작동의 인식을 밝히는 데 있을 뿐이다.

이 글에서는 맑스를 기점으로 삼아 그가 남긴 이론적 한계를 밝히고, 그 이후에 등장한 베버의 생각을 살펴 그 함축적 의미를 짧게나마 찾아볼 것이다.

2. 맑스 이론의 문제

다 알고 있는 바와 같이 맑스는 자본주의사회의 계급 구조가 근본적으로 경제적 바탕 위에 세워져 있다고 본다. 이것은 그의 역사적 유물론이나 자본주의사회의 분석에서 일관되게 나타나고 있는 진술의 요약이다. 물론 사회는 여러 가지 관계로 얽혀 있다. 가족, 군사 및 정치 권력, 종교 그리고 경제 영역과 그 밖의 차원의 관계들로 사회가 짜여 있다. 그렇다고 해서 사회가 이들 관계에 의하여 균등하고 평준화된 영향을 받으며 작동해 간다고는 믿지 않는다. 보기를 들어 이념은 어떻게 생기며 의식은 어디에서 나오는가 하는 문제에 대하여, 맑스는 오늘날 수정주의자들이 말하는 것처럼 그저 막연하게 몇몇 주요 요인들이 함께 어울려 서로 작용하는 가운데 나타난다고 얼버무리거나 그것은 경험적인 문제라고 회피하지 않는다. 그는 사회 실재의 뼈대는 고립되어 있거나 개별화되어 있는 개인이 아닌 그 사회의 관계이며 이런 관계들의 관계라고 보고, 나아가 인간의 본질적 속성인 생활 수단을 생산할 수 있는 생산능력에 따라 개인들이 함께 생산과정에 관여하여 서로 관계를 맺게 되었다고 해석한다. 계급은 이 과정에서 어떤 관계를 맺고 그 관계에서 어떤 위치에 놓여 있느냐에 따라 결정된다. 그러므로 인간의 역사는 생산관계로 빚어진 사회 계급의 역사라는 주장이 가능하게 된다. 이 말을 사회의 작동 기제와 이어 보면, 사회는 여러 관계에 의하여 아무렇게나 기능하고 규제되고 작동하는 것이 아니라 일차적으로 그리고 근본적으로 생산관계 또는 경제 관계, 곧 계급 관계에 의하여 결정된다는 말이 된다.[3] 그러기에 맑스는 아래와 같이 아주 잘 알려진 말을 남기게 되었다.

> [인간들이 살아가는] 삶의 사회적 생산에서 인간들은 없어서는 안 되고 또 그들의 뜻과 관계없는 일정한 관계, 그들의 물질적 생산 세력의 일정한 발전 단계에 상응하는 생산관계에 들어간다. 이들 생산관계의 총합이 사회의 경제구조, 곧 실질적인 토대를 만들어 내며 이 토대 위에서 법률적, 정치적 상부구조가 세워지고 그 토대에 일정한 사회의식의 형태가 상응한다. 물질적 삶의 생산양식이 일반적으로 사회적, 정치적, 지적 삶의 과정들을 제약한다. 인간의 존재를 결정하는 것은 인간의 의식이 아니라, 그 반대로 인간의 사회적 존재가 그들의 의식을 결정한다.[4]

두말할 나위도 없이 이 정도의 글귀를 가지고 맑스의 이론이 경직된 딱딱한 논리의 껍데기 이외에는 아무것도 아니라고 대뜸 공박하면 그것은 그에게 불공평할뿐더러 그를 왜곡하는 것이라는 강한 반박을 모면키 어려울 것이다. 위에 따온 것과는 다른 논조의 글을 맑스에서 쉽게 끌어

3 이에 대한 맑스의 견해는 이차적인 문헌에서 쉽게 찾아 볼 수 있기 때문에 생략한다. 아주 편리한 것으로 Anderson(1974) 볼 것.

4 맑스의 *A Critique to the Critique of Political Economy*의 '머리글'에 나오는 것을 Anderson(윗글) 10쪽에서 다시 따옴.

내 올 수 있기 때문이다. 곧 맑스 자신이 「독일 이데올로기」에서 "인간은 자기 자신의 역사를 만든다"고 말하고 있는 것이다. 그러나 맑스는 맑스다. 그는 이어 "그러나 인간들이 좋아하는 대로 [아무렇게나] 역사를 만드는 것은 아니다. 그들은 선택한 상황에서가 아니라 곧장 맞부딪치게 되는 바, 과거로부터 주어지고 전해 물려받은 상황에서 역사를 만든다. 모든 죽어 간 세대의 전통은 악몽처럼 현존하는 사람의 머리에서 떠나지 않고 압박한다"고 말한다.[5] 그리고 그는 다른 글에서 또 "인간이 상황을 만드는 것만큼 상황도 인간을 만든다"는 사실을 역사가 보여 주고 있다고 적고 있다.

이것은 분명히 얼마쯤의 융통성을 갖춘 이론적 안목이다. 그러나 이처럼 "융통성 있는 맑스"를 드러내 보이고 있을 때에라도 그는 사회적 존재가 의식을 결정한다는 전제에서 결코 벗어나지 않았다. 이것은 그의 강점이자 특징이다. 이 전제를 우리가 관심을 두려 하는 지식을 갖춘 새 계급 또는 보다 좁은 뜻에서의 "지식인"이라는 사회집단의 한 범주에 적용하게 되면 문제는 더욱 어렵게 된다. 이 문제는 두 가지 물음으로 요약하여 정리할 수 있을 것이다. 하나는 맑스주의의 장본인인 맑스 자신과 그의 이복형제쯤으로 볼 수 있는 엥겔스와 그 밖에 수도 없이 많은 시대의 일급 지식인들—이를테면 로자 룩셈부르크와 루카치와 같은 인물들—의 사회·경제적인 배경은 어떤 것인가 하는 물음이며, 다른 하나는 맑스의 이론 속에서 지식인들이 어떻게 그려지고 풀이되고 있는가 하는 물음이다. 이 두 물음이 완전히 별개의 것으로 떼어 놓을 수 있는

5 맑스의 *The Eighteenth Brumaire of Louis Bonaparte*에 있는 것을 Anderson(윗글) 8쪽에서 다시 따옴.

것은 아니지만, 주로 앞의 것은 맑스주의자들에 대한 사회학적 분석과 관계되는 문제이며 뒤의 것은 맑스주의 이론의 이론적 분석과 관계되는 문제이다. 따라서 앞의 것은 예시적 사건으로서 뒤의 것을 해명하는 데 도움이 될 것이다.

맑스와 엥겔스의 얼굴과 몸차림 그리고 삶의 방식은 부르주아의 표본과도 같았다. 19세기 독일의 낭만주의에서 경멸적으로 그려진 것처럼 단순히 경제적 여유를 가지고 속되고 진부한 취향을 보였던 점에서라기보다는, 그런 점에 더하여 초기 부르주아 집안의 특성이었던 바 전통적 의미의 생산 일선에서 일하지 않고 소비의 위치에 있었고, 부(모)의 지배와 통제에 따라 물질적 안락과 지적 훈련이 강조되었고, 가정의 자립과 가풍을 지키는 독립된 성품을 지키고, 재산 면에서도 보통 이상의 여유를 가지고 그러한 품위를 이어 가도록 권장되는 문화를 갖고 있었다는 뜻에서 부르주아적이었다Gouldner, 1985: 3. 애초 맑스는 변호사의 아들로 태어나 학계에 들어가 연구하고 가르치고 싶어 했으며, 엥겔스는 독일과 영국에 걸쳐 있는 요즘 말로 다국적 면직 공업의 대기업가 가문의 대를 잇고 있었으며 여유 있다 못해 맑스의 지적 연구를 돕기 위해 그가 돈에는 걱정하지 않아도 될 만큼 맑스와 그 집안을 후원하고, 맑스가 죽은 다음에도 자신이 세상을 떠나기까지 맑스 집안의 후원자가 될 수 있었다. 이 두 사람은 부르주아 가운데서도 상류 부르주아였던 것이다. 물론 1849년 이후의 런던 망명 생활은 수많은 당시의 빈한한 사람들의 운명과도 같이 "긴박하고 열악한 가난"에 쪼들리고 빚쟁이에게 뒤쫓겼고, "영양실조나 제대로 돌보지 못한 탓으로" 어린 자식을 셋이나 잃을 정도였다. 마치 몰락했지만 고매한 귀족의 티를 풍기고자 했듯이, 돈벌이를 할 수 있는 일거리를 갖지 않고 오로지 자본주의 구조의 해부에 전념하였다. 그러나 맑스의 가난은 부르주아적인 변호사 집안의 수준에 견주어 보았을 때이지, 영국의 도시 주변에 흩어져 산 가난한 노동자들의 생활로 보아 그렇다고 하기는 어렵다. 그리고 그 가난은 불연속적인 것이었으며, 맑스가 엥겔스의 도움에 전적으로 기대고 있던 터라 엥겔스 집안의 사업 형편이 좋아지면서 점차 여유를 더하여 살고 있었다 Coser, 1971: 46-68; Kapp, 1972: 첫째 책, 108-109. 용하게 맑스는 직장 없이도 연구에 전념할 수 있었다. 후대인의 기록에 따르면, 맑스는 하인을 두고 살았는가 하면 런던 교외의 새 개발 지역에서 그리 큰 저택은 아니었으나 3층 집에 8개의 방이 있고 발코니를 갖춘 주택에서 살았다 윗글: 같은 곳.[6] 많은 사람들이 지나쳐 버리는 점에 남달리 특별한 관심을 보였던 굴드너의 말을 빌리면, 맑스 집안이 당시 영국의 대다수 노동자계급과는 비교가 안 될 정도로 잘살고 있었다는 것은 의심의 여지가 없다는 것이다. 이것이 사실이었다는 것을 입증하기 위해서는, 엥겔스가 당시 사회의 불평등을 분노하듯 내리친 「영국 노동자계급의 상황」1844에 그려진 노동자들의 생활상을 들여다보면 된다고 굴드너는 덧붙인다.[7] 맑스가 살던 집은 아직도 그대로 남아 있는데 요즘은 여러 세대가 들어가 살 만큼 큰 집이라 한다 Kapp, 윗글: 30. 어떻든 그는 연구에만 몰두할 수 있었던 여유 있는 부르주아였던 것이다.

로자 룩셈부르크에[8] 이르러서는 혁명적 지식인의 냉철한 체제 비판

6 그리고 Worsley(1982)의 2장 첫머리 또는 우리말 옮김판 「마르크스와 마르크스주의」(워슬리, 1983) 66-70쪽 볼 것.

7 Gouldner(윗글: 4). 엥겔스의 이 책을 도시의 문제와 이어 볼 수 있는 글로서 박 영신(1986/1987) 볼 것.

8 베른슈타인과 카우츠키는 물론 레닌과도 맞서 독창적으로 맑스를 재구성하려 한 이론가 룩셈부르크(1871-1919)는 그의 중요성에도 불구하고 유감스럽게도 사회 이론 분야에서 경시되고 있다. 거의 한

뒤에 숨겨진 너무도 "인간적"인—물론 부르주아의 관점에서다—한 여인의 소녀다운 꿈을 보고 사뭇 의아스럽게까지 된다. 작은 몸매에 어울리지 않게 어떤 혁명가보다도 더 자주 피검되어 투옥되었던 강인한 혁명가가 그가 사랑했던 레오 요기헤스Leo Jogiches에게 보낸 편지는 그의 전기나 전기적 영화를 보지 않고도 비범한 혁명가의 사랑과 평범한 일상인의 사랑은 별개의 것이 아니라 같은 것임을 단숨에 느끼게 한다. 부르주아적인 사랑, 그런 것 말이다. 겨울이 막 가고 이제 봄기운이 움돋아오던 1899년 3월 베를린에서, 취리히에 있던 레오에게 써 보낸 로자의 편지는 다음과 같은 글귀를 담고 있다.

> 우리들이 함께 평온하게 남편과 아내로 내놓고 살 수 있을 것이라는 강렬한 도덕적 입장을 여기서 곧 갖게 될 것입니다! … 우리 둘이 아직도 젊기에 우리들의 사사로운 삶을 계획할 수 있을 것이라고 당신이 편지에 썼던 그에서 저는 가장 큰 행복감을 맛보았습니다. 오, 도요도요—[레오의 애칭임: 나의 달음]—나의 빛나는 황금이여, 당신이 우리들의 언약을 지킬 수만 있다면! … 자그마한 아파트를 갖고, 말쑥한 가구를 들여놓고, 서재를 갖추고, 조용하게 규칙적으로 연구하고, 함께 거닐고, 때때로 오페라 구경도 하고, 아주 적은 벗들을 사귀어 이따금 저녁에 초대할 수 있고, 해마다 여름휴가는 시골에서 아무 일도 하지 않고 한 달을 보내고! … 그리고 귀여운, 아주 귀여운 어린애도 갖겠지요? … 집안싸움은 결코 안 하겠지요? 우리 집은 다른 사람들 집처럼 조용하고

두 마디로 지나쳐 버리고 있는 보기로서 Bottomore & Nisbet(1978)에 들어 있는 Bottomore의 "Marxism and Sociology" 또는 Bottomore(1984: 3장) 볼 것. 그리고 Short(1985: 5장) 볼 것. 그의 생애에 대해서는 Frölich(1940) 볼 것.

평화스러울 거예요. … 도요도요, 당신이 시민권 문제를 해결하고, 박사 학위를 끝내고, 우리가 함께 집에서 내놓고 살고, 우리 둘이 모두 일하면 우리들의 인생은 더할 나위 없이 이상적일 거예요![9]

한 달 반쯤 뒤에 보낸 글은 더욱더 소시민적이다.

내가 돈을 벌려고 하는 계획이 나의 학문적, 정치적 장래에 [해]가 된다고 생각하시는군요. 그렇지 않습니다. 설명하려면 시간이 더 필요하지만 어떻든 그 계획이 그리 나쁜 것은 아닙니다. 저는 원칙을 따르려는 사람입니다. 사람들에게 가장 중요한 일은 자기들이 먹고살고 자기 어린애들이나 부모를 부양해야 하는 일이고, 그다음이 위대한 학자가 되려고 생각하는 일이지요. ….[10]

이 사랑의 편지들은 온갖 수정주의자들의 부르주아적인 근성을 맹공하기 위해 숱하게 글을 써 대었던 바로 그 펜으로 써 보낸 것들이다.

맑스 이후 가장 중요한 맑스주의 이론을 내놓았다고 평가받고 있는 죄르지 루카치도 예외가 아니었다. 모든 것이 물건으로 치부되고 있는 자본주의사회의 질곡을 프롤레타리아만이 돌파할 수 있다고 논리 정연하게 역설했던 그 지적 능력은 헝가리 최대 은행의 감독 아들이 누릴 수 있었던 가장 부르주아적인 특권을 최대로 활용하여 그 덕분으로 쌓을

9 Gross, "Introduction to the Luxemburg-Jogiches Correspondence", *Telos*, 37권(1978년 가을), 157-158쪽에서 따옴. 이 두 사람의 관계를 알아보려면 Frölich(윗글: 25 아래) 볼 것.

10 Gross(윗글: 160)에서 따옴.

수 있었던 지적 수련에서 얻어진 것이었다.[11] 1909년 루카치가 받아 본 아버지의 편지에는 "… 나는 네가 위대하고 존경받고 유명하게 되는 것을 보기 위해 모든 것을 희생하고자 한다. 내가 죄르지 루카치의 아버지라고 불리는 것을 무한한 행복으로 느낄 것이다"라고 적혀 있었다.[12] 그러고는 1914년, 그가 하이델베르크의 최고 지식인의 모임인 막스 베버 서클에서 여유 있는 지적 자유를 만끽하고 있을 때, 아버지는 매년 생활비와 용돈을 1만 마르크로 올려 보내 주겠다고 약속하고 나섰다.[13] 그 스스로 회상하고 있듯이 당시 대학을 중심으로 모여들었던 "대학 지식인"들은 수입원으로 금리 배당을 받고 생활하던 계층이었으며, 이러한 "물질적 자율성"이 만하임이 말한 바 "자유롭게 떠다닐 수 있는 인텔리겐치아의 경제적 기초"였다Pinkus, 1975: 88. 그는 이 경제적 혜택을 누렸던 것이다. 루카치 자신은 밝히기를 꺼려 하겠지만 바로 그가 공산주의자가 되어 정치 일선에 나섰다가 1919년 9월 비엔나로 망명했던 때에도 그는 이 물질적 특권을 한껏 누렸다. 아버지가 자산가가 아니었다면, 다시 말해 그가 돈이 없었다면 망명의 길도 열 수 없었을 것이며,[14] 그의 목숨과 그 이후에 이룩한 맑스주의적 이론가의 업적은 결코 보장될 수 없었을 것이다.

맑스, 엥겔스, 룩셈부르크, 루카치, 이 화려한 지식인의 삶에서 맑스의 이론은 어떻게 이해되어야 하는가? 사회적 삶이 그들의 의식을 결정

11 많은 글 가운데서 Arato & Breines(1979) 볼 것. 그리고 박 영신(1987)에서 "자본주의 사회와 문화: 베버와 루카치" 볼 것.

12 Marcus & Tar(1984: 130-131) 달음 3 볼 것.

13 Marcus & Tar(윗글: 같은 곳) 볼 것.

14 Lukács(1986), *Selected Correspondence*에 있는 "Biographical Notes", 194쪽 볼 것.

한다면 그들의 부르주아적인 삶에서 빚어 나왔어야 할 그들의 의식은 부르주아적이라는 말인가? 물론 그렇다고 말할 수는 없을 것이다. 그들의 주장은 반부르주아적이라 한다. 그렇다면 그 반부르주아적인 혁명 의식은 어떤 사회적 삶의 조건에서 나온 것인가? 그들의 삶이 터한 경제적 조건이 그 혁명 의식을 결정하지 않았다면 맑스의 이론은 어떤 설명력을 갖는 것인가? 맑스와 그를 따르는 대표적인 인물 몇몇의 보기만으로도 이런 등속의 물음을 던지기에 넉넉하다 할 것이다.

맑스와 이들 추종자들은 자기들의 사회적 배경은 물론이려니와, 그들과 같은 "지식 소유"의 집단이 사회적 존재와 사회적 의식 사이의 관계에서 어떻게 풀이될 것인지에 대한 분명한 설명적 고리를 빼 두고 이렇다 할 발언을 삼가고 숫제 말문을 닫고 있다. 우리의 논의에서 이를 데 없이 중요한 이 문제를 슬쩍 넘겨 버린 셈이다. 단지 지식인은 자본주의사회의 지배계급과 동질적이지는 않으나 적어도 동류적인, 지배계급에 속한 하위 계급으로 서술하는 데 그들은 관심을 모으고 있을 뿐이다. 지식계급은 산업 부르주아의 이익을 정당화하고 이에 부응하는 부르주아 질서를 체계화시키고 합리화해 주는 기능을 수행한다. 말하자면 산업자본가에 의해 고용되어 그 부수적인 역할을 담당한다Anderson, 윗글: 56-57. 그러기에 맑스주의에서는 지식, 곧 이론으로 먹고사는 이들을 불신한다. 흥미로운 것은 이들 "이론가"인 지식인은 불신하나 이들의 산물이며 특기인 "이론"은 그들이 거부하는 모든 학문이나 사상과 마찬가지로 존중하고 귀히 여긴다. 이 이론은 프롤레타리아로부터 나오지는 않는다. 놀랍게도, 노동자계급은 스스로 해방해야 하는 독자적인 계급이지만, 이론은 지식인이 만드는 것으로서 이들이 만든 사회주의적 혁명 이론의 지침에 노동자계급이 따라야 한다. 노동자 출신의 지식인은 "흐리멍덩하고" 명석하지 못하고, 다른 지식인에게 유혹당하기 쉬워 믿기조차 어려운 존재들이다. 그들은 맑스나 그를 신봉하는 "정통파" 이론가들이 만든 "이론"을 구현해 갈 혁명전쟁의 병정들일 따름이다. 그러면서도 이론을 만드는 지식인의 얼굴은 너울 속에 가려진 채 지식인이 만든 이론만 표면에 나와 있고 이론만이 강조된다Gouldner, 윗글: 13. 맑스주의는 이론의 무기를 손에서 떼어 놓지 않는다. 그 이론이 실천과 합쳐지는 것이다. 굴드너가 말하는 바, 지식인과 노동자의 결합이라는 표현 대신에 이론과 실천이라는 말로 채색되고 있다. 레닌이 혁명의 실천가일 뿐만 아니라 이론가라고 하는 것은 지식인과 노동자계급, 이 두 집단에 대한 불신을 숨기고 또한 지식인의 역할을 숨기면서 그들의 작품인 "이론"을 "전위 정당"을 통해 프롤레타리아에게 전달시키는 역할을 맡게 혁명의 과정을 그럴싸하게 정리했다는 데 있다. 이제 이 전위 정당을 어떤 "지식 소유자"가 점거하느냐에 따라, 어떤 부류의 지식인은 축출당하고 어떤 부류의 지식인은 나머지 지식인들과 노동자를 모두 통제할 수 있는 권력을 행사하게 된다. 그러나 제기된 문제는 풀리지 않고 그대로 있다. 이 "부르주아적인 사회 배경"을 가진 이들이 전위 정당을 다스리고 이론의 독점적 소유자가 되고, 더 근원적으로 혁명 이론을 창출할 수 있는가 하는 문제가 그것이다. 어떻게 해서 사회적 조건에 얽매여 있는 부르주아적인 인물들이 혁명적 의식을 갖게 되었는가 하는 물음으로 되돌아오게 된다. 루카치의 경우처럼 부르주아적인 경제적 조건이 오히려 자유롭게 생각을 펼 수 있고, 그러지 못한 노동자나 가능 지식인은 부자유스러운 생각의 사슬에 묶여 있어야 하는가? 그것은 맑스의 전제를 밑으로부터 허물어뜨리는 것이다. 「공산당선언」에서처럼 그저 막연하게, 확정된 시기는 알 수 없으나 결정적인 시간에 지배계급 내부에 균열과 해체 현상이 나타나 일부 부르주아가 떨어져 나와 프롤레타리아에 합세한다고 서술하고 있을 뿐이다. 그렇다 해도 어떻게 부르주아 지식인이 "역사적 운동[변동] 전체를 이론적으로 이해하는 수준으로 발돋움할" 수 있는가 하는 물음은 남는다.

3. 베버의 사회론과 새 계급

맑스가 생산관계에 초점을 맞추어 역사를 인식하고 사회적 존재가 사회의식을 결정한다는 이론적 전제를 강조하고 있었던 데 반하여, 베버는 현대 자본주의사회의 형성 과정을 "합리화"로 파악하고 역사 변동에서 "물질적 및 이념적 이익"이 인간의 행위를 결정하나 세계를 어떻게 보느냐 하는 "세계관"이 결정적인 요인이 된다는Weber, 1958ㄷ: 280 설명적 여지를 남겨 두려 하였다. 따라서 두 사람 사이에서 두 가지 뚜렷한 차이를 보게 된다. 하나는 맑스의 분석 내용과 겹쳐지는 부분이 있기는 하나 베버는 역사의 변동 과정에서 합리성의 원리가 경제 영역에 한정되지 않고 보다 보편적으로 그리고 포괄적으로 나타난다고 본 점이며, 다른 또 하나는—맑스의 표현 속에 베버를 넣어 보면—의식이 사회적 존재를 낳을 수 있다는 설명적 관계의 가능성도 보고 있는 것이다.

맑스가 지나간 이후 그의 한계를 보고 그것을 넘어 새 지평을 내다볼 수 있었던 베버이기에 단순히 맑스를 부정하기 위한 논쟁만을 일삼지는 않았다. 특히 물질적인 것과 이념적인 것 가운데 어느 것이 인간의 삶과 행위를 결정하는가 하는, "이것이냐 저것이냐" 하는 소박하기 짝이 없는 문제를 설정하지 않았던 것이 그 보기이다. 그는 맑스의 생각에 매우 가까이 다가가 물질적 이해관계가 미적 감정과 종교의식이 갖는 지극히 미묘한 결에 이르기까지 모든 문화적 삶의 여러 측면에 걸쳐 영향을 미친다고도 보았고Weber, 1949: 65, 맑스적인 법칙을 "법칙적"으로 쓰지 않고 "이념형"으로서 "탐색적"인 도구로 쓴다면 반대할 것까지는 없다고도 했고윗글: 103, 맑스의 접근 방법은 "이전에 해명되지 않았던" 영역을 밝혀 새로운 지식을 얻을 수 있게 문을 터 주고 "지극히 효과적인, 실로 아주 새로운 탐색적인 원리"라고도 말했다Marianne Weber, 1975: 335. 그러면서도 특정 집단이나 공동체는 이념적 이해관계 때문에 생겨나 그 이념에 따라 움직이고 그 이념을 담당하고 전수할 수도 있다는 점을 밝히고 있다. 참으로 거창한 비교·역사 연구의 판도 속에 자리한 고대로부터 현대에 이르는 문명과 동서의 이질적인 문명에서, 현세에서 건강하고 장수하고 자손이 번창하는 것을 복되다고 믿은 "현세적" 종교의 문명사회와 그 이념의 담당자, 내세에서의 구원을 목표로 하여 선행과 금욕을 가치 있는 것이라고 믿은 "내세적"인 종교의 문명사회와 그 이념의 담당자, 이것들과 교차되어 나타났던 신비주의와 금욕주의적인 종교 지향성을 베버는 분석적으로 조감해 보았다. 그는 이것들이 모두 교리와 신앙에 터하고 있었으며, 이러한 종교적 이유 때문에 특정 집단이 생기고 사회 구성원이 행위를 일정 방향으로 규제하고 특정 사회질서를 유지 또는 변형시켰다는 것을 찾아냈던 것이다. 여기에 여러 신분 집단, 곧 무사, 봉건귀족, 지식인과 같은 집단이 "선택적 친화성"에 의하여 이념적, 물질적 이해관계가 엇물려 사회 행위와 사회질서가 빚어져 나왔다는[15] 매우 복잡하고 다차원적인 분석의 모범을 남기고 있다Alexander, 1983: 셋째 책.

이러한 베버의 생각이 현대사회의 형성 과정에 긴밀히 이어지고 있

15 여러 글 가운데서 특히 Weber(1963ㄱ) 볼 것.

다는 데서 우리의 관심에 어울리는 적합성을 찾을 수 있다. 우리가 익히 알고 있는 바와 같이, 「프로테스탄트 윤리와 자본주의 정신」은Weber, 1958ㄱ 역사의 특정 시기에 특정 종교 집단이 따르고 있던 교리, 곧 개신교 윤리가 그 집단 소속원에게 행위의 지침을 마련해 주었고 삶의 질서를 재구성할 수 있도록 했음을 밝히는 동시에 그것이 초래한 현대 자본주의 사회의 침울한 상황을 문제적인 것으로 그리고 있다. 개신교 윤리는 인간은 하나님의 뜻에 따르고 그 뜻을 삶 속에 구체적으로 실현하도록 부름을 받았다고 가르쳤고, 개신교도들은 그 부름에 충실히 응답하는 방식으로 자기의 뜻이나 기분에 따라 사는 삶을 청산하고 잡되고 나태한 버릇을 고쳐 잡아야 했으며, 나아가 삶을 규모 있게 꾸리고 열심히 일하는 근면성을 생활화하고 일에서 얻어진 결과는 재투자하여 성취하는, 이른바 "합리적"인 삶을 살아야 했다. 이것이 바로 근대적 자본주의의 생성에 필요했던 근면과 합리적 생활 태도의 윤리였다. 그러나 중요한 것은 베버가 이러한 설명에 멈추지 않고 있다는 사실이다. 그는 개신교 윤리라는 강력한 신앙심이 과거에 보지 못했던 합리적인 금욕적 자본주의사회를 낳았으나, 역설적이게도 이 사회체제는 더 이상 종교적 윤리를 필요로 하지 않을 만큼 경직되고 비대해져 그 자체가 자동적으로 돌아가게끔 되었다고 보았다. 인간의 선택 가능성을 위축시키고 인간 의지와는 상관없이 기계적으로 움직이고 있는 억압의 철창으로 나타나 인간을 거기에 종속시키고 있다고 갈파한다. 여기서 현대사회를 "쇠우리"로 비유한 것이다.[16] 그리고 다음과 같은 경구로 베버는 이 책을 마무리한다. "영혼이 없는 전문가, 감정이 없는 감각주의자, 이 무가치함이 스

16 이에 대한 풀이의 글로서 박 영신(1981) 9장 볼 것.

스로 이전에 결코 이루어 보지 못했던 문명의 수준에 다다랐다고 상상하고 있다"Weber, 윗글: 182.

그 암울하고 섬찟한 "쇠우리"의 말로 표현한 대로, 이 "합리화"의 역설은 경제 영역이나 어느 특정 영역에 한정되어 나타나는 것이 아니라 모든 사회 영역에 관통하여 나타나는 원리다. 그러므로 법률제도와 행정조직에서도 드러나 있고 과학에서도 진행되고 있음은 두말할 나위도 없다. 이 원리는 현대 관료제적 조직의 특성을 가장 직접적으로 압축하여 보여 준다. 맑스가 자본주의사회의 역동 현상과 계층 관계에 주로 주목했다면, 베버는 합리화 과정으로 표현될 수 있는 자본주의사회의 형성 조건과 그 과정에 대한 비교·역사적인 분석과 자본주의의 작동 원리, 곧 계산과 예측, 능률과 효율성의 합리적 원리에 따라 움직이는 관료제적 특성에 일차적인 관심을 보인다. 이때의 관료제는 어떤 정부 형태나 기관에 한정되어 좁게 쓰이는 뜻이 아니라, 경제조직을 포함하는 사회조직을 다 망라하여 이 모두를 가리키고 있으며, 넓게 말해 현대사회의 구조적 특성이라는 뜻으로까지 확장되고 있다.

현대 관료제는 다른 어떤 조직보다도 일관되게 합리적으로 규율 있게 그리고 정확하게 명령을 받아 수행하는 "기술적 우위성"을[17] 갖고 있다. 그렇기 때문에 관료 조직의 부서는 기술적 전문가와 그러한 자질을 가진 이들로 충원되고, 이 같은 능력에 따라 승진되는 전문 직업 체제를 갖추어, 이 조직 자체를 위계·명령적으로 통제하여 능률과 효율성을 높이려 한다. 이 조직은 "순전히 기술적인 관점에서 보면" 가장 효과적으로 능률성을 높일 수 있는 조직이다ES: 223. 왜냐하면 이 조직은 기본적

17 Weber(1978ㄱ: 1149). 아래에서 ES(*Economy and Society*)로 씀.

으로 전문적인 기술 지식 위에 터하여 그 기술적 지식을 써 경제 생산을 효과적이고도 능률적으로 처리할 수 있고 그 밖의 모든 조직에서와 같이 조직의 목표를 가장 효과적으로 조정할 수 있기 때문이다. 이 능률성을 계속 높이기 위하여 전문적인 기술 지식 자체를 재생산하게 되고, 이 재생산된 기술 지식은 조직의 기술 의존성을 심화시키고 조직의 능률적 운용을 더욱 효과적으로 돕는다. 현대 관료제가 전문 기술상의 능력을 강조하고, 정확한 계산과 예측, 업적, 전문 훈련의 중요성을 강조하여, 경제 생산을 발전시키고 그 밖의 여러 조직을 능률적으로 작동시키게 된 것은 세습적이고 인습적인 관습과 여기에 바탕을 두고 있는 인간관계를 여지없이 약화시키고 있음을 뜻한다. 관료제 안에는 숱한 운영 지침과 내규들, 서류꽂이와 자료철, 조직원 훈련 계획과 인사 규칙, 임금 관계 규칙, 전문적 지식의 터득 사항들이 즐비하여, 이런 것들에 따라 조직원의 임무가 명확하게 지시되고 또 그런 규칙에 따라 기강을 세워야 한다ES: 217-226, 956. 조직원 사이와 조직 바깥 사람과의 관계는 조직 목표에 우선할 수 없으며, 일의 처리는 개인 한 사람의 기분이나 느낌 또는 그 나름의 판단에 따를 수 없게 규제된다. 분명한 목표에 따라 한정적으로 할당된 조직의 과업을 비인격적으로 표준화된 방식으로 묵묵히 수행함으로써 능률성을 높이려는 기술적 조직이 관료제이다.

위에서 말한 관료제의 특성에서도 비춰졌지만 관료제는 또한 지배의 구조적 특성을 갖는다. 이에 대하여 베버는 아래와 같이 말한다.

> 관료제는 사회 행위를 합리적으로 조직된 행위로 변형시키는 바로 그러한 수단이다. 그러므로 관료제는 합리적으로 조직하는 권위 관계의 도구로서 관료 기구를 통제하고 있는 이에게는 첫째가는 권력 도구이

다. … 행정이 완전히 관료제화하게 되면 그 결과로 나타나는 지배 체제는 사실상 파괴 불가능하다ES: 987.

관료제는 그 자체가 강화될 수 있는 조건들을 갖추고 있다. 우선 이념적으로 능률성과 효율성을 높일 수 있는 근대적 합리성과 기술적 우위성이 그 조직의 특성이라고 정당시되고 있으며, 또한 경제적 수준에서 전문성을 존중하여 그것을 바탕으로 한 보상 체계를 갖고 있어 관료조직의 구성원들은 주어진 특정 임무를 표준화된 절차에 따라 수행하고 임무에 관계되는 명령과 지시를 복종적으로 따르게끔 권장되고 있기 때문이다. 그러므로 관료제에 속한 이는 어느 누구도 "그가 얽매여 있는 체제로부터 기어 나올 수가 없다." 전문적 지식을 갖고 있는 관료 조직원은 자기가 서 있는 경제적, 이념적 기존 조건 때문에 자기 행동에 구속되고 있는 것이다. 대개의 경우 "그는 본질적으로 고정된 행진의 노선을 따라가도록 자신에게 지시하는, 끝없이 움직이고 있는 기계의 하찮은 톱니바퀴에 지나지 않는다." 그 기계는 단지 제한된 특정 임무를 맡고 있는 그 같은 존재에 의해 가동되거나 제동되는 것이 아니라, 맨 꼭대기에 앉아 있는 상전에 의하여 움직여진다. 그렇게 해서 관료 조직의 체제가 뻗어 나가고 지배 관계가 지속될 수 있게 되는 것이다ES: 987-988. 현대 관료 조직은 가장 합리적이지만, 그것은 또한 이처럼 새로운 의미의 권위적인 속성을 드러내고 그것을 확산시키고 있다. 오늘의 사회조직은 그것이 가장 능률적으로 움직이는 것이라 해도 마치 현대 군사 조직의 명령 계통같이 엄격한 명령 체제로 위계화되어 가고 있다ES: 946, 985, 1194.

권위적 지배의 속성은 전문 지식 자체와도 관련되어 있다는 것을 다시 한번 더 강조할 필요가 있다. "지식이 힘이다"라는 말은 현대사회의 관료 조직의 지배 속성을 정확히 표현해 준다. 지식이 권력과 지배의 수단이 되고 있는 것을 극적으로 드러내고 있는 상황이 관료 조직이다. 조직 자체가 전문 기술 지식의 증대와 함께 강화된 데다, 관료적 위계 선상에서 상위에 자리한 엘리트는 그 자질과 전문 지식의 질과 양에 따라 위로 올라선 만큼 자질과 전문 지식의 수준이 낮아 위계 선상의 하위직에 종사하는 이들의 조언이나 의견은 들을 필요도 없다고 보고, 그들이 소유하고 동원할 수 있는 기술 지식의 자원에 터하여 단독으로 의사를 결정한다. 관료적 엘리트는 기술 조직의 생명선이자 그 지배 세력이다. 토론과 반론의 기회가 축소 내지는 제거된 채 그들이 결정한 내용이 곧 지침이 되고 규칙이 된다. 그것이 시간 낭비를 막고 능률과 효율성의 증대를 가져온다고 보고, 그럴 수 있는 충분한 기술과 지식을 엘리트가 소유하고 있다고 생각하기 때문이다. 그뿐만 아니라 관료적 엘리트는 기술 조직의 이익 및 이것과 불가분의 관계에 놓여 있는 자신들의 지배 이익에 따라 자기들이 소유한 지식을 비밀스럽게 감추어 두기도 하고 그 지식에의 접근을 통제하기도 한다. 이 전제적 지배의 새로운 형태는 ES: 990-998 전문 지식과 기술이 강조되어 가는 이념적, 물질적 상황에서, 비밀경찰이나 정보기관에 기대거나 군부의 도움을 빌리지 않고도 쉽게 포착되지 않는 미묘한 방법으로 엘리트라는 전문 지식 집단이 독점적으로 의사를 결정할 수 있어 민주 사회에서 존중되어야 할 최대의 이념, 곧 시민적 참여와 자유를 실질적으로 무시하는 데까지 이를 수 있게 된 것이다 Antonio, 1984: 161.[18]

18 이것이 비인간화를 낳고 있는 문제에 대해서 맑스와 견주어 보고 있는 Löwith(1982) 볼 것.

이처럼 매우 간단히 적은 베버의 논의에서라도, 현대사회가 형성되는 과정에서 전문 기술과 지식을 소유하고 있기 때문에 사회적인 위계의 사닥다리를 올라 그 위계의 정점에서 지식으로 지배하는 새로운 이익집단, 곧 새 계급이 나타나고 있다는 사실을 어렵지 않게 끌어낼 수 있다. 베버는 현대 자본주의사회의 형성을 역사 변동에서 보편적으로 나타나는 합리화 과정의 구조적 원리에서 파악하여, 전문 기술 지식으로 표출되어 나온 합리성의 증대는 필연적으로 지극히 합리적으로 조직된 관료 체제를 구축하였으며, 그 체제는 바로 이러한 전문 기술 지식에 의하여 작동되고 그 지식의 소유 계급에 의하여 통제되고 지배된다는 점을 밝혔다. 자본주의사회라 하여 그 작동의 원리가 경제 영역에 제한되어 있는 것은 아니며, 또한 관료 조직이라 하여 정부의 행정 기구에 한정되어 있는 것은 아니다. 전문 지식과 기술에 의해 움직여지고 있는 합리적 조직의 구조적 특성과 원리는 생산 공장이나 정부 행정기관 또는 교육기관 그 어느 곳도 예외로 남겨 두지 않고 모든 조직 속에 깊숙이 침투해 들어가 조직 자체를 합리적으로 짜 놓고 있는 것이다. 바로 이 합리적 조직의 구조가 전문 지식과 기술의 소유자가 득세할 수 있는 조건이 되었다.

베버는 이들 전문 지식인의 존재 양식을 어떤 이념 때문에 은폐하거나 설명 과정에서 탈락시키지 않고, 있는 그대로 노출시키고 설명의 시야에 끌어들여 놓았던 것이다. 그렇다, 그는 이들 지식인의 존재가 "의식"에 의해 결정될 수 있다고 보았다. 그러나 앞에서 보았던 것처럼 이러한 도식적 진술에 따라 결론적 평가를 내리기에는 그의 논지는 훨씬 더 복잡하다. 그것은 거대한 보편적 역사 변동의 맥락에서 이해되어야 하기 때문이다. 개략적으로만 본다면, 마술로부터 벗어나 세계를 바라다보려 하는 "각성"의 과정이 종교적, 제도적 변동과 함께 일어나 세계 자체를 지배하는 "합리화" 과정을 증대시켜, 이념 또는 의식은 역사의 방향과 길을 바꾸어 놓을 수 있었다. 서구 자본주의사회는 이 같은 오랜 합리화 과정의 산물이다. 그 결과 이 사회는 과학·기술적인 세계 지배의 안목과 체제에 의존하게 되었다. 분명 역설이다. 종교적 신앙과 의식이 굳은 체제를 낳고 말았으니 말이다.[19] 오늘날 이 과학·기술 체제의 이념을 지키고 그것을 강화하며 지배하는 담당 세력이 새로 부상한 전문 지식계급이다. 그러므로 사회적 존재와 의식의 설명적 관계를 몰역사적으로 파악한다면 그것은 베버에게 적용시킬 수 없는 전제가 된다. 그런 한편 기술 지식 자체가 목적과 기준이 되고 특정 이념—그것이 맑스주의라 하더라도—이 "신앙"으로 인정되고 있을 때, 그것을 받아들여 이를 지키고 이에 따라 행동하고 사회질서를 유지 또는 재구성하려 하는 것은 정당하게 "의식이 사회적 존재를 결정한다"는 범주에 넣을 수 있다고 볼 것이다. 이것은 그가 말한 바 이념적, 물질적 이익이 사회적 행위를 결정한다는 다차원적인 시각과 모순되는 어떤 일반화된 공식을 뜻하고 있는 것이 아니다.

4. 새 계급 지배의 보편화

합리화의 과정은 보편적인 역사 변동의 현상이며 그것이 조직의 차원에서 나타나고 있는 현상이 현대의 관료제이다. 그러므로 현대의 관료제는 고대 중국이나 로마에서 볼 수 있었던 관료제와는 다르다. 고

19 이에 대한 자세한 논의에 크게 기여하고 있는 것으로 알려져 있는 Schluchter(1981) 볼 것.

대 중국의 경우 관료제는 합리적 계산과 전문 기술에 의한 능률성을 이념으로 하지 않았고, 따라서 전문적인 훈련을 쌓은 기술 전문가들로 충원·작동되었던 것이 아니다. 오히려 고전 교육을 받은 교양적 문사들에 의하여 지배되고 있었다.[20] 오늘날 서구의 관료제는 기술적, 기업적, 법률적 지식을 갖춘 전문 기술 지식의 소유 계급에 의하여 장악되고 있고, 이들에 의하여 사회생활이 통제되고 각종 기능이 수행되고 있다. 합리성의 원리 위에 세워진 오늘의 관료제는 일찍이 볼 수 없었던 기술 전문지식을 통해 능률성을 발휘하고 있는 것이다.

이 같은 관료제화의 추세는 앞에서 비추었듯이 기업체, 국가, 군대, 정당, 교회, 이익집단, 각종 사설 재단들과 같은 다양한 조직에서 널리 나타나고 있을 뿐만 아니라, "자본주의에 기초하여 조직되어 있든 아니면 사회주의에 기초하여 조직되어 있든 아무런 차이가 없이" 기술적인 능률성을 높이려는 곳에서는 어디에서나 "전적으로 필수 불가결한" 현상으로 나타나고 있다ES: 223. 규모가 작은 조직들 가운데서는 예외가 있을 수 있으나, 능률적인 관료행정 체제를 갖추어 정확하게 업무를 수행하고 기능하는 변동의 지향성은 사회주의 체제에서도 똑같이 일어나고 있다는 것이다. 이 사실은 "사회주의적 조직 형태도 바꾸지 못한다"고ES: 224 베버는 말한다. 실제로 "사회주의는 자본주의보다 더욱 고도화된 형식적인 관료제화를 필요로 한다"ES: 225. 그러므로 사회주의사회의 체제도 자본주의 체제와 마찬가지로 그 사회의 관료적 행정이 근본적으로

20 서구 사회의 합리화나 관료제의 특성을 중국과 비교하려면 많은 요인들을 이어 보아야 한다. 여기서 한 가지만 덧붙이자면, 중국의 사회가 세습적이고 혈연적인 구조로 남아 있어 이른바 근대적 자본주의를 자극할 수 있는 전제 조건들이 성숙해 있지 않았다는 것이다. 중국의 관료제는 특수주의적 사회구조 위에 얹혀 있던 "표면적"인 것이었다. Weber(1951) 그리고 ES, 956-1005쪽 볼 것.

"지식을 통한 지배를 뜻한다"ES: 같은 곳. 능률성과 효율성을 높이기 위한 기술 지식과 그 같은 지식의 소유 인력을 이 체제도 요구하고 있다. 체제나 이념에 상관없이, 기술 지식을 소유하고 있는 사람들은 엄청난 권력을 행사할 수 있는 자리에 올라서게 되고, 전문적 기술이 강조되고 그 기술 지식에 의해 움직이는 관료적 조직 안에서 업무의 경험을 쌓아 가면서 그 업무에 필수적인 전문적 지식을 터득하여 축적할 수 있게 되기도 한다. 여기서 이들 관료들은 조직 "내부의 비밀"에 접근하고 이것을 이용할 수 있는 특권적 자리를 얻어 이 자리를 백분 활용하여 지배와 권력의 폭을 더욱 확장해 나간다.

맑스는 경제적 생산과정에 주안점을 두고 생산수단의 사유화에 따라 인간이 생산한 생산품이 인간을 통제하게 된 과정에서 인간이 소외되고 있다는 데 주목하였다. 그러므로 논리적으로 생산수단의 사유화와 거기에 터한 통제를 제거하면 소외는 극복되는 것이다. 베버는 이 "비인간화"의 소외 현상은 생산수단이나 그 수단의 소유관계에서 빚어지기보다는 합리적인 관료 체제의 지배 관계에 그 원인이 있다고 본다Löwith, 윗글. 관료행정 체제가 합리성의 원리에 바탕을 두고 그 원리에 따라 전문지식과 기술로 움직이고, 그 지식과 기술로 인간을 지배하고 통제한다는 점을 강조한다. 베버는 인간들이 모여 이룬 관료 체제가 능률성과 효율성을 내세워 거대한 기계처럼 작동하고 "영혼"이 응고된 인간기계가 되어, 체제의 주인이 되어야 할 인간을 이 생명 없는 기계의 부속품으로 변질시키고 있는 역사적 운명을 문제적인 것으로 바라다보았던 것이다. 베버는 이 문제적 상황이 생산수단의 사유화를 사회 소유로 바꾼다고 해서 극복될 수 있는 것이 아니라고 분석한다. 자본주의 체제에서 전문기술 지식의 소유자가 지배의 자리에 있듯이, 사회주의 체제에서도 전문 기술 지식의 소유자들이 지배 세력으로 나타나고 있는 것이다. 경제 구조의 변형을 통해 인간의 소외를 떨쳐 버릴 수 있다고 한껏 희망을 불어넣어 주는 경제 중심의 종말론적인 혁명 신앙은 그지없이 소박한 신앙이며 비현실적인 대중 동원의 수단이라고 이해한다. 생산수단의 사회 소유화라는 이름으로 자본가와 자본가적인 전문 경영인을 제거해 버리는 것처럼 보인다 해도, 그 변형은 이익집단의 위치 변화일 뿐이지 ES: 139 전문 기술 지식의 소유 세력에 의한 다수 노동자계급의 지배 현상은 조금도 변하지 않고 있다는 것이다. 재산 소유자의 소유권 박탈만으로 노동자계급의 착취 현상이 말끔히 사라지는 것이 아니라, 노동자의 이익이라는 탈을 쓰고 거대한 조직의 지배자들이 여전히 노동자계급을 지배하고 있음을 보고자 했다. 1918년 사회주의에 대한 한 강연에서,[21] 사회주의 체제에서도 합리적으로 조직된 관료제적 체제의 통제는 존재하고 있으며, 그것은 익명을 가지고 더욱 큰 힘을 행사하고 있고, 규모가 작아 정부의 개입 가능성을 고려에 넣고 있는 사유 기업체들의 다원적 지배 형태보다도 더욱 강력한 힘을 행사하여 견제 가능성을 제도적으로 어렵게 하고 있다고 하였다. 그리고 사회주의자들이 주장하는 바와는 달리 이 체제는 "노동자의 독재"가 아니라 전문 지식과 조직 기술을 가진 "관리의 독재"가 강화되고 있는 조직이라고[22] 간결한 투로 말하고 있다. 다른 글에서도 같은 생각이 이어져 나온다. 자본주의 체제를 없애 버릴 수 있다는 것을 이론적으로 생각해 본다 하더라도, "현대 산업 노동의 쇠우리"를 실로 파멸시킬 수 있는 것인가에 대해 자문하고, 베버는 "그럴 수

21 Weber(1970)에 들어 있는 "Socialism" 볼 것.

22 "Socialism", 209쪽.

없다"고 잘라 대답한다. 사유 기업에 터한 자본주의의 소멸은 "단지 국유화 또는 사회주의화된 기업체의 최고 경영 [체제] 또한 관료적으로 될 것임을 뜻할 것"이기 때문이다. 합리적인 관료적 행정으로 모든 업무를 수행하는 것이 가장 적절하고 그것만이 궁극적인 가치를 갖는다고 하는 기술적 측면이 강조될수록, 그 거대한 "비정의 기계"를 동원하여 관료 체제는 아마도 언젠가는 고대이집트의 농부들처럼 인간이 살아가야 될 예속의 우리를 더욱 공고히 하고 말 것이라고 생각하였다ES: 1401-1402.

자주 오해되고 있는 것처럼, 전문 기술의 소유 세력에 의하여 지배당하는 관료 체제가 자본주의사회뿐만 아니라 사회주의사회에서 똑같이, 아니 더욱 심각하게 나타날 것이라고 한 것은 오늘의 자본주의 체제를 무작정 옹호하거나 그 병리적 현상에 대한 비판을 무력하게 만들기 위한 선제적 논리를 제공하려 한 것이 결코 아니다.[23] 베버가 생각하는 대로 어떤 경제 질서와 사회체제가 궁극적으로 정의로운 것인가 하는 문제에 대한 해답은 생각처럼 그렇게 단순하지가 않아, 어느 공식에 넣어 정답을 끌어내 올 수 있는 것이 아니다. 그는 모든 것이 관료 조직의 체제에 수렴되어 있는 국가 독점적인 사회보다는 시장에서 경쟁적 집단들이 각축하고 사회라는 무대 위에서 정치집단들이 경쟁하는 "싸움"과 "다툼"이 보장될 수 있는 곳이 보다 더 역동적이고 상대적으로 품위를 더 높일 수 있다고[24] 생각했을 뿐이다. 이런 점에서 이념과 체제의 선택 문제는 궁극적 일차성을 갖고 있지 않다. 그에게 있어 보다 중요한 문제

23 Mommsen의 탁월한 논문(1985: 234-261) 볼 것.

24 "Socialism", 204쪽.

는 합리성의 원리와 그 원리에 터한 관료제와 관료제적 지배 세력이 강화되고 있으며 이 관료제화의 쇠우리는 인간이 피하기 어려운 운명처럼 우리에게 다가오고 있다는 역사의식이었으며, 이에 맞부딪쳐 노동자 계급을 포함한 사회 구성원들이 하나의 "사회"로서 삶의 세계를 어떻게 보다 인간답게 만들어 갈 수 있는가 하는 물음이었다. 이 물음에서 볼 때 자본주의든 사회주의든 모두 문제적인 상황을 낳고 있고, 그 상황을 극복하겠다고 나선 유사 과학적인 논리와 그 설계 또한 베버가 문제시하고 있는 것을 조금도 해결하지 못하고 오히려 더욱 악화시키고 있다는 것이었다.[25]

전문 기술 지식을 소유한 세력이 체제와 관계없이 확장되고 있다는 베버의 생각은 거의 반세기가 지난 오늘날 이른바 "후기 산업사회론"에서 말하는 지식계급이나[26] 조금은 맑스적인 체취를 풍기고 있는 "새 계급론"을Gouldner, 윗글 앞질러 보고 그 같은 논의의 이론적 바탕을 제공해 주었다 할 수 있다. 물론 이러한 논의를 펴고 있는 이들은 마땅히 그 논의의 줄기를 베버의 뿌리에 이어 놓았어야 옳다. 그럼에도 불구하고 이론적 논의의 역사에 대한 이해가 부족한 이라면 전연 모르고 지나갈 만큼, 이들은 논의의 뿌리를 베버에게 두지 않은 채 제법 새로운 생각이라는 듯 산업사회가 지나 이제 "후기"의 산업사회가 나타났다고 오늘의 변동을 과대하게 해석하고 계급 구조의 변동을 지나치게 과장하려는 경향이 있다. 그러나 지식계급론이나 새 계급론은 그것들이 내세우고 있

25 윗글, 같은 곳.

26 보기로서 Bell(1973) 볼 것. 조금은 다른 시각에서 논의하고 있으나 이러한 문제에 대한 배경이 될 수 있는 것으로서 Etzioni-Halevy(1985) 볼 것.

는 것처럼 그렇게 독창적이지 않다는 것은 확실하다. 이들 논의에 훨씬 앞서, 베버는 경제적 생산관계나 생산수단의 소유관계와는 별도로 또는 그것과 관계없이 인간이 인간을 지배하는 권력의 지배 관계를 꿰뚫어 보았었다. 이른바 자본주의사회에서 보는 지식 엘리트나 계급 또는 새 계급의 주창자들은 두말할 필요도 없거니와, 생산수단의 사유화를 제도적으로 소멸시킴으로써 인간의 해방을 가져왔다고 주장하는 국가사회주의 체제의 간부로 대표되는 "새 계급"의 특권적 지배 현상이 나타나고 있다는 밀로반 질라스류의 논의조차도Djilas, 1957 한참이나 뒤늦은 "깨달음"으로 규정되어야 한다. 합리적 기술 지식의 증대와 그 변동의 추세에 따라 지배의 강도를 더해 가는 새 계급에 대한 베버의 논의는 오늘에 와서 무성해지고 있는 지식계급의 논의에 선행하는 것이며, 그것은 또한 의도적으로 가려 두었든 무의도적으로 빼놓고 말았든 지식 소유 계급을 잔여 범주의 어두움 속에 파묻어 두었던 맑스와 맑스주의 지식인들의 이론적 과오를 바로잡고 그들의 이론을 넘어서고 있는 것이기도 하다. 그러나 위에서 본 베버의 이론적 관심은 이론의 역사를 수정하는 일에 한정되어 있는 제한된 성질의 것으로 이해되어서는 안 된다. 비록 특정 체제하에서 또한 뒤늦게 와서야 특권적 새 계급의 부도덕과 비리를 깨달았지만, 질라스가 문제시하고 있었던 것과 같은 맥락에서 그러나 훨씬 더 넓은 인식의 지평에서, 베버는 미리부터 기술 지식으로 작동되고 있는 관료제적 행정 체제와 그 지배 세력을 비판적으로 폭로하였던 것이다. 여기에 베버의 논의가 갖는 보다 깊은 뜻이 있다 할 수 있다. 그는 이 기술 전문 지식이 주도하는 시대에서 아무런 가책도 없이 휘둘러 대는 오늘의 지식 소유 계급이 쓰고 있는 허울을 벗겨 그들의 참모습을 드러내고, 그것을 논의의 마당으로 끌어올리려 한 것이다.

5. 맺음말

이 글의 첫머리에 썼듯이 여기서 쓰는 "계급"이라는 말은 생산수단과의 관계를 기준으로 삼아 계급을 말하는 맑스의 좁은 개념과는 다르다. 그러므로 여기서 말하는 "계급"은 생산수단을 소유하여 소유하지 않은 이들을 착취하는 계급과 생산수단을 소유하지 않아 소유한 계급에 의해 착취당하는 계급으로 양분하는 맑스의 계급 범주에는 나타나지 않는 계급이다. 그의 도식에서 막연하고 애매하게 처리되고 있고 19세기의 정치경제학 논의에서 제외되고 있는 지식인을 새 계급으로 규정한 것이다. 지난 세기에 경제적 차원에서 이해되었던 생산수단의 소유와 그것을 통한 착취로 규정하기에는 개념적으로 부적절한, 차라리 지식 수단의 소유를 기준으로 파악되어야 할 사회적 영향 세력, 지위 또는 "계급"으로 인식하였다. 이런 뜻에서 맑스의 개념적 기준에 맞지 않기 때문에 지식계급은 계급이 아니라 영향력 또는 지배의 차원에서 파악해야 하므로 "엘리트"로 규정하는 것이 옳다고 보는 것은 맑스가 설정한 기준을 너무 엄격히 또는 너무 문자적으로 해석하는 데서 빚어져 나온 견해이다. 그런 견해는 이 글에서 수용하지 않았다. 여기서 말하는 새 계급은 지식의 소유 유무에 따라 삶의 기회가 결정될 것이며 또한 사회적 영향력과 지위가 판가름될 것이라는 개연성 위에서 구성된 것이다. 이 사회집단이 내부적 이해관계를 달리한다 하더라도 지식 소유자가 당연히 누려야 할 특권을 정당화하고 또 이 정당화의 논리에 일정한 이익의 문제를 결부시켜 지식을 소유하지 못한 자들을 지배하려 한다는 뜻에서 "계급"이라 써도 무방할 것이다. 따라서 1894년 프랑스에서 벌어진 저 유명한 드레퓌스 재판에 대하여 저항하고 나서 "지성인"이라 불리게 된 지식 소유자들과, 19세기 중동부 유럽에서 인텔리겐치아란 이름으로 급진 혁명론자들을 지칭하다가 점차 그 범위를 넓혀 오늘날 교육받은 전문인을 다 포함하고 있는 이들 지식인이 모두 새 계급의 개념적 우산 속에 들어올 수 있다.[27] 그러나 이들 새 계급의 개념 정의에 이 글의 뜻을 둔 것은 아니다. 이 "새" 계급을 하나의 계급으로 설정하기에 충분한 현대사회의 구조화가 내포하고 있는 특성을 베버의 합리화 과정이라는 역사 변동의 축에서 찾고, 기술 지식사회로 엮이고 있는 상황에서 기술 지식의 소유 계급이 위계적 지배 체제의 상층에 올라 그 지배의 영역을 확장하고 있는 것을 보편적 현상으로 확인해 본 것이다.

새 계급에 대한 논의는 여러 관심과 관점에서 전개될 수 있지만, 특히 여기서는 현대사회의 구조화 문제와 결부시켜 우리가 사는 사회의 문제점을 간접적으로나마 비춰 보고, 이것과 이어진 지식 소유 계급의 지배관계를 문제적인 것으로 조명하고자 하였다. 그것은 베버의 관심에 동조적인 것인 동시에, "우리"가 속해 있을 이 계급의 "자기 모습"을 성찰적으로 검토해야 한다는 생각에도 이어져 있다. 파슨스가 더욱 분명히 하고 있듯이,[28] 기술 지식에 의존하게 되는 합리화의 확장이 귀속적 불평등 조건을 결정적으로 약화시켜 왔음은 사실이다. 그러나 가치, 전통, 제도의 구조적 짜임새를 달리하고 있는 사회에서는 귀속적 불평등 현상은 보다 문제적으로 전개될 수 있다. 특히 지식이 강조되고 지식 소유자—그것이 근대적 의미의 지식이 아니라 하더라도—의 오랜 지배 역사를 가지고 있는 우리 전래의 전통과 어우러져, 산업 기술과 경영 및 행

27 이 점에서 아래의 논의와 뜻을 달리한다. Etzioni-Halevy(윗글) 1부 볼 것.

28 여러 글 가운데 Parsons(1971) 볼 것.

정이 확장되면서 전문 지식 소유 계급의 위치는 더더욱 강화되고 이 계급의 위세와 지배가 "이중적"으로 심화되고 있는 상황은 그 나름의 문제를 안고 있다.[29] 이 상황을 비판적으로 인식해야 할 필요성과 오늘날이 지식 소유의 새 계급이 누리고 있는 특권을 자기 성찰적으로 바라다볼 절실한 의무감이 여기서 제기되는 것이다. 지식을 가졌다는 이유 하나만으로 사회적인 높임을 사고 경제적 혜택을 누리고 지배의 자리에 오르는 것을 당연하게 여기는 것이 진실된 의미에서 "민주적"이며, 높은 지식을 소유하지 못했다 하여 이웃한 뭇사람들이 경제적 대우를 받지 못하고 정치적으로 짓눌리고 사회적으로 무시되고 있는 것은 새로운 형태의 "착취"가 아닌가 하는 치열한 자기 성찰의 절박함이 지적, 도덕적 책임의 가슴속으로 밀려들어 옴을 느끼기 때문이다. 현대사회의 변동 추세가 기술 지식으로 지배되고 있고 그 어느 사회나 어느 체제에서도 지식 소유 계급이 득세하고 있지 않는가 하고 어쭙잖은 이야기로 오늘의 "우리 모습"을 정당화하는 것은 기존하는 특권과 지배의 제도를 두둔하는 야비함이며, 이 시대의 사회 됨됨이에 대하여 무감각한 몰윤리적인 패배주의와 이기적 은둔주의에 진정한 자기를 매몰시키고 있는 행위다.

베버가 자본주의 체제에서 기계처럼 인간을 지배하는 합리적 기술 조직을 비판하면서도 지극히 섬세한 논지로 그 체제를 선호한 것은 패배주의나 은둔주의 또는 이기주의 그 어느 하나를 숙명론적으로 따르고 있었기 때문이 아니었다. 인간을 예속시키는 비인간적인 현대판 "노예

29 한국사회이론학회 1986년 학술회의의 주제 '평등 문제와 우리 사회'의 하나로 발표한 나의 주제 "한국 사회의 구조와 평등 문제"의 내용 또는 박 영신(1987: 291-302) 볼 것.

제도"의 위험이 어디에도 도사려 있지만, 길게 보아 이 체제 안에서 더욱 효과적으로 경직되어 가는 관료제화에 쐐기를 박을 수 있는 정치적 참여, 관여 그리고 견제가 가능할 만큼 제도적 개방성이 아직도 존속하고 있다고 보았기 때문이다. 짧게 말해서 "저항의 정치"가 사회운동으로 표출되어 나올 수 있는 가능성이 크다는 생각이었다Mommsen, 윗글: 여러 곳. 이러한 생각을 바탕으로 삼아 그는 이 절박한 시대의 문제에 맞붙어 싸울 윤리 의식과 실천에의 관심에 불타 있었던 것이다.[30] 그러므로 베버는 사변적인 "부르주아의 맑스"가 아니라, 기존의 지배 구조에 승복하지 않고 불복한 "레닌"의 모습을 띤 인물이라 한 굴드너의 말은Gouldner, 윗글: 287 옳다. 백 사람의 지식 소유자가 "영혼"을 빼 둔 채 "전문 기술적"인 수단의 합리성에 얽매여 있을지라도, 아니 그 백 사람이 모두 거기에 목을 매달고 있기 때문에 우리는 인간의 행위 밑바탕에 흐르고 있는 가치의 문제를 해석하고 한 인간이 처한 구체적인 상황의 의미를 해석하여 그 "문화적" 중요성을 캐묻는 일에 헌신해야 한다. 맑스가 말하는 임금과 노동시간을 둘러싼 투쟁이 궁극적인 목표라고 생각한다면 인간존재의 인식은 초보적이고 표피적인 데서 끝난다. 노동의 객관적 조건이 바뀌게끔 구조적 변동이 계속되어 왔다는 분석은 제쳐 두고서라도, 그 같은 조건의 혁파를 위한 주창은 필요하고 거부할 수 없는 윤리적 요구에 직결되어 있다 할 수 있다. 그러나 수많은 사람들이 보지 못하고 또 보지 않으려 하는 지식에 의한 인간 지배의 경직화를 극복하고자 할 때, 아니 고의적으로 또는 체제의 톱니바퀴에 찢겨 스스로 인간을 멸시하거나 억누르고 있는 이 어처구니없는 인간 예속화의 공범 행위를 극복하

30 자세한 논의에 대해서는 Schluchter(1979) 볼 것.

고자 할 때, 비로소 인간은 의식의 수준에 머물러 있어야 할, 동물과 구별되는 인간의 인간다움을 찾을 수 있는 것이다. 이 일은 찬란한, 그러기에 허황한 데 빠질 수 있는 구호로 해결될 것도 아니며 더구나 그 구호 속에 자기의 실체를 감추는 것은 무책임한 짓이다. 자기 성찰, 자기비판, 자기 결단을 통한 사태의 엄격한 분석과 필연적으로 제한되어 있는 그 분석 내용을 풍선처럼 부풀려 올림이 없이 겸허하게 그 한계를 비판적으로 감시하여 서로가 서로를 드러내 보여 견제하는, 정직한 실천의 참여 행위가 요청되는 것이다. 참된 실천은 진실된 반성이며 비판적 성찰, 바로 그것이다.

고전 사회학 이론과 사회운동 연구

맑스, 베버, 뒤르케임의 인식 관심

1. 머리말

오늘날 '사회운동'은 미국 사회학에서 '집합행동'이라는 이름으로 하나의 독립된 전문 영역으로 갈라져 나오게 된 그 연장선상에서 보아 왔다. 그러나 따져 보면 이에 대한 관심은 사회학의 특수 전공 분야로 갈라져 나오기 훨씬 이전에 앞서 나타났었다. 산업혁명과 프랑스대혁명 이후 유럽 사회를 뒤흔든 갖가지 사회운동에 대한 관심에까지 거슬러 올라간다.

산업사회가 역사를 점거하면서 산업사회 이전에 볼 수 없었던 새로운 대립 현상이 등장하고, 시민사회의 막이 열리면서 시민사회 이전에는 상상할 수 없었던 새로운 갈등 세력이 무대 위에 오르기 시작하였다. 역사는 더 이상 땅을 차지한 지주나 특권을 누리는 귀족의 독무대일 수 없었다. 소작인이 새로운 노동자가 되어 자본가에게 대항하고 시민

* 이 글은 「사회학연구」 아홉째 책(1998)에 실려 있다.

은 귀족에게 저항하여 역사의 마당 한가운데로 들어서 더 이상 특정 지배 세력이 독점할 수 없게 되었다. 산업화와 민주화의 열기가 서로 뒤엉켜 19세기 유럽 사회는 공평한 민주 사회를 세우자는 산업 노동자들의 운동으로 지축이 흔들리고 있었다. 이후 전개되어 나온 "현대의 사회운동"은 당시의 "사회 계급 가운데 하나인—프롤레타리아 쪽에서 해방을 겨냥하는 모든 시도들을 개념화한 것"이며, '사회주의'는 이 운동을 지성의 차원에서 구체화하고 있는 것이라고 일찍이 좀바르트가 정의 내린 바 있다Sombart, 1896/1909: 1, 6. 그는 사회주의 운동을 당대의 거대한 사회운동으로 파악하고 그 속성과 지향하는 점 그리고 그 역사를 논구하고자 하였다.[1] 두 혁명이 빚어낸 엄청난 사회변동의 현상이었다. 사회학 자체의 탄생도 이 변동의 시대에서 가능했다고 할 수 있을 만큼 맑스와 베버 그리고 뒤르케임과 같은 사회학의 창건자들은 이 두 혁명과 직결되어 있는 사회변동 현상과 씨름하였다. 사회학을 창건한 이들 고전 이론가들은 모두 역사 변동에 대한 관심을 가졌다는 점에서 공통된 특징을 지니고 있다. 산업혁명과 프랑스혁명의 결과로 전개되고 있는 유럽 사회의 변동은 이들의 지식 관심을 사로잡기에 넉넉하고도 남음이 있었다. 인류 문명에 커다란 충격을 안겨 주고 그 물줄기를 바꿔 놓은 이 거대한 변동의 원인은 무엇이며, 그 과정에서 어떤 문제가 나타나게 되는지 그들은 예의 검토하고자 하였다. 원인을 무엇이라 보고 그것이 낳은 문제 상황은 무엇인지를 정의 내리는 데 이들 사회학의 창건자들은 견

1 Sombart(윗글: 288-319)가 적어 두고 있는 사회운동의 역사를 볼 때, 좀바르트는 사회주의와 사회운동을 동일시하고 있을 정도이다.

해를 달리했었다.[2] 사회운동에 대한 그들의 이론과 접근 방식은 바로 이와 같은 사회변동에 대한 연구 관심과 긴밀히 이어져 있었다. 물론 이들은 좀바르트가 주목하였던 서술과 규정의 수준에 머물지 않았다. 그들은 사회변동의 밑바탕에 흐르고 있는 근본의 문제로 파고들어 가 그것을 이해하고 설명하고자 하였다. 바로 이 같은 연구 관심이 위대한 이론의 생각을 낳았던 것이다.

이 글은 이들 사회학의 창건자들이 남긴 이론의 생각을 사회운동 현상의 풀이에 이어 그들의 사회운동 이론을 다시 검토하려는 데 초점을 맞춘다.

2. 맑스의 계급 분석

맑스1818-1883의 사회학은 계급 갈등과 투쟁의 역사에 초점이 맞춰져 있으며, 이것이 이후 사회운동 연구에 그가 크게 기여한 바이다. 맑스에서 계급이란 '생산수단'과의 관계에서 어떤 위치에 놓여 있는가에 따라 정의되고 있다. 보기를 들어 중세 농경 사회에서 주요 생산수단은 토지인데 이 토지와의 관계에서 두 계급으로 나누어졌다. 곧 토지를 소유한 중세 귀족과 토지를 소유하지 못한 농노가 그것이다. 자본주의사회에서 부르주아와 프롤레타리아도 생산수단을 소유한 사회집단과, 노동력밖에는 가진 것이 없어 임금을 받고 부르주아에게 고용된 사회집단으로 갈라져 있는 것도 마찬가지 이치이다. 역사의 무대에는 이 두 대립하는 계급이 언제나 서로 맞서 싸우고 있다.

2 이들의 사회변동 이론에 대해서는 박 영신(1996: 1장) 볼 것.

이러한 그의 생각은 여러 글에 널리 퍼져 있지만, 가장 힘찬 표현이자 가장 잘 알려진 것은 아마도 그의 정치 팸플릿으로 나온 「공산당선언」의 맨 첫머리에 적혀 있는 글귀일 것이다. 그는 "지금까지의 역사는 계급투쟁의 역사이다"라고 판단한다.[3] 이 자그마한 책자를 꿰뚫고 있는 내용이 되면서도 이 글귀 속에 축약되어 담겨 있는 생각은 두 가지다. 역사에는 계급이 존재하고, 그 계급은 어떤 방식이든 서로 싸우기 마련이라는 것이다. 지난날 "자유인과 노예", "귀족과 평민", "지주와 농노"가 다 그러하였듯이 오늘날의 "부르주아와 프롤레타리아"도 서로 맞서 끊임없이 싸우고 있다. 이 두 계급이 갈등하여 대립하고 싸우게 되는 것은 생산수단을 소유한 집단이 생산수단을 소유하지 못한 집단을 억누르며, 일을 시켜 거기서 즙생산력을 짜내 이를 빼앗아 가기 때문이다. 역사란 바로 이 억누르는 계급과 억눌리는 계급 사이의 갈등과 투쟁으로 전개되고 있는 것이다. 생산수단의 소유 유무 때문에 벌어지는 갈등과 투쟁이 원시 공산 사회 이후 고대사회와 봉건사회를 거쳐 오늘의 자본주의사회를 이루고 또 내일의 공산 사회로 나아가게 하는 역사 발전의 동력이다.

이 거대한 이론의 틀을 가지고 그가 관심을 집중시켰던 것은 오늘의 자본주의사회이며 이 사회에서 일어나는 여러 측면의 계급투쟁이었다. 이 앞서의 역사에 나타난 계급과 계급투쟁은 바로 자본주의사회의 계급과 계급투쟁을 풀이하는 데 도움을 줄 수 있는 한에서 논의되고 있다. 자본주의에서는 생산수단의 크기도 엄청날뿐더러 노동의 분업 정도도 극도로 증대되어 있다. 바꾸어 말해 이처럼 노동 분업이 세분화되어 있기 때문에 어느 한 사람이 고립된 공간에서 혼자 생산에 참여하여 자기

3 Marx & Engels의 *Collected Works*(1975-1996), 4권 483쪽 아래 볼 것.

일이라 하여 스스로 이를 통괄하는 것이 불가능하게 되어 있는 체제가 자본주의이다. 이러한 체제의 특성 때문에 자본가와 노동자가 한 생산체 속에 들어와 있어야 한다. 생산자가 아닌 자본가는 자기들이 살기 위하여 노동자의 노동에 기댈 수밖에 없으며, 노동자도 마찬가지 이유로 자본가에 기대어 주는 임금을 받고 일할 수밖에 없게 되어 있다. 그러나 자본가는 노동자를 희생시켜 가며 덕을 보고 사는 계급인 만큼 서로 의존하는 관계이긴 하지만 그것은 착취와 피착취의 관계이다. 소수만이 자본을 가지고 있으면서 이들이 다수의 노동자들을 착취하는 것이다. 이 같은 논리를 펴게 되는 근거는 자본이란 생산하는 것이 아니며 다만 노동이 가치를 생산한다는 전제에 있었다. 노동자는 자신이 일한 대가를 임금의 형식으로 받고 있으나 그 액수는 자신이 생산한 상품의 가치보다 적게 책정되어 있다. 이 임금과 상품의 가치 사이에 생기는 차이가 곧 '잉여가치'인데 이것을 이익이란 이름으로 자본가가 가져간다는 것이다. 비생산자인 자본가가 부의 실질 생산자인 노동자를 착취하는 행위이다.[4] 노동자계급이 자본가와 갈등을 빚고 자본가에 맞서 대립할 수밖에 없는 까닭이 바로 여기에 있다는 것이다.[5]

그러나 부르주아계급에 대항하여 프롤레타리아계급이 봉기하는 이른바 혁명이란 어떤 조건 밑에서 일어나는 것인가? 생산수단과의 관계에서 노동자계급이 자본가계급에 의하여 착취당하고 있다는 것만으로는 이 물음에 대한 충분한 해답으로 삼을 수는 없다. 그것은 일반 조건을 말해 주고 있을 따름이다. 노동자들의 형편이 나빠 고생하는 것만으

4 *Collected Works*, 35권에 들어 있는 "Capital"(1867), 1권 볼 것.

5 *Collected Works*, 4권 볼 것.

로도, 가장 억압받고 있다는 것만으로도 그 관계에서 벗어나려는 계급 투쟁은 일어나지 않을 수 있다. 아무리 공장에서 일하는 노동자들이 착취당하며 산다고 하더라도 그들의 처지는 일거리를 얻지 못하고 길거리에서 누더기를 걸치고 떠돌아다니는 실업자들, 생산과정에서 완전히 제외되어 있는 이른바 산업예비군에 속하는 이들처럼 비참하지는 않을 것이다. 그렇다고 해서 이들 룸펜 프롤레타리아들이 공장에서 일하는 노동자들보다 더 강렬한 혁명 지향성을 가지고 있는 것도 아니려니와 혁명 투사로서 선두에 서지도 않는다.[6]

이에 대한 맑스의 논의는 가장 현실감 넘치면서 탁월한 이론의 생각을 담고 있는 글이라고 우리가 주저 없이 꼽게 되는 「루이 보나파르트 제18일」에서[7] 찾을 수 있을 것이다. 그는 여기서 프랑스의 제2공화국이 어떻게 얼토당토않게 나폴레옹 3세의 등장을 알리는 제2제국에 길을 열어 주게 되었는가를 해명하고자 한다. 이 역사의 희비극을 연출한 사건을 박진감 있게 그의 재기 있는 필치로 적었다. 여기서 그는 당시의 농민들에 대하여 아래와 같은 생각 한 토막을 담아 두었다. 프랑스 농민은 분명 착취당하고 있는 계급이었다. 지주에게 지세를 내야 했고 대금업자에게는 이자를 주어야 했으며 국가에 대해서는 강제로 세금을 바쳐야 했다. 그런 데도 불구하고 농민들은 혁명 계급이 되지 못하였다. 오히려 루이 보나파르트의 지지 세력으로 나타났던 것이다. 맑스는 그들의 사회 상황을 분석해 그 이유를 찾아 들어간다. 농민은 비슷한 조건 밑에서 생활하는 다중을 이루고 있었지만 이들 사이의 사회관계는 단순하

6 *Collected Works*, 1권 797쪽.

7 *Collected Works*, 11권 볼 것.

였다. 농민의 생산방식이라는 것이 서로 떨어져서 각기 자기의 농지에서 일하는 것이기 때문에 한곳에 함께 모여 일하면서 서로 교류할 수 있는 것이 아니었다. 농지에 분업이란 있을 수 없었다. 과학·기술을 농사에 응용하는 수준에도 이르지 않아 다양성도 없었다. 복잡한 사회관계가 생겨날 수 없었던 것이다. 자급자족하기가 편리한 상황이었다. 이 농가 몇 집이 촌락을 이루고 촌락 몇이 현을 만들어, 프랑스 전체가 이 같은 동질의 사람과 동질의 단위들이 덧붙여진 것에 지나지 않았다. 맑스가 비유로 말한 대로 "감자를 자루에 넣어 봐야 감자 한 자루"일 뿐이었다. 계급을 분리시켜 한 계급을 다른 계급에 적대하는 대립의 관계에 서게 하는 경제 조건 위에서 살게 될 때 계급이 되는 것이다. 동네에서 농민들끼리만 서로 어울려 지내면서 이해관계를 내세워 이를 문제로 의식하여 한 덩어리를 이루어 전국 수준에서 단결하여 정치조직을 갖지 못하면 진실된 '계급'이 되지 못한다는 것이다.[8]

프랑스혁명, 러시아혁명, 중국 공산당 혁명에서 보듯이 혁명운동에 참여한 농민의 수도 만만하지 않았고 그들의 기여 또한 적지 않았으나, 그들 스스로 혁명을 이끌지는 못하였다. 그들의 불만을 혁명 지도 세력이 휘어잡고 이를 동원하여 혁명의 목적에 잠시 활용하였을 뿐이다. 맑스가 본 대로 프랑스대혁명에서는 부르주아사회를 혁파하려는 도시 프롤레타리아의 지도력에 뒤따라 나선 이들의 한낱 협력 세력에 불과하였다.[9] 역사에 나타난 농민의 집합행동은 지주를 잡아 몰매를 가하며 분풀이를 하는 적대 행위의 폭발과 폭동의 수준에 머물러 있었을 뿐 사회질

8 *Collected Works*, 11권 187쪽 볼 것.

9 *Collected Works*, 11권 191쪽.

서 자체를 뒤엎어 바꾸어 버리려는 사회운동으로 나아가지는 못하였다. 촌락에 갇혀 촌락의 향리 문화를 벗어나지 못하였다는 뜻이다. 농민의 생활양식이 자연 상태에서 경작하는 삶에 얽매여 있었기 때문에 농민은 그들을 얽어매 놓은 테두리 너머를 볼 수 없었던 것이다.

계급 갈등과 계급투쟁에 대한 맑스의 이론은 오늘에 이르기까지 사회운동 연구에 강력한 영향을 미치고 있다. 그는 물론 생산양식이라는 경제 영역의 중요성을 남달리 강조하였다. 이것이 그를 따르는 이들에게 혹처럼 거북하게 따라다니고는 있으나 이론 속에 굳혀 있는 것을 변호 투로 굳이 가리려 할 것은 없을 것이다. 경제라는 하부구조가 정치제도와 법률을 포함하는 이념과 신념의 상부구조를 결정한다는 논지는 여전히 돋보이는 맑스 이론의 특징이며 강점이라고도 할 수 있기 때문이다. 흥미 있는 논읫거리는 다른 데 있다. 인간의 "사회스러운 존재가 의식을 결정한다"고 한 그의 논지는[10] 그의 이론을 누구보다 충실히 이해하고 따르겠다 한 맑스주의자들 자신에 의하여 뒤집어졌다는 점이다. 엥겔스, 로자 룩셈부르크, 루카치가 바로 그들이다.[11] 그들의 사회·경제 조건으로 봐서는 부르주아로 살아 마땅할 만큼 여유 있는 집안의 태생이었으나, 그 조건과는 정반대로 당당히 혁명가의 반열에 들어서 있었던 것이다. 맑스의 생각에 힘입어 러시아에 혁명의 불을 지폈던 레닌의 경우는 맑스의 논지에 더욱 어긋난다.[12] 역설을 낳은 것이다. 계급 없는 사회의 도래를 예언한 맑스 이론에 대한 절대의 믿음, 자기 생각을 넣어

10 이 글귀에 대해서는 *Collected Works*, 29권 263쪽 볼 것. 이것은 물론 맑스의 "'Preface' to A Contribution to the Critique of Political Economy"(1859)에서 따온 것이다.

11 위에 적은 맑스의 논지와 이어 이들의 사회 조건을 논한 박 영신(1987), 특히 4장 볼 것.

12 Lenin의 *Collected Works*(1964-1970)에서 "What Is to Be Done?", 5권 볼 것.

러시아에 적용한 맑스의 이념, 자기가 만든 투쟁 전략, 이것을 혁명운동의 뼈대로 삼았었다. 맑스주의가 이념이요 믿음이었고 그것이 무기였다. 뜻하지 않게 레닌은 맑스주의라는 '상부구조'의 힘으로 계급 없는 사회를 세워 보려 한 이후의 수많은 만방의 공산주의 혁명운동에 표본을 만들어 준 선구자의 역을 맡았던 것이다.

3. 베버의 문화 분석

사회운동 연구에 끼친 베버1864-1920의 생각은 여럿이다. 그의 이론은 맑스 이론과 날카롭게 대비된다는 해석으로부터 반드시 그렇지는 않다고 해석하는 입장에 이르기까지 그 범위는 매우 넓다.[13] 그의 유명한 '프로테스탄트 윤리'의 논지를Weber, 1958ㄱ 둘러싼 오랜 논쟁이 이를 말해 준다.[14] 물질의 이해관계와 이념의 이해관계에 대한 베버의 생각을 제대로 풀이하기란 실로 간단치 않다. 그러나 많은 조건을 붙여 반론을 누그러뜨릴 수 있는 여지를 남겨 둔 채 두 사람의 생각을 맞대어 비교한다면 이렇게 말하는 데 큰 이의를 달기는 어려울 것이다. 곧 맑스 이론의 특징이 경제 요인의 중요성을 주목한 데 있는 것이라면 베버 이론의 특징은 이념 요인의 독자성과 그 중요성에 주목한 데 있다고 할 수 있다. 맑스가 쓴 낱말로 적어, 하부구조에 맑스 이론의 일차성이 놓여 있는 반면에 베버 이론의 일차성은 상부구조에 놓여 있었다. 이 같은 그의 생각은

13 Turner(1992), 특히 11장 볼 것.

14 이 문제를 다룬 글은 수없이 많으나 손쉽게 찾아 읽을 수 있는 것으로서 Robertson(1969), 특히 이 속에 들어 있는 S. N. Eisenstadt의 글 "The Protestant Ethic Thesis" 볼 것. 그리고 Eisenstadt(1963) 볼 것.

서양에서 종교개혁이 일어난 다음 이 정신에 따라 여러 종파의 사회운동이 일어난 것과, 동양과 중동에서 그 문화권의 특정 종교 지향성에 따라 여러 종교 집단이 형성되고 결속되어 그 집단 구성원들의 삶과 행위를 규정하였다는 실로 방대한 비교 역사 연구에 넉넉히 드러나 있는 바이다.[15] 사회의 갈등에 대한 그의 풀이가 종교 지향성 또는 세계관으로 깊이 뻗치고 그것이 아주 넓은 뜻에서 '정치' 영역으로 나타나는 데 관심을 둔 것이나, 그의 정치사회학이 권력, 권위, 관료제, 국가, 법 제도에 유다른 관심을 모으고 있는 것 모두가 하부구조로부터 모든 것을 인식하고 해명하려는 맑스의 틀을 넘어 상부구조에 정당한 자율성의 자리를 주고 싶었기 때문이었다.

이러한 관심을 충실하게 이해하려면 베버의 방법론을 적절히 파악하고 있어야 한다. 이 둘이 이어져 있기 때문이다. 그가 추구하려 한 학문은 인간과 인간 행위를 '해석'하는 '문화과학'이었다.[16] 해석 행위는 인간의 본질과 이어지며 인간 행위 자체이다. 바깥 자극에 직접 반응하는 '행태'behavior와는 달리 행위conduct, action는 목적을 띤 의도를 가지고 있어 인간의 행위를 이해하려면 그 뜻을 감지해야 한다. 여기에 그가 말하는 문화과학의 과제가 놓여 있었다. 베버가 '프로테스탄트 윤리'와 '자본주의 정신'의 인과관계를 밝히려 할 때 바로 이 행위의 의미에 초점을 맞

15 프로테스탄트 윤리와 근대 자본주의 정신을 다룬 책과 함께 중국의 유교와 도교, 이슬람, 고대 유대교, 인도 종교를 다룬 글들, 그리고 그의 종교사회학에 관한 글들을 모은 *The Sociology of Religion* (Weber, 1963ㄱ) 볼 것.

16 독일어로 정신과학(Geisteswissenschaft)을 정당히 영어로 옮긴다면 '문화과학'(cultural science)이 될 것이다. 그것을 오늘날 흔히 쓰는 표현으로 바꾸면 인간 과학(human sciences), 인문학(humanities) 또는 사회과학(social sciences)이다. 베버의 방법론 일반에 대해서는 Weber(1961), *The Methodology of Social Sciences* 볼 것.

추었다. 칼뱅주의자들은 자기를 절제하여 오직 하나님의 뜻에 따라 사는 것이 구원받은 사람이 마땅히 살아가야 할 삶이라고 믿었으며, 이러한 종교의 의미가 근대 서구에서 일어난 자본주의 '특유'의 합리스러운 행위 윤리를 낳는 데 긴요한 몫을 맡았다는 것이 베버의 풀이였다.[17] 이와 같은 행위와 그 의미는 '해석'을 통한 '이해'의 방법을 쓸 수밖에 없다. 이것이 베버 방법론의 핵심이다. 종교의 교리를 해석하고 경험 세계를 평가하여 조정하려는 인간의 행위의 특성은 종교 영역에 한정되어 있지 않다. 그의 정치사회학의 주요 기여로 알려진 지배와 정당성의 문제도 마찬가지이다. 베버가 본 대로 '지배'는 권력과 명령의 뜻을 가지고 있다 할 수 있는데, 그것이 정당성을 얻게 되면 '권위'를 지니게 된다. 그것이 '정당하다'고 하는 것은 사회 구성원들이 그렇다고 믿고 받아들여야 한다. 그는 어떤 믿음의 바탕 위에서 권위의 행사가 정당하다고 여겨지고 있는가에 따라 전통의 권위, 합리의 권위 그리고 카리스마의 권위로 그 개념의 출처를 나누어 보기도 하였다.[18] 곧 관례에 따른 의무의 틀 안에서 권위를 행사하는 사회 단위의 우두머리에 대하여 복종하고 충성을 다하는 것이 옳다고 여기는 것이 전통의 권위 유형이고, 특정 개인이 아니라 공식 법규와 규정을 따르는 것이 정당하다고 여겨 이에 따르는 것이 합리의 권위 유형이며, 비범한 지도자로 인정되어 그가 불러일으키는 권위에 순복하는 것이 당연한 이치이며 의무라고 여기게 되는 것이 카리스마의 권위 유형이다. 그가 다룬 주제는 자본주의로부터 봉건제, 관료제, 국가, 법, 경제, 정치 할 것 없이 수없이 많다. 그러나 그 어떤

17 Weber(윗글) 그리고 박 영신(1981〔셋째 판〕) 9장 볼 것.

18 Weber(1964)에서 권위의 유형을 논하고 있는 부분 볼 것.

것이든 모두 인간은 의미를 따라 행동한다는 전제 위에서 이를 해석하여 이해하고자 하였던 것이다.

베버의 사회학은 이러한 관심에서 사회운동 연구에 독특한 유산을 남기었다. 그는 사회운동의 발발 원인, 상징, 동원, 지도자와 지도력 그리고 조직과 제도화에 이르는 모든 과정을 의미 해석의 관심에서 이해하려 하였다.

사회운동의 풀이에 심오한 통찰력을 보여 주고 있는 지극히 베버다운 이론의 생각은 카리스마 현상과 이의 제도화 과정에 대한 논의에서 가장 두드러지게 나타나고 있다.[19] 그는 카리스마를 "보통 사람과 구별되며 초자연적, 초인간적 또는 적어도 특수한 예외적인 힘이나 자질을 부여받은 것으로 보이는 어떤 개인적 인품의 특수한 자질"이라고Weber, 윗글: 358 정의한다. 이것은 '전통의 권위'와 '합리성의 권위'와 구별되고 대비되며 나아가 대립되는 권위 유형으로서, "'세계'의 여러 문제와 구조에 대한 전혀 새로운 모든 태도의 지향성을 가지고 행위의 태도와 방향의 중심 체제를 근원적으로 바꾸는 결과를 가져오게 될 것"이라윗글: 363[20] 하였다.

카리스마의 현상이 나타나려면 어떤 조건이 충족되어야 하는가? 베버 스스로 이러한 문제를 두고 체계 있게 풀이한 적은 없다. 그러나 여러 글에 흩어져 있는 생각을 엮어 보면 다음과 같은 해답의 실마리를 찾

19 아래의 논의는 앞서 발표한 나의 글(1976/1978) "사회 변동 과정과 사회 운동: 분석적 개념으로서의 막스 베버의 카리스마" 그리고 박 영신(1982) 1장에 터하고 있다.

20 이러한 속성은 샤먼, 예언자, 전승 장군, 당의 우두머리, 특정 지성인과 같은 개인과 이어지는가 하면 관직, 가문, 세습 형태의 가계에도 이어진다. 그러므로 카리스마는 전통과 합리성 및 법률성에 맞선다는 점에서 제도의 주변부와 긴밀하게 이어져 있는 한편, 사회의 중심부와 이어져 있다고도 할 수 있다. 박 영신(윗글: 10-12) 볼 것.

아 볼 수 있다. 하나는 그의 인간관과도 이어지는 것으로 인간의 실존에 터하고 있는 일반 조건이며, 다른 하나는 사회의 구조 상황에 터하고 있는 특수 조건이다. 인간은 누구나 의미를 추구하며 의미의 문제와 씨름할 수밖에 없는 존재이다. 사람들이 붙어사는 '사회 세계'를 그대로 받아들여 기존의 사회관계에 순응하기보다는 왜 사회 세계의 질서가 그러한 모습으로 자리 잡혀 있으며 또 그렇게 지속되고 있는지, 그 질서의 바탕을 캐어물어 이에 대답하고자 하며 그 의미를 찾아 해석하고자 한다. 바로 이러한 인간 실존의 조건과 의미 추구의 능력이 카리스마 분출의 일반 조건이다.

그러나 이러한 조건만으로는 카리스마 현상의 분출을 다 풀이해 내기는 어렵다. 여기에 특수한 조건이 더해져야 한다. 사회의 안정성이 깨져 경제, 정치, 사회의 수준에서 위기의식을 갖거나 좌절과 결핍감을 경험하게 될 때 이러한 상황을 넘어설 수 있는 새로운 의미를 추구하고자 한다. 바꾸어 말하여 사회의 구조가 통상의 정상 상태를 유지하지 못하고 혼란과 파국의 상태에 들게 되면 사람들은 새로운 가능성을 강렬하게 희구하게 될 것이다. 이러한 위기 상황에서 지도력을 행사할 수 있는 사람은 일상의 상황에서 지도력을 행사하는 전통의 권위나 관료의 권위를 대변하는 인물이기보다는 기존 질서에 도전하여 이를 뿌리째 바꾸어 보려는 데 큰 관심을 가진 사람이 될 것이다. 이 카리스마의 지도자는 베버가 보여 주는 대로 구약의 예언자들이나 신약의 예수가 산 삶과 그들의 상징 내용, 거기에 터한 지도력에서 보기를 얻을 수 있다. 이들은 사회에서 소외당하고 좌절을 겪는 계층의 요구에 응답하여야 하지만 그렇다고 이들의 요구에 기계처럼 반응하는 것이 아니다. 이들의 이익 테두리를 벗어나 더욱 넓고 높은 가치의 세계를 만들어 낼 수 있어야 한다. 그러기에 '보통 사람과 구별되는 초자연, 초인간, 특수한 예외의 힘과 자질을' 받고 태어난 사람으로 인정받게 되는 것이다.[21]

여기서 보듯이 카리스마 현상은 지도자 개인의 수준에 머물러 있지 않다. 그를 추종하는 세력 또한 지도자가 표상하는 '상징' 내용에 동조하여 기존 질서에 맞서는 일에 함께 부름받았다는 의식을 공유하여 동원되어 나와야 한다. 이들 모두가 강렬한 결속체를 이루어 사회변혁의 집합 세력을 만들게 된다. 곧 카리스마의 집합체를 형성하는 것이다. 그러나 이 격렬한 카리스마의 분출 현상은 계속 유지되기는 어렵다. 제도화를 거치며 '통상화'의 조정 과정을 밟게 된다. 이렇게 하여 사회운동은 상징화-동원화-통상화의 과정을 거치게 되며, 높은 데서 조감하는 자리에 서서 보면 중요한 역사의 변혁 계기가 이와 같은 순환을 한 바퀴 돌면서 이루어진다고도 할 수 있다.

두말할 필요도 없이 사회운동 연구에 베버가 기여할 수 있는 이론의 깊이는 물론 카리스마 현상에 대한 생각을 넘어선다. 그가 다룬 수많은 연구 항목으로 확장시켜 보아야 한다. 그 어떤 항목을 빌려 활용하더라도 카리스마 현상이 보여 주듯이 인간 행위의 의미 세계에 대한 그의 깊은 생각을 저버릴 수 없을 것이며, 그러한 점을 최대로 활용할 때 사회 연구의 독특한 맛을 낼 수 있을 것이다.

21 이에 대한 더욱 자세한 논의는 박 영신(윗글) 15-23쪽에 있다.

4. 뒤르케임의 집단 분석

사회학을 독립된 학문으로 세워 놓고자 한 뒤르케임1858-1917의 이론은 '사회'가 독자성을 지닌다는 전제로부터 출발한다. 개인의 수준으로 축소하고 환원할 수 없는 사회의 수준이 있다는 것이다. 그러므로 사회학은 그의 말로 '사회사실'social facts을 연구하여야 한다.[22] 사회제도, 종교, 신념, 관습, 경제 상태와 같은 사회 세계의 사실이 개인의 삶에 영향을 미친다는 점에 분석의 초점을 두었다. 사회 구성원들은 바로 이런 것에 의하여 안팎의 제재를 받고 있기 때문이다. 사회란 개인들 각자가 자신의 이익에 따라 자유스럽게 서로 합의하여 계약을 맺어 결속을 맺는 단순한 계약의 합의에 지나지 않는다고 하는 공리주의 쪽의 주장에 맞서 그러한 계약의 밑바탕에는 '비계약'의 요소가 있다고 밝히고,[23] 개인의 욕구와 심리 상태와는 달리 개인 밖에 외재하는 실재로서의 사회를 그는 다시 확인시켜 주고 있다. 제각기 존재하는 개인을 다만 여럿 모아 놓기만 하면 곧장 사회가 되는 것이 아니라 사회는 그것이 존재하는 방식에 따라 결합되어 그 자체로 존재하고 움직이는 것이다. 곧 개인 바깥에 실재하여 개인의 행위와 생각에 영향을 미치는 것이 사회이다. 이런 생각에서 뒤르케임은 사회사실을 '사물'로 생각해야 한다고 주장하였다. 마치 자연계에서 일어나는 사태와 자연계의 물체처럼 여겨 객관의 입장에서 이를 관찰하고 측정하듯이, 사회사실을 개인의 감정이나 취향

22 이 같은 방법론의 생각은 그의 저작에 일관되게 나타나고 있지만, 자신의 방법론을 요약하고 있는 Durkheim(1895/1982) 볼 것.

23 아래에서 다시 논하게 되겠지만 이 말은 그의 *The Division of Labour in Society*(Durkheim, 1893/1947) 203쪽에 나온다. 이에 대한 좀 더 자세한 논의는 박 영신(1978) 8장 볼 것.

에 따라 마음대로 각색하여 이해하는 것이 아니라 있는 그대로 봐야 한다는 말이다.

바로 이러한 뜻에서 뒤르케임의 사회학은 집단과 조직에서 출발한다고 할 수 있다. 종교의 이해에서도 그렇다. 맑스와는 달리 종교가 모든 사회현상의 원초성을 갖는다고 할 만큼 그가 종교의 중요성을 강조하고 있다는 것은 잘 알려져 있는 바다. 종교의 삶은 발달하여 화려한 역사를 갖고 있는 데 반하여 경제는 발달하지 않은 채로 남아 있는 사회가 있고, 경제 상황이나 기술 발달의 정도가 비슷한 데도 불구하고 다른 종교가 나타나 자리 잡고 있다는 현상을 맑스의 이론으로는 풀어 볼 수 없다는 것이다. 그러나 종교조차도 사람들이 "서로 결합하여 집단을 이루고 있는 그 방식"에서 그 원인을 찾아야 한다고 주장하였다.[24]

이 전제 위에서 뒤르케임은 산업사회의 등장으로 이전의 옛 사회질서가 허물어지고 새로운 사회질서로 옮겨 가는 사회변동의 과정에 모든 관심을 쏟았다. 다른 말로 사회 통합의 상태가 무너져 사회 해체를 겪고는 사회 (재)통합의 상태로 다시 들어가는 과정에서 일어나는 문제 상황과 씨름하였던 것이다. 이 변동의 과정을 그는 사회의 분업으로 개념화하였다. 산업화 이전의 사회와 산업화 이후의 사회가 근본에서 서로 다른 것은 분업의 크고 작음이다. 재화의 생산에서 산업사회의 구성원들은 전문화되어 특정 역할을 나누어 맡게 된 것이 분업의 보기이다. 그는 분화가 안 된 사회를 '기계 같은' 결속 관계라 하고 분화가 된 사회를 '유기체 같은' 결속 관계라고 이름하였다. 앞의 것은 획일성에 터하여 모

24 Durkheim(1895/1982)에 들어 있는 "Marxism and Sociology: The Materialist Conception of History"(1897), 171쪽 볼 것. 이를 둘러싼 논쟁과 함께 더욱 자세하게 논하고 있는 박 영신(1992) 1장, 특히 138쪽 아래 볼 것.

든 것을 세세히 규정하여 삶을 다스리고 있어 개인성의 여지란 없는 것으로 특징지어진다면, 뒤의 것은 차이성에 터하여 특정한 일을 각기 나누어 하지만 같은 것을 위하여 일하는 것이 그 특징이다. 마치 유기체의 각 기관과 부분들이 서로 다른 기능을 수행하고 있지만 유기체 전체의 목적에 이바지하는 것처럼, 산업사회에서도 각 부분이 맡은 일은 다르지만 사회 전체에 공헌하고 있다는 것이다. 그러나 분화된 사회가 통합되어 있으려면 구성원들이 서로 협력할 수 있도록 개인을 제재할 수 있는 조절과 규제의 장치가 필요하며 그것을 떠받쳐 줄 수 있는 도덕의 바탕이 필요하다. 분화되어도 각 부분이 서로 의존하게 되어 있다는 구조의 수준만으로는 사회 통합이 해결되지 않고, 규범의 수준에서 집합체 공동의 목표를 위하여 개인의 이기성을 다스릴 수 있는 새로운 집합 가치의 의식이 마련되어 있을 때 복합되어 있는 산업사회의 결속 관계를 유지할 수 있다. 분화 이전의 사회가 필요로 했던 집합 가치 의식과는 다른 분화된 사회에 어울리는, 다른 말로 분화되고 있기 때문에 개인 별개로 행동하려는 이기성에 쐐기를 박을 수 있는 새로운 집합 가치 의식이 요청된다는 것이다.[25] 현대 산업사회에 던져진 이 결코 쉽지 않은 통합의 문제, 뒤르케임은 평생 동안 지침 없이 이 문제를 붙잡고 줄기차게 풀어 보고자 하였다.

이 같은 뒤르케임 이론은 서로 엇갈리는 두 갈래의 방향에서 사회운동 연구에 영향을 미치었다. 조금은 당혹스러우나 그렇다고 전혀 이해 못 할 바는 아니다. 하나는 「사회 분업론」과 「자살론」에Durkheim, 1961 나와 있는 바, 분업의 과정에서 일어날 수 있는 사회 통합의 파열과 해체

25 박 영신(1978), 같은 곳 볼 것.

현상에 주목하여 이로부터 집합행동의 사태를 풀이하려는 연구의 줄기이며, 다른 하나는 이와는 반대로 '사회' 자체가 특유한 독자성을 갖는다는 그의 접근 방법에 발맞추어 사회집단의 결속 관계에 주목하여 사회운동을 이 솔리대리티solidarity의 맥락에서 풀어 보려는 연구의 줄기이다.

널리 알려진 대로, 뒤르케임의 이론에서 직접 자극을 받았거나 그의 이론과 접근하고 있는 사회운동의 연구는 주로 사회 해체에 대한 그의 이론을 활용하려 했던 것이라고 할 수 있다. 분업이라는 사회변동이 급격하게 일어나게 되면 사회 통합의 붕괴를 낳아 사회 구성원의 삶을 규제하는 규범의 틀이 깨져 이들 구성원의 욕구가 무질서하게 난무하게 되는 이른바 '무규범' 상태를 낳을 수 있다. 이 상황을 조정하여 새로운 통합에 이르기까지는 재조정을 위한 기간이 필요하며 이 시기에 불안과 불만 그리고 갈등이 들끓을 수 있다는 것이다. 무규범 상태와 분업 그 자체가 부드럽게 진행되지 못하고 강제되어 나타날 때 사회에 번지게 되는 긴장, 바로 이와 같은 상황에 대한 뒤르케임의 생각에 기대어 사회운동을 풀이해 볼 수 있다. 말하자면 여러 형태의 집합행동이 일어나는 조건을 사회 해체의 상황에서 찾아 이 둘을 연결시킬 수 있는 가능성을 보여 준 것이다.

이러한 줄기의 연구와는 달리, 집단과 사회 결속에 중요성을 둔 뒤르케임의 이론에서 사회운동을 풀이해 보려는 또 다른 줄기의 연구가 있다. 그는 물론 집합행동을 결코 부정의 시각으로 인식하려 하지 않았다. 프랑스대혁명의 과정에서 절대성을 추구하고 선호하는 것을 보고 이를 일종의 단순한 병리 현상이라고 치부하는 소박한 생각을 비판하고, 그 같은 경향성은 깊은 의식의 변화를 자아내는 모든 역사 창조의 혁명기에 나타날 수 있는 보편 현상으로 보고 있었다.[26] 그의 종교사회학의 역작에서는 이러한 현상을 더욱 분명하게 풀이하여 밝히고 있다. 집합체로서 엄청난 충격의 사태에 빠지게 되면 구성원들은 보통 때와는 달리 더욱 빈번하고 더욱 활기 있게 서로 만나 접촉하고 모임을 갖고 교통한다. 다른 말로 결속의 끈이 더욱 팽팽해지고 연대의 도가 심화된다. 뒤르케임의 개념으로 '집합 흥분'collective effervescence의 현상이다. 이 같은 사태에서 사회 결속의 관계를 강화시키는 여러 활동이 벌어지고 이 과정에서 심원한 사회변혁이 가능해지는 것이다.[27] 프랑스대혁명과 같은 경우도 이러한 집합 흥분의 한 보기일 뿐이다Durkheim, 1912/1995: 213-216.

사회운동 연구에 준 이 두 갈래의 영향은 모두 의미 있는 것이며 어느 만큼 정당하다고도 할 수 있다. 그러나 뒤르케임 이론의 출발이 사회 집단에 있었다는 점을 되새길 때 오늘의 사회운동 연구가 '사회 해체'의 측면에 지나치게 치우쳐 있었다고 할 수 있으며, 앞으로 '사회 결속'의 관점에 더 큰 관심을 기울일 필요가 있을 것으로 보인다. 그의 이론을 더욱 값지게 활용하기 위해서는 그의 이론 전체를 균형 있게 파악해 두어야 할 것이며, 그러한 이해 위에서 특정 개념을 활용해야 할 것이다.

26 Durkheim(1973)에 들어 있는 "The Principles of 1789 and Sociology", 특히 41쪽 볼 것.

27 영어로 새로 옮겨진 Durkheim(1912/1995) 여러 곳, 특히 3권 7장 볼 것. 고전 가운데 고전이라 할 수 있는 이 책은 노 치준과 민 혜숙 교수 부부에 의하여 우리말로 옮겨져 있다(뒤르케임, 1990). 이러한 현상에 대한 뒤르케임의 생각은 근원에서 베버의 카리스마 집합체의 변형 가능성과 서로 만난다 할 수 있다. 이 점은 앞으로 더욱 자세히 논의되어야 할 매우 흥미롭고 중요한 연구 주제일 것이다.

5. 고전 이론 이후

위에서 본 바와 같이 사회학의 창건자들은 사회운동에 대해서도 값진 생각을 남겼다. 오늘날 집합행동, 집합 행위 또는/그리고 사회운동이라는 하위 전공 영역을 염두에 두고 그러한 제목 밑에 그들이 체계 있게 글을 써 남긴 것은 없다. 그들이 남긴 사회학 이론의 유산 모두가 다 그러하듯이, 특정 제목을 달건 안 달건 그것과는 상관없이 사회운동 연구에서 열매를 맺을 수 있는 깊은 생각의 씨앗을 여기저기에 널리 뿌려 놓았다. 흔히 사회운동에 대한 창건자의 생각을 거론할 때 맑스만을 마음속에 새겨 두기 쉬우나 그것은 맑스와 맑스주의자들이 주창하는 '혁명론'에 휩싸여 모르는 사이에 받은 짙은 인상 때문일 것이다. 위의 논의로 이러한 인상의 허구를 지우게 되었을 것이다.

맑스의 생각 가운데 핵심이 되는 계급과 계급투쟁의 개념은 오늘날의 사회운동 연구에 커다란 활력소가 되어 왔음은 다시 말할 필요가 없다. 산업 노동자의 운동에 국한시키지 않고 다양한 사회운동 모두를 자본주의 체제의 등장과 그 구조화의 과정에서 생기는 계급 갈등으로 풀이하고자 하는 연구는 실로 활발하게 진행되어 왔다. 그러나 이 대다수는 아주 넓은 뜻에서만 맑스의 이론과 이어져 있다고 할 수 있을 따름이다. 그의 계급 개념을 문자 그대로 써 가며 그의 이론에 '충성스럽게' 매달려 논의를 펼치는 사회(과)학자들은 사실 그렇게 많지 않다. 프랑크푸르트학파에 속한 사회 이론가들처럼 맑스의 생각에 크게 힘입고 있다고 생각되는 경우에도 그러하다. 계급 분석의 시각이라 하고 심지어 계급투쟁이라는 말을 그대로 쓰는 연구의 경우에도, 맑스 자신이 이전의 계급 개념을 재개념화하였듯이 맑스의 개념에 '개념의 손질'을 가하여 재구성하고 있다. 한마디로 맑스 이후 그의 개념 구조의 효용성에 많은 변화가 일어났던 것이다.[28] 사회운동의 연구 현황을 보면 개념에 수정을 가한 다음 그대로 계급 분석의 시각에서 풀이해 보려는 데 머물고 있는 정도가 아니다. 70년대 이후는 이러한 시각 자체가 "계속 쇠퇴"하게 되었다고 단언하는 소리도 들리게끔 극도로 약화되고 있다 Pakulski, 1995. 오늘에 와서 새삼 중요하게 등장하고 있는 다양한 사회운동은 더 이상 자본가와 노동자 사이의 계급 갈등 구조로 풀이될 수 없는 '새로운' 양상을 보여 주고 있다. 급진성을 보여 주는 중간계급을 중심으로 일어나기도 하는 것이다.[29] 산업사회의 성격과 구조가 크게 바뀌어 온 데다 이전의 계급 개념으로는 다 담아낼 수 없는 새로운 문제가 던져졌기 때문이다. 미국의 흑백 문제를 둘러싸고 나온 시민권 운동과 서구 사회에서 일기 시작한 환경운동과 반핵운동 그리고 여성운동과 같은 이른바 '새' 사회운동, 이란과 중동 지역에서 일어난 회교 근본주의 운동 그리고 러시아와 동유럽의 개혁 운동은 사회의 모순을 '계급'만으로 풀이했던 재래의 '계급 해석'을 무력하게 만들어 버렸다.[30] 계급이라는 낱말을 그대로 쓰고 계급투쟁이라는 표현을 그대로 받아들이고 있는 경우에도 그것은 이름뿐일 뿐 그 속에는 다른 삶의 내용이 담기게 되었다. 계급 개념에 맞설 수 있는 새로운 개념이 아직 대안으로 떠오르지 않아 아쉬운 대로

28 고전의 보기로는 베버의 계급 개념일 것이다. 그는 신분상의 지위와 권력의 높낮이를 떼어 놓고 극히 한정된 뜻으로 계급을 개념화하였다. 이를 포함하여 계급 개념의 '이력'을 살피고 있는 박 영신(1995/1996) 4장 볼 것.

29 Parkin(1968) 볼 것. 반핵운동과 같은 새로운 운동에 별로 관심이 없을 때 이에 주목하여 중요한 이론의 의미를 던져 준 이 연구가 이상하게도 잊히고 있지만, 그는 여기서 오늘날 '새로운 사회운동'이라 하는 것의 선구 격인 영국에서 인 반핵운동의 참여 세력에 주목하여 그 세력이 전문직에 종사하는 이른바 중간계급 중심이었다는 것과 이들의 급진성을 밝히고 있다.

30 Pakulski(윗글), 특히 55쪽 아래 볼 것. 동부 유럽의 개혁 운동을 분석하고 있는 박 영신(1993) 볼 것.

그 말을 그대로 쓰고는 있지만 제가끔 그 개념을 재구성하여 맑스의 뜻과는 사뭇 다르게 그 의미를 바꿔 놓고 있는 것이 학계의 두드러진 현상이다.[31]

맑스 이론의 한계를 체험한 이들이 빈번히 보여 주는 바와 같이, 사회운동 연구에서도 맑스의 좁은 계급 이론의 틀 속에서 벽에 부딪쳐 답답해하던 이들은 베버의 이론으로부터 도움을 받고 거기에서 탈출구를 찾고 있다. 다만 경제 수준의 이해관계뿐만 아니라 다양한 비경제 요인에 의해서도 사회운동이 일어날 수 있다고 하는 베버 사회학의 활짝 열린 지평에서 숨이 차 헐떡이던 이들이 비로소 깊은숨을 내쉬며 신선한 공기를 마음껏 마실 수 있다고 느끼는 것이다. 종교개혁 이후 우후죽순처럼 일어나기 시작한 수많은 종파 운동은 결코 경제 요인 때문이거나 경제 수준의 갈등 때문이 아니었다. '믿음'의 문제, 곧 교리 때문에 서로 갈등하고 '가치 지향성' 때문에 서로 대결하여 새로운 신앙 공동체를 만들고자 일어났었다. 카리스마의 상징과 동원의 현상이었다. 아주 단순하게 그러나 베버의 말투로 표현하면 물질의 이해관계보다 이념의 이해관계가 우선한 경우이다.[32] 맑스의 계급 개념으로 다 풀어 볼 수 없는 사회운동을 베버의 이론이 비추는 조명 밑에서 새롭게 해명할 수 있는 가능성을 보게 된 것이다. 오늘날 새롭게 등장하고 있는 갖가지 사회운동은 단순히 경제 상황을 기계처럼 반영하고 있는 것이 아니라, 새로운 문

31 몇몇 익숙한 오늘의 이론을 보기로 들어 보면 권위 관계를 계급으로 본 다렌도르프, 지식이라는 문화의 영역과 삶의 무대로 각각 계급 개념을 확장한 굴드너와 투렌이 있다. 박 영신(1996)에 더하여, 다렌도르프의 이론을 논하고 있는 박 영신(1992) 4장, '새 계급'을 논하고 이를 사회운동과 결부시키고 있는 박 영신(1987) 4-5장, 굴드너(1983) 그리고 Touraine(1981) 볼 것.

32 그의 종교사회학에 대한 여러 글과 함께 Weber(1958ㄷ) 볼 것.

제 상황에 대하여 해석하고 성찰하여 새로운 가치와 목표에 대한 윤리 감수성에서 비롯되어 나온 것이기도 하다. 환경운동과 같은 것은 물질 지향의 가치를 넘어 탈물질 지향의 새로운 가치에 터하고 '문화 계급'에 의한 '문화투쟁'이라 할 수 있는 것이다.[33]

앞에서 보았듯이 레닌의 혁명운동은 스멜서의 개념을 빌려 말하면 '가치 지향 운동'이었다.[34] 그는 맑스 이론이라는 생각과 이념을 자기 조국 러시아의 변혁에 적용하려 하였던 가장 충실한 후예로 자칭하였으며 또 그렇게 인정되는 인물이기도 하다. 맑스 이론을 믿음의 내용으로 삼아 그 믿음에 따라 꿋꿋하게 행동한 실천가였다. 그러나 세밀히 따지고 보면 그 역시 맑스의 생각을 액면 그대로 받아들이지는 않았다. 그의 혁명 노선은 결코 산업 노동자 중심이 아니었을뿐더러 성숙된 자본주의사회의 자본가를 겨냥하여 그들을 타도할 적으로 삼지도 않았다. 그는 전위 정당이라는 엘리트 혁명 지도 집단을 만들어 러시아 노동자와 농민을 일사불란하게 이끌면서 러시아 사회를 송두리째 바꾸고자 하는 계획을 은밀히 획책했었다Lenin, 윗글. 한 인간의 '의식' 내용이 '사회스러운 존재'의 속성을 결정케 한 장본인이었다. 맑스 이론에서 '사회스러운 존재'와 '의식' 사이의 역동성에 대한 논의를 허술한 채 내버려 두었던 부분을 베버가 일러 주고 있는 이념과 가치의 일차성으로 적절히 해명할 수

33 이러한 문제에 오랫동안 관심을 가지고 계속 연구하고 있는 Inglehart(1977) 볼 것. 그리고 환경운동에 대한 분석에서 이러한 점을 지적하고 있는 박 영신(1995ㄱ) 10장, "환경 운동의 계급적 재구성과 문화적 지평" 볼 것. 이와 함께 우리 사회의 윤리 상황에서 '공동체주의'(communitarianism)를 가능한 대안으로 논하고 있는 박 영신(1998) 볼 것.

34 Smelser(1962) 볼 것. 그는 사회 재구성의 목표가 규범 수준에 놓여 있는 것을 규범 지향의 운동(norm-oriented movement)이라 하고, 이와는 달리 사회의 근본 질서를 바꾸려는 운동을 가치 지향의 운동(value-oriented movement)이라 분류하였다.

있는 역사의 산 보기를 뜻하지 않게도 '반맑스주의자'로 나타난 레닌의 의식 세계에서 찾을 수 있는 것이다.

사회운동의 과정에서 중요한 자리를 차지하는 운동 조직과 그 변형과 관계되는 연구에는 벌써부터 베버의 생각을 활용하려 한 시도가 있었다.[35] 그러나 그 밖의 여러 영역에 대한 연구는 바람직한 수준에 미치었다고 하기가 어렵다. 그러나 지난 20년 가까이 사회운동 연구에서 조금은 색다른 흐름이 나타났다. 좁게 경제 요인이나 계급 개념으로 사회운동을 풀이해 보려는 설명 방식에서 허점을 보고 국가의 중요성에 새삼 눈뜬 연구들이 쏟아져 나온 것이다. 혁명 연구에서 국가에 대한 관심을 자아낸 스코치폴의 연구가 커다란 자극제였다Skocpol, 1979. 뒤따라 활기를 띠게 된 이러한 줄기의 연구는 어느 면에서 베버의 정치사회학에 들어 있는 생각과 이어지는 것이라고 할 수 있다. 그럼에도 불구하고 정확히 말해서 이 같은 연구는 베버 이론의 핵심에 채 들어가지도 않았을 뿐더러 더구나 그 이론의 자원을 의미 있게 활용하는 데까지는 사뭇 미치지 못하였다고 밖에는 달리 말할 수 없다. 깊은 생각은 서투른 손에 잘 잡히지 않고 놓치기 쉬운 법이다. 그런 만큼 그들이 남긴 이론의 핵심과 줄기를 다 함께 볼 수 있는 조감의 균형감을 잃지 않고 '놀이'에 들어설 수 있게 오늘의 사회학도들은 삼가 스스로를 가다듬을 필요가 있다.

이러한 한계는 주로 구조의 수준에 치우쳐 있는 연구 경향을 비판하면서 행위 주체, 의식, 가치 그리고 이념에 주목하고자 하는 최근에 일고

35 보기로서 능률과 효율성을 높이는 행정 기술 영역 때문에 도덕과 정치 영역의 책임이 약화되는 조직 현상에 주목한 고전, Selznick(1984[다시 찍음판]) 볼 것.

있는 또 다른 연구의 줄기에서 어느 만큼 극복될 수 있을는지 모른다.[36] 이것은 경제주의에 바탕을 두고 극단의 개인주의로 나아가는 '합리의 선택론' 따위를 거부하면서[37] 베버의 문화사회학에 한 걸음 더 가까이 다가가는 것이며 높은 친화성을 보여 주고 있기 때문이다.

사회운동의 생성과 전개 과정에 대한 연구에서 뒤르케임이 남긴 영향을 거론하지 않을 수 없다. 두 가지 상반되는 방향에서 공히 사회운동 연구를 자극하였다. 1920-1930년대의 유럽 파시즘이 등장하였을 때 여기에 광범위하게 대중이 동원되었던 이유는 어디에 있었는가 하는 물음을 놓고 해명을 시도한 몇몇 훌륭한 연구 업적은 뒤르케임의 해체 이론과 이어지고 있다. 콘하우저와 아렌트와 같은 이들의 연구가 보기이다.[38] 사회변동의 과정에서 지난날의 사회질서가 깨져 사회 구성원들이 개체화되어 전체주의식으로 동원하는 힘에 휘말려 들기가 쉽게 되었다는 이른바 '대중화' 현상에 이들은 초점을 맞추었다. 사회 해체가 전체주의와 같은 사회운동에 조건으로 작용하였다는 분석이다. 체계 이론을 빌려 집합행동 및 사회운동 연구에 가장 체계 있고 참신한 기여를 하였다고 평가되었던 스멜서도 뒤르케임의 시각을 빌리고 있다. 그의 '가

36 Foran(1997)에 들어 있는 Eric Selbin의 "Revolution in the Real World: Bringing Agency Back In"과 John Foran의 "Discourse and Social Forces: The Role of Culture and Cultural Studies in Understanding Revolutions" 볼 것.

37 행위를 강조한다고 해서 베버가 합리 선택론과 이와 결부되어 있는 자원 동원론과 만날 수는 없다. 베버의 행위는 다만 경제 수준의 이해타산과 계산에 터하고 있는 것이 아니다. 여기에서 이에 대한 논쟁에 끼어들 수는 없다. 최근의 논의로 Morris & Mueller(1992)에 들어 있는 엮은이의 머리글 그리고 M. Ferree의 "The Political Context of Rationality" 볼 것. 환경운동과 국제사면위원회와 같은 새로운 운동을 분석하면서 올슨류의 이론을 비판하고 있는 Jordan & Maloney(1997), 특히 3장 볼 것. 합리 선택론은 물론 Olson(1965)를 말한다.

38 Kornhauser(1959)와 Arendt(1966) 볼 것. 그리고 콘하우저의 이론을 비판의 눈으로 다시 논하고 있는 박 영신(1978) 3장 볼 것.

치 부가' 접근에서 '집합 사태'를 불러오는 조건 가운데 하나로 들고 있는 구조의 '긴장' 역시 사회 해체론의 울타리 안에 드는 것이라 할 수 있다.[39]

사회 해체에 뒤따르는 아노미anomie와 일탈 행위를 눈여겨보고 이 상태를 사회운동에 결부시키려 했다고 뒤르케임 이론 그 자체와 그의 영향을 받은 이후의 연구에 대한 거센 비판이 뒤따라 나왔다.[40] 가장 뚜렷한 보기가 틸리의 비판이다.[41] 그는 뒤르케임의 아노미와 같은 개념에서 추론될 수 있는 바, 사회변동의 결과로 나오는 해체 상황에서 사회운동을 일종의 범죄, 환상, 적대감, 자살 현상과 같은 부정의 사태로 보는 것은 용납될 수 없으며, 이러한 등속의 생각을 내놓는 이론이야말로 참으로 쓸모없는 것이라며 일축하였던 것이다. 사회운동은 사회 결속의 맥락에서 풀이해야 한다고 틸리는 주장하였다. 그러나 뒤르케임의 이론은 곧 해체론이라며 이를 비판하는 것은 정당하지 못하다. 앞에서 적었듯이 뒤르케임의 이론 속에는 사회 해체뿐만 아니라 사회 결속을 강조하는 시각도 담겨 있다. 사회 결속의 시각을 강조하는 뒤르케임 연구가들은 틸리의 비판은 기껏해야 반만 정당하다고 반격한다. 이들도 뒤르케임을 사회 해체의 시각에서 이해하는 것은 그의 사회학 방법론에 위배

39 Smelser(윗글) 그리고 스멜서(1981)의 3-4장 볼 것. 스멜서의 체계 이론 가운데 강조되어야 할 것 또 하나는 집합행동에 대하여 긍정과 부정의 판단을 내리지 않고 이론화하였다는 점이다. 뒤르케임의 해체론에 기울어져 있다는 평가를 잠시 받아들인다 하더라도, 스멜서의 이론에는 적대 폭발 행위뿐만 아니라 규범 지향 및 가치 지향의 사회운동도 포함되어 있다는 점을 새겨 둘 필요가 있다.

40 여기서 뒤르케임의 이론에 대한 비판을 다시 검토할 필요는 없다. 다만 그의 사회운동에 대하여 부당한 비난을 일삼는 것이 그의 이론에 대한 정당한 이해 위에 자리 잡고 있지 않다는 것만을 적어 두는 것으로 넉넉할 것이다. 박 영신(1987, 1992) 속에 들어 있는 뒤르케임에 대한 글 볼 것. 구조 기능 분석론에 대한 비판과 같은 선상에서 그의 이론도 매섭게 비판되어 왔음도 잘 알려져 있는 바다. 이에 대해서는 박 영신(1978) 2장 볼 것.

41 보기로 Tilly(1981) 그리고 Oberschall(1973) 볼 것.

된다고 오히려 이에 불편한 느낌을 갖는다. 사회 해체론에 기울어지면 사회심리의 수준에서 문제를 파악하게 되기 때문이다. 뒤르케임은 사회 집단 스스로 자기 집단—그것이 국가든 민족이든 또 어떤 공동체든—에 대한 자기'개념'을 가지고 있고, 집단 공동체에 대한 헌신, 구성원들이 서로 돕는 도덕 기준, 또한 정의와 평등에 대한 감정과 의식을 함께 지니고 있다는 점을 누구보다도 강조하였던 사회학자였다. 사회운동은 이러한 전제 위에서 이해되고 풀이될 수 있다는 것이다.[42] 이 점에서 틸리의 비판은 뒤르케임에 대하여 적의를 품은 것이 아니라면 적어도 그의 이론에 대한 정당하고 균형된 이해 위에 자리 잡고 있다고 할 수는 없다. 더구나 그가 내세우는 집단 갈등론과 자원 동원론이 사회운동을 심리 수준에서 분석하지 않고 집단 수준에서 해명하고자 한다는 점에서, 이것은 사회집단을 분석의 단위로 보고 사회조직을 중심축으로 삼은 뒤르케임의 이론과 곧바로 연결되어 있다고도 할 수 있다.[43] 사회 해체의 시각에 대한 비판은 뒤집어 보면 사회 결속의 시각을 강조하는 것이다. 드러내 이론의 빚을 졌다고 공포하지 않는다 하더라도 이론의 성격으로 보아서는 서로 줄이 닿아 있기 때문이다.[44]

42 이 같은 생각과 이어져 있는 Scott(1976) 볼 것.

43 여기서 말하는 자원 동원론이 반드시 경제 유인을 전제로 삼을 필요는 없다. 이런 한에서 이 접근 방법이 뒤르케임과 이어질 수 있을 것이다. 기존 사회조직망을 자원으로 동원하는 데 한정시킬 수도 있는 것이다. 보기로 기미독립운동이 동시다발로 일어날 수 있었던 근거가 기독교와 천도교의 교회, 교당 그리고 민립 학교의 동원 가능성에 있었다고 분석하고 있는 박 영신(1979), "사회 운동으로서의 삼일 운동 분석" 또는 박 영신(1996) 12장 볼 것.

44 물론 오늘의 사회운동 이론의 전제들이 거의 예외 없이 사회학의 거장들이 남긴 이론에서 따온 것들이지만, 특히 틸리와 뒤르케임의 관계는 그의 이론 편향성 때문에 여기에 특기할 만하다. 그는 앞서 집합 행위를 몰락 모형(breakdown model)과 결속 모형(solidarity model)으로 갈라놓은 다음, 뒤르케임을 앞의 모형을 대변하고 있는 것으로 분류하고 자기의 이론을 뒤의 것에 소속시키었다. 뒤르케임의 종교사회학에 대한 글 속에 집합 행위 연구에 기여할 수 있는 이론의 가능성이 있다는 것을 조금 비추고는 있지만 전혀 이를 균형 있게 다루지 않고 무시한 채 오히려 이론 전체를 비방하였던 것이다. 틸리의 윗글

맑스와 베버에 대한 그동안의 관심에 비하여 뒤르케임에 대한 관심은 빈약하였다. 그러나 맑스에 대한 열기가 그의 사망 이후 최고에 이르렀던 최근의 유행이 '유행'처럼 사그라지고 베버에 대한 연구 관심이 새삼 고조되는 가운데, 사회학의 이론가들은 조용한 가운데 뒤르케임의 이론 속에서 커다란 자원을 캐내고 있다. 그런대로 잘 알려진 그의 다른 저작과는 달리 깊은 이론의 혜안을 가진 이들 사이에서만 귀하게 여겨져 오던 「종교 생활의 원초 형태」가 새롭게 조명되면서, 사회운동에 대한 뒤르케임의 기여 가능성도 더욱 높아지고 있다.[45] 경제 생산수단의 소유 유무로 갈등을 풀이하는 맑스의 생각에서 벗어나 '의례 생산수단'the means of ritual production의 소유 유무에 초점을 맞추어 정치 갈등에 대하여 새로운 풀이를 시도한다든지Collins, 1988: 107-128, 프랑스혁명을 집합 흥분의 개념으로 본다든지Hunt, 1988: 25-43, 이란혁명, 니카라과 혁명, 폴란드의 솔리대리티 운동과 같은 최근의 사회운동을 '종교'의 힘과 이어 보고자 하는Tiryakian, 1988: 44-65[46] 몇 가지 연구는 뒤르케임을 아직까지도 좁은 기능주의자나 보수주의 이론가로만 보고 있는 규격화된 통상의 생각을 마구 휘저어 놓기에 넉넉할 것이다. 혁명을 새롭게 분석할 수 있는 뒤르케임의 특유한 이론을 들추어내게 된 오늘, 사회운동 연구는 그로

(1978, 1981)에 더하여 Charles Tilly & Louise Tilly & Richard Tilly(1975) 볼 것. 그리고 뒤르케임 이론에 대한 틸리의 '식견 부족'에 대해서는 박 영신(1987) 3장, 특히 124-125쪽 볼 것. 그리고 사회운동과 관련하여 틸리의 이해 부족을 날카롭게 비판하고 있는 뒤르케임 연구가 Traugott(1984: 319-326) 볼 것.

45　뒤르케임 연구의 기념비가 되고 있는 벨라의 '시민 종교론'은 물론 예외이다. Alexander(1988)의 "Introduction: Durkheimian Sociology and Cultural Studies Today"와 여기에 들어 있는 여러 글 볼 것. 그리고 Bellah(1967) 볼 것.

46　그리고 공산 체제 밑에서 일어난 폴란드의 '솔리대리티 운동'과 1956년의 '헝가리 의거'의 순교 영웅 에너지를 핵으로 하는 '집합 기억'의 사건과 관련하여 격한 분위기와 감동과 황홀감을 자아냈던 경우를 생각해 볼 수 있다. 박 영신(1993) 볼 것.

부터 또 다른 자극을 받아 그 결을 달리하는 새로운 연구의 방향을 개척하게도 될 것이다. 특히 문화에 대한 관심이 점차 커지면서 사회운동을 문화와 이어 보고자 하는 연구가 활발하게 될 것이며, 그것은 문화를 구성해 가는 과정이자 당연히 '집합'의 속성을 가지고 상징과 관행에 뿌리내려 있다고 보는 뒤르케임의 관심 방향으로 어쩔 수 없이 기울어질 조짐이기도 하다.[47]

위에서 짧게나마 살핀 대로, 오늘에 이르는 사회학 연구 모두가 그러하듯이 사회운동에 대한 연구 또한 이들 창건자들의 이론과 떼어 놓을 수 없게 긴밀하게 연결되어 있다. 뿐만 아니라 때로 대하게 되는 바 새롭다고 뽐내는 것과는 달리 오늘날의 사회운동 이론들이라는 것이 실제로는 이들 창건자들의 문제의식이나 해명의 틀을 그렇게 크게 넘어서지 못하고 있다. 이러한 점에서 사회운동을 연구하는 이들은 모두 이들 창건자들이 내놓은 이론 관심의 울타리 안에서 '이론의 놀이'를 벌이고 있다 할 수 있다.

6. 맺음말

오랫동안 역사는 영웅의 역사로 이해되어 왔다. 제왕의 역사였고 장군의 역사였다. 역사의 마당은 권력과 칼을 휘어잡은 위인으로 가득 찼었다. 문명권을 가릴 것 없이 서양이 그렇고 동양이 또 그러하다. 왕의

47 Alexander(윗글)의 여러 글 볼 것. 그리고 최근의 문화 연구의 흐름을 베버와 뒤르케임의 줄기에서 살피고 있는 Swidler(1995: 25-40) 볼 것. 이 뒤의 자료를 소개해 준 김 중섭 교수에게 여기 고마운 마음 적어 둔다. 문화 연구 또는 문화학에 대해서는 이의 줄기를 영국의 학문 전통에서 찾아 보고 있는 박영신(1997년 겨울) 볼 것.

위대성과 왕조의 권위가 칭송되고 전승 장군의 월계관만이 빛났을 뿐이다. 그들의 쾌거와 전술로 가득한 전쟁 이야기, 교활한 이야기, 그들의 여색과 간음이 '남자다움'의 징표로 예찬되기까지 하였다. 여기에는 백성도 인민도 없었다. 있었다면 신하의 조역이요 졸병의 단역이었다. 그러나 사람만이 아니었다. 하늘이 있었고 신이 있었다. 제왕은 하늘의 뜻에 따라 나라를 다스리는 명을 받았다 하여 권력을 절대화하여 이를 거룩히 여기게 하였다. 저 헤겔의 놀라운 철학 체계도 역사를 다스리는 신의 설계를 철학의 낱말로 바꾸어 놓았을 따름이다. 절대정신의 완성을 향하여 역사가 굴러가고 있다고 한 것은 바로 이러한 생각을 표현한 데 지나지 않는다.

적어도 서양에서는 계몽주의의 무대가 열리면서 이 신비스러운 영웅의 역사는 치명타를 맞고 과학의 옷을 걸치게 된다. 거룩한 역사관이 허물어진 터에 사회(과)학이 올라서 사회운동을 주목하기 시작하고 이를 '사람의 눈'으로 들여다보고자 했던 것이다. 계급 없는 사회를 향하여 역사가 진행되고 있다고 믿은 소박한 신앙 때문에 맑스가 헤겔의 철학에 드리워진 신비스러운 베일을 다 벗기지는 못하였다 하더라도, 그는 적어도 영웅의 역사를 허물어뜨리고 그 자리에 혁명의 첨병인 일하는 사람 프롤레타리아를 들여놓은 새 역사관을 우리 앞에 선사하고자 하였다. 역사를 더 이상 위인전으로 여기지 않았다는 점에서는 베버도 마찬가지였다. 역사에 등록되곤 하던 비범한 지도자의 역이 중요하나 지도자 단독으로 역사를 바꾼 경우는 없었다. 그가 표상한 상징과 상징체계가 중요하고, 이를 중심으로 동원되어 형성된 집합체가 중요하고, 이를 제도로 실현시키는 통상화 과정이 중요하였다. 이 집합의 역사가 역사를 만들고 바꾼 것이다. 이 점은 뒤르케임에게도 적용된다. 집합체가 표상하고 있는 도덕 이상이 사회 구성원을 충동하여 역사를 만들게 하고 사회 구성원 모두가 '집단 흥분'의 상태에서 경험하는 깊은 의식의 '변형'이 가능하였다. 각기 새로운 학문의 지평을 열어 간 이들 사회학의 창건자 누구도 그들이 정의 내린 사회학의 성격상 역사의 무대 위에 어느 한 개인—왕이든 장군이든 사상가이든—을 외롭게 세워 둘 수는 없었다. 사회학의 탄생은 역사의 무대 중앙에 언제나 자리하고 있던 '신비스러운' 제왕이나 장군 단독의 지배 역사를 영원히 종식시키고 다양한 사람들이 함께 역사를 지키고 바꾸는 집합체의 참여 역사를 터놓았음을 뜻하며, 이것은 학문의 역사에 새로운 획을 그은 전기였다고 할 수 있다. 사회학에 대한 그들의 관심과 어울리게, 사회운동에 대한 그들의 생각 속에서도 역사·사회의 무대는 어느 한 사람이나 어느 한 세력에 의하여 결코 독점될 수 없었다. 지배계급과 피지배계급, 카리스마와 추종 세력이 무대에 함께 올라가 있으며, 아예 개인이 아닌 집합표상과 도덕 의무감으로 결속된 사회의 솔리대리티가 역사의 무대와 삶을 움직이고 있었다.

사회운동에 대한 연구는 지배층의 이데올로기로 각색된 일체의 신비스러운 역사를 비신화화하였는가 하면, 이를 소박한 역사관이라고 정죄하여 파기하기도 하였다. 사회운동이란 어느 한 세력에 의하여 빚어지는 것도 아니려니와 어느 한 생각에 의하여 만들어지는 것도 아니었다. 이제 역사의 무대는 희극이나 비극으로 규정할 수도 없거니와 더욱이나 단막극은 아니다. 끝없이 이어지는 영원한 '사회운동'의 무대일 따름이다. 연구자들이 자기의 입장과 가치 지향성을 돋보이게 하기 위하여 '위로부터의 역사'와 '아래로부터의 역사'를 나누어 보는 것을 이해하지 못할 바는 아니나,[48] 그렇다고 그러한 구분을 극단으로 끌고 가서는 안 된다.[49] 역사의 무대에는 제왕만 있는 것도 아니려니와 인민만 있는 것도 아니다. 사회의 다양한 인물과 다양한 생각들이 얽히고설켜 역사에 생명을 불어넣고 생동의 피를 제공해 주는 것이다. 고전 사회학의 이론가들은 바로 이러한 생각을 사회운동 연구에 확산시켰다 할 수 있고, 바로 이것이 지울 수 없는 그들의 기여이기도 하다.

사회운동의 연구에 관심을 두고 있는 사회학도들은 정직히 자기들의 연구가 이들 사회학의 창건자들이 남긴 이론의 빛에 힘입은 바 크다고 마땅히 '부채'를 적어 두어야 하지만, 많은 이들은 학문의 정직성을 접어 두고 마치 자기들의 생각인 양 행세하여 이론의 부채를 가려 두고 있다. 그러나 오늘의 사회학 이론 자체가 그러하듯이 사회운동 연구 역시 맑스와 베버 그리고 뒤르케임이 비추고 있는 이론의 마당 안에 갇혀 있으면서도 천진난만하게(?) 자유스럽다는 듯이 마냥 이리저리 빙글빙글 돌아다니는 이론의 놀이에 빠져들고 있다. 물론 이 놀이터는 오늘의 사회학도들에게는 아직도 널찍하여 상당 기간 이 같은 놀이는 계속될 것이다. 놀이의 마당을 마련해 준 이들의 공을 잊어버린 채 뛰뛰기의 놀이는 저녁놀이 진 하늘에도 멈출 줄을 모르고 있다.

48 '아래로부터'의 역사를 강조하고 있는 '영국 공산당 역사 연구 모임'의 연구 보기로서 뤼데(1993)와 그 머리에 싣고 있는 나의 '소개 글' 볼 것.

49 어느 하나의 극단으로 가서는 사회운동을 제대로 이해할 수 없다는 전제는 '집합' 운동이라는 엄연한 사실로서 더 논할 필요도 없는 것이다. 이러한 점을 보여 주는 연구의 보기로 공산 체제를 붕괴시킨 동유럽의 개혁 운동을 들 수 있다. '아래로부터'의 개혁 운동이라고 볼 수 있는 폴란드의 솔리대리티 운동도 노동자들만의 운동이 아니라 지식인 세력과 교회와 한 집합체를 이룬 것이며, 폴란드의 경우와 견주어 볼 때 어느 면에서는 분명 '위로부터'의 개혁 운동으로 보이는 헝가리의 개혁 운동도 인민 일반의 세력과 지식인 세력을 논외로 몰아내어서는 이해할 수 없는 것이다. 박 영신(1993) 볼 것. 그리고 지도 세력이 어떤 운동 전략을 택하는가 하는 것을 구별할 때 이 같은 표현의 제한된 유용성이 있을 수 있다. 보기로 박영신(1996년 봄), "'위로부터'의 개혁에서 '아래로부터'의 개혁으로: 서 재필의 운동 전략 변화" 볼 것.

‘인권선언’의 기원과 이후

옐리네크, 베버 그리고 뒤르케임에 이어

1. 머리말

‘사람의 권리’를 이야기할 때마다 우리는 흔히 서유럽의 계몽주의로 돌아간다. 오늘날 세계 모든 나라의 헌법에서 보장되고 있다고 하는 그 인권이 계몽주의 사상에서 비롯되었다는 주장이 당연한 사실이 되고 상식으로 통하고 있다. 이러한 점을 새겨 나는 앞서 짧게나마 사람의 권리 그 밑뿌리에는 종교 신앙의 전통이 있다는 점을 강조해 둔 바 있다박 영신, 2006ㄴ. ‘사람’이라는 그 한 이유 때문에 ‘남에게 넘겨줄 수 없다’고 하는 이 ‘사람의 권리’ 생각은 오래된 문명 전통에서 비롯되었고, 그것이 아메리카독립전쟁과 프랑스대혁명을 거쳐 오늘날 유엔과 같은 범세계 수준의 협치 기구를 통하여 심화되고 확장되었던 것이다.[1]

* 이 글은「사회이론」통권 48호(2015년 가을/겨울)에 실려 있다.

1 ‘사람 중심’의 생각 때문에 ‘다른 생명체’에 대한 관심을 간과하고 축소하게 되었다는 점을 들어, 나는 그 글에서 ‘관계성’의 가치에 눈길을 두어 모든 생명체를 이웃으로 돌보는 윤리 의식을 강조코자 하였다. ‘사람의 권리’를 깨끗한 물과 바람과 먹을거리에 대한 권리로 확장해 가는 운동을 범세계화 수준에서

이후 나는 인권의 법제화 역사와 이를 둘러싼 논의에 관심을 가지게 되었고 이와 이어지는 사회학의 생각을 다시 새겨보게 되었다. 이러한 관심의 줄기에서 나는 하이델베르크대학의 법사학자 옐리네크Georg Jellinek, 1851-1911의 '인권선언'에 대한 논의를 만나고, 그의 연구에 커다란 자극을 받게 되었다고 하는 같은 대학의 젊은 동료 베버Max Weber, 1864-1920의 글을 다시 살피고, 이어 저 드레퓌스사건이 일어났을 때 개인의 존엄성과 인권을 주창하고 나온 뒤르케임Émile Durkheim, 1858-1917의 생각을 되새겨 볼 수 있었다. 이러한 이론의 유산을 끌어들여 나는 '사람의 권리' 문제를 역동의 과정으로 이해하는 새로운 논의의 마당으로 들어서고자 하였다.

아래에서 나는 엄격한 형식성의 학문 전통에 서 있는 법학의 영역을 넘어 인간의 행위와 그 의미 세계와 상징 차원을 강조한 사회학의 두 창건자가 남긴 이론 관심에 기대어, 사람의 권리는 제도로 공식화되었다고 해서 자동으로 보장되고 확보되는 것이 아니라 삶의 가치와 지향성으로 그것이 살아 숨 쉴 때 비로소 권리로서의 힘을 발휘할 수 있다는 점을 논해 보고자 한다. 권리란 그것이 살아 움직이도록 밀어붙이는 원기가 더해지지 않으면 무기력하고 무감각한 권리조항의 한낱 문서로 책장의 장식용으로만 머물러 있게 될 것이기 때문이다.

펼쳐 갔다면 환경의 문제는 좀 더 일찍이 해결되었을 것이라는 생각(Radkau, 2014: 여러 곳, 특히 425)으로는 나아가지 않았다. 그것은 사회운동의 영역으로 들어가지 않고 윤리 관심에 초점을 맞추고자 한 글이었다.

2. 옐리네크의 '인권 바탕'

인권이 오늘날에 와서 널리 이야기되고 있지만 이에 대한 생각의 역사는 아주 길다박 영신, 2006ㄴ: 12-16. 세계 제2차 대전으로 황폐화되어 있던 때 야스퍼스가 새삼 인류 문명의 정신사 그 밑뿌리와 그 줄기로 돌아가 그것에 대한 깊은 관심을 보였던 작은 책Jaspers, 1949/1965에서 이 점을 확인해 볼 수 있다. 그가 적고 있듯이, 기원전 일천 년 그 어느 시기에 기이하게도 중국과 인도, 중동과 고대 그리스에서 동시다발로 일어난 위대한 세계종교 문명은 오늘날에 이르기까지 인간의 삶과 의식에 밑바탕이 되어 왔다. 이 책 때문에 널리 알려지기 시작한 이들 '굴대 문명'의 알갱이는 현존하는 것을 절대화하지 않고 그것을 넘어서는 초월의 어떤 차원에 대한 감수성이었다박 영신, 2013/2014. 이 굴대 문명의 맥락에서 말한다면 인권의 물줄기는 바로 그 초월에 대한 각성과 관심으로까지 거슬러 올라갈 수 있다.

직접 거기까지 올라가 살피지는 않는다고 하더라도 인권 생각은 적어도 굴대의 전통을 담아 사람의 존엄성과 권리를 더욱 구체화시키고자 한 여러 사상운동의 발자취와 뗄 수 없게 이어져 있다. 특히 종교개혁의 핵심 인물로 기억되는 칼뱅의 생각으로 올라가고 그의 생각을 받아들인 후대의 칼뱅주의자들이 네덜란드에서 영국을 거쳐 아메리카 대륙으로 뻗어 나가 거기에서 펼친 인권의 논리화를 살펴보아야만 인권의 역사가 적절히 간파될 수 있다위티, 2015. 그러나 사람의 권리 그 역사의 줄기를 찾고자 하는 시도는 그렇게 멀리 탐색의 빛을 비추고자 하지 않았으며 그렇게 깊이 굴착의 길로 파 들어가고자 하지 않았다. 그러다 가까이 눈에 보이는 사건을 인권의 출발점으로 삼게 되어 인권의 역사 자체가 짧아지고 말았다. 인권 이야기를 기껏 계몽주의와 프랑스의 인권선언에 이어 거기에서 출발하고자 하는 것이 공식이고 상식처럼 굳어지게 되었다. 이에 대하여 도전하고 나온 학문 사건이 있었다. 옐리네크가 '인권선언'의 출발에 대하여 색다른 해석을 내놓았던 것이다.

옐리네크는 오늘날에 와서 좀처럼 거론되지 않는 낯선 이름이다. 하지만 베버에 관심을 가지고 그의 삶과 학문을 면밀히 살펴 온 사람에게는 옐리네크라는 이름이 그렇게 생소할 수는 없다. 베버의 연구 방법을 알아보고자 한다면 오늘날의 말로 비교 헌법학과 비교 정부론이라고 할 수 있는 옐리네크의 학문 관심에 맞닿게 되고, 마구 설쳐 댔던 그때의 설익은 사회학의 행태에 대하여 이 두 사람 모두가 마땅찮게 여기고 있었다는 학문 입장도 만나게 된다Bendix/Roth, 1971: 260-261. 그리고 베버의 부인 마리안느가 쓴 두툼한 「베버 전기」에서M. Weber, 1926/2008 그의 이름을 마주하게 되고, 베버와 옐리네크가 얼마나 가까운 사이였는지도 알게 된다.

베버는 1896년 프라이부르크를 떠나 하이델베르크로 온 그때부터 옐리네크와 두터운 친밀감을 갖게 되었다. 이 두 사람은 신학자들이 주동이 되어 열 명 정도의 출중한 학자들을 뽑아 돌아가며 발표하고 이를 두고 토론토록 한 '에라노스Eranos 모임'에 함께 참여하였고윗글: 227, 356, 옐리네크가 앞서 1900년에 쓰기 시작한 '이념형'을 베버가 문화과학이라고 한 사회학의 개념으로 따오게 되었으며윗글: 314, 나아가 누구도 생각해 본 바 없는 '인권'의 기원을 종교 요소에서 찾고자 하여 이 요소가 중요하다는 점을 증명한 옐리네크의 학문 성과에서 베버 스스로 자신의 학문 세계에서 열매를 맺을 수 있는 실마리를 얻게도 되었다윗글: 476.[2]

내가 옐리네크의 이름과 그의 생각을 만나게 된 것은 위에 적은 자료를 통해서였다. 하지만 여기 이 글의 논의에 직접 자극을 준 것은 아메리카 사회의 여러 종교 전통과 오늘날의 아메리카 문화를 연결 짓고자 한 벨라의 글Bellah, 1997/2006: 319-332이다. 그는 자신의 논지를 펴기 위하여 옐리네크로 돌아가 그의 생각을 논해야 했다. 앞서 벨라와 그의 연구 동료들이 함께 내놓은 아메리카 사회의 문화 습속에 대한 연구서Bellah 들, 1985에서, 벨라는 '아메리카 민주주의'의 운명이 아메리카 땅에 발을 들여놓은 퓨리턴 속에 이미 들어 있었다고 본 토크빌의 생각에 따라, 옐리네크가 밝히고 있는 바 윌리엄스Roger Williams, 1603-1683를 그 '첫 퓨리턴'으로 자신이 미처 올려놓지 못했다는 점을 인정하고, 이 점을 새롭게 받아들여 윌리엄스의 생각이 오늘날 아메리카의 다문화주의와 친화하고 있다는 점을 밝히고 있다Bellah, 2006: 323-326.

벨라가 아메리카라는 나라가 세워진 지 200돌이 되던 해에 맞춰 세상에 내놓은 「깨어진 언약」Bellah, 1975이라는 책에서, 그는 윌리엄스가 아닌 존 윈스럽John Winthrop, 1588-1649의 중요성을 강조하였다. 윈스럽은 '이 땅의 도성'과 '하늘의 도성'으로 날카롭게 구분했던 오거스틴의 생각Augustine, 2002에 가까이 다가서면서도 '하늘의 도성'을 이 땅 위에서 미리 맛볼 수는 있다는 믿음으로 뉴잉글랜드에 새로운 정치 공동체를 세우고자 한 지도자였다. 그러나 윌리엄스가 앞장서 외치며 실행코자 한 것은 매사추세츠의 윈스럽과 달랐다. 윌리엄스는 유독 '양심의 문제'에 골똘

2 두 사람은 학문 관계와 친교 관계에서 두루 친밀하였다. 1911년 옐리네크가 세상을 떠난 다음 그의 딸이 혼인식을 올리게 되었을 때 베버가 한 말에서 이 점을 알아볼 수 있다(M. Weber, 2008: 476-478). 이에 더하여 베버와 옐리네크가 에라노스 공부 모임에 참여한 것과 베버가 그에게서 받은 학문의 영향, 그리고 이러한 관계의 결과물일 수 있는 '프로테스탄트 윤리' 논지의 첫 부분을 1904년 8월 아메리카 땅 세인트루이스로 떠나기에 앞서 7월에 완성하게 된 과정을 적고 있는 Scaff(2011: 18-20), 신앙의 전통이 경제행위를 형성하는 데 중요한 동력을 제공했다고 한 '프로테스탄트 윤리' 논지에 준 옐리네크의 영향을 말하고 있는 Honigsheim(1921/2000: 252) 볼 것.

하였다. 그는 매사추세츠에서 쫓겨나 프로비던스와 로드아일랜드를 세운 퓨리턴으로서, 양심의 문제는 자기 종파에만 속한 것도 백인들에게만 해당되는 것도 아니며, 포기되어서는 안 될, 모두에게 적용되어야 할 인권 조항이라고 믿었다. 벨라가 보는 대로 공동체의 구성원들은 서로 얽혀 함께 살아가는 어떤 '짜임의 틀'을 필요로 한다. 윌리엄스는 이 틀에 '양심의 자유'를 들여놓고자 했던 것이다. 벨라는 이것이 아메리카 문화의 바탕이 되어 왔다고 풀이하였다.

여기서 다시 옐리네크의 생각으로 돌아가 본다. 그는 널리 퍼져 있던 통상의 생각에서 벗어나 당대의 학계에서 엉뚱하게 보일 수 있는 연구 주제를 두고 이를 밑뿌리부터 새롭게 파헤치기 시작했다. 그는 사람의 권리를 선언한 뉴잉글랜드의 초창기 청교도들, 특히 칼뱅주의자들이 종교 자유를 지켜 가기 위하여 쟁투해 온 역사에 분석의 초점을 맞추었다. 이러한 눈에서 그가 주목하게 된 인물이 윌리엄스였다Jellinek, 1901: 65-77.[3] 이 퓨리턴은 어떤 것으로도 제한받지 않고 오직 양심에 따라 예배할 수 있는 권리를 내걸었고, 바로 그것이 '사람의 권리'라는 이름으로 성문화된 역사의 첫걸음이었다고 그가 1895년에 펴낸 「인권과 시민권 선언」이라는 소책자에서 이 점을 논증하고 나왔던 것이다Jellinek, 1901.[4]

이것은 곧바로 엄청난 파장을 몰고 왔다. 인권을 헌법으로 보장한 것은 프랑스혁명이 인류에게 준 값진 선물이고 프랑스를 중심으로 펼쳐진

3 옐리네크와 이어 논하지는 않았지만, 윌리엄스에 초점을 맞춰 아메리카 헌법에 나타난 양심의 자유와 국교 분리 원칙을 처음 논한 우리나라의 법학자는 김 철(2009)이다.

4 하이델베르크의 동료 트뢸치(Ernst Troeltsch, 1865-1923)도 큰 틀에서 옐리네크의 생각에 같이하였다. 신학자이자 교회사학자답게 그는 이 점을 더욱 세밀하게 논한 연구 업적을 남겼다(Troeltsch, 1911/1960: 특히 II, 3).

유럽 대륙의 계몽주의가 이룩한 놀라운 업적으로만 여기고 있을 때, 그는 아메리카합중국의 헌법과 몇몇 개별 주가 채택한 '권리장전'이 오히려 프랑스의 인권선언에 영향을 미쳤고, 나아가 아메리카의 인권선언은 정치투쟁에서 나온 것이 아니라 종교 신앙의 전통에서 생겨났다고 하였다 Jellinek, 1901: 특히 33.

이를 밝히기 위하여 그는 라파예트 Marquis de Lafayette, 1757-1834를 거론한다. 바로 그가 프랑스혁명 때인 1789년 7월 11일 '권리선언'을 헌법에 법문화하자고 국회에서 동의하고 나온 사람이었다는 것이다. 알다시피 그는 아메리카 독립의 뜻에 동의하여 아메리카 쪽에 서서 싸운 프랑스 군인이자 정치가이다 Jellinek, 1901: 14; 옐리네크, 1991: 38. 라파예트가 프랑스 의회에서 '권리선언'을 발의하게 된 것은 자신의 생각이 아니라 1776년 7월 4일에 나온 '아메리카 독립선언'에 담긴 생각에서 받은 영향 때문이었다고 그는 해석한다. 물론 아메리카의 독립선언서는 프랑스에서 널리 거론이 되어 온 터였다. 좀 더 정확히 말하면 아메리카합중국의 독립선언서가 나오기 이전에 개별 주 단위의 헌법이 있었는데, 그 첫 번째 것이 1776년 6월 12일 자에 나온 '버지니아 권리선언'이었다. 여기에서 "모든 사람은 태어날 때부터 자유롭고 독립한, 일정한 생래의 권리를 가진다. …"1조 고 했고, "모든 권력은 인민에게 있고, 따라서 인민으로부터 나온다"2조 고 하였다 옐리네크, 1991: 116-118, 부록 II.

옐리네크가 아메리카 신대륙의 헌법에 대한 연구를 할 때만 하더라도 이에 대한 연구는 활발하지 않았고 이에 대한 이해 또한 깊지 않았다. 아메리카의 헌법 문서에 대해서 도이치 학계는 거의 알고 있지 못했고, 잉글랜드와 프랑스의 공법학계와 역사학계도 겨우 알아 가기 시작한 수준에 머물러 있었다. 이러한 때에 그가 "프랑스의 권리장전은 주로 아메리카의 [독립]선언이나 '권리장전'을 복사한 것"에 지나지 않는다고 한 책자를 펴내었던 것이다Jellinek, 윗글: 20.

도이치 학자가 편 이 논지는 프랑스의 자존심을 지켜 온 이들에게 참기 어려운 충격이자 타격이었다. 작은 책자 하나가 프랑스의 명예와 품위를 한순간에 깔아뭉개 버렸던 것이다. 옐리네크의 책이 프랑스어로 옮겨져 나오자마자 "격정적인"옐리네크, 1991/1903: 21 반론이 튀어나왔다부뜨미, 1991/1902: 125-162. 그러나 이것은 두 나라의 문제가 아니었다. 프랑스인의 반론에 대한 옐리네크 자신의 반박문에 적고 있는 바, 그가 발표한 연구는 "국민적 허영심을 충족시키는" 것과는 아무 상관이 없고 민족의 자부심을 놓고 겨루는 다툼에는 어떤 관심도 없다는 점을 분명히 하였다. 인권선언의 '기원'을 어디에서 찾아야 하는지, 그것을 논증하는 문제가 자신의 연구 관심사였다고 했다.

그는 이 기원이 종교개혁을 이끈 도이치 사람 루터에게 있는 것이 아니라 프랑스 사람 칼뱅에게 있다고 하고는, 비꼬듯이 "내가 만일 프랑스인이라면 자신의 국가를 위하여 반드시 회복해야 할 명예가 있다"고 덧붙이면서 자신의 논지로 온 프랑스 지식계가 들끓고 있는 점을 에둘러 나무랐다옐리네크, 1991/1902: 165. 옐리네크는 법사학자로서 루소가 남긴 생각을 비롯하여 그 많은 사상의 줄기를 찾아 보는 것이 아니라 그 사상이 "어떠한 발전 과정을 거쳐서 법률로 구체화되는가" 하는 물음에 답하는 것이 자신의 연구 과제라는 점을 분명하게 밝히었다. 그는 '권리선언'의 원동력이 되어 선언 그것을 낳은 것은 "미국 혁명과 같은 역사적 대사건이 수반될 필요가 있었다"고 했다윗글: 169. 이어 그는 "미국이 없었더라면 또한 미국 각 주의 헌법이 없었더라면 아마 자유의 철학은 있었겠지만 자유를 보장하는 입법은 결코 없었을 것이다"라고 하였다윗글: 같은 곳.[5]

3. 베버의 '형제애'

앞에 적었듯이 옐리네크의 생각은 베버에게 커다란 영향을 주었다. 그가 '사람의 권리'에 종교 신앙을 잇대어 놓고자 한 것처럼 베버도 근대의 자본주의 정신에 종교의 신앙을 이어 동여매어 보고자 했다. 벌써부터 종교 신앙의 독자성과 그 영향력에 대하여 깊은 관심을 지켜 온 베버에게 옐리네크의 학문 관심은 호감이 가는 주제일뿐더러 쉽게 받아들일 수 있는 자극제였다Bendix/Roth, 1971: 308. 베버의 웅대한 학문 업적에도 불구하고, 더구나 법에 대한 뚜렷한 연구 업적을 내었음에도 그의 연구에서 사람의 권리를 주제로 한 광범위한 연구물을 찾을 수 없다는 것은 특이하다Joas, 2006. 베버가 '교회'와 '종파'를 비롯한 흥미로운 관심 항목을 비롯하여 기독교의 사회윤리에 대한 연구 과제를 에른스트 트뢸치에게 맡기고자 했듯이, 신앙 전통과 이어진 인권과 법의 연구 과제는 옐리네크에게 위임하고 싶었는지도 모른다.[6] 베버 스스로 탐구해야 할 자신의 학문 관심 세계가 따로 있다고 믿었을 수도 있다.

5 인권의 역사를 아메리카의 혁명에서 프랑스혁명에 이르는 과정에 초점을 맞춰 논하고 있는 린 헌트의 저서(Hunt, 2007)가 흥미롭고 또 훌륭한 것이지만, 그가 옐리네크의 논의를 철저히 간과하고 무시한 것은 기이하다. 헌트는 옐리네크에 대한 정당한 공적을 인정하면서, 적어도 어느 대목에서 그의 연구를 거명하면서 자신의 논지를 펴 나갔어야 했다.

6 물론 베버도 '법사회학'이라는 이름으로 엮어 나올 수 있을 정도로 법에 대한 만만찮은 연구 업적을 남겼다(Weber, 1978ㄱ: 2권 VIII). 하지만 그것은 종교 신앙과의 관계에서 분석되었다기보다는 정치권력과 강제 그리고 합리화 과정에 대한 관심에 모아지고 있다(신 동준, 2014/2015). 그의 법 연구 관심과 한계를 가장 심도 있게 비판하고 나온 법학자는 버먼이다. 그는 '종교 신앙'의 전통을 중시한 베버의 또 다른 연구 관심에 따라 이의 중요성을 강조하였다. 버먼은 실로 방대한 자료를 동원하여 루터와 칼뱅이 각각 도이치 및 잉글랜드의 법에 끼친 영향을 비교하면서 종교개혁이라는 혁명 사건과 그것이 서구의 법에 끼친 영향을 밝히었다(Berman, 2003). 앞서 김 철(2015)은 이 점에 주목하여 루터와 도이치 법에 초점을 맞추어 논한 바 있다.

이러한 주제와 동떨어지지 않으면서도 베버 나름의 관심이 압축되어 나타난 곳이 있다. 종파와 교회라는 두 유형을 견주어 그것을 민주주의와 연결시켜 보고자 한 글을 베버가 발표한 적이 있다. 길지 않은 이 짧은 글에서 베버는 '종파'와 '정치 민주주의' 사이에 "선택 친화성"이 있다는 것을 밝힌 다음, '순수한 종파'는 "확실하게 말해서 종교 때문에 정치권력의 불개입과 양심의 자유"를 요구하지 않으면 안 된다고 하였다. 그의 글을 자유롭게 따와 적어 보면 이렇다. "의로운 사람"이나 "의롭지 않은 사람" 할 것 없이 모두를 포함하고 있는 '교회'의 유형과 달리, '종파'는 구성원들이 신앙의 자질을 충분히 갖춘 순수한 자들이 일종의 "귀족 집단"과 같이 결사체를 이루어 이들이 "자유롭게 합의하도록" 한다 Weber, 1978ㄱ: 1204-1209.

일상에서 동료들을 서로 면밀하게 보고 판단하여 신앙의 자질을 지니게 되었다고 인정된 사람들만이 종파의 구성원이 될 수 있기 때문에, 개별 회중 조직이 주권을 행사하는 것이 종파의 특성이다. 베버의 표현을 따르면 종파는 "관직 카리스마"를 무력하게 만들고 거부한다. 이 자리에 개별 구성원이 지닌 "개인 카리스마"가 대신 들어선다. 여기서 어떤 권력에도 맞서는 "피치자의 양도할 수 없는 자기만의 권리"를 낳게 되었다고 베버는 풀이한다. 그리고 그는 "옐리네크가 설득력 있게 논했던 것처럼 그러한 양심의 자유가 가장 오래된 '인권'"일 것이라고 하고, 이것이 "윤리에 의해 조건 지어진 모든 행동을 이루고 강제로부터, 특히 국가권력으로부터의 자유를 보장해 주기 때문"에 "가장 기본이 되는 '인권'이라"고 한다. 이와 같이 '기본이 되는' 인권 개념은 루소도 알지 못하였고 고대와 중세 시대도 알지 못하였던 것이다.

이 기본법에 양도 불가한 개인의 재산권과, 계약권 그리고 직업 선택

권과 같은 경제 이익의 추구권이 이어지게 되었다. 이 모든 권리는 계몽주의가 치켜세우는 개인의 이성에서 그 정당성을 찾는다. 베버 특유의 말로 이것은 이성을 카리스마화하여 이를 찬미하기에 이르렀던 것이다. '프로테스탄트 논지'의 마지막에 드러나고 있는 것처럼, 이것은 카리스마가 역사의 진행 과정 그 끝에 나타난 "마지막 형태"로서 자코뱅파의 지도자 로베스피에르가 신격화한 '이성'에 잘 표현되어 있다고 그는 분석한다. 이러한 근대의 법이 모두가 평등하다는 것과 경제의 이동력을 보장하는 내용을 공식으로 법제화하면서 전근대의 법을 허물어뜨리고는 일반 수준의 규범과 간접으로 '관료제'를 불러오고 자본주의를 확장시켰다. 베버는 아래와 같은 말로 이 논의를 끝맺는다.

> 이 세상 안에서의 금욕주의—교리의 차이에 따라 다르게 나타났지만—와 여러 종파들의 특정 기강이 자본주의 정신과 자본주의가 필요로 하는 합리스러운 '전문가'전문직 인간를 낳았던 것과 꼭 같이, 기본 '인권'은 자본가들이 물건과 사람을 자유롭게 이용 가능하도록 했다윗글: 1209-1210.

여기에 우리의 눈길을 돌려야 할 점이 있다. 베버 특유의 뜻에서 사람의 권리는 법률 조항을 떠받들고 있는 윤리 지향성으로 나아가고, 법조문 수준 너머로 뻗어 갈 수 있는 문화의 에너지를 필요로 한다. 그러지 않으면 그 법조문은 그것을 낳기까지의 활기 넘치는 의미를 잃고 삶 자체를 얽어매는 체제의 메마른 도구로만 기능하고 만다. 이 때문에 베버는 옐리네크의 학문 업적을 높이 평가하면서도 그 역시 법학의 형식주의에 갇혀 정치 영역의 역동성을 적절히 다루지 못하고 있는 것에 대하여 끝내 아쉬움과 불만을 드러낼 수밖에 없었다.[7] 긴 합리화의 과정 어느 끝자락에서 법 자체가 변혁을 위한 동력을 잃고 멈춰 버린 격이었다.

이것은 인류 역사에 합리화의 힘을 불어넣은 '굴대 문명'의 운명과도 같다. 가족과 친족의 특수주의 가치로 고착되어 있던 삶을 돌파하여 그것을 넘어서는 윤리의 합리화 과정을 끌어낼 수 있었던 '굴대 시대'의 초월 문명도 그 변형의 과정을 계속 이끌어 가지 못하고 어느 상황에 들어서서는 정지하기도 하였다. 굴대 문명이 낳은 초월의 돌파 능력에 힘입어 인류의 역사 과정이 재도약의 계기를 만나 자체의 갱생과 변혁을 이어 올 수도 있었다. 이 돌파의 계기를 통하여 인간이 만들어 놓은 온갖 제약의 굴레가 허물어지고 억압의 사슬이 풀리기도 했다. 이 과정에서 '사람의 귀함'이 다시 확인되고 그것이 다시 제도화될 수도 있었다. 이 귀함은 좁다란 가족과 친족의 쇠사슬에 묶여 있을 것이 아니었고 국가의 경계와 인종의 벽 안에 갇혀 있을 것이 아니었다.

그러나 역사는 변혁의 빛을 향하여 줄달음치지 않는다. 지난 역사가 일러 주듯이 역사는 이곳저곳의 유혹에 휘둘려 멈추기도 하고 아예 덫에 걸려 넘어지기도 한다. 베버가 말하는 합리화의 길도 크게 다르지 않다. 앞서 나는 베버의 합리화 과정을 풀이하기 위하여 현존 질서를 넘어서도록 '끌어올리는' 초월 지향성과 현존 질서를 지켜 가도록 '끌어내리는' 체제의 압력 사이에서 벌어지는 삶의 모순과 그 역학 관계에 주목한 바 있다박 영신, 2014/2015. 이 논의에서 확인될 수 있었던 바, 두 힘 사이의 역동성은 언제나 변혁을 불러온 것이 아니라 현존 체제의 틀 안에서 변

7 막스 베버가 1907년 그의 동생 알프레트에게 보낸 편지와 베버 형제가 '의회주의'를 지지했던 점에 대해서는 Scaff(1989: 155) 달음 6 볼 것.

혀 능력을 발휘하지 못하고 멈춰 버리기도 하였다.

역사 한가운데서 초월의 권위를 표상하고 초월 가치를 삶의 도덕 근거와 출처로 삼아 이를 지켜 가고자 하는 교회조차도 국가권력과 한 몸을 이루어 그 권력의 부분이 되고자 하고, 아예 교회의 영역을 국가 영역에서 분리해 내어 고립시켜 상호 불간섭과 불개입의 협정 체제를 만들어 각각의 이익을 도모하는 존재 방식을 채택하기도 하였다. 이 두 경우는 모두 변혁의 역동성을 잃어버린 상태를 말한다. 국가와 교회는 하나의 권력 체제를 이루어 하층부의 공간을 하나로 묶어 다스린다. 이러한 관계의 존재 양식에는 상호 비판의 여지가 주어져 있지 않다. 사회 구성원은 이 협정 체제의 한 부분일 뿐 '사람의 귀함'을 행사할 수 있는 자율 공간을 보장받지 못한다. 체제를 비판하고 이를 돌파해 가고자 하는 변혁 능력을 잃은 탓에 이들 구성원은 알게 모르게 현존 체제를 유일한 삶의 길이라고 믿고 살아간다. 이 체제에서는 사람의 권리 이야기가 좀처럼 들어서지 못한다. 베버가 말한 '쇠우리'는 초월 지향성과 현존 질서 사이에서 일 수 있는 역동성의 정지 상태를 구조화하고 있는 이 시대의 칙칙한 상황을 가리킨다.

그러나 베버는 쇠우리의 상황에서 탈출할 수 있는 가능성이 완전히 닫혀 있다고만 하지 않았다. 그가 "중간 고찰"에서 적고 있는 것처럼 Weber, 1915/1946, 모든 영역이 각각 삶에 대한 지배력을 내세우는 냉혹한 현실에서도 이것이 추구하는 가치와는 달리 '형제자매애'의 윤리를 대변하고 표상하는 움직임이 남아 있다. 그것이 비록 삶의 작은 공간으로 밀려나 자기 소리를 우렁차게 낼 수 없도록 체제의 소란스러운 온갖 굉음에 방해를 받고 있다 하더라도 삶의 지평에서 전부 사라지지는 않았고 소리내기를 완전히 포기하지는 않았다.

물론 그가 산 시대와 달리 오늘날 우리가 살게 된 이 시대가 더욱 가혹하다고 할 수 있을지 모르나 형제자매애의 가능성에 대하여 그가 문을 열어 두고 있었다는 것은 저버릴 수 없는 보배로운 희망이다. 모든 것이 경제 이익과 계산의 논리에 지배당하고 거기에 국가권력이 합세하여 더욱 막강한 지배력 밑에 이 시대가 들어서 있지만, 현존 체제의 압력과 요구에 장단 맞춰 춤추기를 거부하고 차라리 그것을 넘어서서—베버가 강조하는 말로 '세계 부정의 사랑', 곧 좁다란 관계 안에서의 사랑만을 강조하는 현존 세계의 사랑을 넘어서서—누구든 모두가 사랑의 대상이 되는 보편의 형제애Weber, 1946: 323-359; Bellah, 1999/2006: 123-149, 그것은 버릴 수 없는 도덕 행위의 출처이고 자산이다. 합리화되고 관료제화된 쇠우리 속에서 살아가게 된 사람들이 '사람의 귀함'을 인정받고 '사람의 권리'를 누리기가 지극히 어렵게 되었음에도,[8] 그리하여 '보편의 사랑'이 부적절하고 무의미하게 들리게 되었음에도 '세계 부정의 사랑' 없이는 쇠우리의 돌파 행위를 시도할 수도 돌파 가능성을 그려 볼 수도 없다. 시장과 국가의 지배 그리고 그것을 변호하는 지식의 체제에 짓눌려 살아가는 사람들에게 베버가 말하는 그 '사랑'은 인간에게 남은 유일한 마지막 탈출구일지 모른다.

보편의 사랑은 글자로 그 뜻이 다 드러나지 않는다. 그것은 허공에 떠 있지 않고 공동체를 이끌어 가는 윤리 지향성으로 삶 속에 살아 움직일 때에야 자체의 생명력을 발휘한다. 베버가 잠시 아메리카를 방문했을 때 그는 그곳에서 자신의 나라와는 다른 모습을 보고 깊은 인상을 받았

8 이와 이어, 형식으로서의 법이 '진정한 의미'의 자유와 평등을 보장해 주지 않고 형식 합리성에 대한 이해관계도 사회계층에 따라 달리 나타나는 오늘날의 상황을 분석하고 있는 신 동준의 글(2014) 볼 것.

다. 위에 적어 둔 바, 국가와 밀접히 연결되어 강제에 의하여 '교회'에 속하게 되는 유럽의 제도와 달리, 아메리카의 신앙 공동체는 자발성에 의하여 그 공동체에 속하고 속하지 않도록 한 자원 조직으로 움직이고 있었다. 바로 이 역동의 자원 공동체에서 그는 '교회' 유형과 구별되는 '종파' 유형의 형태를 보았던 것이다Weber, 1958ㄷ: Ⅳ 그리고 254-255. 자원 조직의 특성과 습속을 가진 '종파'는 오늘날 시민사회가 요구하는 시민 품성을 양육할뿐더러 인간의 귀함과 권리를 위축시키는 쇠우리의 틀에 맞서는 대안의 행동 지향성이 될 수 있고, 이에서 벗어나는 출구의 방안이 될 수 있다는 생각이었다Scaff, 2011: 185 아래. 이 점은 국교의 전통을 가진 '교회' 유형으로 굳어진 사회에서는 기대할 수 없는 '종파'와 시민사회의 공생과 협력 관계를 보여 주는 것이었다. 그에게 이 자원 집단은 보편스러운 형제애의 윤리가 활력과 운동성을 더해 갈 수 있는 가능성의 통로였다.

현실은 어느 하나가 깔끔하게 정리해 주고 통일시켜 주는 질서가 아니라 서로 엇갈리는 주창과 신념에 따라 겨루고 싸우며 나아가는 매우 혼란스럽고 복잡한 세계이다. 이러한 세계 안에서 보편의 형제애를 지향하는 사람은 사람의 존엄성과 권리를 지켜 가기 위하여 싸워 가야 한다. 이 존엄성과 권리의 가치에 적대하는 세력과 부단히 쟁투하는 삶, 이것이 '책임 있는' 인간의 삶이고 '자유로운' 인간의 삶이다. 베버가 더욱 힘주어 이 점을 강조하지 않았다고 하더라도, 분명 그는 형제애의 급진 윤리가 여러 가치를 들고나온 '신들' 사이에서 서로 겨루며 싸울 수 있는 빛나는 가치 가능성이라는 것을 보여 주었고, 그것은 그가 세상을 떠난 다음에 나타난 엄혹한 역사 안에서도 어둠과 싸워 온 가능성의 빛이었다Bellah, 1999/2006: 147-149.

4. 뒤르케임의 '인권 신앙'

뒤르케임 역시 법에 대하여 깊은 관심을 가져 온 사회학자이다. 그는 법, 그것의 밑바탕을 이루는 도덕성을 필생의 과제로 삼았다Bellah, 1973. 그에게 오늘날의 사회가 앓고 있는 질병과 여기서 나타나는 삶의 위기는 무규범과 도덕 부재이고 이에서 비롯되는 도덕의 위기였다. 익히 알려진 바대로 그는 사회의 짜임새와 그것을 떠받쳐 주고 이끌어 가는 사회의 바탕 가치는 상동성을 지닌다고 보았다. 그의 생각을 따르면, 유사성과 동질성으로 특징되는 기계와 같은 결속 관계로 특징되는 사회에서 적절성과 유효성을 가졌던 도덕 바탕이라고 하더라도, 그것이 분업의 정도를 높이게 된 유기체와 같은 결속 관계로 특징되는 사회에서는 이전의 적절성과 유효성을 가질 수 없다. 이 상동성을 지켜 가지 못하기 때문에, 지난날의 결속 관계가 허물어지고 새로운 결속 관계로 넘어가고 있는 이 변동의 과정은 언제나 순탄하지 않고 험난하며, 안정되지 못하고 불안정하고, 정돈되지 않고 혼란스럽다Durkheim, 1893/1947. 결속 관계의 성격 자체가 일대 변화를 겪게 된 만큼 새로운 시대의 결속 관계가 '관계의 틀'로서 자리를 잡고 제구실을 하기 위해서는 그것을 뒷받침해 주고 길잡이를 해 주는 밑뿌리의 문제가 논의되어야 한다.

지식의 사람들은 이러한 상황을 풀이하고 이에 대한 길을 찾고자 한다. 여러 가지 시도 가운데서 뒤르케임이 눈여겨본 사람이 있었다. 영국의 공리주의자 스펜서였다. 그는 사회와 유기체를 그럴듯하게 서로 미루어 보면서, 사회가 유기체처럼 여러 요소들이 하나의 목적을 위해 기능한다고 보고 또 이 모든 것은 시간의 축에 따라 진화한다고 보았다. 그가 본 사회는 세포들이 모여 생명체를 이루듯이 살아 있는 인간들이 모여 만들어 놓은 것이었다. 이 사회는 사회 기강이 강했던 군대 조직과 같은 유형에서 모든 사람이 자기를 다스리는 기강을 만들어 가는 산업 조직의 유형으로 진화하여 바뀌어 간다. 그렇게 해서 오늘날의 개인이 이전보다 자유롭게 된 것이다. 그러나 이러한 스펜서의 생각을 뒤르케임은 받아들이지 않았다박 영신, 1978.

뒤르케임은 자유라고 해서 개인이 자기 마음대로 행동하는 것이 아니라 "사회의 견제"를 받고 받아야 한다고 본다. 그것이 풍습이든 법이든 규정이든 개인을 "초월하는 목적"에 따라 개인이 행동한다는 것이다 Durkheim, 1888/1978: 54-58. 이러한 까닭에, 모든 것의 출발을 개인으로 보고 개인 바깥에 있는 어떤 '실재'를 인정하지 않는 것을 그는 마땅찮게 여겼고 나아가 받아들이지 못하였다. 그는 오늘날의 사회변동기에 나타나는 위기를 극복할 수 있는 해결책이 모든 것을 개인에게 맡기는 공리주의의 손아귀에 있다고 생각하지 않았다. 스펜서와는 달리 그는 개인의 수준에 모든 것을 맡길 만큼 개인의 능력과 가능성을 높이 평가할 수가 없었다. 개인을 넘어서는 개인 바깥에 존재하는 '사회'의 실제가 인정되고 강조되어야 했다.

따라서 뒤르케임은 개인과 개인 사이의 '계약'에 터하여 사회의 결속관계를 유지할 수 있다고 생각하지 않았다. 겉으로 드러나는 계약, 그것을 밑에서 떠받쳐 줄 수 있는 어떤 힘, 다른 말로 계약에 앞서는 '계약 이전의 계약' 또는 '비계약의 요소'라는 가치 및 도덕성, 그는 이것이 중요하다고 하였다박 영신, 1978: 234. 이 도덕 가치가 없이는 사회 자체가 성립되지 않았다. 합리성을 내세우는 이들이 종교 언어를 불편해하고 있지만 그 합리성이라는 것은 스스로 서지 못한다. 오랫동안 합리스러운 의사소통을 강조해 왔던 하버마스가 종교와 대화하기 시작하고 그 대화에 참여하면서 생각을 고쳐 잡게는 되었지만Habermas/Ratzinger, 2006, 그는 그동안 합리성의 단독성과 충족성에 사로잡혀 오직 '합리스러운 대화'만을 강조할 뿐 그 어떤 '거룩함'의 필요성을 느끼지 못하였다. 그러나 이후에 나온 그의 여러 글에서 읽을 수 있는 것처럼, '합리스러운 논쟁'도 가치의 문제에 대한 정서와 감정과 이에 터한 헌신의 바탕의 문제를 떨쳐내지 못한다. 이러한 뜻에서 합리스러움 밑에는 '비합리스러움'이 자리하고 있고 '합리성 이전의 합리성'이 놓여 있다고 할 수 있다. 오늘날 하버마스에게 던진 비판의 줄기는 '계약'의 도덕 근거를 이야기한 뒤르케임의 생각에 그 뿌리가 닿아 있다고 할 수 있다Bellah, 2006: 107-122; Joas, 2013: 57.

다른 말로 사회는 어떤 구조를 가지고 있든 개인의 테두리를 넘어서는 도덕 근거 위에 자리하고 있어야 한다. 그렇게 터 잡고 있지 않으면 그 사회는 혼란과 갈등과 무질서에 시달릴 수밖에 없다. 동질성의 정도가 높고 단순한 '기계와 같은' 결속 관계에서 다양성의 정도가 높은 복잡한 '유기체와 같은' 결속 관계로 사회가 분화되고 있지만 오늘날의 사회도 지난날과 다름없이 공동의 집합 가치 의식에 터하여 통합되어 있어야 한다고 뒤르케임은 진단하고 처방하였다. 다만 인간의 행위에 대한 통제의 방식이 달라져야 할 뿐이었다. 분업의 정도가 낮은 사회의 짜임새 아래에서는 행위가 균일한 획일성의 규제에 의하여 통제되었지만, 분업의 정도를 더하게 된 사회의 짜임새 아래에서는 행위가 더 이상 그러한 방식으로 통제될 수 없게 되었다. 분화된 복잡한 사회 짜임새에 어울리면서도 그것을 다스리고 규제할 수 있는, 그러한 뜻에서 '새로운' 집합 가치의 의식을 필요로 하게 된 것이다.

앞에서 말했던 것과 같이, 개인들 사이에 계약을 맺을 수 있는 여지가 오늘날에 와서 커지게 되었으나 그렇다고 해서 그것을 개인들의 자의성에 맡겨서 될 일은 아니다. 계약은 '비계약의 요소'를 요구하고 '계약 이전의 계약'을 기대한다. 어떤 짜임새이든 그 사회는 결속 관계 또는 연대라는 '솔리대리티'의 공동성을 지키고 유지할 수 있어야 한다. 이 공동성의 밑바탕은 도덕성이다. 뒤르케임은 이것을 '공동의 믿음'이라고 이름 붙인다. 오늘날의 위기는 공동의 믿음이 자리 잡지 못하여 생겨나게 된 도덕의 진공상태에서 빚어 나온 것이다. 뒤르케임은 변화된 시대에 어울리는 새로운 가치 의식을 재구성해야 한다고 주장한다. 그것은 어떤 것이어야 하는가?

여기서 뒤르케임은 '도덕스러운 개인주의'를 제창한다. 이 개인주의는 공리주의가 말하는 '이기주의'와 구별된다. 개인주의는 인간의 존엄성을 바탕으로 한다. 칸트가 생각했듯이 이것은 어떤 사회 조건과는 상관없이 오직 '사람'이라는 그 일반 개념에서 사람의 귀함이 확인되고 존중되는 그러한 '인간다움'만으로 존중되어야 하는 개인주의이다. 이와 같은 생각은 그가 발표한 "개인주의와 지성인"이라는 글에 잘 드러나 있다Durkheim, 1898/1973; 뒤르껭[뒤르케임], 1979/1980. 이 글은 19세기가 끝날 무렵 프랑스 사회를 뒤흔든 '드레퓌스사건'으로 첨예한 가치 충돌이 일어났을 때 그가 쓴 것이다. 국가의 안보 문제를 들먹이면서 한 개인의 권리를 무참히 짓밟은 국가의 권력과 군부의 권위를 옹호하고 나온 가톨릭교회와 보수 진영, 그리고 이들에 의하여 극단주의라고 몰리게 된 이른바 드레퓌스 지지 진영, 이 둘로 프랑스 사회가 갈라져 싸우게 되었다. 뒤르케임은 드레퓌스 지지자들 쪽에 섰다. 그는 개인의 권리를 현대사회가 지켜가야 할 도덕 가치로 규정하고 이를 옹호하고 나왔다박영신, 2008ㄹ: 19-25.

그가 뜻하는 '개인'은 이기스러운 자기를 무한히 올려놓으려는 것이 아니다. 이 '개인'은 성스러운 존재이다.

> 그것은 어느 시대의 종교 단체이든 그들이 섬기는 숭배의 대상에게 주는 초월적 위엄을 같이 나누어 갖고 있다. … 그리고 그것에 주어지는 존중은 바로 이러한 출처에서 나오는 것이다. 사람의 생명을, 사람의 자유를, 사람의 명예를 빼앗고자 하는 사람은 누구든 마치 믿는 이가 자기가 숭배하는 숭배의 대상이 모독을 당할 때 경험하는 것과 같은 소름끼치는 혐오감을 품게 한다. … 그것은 사람이 예배자이자 예배의 대상이 되는 그러한 종교이다뒤르껭[뒤르케임], 1979/1980: 148-149.

사회가 혼란과 무질서에 시달리는 것은 다른 것이 아니다. 사회는 바뀌는데 그것을 떠받들고 다스리면서 이끌어 가야 하는 집합 가치 의식은 바뀌지 않고 지난날의 것에 기대거나 고집하는 데서 생기는 불협화 때문에, 사회는 혼돈 상태에 빠진다. 사회 안에서 살아가는 사람의 경우도 마찬가지이다. 개인이 존중되어야 할 분화된 사회에 살아가면서도 개인을 존중하지 않고 강제해 왔던 이전의 인간관을 고집하는 데서 개인의 '사람됨'에 대한 생각의 혼동과 주장의 불일치가 생기는 것이다. 분화된 이 시대에서는 개인으로서 보장받아야 할 사람의 존엄성이 공유되어야 한다. 이것은 물론 자기의 이익을 절대화하는 공리주의의 개인을 가리키지 않는다. 뒤르케임이 말하는 '개인' 또는 '개인주의'가 그가 비판하는 공리주의 쪽에서 쓰는 '이기스러운 개인' 또는 '이기주의'와 혼동되기 때문에 그가 뜻하는 '개인'을 한층 주의 깊게 적절히 그리고 정확히 이해할 필요가 있다. 그가 말하는 개인은 이기스러운 개체의 이익과 욕망을 넘어서는 인격체로서의 개인을 뜻하는 '사람'person이다. 그러한 '사람'이 "예배자"가 되고 "예배의 대상이 되는 그러한 종교"—다른 말로 "인간성의 종교"—가, 뒤르케임은 다른 종교와 마찬가지로 사회 구성원에게 명령하고 지시할 수 있는 이 시대의 집합 가치 의식이 되어야 한다고 주장하였다윗글: 151. 그가 생각하는 근대의 종교는 사람의 존엄성과 권리를 믿는 것이어야 했다.

사람은 성스러운 존재라는 생각은 여리게라도 모든 문화권을 관통하여 내려온 오래된 인류의 유산이지만 그것이 오늘에 이르기까지 멈추지 않고 언제나 강화되고 확장되어 오지는 않았다. 역사는 '사람' 일반이 아닌 다른 것, 곧 왕이나 국가나 집단이 '성스럽다'고 하여 보편스러운 사람의 존엄성과 권리가 가볍게 여겨지고 짓밟힌 이야기로 가득하다. 그러다가 사람의 권리 인식에 일대 변화를 맞게 되었다. 18세기 끝에 와서였다. 그때부터 사람의 권리를 중시하는 법이 나타나고 사람을 '거룩한 대상'으로 올려놓게 되었던 것이다Joas, 2013: 49.

'사람'이 "예배자"가 되고 동시에 "예배의 대상이 되는" '인간성의 종교'가 새로운 종교의 자리로 올라섰다면 그것을 귀히 여겨 이에 헌신코자 하는 사람은 마땅히 열정을 드러내야 한다. 뒤르케임은 이러한 마음가짐을 드레퓌스사건 때에 모범으로 드러내고 지성인의 참여 정신을 모범으로 실천했던 사회 이론가이다. 격정의 도가니에 몰아넣었던 드레퓌스사건의 분위기가 조금 누그러졌을 때 그가 지성인과 민주주의를 이어 보고자 하여 쓴 글이 있다. 여기서 그는 "문필가와 학자는 시민이다"라는 말로 글을 연 다음, 바로 그 이유 때문에 지성인은 "공공의 삶에 참여할 절대적인 의무를 가지고 있다"고 하였다. 그러한 참여가 어떤 행태이어야 하며 어느 정도이어야 하는지가 문제일 뿐이었다뒤르케임, 1993: 81.

5. '우리' 생각

위에서 비추었듯이 '사람의 권리' 생각의 실마리는 굴대 시대의 종교 전통으로까지 거슬러 올라가 거기에서 찾아 보아야 한다. 그러나 그 생각이 법제화되기까지는 오랜 세월을 필요로 하였고, 그 역사 과정의 우여곡절은 간단하게 기술할 수 없을 정도이다Joas, 2013. 우리 역사에서도 그러하다.

우리나라에서 인권이 처음으로 공식화되어 나온 것은 상해임시정부를 거쳐 헌법을 제정한 대한민국의 정부 수립에서였다박 영신, 2014ㄱ: 6-18. 그러나 인권 운동을 말한다면 그 역사는 헌법 제정의 역사보다 훨씬 길다. 인권의 제도화 이전에 인권의 뜻을 깨치고 인권을 손에 넣고자 한 역사에 기여한 여러 운동이 있었다. 적어도 이 논의의 줄기에서 기억해야 할 것으로 나는 19세기 끝 무렵에 나타난 세 운동을 꼽는다. 백성/인민의 권리를 펼치기 시작한 순 한글 신문 「독립신문」이 나온 것과 토론회 열기, 사람의 평등을 교리로 내세운 동학의 퍼짐, 그리고 사람의 귀함을 교회를 통하여 전하고 실행한 기독교의 펼쳐짐을 꼽는다박 영신, 1978, 1978/1996, 1994/1996. 이 역사는 여러 눈으로 더 따져 보고 파 봐야 할 논읫거리를 남겨 두고 있다. 그 가운데서 놓쳐서는 안 될 것 하나가 있다. 사람의 귀함과 권리를 내세운 여러 갈래의 이 모든 움직임은, 지난날의 삶의 행태와 그것을 다스려 온 윤리 지향성으로는 새로운 모습으로 나타나기 시작한 삶의 행태를 더 이상 의미 있게 이끌어 갈 수 없다는 데서 나온 것이었다. 독립협회를 중심으로 하는 개혁 지향의 운동 세력은 서양에서 일어난 사람의 권리 생각을 끌어들여 그것을 바탕으로 삼아 조선 사회의 틀을 비판하고 근대 시민사회를 그려 보며 공화국을 꿈꾸었고이 황직, 2007, 농민을 중심으로 하는 '동학' 세력은 '서학'의 도전에 대한 반도전의 형식을 지니면서도 조선 사회의 부정과 불공평을 공격하고 나아가 사람이 존중받는 사회를 주창하고 나왔으며, 개신교 기독교 운동도 새로운 인간관에 터하여 조선 사회의 신분제도에 대한 정당성의 근거를 비판하면서 사회의 밑바탕을 송두리째 뒤흔들기 시작하였다박 정신, 2004; Park, 2003: 2-4장.

같은 신념 체계에 서 있지 않았기에 여러 영역과 차원에서 반드시 화해할 수는 없었지만 이 집합 운동 모두가 조선 사회에서 당연하게 여겨 온 '사람 생각'에 대하여 비판하고 그 나름의 새로운 생각을 불어넣고 있었고, 사람의 귀함을 내세워 현존하는 질서의 틀을 넘어서고자 하였다. 조선 사회의 신분제도라는 것이 가족 관계를 비롯하여 위아래 사람 사이의 관계 일반을 힘 있는 자 중심으로 굳혀 놓았던 것을 이들 운동 세력은 그대로 놓아두고자 하지 않았다. 구체스러운 생각에서 차이를 보이고 있었음에도 조선 사회의 신분제도를 있는 그대로 받아들이려 하지 않았다는 점에서 모두가 하나였다.

조선 사회의 짜임새가 더 이상 제한된 촌락공동체 안에서 움직일 수 있는 것이 아니라 그 공동체의 울타리를 벗어나 다른 공동체와 연결되어 서로 빈번히 드나들게 되고, 더 이상 단순한 농사일을 하는 것이 아니라 농사일 밖으로도 나아갔을 뿐만 아니라 농사일을 해도 그 일에 대한 관계가 다양화되어 이들 사회 구성원의 삶을 지난날의 신분 윤리로 제어하기란 몹시 어렵게 되었다. 새로운 시대의 새로운 인간관이 요청되었고 새로운 윤리 지향성이 요구되었다. 다른 말로 사회 짜임새의 변화와 집합 가치 의식 사이에 일어나기 시작한 긴장과 모순을 처리할 수 있는 새로운 인간관과 윤리 의식이 나타나지 않으면 안 되었던 것이다.

한말의 사회변혁 운동은 이러한 요구에 대한 반응이었고 '사람의 권리'에 대한 새로운 깨달음이 일게 된 것 또한 이 반응의 하나였다. 하지만 이 모든 것이 부국강병으로 표현된 실리주의 가치 지향성에 깔려 '사람의 권리'에 대한 참뜻을 지켜 가기가 쉽지 않았다박 정신, 1996/1997. 마치 일본의 자유 민권운동이 그러했던 것처럼Bellah, 1961/1970: 134-139, 우리 역사에 나타난 여러 인권 운동도 인권 의식에 뿌리내린 깊은 민주주의의 전통과 습속을 지니고 있지 않았다.

이것은 무엇을 말하는 것인가? 두 가지로 이야기해 볼 수 있다. 하나는 '깊은 민주주의'의 출처가 되는 도덕의 근거에 대한 이해와 헌신의 도가 깊이 뿌리내려 있지 않았다는 것이고, 다른 하나는 그것이 얼마쯤 있었다고 하더라도 우리 사회에 뿌리내리기에는 상당한 시간이 필요했다는 것이다. 이에 대한 풀이는 매우 복잡하여 여기서 다룰 수 없어 다른 기회로 미루어야 한다. 다만 하나 강조해 둘 수 있다면, 야스퍼스1949/1965 이후 관심을 끌어온 '굴대 문명'의 주요 구성 부분인 불교나 유교가 뿜어낼 수 있었던 초월성과 거기에 바탕을 두고 표출시킬 수 있었던 현실 비판 능력과 변형의 가능성박 영신, 2013/2014, 2014/2015이 그것을 받아들이고 풀이해 온 지배 세력의 관심과 이해관계에 뒤덮여 버리고 그 늪에 빠져 버리고 말았다는 점이다박 정신, 1983/1986. 베버의 말로 하여 '현실 긍정'의 논리에 역사가 지배당하고 삶이 억눌리게 되었던 것이다. 우리 역사에서 그것은 예외 없이 그리고 왕조와 상관없이 전래하는 가족/친족 중심의 의식 세계 안에 들어앉아 그 테두리를 넘어설 수 있는 굴대 문명의 초월 능력을 억압하면서 현존 질서만을 떠받쳐 왔던 것이다.

이러한 과정을 거치면서 인권은 양도할 수 없는 권리라는 믿음을 자아내고 지탱시켜 줄 수 있는 가능성의 자원이 쇠잔하게 되었다. 사람의 권리가 어디에서 왔기에 '양도할 수 없는' 것인지를 풀이해 주는 깊은 믿음의 세계, 사람은 신의 형상에 뿌리내리고 있기에 모두 보편의 가치를 가질 수밖에 없다는 상징의 해석 틀이나 인간의 존엄성을 초월의 절대 존재에 잇대어 이해코자 하는 정신 자원을 우리는 공유하지 못하였다.[9] 그리하여 '양도할 수 없다'는 그 권리도 인간이 만든, 인간에 의하여 정의되는 문서 조항과 그것을 해석하는 몇 명의 심판관에 의하여 자주자주 '양도'되어 왔고 '양도'되고 있다. 인간 속에 하늘이 있다는 생각은 인간 안에 '거룩함'이 들어 있는 신성한 존재됨을 드러내 보여 주는 중요한 전통이다. '인간 속의 하늘'이라는 것이 인간의 한계를 넘어서는 초월의 실재를 전제하지 않는다면, 그 인간은 소외된 인간일 뿐만 아니라 권력의 중심부에 올라서 있는 자들이 저지르는 횡포조차도 정당화될 수 있는 여지를 남긴다. 인간의 평등이든 권리이든, 그것은 거룩한 만큼 그 거룩함의 출처로서 초월의 영역이 전제되어 있는 것과 그러지 못한 경우, 어떤 것이 사람의 권리를 '양도할 수 없는 것'으로 더욱 견고하게 보호해 줄 것인지 새김질하게 한다. 넬슨이 '히브리 공화국'을 보는 스피노자와 로크를 견주면서 '관용'을 다룬 마지막 장을 끝맺음 하고 있는 것과 비슷하게Nelson, 2010: 134-137, 그것이 스피노자의 '자연'이든 로크의 '신'이든 우리도 어떤 근거에 대한 물음을 던지고 그것을 생각하게 된다. 이

9 아메리카의 독립선언서에 나오는 '사람의 권리'에 대한 풀이 그 앞머리 두 번째 글귀에는 이러한 내용이 적혀 있다. "우리는 다음과 같은 사실을 자명한 진리로 받아들인다. 곧 모든 사람은 평등하게 태어났고, 창조주는 몇 개의 양도할 수 없는 권리를 부여했으며, 그 권리 가운데는 생명과 자유와 행복의 추구가 있다. 이 권리를 확보하기 위하여 인류는 정부를 조직했으며, 이 정부의 정당한 권력은 인민의 동의로부터 유래하고 있다. 또 어떤 형태의 정부이든 이러한 목적을 파괴할 때에는 언제든지 정부를 개혁하거나 폐지하여 인민의 안전과 행복을 가장 효과 있게 가져올 수 있는, 그러한 원칙에 터하고 그러한 형태로 기구를 갖춘 새로운 정부를 조직하는 것은 인민의 권리이다." 원문("Declaration of Independence"/July 4, 1776)이 실려 있는 Allen(2014: 27) 볼 것.

러한 맥락에서 우리의 인권 논의는 더욱 깊은 논의를 필요로 한다.

사람의 권리가 법률 조항으로 제도화되는 것은 중요하다. 옐리네크가 말하고 있는 것처럼 거기에 이르기까지에는 삶에 대한 치열한 가치 논쟁과 신앙 양심에서 우러나온 길고 오랜 싸움이 있었다. 그러나 그것은 형식상의 법 조항으로 끝나서는 안 된다. 법은 스스로 분발하지 않는다. 법조문이 나서서 사람이 당하는 어떤 억울함과 비통함과 서러움을 들추지 않고, 그가 겪는 불의와 불공평에 대한 어떠한 충동과 분노를 일깨우지 않는다. 법은 문자 형식으로 존재한다. 그것이 아무리 빈틈없는 법 조항이라고 하더라도 '쇠우리'의 관료제 그 어디에서 시들고 말라버려 존재감 자체를 잃어버리기 일쑤다. 이것이 역사의 현실이다. 그러므로 사람의 권리를 귀히 여기고 그것을 위해 떨쳐 일어나 싸우도록 분격시킨 믿음과 가치의 우물로 돌아가 거기에서 '형제애'의 물을 나누어 마실 수 있어야 한다. 이 일은 거대한 국가 체제의 부분이 되는 어떤 조직의 힘에 기대는 의존형의 술수가 아니라 자체의 활력과 생동감을 지켜 가는 '종파'의 자율성과 그 운동성을 통하여 더욱 의미 있게 확장될 수 있을 따름이다. 그리고 전래하는 체제에 익숙하여 그것을 지켜 가고자 하는 세력들이 별별 이유와 조건을 달아 사람의 존엄성과 권리를 제약할 수 있기 때문에, '인간성의 종교'에 헌신하는 자라면 모름지기 '인권 신앙'에 적극 참여하여야 하고 사회 이상에 대한 도덕 감수성과 현실 사회에 대한 비판 능력을 키우는 시민교육에 관심을 쏟아야 한다이 황직, 2008.

그것은 다름 아닌 활기 없는 법 조항에 대한 끊임없는 가치 활성화이고 사회운동화이다김 중섭, 2012. 이것은 어제의 일일뿐더러 이제의 일이고 올제의 일이며, 그리고 차별 없이 살아가는 사람의 권리와 평등을 뒷감

당해 주기 위하여 여러 운동을 펼치고 다른 나라와 협력하고 연대할 일이다김 중섭, 2015. 베버가 말하는 형식 합리성의 법과 그 왜곡이 낳는 문제에도 불구하고 그리고 "'각자도생'의 이데올로기"가 날로 더 위세를 부린다고 하더라도, 그것을 벗어나는 자유의 초월 가능성은 결단코 사라지지 않는다신 동준, 2014. 힘 있는 자들이 만들어 놓은 조직의 기계장치에 맞서 부단히 저항하는 카프카의 '시민 K'와도 같이, 자유를 실행하기 위하여 삶을 역동의 운동으로 만든다편 영수, 2014. 그리고 또 김 광기의 말 2014: 451로 낯이 익은 곳으로부터 "두려워하지 않고 용감하게" 떨어져 나가는 자들이 다하지 않는 한, 초월의 불빛은 꺼지지 않는다. 권력의 수단을 장악하고 있는 힘 있는 자들이 덧칠을 하여 위협한다고 하더라도, 이 모든 것에도 불구하고 서울광장과 광화문 문턱에서 그리고 지역 곳곳에서 벌어지곤 하는 촛불 집회는 이러한 가능성에 대한 집합 반응이다박 영신, 2014ㄱ.

제도화된 사람의 권리 조항에 더하여 그 가치에 대한 헌신과 열정의 불꽃이 멈추는 순간 그 권리는 길거리에 버려진 말라 죽은 나뭇가지처럼 끝내는 한 줌의 재로 땅에 묻히고 만다. 운동이 순간의 바람몰이에서 끝나지 않고 영속성을 가지려면, 표면의 흐름에 편승하지 않고 '보편 형제애'와 '인권 신앙'과 같은 깊은 신념의 뿌리와 높은 가치의 날개에 그것이 잇대어져 있어야 한다.

6. 매듭

위에서 우리는 사람의 권리가 법으로 공식화되기까지에는 신앙의 양심을 지키고자 한 투쟁이 있었고, 그것이 법조문으로 정착이 되었다는 것만으로 그 권리가 보장되지 않기에 거기에 끊임없이 활력을 불어넣는 집합의 동력이 필요하다는 점을 내세우고자 하였다. 이 생각은 엇갈리는 이해의 충돌 그 한가운데서도 현존하는 질서를 부정할 수 있는 '형제애'의 윤리 지향과 모든 개별 가치를 넘어서는 '인간성의 종교'에 대한 헌신이 요청된다는 이론 관심 속에 들어가 있기도 했다. 이러한 논의에 터하여 짧게나마 우리의 역사에 드리워진 인권의 문제도 살펴보았다. 인권은 이해타산의 세계에서 잉태되지 않았고 그 안에서 성장하지 않는다. 그것은 보편스러운 '인권 정신'의 도덕 근거를 필요로 하며 그 위에서 있어야 한다. 그러할 때 국가 발전, 경제성장, 생활의 편리와 사회의 안정이라는 온갖 핑계를 대고 빌미를 붙여 인권에 제약을 가하는 세력에 맞서, 인간의 존엄성이 자기 편의와 탐욕의 수렁에 빠지지 않고 살아 움직이도록 이를 떠받들 수 있다. 사람의 권리 지평은 그러할 때 넓어질 수 있다.

그 지평은 힘 있는 자들의 인식 테두리에 갇혀 있을 것이 아니다. 어른의 힘에 꺾여 자기를 내세우지 못하는 어린이, 몸과 마음이 불편하다 하여 따돌림받는 장애 있는 자, 다른 삶의 가능성을 인정받지 못하여 환자 취급을 받아야 하는 이른바 '자폐증' 사람, 기댈 곳이라고는 아무것도 없는 버림받은 빈곤 노약자…. 이와 같은 '힘없는 사람들'에게로 권리 지평이 뻗쳐 나가야 한다. '후기 전체주의'를 앞서 체제화했던 체코슬로바키아의 공산 체제 밑에서 이름 없는 지하 록그룹의 인권을 위해 앞장섰던 하벨과 '77헌장' 운동처럼, 국가의 경계를 넘어서는 보편 가치의 역사 전통과 인권선언과 그 조항을 저항과 대결의 자원으로 동원하여 싸워 나아가야 한다박 영신, 2000: 여러 곳.

인권은 사회(과)학의 문제이기에 자연과학과 공학의 어떤 도구나 공식일 수 없다. 그것은 집합의 활력을 요구한다. 포즈너Posner, 2014가 논하고 있는 것처럼, 국제 인권 기구가 인권 의무를 수행하는 데 도움을 주고는 있으나 그것은 빈약할뿐더러 국내법의 강제력에 버금하는 힘을 발휘하지 못하고 있다. 인권 주장을 약화시키는 판결이 개별 국가의 법정에서 빈번히 나오고 있듯이 국제 인권 관행을 집행하는 기구에서도 인권 문제가 언제나 존중되고 있는 것은 아니다. 이 기구에는 보편 인권의 원리에 어긋나는 반인권 국가도 버젓이 회원국으로 참여하고 있는 형편이다. 그럼에도 나라 안과 밖에 인권 의무의 근거가 마련되어 있는 만큼 집합 운동체는 정당성 확보의 수단으로 이를 동원하여 인권의 문제를 부각시키고 확장해 가야 한다. 이러한 뜻에서 인권의 문제는 지난 역사에서와 마찬가지로 오늘에 와서도 생기를 불어넣는 운동성과 떨어질 수 없게 이어져 있다.

이 운동성은 도덕 동원력을 동반하는 것이어야 한다. 이것은 사회 구성원들이 사람의 권리 조문을 낳은 보편 가치와 믿음의 역사를 잊지 않고 기억하게 하는 일이다. 이들 모두는 사람의 권리 가치와 뜻을 실현해 가야 할 책임을 지고 있다는 것을 잊지 않도록 역사의 집합 기억을 마음에 담아 끊임없이 도덕 관심을 새김질해야 한다. 사람의 권리는 그 쟁취 과정에서만 집합의 운동을 요구하지 않는다. 그것이 살아 움직이기 위해서는 이러한 도덕 관심과 책임의 활력을 요구한다. 사람의 권리는 바로 이 운동 능력에 그 운명을 맡기고 있다.

막스 베버,
그의 학문과
만나

3부

덧붙임

오늘의 사회학이 본래의 뿌리로부터 벗어나 지엽 말절의 문제에 사로잡혀 있을 때 나는 그 뿌리로 다시 돌아가 거기에서 잃어버린 포용과 포괄성의 시각을 되찾고 싶었다. 좁은 것에 매달리고 좁은 틀 안에 갇히는 것을 나는 견디지 못하는 성미이다. 그것을 넘어서고 또 그것을 넘어서야만 직성이 풀린다고나 할까.

나의 길 다 가기 전에

1. 기독교 학교로

나는 삼대째 기독교 집안에다 목사의 아들로 태어났다. 교회를 빠지지 않고 다녔으며 나중에 커서 목사가 되기를 바라는 분위기에서 자랐다. 주일인데도 학교에 나오라고 하면 당연히 학교를 거부하고 교회로 갔다. 다음 날 월요일 등교하자마자 훈육주임에게 끌려가 매질을 당해도 언제나 그러하였다. 아버지가 중학교 사친회 이사장이었지만 그 매를 면하지는 못하였다. 고등학교는 아예 기독교 학교로 가기로 마음먹었다. 주일에 학교에 오라고 하지는 않을 터이고 반기독교 성향의 훈육주임은 없을 것이기 때문이었다.

대구 계성고등학교는 참 좋은 배움터였다. 한국전쟁 직후라 피난 온 선생님들이 이 학교에 많이 모여 있었다. 대학교수가 될 분들이었다. 대학 들어가기가 어려운 것도 아니어서 입시 준비 같은 압력은 없었다. 정

* 이 글은 「철학과 현실」 57호(2003년 여름)에 실려 있다.

규 수업 시간에도 선생님들은 교과서와 상관없는 세계 역사와 정치사상과 신학에 이르는 넓은 관심을 일깨워 주었다. 이 기독교 학교를 졸업한 이후 내가 진학할 학교도 자연스레 기독교 대학이었다. 연세대학교에 들어온 것이다.

관학이 아닌 민학이었다. 관료 지향이나 입신출세주의가 주종을 이루지 않았다. 이 자유스러운 대학에서 나는 페스탈로치를 꿈꾸었다. 어릴 적 그의 짧은 전기를 읽고 받은 진한 감동이 마음에 새겨져 있었던 것이다. 나도 그와 같이 어려운 사람들을 위해 일하며 가르치는 교육자이자 사회봉사자이면서 목사로 일하면 좋겠다고 생각하였다. 가당찮은 소년의 생각이었다. 내가 택할 전공은 당연히 교육학이었다. 모두 무시험으로 들어온 이 대학에서 한 해를 보낸 다음 내가 원하는 전공을 택하였던 것이다. 교육학과가 사범대학이 아니라 문과대학에 있어서 좋았다. 폭넓게 인문학을 익힐 수 있었기 때문이다.

나는 임 한영 박사로부터 존 듀이의 교육철학을 배워 그의 사상에 눈뜨게 되고, 홍 이섭 교수가 열강 한 실학사상에 흥미를 갖게 되었으며, 김 하태 박사가 두 학기 연속으로 강의한 플라톤과 아리스토텔레스 과목을 인상 깊게 들었다. 그 밖에도 철학과 신학 과목을 즐겨 택하였다.

그러면서 대학생 활동에도 열심히 참여하였다. 오늘날처럼 동아리가 많지 않을 때 사회사업연구회에 들어가 사회에 봉사하는 일에 동참하였으며 나중에는 이 모임의 회장 일도 맡았다. 동시에 기독학생회에도 일정 부분 간여하면서 사회문제부를 맡기도 하였다. 내 나름의 사회의식이며 실천 행위였다.

나의 대학 생활은 그러나 제한된 것이었다. 기독교 대학의 테두리 안에 머물러 있었던 셈이다. 그러던 것이 대학을 졸업하고 대학원에 진학한 직후 군에 입대하면서 달라졌다. 4년 반 동안 복무한 공군 장교 시절 여러 대학 졸업생들을 만나 이들과 어울릴 수 있었던 것이다. 다른 대학의 교육 정도를 재어 보고 한국 대학의 수준도 알아볼 수 있는 기회였다.

사관학교에 근무하면서 나는 그곳 도서관의 책을 빌려 독서하기 시작하였다. 주로 사회과학과 사회사상 관련 책이었다. 영국 사회주의 전통에 맞닿게 되고 지식사회학에 들어가 본 것이 이때였다. 독학이었던 셈이다. 이 과정에서 전공한 동료들과 견주어 보기도 하였다. 독학으로라도 인접 학문 영역의 학부와 대학원 수준의 공부를 하고도 남음이 있다는 어떤 자신감 같은 것을 얻게 되었다. 당시 대학 교육이라는 것이 보잘것없어서 마음만 먹으면 군 복무 기간에 대학원을 다 끝낼 수 있는 시절이었다. 연세대학교만 예외였다.

당시 연세대학교는 미국풍을 따르고 미국에서 훈련받은 교수진이 행정을 맡고 있어 제대하기 전에는 학생으로 등록시키지 않을 만큼 빡빡하였다. 대학원 복교를 시도하다 한 태동 박사로부터 호되게 혼났을 뿐이다. 공부에 전념할 수 있을 때 복교 절차를 밟으라는 것이었다. 복교는 군 복무를 거의 다 마쳐서야 가능했던 것이다.

대학원에 복교해서는 교육학과 사회학을 접합시킬 수 있는 영역에 관심이 모아졌다. 독학으로 공부한 사회학이었지만 당시 군에 있으면서 사회학으로 석사 학위를 받은 나의 친구와 견주어 보아도 조금도 허술한 것이 아니라는 자기 확신에 넘쳐 있었다. 파슨스Talcott Parsons의 체계이론과 구조기능주의의 논문들 그리고 베버의 중국 종교에 대한 비교연구를 영어로 읽고 뿌듯해하고도 있었다. 그때 나의 석사 논문은 한국 사회의 근대 변화와 교육 그리고 기독교가 함께 만나 일궈 낸 역사 과정에 대한 사회학의 접근이었다.

몹시도 주제넘게 그 논문 앞머리에 이렇게 썼었다. 이제 "광활한 학해學海로 원양의 길"을 떠나는데 "그 학문의 대양이란 필생의 과제인 한국 사회와 교육 그리고 기독교, 이 셋의 관계 도식이며, 그러기에 이것은 내 생의 형식이자 곧 내용이 된다"고 적어 두었던 것이다.

2. 버클리에서

이 관심에 따라 미국으로 갔다. 본격으로 공부할 태세였다. 이 길밖에 별 대안이 없던 시대였다. 60년대 중반이었다. 처음 다다른 곳이 예일대학이었다. 나는 지도 교수와 의논하여 반은 종교학에 나머지 반은 사회(과)학에 할애할 수 있는 프로그램을 만들었다. 융통성 있는 과정이었다. 처음 들은 '사회학 이론'은 놀랍게도 맑스에 기울어진 과목이었다. 담당 교수도 맑스주의자였다. 내게는 충격이자 계몽이었다. 맑스의 영어판 글은 모을 수 있는 대로 모아 밤잠 자지 않고 읽었다. 중학교에 진학하기도 전에 무슨 뜻인지도 모르면서 아버지의 서재에서 '공산당선언'을 빼 본 이후 처음 읽는 맑스의 글이었다. 그의 생각에 심취하여 거의 맑스주의자가 된 듯하였다. 그러나 거기에 머물러 있지 않았다. 베버의 주요 저서를 접하고 뒤르케임의 사회학에도 들어섰다. 파슨스와 벨라Robert N. Bellah의 제자였던 리틀David Little이 종교사회학에 대한 관심을 북돋아 주었다. 교육사회학의 대가인 클라크Burton Clark의 강의도 들어 보았으나 나의 관심은 더 이상 교육학 쪽에 머물러 있을 수 없었다. 종교학과 신학도 내 관심의 중심에 자리하지 못했다. 종교와 사회학을 이어 보는 이론의 영역이 관심거리로 떠올랐던 것이다.

나는 사회학의 본령으로 들어가고자 마음먹었다. 리틀의 격려도 컸다. 나의 관심으로 보아 하버드로 옮겨 그곳에서 가르치고 있는 벨라의 지도를 받으면 좋겠다고 하였다. 막상 입학 절차를 밟으려고 할 때는 벨라가 하버드를 떠나 버클리로 자리를 옮긴 바로 그 뒤였다. 그에게 나의 관심 영역을 적어 보냈다. 환영한다는 답장이 왔다. 다만 사회학의 배경이 부족하니 한 해 동안 와서 공부한 다음 생각해 보자는 조건이 붙어 있었다. 사회학 안으로 들어가 과연 내가 당해 낼 수 있을까 하는 불안도 없지 않아 그곳에서 나를 테스트해 보고 그 결과에 따라 다시 예일로 돌아올 수 있는 안전장치를 마련해 두었다. 1968년 여름 차를 몰아 동부 끝에서 서부 끝을 향해 떠났다. 대륙 횡단이었다. 그때 버클리는 아주 탁월한 대학이었지만 특히 사회학은 언제나 '제일 좋은 학과'로 평가받고 있었다.

버클리의 분위기는 어색했다. 고색창연한 뉴잉글랜드의 대학 캠퍼스와는 달리 캘리포니아의 버클리는 밝고 화사한 그러나 조금은 들뜬 풍경이었다. 정연한 질서가 아니라 혼란한 무질서였다. 월남전에 반대하는 학생과 시민의 데모, 새롭게 번진 여성해방운동, 히피들의 반문화 운동, 캠퍼스를 누비는 수많은 주장과 반주장, 그것은 내게 사회운동에 대한 학문 차원의 자극이 되었는가 하면 도덕 차원의 학습이기도 하였다.

격변의 직접성을 표상한 버클리는 기성의 것에 대한 도전과 재도전의 캠퍼스였다. 넥타이를 매고 정장을 한 다음에야 학생 식당에 들어갈 수 있었던 예일과는 달랐다. 버클리에서는 샌들에 노타이셔츠 차림이 정상이었다. 나는 이곳에서 '공부의 참맛'을 보게 되었던 것이다.

쿼터시스템이라 바쁘기도 하지만 그 대신 여러 과목을 들을 수 있는 이점도 있었다. 매 학기 벨라의 강의를 들었으며, 정치학과에서 앱터 David Apter의 비교 분석론과 근대화론 그리고 식민주의와 제국주의에 대한 개인 지도도 받았고, 사회학과의 에버하르트Wolfgang Eberhardt로부터 동양 사회에 대한 사회사 강의도 들었다. 한 해가 지나면서 내 스스로 평가도 하고 벨라의 평가를 받아야 될 때를 맞았다. 마침내 정식으로 사회학과 대학원 학생으로 정착할 수 있는 기회를 얻게 되었다. 예일에 돌아가지 않겠다는 뜻을 전하였다. 언제나 공부의 압력을 받으며 팽팽한 긴장 속에서 지내야 했지만 자유의 위태한 가장자리로 나아가 비판 정신을 날카롭게 세워야만 했던 그 활력 넘치는 버클리의 학풍에 마음을 빼앗겼기 때문이다. 정장의 풍토를 벗어나 셔츠 차림에 길들여지기까지 그렇게 긴 시간이 필요치 않았다. 이곳이 내게 어울리는 곳이라고도 여기게 되었다.

기라성 같은 교수진, 그들의 문제의식과 독창성에서 나는 표현할 수 없는 깊은 인상을 받았다. 특히 스멜서Neil J. Smelser의 이론 수업과 집합행동 강의에서 그의 체계 분석에 접할 수 있었고, 스완슨Guy Swanson의 정밀한 통찰력에 커다란 자극을 받았으며, 콘하우저William Kornhauser의 정치사회학 과목을 통하여 현대사회의 문제와 함께 사회 이론의 또 다른 줄기에 대해서도 관심을 갖게 되었다. 그러나 누구보다 벨라로부터 나는 지울 수 없는 커다란 영향을 받았다.

개인 수업을 통하여 베버와 뒤르케임을 각각 한 학기씩 읽어 사회학의 이론 전통을 다질 수 있었으며, 그 만남을 통하여 문제 설정과 그 문제의 확장 가능성에 대해서도 생각해 볼 수 있었다. 어느 만큼 인정받았다고 할까…, 어느 일본 대학원생이 베버를 공부하러 버클리에 왔을 때 벨라가 우선 나를 만나 이야기를 나눠 보라고 해 나를 찾아왔으니 말이다. 이제 맑스와 함께 베버와 뒤르케임, 이 세 거장이 내 이론 장치의 머릿돌이 되었다. 공부의 재미는 이들과의 끊임없는 대화에서 더해 갔다.

어리석은 어릴 적 이야기다. 나는 연세대학의 대학원 시절만 하더라도 공부의 표본이 백 낙준 박사와 같은 것이었다. 유수한 대학에서 학위를 받고 또 대학의 행정도 해 보는 것이 대학인이 걸어야 할 정형인 듯이 생각했었다. 내가 대학원생이었을 때 백 박사를 어느 만큼 가까이 대하였고 그분도 나를 격려해 주곤 하여 특별한 느낌도 지니고 있었다. 그렇게 하여 그가 나의 '자아 이상' 같은 것으로 자리 잡게 되었는지도 모르겠다. 그러나 그것은 곧 무너져 내렸다. 예일에 있을 때였다. 백 박사의 학위논문을 지도하였던 라투레트K. S. Latourette 교수를 만났다. 평생 독신으로 학문에 모든 것을 바친 큰 학자였다. 그는 은퇴한 다음에도 학생 기숙사 한 모퉁이에 기거하면서 대학 교정을 떠나지 않았다. 당연히 백 박사의 저서 책머리에 적어 두었던 지도 교수 라투레트의 이름을 나는 익숙히 알고 있던 터였다. 언젠가 한번 만나 보고 싶던 인물이었다. 바로 그분을 학생 식당에서 만난 것이다.

카페테리아 한쪽 테이블에 라투레트 교수가 자리하고 있었다. 나는 음식을 담아 그의 테이블로 가서 함께 앉아도 되는지 여쭈었다. 물론 좋다고 하였다. 앉자마자 나를 소개하였다. 조금은 자랑스럽게 나는 연세대학교를 다녔고 백 박사도 가까이 아는 관계라고 하였다. 그의 첫 반응을 지금도 잊지 못한다. 나로서는 참으로 이해할 수 없는 것이었기 때문이다. 통례의 인사가 오가자마자 그는 즉각 '조지 백백 낙준의 서양 이름에게 실망했다!'고 말했던 것이다. 나는 참으로 의아하여 갈피를 잡지 못하였다. 나의 영어 청취력이 그 말을 알아듣지 못할 만큼 나쁜 것은 아니었을 터이기에 더욱 어리둥절했다.

대화는 이어졌다. 그가 실망한 것은 다른 것이 아니라 백 박사가 학문을 버려둔 채 행정으로 빠져들었다는 것이었다. 권위를 갖춘 학벌에다

총장과 문교부 장관을 맡았고 그것 때문에 우리나라에서 모두 그를 우러러보게 된 것인데, 라투레트 교수는 전혀 다른 평가를 내리고 있었다. 얼토당토않게 들릴 수밖에 없었다. 도저히 이해할 수도 받아들일 수도 없는 평가였다.

버클리 시절 내 스스로 공부를 즐기게(?) 되면서 비로소 라투레트 교수의 질책에 담긴 뜻을 되새겨 볼 수 있었다. 그 뜻을 얼마 만큼 알게 되고 나아가 동감하게도 되었던 것이다. 그것은 오늘까지도 여전히 유효하다. 실제로 수많은 사람들이 외국 대학에서 학위를 마치고 돌아와 그것을 시발점으로 하여 자신의 학문을 일으키려 하기보다 그 학위로 '행정의 사닥다리'를 오르는 도구로 삼아 왔다. 이것이 이른바 해외 유학파 지식인층이 보여 준 삶의 방식이었다. 이제 그것은 지식계급이 당연히 뒤따라야 할 삶의 모범처럼 굳어지기까지 하였다.

이렇게 하여 수많은 외국 유학생과 학위 취득자가 있었는데도 우리나라의 학문은 생각만큼 일어나지 못하였다. 미국의 영향권에 들면서 적어도 지난 반세기 동안 미국 학문을 접하였지만 우리다운 이론과 방법이나 학문의 틀을 만드는 데 미국 학위가 기여한 것은 없었다. '어제'와 '이제'뿐이 아닐 것이다. '올제'에도 공부하기 위하여 수많은 사람들이 해외로 떠날 수밖에 없을 것이다. 그 많은 해외 학위 소지자가 있었지만 학문의 씨가 땅에 뿌려져 뿌리내리고 그 줄기가 뻗어 잎이 무성해지기에는 학문의 토양이 너무도 얇고 얕은 채로 남아 있다. 고뇌하는 '국내' 박사가 남은 희망이다.

3. 대학에 돌아와서

1975년에 돌아와 모교의 사회학과에서 가르치기 시작했다. 유신의 절정기라 고민과 주저 없이 돌아온 것은 아니었다. 제한된 삶의 목표를 설정하고서야 돌아온 것이다. 가르친 과목은 사회학 이론, 사회변동, 집합행동과 사회운동, 비교 역사 사회학, 종교사회학, 정치사회학에 걸쳐 있었다. 이러한 관심에 따라 이론에 대한 글을 발표하는 한편 사회학과 우리 역사 경험을 잇고자 하는 글도 발표하였다. 베버와 뒤르케임 그리고 현대 이론에 대한 글과 함께 한말 이후 우리 사회의 변동 과정과 사회운동에 대한 글이 그것이다. 그러면서 나의 관심과 어울리게 좁은 사회학의 테두리 안에 머물지 않고 그것을 넘어 다른 학문의 관심 세계로도 나아가 이들과 대화코자 하였다.

「현상과인식」의 창간에 참여하게 된 것도 이러한 뜻에서였다. 미국에서 공부할 때 몇몇 평론가들을 중심으로 우리나라에서 문학 전문 잡지가 창간되었다는 소식을 들었다. 나의 관심은 물론 그러한 데 있지 않았다. 학술 논문만을 싣는 학술 계간지 같은 것이 필요하다고 생각해 왔던 것이다. 「다이달로스」Daedalus와 같은 학술지를 금세 떠올릴 수 있었다. 같은 주제를 두고 여러 학문의 눈으로 바라보면서 생각을 함께 나눌 수 있는 학술의 마당을 아쉬워했다. 그것이 우리나라의 학문 수준을 함께 높여 갈 수 있는 한 방편이라고 보았던 것이다.

귀국한 다음 나는 옛 벗 진 덕규 교수와 자주 만나 우리나라의 대학과 학문에 대하여 많은 생각을 나누었다. 그때 학술 전문지에 대한 생각이 튀어나왔다. 나는 나대로 미국에서 생각해 왔던 바를 이야기하게 되고, 우리나라에서 치열하게 공부해 왔던 진 교수는 그 나름으로 생각했던 바를 꺼내 놓았다. 두 갈래의 생각이 하나로 모였다. 연세대학 교정에 첫눈이 내리던 1976년 초겨울 어느 날 도서관이 있던 용재관 일 층의 창문 옆에서였다. 몇 차례 만나 생각을 구체화시켜 나갔다. 뜻있는 몇 사람을 더 모으고자 하였다. 비슷한 때 학위를 받고 돌아와 같은 대학에서 가르치기 시작한 박 동환 교수, 임 철규 교수, 오 세철 교수와 함께하도록 하였다. 곧 일을 시작하여 1977년 봄 「현상과인식」 창간호를 내었다. 창간사나 선언문은 적지 않도록 했다. 우리가 택하는 주제와 거기에 실린 글들이 이 학술지가 뜻하고자 하는 바를 말해 주도록 하였다.

제호를 두고는 꽤 긴 시간을 보냈다. '인식의 방법'이 마지막까지 남은 가장 강력한 후보였다. 그것이 얼마 동안의 토론 끝에 '현상과 인식'으로 바뀌게 되었고, 조금은 격한 토론 끝에 제호는 한글로 표기토록 하였다. 학술지라면 모두 한자로 제호를 표기하고 토씨만을 한글로 작게 적고 있던 풍토에서 우리는 한글을 고집했다. 일제 강탈기의 찌꺼기를 털어 내지 못한 지식계에 대한 도전이었으며, 나아가 의사소통의 수단은 마땅히 민주스러워야 한다는 믿음의 표상이었다. 아무리 그럴듯한 것이라 하더라도 모두 한문으로 적어 그 소통의 범위를 특권계층 안으로 제한하였던 실학자들과도 다른 지향성이었다.

나는 오늘도 한글만 쓰기를 굳게 내세운다. 일제 강탈기 국민학교초등학교에 들어가자마자 광복이 되어 우리글을 되찾아 써야 한다는 세찬 생각에 깊이 영향을 받았을 뿐만 아니라, 외솔 최 현배와 한결 김 윤경이 가르쳤던 대학을 다녔기 때문일 것이다. 나는 물론 국어를 전공하는 학생이 아니었다. 두 선생의 가르침을 직접 받지 못했다. 그러나 대학에 채플 시간이란 것이 있었다. 그 시간을 통해 여러 선각자의 삶과 생각을 만날 수 있었던 것이다. 채플은 내가 받은 특권이었다. 이 채플 시간에 잃어버린 나라의 말글을 갈고닦기 위하여 모든 것 마다하고 고난의 길을 택했던 외솔과 한결의 이야기를 들을 수 있었던 것이다. 빼어난 학자이자 지사요 또 인격자인 이 두 겨레의 스승이 살아온 삶의 이야기를 듣고 은연한 가운데 나도 한글주의자가 되었다.

버클리에서였다. 동양도서관에서 중국 학생을 만났다. 서로 인사를 나누었다. 내가 적어 준 영어 이름에 한자를 적어 달라 한다. 한자를 쓰지 않고는 의사소통의 어려움을 배겨 낼 수 없는 '한자 쓰는' 나라 사람이라는 것을 그는 잘 알고 있었다. 비록 한국이 독립되었다 해도 중화문화권에 속해 있지 않느냐는 투였다. 일본 학생도 만났다. 마찬가지였다. 여기에 하나 덧붙였다. '대동아공영권' 운운하는 눈치였다. 동양학을 한다는 미국 학생도 이들과 같은 생각이었다. 나는 그때부터 한문으로 이름을 적어 주지 않고 적지 않는다는 결심을 굳혀 버렸다. 아이를 낳게 되면 한글로 이름을 짓겠다고 다짐도 하였다. 아이가 자라 나처럼 한문으로 이름을 적어 달라는 요구에 쓸데없이 고민하지 않도록 아예 한글로 이름을 지어 호적에도 그렇게 올렸다. 내 아내도 같은 집안 배경에 같은 학교를 다녔기에 이러한 마음은 서로 하나였다.

대학에서 가르치기 시작한 후 내가 발표한 글은 모두 한글이다. 한자나 영어 따위는 모두 괄호 안에 들어가고, 페이지p. 또는 pp.나 면面도 모두 '쪽'으로 쓰고, 상게서나 전게서ibid. 또는 op. cit.도 모두 '윗글'로 통일해 쓴다. 바깥 나라에 가서 공부하고 온 사람들이 그 나라에서 익힌 방식을 표준이라는 듯 강변하면서 우리 논문의 '따옴'과 '달음' 표기 방식은 백화점의 물건처럼 가지각색이고 제각각이었다. 우리 동포를 향해 쓴 글이라면 그것은 모름지기 모두가 알아볼 수 있는 우리 말글로 바꿔 놓아야 했다. 조금 뒤늦긴 해도 80년대 들어 「현상과인식」도 그렇게 쓰도록 하였다. 문제 될 것은 아무것도 없었다.

내 생각을 적어 발표할 수 있는 마당은 「현상과인식」뿐이 아니었다. 1980년대에 들어서 이론에 대한 생각을 북돋고자 두 가지 일에 관심을 쏟아 보았다. 사회학이 몰이론의 길로 접어들고 있어 「사회학연구」라 하여 무크지 형태로 내는 일에 관여하여 여기에 글을 실었으며, 우리 사회를 '이론의 차원'에서 풀어 보고자 하는 뜻에서 한국사회이론학회를 만드는 일에 참여하여 이 학회의 정기간행물인 「사회이론」에도 쉬지 않고 발표하고자 하였다. 앞의 것은 몇 해 전부터 나오지 않고 있으나 뒤의 것은 활발하게 엮여 나오고 있다. 이 모두는 좁은 사회학의 틀을 벗어나 학제 간 연구에 기울어진 나의 관심 세계와 깊은 친화성을 갖는 학술 모임이며 학술지이다.

그동안 나는 두 바퀴를 돌리려 했다고 할 수 있다. 하나는 사회(과)학의 이론에 대한 관심이고 다른 하나는 우리 사회의 역사 경험에 대한 관심이다. 나의 관심 세계가 이 두 바퀴 위에 실려 여기까지 왔다 할 수 있다. 이론은 물론 현대의 것에도 주목해야 하지만 나는 고전 이론으로 돌아가 거기에서부터 비판의 조명등을 비춰 보고자 했다. 현대 이론도 이러한 빛을 받아야 했다. 우리의 지성계는 여태 경박스러움을 떨쳐 버리지 못하여 바깥 학계의 유행을 뒤따르기에 바쁘다. 언젠가 나는 이것을 빗대어, "우리에겐 유행을 뒤좇는 토끼의 민첩함은 있었으나 호랑이의 집요함은 없었다. 바깥 가락에 곧잘 맞추어 따라 부르는 앵무새의 잔재주는 있었으나 높은 곳에서 아래를 내려다보는 독수리의 투시력은 없었다"고 쓴 적이 있다.

'문제의식'이라는 겉옷을 걸치고는 실상 외국 유행 품목의 판매원 구실을 하고 있는 모순된 상황을 극복하기 위하여, 고전 이론과 다시 만나

대화하여 학문의 참모습을 확인하면서 자기 품위를 찾아야 했다. 이론가들이 던진 물음에서 배울 터이지만 그러나 그들의 물음이 반드시 오늘 우리가 던질 물음일 수는 없기 때문에 우리의 역사 전통과 오늘의 현실을 집요하게 파헤쳐야 했다. 나는 이러한 접근 방식을 '역사-구조적'인 것이라고 이름 붙여 보기도 하였다. 나아가 우리 사회를 성찰의 마음으로 살피고 그 돌파의 길을 찾아야 했다. 여기에 비교 역사 사회학의 관심이 이어졌다. 동양과 서유럽에 한정할 것이 아니었다. 뜻하지 않게 나는 동유럽의 역사와 사회에 대한 관심을 이어 갈 수 있는 특권 같은 것도 누리게 되었다. 나는 이것을 매우 소중하게 여겼다. 폴란드와 헝가리의 개혁 운동을 견주어 보고, 체코의 반체제 극작가였다가 대통령이 되었던 바츨라프 하벨의 생각과도 마주하였다. 비교의 관심은 관심의 확장을 돕고 성찰의 계기를 일깨운다.

우리 사회의 문제는 무엇인가? 나는 우리 사회의 뼈대가 되는 친족 중심의 의식 세계를 들추어 '가족주의' 또는 '유사 가족주의'로 이름 붙여 그것이 우리의 습속을 이루어 조직 원리로 작동한다는 점을 밝혀 보았다. 혈연, 지연, 학연의 원형을 '가족 의식'에서 찾아 그것을 가족주의로 개념화해 본 것이다. 한국 전통 사회의 구조와 한말의 사회변동에 대한 몇 편의 글과 「역사와 사회 변동」에 실린 글이 이 논지에 관한 것이다. 이어 가족주의가 우리의 경제성장과 어떻게 연결되고 그것은 또 어떤 문제를 자아내고 있는지를 따져 볼 수 있었다. 「우리 사회의 성찰적 인식」은 여기에 집중하고 있는 글 모음이다. 좁다란 자기 이익과 편의의 논리, 오늘의 자본주의와 반자본주의 그 모두에 바탕하고 있는 '경제주의'의 질펀한 흐름을 들춰내어 그것이 우리의 삶을 틀 짓고 있는 가족주의와 기묘하게 맞물려 있다는 점을 논지로 내세웠다. 오늘의 우리 모습을 이해하는 데 가족주의와 경제주의는 매우 유용한 개념이며, 오늘의 뒤틀린 상황을 벗어나기 위해서는 이 둘이 서로 물려 있는 삶의 틀을 부수어 그것을 넘어서야 한다는 생각을 펴고자 하였다. 이것이 나의 공동체주의이다. 지난 90년대 중턱을 넘어서야 '공동체주의'라는 말을 붙인 글을 썼지만 이에 대한 관심은 내 속에 이미 뿌리내려 있었던 것이다.

이렇게 하여 나는 오늘에 이르렀다. 사회학 이론과 사회변동 현상에 이끌려 다양한 생각에 맞닿아 보고, 서유럽을 지나 동유럽을 만나면서 더욱 넓은 지평을 바라보기도 하고, 우리 사회의 뼈대와 변화를 논하고자 역사 경험과 대화하면서 특정 학문의 벽을 넘어서고자 하였다. 자연히 나의 관심은 사회학의 경계 안에 머물러 있을 수 없는 것이었다. 그 테두리를 넘어 여러 영역으로 번져 갔다. 미국에서 공부해 본 사람으로 나는 유럽의 학문 전통에 대하여 관심을 가지고 거기로 뻗어 나가고자 하였다. 첫 안식년을 옥스퍼드에서 보내고 독일의 튀빙겐에서 잠시 머문 것이나 스코틀랜드의 글래스고대학에서 몇 해를 보냈던 것도 나의 관심 세계를 넓혀 보고자 함이었다. 불가피한 경우가 아니라면 사회학과에 소속되기보다 칼리지나 연구소와 같은 곳에 들어서고자 하였다. 그러나 이것은 별난 생각이랄 수 없다. 이것이야말로 오늘의 비좁은 사회학과는 달리 사회학의 창건자들이 품었던 창학의 정신이었을 것이다. 1972년 가을부터 한 해 동안 특별 학생으로 하버드에 머물고 있을 때 파슨스의 마지막 강의를 들으면서 생각해 본 것도 그러한 것이었다. 오늘의 사회학이 본래의 뿌리로부터 벗어나 지엽 말절의 문제에 사로잡혀 있을 때 나는 그 뿌리로 다시 돌아가 거기에서 잃어버린 포용과 포괄성의 시각을 되찾고 싶었던 것이다. 좁은 것에 매달리고 좁은 틀 안에 갇히는 것을 나는 견디지 못하는 성미이다. 그것을 넘어서고 또 그것을 넘어서야만 직성이 풀린다고나 할까.

4. 시민으로

오늘의 삶은 우리의 습속에 뿌리내린 가족주의와 점차 그 도를 더해가고 있는 경제주의가 빚어내는 이기심과 탐욕 때문에 갈기갈기 찢겨 있다. 온전한 통합과 솔리대리티를 기대하기 어려운 상황이다. 얼마 전부터 이야기하기 시작한 '시민'이라는 것도 자기 이기성의 한계를 넘어서지 못하고 그 울타리 안에 갇혀 버리기 일쑤다. 말만의 요란한 시민이다. 참된 시민은 좁은 삶의 관심 세계를 넘어설 수 있어야 한다. '시민다움'이란 자기 권리의 주창 그 너머 자기가 속한 공동체에 대한 참여와 헌신에 뿌리내리고 있어야 한다. 나는 최근 이러한 시민, 이들이 참여하는 시민운동, 이들이 기여하는 시민사회에 대한 관심에 이끌리고 있다. 이것은 사회운동에 대한 오랜 관심과도 이어져 있는 주제이다. 이 때문에 1997년 한국사회운동학회의 창립에도 참여했으며 지금도 그 모임에 열심이다. 학계와 시민운동 단체 사이에 다리를 놓아 함께 고민코자 하는 이 학회의 뜻에 공감하기 때문이다.

나는 지난 2000년부터 생태계를 지키고 생명을 존중하는 시민운동에 관여하고 있다. 녹색연합의 상임 대표 일도 한다. 생명체에 대한 경건한 마음으로 이 운동에 참여하고 있고 이 운동을 배운다. 이것은 우리 사회를 괴롭히고 있는 좁은 이기심과 잔인한 탐욕성을 제어하고자 하는 작은 몸짓에 지나지 않는다. 그러나 이것은 나의 협소한 삶의 테두리를 벗어나 공동체의 선에 다가갈 수 있는 뜻있는 길이며, 두려움 없이 생태계를 마구 깨면서 개발과 성장을 감행하고 있는 오늘의 문명에 대한 몇 안 되는 '깊은' 비판 행위이자 돌파 가능성 가운데 하나라고 믿고 있다.

로버트 벨라1927-2013, 나의 선생을 기림

1. 알림

미국 시각으로는 지난 7월 31일, 우리 시간으로는 하루 늦은 8월 1일 목요일 늦은 밤에 베일러대학교에 있는 김 영일 박사로부터 전자우편을 받았다. 거기에는 "로버트 벨라"라는 제목이 붙어 있었다. 그날따라 무슨 소식일까 하고 마음을 졸였다. 그의 건강이 염려스러웠기 때문이다. 그는 "박 선생님께, 선생님 안녕하신지요?" 하고 적은 다음 이내 "이미 아실 수도 있지만 로버트 벨라가 소천하셨다는 안타까운 소식을 전합니다"라고 했다. 나의 선생 로버트 벨라 교수가 7월 30일에 세상을 떠난 것이다. 여든여섯 나이로.

갑작스러운 소식을 듣고 나는 어리벙벙하여 갈피를 잡지 못하고 한참 멍한 느낌에 사로잡혔다. 얼떨결에 이렇게 적어 보냈다. 그에게서 받은 오랜만의 소식이라 "반가운 편지"였지만 "슬픈 소식!"이라고. 그 비

* 이 글은 「현상과인식」 37권 3호(2013년 가을)에 실려 있다.

보를 접한 다음 내가 나를 조금이라도 추스를 수 있었다면, 나의 표현으로 "유일한 위로는 내가 벨라 교수를 지난해 5월에 버클리에서 만나 뵈었다는 것…"이라고 적고는 "곧 또 적겠다"라는 말로 서둘러 전자우편을 매듭지어 보냈다. 며칠 뒤에는 며느리가 내가 "얼마 전에 그를 만나게 되었다는 것이 얼마나 다행입니까!" 하고 위로해 주기도 했다.

영일 박사가 보낸 소식에 이어, 우리 집 전화 녹음기에 「크리스처니티 투데이」의 김 은홍 편집인도 목소리를 남겼다. 그는 세계 지성계가 어떻게 움직이고 기독교와 교회는 또 어떤 문제에 부딪치고 있는지를 날마다 살펴보는 언론인이다. 벨라 교수가 세상을 떠났다는 것을 그도 알게 되었던 것이다. 그 기사의 출처를 내게 전자우편으로 보냈다고 했다. 그가 나를 통하여 벨라 교수의 생각을 만난 사람이다. 베버의 '프로테스탄트 논지'와 비슷하게 일본의 근대 변동을 종교 윤리와 이어 보고자 했던 벨라 교수의 책 「도쿠가와 종교」Tokugawa Religion: The Values of Pre-Industrial Japan, 1957를 우리말로 옮길 때 그는 정 재영 박사와 함께 나를 도와주었던 사람이기도 하다. 그런 만큼 벨라 교수와 나의 각별한 관계를 잘 알고 있을 뿐만 아니라 그 자신에게도 벨라 교수는 특별했을 것이다. 그러고 보니 그가 전화기에 남긴 목소리는 평소와 달리 한층 무거운 듯했다.

그리고 며칠이 지난 다음 경희대학교에서 가르치는 김 중백 박사로부터 연락이 왔다. "아실지 모르겠지만 로버트 벨라 교수가 최근에 돌아가셨다고 합니다. 아래는 링크입니다" 하고 버클리의 뉴스 출처를 알려 주면서 "벨라의 영향을 많이 받으신 선생님이시기에 슬픔이 더 크시리라 생각합니다"라고 했다. 앞서 내가 영일 군과 은홍 군에게서도 벨라 교수의 소천 소식을 전해 받았다고 하고는 그에게 감사의 마음을 전하면서 "그렇다! 벨라 선생과의 만남이 없었다면 나의 오늘은 없었을 것이다"라고 적어 보냈다.

그의 소천 소식을 전해 준 김 영일의 마음에, 김 은홍의 마음에 그리고 김 중백의 마음에 나의 허전함과 서운함이 감지되었고, 그것은 이들에게도 이렇게 저렇게 울리었음이 분명하다. 이 울림은 영원성의 실상에 대한 거울이다.

2. 스승

영일 박사가 소식을 알려 왔던 바로 그다음 날이었다. 버클리 사회학과에서 벨라 교수가 세상을 떠났다는 소식을 전해 주었다. 대학원 졸업생 명단에 나의 이름도 올라가 있는 만큼 나도 그 소식을 전해 받아야 할 사람이었다. "뜻밖에도 어젯밤 심장판막 수술 다음에 세상을 떠났다"는 슬픈 소식을 나누고자 연락한다고 했다. 이어 벨라 교수는 지난 "50년 동안" 버클리 사회학과에서 "높이 치솟은" 출중한 인물이었다고 하면서 장례 준비가 되는 대로 알려 주겠다고 했고, 오랫동안 벨라 교수와 가까이 지내면서 「마음의 습속」Habits of the Heart, 1985을 함께 썼던 스위들러 교수가 "[벨라 교수]가 86세였지만 그 지성의 에너지는 수술 직전까지 줄어들지 않았다"고 한 말도 더해 주었다.

나는 이 전자우편을 받고 그대로 지나칠 수 없었다. 짧게나마 이렇게 적어 보내었다. "벨라 교수님이 세상을 떠나셨다는 슬픈 소식을 받게 되었군요. 교수님은 저의 버클리 대학원 시절1968-1975 지도 교수셨고, 제가 한국에서 가르치는 동안 지성의 영감을 주어 온 공급원이었습니다. 그의 학문과 성품을 제 마음속에 품고 기억하고자 합니다."I am saddened to hear the news of Professor Bellah's death. He was my advisor during my graduate years 1968-1975 at Berkeley and has been a source of intellectual inspiration for my teaching career in Korea. His scholarship and character will be cherished and remembered in my heart. 그가 이 세상에 없어 마음이 너무도 허전하고 침통한 채로.

누구에게라도 선생은 있다. 하지만 선생이라고 해서 다 '선생'이 되는 것은 아니다. 선생의 가면을 쓴 짐승 같은 자도 있고 아예 본바탕을 갖추지 못한 자도 있다. '선생'이란 어느 하나둘로 쉽게 묶이지 않는 여러 뜻을 뿜어내는 낱말이다. 우리는 참다운 선생을 그린다. 그러한 선생을 우리 가까이에서 찾기가 어렵다고 하더라도 우리는 그 선생을 그리워한다. 그 선생은 지역의 울타리를 넘어서고 문화의 테두리도 벗어날 수 있는 존재이다. 이와 같은 뜻에서 벨라 교수는 나의 '선생'이고 진정 나의 '스승'이다. 공부 길에 들어선 내가 모자란 채로나마 공부라는 것의 깊은 맛을 보게 되고, 어떤 경지에는 감히 이르지 못했을망정 멀리서라도, 아주 멀리 떨어져서라도 그 공부의 경지를 바라다볼 수 있게 된 것은 오로지 벨라 교수 때문이다.

그는 누구보다 넓고 깊이 생각하는 대학자였다. 하지만 학자연하는 사람들이 흔히 보이는 괴팍스러움이란 조금도 찾을 수 없는, 너그럽고 친절한 인격자였다. 이러한 선생을 내가 오래전에 만나 그에게서 배웠던 것이다.

3. 만남

만남이란 언제나 신비스러운 일이다. 뜻깊은 만남일수록 그 만남은 더욱 신비스러울 수밖에 없다. 내가 공부를 더 하겠다고 1966년에 미국 대학으로 가서 가까스로 한 해를 끝낸 다음이었다. 조금은 정신을 차리게 되었을 때였다. 그러니까 미국에서 맞은 첫 여름방학이었다. 오랫동안 내가 관심을 두어 온 '종교'와 '사회' 사이의 문제 영역으로 한 발짝 더 다가갈 수 있었다. 나의 눈을 끈 책이 있었다. 근대 아시아의 종교와 사회변동에 대한 글들을 묶어 놓은 책이었다Religion and Progress in Modern Asia, 1965. 벨라 교수가 이 책의 엮은이였다. 그가 쓴 '머리글'과 함께 60쪽이 넘는 제법 긴 '에필로그'를 읽으면서 나는 '바로 이것이구나!' 하고 소리쳤다. 한두 번이 아니고 몇 번이었을 것이다. 나는 그렇게 맞장구치며 그의 학문 세계를 만나고 그의 관심 세계에 들어섰다. 가을 학기가 시작되면서 나는 예일대 신학부와 종교학과에 속한 리틀 교수에게 배우고자 하여 종교사회학의 고전을 읽는 '개인 지도 과목'을 이수하게 되었다. 그는 탤컷 파슨스와 해럴드 버먼과 함께 벨라 교수에게서도 배운 바 있는 터라, 이 과목을 통하여 나는 그로부터 벨라 교수의 연구 영역에 대하여 좀 더 자세한 이야기를 들었는가 하면 그에게 나의 공부 관심을 알리게도 되었다. 나의 관심을 귀히 여긴 그는 내가 하버드로 옮겨 벨라 교수에게 직접 지도를 받으면 좋겠다고 격려해 주었다. 나의 마음은 마냥 들떠 올랐다.

그러나 내가 벨라 교수에게 가야겠다고 마음먹었던 그때 그는 하버드를 떠나 버클리로 가고 말았다. 내가 갈 곳은 이제 버클리뿐이었다. 벨라 교수와 몇 차례의 편지를 주고받은 다음 나는 버클리로 가겠다는 마음을 굳혔다. 그때만 하더라도 이 대학의 사회학과는 가장 뛰어난 학과라는 명성을 지니고 있었던 만큼 나와 같은 배경을 가진 사람으로서는 도저히 입학할 수가 없는 곳이었다. 누구도 나의 학구열을 따라잡을 수 없다고 아무리 강변한다고 해도 대학이란 학구열 하나만으로 입학을 허락해 주는 곳이 아니기 때문이다. 그리하여 그는 동아시아학과 학생으로 등록할 수 있게 기회를 마련해 주었다. 내게 보낸 편지에서 버클리가 내 마음에 드는지도 먼저 살펴봐야 하지 않겠는가 하고 매우 너그럽게 대해 주었지만 그 또한 나의 됨됨이를 직접 보고 평가해 봐야 하지 않겠는가 하는 속뜻이 있었을 것이다. 한 해 동안은 두 쪽 모두가 테스트할 수 있는 기간이었던 셈이다.

나는 그를 지도 교수로 하여 학기마다 그와 의논하여 수강할 과목을 선정하였다. 주로 사회학, 역사학, 정치학 과목이었다. 나는 학과 공부에 열중하였다. 강의실과 도서관과 집만을 오갔을 뿐 그 바깥으로는 한 번도 나가지 않았다. 그야말로 두문불출이었다. 나는 언어의 벽이 있음에도/있었기에 내 나름의 독창성을 자아내지 않으면 안 되었다. 이것은 분명 어려운 일이었으나 즐거운 일이기도 했다. 공부 길이란 그러한 것이어야 하기 때문이다. 인정을 받았다고나 할까…, 나는 그다음 해 봄 사회학과의 정식 학생이 되었다.

벨라 교수를 만나 그의 가르침을 받게 되면서부터 나는 그의 학문 세계에서 흘러나오는 '배움의 묘미' 같은 것도 맛볼 수 있게 되었다. 그의 강의에서 나는 이루 말할 수 없는 감동을 받았다. 그는 단순히 전문 지식을 전하는 통상의 강의 수준을 넘어서서 그것이 터하고 있는 '의미'의 문제를 찾아 보고자 하였다. 나는 집에 돌아와 아내에게 그 감동을 전하고자 했고 그 감동은 아내에게도 전해졌다. 이 관행은 어느 한 과목이나 학기가 아니라 대학원의 모든 과목과 과정에서 지켜졌다. 이렇게 우리 둘은 벨라 교수에게 배운 대학원 학생이었다.

나는 그를 교실과 연구실에서 만났다. 하지만 사사로운 만남도 있었다. 결혼한 학생들을 위한 기숙사에 미처 들 수가 없어서 우리가 반년쯤 버클리의 남쪽에 자리한 오클랜드의 반지하 방에 살고 있을 때였다. 내가 정식으로 사회학과의 학생이 된 그 직후였다. 우리가 벨라 교수 부부를 우리가 사는 곳으로 초대했던 것이다. 이들은 쾌히 응해 주었다. 나의 아내는 한국 음식을 준비하여 대접했다. 그때 우리는 여러 이야기를 나누었다. 내가 그에게 왜 그가 하버드를 떠나 버클리로 왔는지를 물어보기도 했다. 그는 하버드에 있을 때는 겨울마다 폭설 때문에 운전하기가 어려웠지만 기후가 좋은 버클리에서는 운전하는 데 아무런 어려움이 없기 때문이라고 농담 삼아서 말했지만, 얼마 뒤에 그 스스로 적어 두었듯이 하버드의 "당당한 확신"과는 달리 버클리가 보여 준 "강렬함과 긴박성과 그리고 불확실성"에 그가 이끌렸기 때문이었다. 그가 저 대학에서 이 대학으로 옮긴 데에는 미국 사회를 보는 그의 안목과 시대의 변화를 읽는 지성이 있었던 것이다.

그때의 기억거리는 또 있다. 내가 동부 끝에서 서부 끝으로 차를 몰고 온 유일한 이유가 벨라 교수 때문이었다는 것을 그의 부인 멜라니 여사가 듣고는, "자기 남편이 그렇게 대단하지는 않다!"고 하여 함께 웃었던 기억이 아직도 생생하다. 어찌 되었건 내가 미국 대륙을 횡단한 것은 오로지 벨라 교수에게 가서 그의 학문을 직접 만나고자 함이었다. 그는 통례의 미국 사회학자에게서는 찾아 볼 수 없는 어떤 깊은 생각과 씨름하고자 한 비범한 사회학자였으며, 평범한 사회학 과목에서는 마주할 수 없는 경계 허물기와 경계 넘나들기를 감행코자 하고 경계 그 너머의 어떤 세계를 바라보고자 한 유다른 학자였다.

4. 맞섬

그는 어릴 적부터 미국의 자유와 인권과 민주주의라는 가치에 만족하며 살아가고자 하는 동시대의 미국 사람들과는 다른 생각을 하고 있었다. 누군가가 치켜세우는 어떤 것, 그것이 자기 나라이고 자기 나라의 그 무엇이든 그는 그 모든 것을 마땅하게 여길 수 없었으며 실제로 마땅하게 여기지 않았다. 그 모든 것 너머의 더욱 온전한 것에 마음 문을 열어 두어야 했기 때문이다. 이와 같은 자기비판의 마음가짐은 그가 대학에 들어와서 더욱 뚜렷해지기 시작했다. 그는 미국이라는 한정된 세계 그 너머로 나아가고자 했다. 그가 아메리칸인디언에 대한 관심을 갖게 된 것도 이 때문이었다. 인디언 연구로 학부 논문상을 받고 이어 그 논문이 하버드대학 출판부에서 박아 나올 만큼 일찍부터 자신의 학문 능력을 증명해 보였다. 이러한 학문 관심으로 그는 미국 사회의 틀 그 바깥으로 끝없이 뻗어 나가고자 했다. 그는 어느 한 곳에 머물러 있고자 하지 않았다. 그는 대학의 공산당 공부 모임John Reed Society에 들어가 맑스주의를 논하고자 했고 그 자신 미국공산당에도 들어갔다.

그런데 이 공산당의 전력이 그의 대학원 공부에 걸림돌이 되었다. 마침 미국이 매카시즘의 거센 바람에 휘둘리고 있을 때였다. 근엄한 하버드대학조차도 초라한 몰골이 되었을 정도였다. 1954년의 일이었다. 대학이 연방수사국FBI과 같은 공안 정보기관과 협력하는 조력자의 기능을 자임하고 나서기도 했다. 대학원생 벨라는 결혼하여 딸아이를 두고 있었는데 대학은 이 가족의 유일한 수입원인 장학금을 '미끼'로 삼아 그를 회유하며 협박해 들어왔다. 대학원장이 그의 공산당원 전력을 문제로 삼고는 연방수사국과 협조하라고 요구했다. 무참히 유린당하고 있는 자기 대학 학생의 인권을 지켜 주기 위해 대학 당국이 당당하게 나오기는 커녕 국가권력 앞에 굴종하여 약자인 학생을 범죄인 다루듯 했다. 그러나 이 대학원생은 의젓하였다. "조사를 받기 위해 … 불려 가 충분히 협조하지 않는 것만으로 생활과 직업이 붕괴하거나 파괴되는" 상황에 "내 자신의 활동에 대해서는 증언하겠지만" "다른 사람의 이름을 대지는 않겠다"고 단호하게 맞섰다. 극우의 사나운 바람이 미친 듯 불어 댈 때 하버드는 그 바람의 정체를 파헤쳐 대학답게 거기에 맞서지 못하였다. '대학을 지켜야 한다'는 그 번질거리는 핑계 뒤에 숨어 대학이 마땅히 지켜가야 할 가치와 이념을 한순간에 내팽개쳤던 것이다. 하버드는 참으로 비굴한 대학이었다.

그는 1947년에서 1949년까지 두 해 동안 공산당의 당원이었지만 이후에는 당의 울타리를 벗어나 있었다. 그가 바라고 그리던 세계상과는 달리 공산당의 위계 명령 체제는 당원의 목을 조이기만 했다. 그것은 떨쳐 내야 할 숨 막히는 갑갑함이었다. 그는 탈당하였다. 이것은 세계정세와는 무관한 일이었다. 1956년 헝가리에서 일어난 이른바 '부다페스트 의거'가 소련 탱크에 의하여 무참히 짓밟혀 공산 체제의 가면이 벗겨지게 되었을 때 수많은 유럽의 이상주의자들이 공산당의 당적에서 떠났던 그 사건보다 훨씬 앞서는 것이었다. 하버드 학생 벨라는 미국 사회의 틀에 맞서고자 하여 공산당에 들어섰지만, 그 어떤 것도 당연한 것으로 받아들이지 않겠다는 자신의 원칙에 따라 공산당의 틀에도 맞서야 했다.

5. 생각

벨라 교수는 어느 틀 안에 갇혀 있기를 한사코 거부했다. 그가 어떤 것을 귀하게 여겨 놓치지 않고 붙들고자 한 것이 있다면 그것은 틀 안에 갇혀 있지 않도록 북돋는 어떤 저항의 능력이고 그 틀 자체를 넓혀 가는 힘이었다. 지난해 봄에 내가 그를 만났을 때 그가 들려준 이야기가 있다. 그가 학부 학생이었을 때 조교의 권유와 압력을 받고도 사회학의 거장 파슨스의 과목을 오랫동안 수강하지 않고 버티었던 것은 거장이라고 해서 학생들이 몰려드는 그 '무리 지음'에 대한 저항이었다. 그는 졸업을 앞두고서야 그의 과목을 수강하였다. 놀랍게도 그가 찾은 파슨스의 학문은 그의 지향성과 다른 것이 아니라 같은 것이었다. 파슨스의 '체계 이론'이라는 것도 따지고 보면 어느 좁다란 틀에 생각을 가두어 두고자 함이 아니라 생각의 틀을 넓히고 그 폭을 넓혀 가고자 함이었다.

내가 1972-1973년 한 해 동안 하버드의 특별 학생으로 있을 때 파슨스의 강의를 들으면서 이 점을 확인하게도 되었다. 그는 장기 기증의 윤리 근거에 대하여 이야기하고는 그것을 기독교의 상징에 이어 놓고자 했다. 종교의 상징이 장기 기증을 용허할 수 있는 능력을 주어 그것이 장기 기증의 가능성을 열어 놓고 그것을 자극할 수 있기 때문이다. 이것은 파슨스 이론의 다차원성과 함께 그것이 강조해 온 '이념'의 중요성을 보여 주는 보기이기도 하다. 여기서 알 수 있듯이 파슨스 역시 어떤 좁은 학문의 울타리 안에 갇혀 있고자 하지 않았다. 그는 1946년에 '사회학'이라는 학과 이름 대신에 '사회관계학과'Department of Social Relations라고 이름을 붙인 새로운 학과를 만들어 사회심리학과 문화인류학도 함께 한 지붕 밑에 모으고자 하였다. 학문과 학문이 함께 만나는 학제 간 연구와 교육을 주도해 왔던 이 특별한 학과가 유감스럽게도 사반세기 이후 다시 '사회학과'라는 이름으로 돌아갔다. 이것은 오늘날의 사회학이 얼마나 비좁아지고 있는지를 보여 주는 바이기도 하고, 생각의 자유로움을 위하여 넓은 생각의 들판으로 나아가야 할 '학문'이 자체의 이해관계에 묶여 비좁은 칸막이를 치면서 본래의 임무를 저버린 것이라고도 할 수 있다.

벨라 교수도 파슨스처럼 학과의 장벽 안에 끼리끼리 모이는 폐쇄성과 경직성을 부수고 넓은 생각의 지평으로 들어가야 한다는 학제 간 연구의 길을 걸어가고자 했다. 그는 자기 생각이 이끄는 광활한 학문의 들판으로 묵묵히 나아갔다. 그럴 수 있는 훈련과 수련을 그는 쌓아 두었던 것이다. 그의 선생 파슨스는 같은 학과에서 함께 가르치게 된 32세의 벨라 교수를 일컬어 자신이 만난 학생들 가운데서 "가장 뛰어난 이론가"라고 평가했다. 이것은 컬럼비아 사회학과를 일으킨 로버트 머튼을 포함해서 내린 평가였다. 벨라 교수는 인류 문명의 밑바탕을 이루는 위대한 세계종교에 대하여 비교 역사의 눈으로 연구할 수 있는 역량을 갖추고 있다며, 여러 분야에 박식했던 지난 시대의 "만능 박학한 학자"를 그가 오늘에 와서 표상하고 있다고 파슨스가 평하기도 하였다.

이것은 조금도 과장된 것이 아니었다. 벨라 교수는 파슨스의 기대에 맞추고자 해서가 아니라 그가 키워 온 생각에 충실코자 오로지 그의 학문 관심을 지켜 독창성 넘치는 연구 업적을 내놓았다. 아무리 미국의 역사가 대단하다고 하더라도 그것은 온갖 한계로 얼룩진 인간의 역사이기에 그것은 언제나 비판의 대상이 되어야 했다. 그는 여기에서 멎지 않았다. 다른 가능의 세계를 찾아 나서야 했다. 이러한 까닭으로 그는 미국이 무시해 온 인디언의 문화 속으로 들어가 봐야 했고, 동양과 이슬람의 세계로 들어서고, '이제'에서 '어제'로 돌아가 거기에서 새로운 가능성을 찾아 '올제'를 새롭게 그려 보아야 했다. 그의 생각은 옆으로만 뻗어 나간 것이 아니라 위아래로도 뻗치었다. 1960년대 초에 뚜렷한 관심을 보이기 시작한 '진화'의 문제는 반세기가 되어서야 「인간의 진화에 나타난 종교」Religion in Human Evolution, 2011라는 한 권의 책으로 집대성되어 나왔다. 그는 그닷게 여기서 규격화된 사회학의 경계 따위에는 아무런 관심도 두지 않았다. 특정 전공에 길들어 자유로운 생각의 날개를 잘리게 된 평균치의 전공자들이 늘어놓는 불평과 불편 같은 것도 괘념치 않았다. 전공자들이 전공이라는 우물 안에 든 개구리처럼 바깥 세계와 어떤 연결도 짓지 못하고 있을 때 벨라 교수는 우물 밖에서 '뜻있게' 함께 만나자며 새로운 생각의 마당을 차려 놓고자 한다. 전공이라는 제도는 '학문 관심'에 봉사할 때 그 존재의 값을 갖는다. 전공의 제도를 섬기기 위하여 '학문 관심'이 존재하는 것은 아니다.

왜 사회학이 현재라는 이 시대에 묶여 있어야 하는가? 역사와의 대화는 왜 거절하는가? 그 역사는 왜 19세기로 돌아가고 중세로 돌아가고, 기껏 고대로 나아가야 하는가? 선사시대로 돌아가는 것은 불가능한가? 아니, 역사의 눈은 반드시 인간의 삶에 한정되어 있어야 하는가? 삶/생명의 근본 문제를 다뤄서는 안 되는가? 이와 같은 물음 앞에 우리의 생각은 인간의 자기 본위에 짓눌려 언제나 짧고 좁았으며 또 얕았다고 실토할 수밖에 없다. 벨라 교수는 베버 이후, 특히 야스퍼스 이후 생각 있는 몇몇 지식의 사람들이 새삼 붙들기 시작한 기원전 일천 년을 뒤흔든 '굴대의 돌파'the axial breakthrough 문명에 눈길을 돌렸다. 그러나 그는 그것이 반드시 역사의 출발이라고 믿지 않았다. '굴대 시대'에 앞서는 삶의 역사도 살피고자 했고 삶의 처음과 그 역사도 찾아 보고자 하였다. 우물 안에서 허우적대고만 있는 전문가들의 편벽된 고집스러움 때문에 우리의 생각이 이렇게 끊기고 저렇게 끊겨 생각 자체가 생명력을 잃게 된 오늘날, 벨라 교수는 우리에게 탁 트인 생각의 자유로움을 불러일으킨다.

한편 생각의 울타리를 넘어서는 다차원의 학문과 학제 간의 연구 관심은 전문화의 시대 흐름을 거스를뿐더러 자칫 학문의 깊이와 무게를 잃어버릴 수 있다. 말년의 막스 베버가 "소명으로서의 학문"에서 경고해 둔 바와 같이 학문의 전문화는 피할 수 없는 현대의 운명이다. 그러나 전문화 때문에 치르게 된 대가는 너무도 크다. 의미의 문제를 지나치고 가볍게 여기게 된 것이다. 오늘날 기승을 떨치는 과학·기술의 연구 관심과는 구별되는 '삶의 학문'에 헌신하도록 부름받은 학인이라면, 전문화의 진가를 지켜 가는 한편 그것의 '의미'를 캐 보는 더욱 무거운 짐을 져야 한다. 벨라 교수는 앞서 그가 배운 파슨스처럼 그리고 그에 앞서 베버가 그러했던 것처럼 대중매체에서 떠벌리는 것과는 다른, 삶의 다차원성을 위하여 그리고 학문의 경계를 허무는 학제 연구의 관심을 지켜 가기 위하여 물릴 줄 모르는 광범한 독서를 통한 탐구와 분석에 빠져들었으며, 인식의 큰 그림을 그리고 또 깊은 생각을 다져 가야 했다.

다차원의 학문과 학제 간의 학문 연구는 지식의 사람이라고 해서 모두가 할 수 있는 것이 아니다. '삶의 지식'을 추구하여 타고난 학문 능력을 십분 발휘하고 노력을 배가할 수 있는 진정한 학인이라야, 이 일에 맞닥뜨릴 수 있을 따름이다. 그리하여 그는 단순한 학문의 사람이 아니라 찰스 테일러가 일컬었던 것처럼 '사회사상가'이다.

6. 끝없음

'전문화' 과정에서 잃어버리게 된 '의미'를 찾아 나서는 학문의 길은 순탄할 수 없다. 그것은 다수가 지배하는 학문의 체제 권력과는 거리가 있는 것이기 때문이다. 그러나 학문이란 본래 주변부에서 태어나 거기서 자란다. 체제의 중심을 향하여 물음을 던지고 중심의 체제에 도전하면서 비로소 학문다운 학문이 되는 것이다. 주류에 끼어들어 시중드는 주류의 학문은 학문으로서의 생명력을 잃은 것이나 다름없다. 벨라 교수는 오늘날의 사회(과)학이 자신의 생각을 어떻게 바라보고 있는가 하고 주류의 눈치를 살피지 않았다. 그런 한에서는 자기다운 생각을 할 수가 없다. 그는 차라리 플라톤을 생각하고 아리스토텔레스를 마음에 새기며 이른바 주류 사회(과)학의 울타리를 넘어서서 '사회 인문학'을 이야기하고 '인문학으로서의' 사회(과)학을 실행하고자 했다. 이것은 자기 개인만을 위한 것이 아니다. 그가 들어서 있는 사회(과)학의 앞날을 위한 것이기도 하였다.

나는 벨라 교수의 신들메를 풀기도 감당치 못할 작은 학도이다. 하지만 그나마 내가 비좁은 학문의 울타리 안으로 끌어들이려는 유혹과 압박을 물리치고 거기에 맞서고자 했다면 그것은 그의 가르침 때문이고 그가 배운 파슨스 교수에게서 나도 배운 탓이며, 한참 더 거슬러 올라가 뒤르케임의 사회학을 귀히 여기게 되고 베버의 생각을 새길 수 있게 된 때문이다. 결국 "세계는 이론가들을 통하여 세계가 된다"고 한 월리스 스티븐스의 글귀를 따라 벨라 교수가 파슨스의 이론 세계를 그렸듯이, 나도 같은 시구절을 따와 벨라 교수를 그러한 이론가의 자리에 두고자 한다. 이론가란 "전체를 착상하는" 사람이며 "광대한 조망"의 한가운데서 “그것을 우리에게 이야기해 주는” 사람일진대 나 또한 벨라 교수의 이론을 통하여 세계를 보고 세계를 알게 되었기 때문이다. 바로 이 위대한 이론가가 한 달 전에 세상을 떠난 것이다.

앞서 내가 그의 글 한두 가지를 우리말로 옮겨 놓기도 하고 그의 학문 세계에 대하여 짧게나마 적어 보기도 했으나, 이 모두는 그의 거대하고 심오한 학문 세계를 이해하는 데 겨우 운을 떼는 것에 지나지 않는다. 그의 학문이 어떤 것이고 그가 학문 세계에 기여한 것이 무엇인지에 대해서는 많은 이들이 벌써부터 논의해 왔고 앞으로도 두고두고 논의하게 될 것이다. 삶이란 무엇이고 오늘날의 사회가 고통받고 있는 까닭은 또 무엇인지, 그 물음에 다가서고자 하는 사람이라면 벨라 교수의 생각은 만나 보아야 할 귀중한 학문 유산이다.

부인 멜라니 여사는 반려자 벨라 교수의 마지막 책이 출판되어 나오기 한 해 전에 세상을 떠났다. 하지만 그가 평생 그러했듯이 이 책의 원고를 모두 다 읽은 다음에야 남편 곁을 떠났다. 이 거작의 원고를 읽으면서 그도 “막스 베버 이후” 세계종교 문화의 유산을 벨라 교수처럼 ‘박식함과 체계성’을 가지고 비교해 온 사회 이론가는 없다고 한 이후의 찬사를 넉넉히 기대했을 것이다. 유대인 가문의 멜라니 여사는 기독교의 믿음을 받아들인 터라 그의 장례식은 교회에서 거행되었다. 그가 평소 즐겨 했던 모차르트 음악이 연주되었다. 벨라 교수의 장례식도 같은 교회에서 치르도록 하였다. 장례식에 참석한 사람들은 그가 찾고자 한 ‘삶의 의미’를 다시 찾아 보고 그가 새기고자 한 ‘삶의 뜻’을 다시 새겨보게 될 것이다.

그러나 삶과 죽음은 하나로 이어져 있다. 이 둘은 따로따로이지 않다. 삶이 죽음으로 끝나는 것이 아니다. 장례식이란 죽음을 잊고 살아가는 일상에 마주하여 '삶과 죽음의 이음'을 표상코자 하는 의례이다. 벨라 교수의 삶은 죽음으로 마감된 것이 아니다. 그의 삶이 죽음을 만나 마침내 하나가 되었을 뿐이다. 그의 존재는 삶이자 죽음이요 죽음이자 삶이다. 그것은 개체의 존재 그 너머 또 다른 존재의 삶과 죽음으로 이어지고 또 이어진다. 삶과 죽음의 경계를 허물고 그것을 넘어서는 이 공동의 영원성에서 우리는 깊은 만남을 이어 간다.

역사는 우리에게 무엇인가?

삶에 대한 생각, 그리고 나의 '나됨'

1. 일제 강탈에서 해방

75년 전 히로시마와 나가사키를 잿더미로 만든 핵폭탄의 괴력을 눈으로 보고서야 항복했던 맹랑한 국가 일본은 여태 자기 나라가 저지른 강탈 행위는 덮어 둔 채 오직 자기들이 겪은 고통만을 엄부럭 떨고 있다. 우리는 엄살을 늘어놓는 지루하기 이를 데 없는 일본국의 '평화 쇼' 프로를 실로 긴 세월 동안 보고 들어 왔다. 역사에 무디어 홀랑 잘 속아 넘어가는 무리에게는 해마다 국가가 연출하는 이 의례가 꽤나 효과가 있었지만, 역사에 민감한 생각 있는 시민에게는 어떤 효험도 얻지 못하였다. 전쟁의 참화를 불러온 악은 핵폭탄을 떨어뜨린 아메리카합중국에만 있지 않다는 진실을 너무도 잘 알고 있기 때문이다. 악의 악은 캄캄한 인식의 동굴 안에 자신을 가두고는 아직도 역사의 실체와 마주하지 않으려고 발버둥질하는 일본의 협량을 밑바탕에서 떠받쳐 주는 의식구

* 이 글은 「현상과인식」 44권 3호(2020년 가을)에 실려 있다.

조에 깊이 침전해 있다. 나치 체제에 맞섰던 도이칠란트 목사 본회퍼가 동료 저항자들과 함께 사형당한 날이 핵폭탄이 투하된 그해 4월 초이고 제2차 세계대전이 유럽 지역에서 끝난 때가 5월 초였으니, 일본은 석 달 반 동안 전쟁의 집단 광기에 휘둘려 온갖 만행을 줄곧 저질러 왔던 셈이다.[1] 핵폭탄은 이 국가 광란의 자업자득이었다.

일본의 무조건항복은 식민지 조선의 해방이었다. 나는 그 악의 세력이 이 땅을 마음대로 강탈하던 폭정의 절정기에 태어나 '국민' 모두를 일본 왕에게 충성하는 '황국신민'으로 만들겠다는 '국민'학교에 들어가 강제된 식민 교육에 발을 디뎠던 마지막 세대 사람이고, 그 악의 세력이 패망한 뒤 해방의 혼란을 뚫고 새 나라의 어린이를 기르자며 힘차게 펼쳤던 '새 교육'의 첫 세대 사람이다.

나는 해방의 날을 생생히 기억한다. 마침내 기다리던 날이 왔다고 여긴 아버지가 일본의 '무조건항복' 소식에 어쩔 줄 몰라 하셨던 모습을 지금도 잊지 못한다. 충청도와 맞닿은 경상도의 작은 동네는 높은 산들로 둘러싸인 탓에 수신이 잘 안되는 낡은 라디오 앞에서, 몇 번씩이나 되풀이하여 방송되는 항복 소식에 좀처럼 흥분을 가라앉히지 못하셨다. 그날 나도 덩달아 들떠 있었다. 라디오가 귀할 때 라디오가 있는 우리 집으로 모여든 동네 사람들과 함께 있다 보니 흥분된 감정은 열기를 더하여 오르기만 했다. 하지만 해방된 나라로서 겪어야 했던 그 시대의

1 전쟁을 이해하는 오늘의 일본과 도이칠란트, 이 두 나라의 문화 전통을 견주어 보는 일은 다만 특정 지성인의 논의 주제가 아니다. 시민 모두의 생각거리이다. 이 주제는 모두가 자신을 향해 던져 봐야 할 물음이기 때문이다. 나 또한 이 문제와 마주하여 생각을 적어 둔 바 있다. 광복 50돌을 맞아 쓴 '노우트'(1995ㄹ)와, 한국인문사회과학회/「현상과인식」이 2015년 여름에 "광복 70주년, 돌아보며, 내다보며"라는 주제로 연 학술 모임에서 발표한 글(2015)이 보기이다. 묶음표 안의 숫자는 내가 쓴 글이 나온 해를 이른다.

어려움과 어지러움을 나는 잘 알지 못한다. 그럴 만한 나이가 아니었다. 내가 조금이라도 해방 직후의 상황을 알고 있다면 그것은 아버지와 어머니, 우리 집에 드나든 부모 세대 사람들이 시대의 정경을 보고 풀이했던 데서 얼마간 듣고 받아들인 정도에 지나지 않는다. 그때 나의 아버지는 일제 강탈 체제의 탄압 밑에서 문을 닫았던 신학교가 다시 문을 열어 복학했던 전도사 신분이었지만, 시대의 분위기 속에서 나날을 활기차게 보내셨던 그의 모습만큼은 또렷하다. 교회와 지역사회 사이의 어느 영역에서 적극 개입하고 참여하신 활동가였음이 분명하다.

그때의 사회 상황은 오늘과 다르다. 시민 조직이 지극히 미미하던 시절이어서, 지역에서 영향력과 지도력을 행사할 수 있는 조직은 고작 교회뿐이었다. 일제 강탈 체제가 마지막 발악을 할 때 억눌려 수면 아래로 가라앉아 있다가 해방과 함께 수면 위로 다시 올라선 교회 말고는 다른 곳이 없었다. 일제의 탄압으로 문을 닫아야 했던 우리 교회도 문을 열고 넓은 공간으로 이사하여 활발히 움직이기 시작했다. 사반세기 전 기미년 3·1운동이 교회 조직의 망을 동원하고 그 조직을 통하여 비로소 전국 규모의 운동을 일으킬 수 있었던 역사박 영신, 1979, 2017ㄴ의 복사판 같은 정황이었다. 시민 정치조직도 교회의 조직망을 통하여 형성되고 가동하였다. 두려움과 함께 적대감을 불러왔던 어릴 적 기억이지만, 순사들이 툭하면 집에 와서 아버지를 찾아 주재소로 데려갔던 일제 강탈기의 이력은, 해방된 나라에서는 지도자의 반열에 들 수 있는 값진 배경이자 필요한 조건일 수 있었다. 아버지는 몽양 여 운형이 주도한 정치조직의 지역 일꾼으로 이름을 올리기도 했다박 정신, 2017.

일제의 강탈은 우선 엄청난 경제 수탈로 드러났다. 그만큼 이 땅은 피폐했다. 모두가 극심한 빈궁에 힘겨워했다. 하지만 국권 찬탈은 식민지 조선의 경제 수탈보다 더 크고 엄청났다. 나라를 빼앗은 다음 겨레의 말글조차 없애고자 한 어리석은 짓도 마다하지 않았고, 이름조차 일본식으로 바꾸도록 강요하는 실로 어이없는 정책도 폈다. 나 또한 창씨개명을 한 다음에야 학교에 입학할 수 있었다. 겨레의 혼을 말살하려는 악랄하고 무도하고 무식한 식민 통치였다. 식민 당국은 우리 집안이 지켜 온 신앙 전통까지도 방해했다. 우리는 '하나님'을 예배하는데 일제는 '일본 천황'을 예배하라고 했다. '신사참배'를 강요하고 나왔다. 이를 받아들였던 천주교와 달리 우리 교회가 속한 개신교 쪽에서는 신앙 양심에 어긋나는 우상숭배 행위라며 강력 반대했다. 이 탓에 이들 개신교회는 혹독한 탄압을 받았다. 개신교 지도자들이 대거 투옥되었는가 하면 옥사하기도 했다. 일본이 아메리카와 전쟁을 일으킨 다음 탄압의 도는 날로 더해 갔다. 일제에 장단 맞추지 않는 한 교회다운 교회로 서 있을 수가 없었다. 공동 예배의 자리인 교회가 폐쇄 명령을 받았다. 이러한 역사 경험을 존중하고 귀히 여기는 한 일제의 만행을 경제 수탈의 수준으로 줄여 내려놓을 수 없다. 그 이상이기 때문이다. 해방은 일제에 의한 경제 수탈의 착취에서 벗어난 '경제'의 자유이자, 천황 숭배의 강요에서 벗어난 '신앙'의 자유였고 '예배'의 자유였다. 한마디로 일제 강탈에서 벗어난 해방이자 자유였다.

해방이라는 상황을 이렇게 받아들이는 집안 분위기에서 나는 세상을 보고 풀이해 가는 습속을 익혔다. 이 어릴 적의 역사 경험이 나의 나됨이 뿌리내렸던 삶의 바탕이었고, 그 틀 안에서 여린 나의 나됨이 영글어 갔다.

2. 70년 전 '남북전쟁'

해방된 나라의 학교교육은 우리 집안과 교회의 전통과 서로 통하고 이어지는 바가 많아 좋았다. 교과서에는 일제 강탈기의 쓰라린 삶의 이야기와 독립을 위해 싸운 겨레 사람의 이야기도 실려 있고, 우리 집에서 귀히 여겨 온 자유나 민주의 뜻에 어울리는 이야기도 있었다. 나라가 남과 북으로 두 동강이 난 다음 우리는 어떤 나라를 만들고자 하는지도 조금씩 배울 수 있었다. 무엇보다 우리 집 성경 책처럼 한글로 된 교과서라 마음에 들었다. 그때 한글을 귀히 여기고 존중하는 기운이 오늘날보다 더욱 셌다는 느낌도 있다. 왜인의 말글을 더 이상 배우지 않고 우리 말글로 된 책으로 배우게 되었으니, 한글 쓰기를 당연하게 여기는 오늘날과는 견줄 수 없게 한글에 대한 애착 또한 컸다. 돌아보건대 일제 밑에서 '겨레 생각'을 접어 둔 채 입신출세를 위하여 식민 교육을 충성스럽고도 충실하게 받은 지식계급의 사람 누구도 '조선어학회사건'으로 모진 고문을 받고 옥살이를 하다가 해방이 되어서야 풀려난 외솔 최 현배 같은 한글 사람들의 우리 말글 정책에 딴지를 걸 수 있는 자리에 있지 않았다. 하지만 일본어가 익숙하다 못해 아주 편리하기까지 한 저들은 기민한 생존 술수를 발동하여 교묘하게 주요 거점을 장악해 갔다. 그런 다음 국한문혼용을 주장하고 일본식 한자 표현도 그대로 쓰자며 작당하여 '다수결'로 밀어붙여 규격화하고야 말았다. 그때까지 우리는 아무런 거리낌 없이 '명사'라는 말 대신에 '이름씨'라고 하고, '동사'라는 말 대신에 '움직씨'라고 하고, '형용사' 대신에 '그림씨'라고 말하며 쓸 수 있었다. 해방된 나라의 '새 교육'을 받은 나의 잊지 못할 소중한 기억이다.

내가 동네에 새로 생긴 중학교에 들어가자마자 이내 6·25전쟁이 일어났다. 해방된 지 5년, 선거를 통해 민주 나라가 세워진 지 2년이 되던 해, 그러니까 꼭 70년 전이다. 우리도 피난길에 올랐다. 대구로 내려갔다가 포항을 거쳐 울산 쪽으로 옮겨 그곳 어느 초등학교 교실에서 함께 묵었다. 한여름 동안의 피난살이였다. 남쪽 끝으로 밀려났던 아군이 북진하면서 살던 집으로 다시 돌아왔다. 길섶 들풀 위에는 총알과 대포 껍질들이 아무렇게나 뒹굴고 있었다. 전쟁에 휩쓸려 모든 것이 엉망이었지만 집 겉모양은 그대로였다.

하지만 몇 달 되지 않아 또다시 피난을 가야 할 위기를 맞았다. 연합군이 거침없이 북진하여 통일을 이룰 것 같았는데 중공군이 개입하면서 전세가 뒤집혀 다시 남쪽으로 물러서야 할 형국이었다. 이른바 1·4 후퇴였다. 산 너머 저 멀리에서 터지는 대포 소리의 여운은 끊임없이 우리 동네 하늘로 밀려왔고, 질척질척한 국도에는 흙탕물을 뒤집어쓴 탱크와 군용차가 쉴 새 없이 요란한 소리를 내며 부산히 이동하고 있었다. 우리 집은 쉴 새 없이 밀어닥치는 피난민들을 맞이하는 피난 처소가 되었다. 이런저런 관계의 끈을 믿고 서울에서 경기도에서 강원도에서, 아니 이북에서 '우리'를 찾아온 이들, 머물 곳이 없어서 무작정 교회로 찾아오는 이들을 위한 피난처가 되어야 했다. 그들은 교회 사택과 교인들의 집에 나뉘어 머물렀다. 우리가 앞서 피난했을 때 따뜻하게 맞아 주었던 그 마음처럼 우리도 따뜻한 마음으로 이들을 맞아 주고자 했다. 비좁은 방이지만 함께 자고 곤궁한 밥상이지만 함께 나누었다. 자기 챙기기의 테두리를 넘어서서 '낯선 이웃'에 문을 열어 맞아 주는 '이웃다움'의 뜻도 새길 수 있었다.

그 얼마 동안 우리 집은 유엔의 깃발 아래 전쟁에 가담한 외국 군인들이 끊임없이 들락거렸던 민간 쪽의 연락처와도 같았다. 아메리카 군대가 주둔할 때는 군목이, 네덜란드 군대가 동네에 머물 때는 그 나라 장교가 찾아와 전세를 알려 주면, 나의 아버지는 소통의 다리 역할을 맡아 교인은 물론 동네 공동체 구성원에게 전황을 전하는 일로 하루하루를 분주히 보내셨다. 그 가운데는 우리나라의 문화와 역사에 대한 관심을 보이며 아버지와 교분을 쌓고자 한 동양학 전공자도 있었는데 그는 나중에 대학교수가 되어 다시 만나기도 했다. 이 전쟁은 분명 우리만의 전쟁이 아니었다. 북한의 침공으로 시작된 우리의 남북전쟁은 '세계'의 전쟁이었다. 수많은 나라가 이 땅에 들어와서 무언가를 위하여 싸우는 전쟁이었다. 그것은 우리나라가 지키고자 한 자유와 민주의 가치라고 여겼다.

중학교 1학년이던 나의 마음에 새겨진 한국전쟁의 풍경이다. 전쟁의 발발 원인, 냉전 체제와 이념, 전쟁사에 얽힌 문제를 두고 연구하며 논쟁하는 풍토에서, 나는 작은 산골 동네에서 벌어진 낯선 사람들과의 만남을 보고 생각했던 역사 경험을 아직도 지키고 있다. 6·25는 자기만이라도 살아야 한다는 강박감에 사로잡혀 모두를 몰상식한 이기주의자로 만들어 버리지 않았다. 그것은 좁다란 집안의 울타리도 넘어서고 지역의 경계도 넘어서는 이웃됨의 뜻을 새김질할 수 있는 삶의 기회이자 배움의 기회였다. 남과 북이 두 동강이 난 그때부터 북한 체제를 받아들일 수 없는 이북 사람들이 무리 지어 남한으로 넘어오기는 했지만 내가 살던 동네에서는 전쟁 때 피난 온 사람들이 첫 이북 사람들이었다. 우리는 이들과 만나 함께 어울렸다. 이북 사람과 이남 사람이 가까이 지냈는가 하면 혼인도 했다. 전쟁은 민족 이동을 불러왔고 교류의 폭도 넓히었다.

그뿐 아니다. 여태까지 겨우 일본, 겨우 중국과 이어 생각해 왔던 동북아의 나라 한국이 전쟁을 겪으면서, 말로만 듣던 서양 여러 나라 사람들을 만났고 그들과도 이어 볼 수 있고 이어 봐야 할 탈동북아의 세계에도 눈뜨게 되었다. 한참 후에 '세계 체제론'이라고 하여 세계를 하나로 묶어 범세계의 틀로 바라보고자 하는 이론이 나오기는 했지만, 세상이란 아시아보다 넓은 세계에 잇대어져 있고 우리나라도 아시아보다 더욱 넓은 세계와 교섭할 수밖에 없고 실제로 교섭하고 있었다. 다만 세계 체제론이 강조코자 한 경제 요인이나 '자본주의' 체제로 풀이될 수 없는 더욱 복잡한 다차원의 관계 속에서 움직일 수밖에 없다는 생각이, 지극히 모호하기는 해도 전쟁을 겪던 그때 나의 어린 마음에 벌써 움트고 있었는지도 모른다. 어릴 때의 역사 경험이 나의 나됨과 마주쳐 움직이고 있었기 때문이다.

3. 60년 전, 40년 전의 몸부림

남과 북이 갈라져 싸운 전쟁은 이념과 가치와 무관하지 않다. 남한과 북한은 각각 자유민주주의와 공산주의를 표방했다. 공식-비공식 교육을 통하여 배운 가르침이다. 남쪽이 내세운 민주주의는 스탈린식 일당 독재의 공산주의 체제와 대결하는 자유와 인권의 가치에 터하고 있었다. 소비에트 공산 체제가 허물어진 오늘날에 와서 한국전쟁 그때의 공산 체제를 그려 보기란 쉽지 않다. 그러나 1956년 공산 정권에 저항하였던 헝가리의 인민 봉기를 탱크로 진압한 소비에트연방국의 잔인함을 보고 서구의 지식인들이 줄지어 공산주의의 막사에서 탈퇴했던 사건을 떠올려 보면박 영신, 1993, 공산 체제는 자유와 인권의 대척점에 서 있었다는 것쯤은 어렵지 않게 미루어 생각해 낼 수 있다.

이 때문이었다. 한국전쟁을 앞뒤로 하여 스탈린식 체제 밑에서 탄압

받던 사람들이 대거 남한으로 넘어왔다. 그 가운데는 기독교인들이 많았다. 이들은 남한의 반공 노선에 더욱 힘을 실어 주었고 그 핵심 세력이 되었다. 해방 전에 그리고 직후에 이른바 좌우 협상을 내건 기독교계 인사들이 적지 않았지만 화해를 시도한 중도 노선의 지지 세력은 전쟁 직후 찾아 볼 수조차 없게 사라졌다. 우리에게 민주주의는 반공이었고 반공은 곧 민주주의였다. 얼마 전부터 '자본주의' 대 '공산주의'라는 말이 이 시대의 상식으로 받아들여졌지만 그때는 그러지 않았다. '자유'/'민주주의' 대 '독재'/'공산주의'라는 말이 우리의 의식 속에 굳건히 자리 잡고 있었다.

대한민국은 이러한 자유/민주주의를 실행코자 했고 가르치고자 했다박 영신, 1987: 325 아래. 우리는 민주주의를 학교에서 배우고 또 익혔다. 각급 회장도 선거를 통하여 뽑았고 후보자는 앞에 나와서 연설도 했다. 교실도 학습자의 참여를 북돋도록 배치하였다. 민주주의가 제도 교육을 통하여 정당화되고 교육과정으로 풀어낸 것은 우리 역사에서 처음 있는 일이었다. 선거를 통하여 대표자를 뽑는 대의 민주정치도 단군 이래 처음인 장쾌한 역사 경험이었다. 반백 년 전에 독립신문, 독립협회, 만민공동회, 배재학당 그리고 교회를 중심으로 주장하고 시도했던 민주주의가 처음으로 공식화되었던 것이다.

물론 완전한 민주주의는 역사에서 실현된 바 없다. 제도로서의 민주주의를 누리기 시작한 해방 직후의 우리나라 민주주의는 당연히 완벽에서 너무도 거리가 멀었고 그럴 수밖에 없었다. 민주시민교육을 받은 바 없는 후보자와 유권자가 치른 선거 자체가 이루 말할 수 없이 몹시 허름하고 너절했다. 지난 90년대 초에도 국회의원 선거 때 군부대 안에서 여당을 지지하게끔 교육하고 여당에 투표하라고 지시했다는 내부 고발이 있었던 판에, 그 이전의 모든 선거가 아무 탈 없이 깨끗하게 진행되었다고 말할 논자는 아무도 없다. 투표를 통하여 대표자를 선출해 본 경험 자체가 없는 국민이 처음으로 선거에 참여하게 된 모든 정치 참여 과정은 심히 어설프고, 나아가 과정의 남용과 악용도 만만치 않았다.

그러할 때 어느 서양 신문기자가 우리나라의 민주주의는 '쓰레기 더미에서 장미꽃이 피길 바라는' 격이라고 한 이야기는 전혀 과장된 것이 아니었을 것이다. 그럼에도 우리는 공식-비공식 교육을 통하여 민주주의의 가치를 소중하게 여기게 되었고 이를 더욱 다듬고 가꾸어 가고자 했다. 우리가 익히며 꿈꾼 '새 나라'는 바로 이러한 민주 나라였기 때문이다. 초대 대통령 이 승만은 이 민주주의를 표상하였다. 그는 일본의 침략 근성을 간파하여 이를 해외에 널리 알리고자 한 반일 독립운동의 이력 이전에, 배재학당 학생으로 독립협회-만민공동회에 적극 참여하여 의회를 만들자고 외치다 종신형을 선고받았던 민주화 운동의 첫 세대라는 이력을 가지고 있었다. 하지만 그도 어찌할 수 없는 인간이었다. 누구보다 민주주의를 열망했던 선각자였지만 그가 외쳤던 민주주의의 힘에 의하여 대통령의 자리에서 물러나고 말았다. 자기모순이고 역사의 역설이었다. 이 점에서 그는 "실패한 민주주의자"였다박 영신, 2017ㅁ: 79-91. 그가 이끈 정부 밑에서 배운 민주주의의 정신으로 학생과 시민이 들고일어나 민주주의를 배신한 그를 타도했던 것이다. 이른바 '4·19'라고 하는 '1960의 봄 혁명'은 "민주시민교육의 산물"이었다박 영신, 1987: 327, 2000. 자기 실패이고 역사의 순리였다.

민주주의는 거저 주어지지 않는다. '쓰레기 더미에서 장미꽃'을 피우기 위해서는 힘을 쏟아 쓰레기를 치워야 한다. 아니, 피 흘려 싸워야 한다. 그렇게 싸우다 세상을 먼저 떠난 투사들의 무덤 위에 피는 들꽃처럼 민주주의는 값비싼 희생을 치러야 한다. 그 위에서 꽃을 피운다. 하지만 그 꽃은 순조롭게 자라지 않는다. 무참히 짓밟히기도 한다. 무법자에 의하여 갈취를 당하기도 한다. 이 승만 정권을 허문 다음에 들어선 새 정부가 민주주의를 꽃피우고자 할 때에 박 정희의 쿠데타에 의하여 그 민주주의가 겁탈을 당하였다. 민주주의란 총칼로 상대편을 강압하고 굴복시켜 자체의 목표를 추구하는 군사 체제가 들어설 곳이 아니다. 정치는 총칼을 마구잡이로 휘둘러 대어서는 안 될 '군대 출입 금지' 구역이다. 그런데도 일제 강탈 밑에서 배운 저급한 군대 장교가 우두머리인 한 떼의 군인들이 '출입 금지' 구역이라고 적힌 팻말을 뽑은 다음 뻔뻔스럽게 그 안으로 침입했다. 그러고는 각본에 따라 군부독재 체제를 구축하여 군림하였다. 서구에서 온 민주주의는 우리에게 맞지 않는다고도 하고, 민주주의는 경제성장을 이룬 다음에나 생각해 볼 수 있는 일종의 사치 품목이라며 국민을 훈육하기 시작했다. 이 승만 정권의 단호한 대일 노선을 뒤집고는 경제개발을 위한 자금을 조달할 요량으로 허겁지겁 국민이 반대한 한일 국교 정상화를 성급하게 성사시켰다. 경제개발을 위한 자금을 얻고자 하여 강탈의 역사에 대한 논의는 간단하게 저버렸다. 국가의 정책 목표는 경제개발이었고 국민의 존재 이유는 이를 위한 총궐기였다.

이쯤에서 나는 대학원을 졸업하고 아메리카 대학에 들어가 그곳에서 공부하는 학생이 되었다. 우리나라의 현실을 한 발짝 떨어져서 바라볼 수 있는 기회였다. 국민 모두를 경제성장의 일꾼으로 몰아가는 행태도 보고, 의식주 문제의 해결보다 더 다급한 일이 어디 있느냐며 이전의 민주주의 의식을 뽑아내고 그 자리에 경제주의 의식을 심고자 날뛰는 정책도 보았다. 박 정희에게 '조국의 근대화'는 '잘 먹고 잘사는 나라'를 만드는 데 겨냥되었다. '빵보다 자유!'를 외쳤던 이 승만 때의 구호는 '자유보다 빵!'을 외치는 구호로 바뀌었다. 국민은 경제개발이라는 국가 종교의 신도가 되어 이 구호를 외치며 쿠데타의 우두머리를 우러러보며 따랐다. 국민은 잘 먹고사는 일에 열중하여 모든 힘을 쏟았다. 모두가 '경제 인간'의 수준으로 떨어졌다. 1960년 독재를 타도하자고 들고일어났던 희생이 '배불리 먹고 잘살자!'는 동물 욕구로 추락한 역사의 퇴행은 참으로 받아들이기 어려운 역설이었다. 내가 터하고 있던 나됨은 내가 들어선 공부 길에서 더욱 구체스럽게 다져졌다. 자유와 민주의 가치, '빵만으로 살 수 없다'는 믿음과 거기에 터한 인간관 때문에 시대와의 불화는 피할 수 없는 마음의 텃밭이 되었다. 현실에 대한 나의 불편함은 날로 더해 갔다. 나의 나됨은 사회 분석과 성찰로 나아가고 거꾸로 그 과정에서 나됨은 더욱 단단해졌다. 조그마한 생각의 독자성을 지닌 내 나름의 사회학이 있다면 그것은 내가 터하고 있던 나됨에서 우러나온 것이다.

많은 아쉬움이 있는 학위 공부였지만 나는 우리나라 학문 세계에 자그마한, 실로 자그마한 한 그루 나무 되고 싶었다. 초라하게 보이는 대학의 좁은 공간 안에 머물러 있고자 했다. 이 승만 때는 모든 학교에서, 중고등학교 교실에서도 선생이 마음대로 '대통령을 비판할 수 있는' 독재 정권이었다. 민주주의의 원칙에 기대어 비판할 수 있다는 국가의 집합 이념을 정부가 막을 수는 없었다. 하지만 박 정희의 독재는 달랐다. 군사정부 밑에서는 이러한 민주주의 원칙이 압살당하고 있었던 만큼 어떤 비판도 허용되지 않았다. 심지어 형사들이 내놓고 대학 건물 입구에 늘 들어와 있을뿐더러 걸핏하면 내 연구실로 찾아오는 형국이었다. 나를 다스려 이에 괘념치 않도록 무진 애를 썼다. 묵묵히 내가 좋아하여 이끌린 '사회학'을 제대로 알려 주고 가르치는 데 보람을 두고자 했다. 나는 누구보다 체계 있게 맑스와 뒤르케임과 베버의 이론과 함께 파슨스와 그에게 배운 출중한 사회학자들의 이론도 익혔다. 배운 이론을 학생들에게 일러 주는 한편 이러한 공부 배경에 기대어 우리 역사를 뜯어보는 '역사 사회학'의 마당을 열어 두고자 했다박 영신, 1978, 1980/1996, 1987, 1992.

이때 학생들 사이에는 일본을 거쳐 들어온 맑스 이론을 교실 밖에서 공부하는 분위기가 만들어지고 있었다. 이것은 맑스의 책을 금해 온 정부 정책에서 비롯된 비공식 공부 방식이자 군사독재 체제에 대한 저항이었다. 나는 이차 자료라도 끌어들여 맑스의 이론을 학부와 대학원에서 다루고자 했다. 하지만 내가 가르친 대학을 중심으로 살펴보면 그때의 반독재 체제 운동은 맑스주의 공부 모임보다는 학교 안팎을 이어 주는 기독교 조직의 운동 세력이 이끌었다. 함 석헌과 김 재준이 앞장선 재야 반독재 운동이 정치권에서 해결하지 못하는 민주화의 과제를 떠안고 있었고, 내가 대학 때 임원으로 참여했고 선생이 된 다음에는 잠시 '지도 교수'로도 일했던 '스카'SCA라고 불린 기독학생회가 학생운동의 선봉대 역할을 맡고 있었다. 이 운동은 경제개발을 앞세워 모든 것을 이해하고 판단하는 독재 정권의 '경제주의' 이념에 맞서 자유와 민주의 가치를 내세웠고, 산업 조직의 불의와 불공평에도 관심의 눈길을 보내었다. 이른바 박 정희 독재 체제에 맞선 '반체제'운동은 이 승만 독재 정권을 허물어뜨린 민주주의의 정신으로 돌아가자는 운동이었고 그 민주주의를 복원하자는 운동이었다. 부산과 마산에서 일어난 반체제운동, 서울의 대학가를 들끓게 한 '1980년 봄', 마침내 광주에서 일어난 군사독재 타도 운동은 여지없이 훼손된 본디의 민주주의를 되찾자는 것이었다.

반체제 민주화 운동은 마침내 '87년 체제'라고 불리는 대통령 직선제를 쟁취하였다. 노 태우를 대통령으로 당선시킨 그해를 한국 민주주의의 탄생으로 보도한 잉글랜드 기자의 기사를 읽고 곧바로 그의 이해 부족과 교정 필요성을 적어 신문 편집자에게 우편으로 보낸 적이 있지만, 깊이 헤아리지 않고 우리나라의 민주주의 역사를 바투 보는 표피의 인식이 바깥 나라 사람에서만 볼 수 있는 행태는 아니다. 여러 까닭으로 역사를 가볍게 여겨 온 자들과 독재에 맞서 싸운 저항운동을 돋보이게 하고픈 어떤 이해관계에 젖어 든 자들이 어울려, 역사의 물결 위에 떠올랐다 잠겼다 한 민주주의의 부침을 주의 깊게 살피려 하지 않는 우리 안의 경박한 표피성도 만만찮다.

'87년'의 경험은 두말할 나위도 없이 우리 모두에게 중요하다. 나라를 지키라며 준 탱크와 총으로 민간 정부를 협박하여 자기 욕망을 충족시키고자 '겁탈 행위'를 저지른 쿠데타의 두목 박 정희에서 시작하여 전두환에 이른 26년 동안의 군사독재 체제가 마침내 허물어져 민주주의로 되돌아간 해이기 때문이다. 그동안 곳곳에서 공의를 외치는 소리가 빗발쳐 나왔다. 나도 몇몇 동료와 함께 대학의 '교수평의회'를 다시 가동시키자는 운동에 앞장섰고, 대통령 직선제를 요구하는 교수 서명운동의 앞쪽에 나섰다. '이 한열 군'이 세브란스병원에 누워 있을 때는 몇몇 동료와 뜻을 모아 루스채플에서 그를 위한 '침묵의 기도회'를 열고 이어 그의 병실을 방문하여 기도드리는 일을 기획하고 준비도 했다박 영신, 2017ㄹ. 그러나 그해가 민주주의의 시작은 아니었다. 정확히 말하여 민주주의의 회복이 시작된 해였다. 민주주의를 위한 외침과 실행의 역사는 적어도 19세기가 마감하기 직전 독립협회와 만민공동회 운동으로 거슬러 올라가야 하고, 그 기운을 본받아 왜인에게 맨주먹 맨손으로 맞선 기미년 3·1운동과 상해에 세운 임시정부의 민주 공화제 선언에 이어지고, 남쪽만이라도 유엔의 감시 밑에 선거를 통하여 대표를 뽑은 대한민국 정부 수립으로 그려져 있다박 영신, 2019ㄴ. 나아가 온 땅을 전쟁의 참화로 몰아넣은 70년 전의 한국전쟁도 이러한 역사를 지키고자 한 뜻과 무관하지 않으며, 이 승만의 독재를 거꾸러뜨린 60년 전의 봄 혁명을 불러온 역사 경험 또한 우리의 민주주의와 뗄 수 없게 꿰어져 있고, 이 민주화의 줄기찬 역사는 40년 전의 민주화 운동으로 뻗치어 있다.

나의 나됨은 민주화를 향한 이 역사를 체험하는 과정에서 더욱 두텁게 만들어졌다. 사회학의 배움길에서 '사회'를 '경제'로 축소-격하하는 설명 방식을 받아들일 수 없었던 까닭도 이 나됨 때문이었다. 나의 선생 벨라가 뒤르케임을 새롭게, 더욱 깊이 있게 풀이해 주었던 것처럼, 나에게 '사회'는 단순한 집합체나 집단이 아니라 그것이 지향하는 상징이고 이상이었다. 이 고결한 사회를 이해타산의 관계로 보고 자기 이익을 더하기 위하여 서로 다투며 싸우는 잔인하고 무정한 삶의 터전으로 규정하려는 일체의 논의를 나는 가소롭게 보고 하찮게 여겼다.

지난 1995년 가을 중국 푸단대학의 초청을 받아서 갔다 오던 때의 일이다. 한 주 만에 귀국하는 비행기에 올라서야 우리나라 신문을 읽을 수 있었는데, 대문짝만한 기사 제목으로 지면 앞뒤를 온통 뒤덮은 보도 내용은 "노 태우의 '비자금' 폭로 사건"이었다. 대통령 재임 5년 동안 모은 이른바 '비자금/통치 자금'이 '5000억 원'이 넘었다는 것이다. 나는 이렇게 적었다. 우리 모두가 경제 욕망에 눈이 어둡고 귀가 먹어 독재에 저항한 "젊은이의 붉은 피가 보이지 않았고 … 양심의 간절한 소리가 들리지 않았다. '민주 항쟁'의 거리에서 희생된 역사에 대해서 우리 모두가 윤리적으로 둔감하였다."[2] 탱크에 맞서 싸운 시민의 피와 죽음에 대해서는 그토록 밋밋했던 국민의 분노가 비자금이란 어마어마한 돈 액수를 보고는 곧바로 터져 나왔다. 물질의 가치, 돈벌이에 빠져 인간의 삶과 죽음 같은 것을 아무렇지도 않게 여겨 왔던 우리나라 국민의 진면목을 보여 주고 말았다고 했다박 영신, 1995ㅁ.

민주주의에 대한 나의 관심은 그것이 경제주의의 틀로는 잡히지 않는 사람의 품위와 가치에 맞닿아 있다. 이러한 관심에서 나는 바로 얼마 전까지만 해도 대중매체에서 지식인들이 스스럼없이 천연덕스럽게 일본을 '선진국'이라고 부르는 몰지각한 작태를 오래전부터 문제라고 보았다박 영신, 1987/1995, 2020ㄷ.

4. '나됨'의 공부

나의 됨됨이는 어릴 적 삶의 체험에서 만들어진다는 이치를 확인하기 위하여 굳이 심리학 쪽의 해석에 기댈 필요까지는 없다. 삶의 초기 체험은 생각보다 끈질기다. 그때 만들어진 자기 됨됨이는 지워지거나 허물어지지 않고 평생 동안 이어진다. 하지만 그 됨됨이는 벽에 고정되어 있는 쇠못이 아니다. 줄기를 내며 자라는 나무와 같다. 아무리 뿌리내린 토양이 결정 요인이 된다고 해도 햇빛과 그늘을 받고 바람을 쐬면서 이쪽으로 휘고 저쪽으로 구부러질 수 있다. '나'라는 존재는 자라고 또 자란다. 나됨은 변하고 또 변한다.

무엇 때문인가? 사회구조라는 조건에서 풀이의 실마리를 찾고자 하

2 위에 따온 글은 앞서 "경제주의와 진실의 포기"라는 제목으로 시민 언론 매체 「바른언론」의 '시론'(1995년 11월 25일)에 들어 있는 것이지만, 나는 이 논지를 우리 학술지의 '노우트'(1995ㅁ)에서 더욱 확장코자 했다.

는 거센 주장이 있다. 일제 강탈기 밑에서 산 사람의 됨됨이는 강탈 체제라는 구조의 산물이고, 한국전쟁을 겪은 사람의 됨됨이 또한 전쟁과 그 참상의 기억을 저버릴 수 없는 구조의 조건으로 빚어졌다는 풀이이다. 분명 일제에 의한 강탈을 당해 본 세대와 그러한 경험을 해 본 바 없는 세대가 같을 수 없고, 마찬가지로 전쟁 세대와 전후 세대의 생각과 판단의 지평이 하나일 수 없다. 하지만 간단하게 모두를 한둘로 묶어 그 성격을 싸잡아 규정할 수는 없다. 일제 강탈기라는 사회구조의 조건 밑에 살았지만 친일 부역한 생각 얕은 '약은' 자들이 있는가 하면, 반일 저항운동에 참여한 생각 깊은 '어리석은' 투사들도 있다. 한국전쟁을 겪은 세대라고 해서 모두가 북한과 영원히 대결하자는 '태극기 집회'를 지지하는 것이 아니라, 이와는 다른 생각과 활동을 택하기도 한다. 같은 조건 속에 던져졌다고 하더라도 모두가 몰래 빵집에서 빵을 훔쳐 먹고 성당에서 촛대를 들고나오는 장 발장이 되지 않는다. 사회구조가 행사하는 힘을 절대화하여 인간의 자율 영역을 단숨에 제거하거나 축소할 수 없다는 또 다른 풀이가 요구되는 대목이다. 베버가 단순하게 물질과 이념 어느 하나의 요인만을 강조할 수 없고 이 둘 사이의 복잡한 이해관계를 파헤쳐 보아야 한다고 말하면서도, 기차선로의 방향을 조절하는 '전철수'에 빗대어 종교 지향성이 삶의 행로를 결정한다는 그의 이론 생각에서 나는 아직도 배우고 또 배운다.

그러므로 자기됨에 대한 이해의 여지를 열어 둘 필요가 있다. 그것이 어느 조건 상황에 고착될 개연성이 크기는 하나 고착되어야 할 필연성을 전제하지는 않는다. 여기에 사람됨의 뜻이 있고 사람다움의 힘이 있다. 경구처럼 들리는 베버의 유명한 글귀로 또다시 돌아가 보면, 모든 사람이 아니라면 적어도 뜻을 지키고자 하는 삶의 사명 의식에 감수성을 지닌 사람은 '불가능'이라는 막다른 조건의 압력에도 불구하고 이에 주저앉지 않고 차라리 맞서 돌파해 가고자 한다. 이러한 결의와 결단은 모두가 행사할 수 있는 삶의 특권이 아님은 말할 나위가 없다. 사람다운 사람으로 살고자 하는, 오직 그러한 삶을 도전이자 기회로 받아들이는 사람만이 누릴 수 있는 삶의 특권이다.

역사는 이러한 삶을 생각하기 위하여 이 땅에 내려온 천사의 선물이다. 삶을 생각하는 사람은 이 역사에서 삶을 배운다. 이 배움은 정해진 단답형의 정답으로 마무리되는 체제의 틀 밖에 있다. 삶의 조건과 뜻이 부단히 오가며 쟁투하는 길에서 나됨이 떠올라 멈춤이 없이 만들어지고 만들어진다. 바뀌고 또 바뀐다. 자라고 또 자란다. 역사가 이 땅에 있는 존재 이유는 사람의 됨됨이를 다듬어 주고 높여 주기 위함이다. 하여 뜻을 지키고자 하는 사람은 역사의 마당에서 자기와의 씨름을 그만두지 않는다. 역사가 존재하고 자기 존재가 숨을 거두지 않는 한 그 씨름은 계속된다.

나의 공부 관심은 나됨의 발현이다. 진화하며 영글어 가는 '나'라는 존재가 구체화되어 특정한 생각으로 나아간다. 집안에서 움이 돋기 시작한 초월 영역에 대한 은연한 감정이 현실 질서의 정당성을 액면 그대로 받아들이지 않는 품성을 키우고, 쪼들림에도 불구하고, 아니 그러기에 '이웃다움'에 대한 감정의 소중함을 익히고 실행해야 할 삶의 습속을 다져 주었다. 이것은 흔한 합리성을 넘어서는 공감의 능력이다. 핏줄로 엮인 가족 중심의 테두리를 어찌할 수 없는 일차의 가치로 굳히지 않고, 거기에서 벗어나야 한다는 윤리 관심으로 나아갔다. 나아가 '유사 가족주의'라는 우리 사회의 의식과 조직의 원리를 문제시하는 공부 관심으로 나타나고, 무슨 수를 쓰든지 자기집안만 '잘 먹고사는 궁리' 말고는 다른 삶의 지평에 눈길을 두지 않는 '경제주의'라는 우리 사회 구성원의 비좁은 행동 지향성을 문제시하는 공부 관심으로도 나타났다. 다른 사람들의 눈에는 눈여겨볼 거리로 올라서지 못했지만 이 모두는 내게 지나치지 못할 논읫거리로 다가왔다. 이러한 주제에 대한 나의 공부 관심은 나됨에서 떼어 놓아서는 이해되지 않는다. 나의 공부 관심과 나의 물음 모두가 '나됨'의 영글어 나옴이고 드러냄이다. 왜 '나'는 맑스주의자가 아닌지, 왜 '나'는 베버의 '전철수 논지'를 받아들이는지, 왜 '나'는 박 정희 정권을 역사의 불운이라고 평하는지, 수많은 판단의 시발점에는 숨기지 못할 '나됨'이 진 치고 있다.

5. 삶의 새 지평

나의 나됨은 삶이 펼쳐지는 지평 위에서 춤추며 노래한다. 일제 강탈, 이 땅의 남북전쟁, 사람의 품위를 위해 싸운 집합 투쟁은 삶을 생각하며 배우는 삶의 교과서이다. 이 역사의 길에서 나는 여성이 남성에게 불공평한 대우를 받는다는 현실에도 눈떠 내가 가르치는 대학에서 처음으로 한 학기 동안 '여성의 사회학' 특강을 열어 이 일에 참여하며 더불어 배울 수 있었다. 또한 생태 문제에 눈길을 돌려 사람 본위의 생각 틀을 되새기고 더욱 넓은 생각의 마당에 나를 잇대어 시민 된 사람으로 '녹색연합'에 참여하여 함께 배울 수도 있었다박 영신, 2019ㄱ. 이 생각과 배움은 나됨의 확인이자 확장이었다. 후쿠시마 핵 발전소 사고가 체르노빌 사고와 스리마일 사고처럼 과학기술 능력을 한껏 뽐내 온 나라에서 일어났다는 사실은 '우연'이 아니라는 생각에, 인간의 능력에 대한 겸허를 배우며 이를 두고 생각을 이어 가기도 한다. 오늘날의 물난리와 가뭄과 무더

위를 비롯한 온갖 재해는 지구 곳곳에서 벌어지는 생태계의 위기에 대한 오래전부터의 경고가 현실로 나타난 것에 지나지 않지만, 아직도 어른들은 스웨덴 소녀가 외치는 '기후변화'의 위험과 경고에 발 벗고 나서지 못하고 짐짓 태연하다.

무한한 자기 겸허의 마음가짐을 저버리는 자에게는 살핌의 기회가 오지 않는다. 나는 이 겸허에서 생명의 우물물을 마시고파 한다. 인간의 됨됨이를 한없이 떠벌려 온 '인간세'의 오만이 너무도 뼈저리기 때문이다. 그것이 이룩한 업적이 하늘을 뚫고 높이 오르고 있었다고 해도 절대의 자리로 올라가 역사를 호령할 수는 없다. 인간의 생각은 절대의 빛을 받아야 할 어두움의 제한성에 묶여 있다. 그리하여 나의 나됨은 저 너머 눈부신 빛과의 만남에서 더욱 충만함을 느끼고 거기에 잇대어져 있고자 한다. 삶은 '여기'에서 벌어지는 쟁투이지만 '여기'를 넘어서야 할 소명을 받고 있다. 나의 나됨은 이 소명의 마차를 타고 그 '너머'를 그리며 길 떠난다.

나는 대학을 졸업하고 대학원에 입학하자마자 휴학하고 병역의무를 다하겠다며 공군 장교로 3년 반 동안 복무할 계획을 세워 군에 들어갔는데, 뜻하지 않게 4년 반 동안 군대 안에 머물러 있어야 했다. 쿠데타 정권이 일방으로 내린 명령 때문이었다. 긴 군대 생활이 매우 지루했으나 혼자 공부할 수 있는 좋은 기회이기도 했다. 함께 근무했던 벗들 사이에서 많은 것을 배웠고 많은 것을 느꼈다. 기독교 집안에서 태어나 기독교 학교를 다녔던 내가 처음으로 관립대학을 비롯한 여러 학교 졸업생들과 어울릴 수 있는 기대치 못한 의미 있는 계기이기도 했다. 젊은 날의 '나됨'을 찾아 보고자 했고 자존감과 함께 자신감도 얻었다. 어느 동년배가 나를 일러 "익센트릭"하다고 했는데 분명 나에게 그런 면이 있음을 인정한다. 섬세한 눈으로 보면 모두가 나름으로 '익센트릭'할 것이다. 삶이란 표준화된 잣대로 규정하거나 법칙화한 공식으로 풀 수 없다고 믿는 '나됨'을 가진 자에게는 더욱 그러할 터이다.

역사는 인간을 붕어빵 굽듯이 찍어 내지 않는다. 인간은 역사에 대한 이해와 대응의 능력을 지닌 특유한 존재이다. 역사의 영향을 받으나 역사에 의해 결정되지 않는다. 이것이 인간이고 인간다움이다. 역사는 삶의 자료일 따름이다. 역사 경험은 이 자료에 대한 물음과 풀이와 새김질이다.

여든두 해 전에 내가 이 세상에 태어나, 일흔다섯 해 전에 일제 강탈에서 벗어난 해방을 맞고, 일흔 해 전에는 이 땅에서 벌어진 전쟁도 겪고, 민주스러운 나라를 만들자며 함께 힘 모아 일으켰던 예순 해 전의 봄 혁명과 마흔 해 전의 저항운동도 보았다. 피땀 어린 모진 역사, 나의 삶터였고 내 삶의 바탕이었다.

삶이란 어쩌지 못하는 역사 경험의 연속이다. 역사는 지식의 보고이나 역사 경험은 의식의 출처이다. 이 경험은 논리나 원칙이나 이성에 앞서고 그 모든 것을 넘어선다. 나됨은 이 경험 안에서 나오고 이 안에서 둘러 헤아려 살핀다. 나됨은 눈과 귀와 머리 그리고 마음으로 엮이는 역사 경험으로 만들어진다. 삶을 어떻게 보고 어떻게 들으며 어떻게 새기어 풀이하느냐에 따라 삶은 뜻을 얻는다. 나됨은 그 뜻의 그림자이다. 역사를 경험하는 사람은 각각 자신의 그림자와 함께 움직인다. 나는 오늘도 이 경험 안에 들어서 있다.

도움받은 글

막스 베버

Gesammelte Aufsätze zur Religionssoziologie (Tübingen: J.C.B.Mohr, 1920).

Gesammelte Aufsätze zur Soziologie und Sozialpolitik (Tübingen: Mohr, 1924).

The Methodology of the Social Sciences (Edward A. Shils/Henry A. Finch 엮고 옮김) (New York: Free Press, 1949/1961).

Ancient Judaism (H. H. Gerth/D. Martindale 엮고 옮김) (New York: Free Press, 1952).

The Protestant Ethic and the Spirit of Capitalism (T. Parsons 옮김) (New York: Charles Scribner's Sons, 1958ㄱ).

The City (Don Martindale/Gertrud Neuwirth 엮고 옮김) (London: Heinemann, 1958ㄴ).

General Economic History (Frank H. Knight 옮김) (New York: Collier, 1961).

The Sociology of Religion (E. Fischoff 옮김) (Boston: Beacon Press, 1963ㄱ).

The Religion of China: Confucianism and Taoism (Boston: Beacon Press, 1963ㄴ).

The Theory of Social and Economic Organization (T. Parsons 엮고 옮김) (New York: Free Press, 1947/1964).

From Max Weber: Essays in Sociology (H. H. Gerth/C. W. Mills 엮고 옮김) (New York: Oxford University Press, 1946/1958ㄷ/1966).

On Charisma and Institution Building (S. N. Eisenstadt 엮음) (Chicago & London: University of Chicago Press, 1968).

Max Weber: The Interpretation of Social Reality (J. E. T. Eldridge 엮음) (London: Michael Joseph, 1970).

Critique of Stammler (Guy Oaks 옮김) (New York: Free Press, 1977).

Economy and Society (Guenther Roth/Claus Wittich 엮음) (Berkeley: University of California Press, 1978ㄱ) [1921-1922].

Selections in Translation (W. G. Runciman 엮음) (Cambridge: Cambridge University Press, 1978ㄴ).

Collected Methodological Writings (H. H. Bruun/Sam Whimster 엮음) (London: Routledge, 2012).

"Anticritical Last Word on The Spirit of Capitalism," *American Journal of Sociology*, 83권 5호(1978ㄷ).

"Prefatory Remarks to Collected Essays in the Sociology of Religion"(1920), Max Weber, *The Protestant Ethic and the "Spirit" of Capitalism and Other Writings* (Peter Baehr/Gordon C. Wells 엮고 옮김) (London: Penguin Books, 2002).

「プロテスタンティズムの倫理と資本主義の精神」(梶山力 옮김) (東京: 有斐閣, 1944) [1938].

「프로테스탄티즘의 倫理와 資本主義의 精神」(권 세원/강 병규 옮김) (서울: 일조각, 1958).

「프로테스탄티즘의 倫理와 資本主義의 精神」(양 회수 옮김) (서울: 을유문화사, 1980).

「프로테스탄티즘의 윤리와 자본주의 정신」(박 종선 옮김) (서울: 고려원, 1987).

「프로테스탄티즘의 윤리와 자본주의 정신」(박 성수 옮김) (서울: 문예출판사, 1988).

「프로테스탄티즘의 윤리와 자본주의 정신」(김 덕영 옮김) (서울: 길, 2010).

박 영신 (저서)

「변동의 사회학」(서울: 학문과사상사, 1980).

「현대 사회의 구조와 이론」(서울: 일지사, 1981).

「역사와 사회 변동」(서울: 한국사회학연구소/민영사, 1987).

「사회학 이론과 현실 인식」(서울: 한국사회학연구소/민영사, 1992).

「동유럽의 개혁 운동: 폴란드와 헝가리의 비교」(서울: 집문당, 1993).

「우리 사회의 성찰적 인식」(서울: 현상과인식, 1995ㄱ).

「새로 쓴 변동의 사회학」(서울: 학문과사상사, 1996).

「실천 도덕으로서의 정치: 바츨라브 하벨의 역사 참여」(서울: 연세대학교 출판부, 2000).

「어떤 국민인가」(서울: 여울목, 2017ㅁ).

박 영신 (논문 또는 기사)

"막스 베버의 카리스마: 사회 운동 연구의 분석적 개념으로서,"「人文科學」, 35집(1976) 또는「현대 사회의 구조와 이론」(서울: 일지사, 1978).

"한국 전통 사회의 구조적 인식,"「延世論叢」, 14집(1977) 또는「현대 사회의 구조와 이론」(서울: 일지사, 1978).

"조선 시대 말기의 사회 변동과 사회 운동,"「현상과인식」, 2권 1호(1978년 봄) 또는「현대 사회의 구조와 이론」(서울: 일지사, 1978).

"독립협회 지도 세력의 상징적 의식 구조,"「東方學志」, 20집(1978) 또는「새로 쓴 변동의 사회학」(서울: 학문과사상사, 1996).

"사회 운동으로서의 3.1운동의 구조와 과정,"「현상과인식」, 3권 1호(1979년 봄).

"〈프로테스탄트 윤리〉의 재인식,"「현상과인식」, 4권 4호(1980년 겨울).

"동부 유럽 사회의 계층 구조와 변동—항가리 사회를 중심으로—,"「共産國家에 있어서의 政策 및 政策過程의 比較硏究」, 4집 (서울: 연세대학교 동서문제연구원, 1981).

"역사-구조적 접근의 일반 원리,"「사회학연구」, 첫째 책(1984).

"한국 사회의 변동과 가족주의," 한국사회이론학회 국제학술대회(1984년 12월 15일) '한국 사회의 변동 이론—가족주의와 변동의 구조적 접합' 자료집 또는「역사와 사회 변동」(서울: 한국사회학연구소/민영사, 1987).

"한국 사회학의 사회학적 역사,"「현상과인식」, 9권 1호(1985년 봄) 또는「사회학 이론과 현실 인식」(서울: 한국사회학연구소/민영사, 1992).

"세계 체계적 접근 방법의 이론적 전개와 비판,"「사회학연구」, 둘째 책(1985).

"도시와 사회 변동: 맑스에서 베버로,"「사회학연구」, 넷째 책(1986) 또는「역사와 사회 변동」(서울: 한국사회학연구소/민영사, 1987).

"의사 소통 행위론: 하버마스의 사회학적 이론의 종합,"「현상과인식」, 11권 2호(1986년 여름) 또는「사회학 이론과 현실 인식」(서울: 한국사회학연구소/민영사, 1992).

"역사 사회학자 뒤르케임을 아는가?," 테다 스카치폴,「역사 사회학의 방법과 전망」(박 영신/이 준식/박 희 옮김) (서울: 한국사회학연구소/민영사, 1986) 또는「역사와 사회 변동」(서울: 한국사회학연구소/민영사, 1987).

"하버마스와 의사소통 행위의 사회학,"「현상과인식」, 11권 1호(1987년 여름).

"한국의 전통 종교 윤리와 자본주의," 한국사회사연구회(엮음),「한국의 종교와 사회 변동」(서울: 문학과지성사, 1987) 또는「우리 사회의 성찰적 인식」(서울: 현상과인식, 1995).

"볼셰비키 사회학자 니콜라이 부하린의 체계 이론,"「延世論叢」, 26집(1990ㄱ) 또는「사회학 이론과 현실 인식」(서울: 한국사회학연구소/민영사, 1992).

"볼셰비키 사회학자 니콜라이 부하린의 이론적 관심 세계,"「연세사회학」, 10-11 합본(1990ㄴ) 또는「사회학 이론과 현실 인식」(서울: 한국사회학연구소/민영사, 1992).

"플렉하노브의 러시아 맑스주의와 인민주의의 극복,"「사회학연구」, 일곱째 책(1992).

"즐거운 유배자, 지성인의 삶,"「현상과인식」, 17권 2/3호(1993년 여름/가을).

"동학 혁명의 과정과 정치-사회적 의미,"「진리-자유」, 1994년 봄 호.

"종교적 물질주의: 우리의 전통과 사회 구조,"「사회이론」, 13집(1995ㄴ).

"가족주의 전통과 한국의 자본주의 구조,"「우리 사회의 성찰적 인식」(서울: 현상과인식, 1995ㄷ).

"역사의 기억과 진실의 인식,"「현상과인식」, 19권 3호(1995ㄹ년 가을).

"경제주의와 삶의 왜곡,"「현상과인식」, 19권 4호(1995ㅁ년 겨울).

"계급의 개념사적 이력: 정치 경제학의 유산, 맑스, 그리고 그 이후,"「사회학연구」, 여덟째 책

(1995) 또는 「새로 쓴 변동의 사회학」(서울: 학문과사상사, 1996).

"'위로부터'의 개혁에서 '아래로부터'의 개혁으로: 서 재필의 운동 전략 변화," 「현상과인식」, 20권 1호(1996년 봄).

"영국이 낳은 새 학문, '문화학'의 문화 비판," 「현상과인식」, 21권 4호(1997년 겨울).

"두 갈래의 윤리 지향성, 그 울을 넘어," 「사회이론」, 1998년 봄 호.

"사회 운동 '이후'의 사회 운동: '4.19'의 구성," 한국사회운동학회 봄 학술모임 '4.19와 시민 사회' 발표문 또는 「현상과인식」, 24권 4호(2000년 겨울).

"일본에 맞선 일본인, 이에나가 사부로," 「현상과인식」, 30권 1/2호(2006ㄱ년 봄/여름).

"사람의 권리, 그 이바지와 올가미," 「현상과인식」, 30권 2호(2006ㄴ년 가을).

"「천로역정」—하늘나라로 가는 순례자의 길," 「아름다운 동행」, 4호(2007).

"다시 생각하는 여성주의, 새로 생각하는 생태주의," 「사회이론」, 통권 33호(2008ㄱ).

"'초월'의 추방, 그 문화의 정황," 「현상과인식」, 32권 3호(2008ㄴ년 가을).

"개신교 정신과 '시민다움'의 삶," 한국기독교교육학회 2008년 가을학술대회 주제 발표(2008ㄷ).

"뒤르케임과 지성인," 「사회이론」, 통권 34호(2008ㄹ).

"칼뱅주의 해석의 '오류' 지점: 친화력의 논리와 축소의 원리," 「현상과인식」, 33권 3호(2009년 가을) 또는 한국인문사회과학회(엮음), 「칼뱅주의 논쟁: 인문사회과학에서」(서울: 북코리아, 2010).

"탈개발주의를 향한 도덕 관심의 구조," 「본질과 현상」, 통권 26호(2012).

"로버트 벨라(1927-2013), 나의 선생을 기림," 「현상과인식」, 37권 3호(2013ㄱ년 가을).

"초월의 정신과 범세계화의 상황—구약의 상징 구조에 대한 사회학도의 생각 하나," 「구약논단」, 19권 4호(2013ㄴ).

"삶의 이론: '물음 행위'의 풀이," 「사회이론」, 통권 44호(2013ㄷ).

"우리 사회의 구조와 '교회 세습'," 교회세습반대운동연대 2차 심포지엄(2013ㄹ년 2월 19일) 발표문.

"'굴대 시대' 이후의 문명사에 대한 학제간 연구 관심," 한국인문사회과학회 창립 15주년 기념학술 모임(2013년 11월 23일) '학문담론의 성찰' 발표문 또는 「현상과인식」, 38권 1/2호(2014년 봄/여름).

"'모든 권력은 국민으로부터…,' 어떤 '국민'인가?," 「사회이론」, 통권 45호(2014ㄱ).

"한 세기 다음, 오늘의 한국 기독교," 열두 번째 목민강좌(2014ㄴ년 10월 30일) '기독교와 한국의 역사 · 사회 변동 II' 발표문.

"베버의 '쇠우리': 삶의 모순 역사에서," 「사회이론」, 통권 46호(2014) 또는 한국사회이론학회/한국인문사회과학회(엮음), 「다시 읽는 막스 베버」 (서울: 문예출판사, 2015).

"두 가지 '자기 이해': 전후 일본은 독일과 왜 다른가?," 「현상과인식」, 39권 3호(2015ㄱ년 가을).

"'인권선언'의 기원과 이후: 옐리네크, 베버, 그리고 뒤르케임에 이어," 「사회이론」, 통권 48호(2015ㄴ).

"'친분의 사슬'에 대하여: 나의 역사 사회학 보고," 「사회이론」, 통권 49호(2016).

"'공공 분노'에 대하여: '광화문 촛불 집회' 풀이," 「사회이론」, 통권 51호(2017ㄱ).

"개신교 정신, 조직, 그리고 시민," 「사회이론」, 통권 52호(2017ㄴ).

"인간의 한계와 굴대 문명의 재귀: 지식 행위를 새김," 「현상과인식」, 41권 3호(2017ㄷ년 가을).

"6월 항쟁과 '운동' 생각," 한국사회운동학회/핵없는세상/녹색교육센터 "'87년 6월 민주항쟁'의 기억과 그 너머: 사회운동의 새 길을 묻다" 기조 강연 또는 시민모임 '핵없는세상' 회원들, 「나는 어떤 시민인가?—'6월 항쟁'에서 '핵없는세상'에 이르기까지 우리네 이야기」 (서울: 도서출판 니, 2017ㄹ).

"어떤 맑스인가?," 「현상과인식」, 42권 3호(2018년 가을).

"'시민' 생각," 녹색교육센터 교육 자료(2019ㄱ).

"'민주공화정'의 표상과 공공 미덕: 3.1운동 100돌 새김," 「사회이론」, 통권 56호(2019ㄴ).

"'날마다의 삶,' 그 뜻의 발자취: 베버의 풀이에 잇대어," 「현상과인식」, 44권 1호(2020ㄱ년 봄).

"베버의 그늘 밑에서: '굴대 문명' 관심의 되살림과 그 쓰임," 「사회이론」, 통권 58호(2020ㄴ).

"일본은 왜 우리의 '선진국'일 수 없는가?," 문 은희 들, 「3.1운동의 기억」 (서울: 도서출판 니, 2020).

"Heredity in Korean Churches," (Presented for Shorenstein APARC Seminar Series, Stanford University, California, on May 4, 2012).

국내 자료 (저서)

골드만, 뤼시앙, 「문학 사회학 방법론」 (박 영신 옮김) (서울: 현상과인식, 1984).

괴테, 요한 볼프강 폰, 「친화력」 (김 래현 옮김) (서울: 민음사, 2001).

굴드너, 앨빈, 「지성인의 미래와 새계급의 성장」 (박 영신 옮김) (서울: 이화여자대학교 출판부, 1983).

기든스, 안토니, 「정치 사회 이론 연구」 (김 중섭 옮김) (서울: 한국사회학연구소/대영사, 1985).

김 광기, 「뒤르켐 & 베버」 (서울: 김영사, 2007).

________, 「이방인의 사회학」 (파주: 글항아리, 2014).

김 덕영, 「막스 베버: 통합과학적 인식의 패러다임을 찾아서」 (서울: 길, 2012).

김 중섭, 「사회 운동의 시대: 일제 침략기 지역 공동체의 역사 사회학」 (서울: 북코리아, 2012).

________, 「평등 사회를 향하여: 한국 형평사와 일본 수평사의 비교」 (파주: 지식산업사, 2015).

김 홍만, 「해설 천로역정」 (서울: 생명의말씀사, 2005).

뒤르케임, 에밀, 「종교 생활의 원초적 형태」 (노 치준/민 혜숙 옮김) (서울: 한국사회학연구소/민영사, 1990).

루터, 말틴, 「종교개혁 3大 논문」 (지 원용 옮김) (서울: 컨콜디아사, 2003).

뤼데, 조오지, 「이데올로기와 민중의 저항」 (박 영신/황 창순 옮김) (서울: 현상과인식, 1993).

문 은희, 「한국여성의 심리구조: 포함이라는 행동단위로 보다」 (서울: 도서출판 니, 2011).

밀턴, 존, 「실낙원 2」 (조 신권 옮김) (파주: 문학동네, 2016).

박 정신, 「한국 기독교사 인식」 (서울: 혜안, 2004).

버만, 해롤드, 「종교의 제도: 문명과 역사적 법이론」 (김 철 옮김) (서울: 민영사, 1992).

________, 「법과 혁명 1」 (김 철 옮김) (파주: 한국학술정보, 2013).

번연, 존, 「천로역정」 (이 상현 옮김) (서울: 청목, 2003) [1989].

베리, 토마스, 「위대한 과업」 (이 영숙 옮김) (서울: 대화문화아카데미, 2009).

벨, 다니엘, 「資本主義의 文化的 矛盾」 (오 세철 옮김) (서울: 전망사, 1980).

벨라, 로버트, 「도쿠가와 종교: 일본 근대화와 종교 윤리」 (박 영신 옮김) (서울: 현상과인식, 1994).

사방박(四方博), 「朝鮮人口에 關한 身分階級的 觀察」 (이화여자대학교 사회학과 옮김) (서울: 이화여자대학교 출판부, 1962) [1938].

손 인수, 「원한경의 삶과 교육 사상: H. H. 언더우드의 선교 교육과 한국학연구」 (서울: 연세대학교 출판부, 1992).

스멜서, 니일 J., 「사회 운동과 사회 변동」 (박 영신 옮김) (서울: 세경사, 1981).

스카치폴, 테다, 「역사 사회학의 방법과 전망」 (박 영신/이 준식/박 희 옮김) (서울: 한국사회학연구소/민영사, 1986).

야스퍼스, 칼, 「역사의 기원과 목표」 (백 승균 옮김) (서울: 이화여자대학교 출판부, 1986) [1949].

여영시(余英時), 「中國近世宗教倫理와 商人精神」 (정 인재 옮김) (서울: 대한교과서주식회사, 1993).

오 형국, 「칼뱅의 신학과 인문주의」 (파주: 한국학술정보, 2006).

워슬리, 피터, 「마르크스와 마르크스주의」 (진 덕규 옮김) (서울: 학문과사상사, 1983).

위티, 존, 「권리와 자유의 역사」 (정 두메 옮김) (서울: IVP, 2015).

이 종성, 「칼빈」 (서울: 대한기독교출판사, 1978).

이 황직, 「독립협회, 토론공화국을 꿈꾸다」 (서울: 프로네시스, 2007).

이 희덕, 「高麗儒教政治思想의 研究」 (서울: 일조각, 1984).

전 경연, 「칼빈의 生涯와 神學思想」 (서울: 한신대학교 출판부, 1982).

정 도전(鄭道傳), 「三峯集」 (서울: 동화출판공사, 1972).

정 성구, 「칼빈主義 思想大系」 (서울: 총신대학교 출판부, 1995).

최 길성, 「韓國의 祖上崇拜」 (서울: 예전사, 1986).

카프카, 프란츠, 「잠언」 (죄, 고통, 희망 그리고 진실의 길에 관한 성찰) (자료, 2014).

칼빈, 존, 「基督敎 綱要」 (김 문제 옮김) (서울: 세종문화사, 1977).

프로인트, 쥴리앙, 「이해 사회학」 (이 종수 옮김) (서울: 한벗, 1981).

한국사회이론학회(엮음), 「윤리와 우리 사회」 (서울: 현상과인식, 1998).

한국사회이론학회/한국인문사회과학회(엮음), 「다시 읽는 막스 베버」 (서울: 문예출판사, 2015).

한국인문사회과학회(엮음), 「칼뱅주의 논쟁: 인문사회과학에서」 (서울: 북코리아, 2010).

황 정욱, 「칼빈의 초기 사상 이해」 (서울: 선학사, 1998ㄱ).

국내 자료 (논문 또는 기사)

김 광기, "칼뱅, 베버, 파슨스, 그리고 미국 자본주의의 위기," 「현상과인식」, 33권 3호(2009년 가을).

________, "머리말," 한국사회이론학회/한국인문사회과학회(엮음), 「다시 읽는 막스 베버」 (서울: 문예출판사, 2015ㄱ).

________, "베버의 '이념형'과 슈츠의 '전형'," 한국사회이론학회/한국인문사회과학회(엮음), 「다시 읽는 막스 베버」 (서울: 문예출판사, 2015ㄴ).

김 중섭, "한국에서의 막스 베버 연구," 「현상과인식」, 4권 4호(1980년 겨울).

김 철, "현대 한국 문화에 대한 법철학적 접근," 「현상과인식」, 24권 1/2호(2000년 봄/여름).

________, "칼뱅주의와 법에 대한 사상사: 윌리암스의 정교분리 원칙," 「현상과인식」, 33권 3호(2009년 가을).

________, "《프로테스탄티즘의 윤리와 자본주의 정신》과 해롤드 버만," 한국사회이론학회/한국인문사회과학회(엮음), 「다시 읽는 막스 베버」 (서울: 문예출판사, 2015).

뒤르껭, 에밀, "개인주의와 지성인," (박 영신 옮김), 「현상과인식」, 4권 4호(1979년 겨울) 또는 「변동의 사회학」 (서울: 학문과사상사, 1980).

뒤르케임, 에밀, "지적 엘리트와 민주주의," (박 영신 옮김), 「현상과인식」, 17권 4호(1993년 겨울).

문 은희, "우리의 문화 현상과 행동 특성," 「현상과인식」, 18권 2호(1994년 여름).

박 정신, "도꾸가와 시대의 유교와 산업화," 「현상과인식」, 7권 3호(1983년 가을) 또는 케네스 B. 파일, 「근대 일본의 사회사」 (박 영신/박 정신 옮김) (서울: 현상과인식, 1986).

________, "기독교와 한국 역사—그 만남, 물림, 그리고 엇물림의 사회사," 박 정신, 「근대 한국과 기독교」 (서울: 민영사, 1997).

________, "조선에 온 칼뱅주의 구학파: 그 역사변혁의 파괴력," 한국인문사회과학회(엮음), 「칼뱅주의 논쟁: 인문사회과학에서」 (서울: 북코리아, 2010).

________, "우리 역사 쓰기 되새김: 베버의 역사-사회 인식에 기대어," 「사회이론」, 통권 46호(2014).

________, "베버의 역사사회학과 우리 역사 쓰기," 한국사회이론학회/한국인문사회과학회(엮음), 「다시 읽는 막스 베버」 (서울: 문예출판사, 2015).

________, "아버지의 역사, 나의 역사학," 「현상과인식」, 41권 3호(2017년 가을).

벨라, 로버트, "사회 변동과 종교적 진화"(1963), 로버트 벨라, 「사회 변동의 상징 구조」 (박 영신 옮김) (서울: 삼영사, 1981).

________, "종교적 진화"(1964), 로버트 벨라, 「사회 변동의 상징 구조」 (박 영신 옮김) (서울: 삼영사, 1981).

________, "의미 체계와 근대적 사회 변동"(1965), 로버트 벨라, 「사회 변동의 상징 구조」 (박 영신 옮김) (서울: 삼영사, 1981).

부뜨미, 에밀, "人權宣言과 옐리네크 씨"(1902), G. 옐리네크/E. 부뜨미, 「人權宣言論爭」 (김 효전 옮김) (서울: 법문사, 1991).

송 재룡, "한국 사회의 삶의 정치학과 아버지," 「현상과인식」, 28권 4호(2004년 겨울).

송 준인, "'牧民' 精神과 그리스도인의 청지기職," 제1회 목민학술강좌(2009년 7월 10일) 발표문.

신 동준, "합리적 법과 행위의 합리성: 막스 베버의 법사회학과 의미의 문제," 「사회이론」, 통권 46호(2014) 또는 한국사회이론학회/한국인문사회과학회(엮음), 「다시 읽는 막스 베버」 (서울: 문예출판사, 2015).

옐리네크, 게오르그, "人權宣言再論—옐리네크 씨가 부뜨미 씨에게 보낸 답변"(1902), G. 옐리네크/E. 부뜨미, 「人權宣言論爭」 (김 효전 옮김) (서울: 법문사, 1991).

________, "제 2판에의 서문"(1903), G. 옐리네크/E. 부뜨미, 「人權宣言論爭」 (김 효전 옮김) (서울: 법문사, 1991).

이 상규, "한국에서의 칼빈 연구," 오 정호 들, 「칼빈과 한국 교회」 (서울: 생명의말씀사, 2009).

이 철, "칼뱅주의와 1953년 한국 장로교 분열: 문화사회학적 연구," 한국인문사회과학회(엮음), 「칼뱅주의 논쟁: 인문사회과학에서」 (서울: 북코리아, 2010).

이 황직, "한국 사회 운동 참여자의 문화적 습속: 가족, 민중, 시민," 「현상과인식」, 28권 4호(2004년 겨울).

________, "교양에서 시민으로: 뒤르케임 교육론의 함의," 「사회이론」, 통권 34호(2008).

정 갑영, "갈등과 변동에 대한 이론적 틀의 비교: 베버, 파아슨스, 다렌도르프를 중심으로," 「현상과인식」, 4권 2/3호(1980년 여름/가을).

________, "한국사회이론학회 창립 30주년에 부쳐," 「사회이론」, 통권 44호(2013).

________, "베버의 삶과 에로틱," 「사회이론」, 통권 46호(2014) 또는 한국사회이론학회/한국인문사회과학회(엮음), 「다시 읽는 막스 베버」 (서울: 문예출판사, 2015).

________, "막스 베버와 예술," 「사회이론」, 통권 58호(2020).

정 재영, "한국 가족의 자녀 교육," 「현상과인식」, 28권 4호(2004년 겨울).

텐부룩, 프리드리히, "막스 베버 방법론의 재해석," (차 성환 옮김), 「사회학연구」, 넷째 책(1986).

편 영수, "오병이어의 기적"(2014년 4월 6일), (http://yeramchurch.org/zboard/view.php?id=

bible&no=554).

________, "프란츠 카프카와 막스 베버의 '관료제의 지배': 카프카의 장편 소설 〈성〉을 중심으로,"「사회이론」, 통권 46호(2014).

________, "카프카의 소설 《성》과 베버," 한국사회이론학회/한국인문사회과학회(엮음),「다시 읽는 막스 베버」(서울: 문예출판사, 2015).

황 정욱, "교회론," 한국칼빈학회(엮음),「칼빈 신학 해설」(서울: 대한기독교서회, 1998ㄴ).

국외 자료 (저서)

Alexander, Jeffrey C., *Theoretical Logic in Sociology* (Berkeley/Los Angeles: University of California Press, 1983).

Allen, Danielle, *Our Declaration: A Reading of the Declaration of Independence in Defense of Equality* (New York: W. W. Norton, 2014).

Anderson, Charles H., *The Political Economy of Social Class* (Englewood Cliffs, New Jersey: Prentice-Hall, 1974).

Andreski, Stanislav, *The Uses of Comparative Sociology* (Berkeley/Los Angeles: University of California Press, 1965).

________, *Max Weber's Insights and Errors* (London: Routledge & Kegan Paul, 1984).

Arato, Andrew/Breines, Paul, *The Young Lukács and the Origins of Western Marxism* (New York: Seabury Press, 1979).

Arendt, Hannah, *The Origins of Totalitarianism* (Glencoe, Illinois: Free Press, 1966).

Aron, Raymond, *Main Currents in Sociological Thought* (New York: Anchor Books, 1970).

Augustine, *The City of God against the Pagans* (R. W. Dyson 엮고 옮김) (Cambridge: Cambridge University Press, 2002).

Bell, Daniel, *The Coming of the Post-Industrial Society* (New York: Basic Books, 1973).

________, *The Cultural Contradictions of Capitalism* (New York: Basic Books, 1976).

Bellah, Robert N., *Tokugawa Religion—The Values of Pre-Industrial Japan* (New York: Free Press, 1957).

________, *Beyond Belief: Essays on Religion in a Post-Traditional World* (New York, Evanston & London: Harper & Row, 1970).

________, *The Broken Covenant: American Civil Religion in Time Trial* (Chicago: University of Chicago Press, 1975).

________, *Religion in Human Evolution: From the Paleolithic to the Axial Age* (Cambridge: Belknap Press of Harvard University Press, 2011).

Bellah, Robert N. 들, *Habits of the Heart: Individualism and Commitment in American Life* (New York: Harper & Row, 1985).

Bellah, Robert N./Joas, Hans (엮음), *The Axial Age and Its Consequences* (Cambridge: Belknap Press of Harvard University Press, 2012).

Bendix, Reinhard, *Max Weber: An Intellectual Portrait* (New York: Anchor Books, 1960).

Bendix, Reinhard/Roth, Guenther, *Scholarship and Partisanship: Essays on Max Weber* (Berkeley: University of California Press, 1971).

Benedict, Philip, *Christ's Churches Purely Reformed: A Social History of Calvinism* (New Haven: Yale University Press, 2002).

Berman, Harold J., *Law and Revolution II: The Impact of the Protestant Reformation on the Western Legal Tradition* (Cambridge: Belknap Press of Harvard University Press, 2003).

Bottomore, Tom, *Sociology and Socialism* (Brighton, Sussex: Harvest Press, 1984).

Braudel, Ferdinand, *The Wheels of Commerce: Civilization and Capitalism* (London: Collins, 1982).

Bunyan, John, *The Pilgrim's Progress* (New York: Pocket Library, 1957).

Calvin, John, *Institutes of the Christian Religion* (Louisville: Westminster John Knox Press, 2006).

Cohen, G. A., *Karl Marx's Theory of History: A Defence* (Princeton: Princeton University Press, 1978).

Coser, Lewis A., *Masters of Sociological Thoughts* (New York: Harcourt brace Jovanovich, 1971).

De Gruchy, John, *Christianity and Democracy* (Cambridge: Cambridge University Press, 1995).

Deuchler, Martina, *The Confucian Transformation of Korea* (Cambridge: Council on East Asian Studies/Harvard University Press, 1992).

Djilas, Milovan, *The New Class* (New York: Praeger, 1957).

Dupré, Louis, *The Philosophical Foundations of Marxism* (New York/Chicago/San Francisco/Atlanta: Harcourt, Brace & World, 1966).

Durkheim, Émile, *The Division of Labor in Society* (Glencoe, Illinois: Free Press, 1933/1947) [1893].

________, *The Rules of Sociological Method and Selected Texts on Sociology and Its Method* (New York: Free Press, 1982) [1895].

________, *Suicide: A Study in Sociology* (Glencoe, Illinois: Free Press, 1961) [1897].

________, *The Elementary Forms of the Religious Life* (New York: Free Press, 1995) [1912].

Eagleton, Terry, *Why Marx was Right* (New Haven: Yale University Press, 2011).

Eisenstadt, S. N. (엮음), *The Protestant Ethic and Modernization: A Comparative View* (New York: Basic Books, 1968).

Eldridge, J. E. T. (엮음), *Max Weber* (London: Thomas Nelson & Sons, 1971).

Etzioni-Halevy, Eva, *The Knowledge Elite and the Failure of Prophecy* (London: George Allen & Unwin, 1985).

Evans, Robert R. (엮음), *Readings in Collective Behavior* (Chicago: Rand McNally & Co., 1969).

Feenberg, Andrew, *Lukács, Marx and the Sources of Critical Theory* (Totowa, New Jersey: Rowman & Littlefield, 1981).

Fenton, Steven, *Durkheim and Modern Sociology* (Cambridge: Cambridge University Press, 1984).

Foran, John (엮음), *Theorizing Revolutions* (London: Routledge, 1997).

Forrest, Ray 등 (엮음), *Urban Political Economy and Social Theory: Critical Essays in Urban Studies* (Hampshire: Gower, 1982).

Freud, Sigmund, *Group Psychology and the Analysis of the Ego* (New York: Bantam, 1960).

Frölich, Paul, *Rosa Luxemburg: Her Life and Work* (London: Victor Gollancz, 1940).

Fustel de Coulanges, Numa Denis, *The Ancient City: A Study on the Religion, Laws, and Institutions of Greece and Rome* (Baltimore: Johns Hopkins University Press, 1980).

Giddens, Anthony, *Capitalism and Social Theory* (London: Cambridge University Press, 1971).

Gilbert, G. M., *The Psychology of Dictatorship* (New York: Ronald Press Co., 1950).

Gouldner, Alvin W., *Against Fragmentation: The Origins of Marxism and the Sociology of Intellectuals* (New York/Oxford: Oxford University Press, 1985).

Green, R. W. (엮음), *Protestantism and Capitalism: The Weber Thesis and Its Critics* (Boston: Heath, 1959).

Habermas, Jürgen, *The Theory of Communicative Action* 1권 (Boston: Beacon Press, 1984).

Habermas, Jürgen/Ratzinger, Joseph, *The Dialectics of Secularization* (San Francisco: Ignatius Press, 2006).

Hall, David W., *Calvin in the Public Square* (Phillipsburg, New Jersey: P&R, 2009).

Hamilton, Malcolm, *The Sociology of Religion* (London: Routledge, 2001).

Heller, Agnes (엮음), *Lukács Revalued* (Oxford: Basil Blackwell, 1983).

Hindess, Barry/Hirst, Paul Q., *Pre-Capitalist Modes of Production* (London/Boston: Routledge & Kegan Paul, 1977).

Hirszowicz, Maria, *The Bureaucratic Leviathan: A Study in the Sociology of Communism* (Oxford: Martin Robertson, 1980).

Holton, R., *Cities, Capitalism and Civilization* (London: Allen & Unwin, 1986).

Honigsheim, Paul, *On Max Weber* (New York: Free Press, 1968).

_________, *The Unknown Max Weber* (Alan Sica 엮음) (New Brunswick: Transaction, 2000).

Horkheimer, Max/Adorno, Theodor W., *Dialectic of Enlightenment* (New York: Herder & Herder, 1972).

Hunt, Lynn, *Inventing Human Rights* (New York: W. W. Norton, 2007).

Inglehart, R., *The Silent Revolution: Changing Values and Political Styles among Western Public* (Princeton: Princeton University Press, 1977).

Jamieson, Dale, *Ethics and Environment* (Cambridge: Cambridge University Press, 2008).

Jaspers, Karl, *The Origin and Goal of History* (New Haven: Yale University Press, 1965) [1949].

_________, *Plato and Augustine* (Hannah Arendt 엮음) (New York: Harcourt Brace Jovanovich, 1962) [1957].

_________, *On Max Weber* (John Dreijmanis 엮음) (New York: Paragon House, 1989).

Jay, Martin, *Marxism and Totality: The Adventures of a Concept from Lukács to Habermas* (Berkeley/Los Angeles: University of California Press, 1984).

Jellinek, Georg, *The Declaration of the Rights of Man and of Citizens: A Contribution to Modern Constitutional History* (New York: Henry Holt & Co., 1901) [1895].

Joas, Hans, *The Sacredness of the Person: A New Genealogy of Human Rights* (Washington, D.C.: Georgetown University Press, 2013).

Jordan, Grant/Maloney, William, *The Protest Business?* (Manchester: Manchester University Press, 1997).

Kapp, Yvonne, *Eleanor Marx* (London: Lawrence & Wishart, 1972).

Kirkpatrick, Frank G., *The Ethics of Community* (Oxford: Blackwell, 2001).

Kornhauser, William, *The Politics of Mass Society* (Glencoe, Illinois: Free Press, 1959).

Lazarus, Richard S., *Psychological Stress and the Coping Process* (New York: McGraw-Hill, 1966).

Le Bon, G., *The Crowd* (New York: Viking Press, 1960).

Levine, Donald N., *The Flight from Ambiguity* (Chicago/London: University of Chicago Press, 1985).

Little, David, *Religion, Order, and Law: A Study in Pre-Revolutionary England* (Chicago: University of Chicago Press, 1984) [1969].

Lowe, Stuart, *Urban Social Movements: The City After Castells* (London: Macmillan, 1986).

Löwith, Karl, *Max Weber and Karl Marx* (London: Allen & Unwin, 1982).

Löwy, Michael, *Georg Lukács: From Romanticism to Bolshevism* (London: NLB, 1979).

Lukács, Georg, *Soul and Form* (London: Merlin Press, 1974).

________, *The Destruction of Reason* (London: Merlin Press, 1980) [1952].

________, *Record of a Life* (London: Verso, 1983).

Luther, M./Calvin, J., *Luther and Calvin: On Secular Authority* (Harro Höpfl 엮음) (Cambridge: Cambridge University Press, 1991).

MacCulloch, Diarmaid, *The Reformation: A History* (London: Viking Press, 2003).

Maley, Terry, *Democracy and the Political in Max Weber's Thought* (Toronto: University of Toronto Press, 2011).

Marcus, Judith, *Georg Lukács and Thomas Mann* (Amherst: University of Massachusetts Press, 1983).

Marcus, Judith/Tar, Zoltán (엮음), *Foundations of the Frankfurt School of Social Research* (New Brunswick/London: Transaction, 1984).

________ (엮음), *Georg Lukács: Selected Correspondence 1902-1920* (New York: Columbia University Press, 1986).

Marx, Karl/Engels, Friedrich, *On Religion* (New York: Schocken, 1964).

________, *Collected Works* (London: Lawrence & Wishart, 1975-1996).

McCarraher, Eugene, *The Enchantments of Mammon: How Capitalism Became the Religion of Modernity* (Cambridge: Belknap Press of Harvard University Press, 2019).

McGrath, Alister E., *Reformation Thought* (Oxford: Blackwell, 1999).

McLaughlin, Barry (엮음), *Studies in Social Movements* (New York: Free Press, 1969).

McNeill, John T., *The History and Character of Calvinism* (London: Oxford University Press, 1954).

Mellor, J. R., *Urban Sociology in an Urbanized Society* (London: Routledge & Kegan Paul, 1971).

Merleau-Ponty, Maurice, *The Adventures of the Dialectic* (Evanston, Illinois: Northwestern University Press, 1978).

Milton, John, *Paradise Lost* (Oxford: Oxford University Press, 2008).

Mitzman, Arthur, *The Iron Cage: An Historical Interpretation of Max Weber* (New York: Alfred A. Knopf, 1970).

_________, *Sociology and Estrangement* (New York: Alfred A. Knopf, 1978).

Mommsen, Wolfgang J., *The Age of Bureaucracy: Perspectives on the Political Sociology of Max Weber* (Oxford: Basil Blackwell, 1974).

_________, *Max Weber and German Politics, 1890-1920* (Chicago: University of Chicago Press, 1985) [1959].

_________, *The Political and Social Theory of Max Weber* (Cambridge: Polity, 1989).

Nelson, Benjamin, *The Idea of Usury: From Tribal Brotherhood to Universal Otherhood* (Chicago: University of Chicago Press, 1969).

Nelson, Eric, *The Hebrew Republic: Jewish Sources and the Transformation of European Political Thought* (Cambridge: Harvard University Press, 2010).

Niebuhr, H. Richard, *Christ and Culture* (New York: HarperCollins, 2001) [1951].

Oberschall, Anthony, *Social Conflict and Social Movements* (Englewood Cliffs, New Jersey: Prentice-Hall, 1973).

Olson, M., *The Logic of Collective Action* (Cambridge: Harvard University Press, 1965).

Park, Chung-shin, *Protestantism and Politics in Korea* (Seattle/London: University of California Press, 2003).

Parkin, Frank, *Middle-Class Radicalism* (Manchester: Manchester University Press, 1968).

________, *Marxism and Class Theory: A Bourgeois Critique* (New York: Columbia University Press, 1979).

Parkinson, G. H. R., *Georg Lukács* (London/Henley/Boston: Routledge & Kegan Paul, 1977).

Parsons, Talcott, *The Structure of Social Action* (New York: Free Press, 1966).

________, *The System of Modern Societies* (Englewood Cliffs, New Jersey: Prentice-Hall, 1971).

________, *The Early Essays* (Chicago: University of Chicago Press, 1991).

Partee, Charles, *The Theology of John Calvin* (Louisville: Westminster John Knox Press, 2008).

Pickvance, C. B. (엮음), *Urban Sociology: Critical Essays* (London: Tavistock, 1976).

Pike, David, *Lukács and Brecht* (Chapel Hill/London: University of North Carolina Press, 1985).

Pinkus, Theo (엮음), *Conversations with Lukács* (London: Merlin Press, 1974) (Cambridge, Massachusetts: MIT Press, 1975).

Pirenne, Henri, *Medieval Cities* (Princeton, New Jersey: Princeton University Press, 1952) [1925].

Poggi, Gianfranco, *Calvinism and the Capitalist Spirit: Max Weber's Protestant Ethic* (Amherst: University of Massachusetts Press, 1983).

Popper, Karl, *The Open Society and Its Enemies* (London: Routledge & Kegan Paul, 1945).

Radkau, Joachim, *Max Weber: A Biography* (Cambridge: Polity, 2011).

________, *The Age of Ecology: A Global History* (Cambridge: Polity, 2014).

Robertson, Roland (엮음), *Sociology of Religion* (Harmondsworth: Penguin, 1969).

Robinson, Marilynne, *Absence of Mind: The Dispelling of Inwardness from the Modern Myth of the Self* (New Haven: Yale University Press, 2011).

Roth, Guenther/Schluchter, Wolfgang, *Max Weber's Vision of History* (Berkeley: University of California Press, 1979).

Sadri, Ahmad, *Max Weber's Sociology of Intellectuals* (New York: Oxford University Press, 1992).

Said, Edward, *Orientalism: Western Conceptions of the Orient* (London: Routledge & Kegan Paul, 1978).

Saunders, Peter, *Social Theory and the Urban Question* (London: Hutchinson, 1981).

Scaff, Lawrence A., *Fleeing the Iron Cage: Culture, Politics, and Modernity in the Thought of Max Weber* (Berkeley: University of California Press, 1989).

_________, *Max Weber in America* (Princeton: Princeton University Press, 2011).

Scheiner, Irwin, *Christian Converts and Social Protest in Meiji Japan* (Berkeley/Los Angeles: University of California Press, 1970).

Schluchter, Wolfgang, *The Rise of Western Rationalism: Max Weber's Developmental History* (Berkeley/Los Angeles/London: University of California Press, 1981).

Schreiner, Susan E., *The Theater of His Glory: Nature and the Natural Order in the Thought of John Calvin* (Grand Rapids, Michigan: Baker Academic, 1991).

Schroeder, Ralph, *Max Weber and the Sociology of Culture* (London: Sage, 1992).

Schwartz, Benjamin I., *The World of Thought in Ancient China* (Cambridge: Belknap Press of Harvard University Press, 1985).

Scott, James C., *The Moral Economy of the Peasant: Rebellion and Subsistence in Southeast Asia* (New Haven: Yale University Press, 1976).

Selderhuis, Herman J., *John Calvin: A Pilgrim's Life* (Downers Grove, Illinois: IVP Academic, 2009).

Selznick, Philip, *Leadership in Administration* (Berkeley: University of California Press, 1984).

Shaw, William H., *Marx's Theory of History* (Stanford: Stanford University Press, 1978).

Short, John R. (엮음), *Developing Contemporary Marxism* (London: Macmillan, 1985).

Sjoberg, Gideon, *The Pre-Industrial City* (New York: Free Press, 1960).

Skocpol, Theda, *States and Social Revolutions: A Comparative Analysis of France, Russia, and China* (Cambridge: Cambridge University Press, 1979).

Slattery, Martin, *Urban Sociology* (Lancashire: Causeway Press, 1985).

Smelser, Neil J., *Theory of Collective Behavior* (New York: Free Press, 1963).

Sombart, Werner, *Socialism and the Social Movement* (London: J. M. Dent, 1909) [1896].

Steinmetz, David, *Calvin in Context* (New York: Oxford University Press, 1995).

Swanson, Guy E., *The Birth of the Gods* (Ann Arbor, Michigan: University of Michigan Press, 1966).

_________, *Social Change* (Glenview: Scott, Foresman & Co., 1971).

Swedberg, Richard, *The Max Weber Dictionary* (Stanford: Stanford University Press, 2005).

Sztompka, Piotr, *System and Function: Toward a Theory of Society* (New York: Academic Press, 1974).

Tawney, R. H., *Religion and the Rise of Capitalism* (New York: Mentor, 1926).

Taylor, Charles, *Sources of the Self: The Making of the Modern Identity* (Cambridge: Harvard University Press, 1989).

_________, *A Secular Age* (Cambridge: Belknap Press of Harvard University Press, 2007).

Tilly, Charles, *From Mobilization to Revolution* (Reading, Massachusetts: Addison-Wesley, 1978).

_________, *As Sociology Meets History* (New York: Academic Press, 1981).

Tilly, Charles/Tilly, Louise/Tilly, Richard, *The Rebellious Century, 1830-1930* (Cambridge: Harvard University Press, 1975).

Tocqueville, Alexis de, *Democracy in America* (New York: Vintage Books, 1945).

Touraine, Alain, *The Voice and the Eye: An analysis of Social Movements* (New York: Cambridge University Press, 1981).

Troeltsch, Ernst, *The Social Teaching of the Christian Churches* (New York: Harper Torchbooks, 1960) [1911].

Trotsky, L., *The Revolution Betrayed* (New York: Merit, 1965).

Turner, Bryan S., *For Weber* (London: Routledge & Kegan Paul, 1981).

________, *Max Weber: From History to Modernity* (London: Routledge, 1992).

Turner, Stephen P., *The Religious and the Political* (Cambridge: Cambridge University Press, 2013).

Wallerstein, Immanuel, *The Modern World System* (New York: Academic Press, 1974).

Walzer, Michael, *The Revolution of the Saints: A Study in the Origins of Radical Politics* (Cambridge, Massachusetts: Harvard University Press, 1965).

________, *Exodus and Revolution* (New York: Basic Books, 1986).

Weber, Marianne, *Max Weber: A Biography* (New York: John Wiley & Sons, 1975) (New Brunswick: Transaction, 1988/2008) [1926].

Weiss, Johanness, *Weber and the Marxist World* (London/New York: Routledge & Kegan Paul, 1986).

Woodhouse, A. S. P., *Puritanism and Liberty* (London: J. M. Dent & Sons, 1992).

Worsley, Peter, *Marx and Marxism* (London: Tavistock, 1982).

Wrong, Dennis (엮음), *Max Weber* (Englewood Cliffs, New Jersey: Prentice-Hall, 1970).

Wuthnow, Robert, *The Consciousness Reformation* (Berkeley/Los Angeles/London: University of California Press, 1970).

Zachman, Randall C. (엮음), *John Calvin and Roman Catholicism: Critique and Engagement, Then and Now* (Grand Rapids, Michigan: Baker Academic, 2008).

Zeitlin, Irving M., *Ancient Judaism* (Cambridge: Polity, 1984).

Zitta, Victor, *Georg Lukács' Marxism: Alienation, Dialectics, Revolution* (Hague: Martinus Nijhoff, 1964).

국외 자료 (논문 또는 기사)

Alexander, Jeffrey C., "Introduction: Durkheimian Sociology and Cultural Studies Today," Jeffrey C. Alexander (엮음), *Durkheimian Sociology: Cultural Studies* (Cambridge: Cambridge University Press, 1988).

________, "The Promise and Contradictions of Axiality," *Sociologica*, 7권 1호(2013).

________, "Autonomy and Domination: Weber's Cage," Jeffrey C. Alexander, *The Dark Side of Modernity* (Cambridge: Polity, 2013).

Antonio, Robert J., "Weber vs. Parsons: Domination or Technocratic Models of Social Organization," Ronald M. Glassman/Vatro Murvar (엮음), *Max Weber's Political Sociology: A Pessimistic Vision of a Rationalized World* (Westport, Connecticut/London: Greenwood Press, 1984).

________, "Values, History, and Science: The Metatheoretic Foundations of the Weber-Marx Dialogue," Robert J. Antonio/Ronald M. Glassman (엮음), *A Weber-Marx Dialogue* (Lawrence: University Press of Kansas, 1985).

Apter, David E., "Nkrumah, Charisma, and the Coup," *Daedalus* (1968년 여름).

Baehr, Peter, "The 'Iron Cage' and the 'Shell as Hard as Steel': Parsons, Weber, and the Stahlhartes Gehäuse Metaphor in The Protestant Ethic and the Spirit of Capitalism," *History and Theory*, 40권 2호(2001).

Bell, Daniel, "The Return of the Sacred? The Argument on the Future of Religion," *British Journal of Sociology*, 28권 4호(1977).

________, "First Love and Early Sorrows," *Partisan Review*, 48권 4호(1981).

Bellah, Robert N., "Epilogue," Robert N. Bellah, *Religion and Progress in Modern Asia* (New

York: Free Press, 1965).

________, "Civil Religion in America," *Daedalus* (1967년 겨울).

________, "Introduction," Robert N. Bellah (엮음), *Emile Durkheim, On Morality and Society* (Chicago: University of Chicago Press, 1973).

________, "New Religious Consciousness and the Crisis in Modernity," Robert N. Bellah/Charles Y. Glock (엮음), *The New Religious Consciousness* (Berkeley/Los Angeles/London: University of California Press, 1976).

________, "Is There a Common American Culture?"(1997), Robert N. Bellah/Steven M. Tipton (엮음), *The Robert Bellah Reader* (Durham: Duke University Press, 2006).

________, "Max Weber and World-Denying Love"(1999), Robert N. Bellah/Steven M. Tipton (엮음), *The Robert Bellah Reader* (Durham: Duke University Press, 2006).

________, "The Heritage of the Axial Age: Resource or Burden?," Robert N. Bellah/Hans Joas (엮음), *The Axial Age and Its Consequences* (Cambridge: Belknap Press of Harvard University Press, 2012).

Bendix, Reinhard, "Reflections on Charismatic Leadership," Dennis Wrong (엮음), *Max Weber* (Englewood Cliffs, New Jersey: Prentice-Hall, 1970).

Berger, Peter/Pullberg, Stanley, "Reification and the Sociological Critique of Consciousness," *History and Theory*, 4권 2호(1965).

Blumer, Herbert, "Collective Behavior," J. B. Gittler (엮음), *Review of Sociology* (New York: John Wiley & Sons, 1957).

Bottomore, Tom, "Marxism and Sociology," Tom Bottomore/Robert Nisbet (엮음), *A History of Sociological Analysis* (New York: Basic Books, 1978).

Breines, Paul, "Young Lukács, Old Lukács, New Lukács," *Journal of Modern History*, 51권 3호(1979).

Breuer, Stefan, "The Illusion of Politics: Politics and Rationalization in Max Weber and Georg Lukács"(1982), Peter Hamilton (엮음), *Max Weber: Critical Assessments 1* (London: Routledge,

1991).

Breuilly, John, "Eduard Bernstein and Max Weber," Wolfgang J. Mommsen/Jürgen Osterhammel (엮음), *Max Weber and His Contemporaries* (London: Unwin Hyman, 1987).

Cavalli, Luciano, "Charisma and Twentieth-Century Politics," Scott Lash/Sam Whimster (엮음), *Max Weber, Rationality and Modernity* (London: Allen & Unwin, 1987).

Collins, Randall, "The Durkheimian Tradition in Conflict Sociology," Jeffrey C. Alexander (엮음), *Durkheimian Sociology: Cultural Studies* (Cambridge: Cambridge University Press, 1988).

Cotesta, Vittorio, "The Axial Age and Modernity: From Max Weber to Karl Jaspers and Shmuel Eisenstadt," *ProtoSociology*, 2017년 1월 호.

Derman, Joshua, "Philosophy Beyond the Bounds of Reason: The Influence of Max Weber on the Development of Karl Jaspers's Existenzphilosophie, 1909-1932," David Chalcraft 등 (엮음), *Max Weber Matters: Interweaving Past and Present* (New York: Routledge, 2016).

Deutsch, Karl W., "Social Mobilization and Political Development," *American Political Science Review*, 55권 3호(1961).

Dow Jnr., Thomas E., "An Analysis of Weber's Work on Charisma," *British Journal of Sociology*, 28권 1호(1977).

Dreijmanis, John, "Introduction," John Dreijmanis (엮음), *On Max Weber* (New York: Paragon House, 1989).

Duke, Alastair, "Perspectives on International Calvinism," Andrew Pettegree/Alastair Duke/Gillian Lewis (엮음), *Calvinism in Europe, 1540-1620* (Cambridge: Cambridge University Press, 1994).

Durkheim, Émile, "Course in Sociology: Opening Lecture"(1888), Mark Traugott (엮음), *Emile Durkheim, On Institutional Analysis* (Chicago: University of Chicago Press, 1978).

________, "The Principles of 1789 and Sociology"(1890), Robert N. Bellah (엮음), *Emile Durkheim, On Morality and Society* (Chicago: University of Chicago Press, 1973).

________, "Individualism and the Intellectuals"(1898), Robert N. Bellah (엮음), *Emile*

Durkheim, On Morality and Society (Chicago : University of Chicago Press, 1973).

Eisen, Arnold, "The Meanings and Confusions of Weberian 'Rationality'," *British Journal of Sociology*, 29권 1호(1978).

Eisenstadt, S. N., "Introduction : The Axial Age Breakthroughs–Their Characteristics and Origins," S. N. Eisenstadt (엮음), *The Origins and Diversity of Axial Age Civilizations* (Albany : State University of New York Press, 1986ㄱ).

________, "The Axial Age Breakthrough in China and India," S. N. Eisenstadt (엮음), *The Origins and Diversity of Axial Age Civilizations* (Albany : State University of New York Press, 1986ㄴ).

________, "Multiple Modernities," *Daedalus* (2000년 겨울).

________, "The Protestant Ethic and Modernity : Comparative Analysis with and beyond Weber," K. S. Rehberg (엮음), *Soziale Ungleichheit, kulturelle Unterschiede: Verhandlungen des 32. Kongresses der Deutschen Gesellschaft für Soziologie in München 2004* (Frankfurt am Main : Campus Verlag, 2006).

________, "The Axial Conundrum between Transcendental Visions and Vicissitudes of Their Institutionalizations," Robert N. Bellah/Hans Joas (엮음), *The Axial Age and Its Consequences* (Cambridge : Belknap Press of Harvard University Press, 2012).

Eisenstadt, S. N./Arnason, Johann P./Wittrock, Björn, "General Introduction," S. N. Eisenstadt/Johann P. Arnason/Björn Wittrock (엮음), *Axial Civilizations and World History* (Leiden : Brill, 2005).

Elvin, Mark, "Was There a Transcendental Breakthrough in China?," S. N. Eisenstadt (엮음), *The Origins and Diversity of Axial Age Civilizations* (Albany : State University of New York Press, 1986).

Ferree, M., "The Political Context of Rationality," A. D. Morris/C. M. Mueller (엮음), *Frontiers in Social Movement Theory* (New Haven : Yale University Press, 1992).

Fetscher, Iring, "Zum Begriff der 'Objektiven Möglichkeit' bei Max Weber und Georg Lukács," *Revue Internationale de Philosophie*, 27권 106호(1973).

Fischoff, Ephraim, "The Protestant Ethic and the Spirit of Capitalism: The History of a Controversy," S. N. Eisenstadt (엮음), *The Protestant Ethic and Modernization: A Comparative View* (New York: Basic Books, 1968).

Forcese, Dennis P., "Calvinism, Capitalism and Confusion: The Weberian Thesis Revisited," *Sociological Analysis*, 29권 4호(1968).

Friedland, William H., "For a Sociological Concept of Charisma," *Social Forces*, 43권 1호(1964).

Fuchs, Eric, "Calvin's Ethics," Martin Ernst Hirzel/Martin Sallmann (엮음), *John Calvin's Impact on Church and Society, 1509-2009* (Grand Rapids, Michigan: Wm. B. Eerdmans, 2009).

Gamson, William, "A Theory of Coalition Formation," *American Sociological Review*, 26권 3호(1961).

________, "Coalition Formation at Presidential Nominating Conventions," *American Journal of Sociology*, 68권 2호(1962).

Geary, Dick, "Max Weber, Karl Kautsky and German Social Democracy," Wolfgang J. Mommsen/Jürgen Osterhammel (엮음), *Max Weber and His Contemporaries* (London: Unwin Hyman, 1987).

Giddens, Anthony, "Marx, Weber and the Development of Capitalism," *Sociology*, 4권 3호(1970).

Gould, Mark, "Axial Age Religious Commitment in Theoretical Perspective," *Sociologica*, 7권 1호(2013).

Gross, David, "Introduction to the Luxemburg-Jogiches Correspondence," *Telos*, 37권(1978).

Hennis, Wilhelm, "Max Weber's 'Central Questions'"(1983), Peter Hamilton (엮음), *Max Weber: Critical Assessments 1* (London: Routledge, 1991).

Himmelfarb, Gertrude, "Engels in Manchester: Inventing the Proletariat," *The American Scholar*, 52권 4호(1983).

Hobsbawm, E. J., "Introduction," Karl Marx, *Pre-Capitalist Economic Formations* (London: Lawrence & Wishart, 1964).

Hodges, H. A., "Lukács on Irrationalism," G. H. R. Parkinson (엮음), *Georg Lukács* (London/Henley/Boston: Routledge & Kegan Paul, 1977).

Holder, R. Ward, "Calvin's Heritage," Donald K. McKim (엮음), *The Cambridge Companion to John Calvin* (Cambridge: Cambridge University Press, 2004).

Honigsheim, Paul, "Max Weber as Sociologist"(1921), Alan Sica (엮음), *The Unknown Max Weber* (New Brunswick: Transaction, 2000).

Howe, Richard Herbert, "Max Weber's Elective Affinities: Sociology within the Bounds of Pure Reason," *American Journal of Sociology*, 84권 2호(1978).

Höpfl, Harro, "Introduction," Harro Höpfl (엮음), *Luther and Calvin: On Secular Authority* (Cambridge: Cambridge University Press, 1991).

Jay, Martin, "Critical Theory Criticized: Zoltán Tar and the Frankfurt School," *Central European History*, 7권 1호(1979).

Joas, Hans, "Max Weber and the Origin of Human Rights: A Study on Cultural Innovation," IIIS Discussion Paper No. 145(2006). http://dx.doi.org/10.2139/ssrn.923846.

________, "The Axial Age Debate as Religious Discourse," Robert N. Bellah/Hans Joas (엮음), *The Axial Age and Its Consequences* (Cambridge: Belknap Press of Harvard University Press, 2012).

Jordan, Z. A., "Introductory Essay: Karl Marx as a Philosopher and a Sociologist," Z. A. Jordan (엮음), *Karl Marx: Economy, Class and Social Revolution* (London: Michael Joseph, 1971).

Kalberg, Stephen, "Max Weber's Types of Rationality: Cornerstones for the Analysis of Rationalization Processes in History," *American Journal of Sociology*, 85권 5호(1980).

________, "Tocqueville and Weber on the Origins of Citizenship: The Political Culture of American Democracy," *Citizenship Studies*, 1권 2호(1997).

Keller, Douglas, "Critical Theory, Max Weber, and the Dialectics of Domination," Robert J. Antonio/Ronald M. Glassman (엮음), *A Weber-Marx Dialogue* (Lawrence: University Press of Kansas, 1985).

Kettler, David, "Culture and Revolution: Lukács in the Hungarian Revolution of 1918–19,"

Telos, 10권(1971).

Keyder, Caglar, "The Dissolution of the Asiatic Mode of Production," *Economy and Society*, 5권 2호(1976).

Kocka, Jürgen, "The Social Sciences Between Dogmatism and Decisionism: A Comparison of Karl Marx and Max Weber," Robert J. Antonio/Ronald M. Glassman (엮음), *A Weber-Marx Dialogue* (Lawrence: University Press of Kansas, 1985).

Lenin, V., "What Is to Be Done?," V. Lenin, *Collected Works* (Moscow: Foreign Languages Publishing House, 1964-1970).

Lichtheim, George, "Marx and the 'Asiatic Mode of Production'"(1963), Tom Bottomore (엮음), *Karl Marx* (Oxford: Basil Blackwell, 1973).

Loewenstein, Karl, "Epilogue: Personal Recollections of Max Weber," Karl Loewenstein, *Max Weber's Political Ideas in the Perspective of Our Time* (Amherst: University of Massachusetts Press, 1966).

Löwith, Karl, "Weber's Interpretation of the Bourgeois-Capitalistic World in Terms of the Guiding Principle of 'Rationalization'"(1960), Dennis Wrong (엮음), *Max Weber* (Englewood Cliffs, New Jersey: Prentice-Hall, 1970).

Lukács, Georg, "Preface to the New Edition(1967)," Georg Lukács, *History and Class Consciousness* (London: Merlin Press, 1971).

________, "On Poverty of Spirit: A Conversation and a Letter," *Philosophical Forum*, 3권 3/4호(1972).

________, "Biographical Notes," Judith Marcus/Zoltán Tar (엮음), *Georg Lukács: Selected Correspondence 1902-1920* (New York: Columbia University Press, 1986).

Lüthy, Herbert, "Once Again: Calvinism and Capitalism," S. N. Eisenstadt (엮음), *The Protestant Ethic and Modernization: A Comparative View* (New York: Basic Books, 1968).

Maag, Karin/Fields, Paul, "Calvin in Context: Current Resources," Donald K. McKim (엮음), *The Cambridge Companion to John Calvin* (Cambridge: Cambridge University Press, 2004).

Marcus, Judith/Tar, Zoltán, "The Weber-Lukács Encounter," Ronald M. Glassman/Vatro Murvar (엮음), *Max Weber's Political Sociology: A Pessimistic Vision of a Rationalized World* (Westport, Connecticut/London: Greenwood Press, 1984).

________, "Introduction," Judith Marcus/Zoltán Tar (엮음), *Georg Lukács: Selected Correspondence 1902-1920* (New York: Columbia University Press, 1986).

Marcuse, Herbert, "Industrialization and Capitalism," Otto Stammer (엮음), *Max Weber and Sociology Today* (New York/Evanston/San Francisco/London: Harper & Row, 1971).

Márkus, György, "Life and the Soul: The Young Lukács and the Problem of Culture," Agnes Heller (엮음), *Lukács Revalued* (Oxford: Basil Blackwell, 1983).

McGrath, Alister E., "Shapers of Protestantism: John Calvin," Alister E. McGrath/Darren C. Marks (엮음), *The Blackwell Companion to Protestantism* (Oxford: Blackwell, 2007).

Merton, Robert K., "Puritanism, Pietism, and Science," Robert K. Merton, *Social Theory and Social Structure* (New York: Free Press, 1957).

Miller, K. S./Iscoe, I., "The Concept of Crisis: Current Status and Mental Health Implications," *Human Organization*, 22권 3호(1963).

Mommsen, Wolfgang J., "Capitalism and Socialism: Weber's Dialogue with Marx," Robert J. Antonio/Ronald M. Glassman (엮음), *A Weber-Marx Dialogue* (Lawrence: University Press of Kansas, 1985).

Moore, Robert, "History, Economics and Religion: A Review of 'the Max Weber Thesis' Thesis," Arun Sahay (엮음), *Max Weber and Modern Sociology* (London: Routledge & Kegan Paul, 1971).

Muller, Richard A., "John Calvin and Later Calvinism: The Identity of the Reformed Tradition," David Bagchi/David C. Steinmetz (엮음), *The Cambridge Companion to Reformation Theology* (Cambridge: Cambridge University Press, 2004).

Murvar, Vatro, "Some Tentative Manifestations of Weber's Typology: Occidental versus Oriental City," *Social Forces*, 44권 3호(1966).

________, "Patrimonialism, Modern and Traditionalist: A Paradigm for Interdisciplinary Research on Rulership and Legitimacy," Vatro Murvar (엮음), *Theory of Liberty, Legitimacy and Power: New Directions in the Intellectual and Scientific Legacy of Max Weber* (London: Routledge & Kegan Paul, 1985).

Nelson, Benjamin, "Max Weber and the Discontents and Dilemmas of Contemporary Rationalized Post-Christian Civilization," Walter M. Sprondel/Constans Seyfarth (엮음), *Max Weber und die Rationalisierung sozialen Handelns* (Stuttgart: Ferdinand Enke Verlag, 1981).

Niebuhr, Reinhold, "Introduction," Karl Marx/Friedrich Engels, *On Religion* (New York: Schocken, 1964).

Olson, Jeannine, "Calvin and Social-Ethical Issues," Donald K. McKim (엮음), *The Cambridge Companion to John Calvin* (Cambridge: Cambridge University Press, 2004).

Pakulski, Jan, "Social Movements and Class: The Decline of the Marxist Paradigm," Louis Maheu (엮음), *Social Movements and Social Classes: The Future of Collective Action* (London: Sage, 1995).

Parsons, Talcott, "Christianity and Modern Industrial Society," Edward A. Tiryakian (엮음), *Sociological Theory, Values, and Sociocultural Change* (New York: Harper Torchbooks, 1963).

________, "Belief, Unbelief, and Disbelief," Talcott Parsons, *Action Theory and the Human Condition* (New York: Free Press, 1978).

Posner, Eric, "The Case Against Human Rights," *The Guardian*, 2014년 12월 4일 자.

Prager, Jeffrey, "Moral Integration and Political Inclusion: A Comparison of Durkheim's and Weber's Theories of Democracy," *Social Forces*, 59권 4호(1981).

Roth, Guenther, "Socio-Historical Model and Developmental Theory: Charismatic Community, Charisma of Reason and the Counterculture," *American Sociological Review*, 40권 2호(1975).

Salvadori, Massimo L., "Kautsky and Weber: Common Problems and Different Approaches," *International Journal of Comparative Sociology*, 30권 1/2호(1989).

Scaff, Lawrence A., "From Political Economy to Political Sociology: Max Weber's Early Writings," Ronald M. Glassman/Vatro Murvar (엮음), *Max Weber's Political Sociology: A Pessimistic Vision of a Rationalized World* (Westport, Connecticut/London: Greenwood Press, 1984).

Scaff, Lawrence A./Arnold, Thomas Clay, "Class and the Theory of History: Marx on France and Weber on Russia," Robert J. Antonio/Ronald M. Glassman (엮음), *A Weber-Marx Dialogue* (Lawrence: University Press of Kansas, 1985).

Schaff, Adam, "The Consciousness of a Class and Class Consciousness," *Philosophical Forum*, 3권 3/4호(1972).

Schluchter, Wolfgang, "The Paradox of Rationalization," Guenther Roth/Wolfgang Schluchter, *Max Weber's Vision of History* (Berkeley: University of California Press, 1979).

________, "Value-Neutrality and the Ethic of Responsibility," Guenther Roth/Wolfgang Schluchter, *Max Weber's Vision of History* (Berkeley: University of California Press, 1979).

________, "Weber's Sociology of Rationalism and Typology of Religious Rejections of the World," Scott Lash/Sam Whimster (엮음), *Max Weber, Rationality and Modernity* (London: Allen & Unwin, 1987).

Schorske, Carl E., "The Idea of the City in European Thought: Voltaire to Spengler," Oscar Handlin/John Burchard (엮음), *The Historian and the City* (Cambridge, Massachusetts: MIT Press & Harvard University Press, 1963).

Schwartz, Benjamin I., "The Age of Transcendence," *Daedalus* (1975년 봄).

Seery, John E., "Marxism as Artwork: Weber and Lukács in Heidelberg, 1912-1917," *Berkeley Journal of Sociology*, 27권(1982).

Shils, Edward, "The Concentration and Dispersion of Charisma: The Bearing on Economic Policy in Underdeveloped Countries," *World Politics*, 11권 1호(1958).

________, "Charisma, Order, and Status," *American Sociological Review*, 30권 2호(1965).

Smelser, Neil J., "Theoretical Issues of Scope and Problems," *Sociological Quarterly*, 5권 2호(1964).

________, "Karl Marx's Theory of Economic Organization and Class Conflict," Neil J. Smelser/R. Stephen Warner, *Sociological Theory: Historical and Formal* (Morristown, New Jersey: General Learning Press, 1976).

Stausberg, Michael, "Bellah's Religion in Human Evolution: A Post-Review," *Numen*, 61권 2/3호(2014).

Stewart, M. A., "Religion and Rational Theology," Alexander Broadie (엮음), *The Cambridge Companion to the Scottish Enlightenment* (Cambridge: Cambridge University Press, 2003).

Swanson, Guy E., "Toward Corporate Action: A Reconstruction of Elementary Collective Process," Tamotsu Shibutani (엮음), *Human Nature and Collective Behavior: Papers in Honor of Herbert Blumer* (Englewood Cliffs, New Jersey: Prentice-Hall, 1970).

Swidler, Ann, "Cultural Power and Social Movements," Hank Johnston/Bert Klandermans (엮음), *Social Movements and Culture* (Minneapolis: University of Minnesota Press, 1995).

Tenbruck, Friedrich H., "Die Genesis der Methodologie Max Webers," *Kölner Zeitschrift für Soziologie und Sozialpsychologie*, 11권(1959).

________, "Formal Sociology," Kurt H. Wolff (엮음), *Georg Simmel, 1858-1918: A Collection of Essays, with Translations and a Bibliography* (Columbus, Ohio: Ohio State University Press, 1959).

________, "The Problem of Thematic Unity in the Works of Max Weber," *British Journal of Sociology*, 31권 3호(1980) 또는 Peter Hamilton (엮음), *Max Weber: Critical Assessments 1* (London: Routledge, 1991).

Thomas, J. J. R., "Ideology and Elective Affinity," *Sociology*, 19권 1호(1985).

Tiryakian, Edward A., "From Durkheim to Managua: Revolutions as Religious Revivals," Jeffrey C. Alexander (엮음), *Durkheimian Sociology: Cultural Studies* (Cambridge: Cambridge University Press, 1988).

________, "The Sociological Import of a Metaphor: Tracking the Source of Max Weber's 'Iron Cage'"(1981), Peter Hamilton (엮음), *Max Weber: Critical Assessments 2* (London: Routledge, 1991).

Traugott, Mark, "Durkheim and Social Movements," *European Journal of Sociology*, 25권 2호 (1984).

Trueman, Carl R., "Calvin and Calvinism," Donald K. McKim (엮음), *The Cambridge Companion to John Calvin* (Cambridge: Cambridge University Press, 2004).

Turner, Ralph H., "Collective Behavior," Robert E. L. Faris (엮음), *Handbook of Modern Sociology* (Chicago: Rand McNally, 1964).

________, "New Theoretical Frameworks," *Sociological Quarterly*, 5권 2호(1964).

Vajda, Mihály, "Lukács and Husserl," Agnes Heller (엮음), *Lukács Revalued* (Oxford: Basil Blackwell, 1983).

Warner, R. Stephen, "The Methodology of Marx's Comparative Analysis of Modes of Production," Ivan Vallier (엮음), *Comparative Methods in Sociology* (Berkeley: University of California Press, 1971).

Wearden, Graeme, "Greta Thunberg clashes with US treasury secretary in Davos," *The Guardian*, 2020년 1월 23일 자.

Wellmer, Albrecht, "Communications and Emancipation: Reflections on the Linguistic Turn in Critical Theory," John O'Neill (엮음), *On Critical Theory* (London: Heinemann, 1977).

White, Jr., Lynn, "The Historical Roots of the Environmental Crisis," R. J. Berry (엮음), *The Care of Creation: Focusing Concern and Action* (Leicester: Inter-Varsity Press, 2000).

Winter, J. A., "Elective Affinities between Religious Beliefs and Ideologies of Management in Two Eras," *American Journal of Sociology*, 79권 5호(1974).

찾아보기

용어

ㄱ

ㅊ

ㅋ

인명

ㅅ

ㅇ

ㅈ